前　言

Foreword

改革开放四十多年来，随着经济的快速发展，我国桥梁设计理论和技术水平不断提高，新结构、新技术、新材料、新装备不断投入研发与应用，桥梁工程建设取得了举世瞩目的伟大成就。大跨度柔性桥梁具有柔度大、自振频率低、阻尼小等特点，在强风及地震荷载作用下容易产生大幅振动，从而造成结构的损伤乃至失效。如何减小或控制强风及地震等所引起的大幅结构振动是当前桥梁工程领域所面临的严峻挑战和热点问题。因此，研发新的减振技术，对于确保人民生命、财产安全，降低灾害损失，具有重要的研究意义，并将带来巨大的社会和经济效益。

本人于 1999 年跟随导师陈政清教授开始结构振动控制方面的研究，负责湖南岳阳洞庭湖大桥拉索风雨激振观测与拉索减振系统优化设计及实施工作。在国家重点基础研究计划（“973”计划）课题“多因素作用下特大跨桥梁的安全控制”（2015CB057702）及多项国家自然科学基金的资助下，课题组成员针对调谐减振装置研发及其减振设计理论、智能材料结构减振理论与技术、无线振动控制、电磁调谐质量阻尼器研发及其应用、索梁结构非线性时滞减振技术等开展了长期研究。本书重点介绍了相关研究成果及进展。

本书共分为 8 章：第 1 章为结构振动控制基本理论，介绍结构被动控制、结构主动控制、半主动控制及混合控制的基本原理、控制算法及其工程应用；第 2 章为拉索风雨激振观测与振动控制，总结了多次拉索风雨激振现场观测的成果，得到了拉索风雨激振特征及其三维模型，提出了拉索多模态控制阻尼器优化设计方法和实际工程常用减振措施；第 3 章为基于磁致伸缩作动器的拉索主动控制与无线振动控制，介绍了磁致伸缩智能材料特征及磁致伸缩作动器力学模型、拉索主动控制理论、拉索无线振动控制系统及时滞补偿控制方法；第 4 章为拉索及索-梁组合结构非线性时滞减振理论，介绍了非线性时滞振动控制技术基本理论和拉索及索-梁组合结构非线性时滞振动控制的仿真分析结果；第 5 章为磁流变式调谐液柱阻尼器减振理论与实验,介绍了磁流变式调谐液柱阻尼器模型、参数优化方法、被动与半主动控制效果;第 6 章为调谐质量阻尼器减振理论与优化设计,介绍了 TMD 和 MTMD 的减振基本理论、参数优化算法及其在人行桥的工程应用;第 7 章为单面碰撞调谐质量阻尼器减振理论与实验,介绍了单面碰撞调谐质量阻尼器的动力特性、钢-黏弹性材料碰撞力模型、减振设计优化方法及其减振效果;第 8 章为电磁调谐质量阻尼器减振理论,介绍了该阻尼器参数优化理论及其减振效果。

本书第 1、2、3 章由王修勇编写,第 5、8 章由孙洪鑫编写,第 4 章由彭剑编写,第 6、7 章由王文熙编写。全书由王修勇定稿。本书介绍的研究工作大部分由作者与指导的研究生共同完成,温青博士校正了部分章节,在此致以衷心感谢。限于作者水平,书中难免有错误和不足之处,恳请读者批评、指正。

王修勇

2019 年 4 月

“国家重点基础研究发展计划（973）项目”成果书系

特大跨桥梁安全性设计与评定基础理论丛书 | Tedakua Qiaoliang Anquanxing Sheji yu Pingding Jichu Lilun Congshu

总主编 张建仁

Vibration Control Theory and Technology for the Long-span Bridges

大跨桥梁结构振动控制理论与技术

王修勇 孙洪鑫 彭 剑 王文熙 著

人民交通出版社股份有限公司
北 京

内 容 提 要

本书首先阐述了大跨桥梁结构振动控制基本理论与技术，然后重点介绍了桥梁振动控制的研究成果及其应用。主要内容包括：结构被动、结构主动及半主动控制理论与技术，斜拉桥拉索风雨激振机理及其控制，拉索主动控制理论与无线振动控制技术，拉索及索-梁组合结构非线性时滞减振理论，磁流变式调谐液柱阻尼器减振理论，以及调谐质量阻尼器、单面碰撞调谐质量阻尼器、电磁式调谐质量阻尼器减振理论与应用等。其中拉索振动控制与调谐减振理论及技术为本书重点。

本书可供结构振动控制领域的研究者和工程技术人员使用，也可作为高等院校土木类专业高年级本科生和研究生的教学用书。

图书在版编目(CIP)数据

大跨桥梁结构振动控制理论与技术 / 王修勇等著. — 北京 : 人民交通出版社股份有限公司, 2021.3

(特大跨桥梁安全性设计与评定基础理论丛书 / 张建仁主编)

ISBN 978-7-114-17157-4

Ⅰ. ①大… Ⅱ. ①王… Ⅲ. ①长跨桥—桥梁结构—结构振动控制 Ⅳ. ①U448.43

中国版本图书馆 CIP 数据核字(2021)第 045825 号

Dakua Qiaoliang Jiegou Zhendong Kongzhi Lilun yu Jishu

书　　名：大跨桥梁结构振动控制理论与技术

著 作 者：王修勇　孙洪鑫　彭　剑　王文熙

策划编辑：孙　玺

责任编辑：卢俊丽　李　晴

责任校对：席少楠

责任印制：张　凯

出版发行：人民交通出版社股份有限公司

地　　址：(100011)北京市朝阳区安定门外外馆斜街 3 号

网　　址：http://www.ccpcl.com.cn

销售电话：(010)59757973

总 经 销：人民交通出版社股份有限公司发行部

经　　销：各地新华书店

印　　刷：北京虎彩文化传播有限公司

开　　本：787×1092　1/16

印　　张：21.5

字　　数：543 千

版　　次：2021 年 3 月　第 1 版

印　　次：2021 年 3 月　第 1 次印刷

书　　号：ISBN 978-7-114-17157-4

定　　价：108.00 元

目　录

Contents

1 结构振动控制基本理论

结构振动控制是在结构上设置一些主动的或被动的耗能装置,通过这些装置的吸能机制或耗能材料的非线性变形来增大结构阻尼,消耗地震和风荷载等的振动能量,减轻和抑制主体结构在地震、强风及其他动力荷载作用下的动力反应,提高结构抵抗外界振动的能力,以满足结构的安全性、实用性、经济性等要求。在土木工程领域,从结构控制机理的角度出发,将结构振动控制分为被动控制、主动控制、混合控制和半主动控制。结构振动控制分类框图如图1.1所示。在结构控制技术发展历程中,人们最早采用被动控制;随着现代控制理论的成熟,对土木结构的主动控制也随之兴起;随后发展到主动控制、被动控制与主动控制相结合的混合控制和半主动控制等[1-6]。

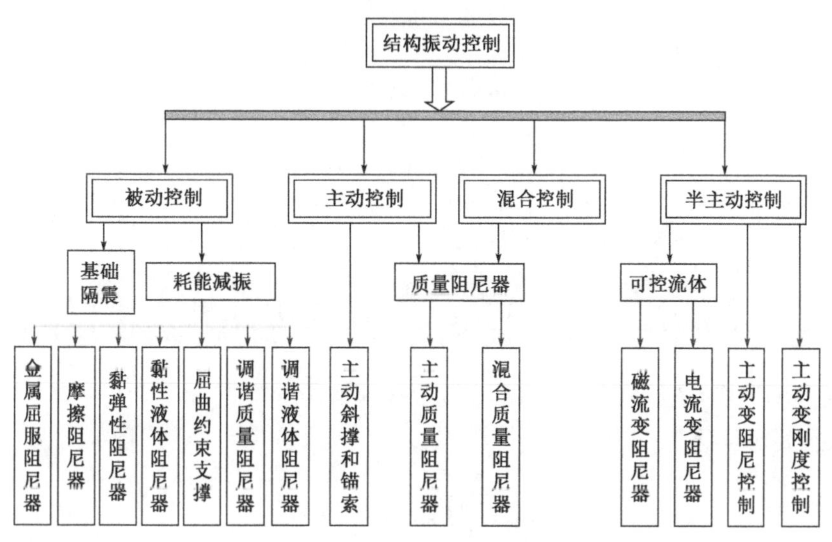

图1.1 结构振动控制分类框图

本章介绍结构振动控制的基本方法和原理。

1.1 结构被动控制

1.1.1 基础隔震

基础隔震是在结构物地面以上部分的底部设置隔震层,使之与固结于地基中的基础顶面分开,限制地震动向结构物的传递。目前采用的基础隔震技术主要用于隔离水平地震作用,隔离层的水平刚度应显著低于上部结构的侧向刚度,此时可近似认为上部结构是一个刚体。文献[6]显示,目前世界上已建成上千座隔震桥梁和建筑,并经受了地震的考验。隔震结构力学模型如图1.2所示。

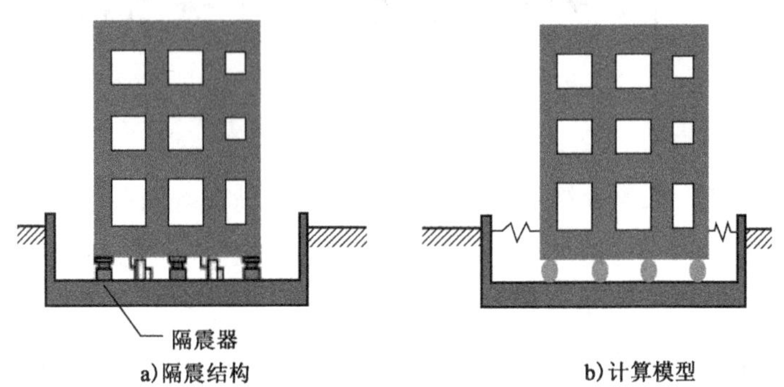

图1.2 隔震结构力学模型

在地震作用下,结构运动方程为

$$m\ddot{x} + c\dot{x} + kx = -m\ddot{x}_g \tag{1.1}$$

设

$$m\ddot{x}_g = m\ddot{x}_{g0}\sin\overline{\omega}t = p_0\sin\overline{\omega}t$$

$$x_{st} = \frac{p_0}{k} = \frac{m\ddot{x}_{g0}}{k} = \frac{\ddot{x}_{g0}}{\omega^2}$$

$$\beta = \frac{\overline{\omega}}{\omega} \quad \xi = \frac{c}{2m\omega}$$

则

$$x_{max} = \frac{1}{\sqrt{(1-\beta^2)^2 + 4\xi^2\beta^2}}x_{st} = Dx_{st} = D\frac{\ddot{x}_{g0}}{\omega^2} \tag{1.2}$$

式中,β为频率比;D为动力放大系数,当β较大时,$D<1$。

结构稳态相对位移为

$$x = \frac{p_0}{k}D\sin(\overline{\omega}t - \theta) \tag{1.3}$$

结构弹性恢复力和阻尼力分别为

$$f_s(t) = kx = p_0D\sin(\overline{\omega}t - \theta) \tag{1.4}$$

$$f_c(t) = c\dot{x} = \frac{cp_0D\overline{\omega}}{k}\cos(\overline{\omega}t - \theta) \tag{1.5}$$

地震对结构总作用力的幅值为

$$f_{max}(t) = \sqrt{f_{smax}^2 + f_{cmax}^2} = \sqrt{(p_0D)^2 + \left(\frac{cp_0D\overline{\omega}}{k}\right)^2} = p_0D\sqrt{1 + (2\xi\beta)^2} \tag{1.6}$$

定义传导比

$$TR = \frac{f_{max}}{p_0} = D\sqrt{1 + (2\xi\beta)^2} \tag{1.7}$$

不同结构阻尼比条件下传导比 TR 与频率比 β 的关系如图 1.3 所示。由图 1.3 可知，$\beta < \sqrt{2}$ 时，$TR > 1$；$\beta > \sqrt{2}$ 时，$TR < 1$，说明此时隔震层具有减振效果。

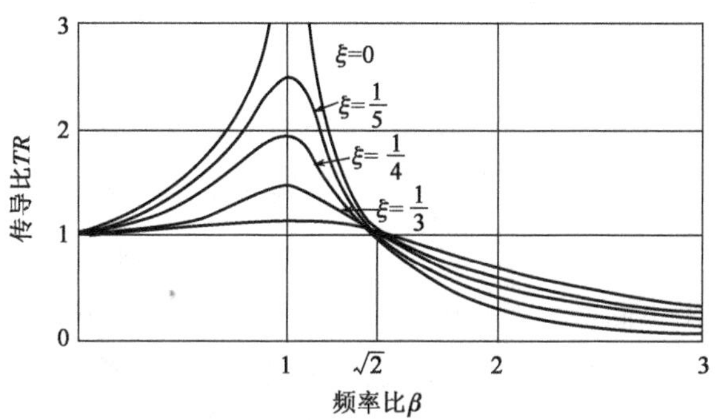

图 1.3　传导比与频率比关系

一般地震的卓越频率为 2～10Hz，周期为 0.1～0.5s。采用隔震层，相当于减小 k，结构周期为 4～5s，固有频率 0.2～0.25Hz。

基底水平隔震方法包括：

①橡胶支座隔震。橡胶支座包括普通叠层橡胶支座、铅芯叠层橡胶支座、高阻尼叠层橡胶支座。橡胶隔震支座的特点是竖向刚度大，水平刚度约为竖向刚度的 1%。铅芯叠层橡胶支座构造如图 1.4 所示。

图 1.4　铅芯叠层橡胶支座构造

②滑、转动支座隔震。滑、转动支座，包括聚四氟乙烯支座、回弹滑动支座、滚轴及滚珠支座、摩擦锤支座（FPS）、摇摆支座、踏步式支座、摩擦阻尼器等。

竖向隔震方法可以采用弹簧隔震支座，如图 1.5 所示。

1.1.2　耗能减振

耗能减振是通过采用附加子结构或一定的措施，以消耗结构振动能量。从能量的观点看，

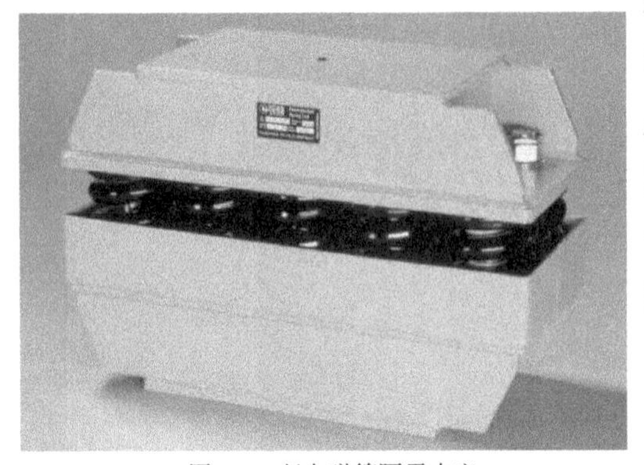

图 1.5　竖向弹簧隔震支座

耗能减振是通过耗能装置消耗掉一部分能量，使结构振动能量减小，从而减小主体结构的反应。从动力学观点看，耗能装置的作用是增大结构的阻尼，从而使主体结构的反应减小。耗能装置通常分为与位移或速度相关的耗能阻尼器和动力吸振器[7-22]。

1）金属屈服阻尼器

金属屈服阻尼器（Adding Damping and Stiffness，简称 ADAS）最早由 Kelly 等[9]提出并开展研究。金属屈服阻尼器多采用低碳钢和形状记忆合金等具有稳定的滞回曲线形状、长周期的可靠性、良好的低周疲劳特性，以及对外部环境温度变化具有不敏感性的材料制作。目前已提出了多种形式的软钢阻尼器，如 X 形和三角形阻尼器、中空菱形阻尼器、平面钢板阻尼器、剪切钢板阻尼器、圆环阻尼器、抛物线型阻尼器、分阶段屈服阻尼器等[10,11]。典型的 X 形金属屈服阻尼器和平面钢板阻尼器如图 1.6 所示。金属屈服阻尼器最早在新西兰[12]和日本应用到工程中，后来墨西哥和美国对已有建筑加固时采用了金属屈服阻尼器。迄今为止，国外采用软钢阻尼器的建筑已超过百幢，我国采用软钢阻尼器的实际工程较少。

a）X形金属屈服阻尼器

b）平面钢板阻尼器

图 1.6　X 形金属屈服阻尼器和平面钢板阻尼器（摘自常州容大结构减振股份有限公司网站）

2）摩擦阻尼器

摩擦阻尼器是利用两个固体表面有相对滑动摩擦产生热能的方式消耗振动能量。摩擦阻尼器在周期性荷载作用时产生类似库仑摩擦力的矩形滞回环，可更好地储存滞回能量，同时也便于结构动力分析。摩擦阻尼器常被设计成在强风和中等地震作用下不产生滑移，而在破坏性荷载作用下,阻尼器承受荷载达到主要结构构件产生屈服前的一个预定优化值时产生滑移。典型的摩擦阻尼器是 Pall 和 Marsh 提出的 X 形支撑式摩擦阻尼器[13]。国内吴斌等[14]开发了拟黏滞摩擦阻尼器,并对其进行了实验研究和数据分析,将摩擦阻尼器的线接触改为面接触,使其抗疲劳性能显著改善。目前,摩擦阻尼器在国内外都得到了应用,如加拿大康考迪亚大学的图书馆为抑制地震作用采用了 150 个 Pall 摩擦阻尼器[15],如图 1.7 所示。

3)黏弹性阻尼器

黏弹性阻尼器由两边的钢板和中间的黏弹性材料胶结而成,黏弹性材料通常由高分子聚合物或玻璃体类物质制成,通过黏弹性材料剪切变形达到耗能目的。典型的黏弹性阻尼器构造示意图如图 1.8 所示。黏弹性阻尼器最早应用于 1969 年。原美国世贸大厦南北双塔使用约 20000 个阻尼器进行风振控制。1995 年 Shen 等[16]利用黏弹性阻尼器对混凝土结构进行抗震加固。国内周云等[17]研究了不同温度、不同频率、不同应变幅值和不同黏弹性层厚度对黏弹性阻尼器的抗疲劳性能和极限变形的影响,并绘出了影响规律曲线。Paimeri 等[18]在采用黏弹性阻尼器对一座 25 层高层建筑的风致抖振进行振动控制时,考虑了黏弹性阻尼器对主体结构模态的影响。

图 1.7 Pall 摩擦阻尼器应用实例

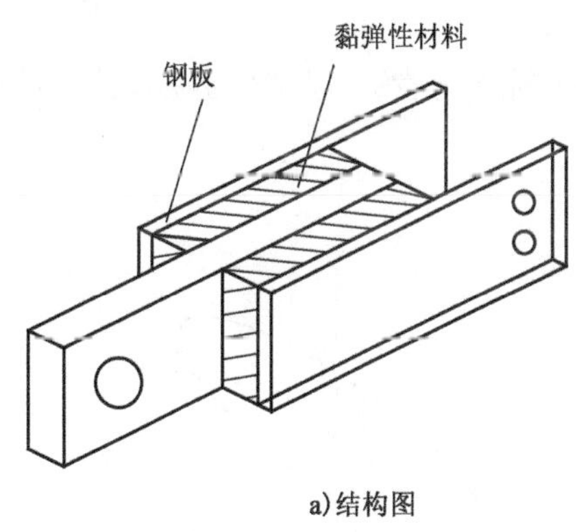

a)结构图

b)实物图

图 1.8 黏弹性阻尼器构造示意图

设在频率为 ω 的正弦荷载作用下,线性黏弹性材料的剪应变 γ 和剪应力 τ 也将以频率 ω 振动。表达式为

$$\gamma(t) = \gamma_0 \sin\omega t \tag{1.8}$$

$$\tau(t) = \tau_0 \sin(\omega t + \delta) \tag{1.9}$$

式中,γ_0 和 τ_0 分别为峰值剪应变和剪应力;δ 为滞后角。

正弦荷载激励下的应力、应变时程曲线如图 1.9 所示。

剪应力可以表示为

$$\tau(t) = \gamma_0[G'(\omega)\sin\omega t + G''(\omega)\cos\omega t] \tag{1.10}$$

$$G'(\omega) = \frac{\tau_0}{\gamma_0}\cos\delta \tag{1.11}$$

$$G''(\omega) = \frac{\tau_0}{\gamma_0}\sin\delta \tag{1.12}$$

$$\cos\omega t = \frac{1}{\gamma_0 G''(\omega)}[\tau(t) - G'(\omega)\gamma(t)] \tag{1.13}$$

联立方程可以求解应力-应变关系为

$$\tau(t) = G'(\omega)\gamma(t) \pm G''(\omega)\left[\gamma_0^2 - \gamma^2(t)\right]^{\frac{1}{2}} \tag{1.14}$$

应力-应变关系如图 1.10 所示。滞回曲线面积表示单位体积的黏弹性材料振动一周所耗散的能量，由下式求出

$$\begin{aligned} E_{\mathrm{H}} &= \int_0^{\frac{2\pi}{\omega}} \tau(t)\dot{\gamma}(t)\mathrm{d}t \\ &= \int_0^{\frac{2\pi}{\omega}} \gamma_0^2\omega\cos\omega t[G'(\omega)\sin\omega t + G''(\omega)\cos\omega t]\mathrm{d}t \\ &= \pi\gamma_0^2 G''(\omega) \end{aligned} \tag{1.15}$$

式中，剪应力的第一项 $G'(\omega)\sin\omega t$ 表示弹性模量的弹性部分；第二项 $G''(\omega)\cos\omega t$ 表示耗能分量。

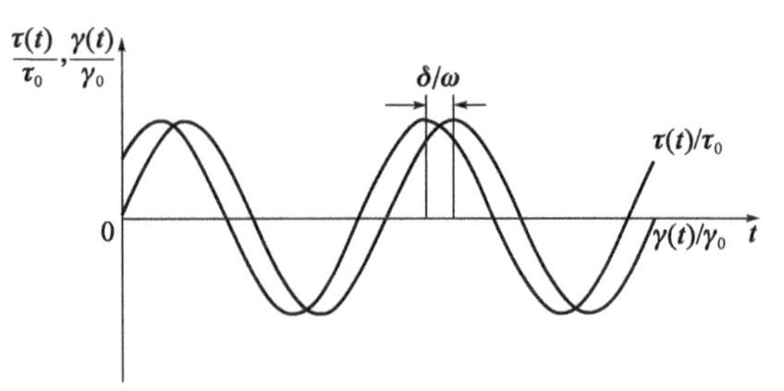

图 1.9 正弦荷载激励下的应力、应变时程曲线

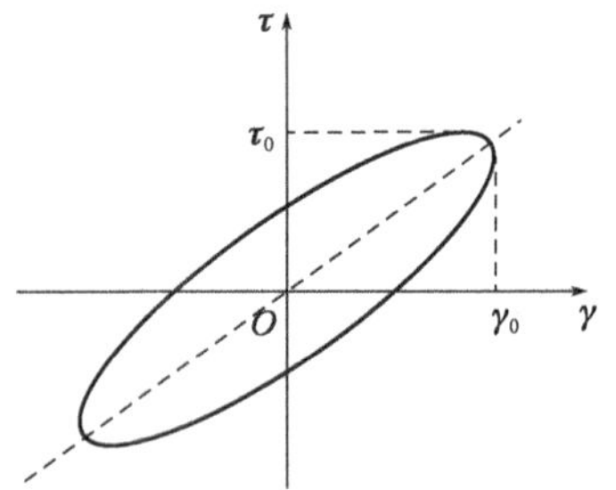

图 1.10 应力-应变关系图

简谐运动时

$$\tau(t) = G'(\omega)\gamma(t) + \frac{G''(\omega)}{\omega}\dot{\gamma}(t) \tag{1.16}$$

从式(1.16)可以看出，$G'(\omega)$ 代表弹性模量；$G''(\omega)$ 为阻尼材料的阻尼系数，其等效阻尼

比为

$$\xi = \frac{G''}{\omega}\left(\frac{\omega}{2G'(\omega)}\right) = \frac{1}{2}\frac{G''(\omega)}{G'(\omega)} \tag{1.17}$$

式中，$G'(\omega)$为黏弹性材料的剪力储存模量，是每振动一周储存和恢复能量的度量；$G''(\omega)$为剪力耗损模量，是每振动一周损耗能量的度量。

4)黏性液体阻尼器

黏性液体阻尼器已大量应用于土木工程结构中，图1.11为常州容大结构减振股份有限公司生产的黏性液体阻尼器构造图。黏性液体阻尼器由带孔的活塞和充满硅油类黏性油的活塞腔组成，当活塞运动时强迫液体通过小的阻尼孔，从而引起能量耗散。尤其当液体为纯黏性时，在相当宽的频率范围内阻尼器的输出力正比于活塞的速度，它们之间的关系可用经典的Maxwell模型来描述[19]。黏性液体阻尼器在实际工程中应用广泛，如斜拉桥拉索减振油阻尼器、主梁限位油阻尼器等，如图1.12所示。

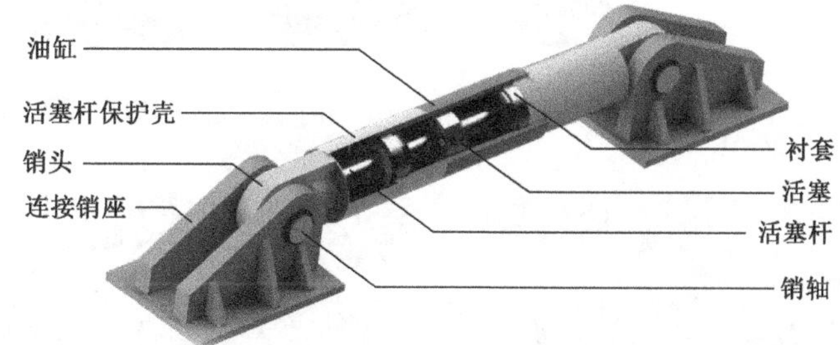

图1.11　黏性液体阻尼器构造

a)

b)

图1.12　黏性液体阻尼器应用

5)屈曲约束支撑

屈曲约束支撑(Buckling-restrained Brace，简称BRB)，也称约束支撑，是一种有效的耗能减振构件，轴向受力，无论受拉还是受压都能达到承载全截面屈服。较之传统的支撑构件，它具有更稳定的力学性能。BRB在承受压力和拉力的情况下，表现出相同的滞回性能和优良的耗能能力。这种特性使它具有双重结构功能,既能提供必要的抗侧刚度,又能增加结构阻尼,降低结构在罕见地震作用下的振动响应。BRB 的发明与应用解决了普通钢支撑容易发生失稳破坏的问题,使支撑结构在受拉和受压时性能一致。BRB 作为结构耗能元件,可起到类似"结构保险丝"的作用,为"以刚克刚"的传统抗震设计理念向"以柔克刚"的科学理念转化提供了行之有效的技术保障。混凝土约束型防屈曲耗能支撑的外约束有外包钢管混凝土型和外包钢筋混凝土型两种类型,核心受力单元主要有"一"字形钢、"十"字形角钢对焊钢、"工"字形钢和"T"形钢等。屈曲约束支撑构造如图 1.13 所示。美国、日本等许多国家和地区对其进行了大量的研究,开发、设计了多种适合不同结构型式的防屈曲耗能支撑,并在工程中得到了较广泛的应用,如图 1.14 所示。我国近几年来 BRB 发展迅速[20]。

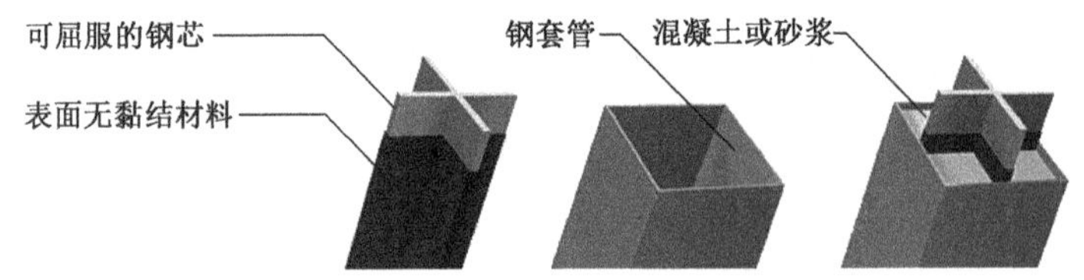

图 1.13 屈曲约束支撑构造图(摘自常州容大结构减振股份有限公司网站)

图 1.14 屈曲约束支撑(BRB)应用

6)调谐质量阻尼器

调谐质量阻尼器(Tuning Mass Damper,简称 TMD)属于被动耗能阻尼器中的动力吸振阻尼器,由一个附加弹簧和阻尼器的质量块构成,如图 1.15 所示。TMD 的工作原理源自 Frahm 研究的动力吸振阻尼器。随后 Den Hartog 研究了主系统中没有阻尼时,无阻尼和有阻尼动力吸振阻尼器的工作原理,并对系统参数的选取提出了建议[21]。Warburton 等[22]进一步用列表的方式给出了在特定质量比和结构阻尼比时最大动力放大因子、调谐频率比及吸振阻尼器阻尼比的优化值,并将多自由度系统通过模态分解,简化为单自由度系统进行模拟。TMD 在工程中已得到广泛应用,其减振机理与优化设计理论将在第 8 章详细论述。

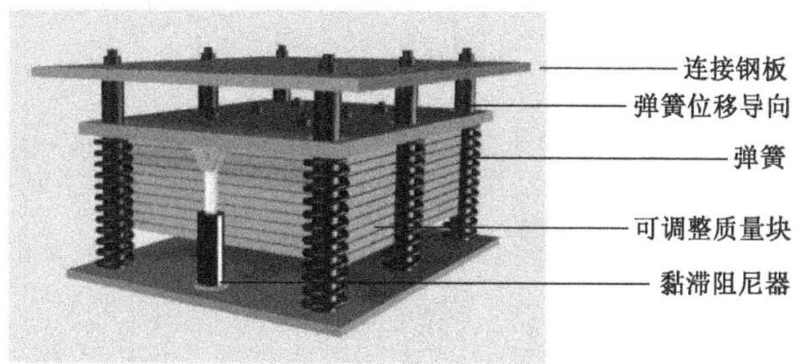

图 1.15 调谐质量阻尼器构造(摘自常州容大结构减振股份有限公司网站)

7)调谐液体阻尼器

调谐液体阻尼器(Tuned Liquid Damper,简称 TLD)属于另外一种常用的动力吸振阻尼器,由一个安装在结构上的盛有液体的水箱组成。TLD 对结构的控制力由液体随结构一起运动所产生的惯性力和液体运动时产生的黏滞力两部分组成。TLD 的减振作用与容器中液体的质量、频率、黏滞性及容器的尺寸等多种因素有关,调节这些参数就可以改变 TLD 的频率,获得优化的减振效果。TLD 频率与结构的自振频率接近时,TLD 中液体惯性力最大,即控制力最大,控制效果最佳。矩形 TLD 中水的固有频率可由下式确定

$$f_n = \frac{1}{2\pi}\sqrt{\frac{\pi g}{2L}(2n-1)\tanh\left[\frac{(2n-1)\pi h}{2L}\right]} \tag{1.18}$$

式中,h 为液体的深度;L 为 TLD 沿外荷载输入方向的边长;g 为重力加速度;n 为液体自振频率的阶数。

TLD 可通过改变其结构型式形成新的 TLD 系统,例如带格栅 TLD、调谐液柱阻尼器(Tuned Liquid Column Damper,简称 TLCD)、磁流变式 TLCD 等。图 1.16 给出了日本户田公园人行桥及其使用的 TLD 减振装置[23]。

图 1.16 日本户田公园人行桥及其 TLD 减振装置

针对磁流变式 TLCD 的专门研究将在第 5 章重点介绍。

1.2 结构主动控制

1972 年美籍华裔学者 Yao[1]第一次明确提出了土木工程结构控制的概念。30 多年来国内外学者在结构控制的理论、方法、实验和工程应用等方面取得了大量的研究成果。本节重点介绍结构主动控制原理及其主要控制算法,包括极点配置法[24]、线性二次型经典最优控制算法[25]、独立模态控制算法[26]、滑移模态控制等[27]。

1.2.1 结构主动控制原理

结构无控运动方程为

$$\boldsymbol{M}\ddot{\boldsymbol{X}}(t)+\boldsymbol{C}\dot{\boldsymbol{X}}(t)+\boldsymbol{K}\boldsymbol{X}(t)=\boldsymbol{D}_{\mathrm{s}}\boldsymbol{F}(t) \tag{1.19}$$

$$\boldsymbol{X}(t_0)=\boldsymbol{X}_0 \quad \dot{\boldsymbol{X}}(t_0)=\dot{\boldsymbol{X}}_0$$

式中,$\boldsymbol{M}$、$\boldsymbol{C}$、$\boldsymbol{K}$ 分别为系统质量、阻尼、刚度矩阵;$\boldsymbol{X}$、$\dot{\boldsymbol{X}}$、$\ddot{\boldsymbol{X}}$ 分别为系统位移、速度、加速度向量;$\boldsymbol{F}(t)$ 为外部激励;$\boldsymbol{D}_{\mathrm{s}}$ 为外部激励位置矩阵。

设结构上安装了 p 个控制装置,则运动方程为

$$\boldsymbol{M}\ddot{\boldsymbol{X}}(t)+\boldsymbol{C}\dot{\boldsymbol{X}}(t)+\boldsymbol{K}\boldsymbol{X}(t)=\boldsymbol{D}_{\mathrm{s}}\boldsymbol{F}(t)+\boldsymbol{B}_{\mathrm{s}}\boldsymbol{U}(t) \tag{1.20}$$

式中,$\boldsymbol{U}(t)\in\mathbf{R}^{p}$ 为作动器提供的控制力向量;$\boldsymbol{B}_{\mathrm{s}}\in\mathbf{R}^{n\times p}$ 为控制力位置矩阵。

定义状态变量

$$\boldsymbol{Z}(t)=\begin{bmatrix}\boldsymbol{X}(t)\\ \dot{\boldsymbol{X}}(t)\end{bmatrix} \tag{1.21}$$

则可得到如下状态方程

$$\dot{\boldsymbol{Z}}(t)=\boldsymbol{A}\boldsymbol{Z}(t)+\boldsymbol{B}\boldsymbol{U}(t)+\boldsymbol{D}\boldsymbol{F}(t) \tag{1.22}$$

式中

$$\boldsymbol{A}=\begin{bmatrix}\boldsymbol{0}_n & \boldsymbol{I}_n\\ -\boldsymbol{M}^{-1}\boldsymbol{K} & -\boldsymbol{M}^{-1}\boldsymbol{C}\end{bmatrix}_{2n\times 2n} \quad \boldsymbol{B}=\begin{bmatrix}\boldsymbol{0}_{n\times p}\\ \boldsymbol{M}^{-1}\boldsymbol{B}_{\mathrm{s}}\end{bmatrix}_{2n\times p} \quad \boldsymbol{D}=\begin{bmatrix}\boldsymbol{0}_{n\times p}\\ -\boldsymbol{M}^{-1}\boldsymbol{D}_{\mathrm{s}}\end{bmatrix}_{2n\times p}$$

结构主动控制需要实时观测系统的状态或输入干扰及控制力,系统输出方程为

$$\boldsymbol{Y}(t)=\boldsymbol{C}_0\boldsymbol{Z}(t)+\boldsymbol{B}_0\boldsymbol{U}(t)+\boldsymbol{D}_0\boldsymbol{F}(t) \tag{1.23}$$

土木工程结构在环境干扰下的控制问题用式(1.19)和式(1.23)两个方程描述。

结构主动控制是通过施加控制力改变结构状态,控制流程如图 1.17 所示。结构主动控制包括前馈和反馈,反馈控制有线性反馈、非线性反馈、自适用反馈和智能反馈等。

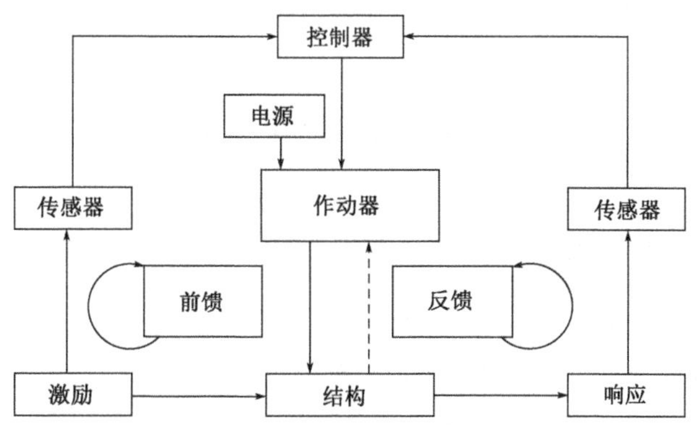

图 1.17 结构主动控制流程图

对于线性反馈控制,其控制力可表示为

$$\boldsymbol{U}(t) = -G_0\boldsymbol{F}(t) - G_1\boldsymbol{X}(t) - G_2\dot{\boldsymbol{X}}(t) - G_3\ddot{\boldsymbol{X}}(t) \tag{1.24}$$

式中,G_0、G_1、G_2、G_3 分别为外部干扰、位移、速度、加速度反馈增益。

将控制力代入受控运动方程,则有

$$(\boldsymbol{M} + \boldsymbol{B}_s G_3)\ddot{\boldsymbol{X}}(t) + (\boldsymbol{C} + \boldsymbol{B}_s G_2)\dot{\boldsymbol{X}}(t) + (\boldsymbol{K} + \boldsymbol{B}_s G_1)\boldsymbol{X}(t) = (\boldsymbol{D} - \boldsymbol{B}_s G_0)\boldsymbol{F}(t) \tag{1.25}$$

由式(1.25)可知,结构的主动控制是通过改变干扰、质量、阻尼或刚度等特性来实现的。

1.2.2 极点配置法

系统的极点就是系统矩阵 $\boldsymbol{A}$ 的特征值 λ,λ 与原结构模态频率 ω_j 和模态阻尼比 ξ_j 的关系为

$$\lambda_j^{1,2} = \beta \pm i\omega = -\xi_j\omega_j \pm i\omega_j\sqrt{1-\xi_j^2} \tag{1.26}$$

极点配置法的原理为:采用状态反馈或输出反馈改变系统的阻尼矩阵和刚度矩阵,从而改变系统的极点位置,获得期望的系统性能。

极点是系统的固有特性,与干扰无关,故状态方程和输出方程中可以不考虑外部干扰,即

$$\dot{\boldsymbol{Z}}(t) = \boldsymbol{A}\boldsymbol{Z}(t) + \boldsymbol{B}\boldsymbol{U}(t) \tag{1.27}$$

$$\boldsymbol{Y}(t) = \boldsymbol{C}_0\boldsymbol{Z}(t) \tag{1.28}$$

式中,$\boldsymbol{Y}(t)$ 为输出向量;$\boldsymbol{C}_0$ 为输出矩阵。

1)状态反馈的系统极点配置

设系统的控制输入为

$$\boldsymbol{U}(t) = -\boldsymbol{G}(t)\boldsymbol{Z}(t) \tag{1.29}$$

则有

$$\dot{\boldsymbol{Z}}(t) = (\boldsymbol{A} - \boldsymbol{B}\boldsymbol{G})\boldsymbol{Z}(t) \tag{1.30}$$

极点配置法就是确定状态增益矩阵 $\boldsymbol{G}$,使系统在控制作用下实现指定极点的配置。

对于式(1.30)描述的闭环系统,其特征方程为

$$\begin{aligned}\boldsymbol{\Delta}_{\mathrm{C}}(\lambda) &= |\lambda\boldsymbol{I}_n - (\boldsymbol{A} - \boldsymbol{BG})| = |(\lambda\boldsymbol{I}_n - \boldsymbol{A}) + \boldsymbol{BG}| \\ &= |(\lambda\boldsymbol{I}_n - \boldsymbol{A})[\boldsymbol{I}_n + (\lambda\boldsymbol{I}_n - \boldsymbol{A})^{-1}\boldsymbol{BG}]| \\ &= |\lambda\boldsymbol{I}_n - \boldsymbol{A}| \cdot |\boldsymbol{I}_n + (\lambda\boldsymbol{I}_n - \boldsymbol{A})^{-1}\boldsymbol{BG}| \\ &= |\lambda\boldsymbol{I}_n - \boldsymbol{A}| \cdot |\boldsymbol{I}_p + \boldsymbol{G}(\lambda\boldsymbol{I}_n - \boldsymbol{A})^{-1}\boldsymbol{B}| = 0 \end{aligned} \tag{1.31}$$

式中，$\boldsymbol{I}_p$ 为 $p \times p$ 单位矩阵。

对于开环系统(无控制)，有 $|\lambda_0\boldsymbol{I}_n - \boldsymbol{A}| = 0$，$\lambda_0$ 是开环系统的特征值。因闭环系统特征矩阵$(\boldsymbol{A} - \boldsymbol{BG})$的特征值 $\lambda \neq \lambda_0$，所以 $|\lambda\boldsymbol{I}_n - \boldsymbol{A}| \neq 0$，则有

$$|\boldsymbol{I}_p + \boldsymbol{G}(\lambda\boldsymbol{I}_n - \boldsymbol{A})^{-1}\boldsymbol{B}| = 0$$

一个矩阵的行列式等于零的充分条件是该矩阵存在零行或零列，选择 $\boldsymbol{G}$ 使得

$$\boldsymbol{e}_j + \boldsymbol{G}\boldsymbol{\varphi}_j(\lambda_j) = 0 \text{ 或 } \boldsymbol{G}\boldsymbol{\varphi}_j(\lambda_j) = -\boldsymbol{e}_j \tag{1.32}$$

式中

$$\boldsymbol{\varphi}(\lambda_j) = (\lambda_i - \boldsymbol{A})^{-1}\boldsymbol{B} \in \mathbf{R}^{n \times p} \tag{1.33}$$

$\boldsymbol{\varphi}_j(\lambda_j) \in \mathbf{R}^n$ 是 $\boldsymbol{\varphi}(\lambda_j)$的第 j 列；$\boldsymbol{e}_j \in \mathbf{R}^p$ 是单位矩阵 $\boldsymbol{I}_p$ 的第 j 列。

当$(\lambda_i\boldsymbol{I}_n - \boldsymbol{A})^{-1}$存在时，$\mathrm{rank}[(\lambda_i\boldsymbol{I}_n - \boldsymbol{A})^{-1}\boldsymbol{B}] = p$。如果 $\lambda_i(i = 1,2,\cdots,n)$是不同的特征值，那么在矩阵$[\boldsymbol{\phi}(\lambda_1) \quad \boldsymbol{\phi}(\lambda_2) \quad \cdots \quad \boldsymbol{\phi}(\lambda_n)] \in \mathbf{R}^{n \times np}$中总可以找到 n 个线性独立的列 $\boldsymbol{\phi}_{j1}(\lambda_1), \boldsymbol{\phi}_{j2}(\lambda_2), \cdots, \boldsymbol{\phi}_{jn}(\lambda_n)$，它们组成的方阵记为 $\boldsymbol{\Gamma}$，$\boldsymbol{\Gamma}$ 可逆。相应地，从单位矩阵 $\boldsymbol{I}_p$ 中选取 n 个列向量 $\boldsymbol{e}_{j1}, \boldsymbol{e}_{j2}, \cdots, \boldsymbol{e}_{jn}$组成矩阵 $\boldsymbol{e}$。于是，状态反馈增益矩阵可设计为

$$\boldsymbol{G} = -\boldsymbol{e}\boldsymbol{\Gamma}^{-1} \tag{1.34}$$

式中

$$\boldsymbol{\Gamma} = [\boldsymbol{\phi}_{j1}(\lambda_1) \quad \boldsymbol{\phi}_{j2}(\lambda_2) \quad \cdots \quad \boldsymbol{\phi}_{jn}(\lambda_n)] \in \mathbf{R}^{n \times n}; \boldsymbol{e} = [\boldsymbol{e}_{j1} \quad \boldsymbol{e}_{j2} \quad \cdots \quad \boldsymbol{e}_{jn}] \in \mathbf{R}^{n \times np}$$

2)输出反馈的系统极点配置

设系统的控制输入为

$$\boldsymbol{U}(t) = -\boldsymbol{G}'\boldsymbol{Y}(t) = -\boldsymbol{G}'\boldsymbol{C}_0\boldsymbol{Z}(t) \tag{1.35}$$

则

$$\dot{\boldsymbol{Z}}(t) = (\boldsymbol{A} - \boldsymbol{BG}'\boldsymbol{C}_0)\boldsymbol{Z}(t) \tag{1.36}$$

式(1.36)特征方程为

$$\begin{aligned}\boldsymbol{\Delta}_{\mathrm{C}}(\lambda) &= |\lambda\boldsymbol{I}_n - (\boldsymbol{A} - \boldsymbol{BG}'\boldsymbol{C}_0)| \\ &= |\lambda\boldsymbol{I}_n - \boldsymbol{A}| \cdot |\boldsymbol{I}_n + (\lambda\boldsymbol{I}_n - \boldsymbol{A})^{-1}\boldsymbol{BG}'\boldsymbol{C}_0| \\ &= |\lambda\boldsymbol{I}_n - \boldsymbol{A}| \cdot |\boldsymbol{I}_p + \boldsymbol{G}'\boldsymbol{C}_0(\lambda\boldsymbol{I}_n - \boldsymbol{A})^{-1}\boldsymbol{B}| \\ &= |\lambda\boldsymbol{I}_n - \boldsymbol{A}| \cdot |\boldsymbol{I}_p + \boldsymbol{G}'\boldsymbol{\varphi}'(\lambda)| = 0 \end{aligned} \tag{1.37}$$

式中

$$\boldsymbol{\varphi}'(\lambda) = \boldsymbol{C}_0(\lambda \boldsymbol{I}_n - \boldsymbol{A})^{-1}\boldsymbol{B} \in \mathbf{R}^{m\times p} \tag{1.38}$$

设开环系统与闭环系统的特征值不相等,则有$|\lambda \boldsymbol{I}_n - \boldsymbol{A}| \neq 0$,故

$$|\boldsymbol{I}_p + \boldsymbol{G}'\boldsymbol{\varphi}'(\lambda)| = 0 \tag{1.39}$$

设$\lambda_i(i=1,2,\cdots,n)$是闭环系统的$n$个不相等的特征值,则

$$[\boldsymbol{\varphi}'(\lambda_1) \quad \boldsymbol{\varphi}'(\lambda_2) \quad \cdots \quad \boldsymbol{\varphi}'(\lambda_n)] \in \mathbf{R}^{m\times np} \tag{1.40}$$

从式(1.40)的矩阵中找出m个列构成非奇异矩阵,记为$\boldsymbol{\Gamma}_1$,即

$$\boldsymbol{\Gamma}_1 = [\phi'_{j1}(\lambda_1) \quad \phi'_{j2}(\lambda_2) \quad \cdots \quad \phi'_{jm}(\lambda_m)] \tag{1.41}$$

从单位矩阵$\boldsymbol{I}_p$中找出m个列构成矩阵,记为$\boldsymbol{\varepsilon}$,即

$$\boldsymbol{\varepsilon} = [e_{j1} \quad e_{j2} \quad \cdots \quad e_{jm}] \tag{1.42}$$

则输出反馈增益矩阵可设计为

$$\boldsymbol{G}' = -\boldsymbol{\varepsilon}\boldsymbol{\Gamma}_1^{-1} \tag{1.43}$$

1.2.3 线性二次型经典最优控制

线性二次型经典最优控制(Linear Quadratic Regulator,简称 LQR)法是选择系统的状态向量与控制作用组合的二次型性能指标作为目标函数,并通过使在一定约束条件下的目标函数为最小而求得最优控制力。

不考虑外部干扰,受控线性定常系统的状态方程和输出方程为

$$\dot{\boldsymbol{Z}}(t) = \boldsymbol{A}\boldsymbol{Z}(t) + \boldsymbol{B}\boldsymbol{U}(t) \quad \boldsymbol{Z}(t_0) = \boldsymbol{Z}_0 \tag{1.44}$$

$$\boldsymbol{Y}(t) = \boldsymbol{C}_0\boldsymbol{Z}(t) \tag{1.45}$$

定义系统二次型性能泛函为

$$J = \frac{1}{2}\int_{t_0}^{\infty}[\boldsymbol{Z}^{\mathrm{T}}(t)\boldsymbol{Q}\boldsymbol{Z}(t) + \boldsymbol{U}^{\mathrm{T}}(t)\boldsymbol{R}\boldsymbol{U}(t)]\mathrm{d}t \tag{1.46}$$

式中,$\boldsymbol{Q}$是状态向量权矩阵,为$n\times n$半正定矩阵;$\boldsymbol{R}$是控制力向量矩阵,为$p\times p$正定矩阵。

LQR 法就是通过调整$\boldsymbol{Q}$、$\boldsymbol{R}$矩阵系数大小,在满足状态方程等约束条件下,选择合适的增益矩阵,使二次型性能指标J最小来确定最优控制力。式(1.46)中,第一项为结构反应的能量,反映了结构本身运动的贡献,体现结构的安全性;第二项为控制力所做的功即控制系统输入结构的能量,反映的是控制器作用的贡献,体现了控制系统的经济性。通过协调二者之间的关系可以调整结构反应与控制力两者之间的相对重要程度。一般来说,$\boldsymbol{Q}$越大,受控结构反应越小,控制效果越好;$\boldsymbol{R}$越大,则控制输入越小,控制效果越差。

LQR 法的数学模型可以表示为

$$\left.\begin{aligned}
&\text{求 } \boldsymbol{U}(t) \quad (t_0 \leqslant t < \infty)\\
&\text{使 } J = \frac{1}{2}\int_{t_0}^{\infty}[\boldsymbol{Z}^{\mathrm{T}}(t)\boldsymbol{Q}\boldsymbol{Z}(t) + \boldsymbol{U}^{\mathrm{T}}(t)\boldsymbol{R}\boldsymbol{U}(t)]\mathrm{d}t \to \min\\
&\text{满足约束条件 } \dot{\boldsymbol{Z}}(t) = \boldsymbol{A}\boldsymbol{Z}(t) + \boldsymbol{B}\boldsymbol{U}(t) \quad \boldsymbol{Z}(t_0) = \boldsymbol{Z}_0
\end{aligned}\right\} \tag{1.47}$$

式(1.47)表示的是带约束条件的优化问题,采用拉格朗日乘子法。引入拉格朗日函数 L 为

$$L = \int_{t_0}^{\infty} \left[\frac{1}{2}(\boldsymbol{Z}^{\mathrm{T}}\boldsymbol{QZ} + \boldsymbol{U}^{\mathrm{T}}\boldsymbol{RU}) + \boldsymbol{\lambda}^{\mathrm{T}}(\boldsymbol{AZ} + \boldsymbol{BU} - \dot{\boldsymbol{Z}})\right]\mathrm{d}t \tag{1.48}$$

则式(1.47)描述的最优控制问题转化为无条件约束的泛函极值问题,即求

$$\left.\begin{array}{l} \boldsymbol{U}(t) \quad (t_0 \leqslant t < \infty) \\ \min L \end{array}\right\} \tag{1.49}$$

定义标量函数

$$H(\boldsymbol{Z},\boldsymbol{U},\boldsymbol{\lambda},t) = \frac{1}{2}(\boldsymbol{Z}^{\mathrm{T}}\boldsymbol{QZ} + \boldsymbol{U}^{\mathrm{T}}\boldsymbol{RU}) + \boldsymbol{\lambda}^{\mathrm{T}}(\boldsymbol{AZ} + \boldsymbol{BU}) \tag{1.50}$$

则

$$L = \int_{t_0}^{\infty} [H(\boldsymbol{Z},\boldsymbol{U},\boldsymbol{\lambda},t) - \boldsymbol{\lambda}^{\mathrm{T}}\dot{\boldsymbol{Z}}]\,\mathrm{d}t \tag{1.51}$$

对 L 最后一项进行分部积分

$$\int_{t_0}^{\infty} \boldsymbol{\lambda}^{\mathrm{T}}\dot{\boldsymbol{Z}}\mathrm{d}t = \boldsymbol{\lambda}^{\mathrm{T}}\boldsymbol{Z}\big|_{t_0}^{\infty} - \int_{t_0}^{\infty} \dot{\boldsymbol{\lambda}}^{\mathrm{T}}\boldsymbol{Z}\mathrm{d}t \tag{1.52}$$

代入式(1.51)得

$$L = \int_{t_0}^{\infty} [H(\boldsymbol{Z},\boldsymbol{U},\boldsymbol{\lambda},t) + \dot{\boldsymbol{\lambda}}^{\mathrm{T}}\boldsymbol{Z}]\,\mathrm{d}t - \boldsymbol{\lambda}^{\mathrm{T}}\boldsymbol{Z}\big|_{t_0}^{\infty} \tag{1.53}$$

应用变分法,有

$$\delta L_Z = \delta\boldsymbol{Z}^{\mathrm{T}}\frac{\partial L}{\partial \boldsymbol{Z}} = \int_{t_0}^{\infty} \delta\boldsymbol{Z}^{\mathrm{T}}\left(\frac{\partial H}{\partial \boldsymbol{Z}} + \dot{\boldsymbol{\lambda}}\right)\mathrm{d}t - \delta\boldsymbol{Z}^{\mathrm{T}}\boldsymbol{\lambda}\big|_{t_0}^{\infty} \tag{1.54}$$

$$\delta L_U = \delta\boldsymbol{U}^{\mathrm{T}}\frac{\partial L}{\partial \boldsymbol{U}} = \int_{t_0}^{\infty} \delta\boldsymbol{U}^{\mathrm{T}}\frac{\partial H}{\partial \boldsymbol{U}}\mathrm{d}t \tag{1.55}$$

$$\delta L_{\lambda} = \delta\boldsymbol{\lambda}^{\mathrm{T}}\frac{\partial L}{\partial \boldsymbol{\lambda}} = \int_{t_0}^{\infty} \delta\boldsymbol{\lambda}^{\mathrm{T}}\left(\frac{\partial H}{\partial \boldsymbol{\lambda}} - \dot{\boldsymbol{Z}}\right)\mathrm{d}t \tag{1.56}$$

$$\begin{aligned} \delta L &= \delta L_U + \delta L_Z + \delta L_{\lambda} \\ &= \int_{t_0}^{\infty} \left[\delta\boldsymbol{Z}^{\mathrm{T}}\left(\frac{\partial H}{\partial \boldsymbol{Z}} + \dot{\boldsymbol{\lambda}}\right) + \delta\boldsymbol{U}^{\mathrm{T}}\frac{\partial H}{\partial \boldsymbol{U}} + \delta\boldsymbol{\lambda}^{\mathrm{T}}\left(\frac{\partial H}{\partial \boldsymbol{\lambda}} - \dot{\boldsymbol{Z}}\right)\right]\mathrm{d}t - \delta\boldsymbol{Z}^{\mathrm{T}}\boldsymbol{\lambda}\big|_{t_0}^{\infty} \end{aligned} \tag{1.57}$$

因为极小值存在的必要条件为 $\delta L = 0$,所以得到

$$\frac{\partial H}{\partial \boldsymbol{Z}} + \dot{\boldsymbol{\lambda}} = 0 \tag{1.58}$$

$$\frac{\partial H}{\partial \boldsymbol{U}} = 0 \tag{1.59}$$

$$\frac{\partial H}{\partial \boldsymbol{\lambda}} - \dot{\boldsymbol{Z}} = 0 \tag{1.60}$$

$$\delta \boldsymbol{Z}^{\mathrm{T}} \lambda \big|_{t_0}^{\infty} = 0 \tag{1.61}$$

由于初始端固定，故有$\delta \boldsymbol{Z}^{\mathrm{T}}\big|_{t_0}=0$。当 $t\to\infty$ 时，$\delta \boldsymbol{Z}\neq 0$，有

$$\boldsymbol{\lambda}(t)\big|_{t=\infty} = 0 \tag{1.62}$$

将式(1.50)代入式(1.59)，得

$$\frac{\partial H}{\partial \boldsymbol{U}} = \boldsymbol{R}\boldsymbol{U} + \boldsymbol{B}^{\mathrm{T}}\boldsymbol{\lambda} = 0 \tag{1.63}$$

由于 $\boldsymbol{R}$ 正定，于是有

$$\boldsymbol{U}(t) = -\boldsymbol{R}^{-1}\boldsymbol{B}^{\mathrm{T}}\boldsymbol{\lambda}(t) \tag{1.64}$$

为了实现状态反馈，设

$$\boldsymbol{\lambda}(t) = \boldsymbol{P}(t)\boldsymbol{Z}(t) \tag{1.65}$$

式中，$\boldsymbol{P}(t)\in \mathbf{R}^{n\times n}$，于是得

$$\boldsymbol{U}(t) = -\boldsymbol{R}^{-1}\boldsymbol{B}^{\mathrm{T}}\boldsymbol{P}(t)\boldsymbol{Z}(t) = -\boldsymbol{G}\boldsymbol{Z}(t) \tag{1.66}$$

$$\boldsymbol{G} = \boldsymbol{R}^{-1}\boldsymbol{B}^{\mathrm{T}}\boldsymbol{P}(t) \tag{1.67}$$

式中，$\boldsymbol{G}\in \mathbf{R}^{n\times n}$是最优状态反馈增益矩阵。由于 $\boldsymbol{R}$、$\boldsymbol{B}$ 均为已知，所以求最优控制力 $\boldsymbol{U}(t)$ 归结为求解矩阵 $\boldsymbol{P}(t)$。

由式(1.58)得

$$\dot{\boldsymbol{\lambda}}(t) = -\frac{\partial H}{\partial \boldsymbol{Z}} = -\boldsymbol{Q}\boldsymbol{Z} - \boldsymbol{A}^{\mathrm{T}}\boldsymbol{\lambda} \tag{1.68}$$

由式(1.65)和式(1.68)得

$$\dot{\boldsymbol{\lambda}}(t) = \dot{\boldsymbol{P}}(t)\boldsymbol{Z}(t) + \boldsymbol{P}(t)\dot{\boldsymbol{Z}}(t) = -\boldsymbol{Q}\boldsymbol{Z} - \boldsymbol{A}^{\mathrm{T}}\boldsymbol{\lambda} = -[\boldsymbol{Q} + \boldsymbol{A}^{\mathrm{T}}\boldsymbol{P}(t)]\boldsymbol{Z}(t) \tag{1.69}$$

将式(1.44)代入式(1.69)，有

$$\dot{\boldsymbol{P}}(t)\boldsymbol{Z}(t) + \boldsymbol{P}(t)[\boldsymbol{A} - \boldsymbol{B}\boldsymbol{R}^{-1}\boldsymbol{B}^{\mathrm{T}}\boldsymbol{P}(t)]\boldsymbol{Z}(t) = -[\boldsymbol{Q} + \boldsymbol{A}^{\mathrm{T}}\boldsymbol{P}(t)]\boldsymbol{Z}(t) \tag{1.70}$$

由于 $\boldsymbol{Z}(t)$ 的任意性，因此

$$\dot{\boldsymbol{P}}(t) = -\boldsymbol{P}(t)\boldsymbol{A} + \boldsymbol{P}(t)\boldsymbol{B}\boldsymbol{R}^{-1}\boldsymbol{B}^{\mathrm{T}}\boldsymbol{P}(t) - \boldsymbol{Q} - \boldsymbol{A}^{\mathrm{T}}\boldsymbol{P}(t) \tag{1.71}$$

式(1.71)称为 Riccati 方程，$\boldsymbol{P}(t)$称为 Riccati 矩阵函数。Riccati 方程是一个非线性的矩阵微分方程。

按照控制的意义，当 $t\to\infty$ 时系统状态无限接近零状态，但不是零状态。这样，由式(1.62)和式(1.65)得到

$$\boldsymbol{P}(t)\big|_{t=\infty} = 0 \tag{1.72}$$

这就是式(1.71)求解 $\boldsymbol{P}(t)$ 时应满足的边界条件。

将式(1.71)和式(1.72)各项转置，考虑到权矩阵 $\boldsymbol{Q}$ 和 $\boldsymbol{R}$ 的对称性，得

$$\dot{\boldsymbol{P}}^{\mathrm{T}}(t) = -\boldsymbol{A}^{\mathrm{T}}\boldsymbol{P}^{\mathrm{T}}(t) - \boldsymbol{P}^{\mathrm{T}}(t)\boldsymbol{A} + \boldsymbol{P}^{\mathrm{T}}(t)\boldsymbol{B}\boldsymbol{R}^{-1}\boldsymbol{B}^{\mathrm{T}}\boldsymbol{P}^{\mathrm{T}}(t) - \boldsymbol{Q} \tag{1.73}$$

$$\boldsymbol{P}^{\mathrm{T}}(t)\big|_{t=\infty} = 0 \tag{1.74}$$

可见，$\boldsymbol{P}^{\mathrm{T}}(t)$ 和 $\boldsymbol{P}(t)$ 是满足同一边界条件的 Riccati 方程的解。根据解的唯一性可知 $\boldsymbol{P}^{\mathrm{T}}(t)=\boldsymbol{P}(t)$，即 $\boldsymbol{P}(t)$ 是对称矩阵。

在式(1.72)的条件下，可以采用多种数值分析方法求解 Riccati 方程(1.71)。在条件 $\boldsymbol{P}(t)\big|_{t=t_{\mathrm{f}}}=0$($t_{\mathrm{f}}$ 为足够大的有限时间)下求解 Riccati 方程(1.71)。首先从 $t=t_{\mathrm{f}}=\infty$ 开始，以 Δt 为步长，沿 t 减小方向积分，直到 $t=t_0$。计算结果表明，Riccati 矩阵各元素 $p_{ij}(i,j=1,2,\cdots,n)$ 随时间的变化情况如图 1.18 所示。

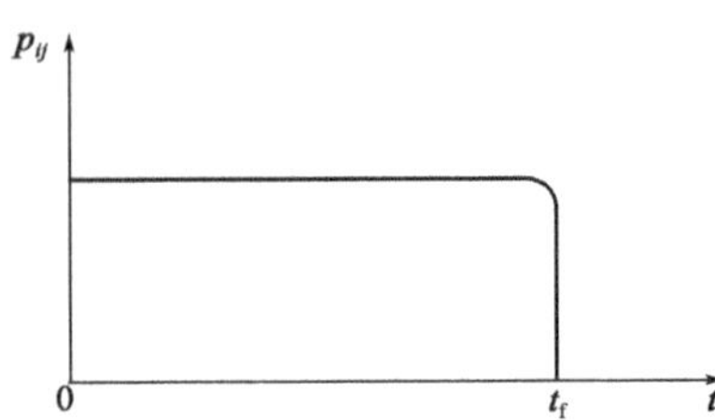

图 1.18　Riccati 矩阵元素 p_{ij} 随时间变化规律图

p_{ij} 在 t_0 以后相当长的时间内不变化，在接近于 t_{f} 时，迅速变化为零。由 Riccati 矩阵各元素的这种变化性质可知，对于 $t_{\mathrm{f}}=\infty$ 时的所谓无限时间最优控制，有 $\dot{\boldsymbol{P}}(t)=0$，而 $\boldsymbol{P}(t)=\boldsymbol{P}$。$\boldsymbol{P}$ 是如下形式的 Riccati 矩阵代数方程的解

$$-\boldsymbol{PA}-\boldsymbol{A}^{\mathrm{T}}\boldsymbol{P}+\boldsymbol{PBR}^{-1}\boldsymbol{B}^{\mathrm{T}}\boldsymbol{P}-\boldsymbol{Q}=0 \tag{1.75}$$

此时，式(1.66)、式(1.67)成为

$$\boldsymbol{U}(t)=-\boldsymbol{R}^{-1}\boldsymbol{B}^{\mathrm{T}}\boldsymbol{PZ}(t) \tag{1.76}$$

即

$$\boldsymbol{U}(t)=-\boldsymbol{GZ}(t) \tag{1.77}$$

$$\boldsymbol{G}=\boldsymbol{R}^{-1}\boldsymbol{B}^{\mathrm{T}}\boldsymbol{P} \tag{1.78}$$

把式(1.76)代入状态方程式(1.44)，得

$$\dot{\boldsymbol{Z}}(t)=(\boldsymbol{A}-\boldsymbol{BR}^{-1}\boldsymbol{B}^{\mathrm{T}}\boldsymbol{P})\boldsymbol{Z}(t) \tag{1.79}$$

因此，在 $t_{\mathrm{f}}=\infty$ 时的所谓无限时间最优控制是全状态反馈，形成的闭环系统是定常系统。

关于线性二次型经典最优控制的讨论如下：

①充分条件。为求得线性二次型经典最优控制得以实现的充分条件，必须使性能指标 J 的二次变分大于零，即

$$\delta^2 J=\frac{1}{2}\int_{t_0}^{\infty}[\delta\boldsymbol{Z}^{\mathrm{T}}(t)\boldsymbol{Q}(t)\delta\boldsymbol{Z}(t)+\delta\boldsymbol{U}^{\mathrm{T}}(t)\boldsymbol{R}(t)\delta\boldsymbol{U}(t)]\mathrm{d}t>0 \tag{1.80}$$

显然，要使 $\delta^2 J>0$，$\boldsymbol{Q}$、$\boldsymbol{R}$ 等必须至少为半正定矩阵；同时由式(1.66)可见，$\boldsymbol{R}$ 必须是可逆的。因此充分条件可归纳为：$\boldsymbol{R}$ 是正定的，$\boldsymbol{Q}$ 至少是半正定的。

②受控系统的稳定性讨论。已知系统的状态方程为式(1.44)，二次型性能指标为

$$J=\frac{1}{2}\int_{t_0}^{\infty}[\boldsymbol{Z}^{\mathrm{T}}(t)\boldsymbol{QZ}(t)+\boldsymbol{U}^{\mathrm{T}}(t)\boldsymbol{RU}(t)]\mathrm{d}t \tag{1.81}$$

按其达到最小，得到的控制规律为

$$\boldsymbol{U}(t)=-\boldsymbol{R}^{-1}\boldsymbol{B}^{\mathrm{T}}\boldsymbol{PZ}(t) \tag{1.82}$$

则有

$$\frac{\mathrm{d}}{\mathrm{d}t}(\boldsymbol{Z}^{\mathrm{T}}\boldsymbol{P}\boldsymbol{Z}) = \dot{\boldsymbol{Z}}^{\mathrm{T}}\boldsymbol{P}\boldsymbol{Z} + \boldsymbol{Z}^{\mathrm{T}}\boldsymbol{P}\dot{\boldsymbol{Z}} + \boldsymbol{Z}^{\mathrm{T}}\dot{\boldsymbol{P}}\boldsymbol{Z} \tag{1.83}$$

考虑到 $\dot{\boldsymbol{P}}(t)=0$ 和控制规律得

$$\begin{aligned}\frac{\mathrm{d}}{\mathrm{d}t}(\boldsymbol{Z}^{\mathrm{T}}\boldsymbol{P}\boldsymbol{Z}) &= \dot{\boldsymbol{Z}}^{\mathrm{T}}\boldsymbol{P}\boldsymbol{Z} + \boldsymbol{Z}^{\mathrm{T}}\boldsymbol{P}\dot{\boldsymbol{Z}} \\ &= (\boldsymbol{A}\boldsymbol{Z} + \boldsymbol{B}\boldsymbol{U})^{\mathrm{T}}\boldsymbol{P}\boldsymbol{Z} + \boldsymbol{Z}^{\mathrm{T}}\boldsymbol{P}(\boldsymbol{A}\boldsymbol{Z} + \boldsymbol{B}\boldsymbol{U}) \\ &= \boldsymbol{Z}^{\mathrm{T}}(\boldsymbol{A}^{\mathrm{T}}\boldsymbol{P} + \boldsymbol{P}\boldsymbol{A} - 2\boldsymbol{P}\boldsymbol{B}\boldsymbol{R}^{-1}\boldsymbol{B}^{\mathrm{T}}\boldsymbol{P})\boldsymbol{Z} \\ &= -\boldsymbol{Z}^{\mathrm{T}}\boldsymbol{Q}\boldsymbol{Z} - \boldsymbol{U}^{\mathrm{T}}\boldsymbol{R}\boldsymbol{U}\end{aligned} \tag{1.84}$$

已知 $\boldsymbol{R}$ 是正定矩阵,$\boldsymbol{Q}$ 至少是半正定矩阵,因此式(1.84)右端必为负。可用 Riccati 方程求得矩阵 $\boldsymbol{P}$ 所构成的函数 $\boldsymbol{Z}^{\mathrm{T}}\boldsymbol{P}\boldsymbol{Z}$ 作为 Lyapunov 函数。因此,不论被控系统原来的稳定性如何,最优控制建立的闭环系统是渐进稳定的。

性能泛函的最优值

$$\begin{aligned}J &= \frac{1}{2}\int_{t_0}^{\infty}[\boldsymbol{Z}^{\mathrm{T}}(t)\boldsymbol{Q}\boldsymbol{Z}(t) + \boldsymbol{U}^{\mathrm{T}}(t)\boldsymbol{R}\boldsymbol{U}(t)]\mathrm{d}t \\ &= -\frac{1}{2}\boldsymbol{Z}^{\mathrm{T}}\boldsymbol{P}\boldsymbol{Z}\Big|_{t_0}^{\infty} \\ &= \frac{1}{2}\boldsymbol{Z}^{\mathrm{T}}(t_0)\boldsymbol{P}\boldsymbol{Z}(t_0) > 0\end{aligned} \tag{1.85}$$

同时也证明了 $\boldsymbol{P}$ 是正定矩阵。

③外部激励。由于该算法在推导过程中忽略了外部激励,即假定外部激励为零或零均值平稳白噪声过程,因此由经典线性二次型最优控制算法得到的结果从严格意义上来讲并不是最优的,但数据分析表明,该算法仍是有效的、可行的。另外,该算法由于需要求解 Riccati 矩阵代数方程,计算量较大,不适合自由度很大的结构体系。

对式(1.66)中的控制增益矩阵 $\boldsymbol{G}$ 进行变形,并且代入状态向量 $\boldsymbol{Z}$,式(1.66)可以表示为

$$\boldsymbol{U}(t) = -\boldsymbol{G}\boldsymbol{Z}(t) = [-\boldsymbol{K}_G \quad -\boldsymbol{C}_G]\begin{bmatrix}\boldsymbol{x} \\ \dot{\boldsymbol{x}}\end{bmatrix} = -\boldsymbol{K}_G\boldsymbol{x} - \boldsymbol{C}_G\dot{\boldsymbol{x}} \tag{1.86}$$

从式(1.86)可以看出,经典线性二次型最优控制算法的实质是改变受控结构的刚度矩阵和阻尼矩阵,使得结构的响应减小。

土木工程结构在环境干扰下的控制问题可用状态方程表示为

$$\dot{\boldsymbol{Z}}(t) = \boldsymbol{A}\boldsymbol{Z}(t) + \boldsymbol{B}\boldsymbol{U}(t) + \boldsymbol{D}\boldsymbol{F}(t)\boldsymbol{Z}(t_0) = \boldsymbol{Z}_0 \tag{1.87}$$

仍然采用式(1.46)定义的系统性能泛函。土木工程结构最优控制问题与前述系统最优控制问题的数学模型相同,区别在于应满足的约束方程,在这里用式(1.87)代替式(1.24)。

重复前面的推导过程,可以得到式(1.86)所示的最优控制力,但其中 Riccati 方程为

$$(\dot{\boldsymbol{P}} + \boldsymbol{P}\boldsymbol{A} + \boldsymbol{A}^{\mathrm{T}}\boldsymbol{P} - \boldsymbol{P}\boldsymbol{B}\boldsymbol{R}^{-1}\boldsymbol{B}^{\mathrm{T}}\boldsymbol{P} + \boldsymbol{Q})\boldsymbol{Z} + \boldsymbol{P}\boldsymbol{D}\boldsymbol{F} = 0 \tag{1.88}$$

$$\boldsymbol{P}(t_f) = 0 \tag{1.89}$$

式中,包含环境干扰 $\boldsymbol{F}(t)$ 项。在 $\boldsymbol{F}(t)$ 已知的情况下,方程(1.88)可与方程式(1.87)联立求解,但过于麻烦,不便于应用。为此,一般假定 $\boldsymbol{F}(t)=0$,从而推导出 Riccati 方程式(1.71)及式(1.75),于是系统的最优控制力仍可简化为式(1.76)的计算式。

总之,目前土木工程结构最优控制问题的研究都应用前述的最优控制理论和方法,在假定环境干扰 $\boldsymbol{F}(t)=0$ 的条件下得到与系统状态最优控制问题完全相同的公式和结论。由于在推导中假设环境干扰 $\boldsymbol{F}(t)=0$,其结果对土木工程结构最优控制来说并不是最优的,其实质仅为一种近似最优控制。

1.2.4 独立模态控制

从振动理论知,系统或结构的振动可以置于模态空间来考察,在时域内无限自由度系统的振动通常可以用其低阶自由度系统在模态空间内的振动近似地描述。这样,对无限自由度系统的振动控制可转化为对在模态空间内少量几个模态的振动控制,亦即控制模态。这种方法称为模态控制法,其可分为模态耦合控制法与独立模态空间控制法两种。后者可实现对所需控制模态的独立控制,不影响其他未控的模态,具有易设计的优点,目前已成为模态控制中的一个主流方法。

针对受控结构的运动方程

$$\left.\begin{aligned} \boldsymbol{M}\ddot{\boldsymbol{X}}(t) + \boldsymbol{C}\dot{\boldsymbol{X}}(t) + \boldsymbol{K}\boldsymbol{X}(t) &= \boldsymbol{B}_s\boldsymbol{U}(t) \\ \boldsymbol{X}(t_0) = \boldsymbol{X}_0 \quad \dot{\boldsymbol{X}}(t_0) &= \dot{\boldsymbol{X}}_0 \end{aligned}\right\} \tag{1.90}$$

假设系统阻尼矩阵 $\boldsymbol{C}$ 关于模态矩阵 $\boldsymbol{\Phi}$ 正交,并用 $\boldsymbol{\Phi}$ 表示系统无阻尼模态(振型)矩阵。应用模态转换

$$\boldsymbol{X}(t) = \boldsymbol{\Phi}\boldsymbol{q}(t) \tag{1.91}$$

式中,$\boldsymbol{q}(t)=[q_1(t) \quad q_2(t) \quad \cdots \quad q_n(t)]^{\mathrm{T}}$ 是系统的广义模态坐标向量。

将式(1.91)代入方程式(1.90),然后左乘 $\boldsymbol{\Phi}^{\mathrm{T}}$,则得到广义模态坐标运动方程

$$\boldsymbol{M}^*\ddot{\boldsymbol{q}}(t) + \boldsymbol{C}^*\dot{\boldsymbol{q}}(t) + \boldsymbol{K}^*\boldsymbol{q}(t) = \boldsymbol{U}^*(t) \tag{1.92}$$

式中

$$\left.\begin{aligned} \boldsymbol{M}^* &= \mathrm{diag}[M_i^*] = \boldsymbol{\Phi}^{\mathrm{T}}\boldsymbol{M}\boldsymbol{\Phi} \\ \boldsymbol{C}^* &= \mathrm{diag}[C_i^*] = \boldsymbol{\Phi}^{\mathrm{T}}\boldsymbol{C}\boldsymbol{\Phi} \\ \boldsymbol{K}^* &= \mathrm{diag}[K_i^*] = \boldsymbol{\Phi}^{\mathrm{T}}\boldsymbol{K}\boldsymbol{\Phi} \end{aligned}\right\} \tag{1.93}$$

$$\boldsymbol{U}^*(t) = \boldsymbol{\Phi}^{\mathrm{T}}\boldsymbol{B}_s\boldsymbol{U}(t) = \boldsymbol{L}\boldsymbol{U}(t) \tag{1.94}$$

式中,$\boldsymbol{L}=\boldsymbol{\Phi}^{\mathrm{T}}\boldsymbol{B}_s$ 是 $n\times p$ 矩阵,其中 p 是控制器数目。

由于 $\boldsymbol{M}^*$、$\boldsymbol{C}^*$ 和 $\boldsymbol{K}^*$ 都是对角矩阵,因此方程(1.92)是关于广义坐标向量 $\boldsymbol{q}(t)$ 的解耦方程。

假定仅只考虑 n_c 个广义模态坐标($n_c < n$),并在相应的矩阵和向量下用下标 c 标记,则式(1.92)、式(1.91)和式(1.94)可以分别表示为

$$\boldsymbol{M}_c^* \ddot{\boldsymbol{q}}_c(t) + \boldsymbol{C}_c^* \dot{\boldsymbol{q}}_c(t) + \boldsymbol{K}_c^* \boldsymbol{q}_c(t) = \boldsymbol{U}_c^*(t) \tag{1.95}$$

$$\boldsymbol{X}(t) = \boldsymbol{\Phi}_c \boldsymbol{q}_c(t) \tag{1.96}$$

$$\boldsymbol{U}_c^*(t) = \boldsymbol{\Phi}_c^{\mathrm{T}} \boldsymbol{B}_s \boldsymbol{U}(t) = \boldsymbol{L}_c \boldsymbol{U}(t) \tag{1.97}$$

式中,$\boldsymbol{q}_c(t) = [q_1(t) \quad q_2(t) \quad \cdots \quad q_{n_c}(t)]^{\mathrm{T}}$;$\boldsymbol{M}_c^*$、$\boldsymbol{C}_c^*$、$\boldsymbol{K}_c^*$ 和 $\boldsymbol{\Phi}_c$ 分别是 $\boldsymbol{M}^*$、$\boldsymbol{C}^*$、$\boldsymbol{K}^*$ 和 $\boldsymbol{\Phi}$ 的前 n_c 列构成的 $n \times n_c$ 矩阵,当 $n_c < n$ 时,$\boldsymbol{\Phi}_c$ 不是方阵;$\boldsymbol{L}_c = \boldsymbol{\Phi}_c^{\mathrm{T}} \boldsymbol{B}_s$ 是 $n_c \times p$ 矩阵。

从方程(1.95)出发,总可以由某种控制算法求得最优控制力向量 $\boldsymbol{U}_c^*(t) = [U_{c1}^*(t) \quad U_{c2}^*(t) \quad \cdots \quad U_{cn_c}^*(t)]^{\mathrm{T}}$,并可以表示为

$$\boldsymbol{U}_c^* = -\boldsymbol{G}_c \begin{bmatrix} \boldsymbol{q}_c(t) \\ \dot{\boldsymbol{q}}_c(t) \end{bmatrix} \tag{1.98}$$

式中,$\boldsymbol{G}_c$ 是相应的 $n \times 2n_c$ 模态增益反馈矩阵。将 $\boldsymbol{G}_c$ 表示为 $\boldsymbol{G}_c = [\boldsymbol{G}_{c1} \quad \boldsymbol{G}_{c2}]$,其中 $\boldsymbol{G}_{c1}$ 称为位移增益,$\boldsymbol{G}_{c2}$ 称为速度增益,则式(1.98)可表示为

$$\boldsymbol{U}_c^* = -\boldsymbol{G}_{c1} \boldsymbol{q}_c(t) - \boldsymbol{G}_{c2} \dot{\boldsymbol{q}}_c(t) \tag{1.99}$$

至此,式(1.95)的各方程已相互独立,或者说控制算法已转化成为"独立模态空间"的控制问题。

模态控制力 $\boldsymbol{U}_c^*(t) = [U_{c1}^*(t) \quad U_{c2}^*(t) \quad \cdots \quad U_{cn_c}^*(t)]^{\mathrm{T}}$ 可以通过选用适当的控制算法决定,并通过式(1.97)求出实际控制力向量 $\boldsymbol{U}(t)$。

由于广义模态坐标向量是不可测的量,因此 $\boldsymbol{U}_c^*(t)$ 无法实现,我们需要将 $\boldsymbol{U}_c^*(t)$ 转换为用系统位移 $\boldsymbol{X}(t)$ 和速度状态 $\dot{\boldsymbol{X}}(t)$ 表示的系统最优控制力 $\boldsymbol{U}(t)$。

由式(1.96)、式(1.97)和式(1.99)则可求得

$$\boldsymbol{U}(t) = \boldsymbol{L}_c^{-1} \boldsymbol{U}_c^*(t) = -\boldsymbol{L}_c^{+} [\boldsymbol{G}_{c1} \boldsymbol{\Phi}_c^{-1} \boldsymbol{X}(t) + \boldsymbol{G}_{c2} \boldsymbol{\Phi}_c^{-1} \dot{\boldsymbol{X}}(t)] \tag{1.100}$$

式中,$\boldsymbol{\Phi}_c^{-1}$ 是 $\boldsymbol{\Phi}^{-1}$ 的上 n_c 行组成的 $n_c \times n$ 矩阵;

$$\boldsymbol{L}_c^{+} = \begin{cases} \boldsymbol{L}_c^{-1} & n_c = p \\ (\boldsymbol{L}_c^{\mathrm{T}} \boldsymbol{L}_c)^{-1} \boldsymbol{L}_c^{\mathrm{T}} & n_c > p \\ \boldsymbol{L}_c^{\mathrm{T}} (\boldsymbol{L}_c \boldsymbol{L}_c^{\mathrm{T}})^{-1} & n_c < p \end{cases} \tag{1.101}$$

由上可见,为实现独立模态空间控制,需经过如下四个环节:

①测量物理空间下的位移 $\boldsymbol{X}$ 和速度 $\dot{\boldsymbol{X}}$。

②从 $\boldsymbol{X}$ 与 $\dot{\boldsymbol{X}}$ 提取模态坐标 q_i 及导数 $\dot{q}_i (i = 1, \cdots, n)$,此环节称为"滤模态"。

③确定各阶模态控制位移增益 $\boldsymbol{G}_{c1}$ 与速度增益 $\boldsymbol{G}_{c2}$。

④由模态控制力转换至实际控制力。

实现独立模态空间控制中一个关键环节是“滤模态”，即要估计出模态坐标 q_i 及其导数 $\dot{q}_i$。下面简要介绍一种估计方法——模态滤波器。

从振动理论中的展开定理知，一个 n 自由度系统的任何振动形式，都可以表示为 n 个正交的固有振型的线性组合

$$\boldsymbol{X} = \sum_{i=1}^{n} q_i(t)\boldsymbol{\Phi}_i \tag{1.102}$$

式(1.102)即式(1.91)的另一种表达形式，式中 q_i 为模态坐标中的第 i 个分量，$\boldsymbol{\Phi}_i$ 为振型矩阵 $\boldsymbol{\Phi}$ 中的第 i 列。利用固有振型的正交性和正规化条件，可求得

$$q_i = \boldsymbol{\Phi}_i^{\mathrm{T}}\boldsymbol{MX} \quad (i = 1,\cdots,n) \tag{1.103}$$

如果用 n 个传感器测量出 $\boldsymbol{X}$ 的 n 个分量，那么由式(1.103)可唯一地确定模态坐标 q_i。

上述展开定理同样适用于具有无限自由度的连续系统(结构)，这时 q_i 以积分的形式出现，即

$$q_i = \int_D \overline{m}(P)\boldsymbol{\Phi}_i(P)\hat{\omega}(P,t)\,\mathrm{d}D \quad (i = 1,\cdots,m) \tag{1.104}$$

式中，D 为整个连续系统；P 为系统内任一点；$\overline{m}(P)$ 为体质量密度；$\boldsymbol{\Phi}_i(P)$ 为第 i 阶振型函数；$\hat{\omega}(P,t)$ 为振动位形，它是通过在系统内有限点测量值 $\omega(P_i,t)$ $(i=1,\cdots,m)$ 内插而得到的连续函数。为使 $\hat{\omega}(P,t)$ 构造得符合实际振动情况，要采用较多的传感器。

式(1.103)与式(1.104)就是模态滤波器表达式。在上述两式中将位移测量换成速度测量，就可得到相应的模态坐标的速度。

1.2.5 滑移模态控制

滑移模态控制理论(Sliding Mode Control，简称 SMC)也称为变结构控制，其核心思想是给出控制律，在该控制律的作用下结构的反应趋于滑移面(切换面)，在滑移面上结构的滑动反应是渐近稳定的。Yang 等[27]对滑移模态控制开展了系列研究。滑移模态控制包括两个重要问题：一个是合理地确定滑移面，另一个就是控制律的算法。该算法既可以直接用于主动控制系统控制律的设计，也可用于开关控制型或参数连续型变化的半主动控制系统的控制律的设计。

1)滑移面的确定

已知受控线性定常系统的状态方程为

$$\dot{\boldsymbol{Z}}(t) = \boldsymbol{AZ}(t) + \boldsymbol{BU}(t) \quad \boldsymbol{Z}(t_0) = \boldsymbol{Z}_0 \tag{1.105}$$

式中，$\boldsymbol{Z} \in \mathbf{R}^{2n}$；$\boldsymbol{U} \in \mathbf{R}^{p}$；$\boldsymbol{A} \in \mathbf{R}^{2n\times 2n}$；$\boldsymbol{B} \in \mathbf{R}^{2n\times p}$。

滑移模态控制算法关键的一步就是确定滑移面，滑移面方程可以取状态向量的线性组合。设泛函 $\boldsymbol{S}=\boldsymbol{PZ}$，这里 $\boldsymbol{P}$ 是 $p\times 2n$ 矩阵；$\boldsymbol{Z}$ 是系统的状态向量。则滑移面方程可用下式表示

$$\boldsymbol{S}(t)=\boldsymbol{PZ}(t)=0 \tag{1.106}$$

系统在式(1.106)表示的滑移面上的运动是稳定的，滑移面的设计就是确定 $\boldsymbol{P}$ 的过程。首先把状态方程式(1.105)和式(1.106)变换为规范形，然后应用 LQR 方法或极点配置法求出 $\boldsymbol{P}$。由前所述可知，当可以实现全状态反馈时，$\boldsymbol{P}$ 由 LQR 或极点配置法确定；当只有部分状态可以观测时，$\boldsymbol{P}$ 只能由极点配置法确定。下面介绍应用 LQR 法求出 $\boldsymbol{P}$ 的具体步骤。

为了确定矩阵 $\boldsymbol{P}$，对系统的状态做线性变换

$$\boldsymbol{\eta}=\boldsymbol{\Gamma Z}\ 或\ \boldsymbol{Z}=\boldsymbol{\Gamma}^{-1}\boldsymbol{\eta} \tag{1.107}$$

式中，$\boldsymbol{\Gamma}$ 是状态转换矩阵，可以表示为

$$\boldsymbol{\Gamma}=\begin{bmatrix}\boldsymbol{I}_{2n-p} & -\boldsymbol{B}^1\boldsymbol{B}_2^{-1}\\ \boldsymbol{0} & \boldsymbol{I}_p\end{bmatrix}\quad \boldsymbol{\Gamma}^{-1}=\begin{bmatrix}\boldsymbol{I}_{2n-p} & \boldsymbol{B}^1\boldsymbol{B}_2^{-1}\\ \boldsymbol{0} & \boldsymbol{I}_p\end{bmatrix}\quad \boldsymbol{B}=\begin{bmatrix}\boldsymbol{B}_1\\ \boldsymbol{B}_2\end{bmatrix} \tag{1.108}$$

式中，$\boldsymbol{I}_{2n-p}$ 和 $\boldsymbol{I}_p$ 分别是 $(2n-p)\times(2n-p)$ 和 $p\times p$ 的单位矩阵；$\boldsymbol{B}$ 为控制器安装位置矩阵；$\boldsymbol{B}_1$ 和 $\boldsymbol{B}_2$ 分别是从 $\boldsymbol{B}$ 中求得的 $(2n-p)\times(2n-p)$ 和 $p\times p$ 的子矩阵。

如果在原状态方程中子矩阵 $\boldsymbol{B}_2$ 是奇异的，则状态方程需要重新排列以保证子矩阵 $\boldsymbol{B}_2$ 是非奇异的。

将式(1.107)和式(1.108)分别代入式(1.105)和式(1.106)，则得到以 $\boldsymbol{\eta}$ 表示的结构状态方程和滑移面

$$\dot{\boldsymbol{\eta}}=\boldsymbol{\Gamma A\Gamma}^{-1}\boldsymbol{\eta}+\boldsymbol{\Gamma BU}=\hat{\boldsymbol{A}}\boldsymbol{\eta}+\hat{\boldsymbol{B}}\boldsymbol{U} \tag{1.109}$$

$$\boldsymbol{S}=\hat{\boldsymbol{P}}\boldsymbol{\eta}=\boldsymbol{0} \tag{1.110}$$

式中，$\hat{\boldsymbol{A}}=\boldsymbol{\Gamma A\Gamma}^{-1}$；$\hat{\boldsymbol{B}}=\begin{bmatrix}0\\ \boldsymbol{B}_2^{\mathrm{T}}\end{bmatrix}$；$\hat{\boldsymbol{P}}=\boldsymbol{P\Gamma}^{-1}$。

式(1.109)即规范形。由式(1.109)和式(1.110)可以看出，在滑移面上，系统的运动方程是由式(1.110)表示的 p 个线性方程和式(1.109)中的前 $(2n-p)$ 个方程控制的。

为了便于推导公式，将 $\boldsymbol{\eta}$、$\hat{\boldsymbol{A}}$ 和 $\hat{\boldsymbol{P}}$ 分块表示为

$$\boldsymbol{\eta}=\begin{bmatrix}\boldsymbol{\eta}_1\\ \boldsymbol{\eta}_2\end{bmatrix}\quad \hat{\boldsymbol{A}}=\begin{bmatrix}\hat{\boldsymbol{A}}_{11} & \hat{\boldsymbol{A}}_{12}\\ \hat{\boldsymbol{A}}_{21} & \hat{\boldsymbol{A}}_{22}\end{bmatrix}\quad \hat{\boldsymbol{P}}=[\hat{\boldsymbol{P}}_1\quad \hat{\boldsymbol{P}}_2] \tag{1.111}$$

式中，$\boldsymbol{\eta}_1$ 和 $\boldsymbol{\eta}_2$ 分别为 $(2n-p)$ 和 p 维向量；$\hat{\boldsymbol{A}}_{11}$、$\hat{\boldsymbol{A}}_{22}$、$\hat{\boldsymbol{P}}_1$、$\hat{\boldsymbol{P}}_2$ 分别是 $(2n-p)\times(2n-p)$，$p\times p$，$p\times(2n-p)$ 和 $p\times p$ 的矩阵。

将式(1.111)代入式(1.109)和式(1.110)，可以得到系统在滑移面上运动时的线性方程

$$\dot{\boldsymbol{\eta}}_1=\hat{\boldsymbol{A}}_{11}\boldsymbol{\eta}_1+\hat{\boldsymbol{A}}_{12}\boldsymbol{\eta}_2 \tag{1.112}$$

$$\boldsymbol{S} = \hat{\boldsymbol{P}}_1\boldsymbol{\eta}_1 + \hat{\boldsymbol{P}}_2\boldsymbol{\eta}_2 = 0 \tag{1.113}$$

为了便于推导,将 $\hat{\boldsymbol{P}}_2$ 设定为单位矩阵,即

$$\hat{\boldsymbol{P}}_2 = \boldsymbol{I} \tag{1.114}$$

由式(1.113)可以看出

$$\boldsymbol{\eta}_2 = -\hat{\boldsymbol{P}}_1\boldsymbol{\eta}_1 \tag{1.115}$$

将式(1.115)代入式(1.112),可以得到系统在滑移面上运动时的$(2n-p)$阶运动方程

$$\dot{\boldsymbol{\eta}}_1 = (\hat{\boldsymbol{A}}_{11} - \hat{\boldsymbol{A}}_{12}\hat{\boldsymbol{P}}_1)\boldsymbol{\eta}_1 \tag{1.116}$$

显然,如果能合理地确定 $\hat{\boldsymbol{P}}_1$ 并保证系统在滑移面上的运动渐进稳定,则考虑式(1.114),就能合理地确定 $\boldsymbol{P}$。应用 LQR 方法求 $\boldsymbol{P}$,是通过对下面的状态向量的积分型二次型性能指标最小化求得的

$$J = \int_{t_0}^{\infty} \boldsymbol{Z}^{\mathrm{T}}\boldsymbol{Q}\boldsymbol{Z}\mathrm{d}t \tag{1.117}$$

式中,$\boldsymbol{Q}$ 是一个 $2n\times 2n$ 的正定对称权矩阵。

利用转换后的状态向量,上述性能指标可以写为

$$J = \int_{t_0}^{\infty} [\boldsymbol{\eta}_1^{\mathrm{T}} \quad \boldsymbol{\eta}_2^{\mathrm{T}}]\boldsymbol{T}\begin{bmatrix}\boldsymbol{\eta}_1\\ \boldsymbol{\eta}_2\end{bmatrix}\mathrm{d}t \tag{1.118}$$

$$\boldsymbol{T} = (\boldsymbol{\Gamma}^{-1})^{\mathrm{T}}\boldsymbol{Q}\boldsymbol{\Gamma}^{-1} = \begin{bmatrix}\boldsymbol{T}_{11} & \boldsymbol{T}_{12}\\ \boldsymbol{T}_{21} & \boldsymbol{T}_{22}\end{bmatrix} \tag{1.119}$$

式中,$\boldsymbol{T}_{11}$ 和 $\boldsymbol{T}_{22}$ 分别是$(2n-p)\times(2n-p)$和 $p\times p$ 的矩阵。

将式(1.119)代入式(1.118)可得

$$J = \int_{t_0}^{\infty} (\boldsymbol{\eta}_1^{\mathrm{T}}\boldsymbol{T}_{11}\boldsymbol{\eta}_1 + \boldsymbol{\eta}_1^{\mathrm{T}}\boldsymbol{T}_{12}\boldsymbol{\eta}_2 + \boldsymbol{\eta}_2^{\mathrm{T}}\boldsymbol{T}_{21}\boldsymbol{\eta}_1 + \boldsymbol{\eta}_2^{\mathrm{T}}\boldsymbol{T}_{22}\boldsymbol{\eta}_2)\mathrm{d}t \tag{1.120}$$

设哈密尔顿(Hamilton)函数为

$$\hat{H} = \boldsymbol{\eta}_1^{\mathrm{T}}\boldsymbol{T}_{11}\boldsymbol{\eta}_1 + \boldsymbol{\eta}_1^{\mathrm{T}}\boldsymbol{T}_{12}\boldsymbol{\eta}_2 + \boldsymbol{\eta}_2^{\mathrm{T}}\boldsymbol{T}_{21}\boldsymbol{\eta}_1 + \boldsymbol{\eta}_2^{\mathrm{T}}\boldsymbol{T}_{22}\boldsymbol{\eta}_2 + \boldsymbol{\lambda}^{\mathrm{T}}(\hat{\boldsymbol{A}}_{11}\boldsymbol{\eta}_1 + \hat{\boldsymbol{A}}_{12}\boldsymbol{\eta}_2 - \dot{\boldsymbol{\eta}}_1) \tag{1.121}$$

由最优控制理论可知,泛函 J 在式(1.121)约束下的极值问题可以根据欧拉(Euler)方程(1.122)和方程(1.123)确定

$$\frac{\partial\hat{H}}{\partial\boldsymbol{\eta}_1} - \frac{\mathrm{d}}{\mathrm{d}t}\left(\frac{\partial\hat{H}}{\partial\dot{\boldsymbol{\eta}}_1}\right) = 0 \tag{1.122}$$

$$\frac{\partial\hat{H}}{\partial\boldsymbol{\eta}_2} - \frac{\mathrm{d}}{\mathrm{d}t}\left(\frac{\partial\hat{H}}{\partial\dot{\boldsymbol{\eta}}_2}\right) = 0 \tag{1.123}$$

将式(1.121)代入式(1.122)和式(1.123)可得

$$2\boldsymbol{T}_{11}\boldsymbol{\eta}_1 + \boldsymbol{T}_{12}\boldsymbol{\eta}_2 + \boldsymbol{T}_{21}^{\mathrm{T}}\boldsymbol{\eta}_2 + \hat{\boldsymbol{A}}_{11}^{\mathrm{T}}\boldsymbol{\lambda} + \dot{\boldsymbol{\lambda}} = 0 \tag{1.124}$$

$$\boldsymbol{T}_{12}^{\mathrm{T}}\boldsymbol{\eta}_1 + \boldsymbol{T}_{21}\boldsymbol{\eta}_1 + 2\boldsymbol{T}_{22}\boldsymbol{\eta}_2 + \hat{\boldsymbol{A}}_{12}^{\mathrm{T}}\boldsymbol{\lambda} = 0 \tag{1.125}$$

式(1.121)中 $\boldsymbol{\lambda}$ 为一个$(2n-p)$维的乘子向量,可以设

$$\boldsymbol{\lambda} = \overline{\boldsymbol{P}}\boldsymbol{\eta}_1 \tag{1.126}$$

式中,$\overline{\boldsymbol{P}}$ 是一个$(2n-p)\times(2n-p)$的待求矩阵。

将式(1.126)求导,并将式(1.112)代入得

$$\dot{\boldsymbol{\lambda}} = \dot{\overline{\boldsymbol{P}}}\boldsymbol{\eta}_1 + \overline{\boldsymbol{P}}\dot{\boldsymbol{\eta}}_1 = \dot{\overline{\boldsymbol{P}}}\boldsymbol{\eta}_1 + \overline{\boldsymbol{P}}\hat{\boldsymbol{A}}_{11}\boldsymbol{\eta}_1 + \overline{\boldsymbol{P}}\hat{\boldsymbol{A}}_{12}\boldsymbol{\eta}_2 \tag{1.127}$$

将式(1.127)代入(1.124)有

$$2\boldsymbol{T}_{11}\boldsymbol{\eta}_1 + \dot{\overline{\boldsymbol{P}}}\boldsymbol{\eta}_1 + \overline{\boldsymbol{P}}\hat{\boldsymbol{A}}_{11}\boldsymbol{\eta}_1 + \hat{\boldsymbol{A}}_{11}^{\mathrm{T}}\overline{\boldsymbol{P}}\boldsymbol{\eta}_1 + \boldsymbol{T}_{12}\boldsymbol{\eta}_2 + \boldsymbol{T}_{21}^{\mathrm{T}}\boldsymbol{\eta}_2 + \overline{\boldsymbol{P}}\hat{\boldsymbol{A}}_{12}\boldsymbol{\eta}_2 = 0 \tag{1.128}$$

由式(1.125)可以求得

$$\boldsymbol{\eta}_2 = -0.5\boldsymbol{T}_{22}^{-1}(\hat{\boldsymbol{A}}_{12}^{\mathrm{T}}\overline{\boldsymbol{P}} + \boldsymbol{T}_{12}^{\mathrm{T}} + \boldsymbol{T}_{12})\boldsymbol{\eta}_1 = -0.5\boldsymbol{T}_{22}^{-1}(\hat{\boldsymbol{A}}_{12}^{\mathrm{T}}\overline{\boldsymbol{P}} + 2\boldsymbol{T}_{21})\boldsymbol{\eta}_1 \tag{1.129}$$

将式(1.129)代入式(1.128),经整理可得

$$\dot{\overline{\boldsymbol{P}}} + \overline{\boldsymbol{P}}(\hat{\boldsymbol{A}}_{11} - \hat{\boldsymbol{A}}_{12}\boldsymbol{T}_{22}^{-1}\boldsymbol{T}_{21}) + (\hat{\boldsymbol{A}}_{11} - \hat{\boldsymbol{A}}_{12}\boldsymbol{T}_{22}^{-1}\boldsymbol{T}_{21})^{\mathrm{T}}\overline{\boldsymbol{P}} - 0.5\overline{\boldsymbol{P}}\hat{\boldsymbol{A}}_{12}\boldsymbol{T}_{22}^{-1}\hat{\boldsymbol{A}}_{12}^{\mathrm{T}}\overline{\boldsymbol{P}} + 2(\boldsymbol{T}_{11} - \boldsymbol{T}_{12}\boldsymbol{T}_{22}^{-1}\boldsymbol{T}_{12}^{\mathrm{T}}) = 0 \tag{1.130}$$

如果令 $\overline{\boldsymbol{A}} = \hat{\boldsymbol{A}}_{11} - \hat{\boldsymbol{A}}_{12}\boldsymbol{T}_{22}^{-1}\boldsymbol{T}_{21}$,并忽略$\dot{\overline{\boldsymbol{P}}}=0$,则有

$$\overline{\boldsymbol{A}}^{\mathrm{T}}\overline{\boldsymbol{P}} + \overline{\boldsymbol{P}}\,\overline{\boldsymbol{A}} - 0.5\overline{\boldsymbol{P}}\hat{\boldsymbol{A}}_{12}\boldsymbol{T}_{22}^{-1}\hat{\boldsymbol{A}}_{12}^{\mathrm{T}}\overline{\boldsymbol{P}} + 2(\boldsymbol{T}_{11} - \boldsymbol{T}_{12}\boldsymbol{T}_{22}^{-1}\boldsymbol{T}_{12}^{\mathrm{T}}) = 0 \tag{1.131}$$

这是矩阵型 Riccati 方程。$\overline{\boldsymbol{P}}$ 是一个$(2n-p)\times(2n-p)$的 Riccati 矩阵,是该方程的解。

对比式(1.115)和式(1.129),可以看出

$$\hat{\boldsymbol{P}}_1 = 0.5\boldsymbol{T}_{22}^{-1}(\hat{\boldsymbol{A}}_{12}^{\mathrm{T}}\overline{\boldsymbol{P}} + 2\boldsymbol{T}_{21}) \tag{1.132}$$

考虑式(1.114),有

$$\ddot{\boldsymbol{P}} = [\hat{\boldsymbol{P}}_1 \quad \hat{\boldsymbol{P}}_2] = [\hat{\boldsymbol{P}}_1 \quad \boldsymbol{I}] \tag{1.133}$$

最后可得

$$\boldsymbol{P} = \hat{\boldsymbol{P}}\boldsymbol{\Gamma} = [\hat{\boldsymbol{P}}_1 \quad \hat{\boldsymbol{P}}_2]\boldsymbol{\Gamma} \tag{1.134}$$

2)滑移模态控制器设计

滑移模态控制器的设计可采用 Lyapunov 直接法,由该控制器确定的控制力使系统的反应趋向式(1.106)所示的滑移面。

设 Lyapunov 函数为

$$\boldsymbol{V} = 0.5\boldsymbol{S}^{\mathrm{T}}\boldsymbol{S} = 0.5\boldsymbol{Z}^{\mathrm{T}}\boldsymbol{P}^{\mathrm{T}}\boldsymbol{P}\boldsymbol{Z} \tag{1.135}$$

$\boldsymbol{V}\geqslant 0(t\geqslant t_0)$。当 $t\to\infty$ 时,$\boldsymbol{S}=0$ 的充分条件是式(1.135)的导数小于零,即 $\boldsymbol{V}$ 单调下降

$$\dot{\boldsymbol{V}} = 0.5(\dot{\boldsymbol{S}}^{\mathrm{T}}\boldsymbol{S} + \boldsymbol{S}^{\mathrm{T}}\dot{\boldsymbol{S}}) = \boldsymbol{S}^{\mathrm{T}}\dot{\boldsymbol{S}} \leqslant 0 \tag{1.136}$$

将系统的状态方程(1.105)代入式(1.136),得到

$$\dot{V} = S^{T}\dot{S} = S^{T}P\dot{Z} = S^{T}P(AZ + BU)$$
$$= \chi(U - G_s) = \sum_{i=1}^{p} \chi_i(u_i - G_{is}) \tag{1.137}$$

式中,u_i 是第 i 个控制器的控制力,而且

$$\chi = S^{T}PB, G_s = -(PB)^{-1}PAZ \tag{1.138}$$

对于连续控制器(无间断点),为了使 $\dot{V} \leqslant 0$,可以取控制力

$$u_i = G_{is} - \delta_i \chi_i \text{ 或 } U = G_s - \delta\chi^{T} \tag{1.139}$$

式中,$\delta_i \geqslant 0$ 称为滑移裕度,$\boldsymbol{\delta}$ 是对角元素为 δ_i 的对角矩阵;这样 $\dot{V} = -\chi\delta\chi^{T} \leqslant 0$ 在整个控制过程中总成立。该种连续控制器可以直接用于主动控制系统或参数连续型的半主动控制系统控制器的设计。

对于非连续控制器,取控制力

$$u_i = \begin{cases} G_{is} - \delta_i H(|\chi| - \varepsilon_0) & \chi_i > 0 \\ G_{is} + \delta_i H(|\chi| - \varepsilon_0) & \chi_i < 0 \\ 0 & \chi_i = 0 \end{cases} \tag{1.140}$$

式中,$H(|\chi| - \varepsilon_0)$ 是单位阶跃函数:当 $|\chi| - \varepsilon_0 < 0, H(|\chi| - \varepsilon_0) = 0$;当 $|\chi| - \varepsilon_0 \geqslant 0$, $H(|\chi| - \varepsilon_0) = 1$。其中 $|\chi|$ 为 χ 的任意范数;ε_0 是滑移面的边界厚度。采用单位阶跃函数实际是在滑移面附近引进了一个边界层,这样可以避免滑移面附近的抖动。边界层的大小可以通过 ε_0 来设计。由于 $\boldsymbol{PB}$ 为非奇异的,因此由式(1.138),$\chi = 0$ 意味着 $\boldsymbol{S} = 0$,说明结构的反应已经在滑移面上了。这时不需要施加任何控制力。

将式(1.140)代入式(1.137),可以发现无论 $\chi_i > 0$ 还是 $\chi_i < 0$,均有 $\dot{V} \leqslant 0$ 成立,故式(1.140)设计的控制力可以使系统的反应趋向滑移面。这种非连续控制器可以直接用于开关型的半主动控制系统控制器的设计。

1.3 半主动控制

1.3.1 半主动变刚度控制

结构半主动变刚度控制是通过变刚度装置主动地改变受控结构的附加刚度,使结构控制系统没有固定的自振频率,避免结构发生共振,从而减小结构反应[28]。或者说,是采用一定的控制算法,通过主动变刚度控制装置中的刚度元件来改变结构附加刚度,同时采用阻尼元件消耗部分振动能量。典型的半主动变刚度控制装置如图 1.19 所示。该装置由刚度元件、液压缸和电液伺服阀门三部分组成。其中,刚度元件为“人”字形支撑,上部与液压缸相连,下部与结构

楼板相连;液压缸中活塞通过托架与结构上层楼板相连。当电液伺服阀门锁定(阀门关闭)时,液压缸内活塞不会产生运动,人字形支撑与结构一起运动,相当于给结构一个附加刚度,定义为附加刚度"ON"状态;当电液伺服阀门打开时,液压缸内活塞运动,液体在旁通管路中流动,产生阻尼消耗能量,定义为附加刚度"OFF"状态。

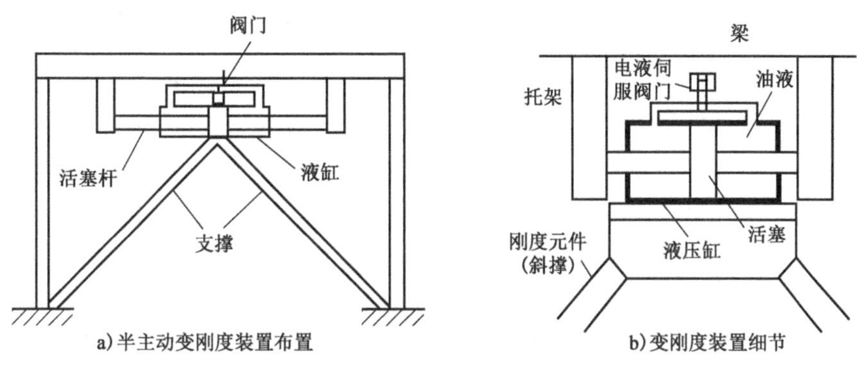

图 1.19 典型半主动变刚度控制装置

结构半主动变刚度控制系统的力学模型如图 1.20 所示。图中 c、k 分别为结构的阻尼系数和刚度,Δk、Δc 分别是结构半主动变刚度控制装置刚度元件的刚度和阻尼元件的阻尼系数。x 为结构的位移,也是结构半主动变刚度装置的相对变形。半主动变刚度控制系统可以实现以下几种控制方式:

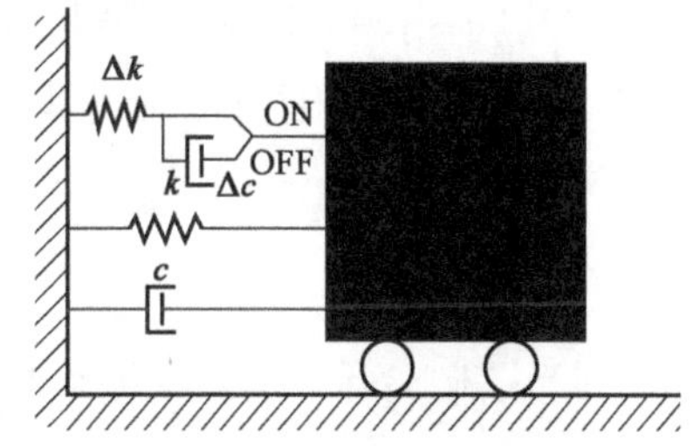

图 1.20 结构半主动变刚度控制系统的力学模型

①控制器处于锁定状态("ON"状态),此时半主动变刚度控制系统始终给结构附加一个刚度元件,其力学模型如图 1.21a)所示(实际为被动控制,称为 Passive-on)。

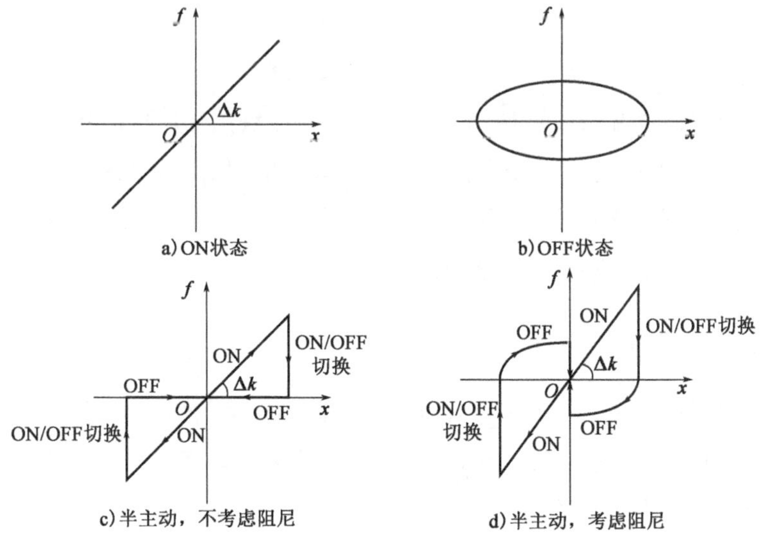

图 1.21 半主动变刚度控制装置的力学模型

②控制器始终处于打开状态("OFF"状态),此时半主动变刚度控制系统始终给结构附加一个阻尼元件,其力学模型如图 1.21b)所示(实际也为被动控制,称为 Passive-off)。

③控制器按照某种控制算法确定半主动变刚度装置的开或关状态。当采用半主动开/关控制算法(或称为 ON/OFF 控制算法)而且忽略阻尼元件的阻尼时,其力学模型如图 1.21c)所示;考虑阻尼元件的阻尼时,其力学模型如图 1.21d)所示。图 1.21c)、d)表明,半主动变刚度控制系统通过改变结构控制系统的刚度,能够消耗结构部分振动能量(图中滞回环包围的面积),从而可以增加结构的阻尼。

无控结构和对应上述三种控制状态的结构变刚度控制系统的运动方程可分别表示为

无控结构
$$m\ddot{x}+c\dot{x}+kx=f \tag{1.141}$$

Passive-on
$$m\ddot{x}+c\dot{x}+(k+\Delta k)x=f \tag{1.142}$$

Passive-off
$$m\ddot{x}+(c+\Delta c)\dot{x}+kx=f \tag{1.143}$$

半主动控制(Semi-active)
$$m\ddot{x}+c\dot{x}+kx=f+u \tag{1.144}$$

式中,f 是干扰;u 是控制力;m 为结构的质量。

采用 Passive-on 被动控制时,$u=-\Delta kx$;采用 Passive-off 被动控制时,$u=-\Delta c\dot{x}$;采用半主动控制算法时,对于图 1.21c),其控制力为

$$u=\begin{cases}-\Delta kx & \dot{x}x>0\\ 0 & \dot{x}x\leqslant 0\end{cases} \tag{1.145}$$

即当结构离开平衡位置振动时,半主动变刚度控制系统给结构附加刚度;当结构向平衡位置振动时,半主动变刚度系统不给结构附加刚度。

对于图 1.21d),其控制力为

$$u=\begin{cases}-\Delta kx & \dot{x}x>0\\ -\Delta c\dot{x} & \dot{x}x\leqslant 0\end{cases} \tag{1.146}$$

即当结构离开平衡位置振动时,半主动变刚度控制系统给结构附加刚度;当结构向平衡位置振动时,半主动变刚度控制系统的阻尼元件给结构附加阻尼,阻止结构向平衡位置振动。

半主动变刚度控制装置通过改变结构的动力特性,即改变结构的刚度和阻尼来实现结构振动的控制。结构半主动变刚度控制系统是一个非线性系统。

1.3.2 半主动变阻尼控制

结构半主动变阻尼控制是通过主动调节变阻尼控制装置的阻尼力,使其等于或接近主动控制力,从而达到与主动控制接近的减振效果。典型的半主动变阻尼控制装置是在被动黏滞液压缸的基础上增设伺服控制系统的旁通管路,控制器按照主动控制力的要求调节伺服阀门的开口大小,控制流过伺服阀门的液体流量,调节液压缸两腔内的压力差,从而给结构提供连

续可变的阻尼力,以便实现与主动控制力相等或接近的阻尼力,从而达到与主动控制接近的减振效果[2]。

半主动变阻尼控制装置由液压缸、活塞和电液伺服阀门组成,其原理如图1.22所示。半主动变阻尼控制装置只需要调节或控制伺服阀门的开口大小,所需要提供的外部能源非常小,一般几十瓦就可以提供1000~2000kN的阻尼力,是一种典型的半主动控制。

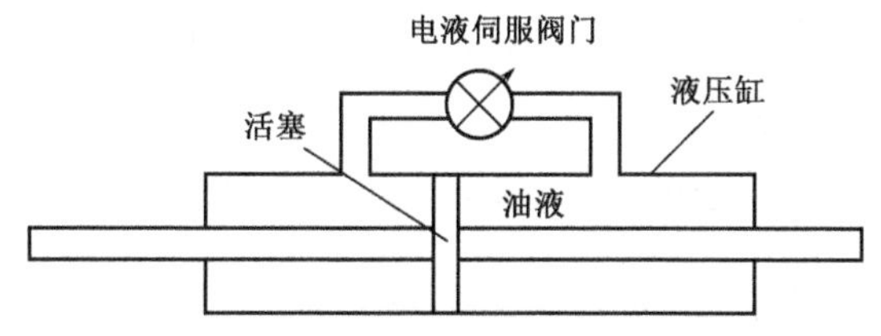

图1.22 半主动变阻尼控制装置原理图

半主动变阻尼控制装置提供的阻尼力大小与伺服阀门的开口大小有关。半主动变阻尼控制系统可以实现以下几种控制方式:

①当伺服阀门开口始终保持完全打开状态时,半主动变阻尼控制装置提供最小的阻尼力,相当于被动黏滞阻尼器,称为Passive-off状态。

②当伺服阀门开口始终保持完全关闭状态时,半主动变阻尼控制装置提供最大的阻尼力,也相当于被动黏滞阻尼器,称为Passive-on状态。

③控制器按照某种控制算法确定半主动变阻尼控制装置的开或关状态,称为半主动控制(Semi-active)。

无控结构和对应上述三种控制状态的结构变刚度控制系统的运动方程可分别表示为

无控结构 $$m\ddot{x}+c\dot{x}+kx=f \tag{1.147}$$

Passive-on $$m\ddot{x}+(c+c_{\mathrm{dmax}})\dot{x}+x=f \tag{1.148}$$

Passive-off $$m\ddot{x}+(c+c_{\mathrm{dmin}})\dot{x}+kx=f \tag{1.149}$$

半主动控制(Semi-active) $$m\ddot{x}+c\dot{x}+kx+c_{\mathrm{d}}(V,t)\dot{x}=f \tag{1.150}$$

式中,f是干扰;c_{dmin}和c_{dmax}分别是半主动变阻尼控制装置在伺服阀门完全打开和完全关闭时的阻尼系数,即装置能提供的最小阻尼系数和最大阻尼系数;$c_{\mathrm{d}}(V,t)$是半主动变阻尼装置提供的阻尼系数,是电压V和时间t的函数,将在最大值和最小值之间变化,如图1.23所示。

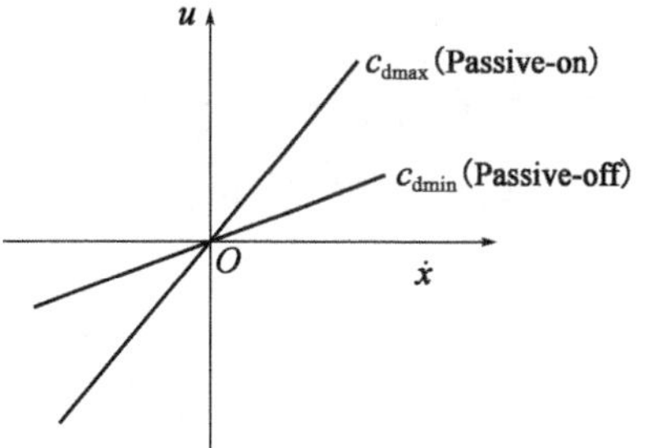

图1.23 半主动变阻尼控制装置的阻尼力计算模型

几种主要的半主动变阻尼控制算法包括:

①简单Bang-Bang控制算法。

简单Bang-Bang控制算法也称为简单ON/OFF算法,或两阶段(two-stage,fail-safe)控制算法,相应的阻

尼系数可以表示为

$$c_{\mathrm{d}}(t)=\begin{cases}c_{\mathrm{dmax}}\dot{x} & \dot{x}x>0\\ c_{\mathrm{dmin}}\dot{x} & \dot{x}x\leqslant 0\end{cases}\tag{1.151}$$

上述算法的意义:当结构背离平衡位置振动时,半主动变阻尼控制系统给结构提供最大阻尼,以阻止结构的振动;当结构向平衡位置振动时,半主动变阻尼控制装置给结构提供最小的阻尼,使结构尽快返回平衡位置。

简单 Bang-Bang 控制算法确定的半主动阻尼力如图 1.24 所示。

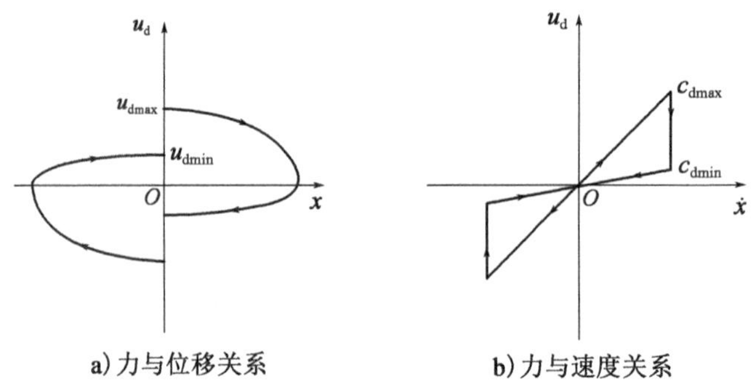

图 1.24　简单 Bang-Bang 控制算法确定的半主动阻尼力

②最优 Bang-Bang 控制算法。

最优 Bang-Bang 变阻尼控制算法相应的阻尼系数可以表示为

$$c_{\mathrm{d}}(t)=\begin{cases}c_{\mathrm{dmax}}\dot{x} & u\dot{x}<0\\ c_{\mathrm{dmin}}\dot{x} & u\dot{x}\geqslant 0\end{cases}\tag{1.152}$$

式中,u 为主动控制力。

上述算法的意义:当主动控制力与半主动变阻尼控制装置所在位置(如结构层间)振动方向相反时,施加半主动变阻尼控制装置能够提供的最大阻尼系数;否则,施加最小阻尼系数。这一算法反映了半主动变阻尼控制装置只能施加阻止结构运动的力,而不能施加推动结构运动的力。

③限界 Hrovat 最优控制算法。

限界 Hrovat 最优的半主动变阻尼控制算法相应的阻尼系数可以表示为

$$c_{\mathrm{d}}(t)=\begin{cases}c_{\mathrm{dmax}} & u\dot{x}<0\text{ 且 }|u/\dot{x}|>c_{\mathrm{dmax}}\\ c_{\mathrm{d}}=|u/\dot{x}| & u\dot{x}<0\text{ 且 }|u/\dot{x}|<c_{\mathrm{dmax}}\\ c_{\mathrm{dmin}} & u\dot{x}\geqslant 0\end{cases}\tag{1.153}$$

该控制算法是在最优 Bang-Bang 控制算法的基础上,在半主动变阻尼控制装置可实现的

黏滞阻尼系数范围内增加了 Hrovat 半主动控制力对应的可变阻尼系数,即 $u\dot{x}<0$ 且 $|u/\dot{x}|<c_{dmax}$ 时,调节半主动变阻尼控制装置实现最优控制力。

1.3.3 磁流变阻尼半主动控制

磁流变液(Magnetorheological Fluid,简称 MRF)是由美国国家标准局 Rabinow 于 1948 年发明和研制的,它主要由非导磁液体和均匀分散于其中的高磁导率、低磁滞性的微小磁性颗粒组成。在磁场作用下,MRF 可以在毫秒级的时间内快速、可逆地由流动性良好的牛顿流体转变为高黏度、低流动性的 Bingham 塑性流体。

磁流变阻尼器(Magnetorheological Fluid Damper,简称 MRFD)是利用 MRF 的可变特性制成的智能阻尼器,按照 MRF 流动的受力状态和流动特点不同,MRFD 主要分为剪切式、阀式、剪切阀式和挤压流动式。美国 LORD 公司是世界上生产磁流变阻尼器的最著名的公司,产品包括多种型号的磁流变阻尼器,并试制出最大阻尼力达 200kN 的磁流变阻尼器。RD-1005 挤压型磁流变阻尼器外形及结构如图 1.25 所示,其力学性能如图 1.26 所示[29]。

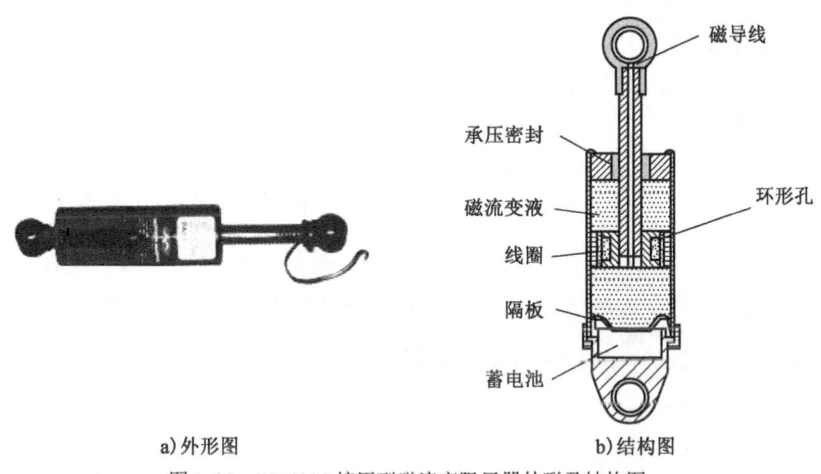

图 1.25 RD-1005 挤压型磁流变阻尼器外形及结构图

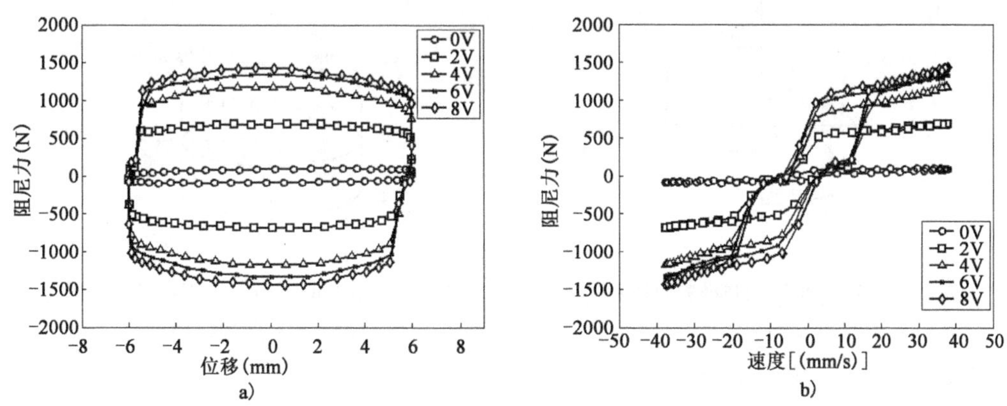

图 1.26 RD-1005 挤压型磁流变阻尼器力学性能($f=1\text{Hz}, A=6\text{mm}$)

磁流变阻尼器具有强非线性特征。为了描述磁流变阻尼器的力学行为,国内外提出了许多阻尼力模型。Bingham 模型的阻尼力可表达为

$$f_{\mathrm{d}} = c_{\mathrm{d}}\dot{x} + f_{\mathrm{yd}}\mathrm{sgn}(\dot{x}) \tag{1.154}$$

几种主要的半主动磁流变阻尼控制算法包括:

①简单 Bang-Bang 控制算法。

简单 Bang-Bang 控制算法可以表示为

$$u_{\mathrm{d}}(t) = \begin{cases} c_{\mathrm{d}}\dot{x} + f_{\mathrm{ydmax}}\mathrm{sgn}(\dot{x}) & \dot{x}x > 0 \\ c_{\mathrm{d}}\dot{x} + f_{\mathrm{ydmin}}\mathrm{sgn}(\dot{x}) & \dot{x}x \leqslant 0 \end{cases} \tag{1.155}$$

式中,$x = x_{\mathrm{d}}$ 是磁流变阻尼器的相对位移。

该控制算法的意义:当磁流变阻尼器所在位置(如结构层间)背离平衡点振动时,施加阻尼器能实现的最大阻尼力;否则,施加最小阻尼力。

简单 Bang-Bang 控制算法相应的磁流变阻尼器阻尼力如图 1.27 所示。从图 1.27 可知,磁流变阻尼器在第一、第三象限提供最大阻尼力。

②最优 Bang-Bang 控制算法。

最优 Bang-Bang 变阻尼控制算法可以表示为

$$u_{\mathrm{d}}(t) = \begin{cases} c_{\mathrm{d}}\dot{x} + f_{\mathrm{ydmax}}\mathrm{sgn}(\dot{x}) & u\dot{x} < 0 \\ c_{\mathrm{d}}\dot{x} + f_{\mathrm{ydmin}}\mathrm{sgn}(\dot{x}) & u\dot{x} \geqslant 0 \end{cases} \tag{1.156}$$

上述算法的意义:当主动控制力与半主动变阻尼控制装置所在位置(如结构层间)振动方向相反时,施加半主动变阻尼控制装置能够提供的最大阻尼力;否则,施加最小阻尼力。

图 1.28 给出了最优 Bang-Bang 控制算法的两种极端情况:u 始终与 $\dot{x}$ 同号和反号的磁流变阻尼器阻尼力。两种极端情况相当于 Passive-on 和 Passive-off 控制,该控制算法实际的半主动控制力介于两者之间。

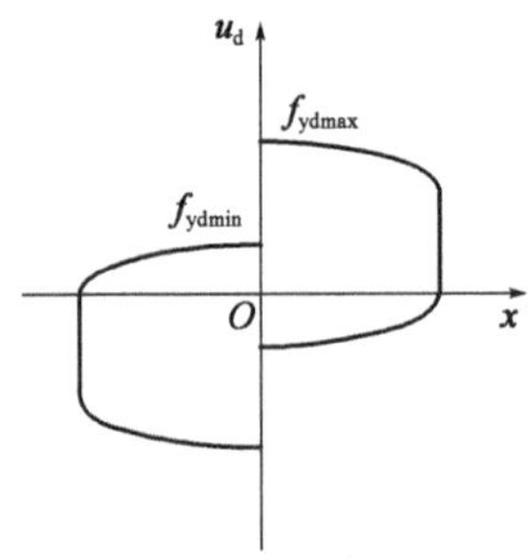

图 1.27　简单 Bang-Bang 控制算法的磁流变阻尼力

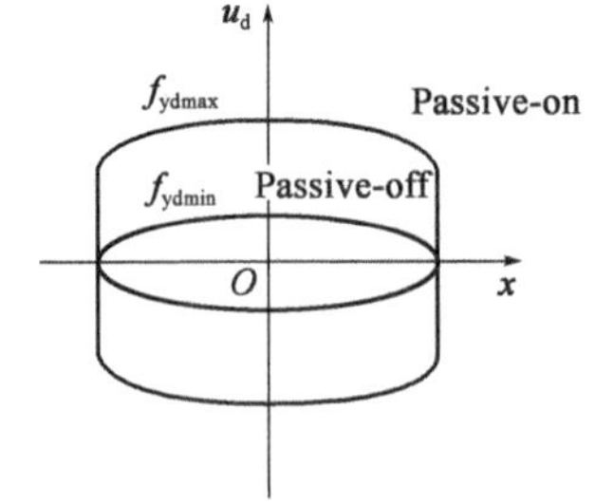

图 1.28　最优 Bang-Bang 控制算法两种极端情况下的磁流变阻尼力

③限界 Hrovat 最优控制算法。

限界 Hrovat 最优的半主动变阻尼控制算法可以表示为

$$u_{\mathrm{d}}(t)=\begin{cases}c_{\mathrm{d}}\dot{x}+f_{\mathrm{ydmax}}\operatorname{sgn}(\dot{x}) & u\dot{x}<0\text{ 且 }|u/\dot{x}|>c_{\mathrm{dmax}}\\ |u|\operatorname{sgn}(\dot{x}) & u\dot{x}<0\text{ 且 }|u/\dot{x}|>c_{\mathrm{dmax}}\\ c_{\mathrm{d}}\dot{x}+f_{\mathrm{ydmin}}\operatorname{sgn}(\dot{x}) & u\dot{x}\geqslant 0\end{cases}\tag{1.157}$$

式中,$u_{\mathrm{d}}(t)=c_{\mathrm{d}}|\dot{x}|+f_{\mathrm{ydmax}}$是磁流变阻尼器相应于主动最优控制力 u 时刻可能实现的最大阻尼力。

1.4 混合控制原理与类型

混合控制(Hybrid Mass Damper,简称 HMD)是将两种以上不同控制方式相结合的控制方法。它在结构中联合施加主动控制和被动控制,以减小结构在外部荷载激励下的动力响应,提高结构的抗震、抗风能力。目前提出的混合控制方案主要有三种:采用主动质量阻尼器(Active Mass Damper,简称 AMD)和 TMD 结合的混合控制系统,主动或半主动控制与基础隔震相结合的混合隔震系统,主动或半主动控制与耗能装置相结合的混合控制系统。此外,还有一些在结构底层采用 HMS 系统(液压质量控制系统)和顶层采用 AMD 系统的混合控制,以及层间耗能支撑和 AMD 的混合控制方法。

AMD 与 TMD 结合的混合控制方法是常用的混合控制系统,其力学模型如图 1.29 所示[2]。该系统具有以下优点:

①当主动控制作动器失效或停止工作时,TMD 可以发挥其被动控制的作用和效果,因此系统具有 Fail-safe 的可靠性。

②当环境干扰较大时,主动控制器工作,系统实际上就是具有弹簧和阻尼器的 AMD 系统。它比 TMD 系统具有更好的控制效果和更高的鲁棒性。而且,当环境干扰较小时,AMD 切换到 TMD 系统工作状态,主动控制器停止工作,能节省能源并延长主动控制作动器的使用寿命。

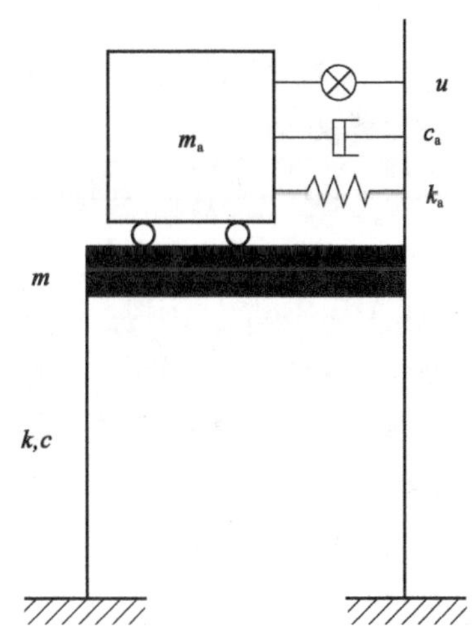

图 1.29 采用 AMD 和 TMD 的 HMD 系统的力学模型

合理选取控制技术的较优组合,吸收各控制技术的优点,避免其缺点,可形成较为成熟且先进、有效的组合控制技术。值得指出的是,主动与被动组合的混合控制系统本质上仍是一种完全的主动控制技术,仍需要外界输入较多能量。从工程应用的前景来看,半主动与被动组合的混合控制方法应该成为土木工程结构振动控制研究和应用的主要发展方向。

参考文献

[1] Yao J T P. Concept of structural control[J]. Journal of the Structural Division, ASCE, 1972, 98(7): 1567-1574.

[2] Spencer Jr B F, Nagarajaiah S. State of the art of structural control[J]. Journal of Structural Engineering, 2003, 129(7):845-856.

[3] Housneret G W, Bergman L A, Caughey T K, et al. Structural control: past, present, and future[J]. Journal of Engineering Mechanics, ASCE, 1997, 123(9): 897-971.

[4] Soong T T, Spencer Jr B F. Supplemental energy dissipation: state-of-the-art and state-of-the-practice[J]. Engineering Structures, 2002, 24: 243-259.

[5] 欧进萍. 结构振动控制——主动、半主动和智能控制[M]. 北京: 科学出版社, 2003.

[6] 周福霖. 工程结构减震控制[M]. 北京: 地震出版社, 1997.

[7] 吕西林. 复杂高层建筑结构抗震理论与应用[M]. 北京: 科学出版社, 2007.

[8] 李宏男,李忠献,祁凯,等. 结构振动与控制[M]. 北京: 中国建筑工业出版社, 2005.

[9] Kelly J M, Skinner R I, Heine A J. Mechanisms of energy absorption in special devices for use in earthquake resistant structures[J]. Bulletin of the New Zealand National Society for Earthquake Engineering, 1972, 5: 78-89.

[10] 章丛俊,李爱群,赵明. 软钢阻尼器耗能减震结构的研究与应用综述[J]. 工业建筑, 2006, 36(9): 17-20.

[11] 韩建强,丁祖贤,张玉敏. 消能减震及软钢阻尼器的研究与应用综述[J]. 建筑科学与工程学报, 2018, 35(5): 60-69.

[12] Skinner R I, Kelly J M, Heine A J. Hysteretic dampers for earthquake resistant structures[J]. Earthquake Engineering and Structural Dynamics, 1975, 3: 287-296.

[13] Pall A S, Marsh C. Seismic response of friction damped braced frames[J]. Journal of the Structural Division, 1982, 108(6): 1313-1323.

[14] 吴斌, 欧进萍. 拟黏滞摩擦耗能器的性能实验与分析[J]. 世界地震工程, 1999, 15(1): 1-11.

[15] Pall A S, Pall R. Friction-dampers used for seismic control of new and existing building in Canada[J].// Proc. ATC 17-1 Seminar on Isolation, Energy Dissipation and Active control. San Francisco, CA, 1993, 2: 675-686.

[16] Shen K L, Soong T T, Chang K C, et al. Seismic behavior of reinforced concrete frame with added viscoelastic dampers[J]. Engineering Structures, 1995, 17(5): 372-380.

[17] 周云, 徐赵东, 邓雪松. 黏弹性阻尼器的性能实验研究[J]. 振动与冲击, 2001, 20(3):76-78.

[18] Palmeri A, Ricciardelli F, Muscolino G, et al. Effects of viscoelastic memory on the buffeting response of tall buildings[J]. Wind and Structures, 2004, 7(2): 89-106.

[19] Makris N, Constantinou M C. Fractional-derivative maxwell model for viscous dampers[J]. Journal of Struc-

tural Engineering, 1991, 117(9): 2708-2724.

[20] 周云, 唐荣, 钟根全, 等. 防屈曲耗能支撑研究与应用的新进展[J]. 防灾减灾工程学报, 2012, 32(4):393-407.

[21] Soong T T, Dargush G F. Passive Energy Dissipation Systems in Structural Engineering[M]. New York: John Wiley & Sons, Ltd, 1997.

[22] Warbuton G B, Ayorinde E O. Optimum absorber parameters for various combinations of response and excitation parameters[J]. Earthquake Engineering & Structural Dynamics, 1980, 8: 197-217.

[23] Shun-ichi Nakamura, Yozo Fujino. Lateral vibration on a pedestrian cable-stayed bridge[J]. Structural Engineering International, 2002, 12(4): 295-300.

[24] Abdel-Rohman M, Leipholz H H E. Structural control by pole assignment method[J]. Journal of Engineering Mechanics, ASCE, 1978, 104(10): 1159-1175.

[25] Yang J N. Application of optical control theory to civil engineering structures[J]. Journal of Engineering Mechanics Division, ASCE, 1975, 101(6): 819-838.

[26] Martin C R, Soong T T. Model control of multistory structures[J]. Journal of Engineering Mechanics, ASCE, 1976, 102: 613-623.

[27] Yang J N, Wu J C, Agrawal A K. Sliding model control for nonlinear and hysteretic structures[J]. Journal of Engineering Mechanics, ASCE, 1995, 121(12): 1330-1339.

[28] Kobory T, Takahashi M, Nasu T, et al. Seismic response controlled structure with active variable stiffness system[J]. Earthquake Engineering and Structural Dynamics, 1993, 22(11): 925-941.

[29] 胡建华,王修勇,陈政清,等.斜拉桥拉索磁流变阻尼器减振技术的参数优化研究[J].土木工程学报, 2006, 39(3):91-97.

2 拉索风雨激振观测与振动控制

斜拉桥本身具有的结构特点以及与悬索桥竞争中显示出的经济优势,使得斜拉桥在全世界得到了广泛的应用。目前,斜拉桥已成为跨度在 200 ~ 800m 之间大桥的首选桥型。我国的香港昂船洲大桥、苏通大桥和俄罗斯的俄罗斯岛大桥等一批超级工程的建成使斜拉桥的跨径突破了千米大关。研究表明[1],建造跨度 1500m 的斜拉桥是完全可能的。

拉索是斜拉桥的关键构件之一,承受及传递着桥梁的全部荷载。随着斜拉桥跨度的增大,斜拉桥拉索长度也相应增长,如苏通大桥最长拉索达到 577m,俄罗斯岛大桥最长拉索达到 580m。但拉索的直径却基本稳定在 100 ~ 200mm 之间,所以随着斜拉桥跨度的增大,拉索的基频在逐渐降低,加之拉索具有极低的阻尼,在风等外部激励下很容易发生振动[1-8]。衡量拉索气动特性最重要的一个参数——Scruton 数(斯柯顿数)可表示为[5]

$$S_c = \frac{m\xi}{\rho D^2} \tag{2.1}$$

式中,S_c、m、ξ、ρ、D 分别为 Scruton 数、拉索每米质量、拉索模态阻尼比、空气密度及拉索直径。

Yamada[8,9]对日本的许多斜拉桥拉索进行了计算,在假定拉索模态阻尼比 $\xi = 0.16\%$ 的情况下,大部分拉索的 Scruton 数在 5 左右。Irwin 的研究结果表明[5],只有当拉索 $S_c \geqslant 10$ 时才能保证拉索不至于发生风(雨)振动。

本章在简要介绍拉索主要振动的基础上,重点对拉索风雨激振观测及其特征、拉索减振技术、磁流变阻尼器长期性能等开展研究。

2.1 斜拉桥拉索的振动

2.1.1 Karman 涡激共振

拉索横断面一般为圆形。当风流经过拉索时,在其横断面尾流中将出现交替脱落的漩涡,此即所谓的 Karman 涡街。研究表明,漩涡脱落频率由下式描述

$$f_v = \frac{S_t U}{D} \tag{2.2}$$

式中,U 为风速;D 为拉索直径;S_t 为 Strouhal 数(斯脱罗哈数),对圆形断面的二维柱体而

言,其值为0.2。

当漩涡脱落频率和拉索某阶固有频率相等时,便发生涡激共振(Vortex-induced Vibration)。

在Karman涡街的作用下,拉索的大幅振动常以基频或低频出现,而根据对实际拉索频率和斯脱罗哈数的分析,拉索低频涡激振动的临界风速一般仅为0.5~2m/s。如此低的风速所产生的涡激力将难以提供激起拉索的低频大幅振动的能量。近年来,随着拉索长度增加,人们已开始重视拉索高阶涡振并开展相关研究。

涡激共振引起的拉索振幅可由下式近似计算

$$\frac{y_0}{D} \approx 0.008 C_{\mathrm{L}} \left(\frac{m\xi}{\rho D^2}\right)^{-1} \left(\frac{U_{\mathrm{vc}}}{f_{\mathrm{k}} D}\right)^2 \tag{2.3}$$

式中,U_{vc}为涡振风速;f_{k}为拉索第k阶模态频率;C_{L}是气动升力系数,与振动幅度和雷诺数有关,可取$C_{\mathrm{L}} \approx 0.3$;$m$、$\xi$、$\rho$、$D$意义同前。

由式(2.3)可知,增大拉索的质量和阻尼比可以降低拉索的振幅,Scruton数越大涡激振动幅度越小。实际斜拉桥拉索的阻尼比在0.001~0.005之间,相应的Scruton数为7~12,按照式(2.3)计算得到的拉索涡激振动振幅很小,约为拉索直径的1%。

目前人们对拉索涡激振动的机理已基本认识清楚。涡激振动不是一种危险性的发散振动,而是一种带有自激性质的强迫振动,其特点是:

①它是一种在较低风速区发生的有限振幅振动;

②它在某一风速区域发生,即存在着锁定(lock-in)区;

③它的振幅对阻尼有很大的依赖性;

④振动响应对断面形状的微小变化很敏感。

2.1.2 参数共振

斜拉桥拉索的上、下端分别与桥塔、桥面相连接。桥梁在风作用下以频率f_{b}发生抖振,当f_{b}正好等于拉索某阶模态频率的2倍时,拉索即发生参数共振(Parametric Resonance)。拉索的参数共振往往表现为拍振,振动能量在拉索和桥梁之间转换。

Kovacs[10]于1982年第一次采用参数激振(一种自激振动)来说明拉索振动的机理;汪至刚等[11]对斜拉桥拉索的参数共振问题建立了非线性力学模型,并对其进行了数值计算分析;亢战等[12]对斜拉桥拉索参数共振问题建立了多自由度数学模型,并进行了数值积分求解;作者也对拉索参数共振开展了理论与实验研究,并在实验中观测到参数振动现象[13]。

2.1.3 尾流驰振

两拉索沿风向斜列时,来流方向的下游拉索比上游拉索发生更强烈的风致振动,即尾流驰振(Wake Galloping),其机理为:上游拉索的尾流中存在一个不稳定的驰振区,如果下游拉索正好位于这一不稳定区中,其振动就会不断加大,直至达到一个稳态大幅度的极限环。当两拉索相距较远,超出尾流驰振不稳定区时,就不会发生尾流驰振。

研究表明,发生尾流驰振的临界风速可近似表示为

$$U_{wc} = cf_k D \left(\frac{m\xi}{\rho D^2}\right)^{\frac{1}{2}} \tag{2.4}$$

式中,c 为常数,当沿风向上、下游拉索间距为 2 ~6 倍拉索直径时,取 $c=25$;当上、下游拉索间距为 10 ~20 倍拉索直径时,取 $c=80$。

上式表明,发生尾流驰振的临界风速与模态频率成正比,与 Scruton 数的平方根也成正比。

尾流驰振只能在下游拉索的响应比它的漩涡脱落频率及上游拉索的响应频率低时才能发生。尾流驰振一般表现为拉索的一阶振动。因而尾流驰振发生时,拉索中段的振幅最大,自激振动的能量也主要从拉索中段输入。

尾流驰振的特点是:

①一般当上、下游拉索间距为 2 ~5 倍或 10 ~20 倍拉索直径时发生;

②当风速在(25 ~50)$f_k D$ 范围内可发生这种现象;

③增大阻尼可有效抑制振动。

2.1.4 风雨激振

风雨激振(Wind-rain Induced Vibration)是指拉索在风雨共现的气候条件下发生的低频大幅振动,有时甚至还会激起桥面的振动,是目前已知的所有拉索振动中最强烈的一种。1974 年,在汉堡 Koehlbrand 桥上德国学者 Ruscheweyh[14] 观察到拉索在风雨条件下发生了大幅振动。但可惜当时对拉索振动的研究还不够深入,所以没能引起相关学者的关注。直到 20 世纪 80 年代,日本学者 Hikami 等[15] 又一次观察到拉索的风雨激振的发生并通过人工降水风洞实验重现了这一现象后,关于拉索的风雨激振现象才开始被报道与研究。后经学者分析研究,得出如下特征:

①当风速达到 6 ~8m/s 时,拉索的上表面会在很短的时间内积聚雨水,形成一条上水线;而低于此风速时,仅有下表面水线存在,此时并不发生拉索风雨激振。

②在风、雨共同作用下,从小雨到大雨都存在发生拉索风雨激振的可能性。但发生风雨激振时的风速存在限幅,一般在 8 ~15m/s 之间。

③外包裹为有着光滑表面的聚乙烯套管的拉索较容易发生拉索风雨激振。

④振动频率成分较多,但以前几阶模态为主,频率较低,主要是对拉索低阶模态频率造成影响。

⑤拉索风雨激振存在索面内振动和索面外振动,并以索面内振动为主。

2.2 拉索风雨激振研究现状

拉索风雨激振问题十分复杂，主要体现在：

①风雨激振中的拉索是一种特殊的连续体，有着许多特点，比如多模态共存、模态间耦合，以及几何非线性等；

②拉索风雨激振存在气体-液体-固体三相耦合的问题，情况非常复杂；

③拉索在风、雨共同作用下，其振动还会反过来与拉索连接的桥塔、桥面一起组成一种复杂的耦合体系；

④风雨激振中的拉索，其水线的质量与位置随时间不断变化，拉索的气动弹性特性随之更加复杂。

目前，风雨激振的研究方法主要有现场实测、风洞实验和理论模型。

2.2.1 拉索风雨激振现场实测研究

为了解释拉索风雨激振现象，国内外在多座大桥开展了风雨激振现场实测，总结了拉索风雨激振的规律和特征。

①Hikami 等[15]对日本 Meiko-Nishi 大桥的现场实测。

20 世纪 80 年代，日本 Meiko-Nishi 大桥在建设过程中，发生了较严重的风雨激振现象。Hikami 等对该桥进行了长达 5 个月的现场实测研究，选取了 24 根拉索，记录下其振幅、阻尼，以及现场风速大小、方向等。这次现场实测首次确定了在拉索风雨激振时其表面形成了水线，而且水线会随着拉索的振动而震荡。

②Persoon 等[16]对荷兰鹿特丹 Erasmus 大桥的现场实测。

1996 年 11 月，荷兰鹿特丹 Erasmus 大桥发生了较严重的风雨激振现象，Persoon 等学者对该桥进行了现场实测研究。在现场实测研究中观测到了拉索振动引起的桥面振动。

③Main 和 Jones[17]对美国 Hartman 大桥的现场实测。

1997 年，美国 Hartman 大桥发生了较严重的风雨激振现象，Main 和 Jones 对该桥进行了长达一年多的现场实测研究，他们在拉索上布置了加速度计并安装了测量风速和风向的仪器，获得了近 5000 组记录数据。通过对各种天气环境下时程记录的分析，Main 和 Jones 发现雨量的大小直接影响风雨激振的风速，引发风雨激振的风速随着雨量的增大而降低。

④Matsumoto 等[18]对三维连续拉索模型的现场实测。

Matsumoto 等学者在日本 Shionomisaki 建立了一个三维连续拉索模型，用于现场实测研究。他们在临近拉索模型气象塔上安装了风速计，在高 2.8m 的拉索截面处安装了加速度计，并通过荷载传感器来测得拉索的张力。通过对数据分析，他们认为拉索振动在无雨情况下为高风速下的涡激共振，是由拉索背后的轴向流产生的；而在有雨的情况下则为拉索的风雨激振。

⑤陈政清等[19,20]对洞庭湖大桥的现场实测。

2001 年 1 月至 2004 年 5 月，陈政清、Ni、王修勇等对洞庭湖大桥进行了多次拉索风雨激振现场观测，采集了大量风参数、拉索振动加速度、雨量数据，并分析了拉索风雨激振的许多新特征。后续将进行详细介绍。

2.2.2 拉索风雨激振风洞实验研究

为了系统、科学地研究拉索风雨激振机理，国内外开展了许多拉索风雨激振风洞实验研究。根据对拉索表面水线的模拟方法，拉索风雨激振风洞实验研究的方法可以分为两种：人工降雨实验和人工水线实验。

1）人工降雨实验

人工降雨实验是在风洞实验室里建立弹簧悬吊拉索模型，然后尽可能真实地模拟风雨对结构的作用以及它们之间的耦合效果。

Hikami 和 Shiraish[15]在风洞实验室里重现了之前在 Meiko-Nishi 大桥发现的拉索风雨激振现象。他们发现了上水线是引起拉索风雨激振的主要原因，并提出了两种可能机理：一种是单自由度驰振（邓哈托驰振）；另一种是弯扭耦合两自由度驰振。

Matsumoto 等[21]学者利用一大一小两个风洞进行了一系列人工降雨实验研究，提出了三种可能机理：涡脱引发的拉索振动，由轴向流和上水线引发的发散限速驰振，包含前两者的混合形式。

顾明等[22]在同济大学 TJ-1 风洞实验室进行了人工降雨实验研究，在风洞实验中重现了拉索风雨激振现象，研究了拉索倾角、风向角、来流风速、结构阻尼，以及拉索振动频率等因素对拉索风雨激振的影响，并测量了拉索风雨激振发生时模型的气动阻尼。

廖海黎等[23]在西南交通大学 XNJD-2 风洞也开展了拉索风雨激振风洞实验，观测到了风雨激振现象，并研究了肋条模型和光滑模型的阻力系数。

陈文礼和李慧[24]制作了实验装置，进行了人工降雨条件下拉索风雨激振实验研究。该装置不仅可以测量得到拉索风雨激振时的振动响应，还能同步通过超声波测厚系统得到水线的振动信息，从而建立三维混合子结构模型。

2）人工水线实验

人工水线实验是在节段模型拉索的表面沿轴向布置人工贴条，以尽可能真实地模拟雨线。

Yamaguchi[25]在人工水线实验研究中使用八面体柱体节段模型，在表面布置圆柱体代替水线。虽然实验模型与实际拉索的情况差别较大，但为后来进一步的理论研究提供了思路。

Bosdogianni 和 Olivari[26]在人工水线实验研究中分别使用了矩形和圆弧形两种不同形状的人工水线模型，研究表明下水线对拉索风雨激振几乎没有影响，而上水线的大小、形状对拉索风雨激振的影响也较小。

顾明、刘慈军[27]在同济大学利用 TJ-2 号风洞实验室进行了人工水线实验研究,分别使用了四种不同大小和形状(圆形和圆弧形)的人工水线模型。研究表明,上水线在拉索表面的位置对拉索风雨激振的影响非常大。

顾明、黄磷、王国砚[22]在人工水线实验研究中使用了运动人工水线模型,研究表明在一定风速范围内,水线在拉索表面的振动平衡位置正好处于“不平衡区域”内时,拉索风雨激振会十分明显。

杜晓庆[28]在人工水线实验研究中使用了可按需要调节拉索模型风向角和水线位置的人工水线模型,这为以后在准定常假设情况下三维拉索的理论分析提供了至关重要的数值依据。

刘庆宽[29]等在人工水线实验研究中,通过对不同位置粘贴有水线的拉索模型进行测力和测振风洞实验,研究了水线通过影响雷诺数效应导致振动的关系。

李寿英等[30]也开展了人工水线拉索模型风洞实验,通过测量拉索水线模型的表面压力,得到模型的气动导数,发现了拉索水线模型的非平稳气动力特征。

2.2.3 拉索风雨激振理论模型研究

Yamaguchi[25]建立了弯扭耦合两自由度驰振模型,在不考虑阻尼影响下拉索竖直方向运动的微分方程为

$$M\ddot{y} + ky = F_y \tag{2.5}$$

式中,M 为拉索的单位长度质量;k 是广义刚度;y 为振动位移;F_y 是单位长度拉索在风雨激振时竖直方向上受到的气动力。

水线的运动微分方程为

$$I\ddot{\theta} = M_a \tag{2.6}$$

式中,I 为水线的单位长度极惯性矩;θ 为水线运动时偏离拉索表面平衡位置的角度;M_a 为水线的单位长度不稳定气动力矩。

由式(2.6)可知,当水线振动频率与拉索振动频率相等时,系统即能发生风雨激振现象。

Xu 等[31]建立了拉索风雨激振的单自由度模型,其拉索微分方程为

$$\ddot{y} + \omega^2 y + 2\xi_s\omega\dot{y} + \frac{F}{M} = 0 \tag{2.7}$$

式中,M 为拉索的单位长度质量;ξ_s 为拉索结构阻尼比;ω 为拉索的固有频率;F 为拉索竖直方向上受到的气动力。

同时,假设水线运动规律为正弦运动

$$\theta = a\sin\hat{\omega}t \tag{2.8}$$

该拉索风雨激振单自由度模型的方程中，不仅考虑了拉索空间状态的驻点位置变化，还分别研究了带运动水线拉索和固定水线拉索的振动规律。

彭天波、顾明[32]利用 Lagrange 方程，建立了拉索以及上、下水线的三自由度运动微分方程

$$(M+m_s+m_x)\ddot{y}+C\dot{y}+Ky=F_y(t)+m_xR(\ddot{\gamma}_x\cos\beta_{x0}-\ddot{\gamma}_x\gamma_x\sin\beta_{x0}-\dot{\gamma}_x^2\sin\beta_{x0}-\dot{\gamma}_x^2\gamma_x\cos\beta_{x0})-$$
$$m_sR(\ddot{\gamma}_x\cos\beta_{x0}-\ddot{\gamma}_x\gamma_x\sin\beta_{x0}-\dot{\gamma}_x^2\sin\beta_{x0}-\dot{\gamma}_x^2\gamma_x\cos\beta_{x0})$$
$$m_sR^2\ddot{\gamma}_s+k_s\gamma_s=(m_sR\gamma_s\sin\beta_{s0}-m_sR\cos\beta_{s0})\ddot{y}$$
$$m_xR^2\ddot{\gamma}_x+k_x\gamma_x=(-m_xR\gamma_x\sin\beta_{x0}+m_xR\cos\beta_{x0})\ddot{y} \tag{2.9}$$

式中，M 是拉索的单位长度质量；m 是水线的单位长度质量；K 是拉索的弹簧刚度；k 是水线的回复刚度；C 是拉索模型的阻尼系数；R 是拉索半径；下标 s、x 分别代表上、下水线；β 是水线在拉索表面的平衡位置与水平线的夹角；γ 是水线偏离平衡位置的角度；$F_y(t)$ 是拉索在竖直方向上受到的气动力。

顾明、杜晓庆等[33]建立了考虑拉索竖直方向上运动和水线沿拉索表面切线方向上运动的两自由度运动微分方程

$$M\ddot{y}+m\ddot{y}+C_y\dot{y}+mR\ddot{\theta}\sin(\theta_0+\theta)+mR\dot{\theta}^2\cos(\theta_0+\theta)+Ky-mg=-F_{\rm D}\sin\gamma-F_{\rm L}\cos\gamma$$
$$mR^2\ddot{\theta}+C_\theta R^2\dot{\theta}-mgR\sin(\theta_0+\theta)+m\ddot{y}R\sin(\theta_0+\theta)$$
$$=-R[f_{\rm D}\cos(\theta_0+\theta-\gamma)+f_{\rm L}\sin(\theta_0+\theta-\gamma)] \tag{2.10}$$

式中，M 是拉索的单位长度质量；m 是水线的单位长度质量；R 是拉索半径；$\ddot{\theta}$ 是水线在拉索表面的切向角加速度；$\dot{\theta}$ 是水线在拉索表面的切向角速度；θ 是水线在拉索表面的切向角位移；$\ddot{y}$ 是拉索的竖向加速度；$\dot{y}$ 是拉索的竖向速度；y 是拉索的竖向位移；$F_{\rm D}$ 是拉索的单位长度上所受平均气动阻力；$F_{\rm L}$ 是拉索的单位长度上所受平均气动升力；$f_{\rm D}$ 是水线的单位长度上所受平均气动阻力系数；$f_{\rm L}$ 是水线的单位长度上所受平均气动升力系数；C_y 是拉索结构模型的阻尼系数；C_θ 是水线和拉索之间的阻尼系数。

李寿英、陈政清等[34]综合考虑了拉索和水线之间的线性阻尼力和库仑阻尼力，建立了拉索竖向方向和水线在拉索表面切线方向的运动微分方程，即

$$M\ddot{y}+C_y\dot{y}+K_yy=-F_y$$
$$mR\ddot{\theta}+c_rR\dot{\theta}+F_0=f_\tau-mg\cos\alpha\cos\theta+m\ddot{y}\cos\theta \tag{2.11}$$

式中，M 是拉索的单位长度质量；m 是水线的单位长度质量；C_y 是拉索的阻尼系数；K_y 是拉索的刚度系数；F_y 是拉索竖直方向上所受气动力；f_τ是水线在拉索切向上所受气动力。

李寿英、陈政清等[35]提出了连续拉索风雨激振机理模型，改进了以往拉索风雨振分析的节段刚体模型，并利用连续拉索风雨振机理模型分析了拉索风雨激振的响应特征。

2.3　拉索风雨激振现场观测

拉索风雨激振是目前常见的拉索大幅振动，容易引起索的疲劳，在索锚结合处产生疲劳裂纹，破坏索的防腐蚀系统，严重的还会造成索的失效。由于风雨激振涉及结构、风、雨三者之间的耦合，问题非常复杂，迄今为止，对拉索风雨激振的机理尚未有非常明确的结论。作者基于岳阳洞庭湖大桥拉索风雨激振观测系统，分别于2001年、2003年、2014年开展了现场观测研究，进一步揭示了拉索风雨激振特征，并提出了拉索风雨激振参数的概率模型。

洞庭湖大桥是一座预应力混凝土三塔斜拉桥，跨度为(130 + 310 + 310 + 130)m，如图2.1所示。桥宽23.4m，双向四车道，全桥共222根拉索，索长为28 ~ 201m，索的直径为99 ~ 159mm，所有拉索采用PE保护。自1999年12月大桥建成通车到2001年5月，在洞庭湖大桥观察到了多次强烈风雨振，风雨振的最大单边振幅超过400mm。为了控制拉索风雨振，中南大学和香港理工大学联合开展磁流变阻尼减振技术研究，在洞庭湖大桥进行了大量实验，并于2002年6月对该桥最长的156根拉索安装世界上第一个磁流变阻尼器拉索减振系统，系统安装后再没有风雨振现象发生[36]。

2.3.1　现场观测系统

2003年4月进行了连续风雨振现场观测，观测对象为A12索，如图2.1所示。该索的主要参数为：索长 $L = 121.9$m，倾角 $\alpha = 35.2°$，索径 $D = 119$mm，拉力 $T = 3150$kN，每米质量51.8kg，前三阶模态频率分别为1.07Hz、2.14Hz和3.20Hz。安装的传感器包括：在塔顶和桥面各安装一个美国Young公司生产的三向超声风速仪，为了减小塔和桥面对测量风速的影响，塔顶风速仪高出塔顶平面2m，桥面风速仪通过支架伸出桥面边沿4m；在A12索下锚固端安装一个Young公司生产的雨量计；在拉索距下锚固端 $L/6$ 处安装两个加速度传感器，用于测量拉索面内、面外的加速度响应。各传感器布置如图2.1所示。所有信号采用动态数据采集系统记录和保存。

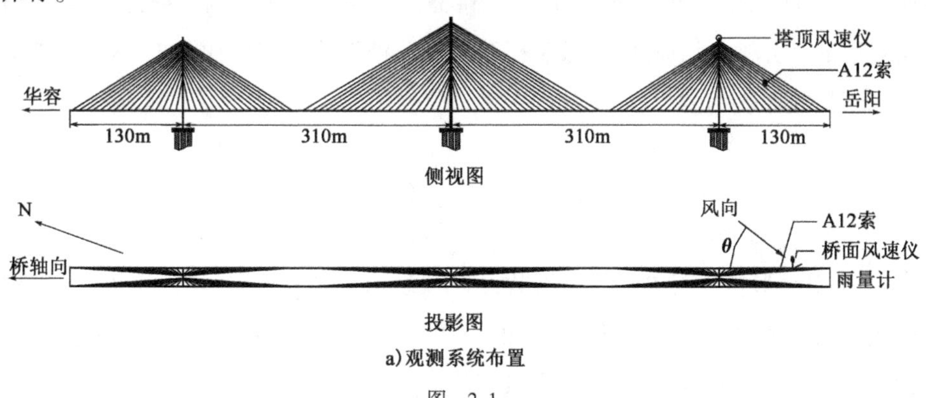

a)观测系统布置

图　2.1

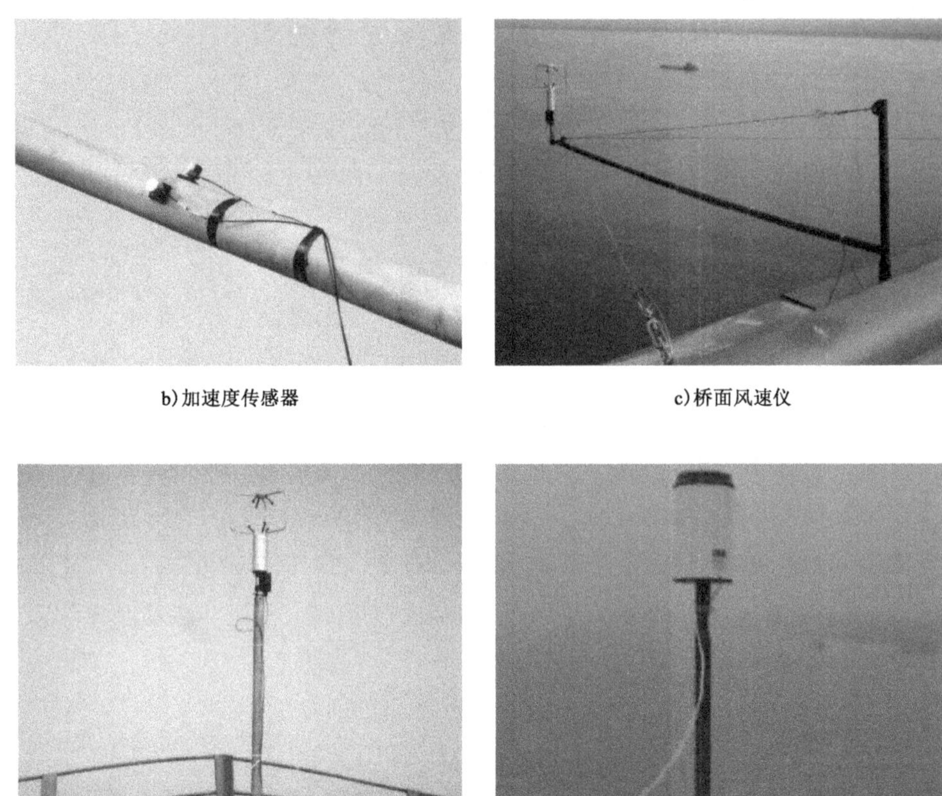

b)加速度传感器

c)桥面风速仪

d)桥塔风速仪

e)雨量计

图 2.1 现场观测布置图

2.3.2 观测数据

1)风速和风向

两个超声三向风速仪分别安装在塔顶和桥面,距水面分别为 99m 和 25m。同时测得的风速时程如图 2.2a)所示。从图可看出,塔顶和桥面的风速具有相同的特征,图 2.2b)给出了塔顶和桥面测得的 3 分钟平均风速,塔顶和桥面的 3 分钟平均风速之比为 1.55。近地平均风速轮廓线可采用指数律表示为

$$U(z_{g1}) = U(z_{g2})(z_{g1}/z_{g2})^{\alpha} \tag{2.12}$$

式中,α 是由地形粗糙度决定的幂指数,z_{g1}、z_{g2} 表示离地高度,$U(z_{g1})$、$U(z_{g2})$ 为相应高度的平均风速。根据测得的数据,可得幂指数 $\alpha = 0.2723$。因为塔顶和桥面的风特征具有稳定的关系,所以研究中均采用桥面的风速和风向数据进行分析。

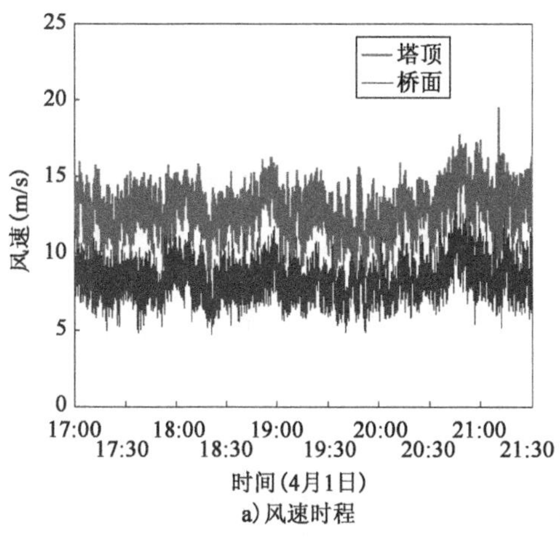

a)风速时程

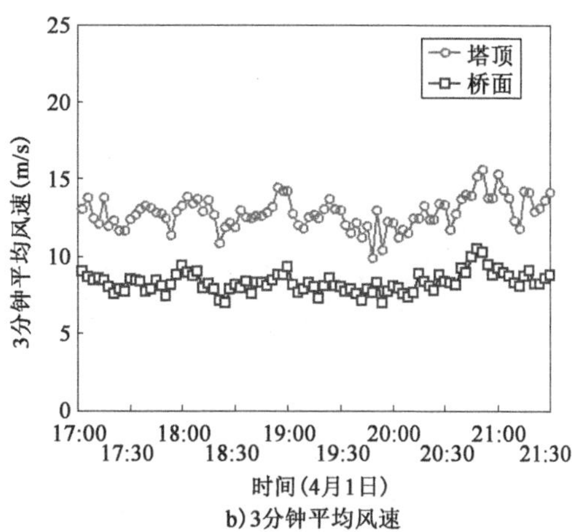

b)3分钟平均风速

图 2.2　塔顶与桥面的风速对比

风速仪的方向被调整为沿桥轴线布置,即当风的水平风向与桥轴的夹角为 θ 时,风速仪的读数同样为 θ,如图 2.1a)所示。考虑拉索的倾角、拉索的水平投影与桥轴的夹角,风与拉索的风向角 β^* 采用下式表示[37]

$$\beta^* = \arcsin(\sin\beta\cos\alpha) \tag{2.13}$$

式中,β 为风与拉索水平投影的偏角;α 为拉索的倾角。当风向垂直于拉索时,风向角 β^* 等于零,并规定风向沿拉索下降方向时相对偏角 β^* 为正,风向沿拉索上升方向时风向角 β^* 为负。

2)观测的风雨激振数据

2003 年 4 月 1 日 16:00—2 日 3:00、4 月 18 日 8:00—19 日 7:00、4 月 28 日 23:00—29 日 3:00 观测到了拉索风雨激振,三次风雨振测得的部分加速度响应、风速、风向及雨量如图 2.3～图 2.5 所示(g =9.8m/s^2)。

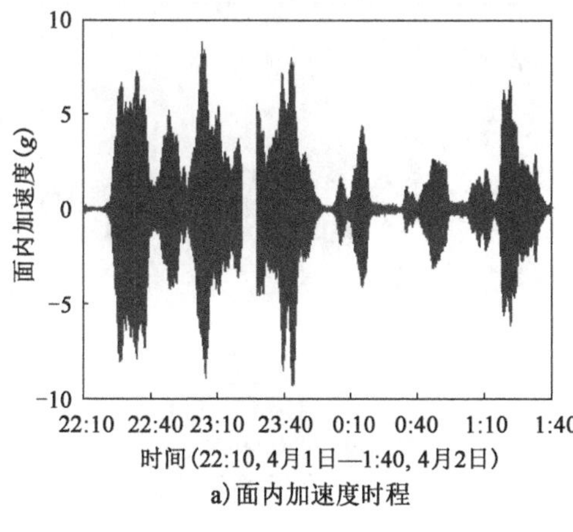

a)面内加速度时程

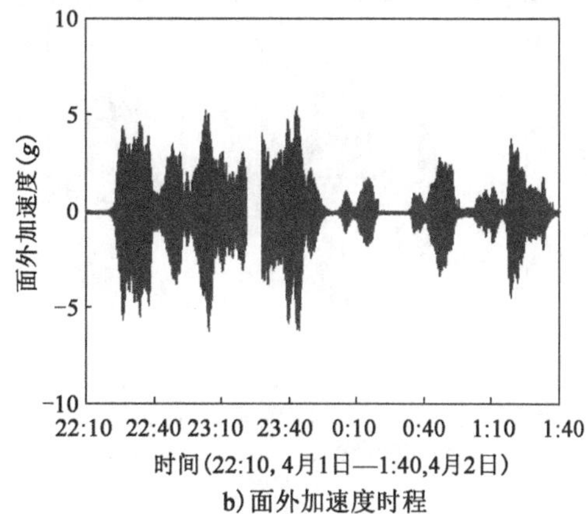

b)面外加速度时程

图　2.3

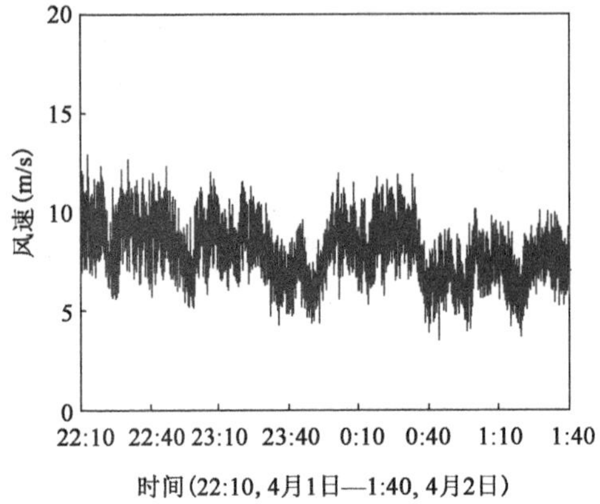

c)风速时程

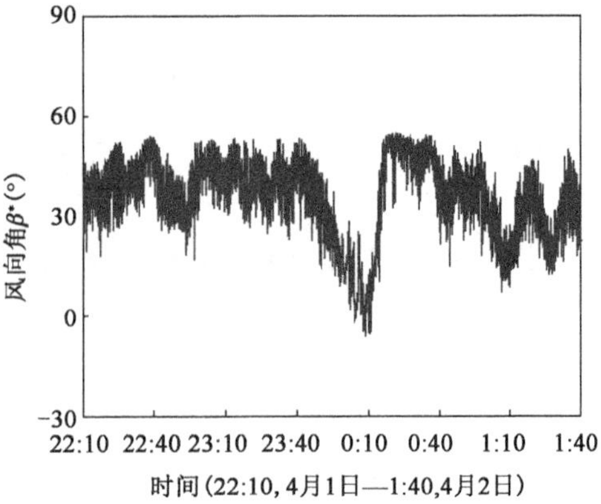

d)风向时程

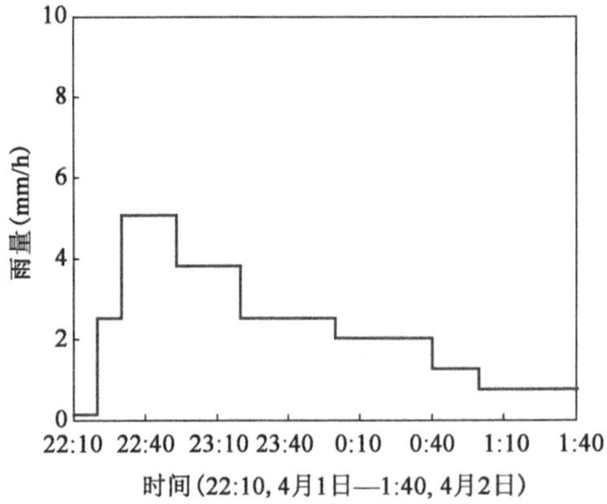

e)雨量时程

图2.3 面内加速度、面外加速度、风速、风向角β^*、雨量(2003年4月1日—2日)

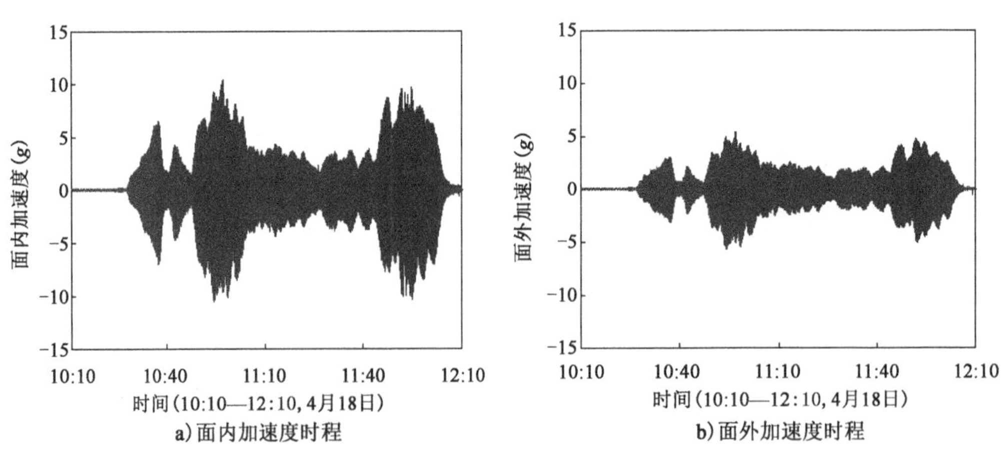

a)面内加速度时程

b)面外加速度时程

图 2.4

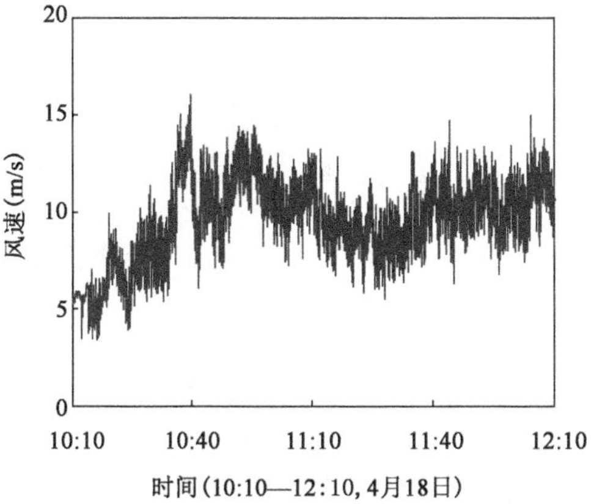

20
15
10
5
0
风速(m/s)
10:10
10:40
11:10
11:40
12:10
时间(10:10—12:10, 4月18日)

c)风速时程

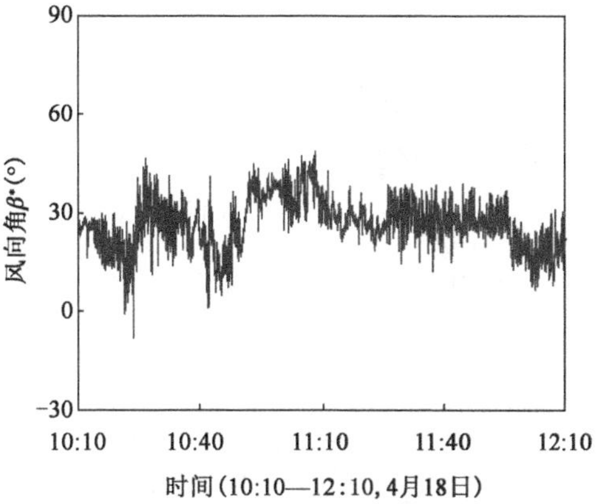

90
60
30
0
−30
风向角β*(°)
10:10
10:40
11:10
11:40
12:10
时间(10:10—12:10, 4月18日)

d)风向时程

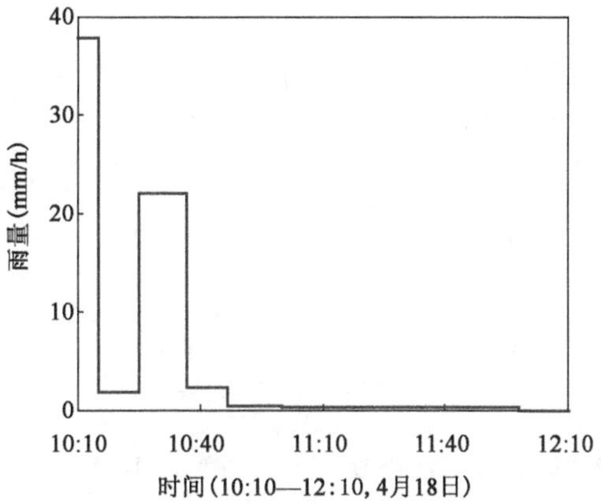

40
30
20
10
0
雨量(mm/h)
10:10
10:40
11:10
11:40
12:10
时间(10:10—12:10, 4月18日)

e)雨量时程

图2.4 面内加速度、面外加速度、风速、风向角β^*、雨量(2003年4月18日)

15
10
5
0
−5
−10
−15
面内加速度(g)
0:20
0:50
1:20
1:50
时间(00:20—1:50, 4月29日)

a)面内加速度时程

15
10
5
0
−5
−10
−15
面外加速度(g)
0:20
0:50
1:20
1:50
时间(00:20—1:50, 4月29日)

b)面外加速度时程

图 2.5

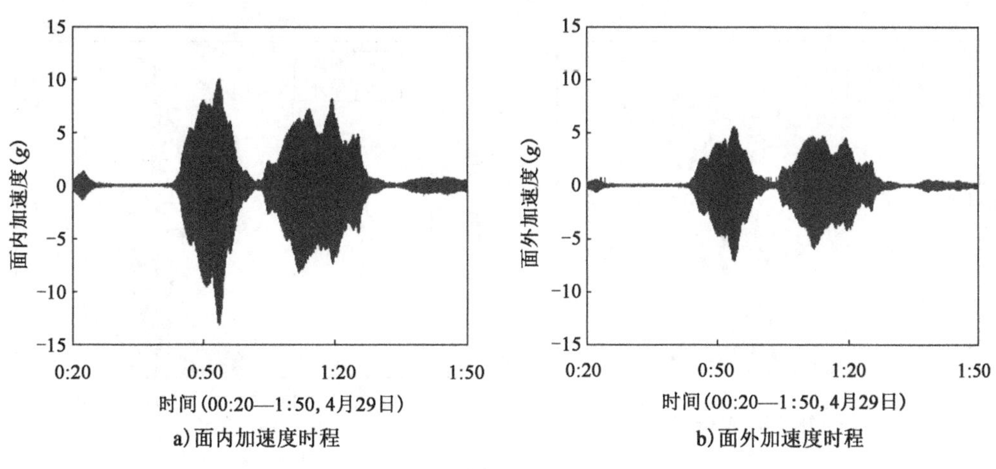

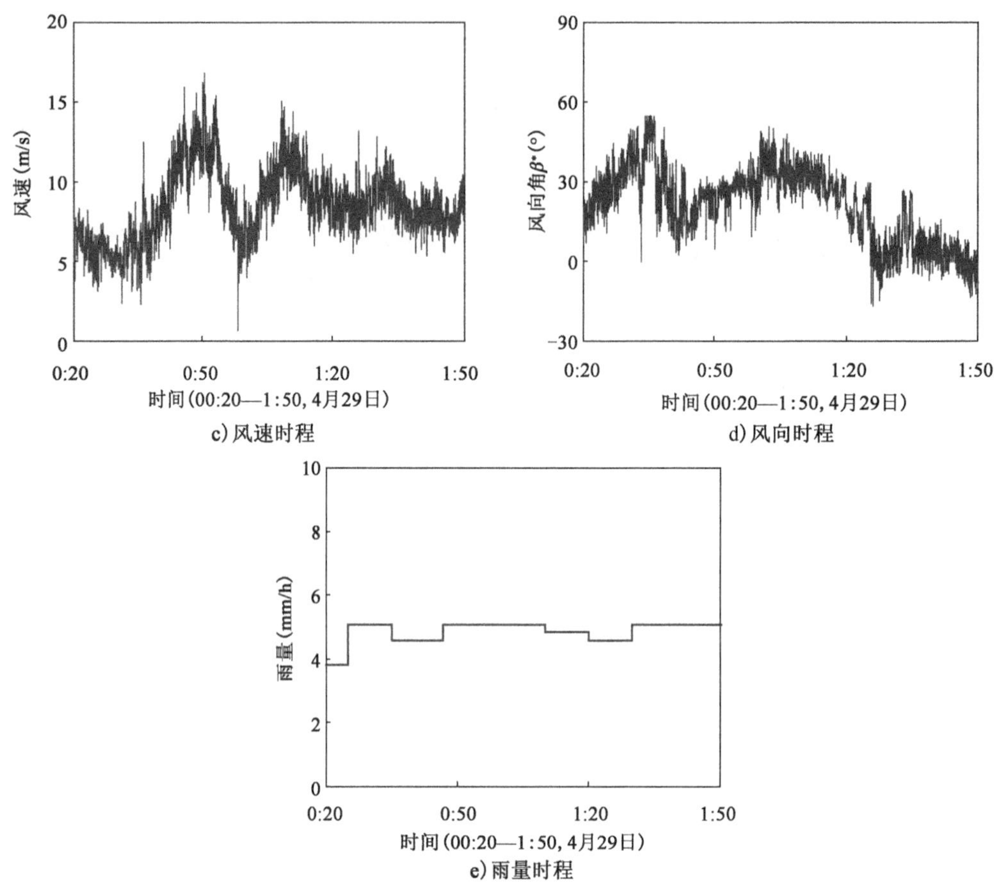

图 2.5 面内加速度、面外加速度、风速、风向角 β^*、雨量(2003 年 4 月 29 日)

3)风雨激振影响参数分析

图 2.6 显示了拉索 1 分钟振动加速度均方值与 1 分钟平均风速、风向、雨量的统计关系(只统计了所有测量数据中面内加速度峰值大于 $3\mathrm{m/s}^2$ 的情况),从图可以得出风雨激振发生

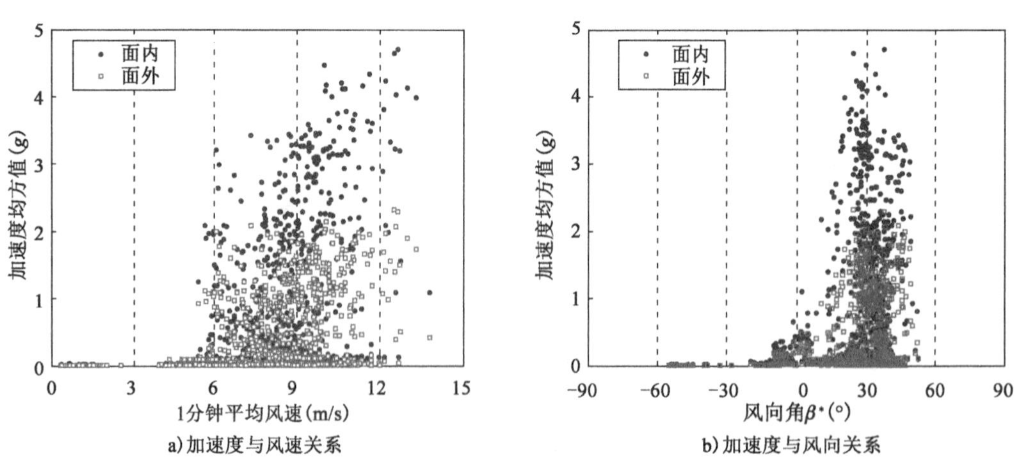

图 2.6

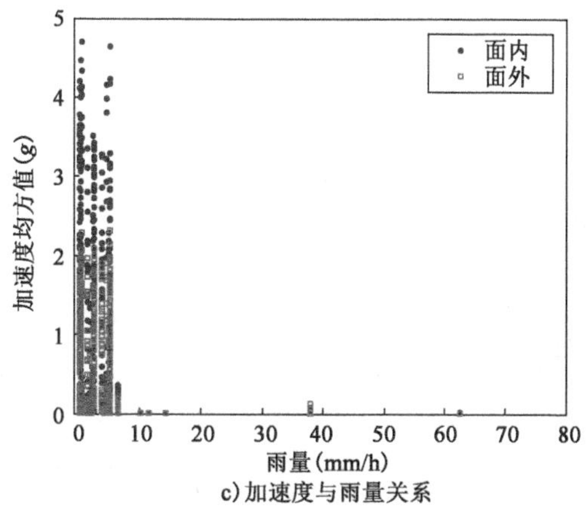

c)加速度与雨量关系

图2.6 加速度均方值与风速、风向、雨量的关系

的主要条件:雨量一般为小到中雨,风速为5~14m/s,风向角满足$-10° < \beta^* < 50°$。图2.7显示拉索1分钟面内加速度均方值与面外加速度均方值的关系,可看出风雨激振时拉索的面内加速度近似等于面外加速度的两倍。

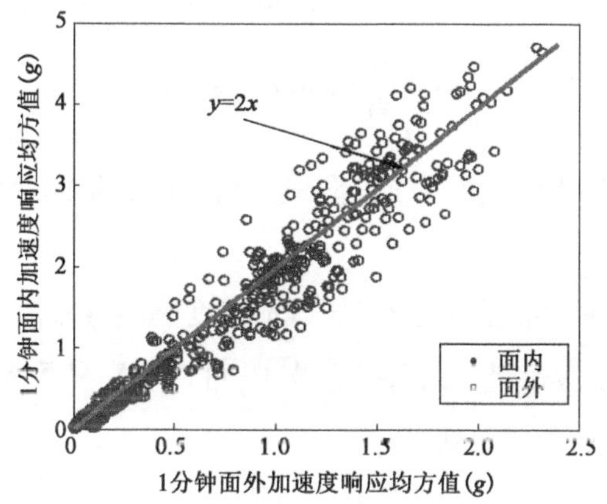

图2.7 风雨激振时拉索面内加速度与面外加速度的关系

2.3.3 特征

拉索风雨激振随着外部条件变化而发生改变,选取了三个典型片段进行研究,三个片段对应的主振模态分别为第一阶、第二阶、第三阶模态。

1)第一阶主振模态

图2.8为面内、面外测得的加速度响应时程,最大面内加速度大约为1.5g,相应的桥面风速为7~8m/s。图2.9为不同时刻的面内、面外加速度功率谱。由图可知,主振频率为1.07Hz,即以第一阶模态频率为主的振动;拉索在风雨作用下起振,然后达到一个主振模态,从开始达到最大振幅耗时800s;除了主振模态,还包含了拉索前几阶模态频率。需要说明的

是,在所有测量的拉索风雨激振时程中,这是唯一以第一阶模态为主的振动。

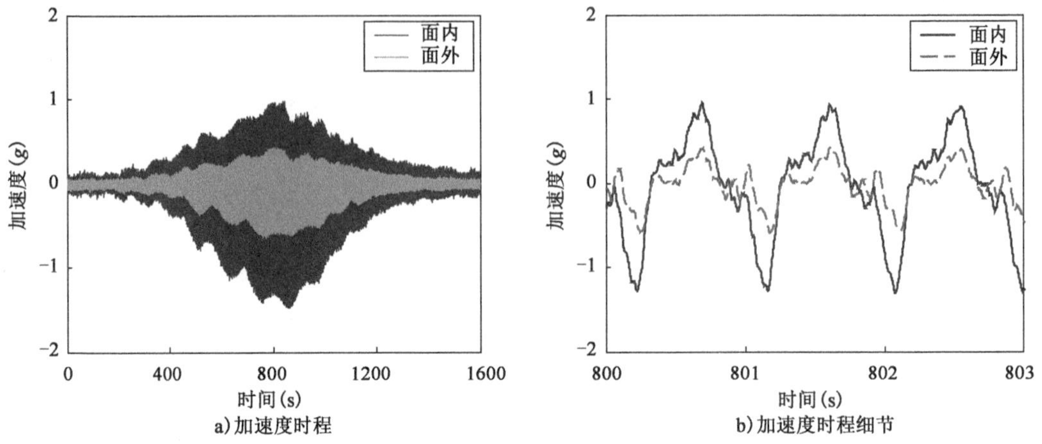

图 2.8 拉索加速度响应时程(第一阶主振模态)

因为加速度响应夸大了高阶模态成分的参与,所以采用位移评估拉索的振动幅度是更准确的。为了得到拉索振动的模态位移分量,将拉索的加速度表示为各模态加速度分量之和,即

$$a = \sum_{i=1}^{n} A_i \sin(\omega_i t + \varphi_i) \tag{2.14}$$

式中,a 为拉索的加速度响应;A_i 为第 i 阶模态加速度分量的幅值;ω_i 为 i 阶模态频率;φ_i 为相应的相位。

因为高阶模态分量对位移的影响很小,所以加速度响应可取前几阶模态近似表示。根据测量的加速度响应,采用非线性最小二乘拟合技术,可以识别参数 A_i 和 φ_i。这样在拉索任意点的模态位移响应分量可由下式得到

$$D_i = \frac{A_i}{\omega_i^2 \sin\left(\dfrac{i\pi x_{\mathrm{d}}}{L}\right)} \sin\left(\frac{i\pi x}{L}\right) \sin(\omega_i t + \varphi_i) \tag{2.15}$$

式中,D_i 为拉索在任意点 x 处在 t 时刻的 i 阶位移分量;x_{d} 为加速度传感器到下锚固点的距离;x 为拉索任意点到下锚固点的距离。

图 2.10 显示了拉索测到的加速度响应和采用前五阶加速度分量拟合的加速度响应,从图中可看出,仅有很小的高频加速度响应分量不能精确地拟合,但因为高频成分对位移的影响很小,所得的位移分量的精度还是很高的。值得注意的是,拉索的风雨激振幅值是不断变化的,即式(2.14)中 A_i 不是常数,如果取太长的时程信号进行拟合将产生误差,所以本书全部采用 3s 长度的响应进行拟合。

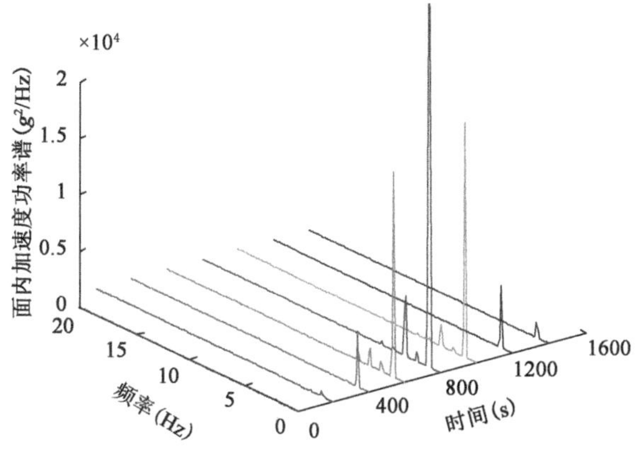

图2.9　拉索加速度响应时频功率谱(第一阶主振模态)

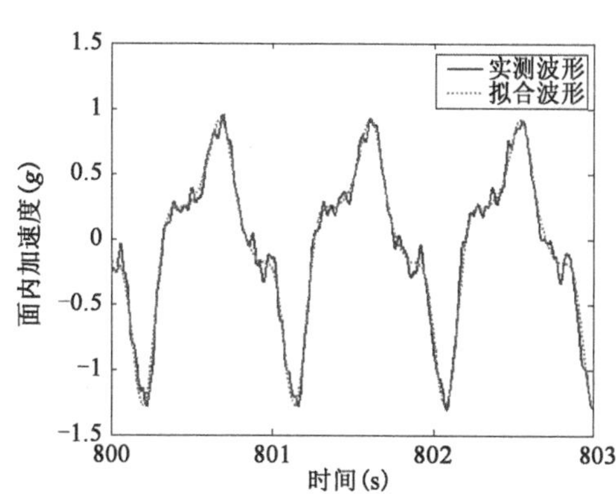

图2.10　实测的加速度响应与拟合的加速度响应对比

图2.11给出了图2.10所示加速度响应在$L/6$处(加速度计安装处)及拉索中点(最大位移处)的位移响应和前几阶模态位移分量。从图可知,在拉索$L/6$处及中点的位移幅值分别为0.34m和0.66m(峰-峰值),相当于拉索直径的2.9倍和5.5倍。拉索的总的位移几乎等于第一阶模态位移分量,说明拉索近似单模态振动。

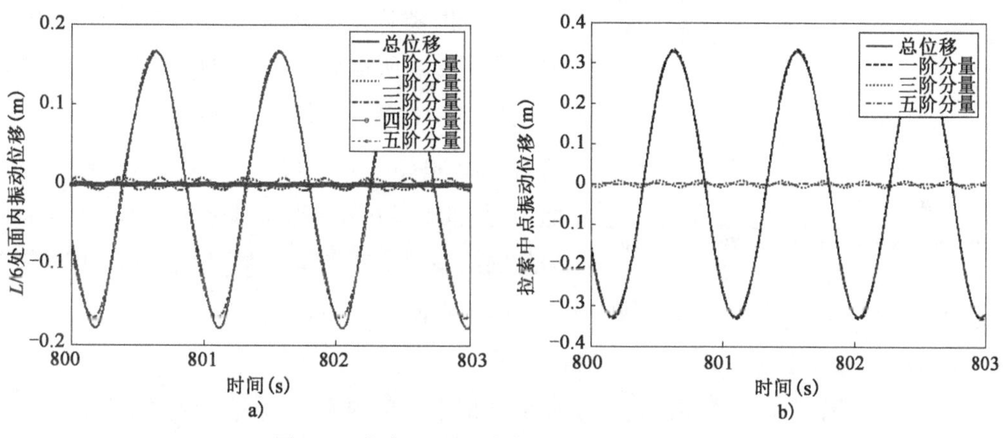

图2.11　拉索$L/6$处及中点的面内位移及位移分量

图2.12为加速度计安装位置拉索面内-面外加速度轨迹图和面内-面外位移轨迹图。从图可看出,位移轨迹能清楚地显示出拉索运动轨迹为椭圆形,而从加速度轨迹则难以确定拉索的运动轨迹,这表明采用位移响应能更好地分析风雨激振的响应特征。

拉索的风雨激振是拉索在风雨作用下产生的空气动力负阻尼引起的,确定空气动力负阻尼的大小对认识风雨激振机理和研究减振措施是非常重要的。拉索振动的净负阻尼可表示为

$$\xi_{\text{net}} = \xi_{\text{mech}} + \xi_{\text{aero}} \tag{2.16}$$

式中,ξ_{mech}、ξ_{aero}分别为拉索的固有结构阻尼比和空气动力阻尼比。

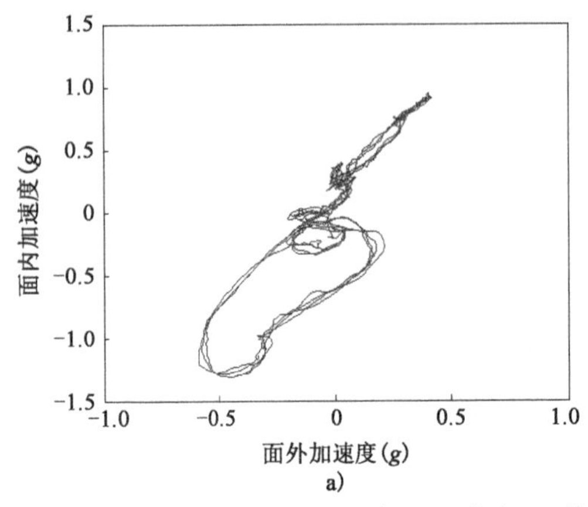

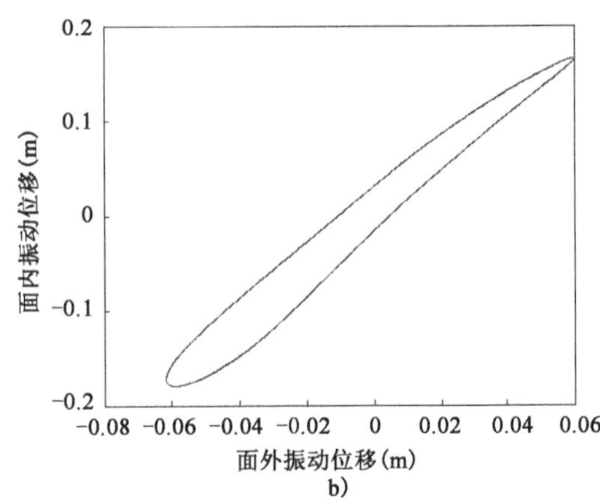

图 2.12 拉索 L/6 处的加速度及位移运动轨迹

在特定的风雨作用下，ξ_{aero}可能变为负阻尼，当负阻尼超过结构阻尼时，拉索的振动将越来越大而形成风雨激振现象。为了评估风雨激振时拉索净模态负阻尼比，设想将拉索振幅逐渐增大的时程响应分为若干个等长的时间区段，在每个区段内取3s响应信号识别加速度模态分量及位移模态分量。根据各区段内识别的加速度模态分量或位移模态分量，采用非线性拟合方法，可以求得该时段内的平均等效模态阻尼比。图 2.13 给出了图 2.8 所示响应 400 ~ 900s 时间区段模态阻尼比的识别过程和结果。在图 2.13 中，400 ~ 900s 的信号按 50s 间隔分为 10 个区段，采用每个小段的前 3s 识别出前五阶模态位移分量，根据这几个区段得到的第一阶模态位移分量，拟合得到其第一阶平均净负模态阻尼比为 0.0548%。

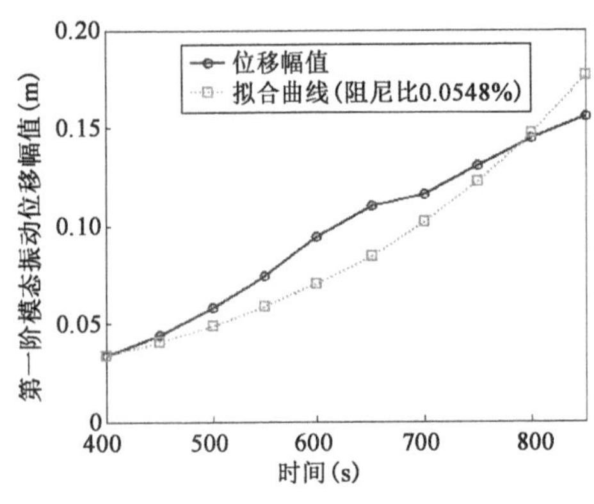

图 2.13 一阶模态的空气动力净负阻尼评估

2)第二阶主振模态

图 2.14a) 显示了另一次风雨振的加速度时程，它的最大加速度振幅达到 $20m/s^2$。图 2.14b) 同样给出了不同时刻拉索振动的面内加速度功率谱密度，从图可知，拉索的主导振动频率为 2.14Hz，即拉索的第二阶模态频率，其他振动频率主要为前五阶模态分量。

采用前面所述的最小二乘拟合方法，识别出拉索的模态位移响应。图 2.15 给出了在 $L/6$ 及 $L/4$ 处拉索的面内位移响应和模态位移分量(相应的加速度响应如图 2.14 中 $t = 1200 \sim 1203$s 所示)。从图可知，拉索的位移幅值(峰-峰值)在 $L/6$ 及 $L/4$ 处分别为 0.2m 和 0.25m，相当于拉索直径的 1.7 倍和 2 倍。在图 2.14b) 中，第一阶模态的功率谱密度幅值比第二阶的小得多，但位移分量却相差不大，说明加速度功率谱密度图夸大了高阶模态的响应。

图 2.16 为第二阶模态振动时在 $L/6$ 处加速度响应和位移响应的运动轨迹图。位移轨迹图显示拉索振动为双椭圆形，这是因为存在第一阶模态和第二阶模态两个主要位移分量。

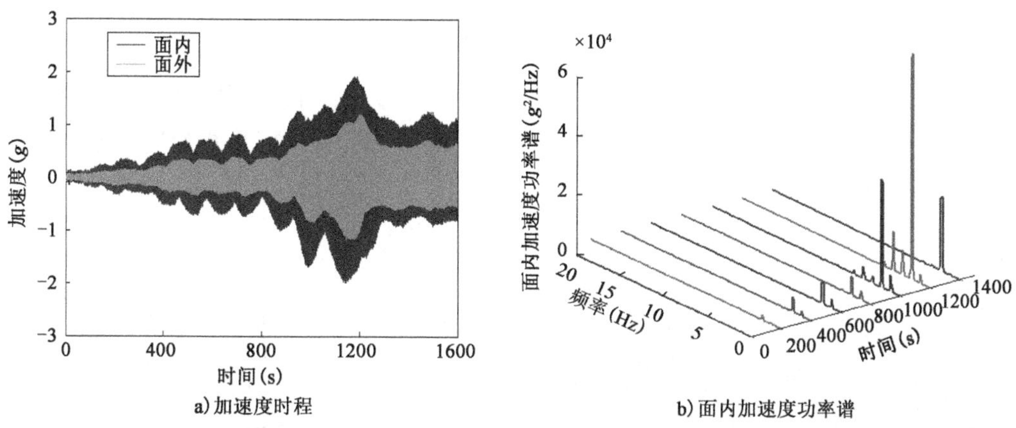

图2.14 风雨振引起的第二阶主振模态

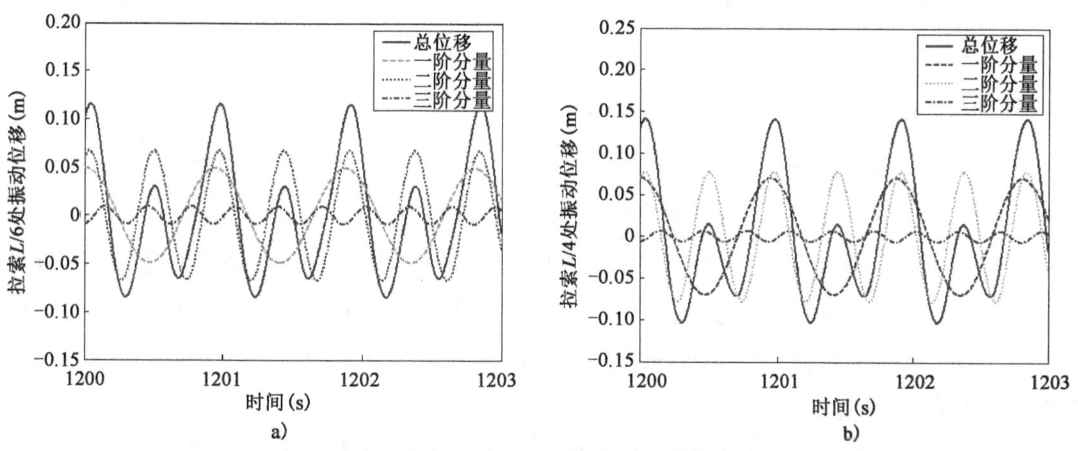

图2.15 拉索 $L/6$ 及 $L/4$ 处的面内位移及位移分量

按照前述的方法,对图2.14的平均空气动力净负阻尼进行了评估,所得的 $\xi_{net}=0.016\%$。

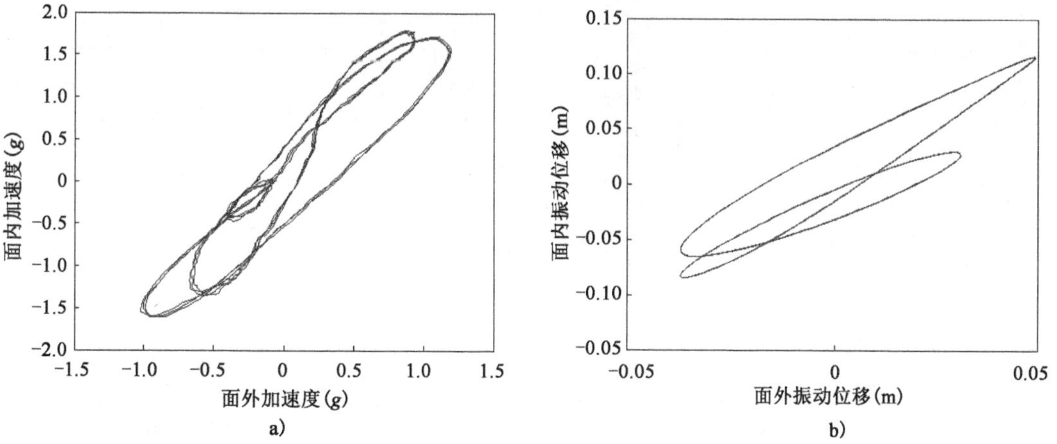

图2.16 拉索 $L/6$ 处加速度及位移运动轨迹

3）第三阶主振模态

图2.17a)显示了另一次风雨激振的加速度时程，其最大加速度接近100m/s²，相应的桥面风速为9m/s。图2.17b)为在不同时刻面内加速度响应的功率谱密度，从图中可清楚看出，其主要频率为3.21Hz，相当于拉索的第三阶模态频率，拉索面内加速度参与的振动频率主要为拉索前五阶模态频率。

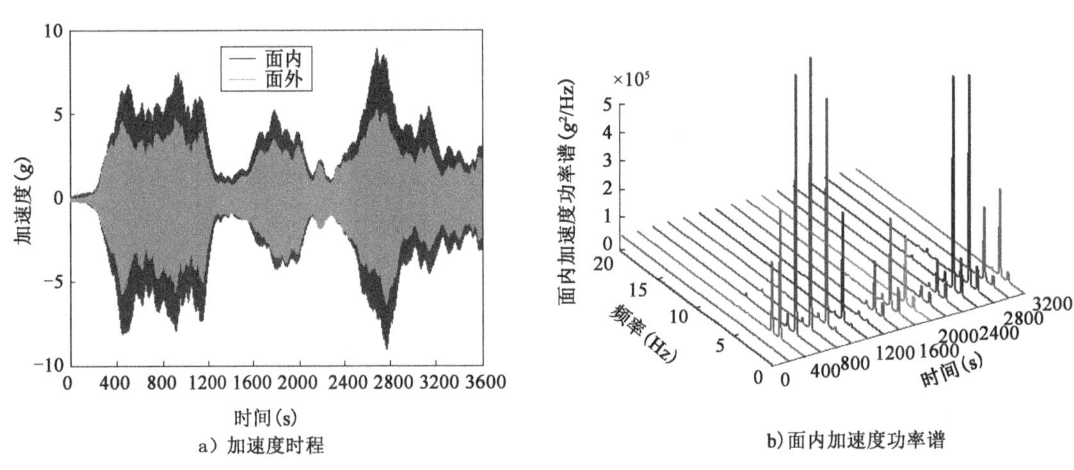

a）加速度时程　　b)面内加速度功率谱

图2.17　风雨振引起的第三阶主振模态

图2.18显示了在加速度传感器位置（$L/6$处）的面内位移和模态位移分量，模态位移分量主要包括前四个模态分量，其最大位移为0.361m（峰-峰值），相当于拉索直径的3.03倍。由图2.18可知，虽然图2.17的加速度响应是图2.11的6倍，但图2.11的拉索最大位移响应却相当于图2.18的两倍。

图2.19给出了图2.18的位移轨迹，位移轨迹清楚地显示了拉索的运动轨迹。因为拉索的位移具有3个不同的峰值，所以位移轨迹表现为3个椭圆的形式。图2.17的空气动力净负阻尼为0.0691%。

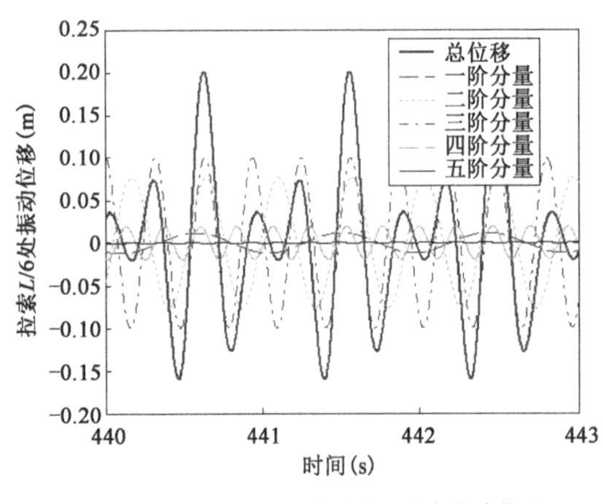

图2.18　拉索$L/6$处面内位移及模态位移分量

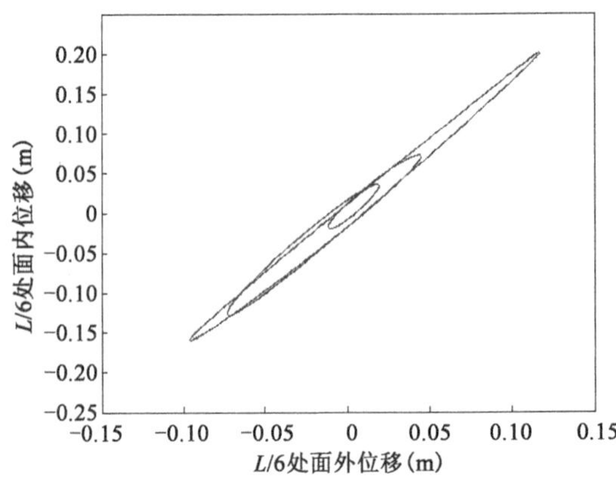

图2.19　拉索$L/6$处的位移运动轨迹

4)模态参与特性

按照上面的分析,A12 索在风雨激振作用下振动的主要频率包括第一阶、第二阶、第三阶模态频率。为了研究主要振动频率的分布特性,将测量得到的风雨激振数据分成 50s 长的数据段,在每个数据段取 3s 数据样本识别其位移及模态位移分量,确定位移分量最大的模态为主振模态。图 2.20 给出了 A12 索在风雨激振时主振模态的直方图,从图中可看出,拉索风雨激振的主振模态包括第一至第四阶固有模态,并主要分布在第三阶模态。

为了评估风雨激振时单个模态的参与程度,定义如下模态参与指数(Modal Contribution Index)

$$\mathrm{MCI}=\frac{A_n}{\sqrt{\sum_i A_i^2}} \tag{2.17}$$

式中,MCI 为模态参与指数;A_n 为主振模态的位移幅值;A_i 为第 i 个参与模态的幅值。

显然,当拉索以单模态振动时,MCI 接近 1;当其他参与模态的幅值增大时,MCI 减小。在本书中,采用前五阶模态位移分量,对上面得到的 3s 数据样本的位移分量进行计算,得到其相应的 MCI。图 2.21 显示了 A12 索风雨激振时 MCI 的直方图,从图可知,少部分响应表现为单模态振动,而大部分响应则表现为多模态参与的振动。

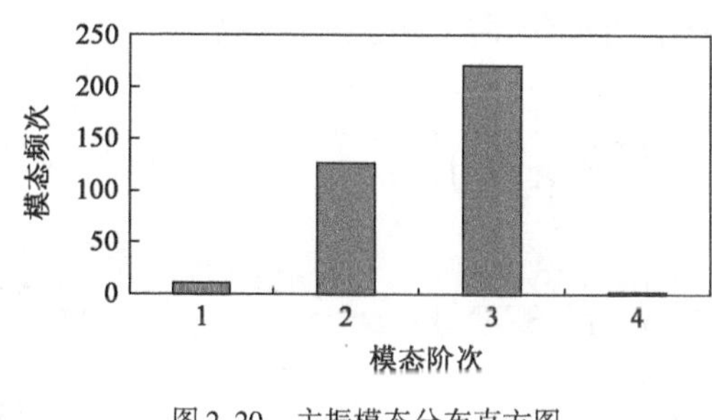

图 2.20 主振模态分布直方图

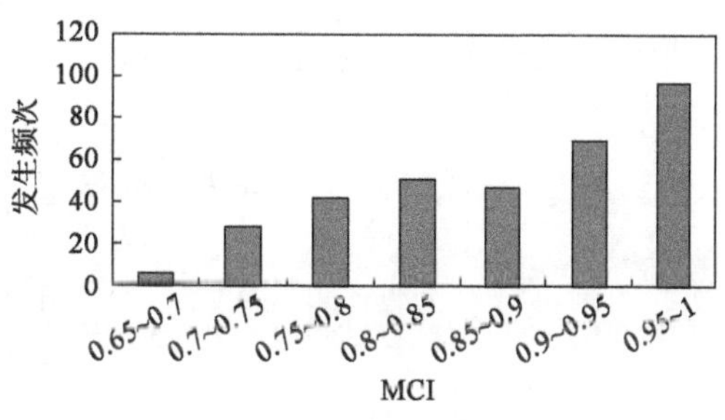

图 2.21 MCI 分布直方图

2.3.4 参数模型

1)拉索风雨激振影响参数一维分布模型

拉索风雨激振的影响因素主要为风速、风向和雨量。为了确定风雨激振参数服从的概率分布,根据图 2.6 的数据,对洞庭湖大桥风雨激振时的风速、风向、雨量进行拟合和优度检验,可知风速 x、风向 y 服从正态分布,雨量 z 服从指数分布,如图 2.22 所示。风速、风向和雨量的一维概率密度分布模型可表示为

$$f(x)=25.88\times \mathrm{e}^{-\left(\frac{x-8.604}{2.155}\right)^2} \tag{2.18}$$

$$f(y)=35.64\times \mathrm{e}^{-\left(\frac{y-33.44}{14.14}\right)^2} \tag{2.19}$$

$$f(z)=53.25\times \mathrm{e}^{-0.1676z} \tag{2.20}$$

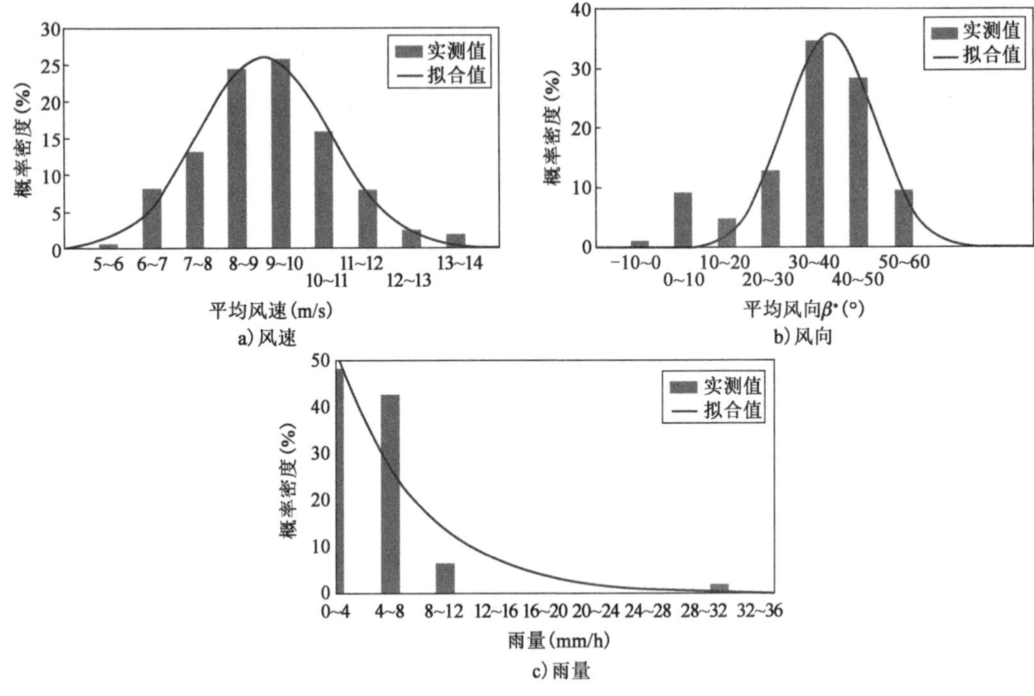

图2.22 风雨激振参数的一维分布

根据一维分布函数$f(x)$,由$F_x(x) = \int_{-\infty}^{x} f_x(t)\,\mathrm{d}t$可得相应的边缘分布函数为

$$u = F_x(x) = \frac{1}{2}\left[1 + \mathrm{erf}\left(\frac{x - 8.604}{2.155}\right)\right] \tag{2.21}$$

$$v = F_y(y) = \frac{1}{2}\left[1 + \mathrm{erf}\left(\frac{y - 33.44}{14.14}\right)\right] \tag{2.22}$$

$$w = F_z(z) = 1 - \mathrm{e}^{-0.1676z} \tag{2.23}$$

式中,$\mathrm{erf}(x) = \frac{2}{\sqrt{\pi}}\int_0^x \mathrm{e}^{-t^2}\mathrm{d}t$。

图2.23为风速、风向和雨量的边缘分布曲线与各自经验分布曲线的拟合度对比图,由图2.23可知,所选风速、风向和雨量的一维分布模型是合理的。

2)拉索风雨振影响参数二维联合分布模型

拉索风雨振三个影响参数的二维联合分布模型采用单参数二维Archimedean Copulas函数建立,四种常用Copula函数为Gumbel Copula、Clayton Copula、Frank Copula和AMH Copula函数。采用极大似然法和适线法对模型进行拟合优度评价,其拟合优度评价指标为均方根误差值RMSE(Root Mean Squared Error)、最小信息准则值AIC(Akaike Information Criterion),以及偏差值Bias,指标数值越小,表明对应的Copula函数拟合优度越高。

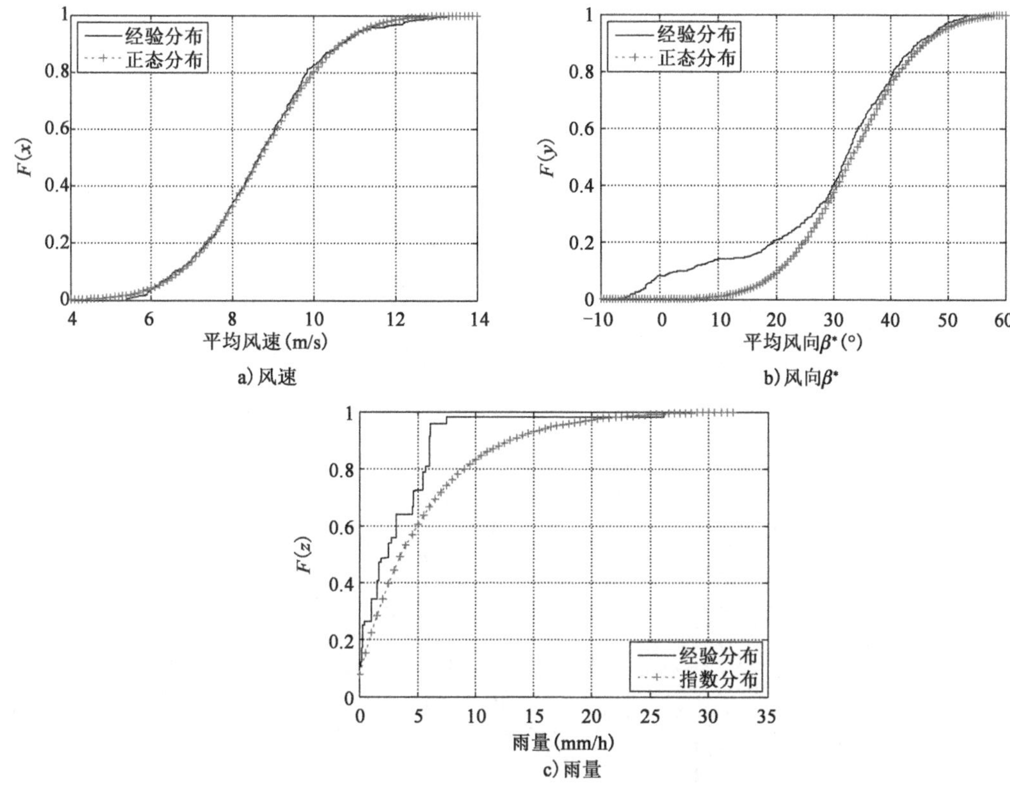

图 2.23 风雨激振参数的边缘分布曲线与各自经验分布曲线的拟合度对比图

采用上述评价方法,确定参数 $\theta = -0.0310$ 的 Clayton Copula 函数为发生风雨振时的风速和风向二维联合分布模型,其联合分布函数为

$$C_{\theta}(u,v) = \max\left[(u^{-\theta} + v^{-\theta} - 1)^{-\frac{1}{\theta}},0\right] \tag{2.24}$$

确定参数 $\theta = -4.5580$ 的 Frank Copula 函数为发生风雨激振时的风速和雨量二维联合分布模型,其联合分布函数为

$$C_{\theta}(u,w) = -\frac{1}{\theta}\ln\left[1 + \frac{(\mathrm{e}^{-\theta u} - 1)(\mathrm{e}^{-\theta w} - 1)}{\mathrm{e}^{-\theta} - 1}\right] \tag{2.25}$$

确定参数为 $\theta = -2.9580$ 的 Frank Copula 函数为发生风雨激振时的风向和雨量二维联合分布模型,其联合分布函数为

$$C_{\theta}(v,w) = -\frac{1}{\theta}\ln\left[1 + \frac{(\mathrm{e}^{-\theta v} - 1)(\mathrm{e}^{-\theta w} - 1)}{\mathrm{e}^{-\theta} - 1}\right] \tag{2.26}$$

其相应的优度检验 Q-Q 图如图 2.24 所示,由图可知,相关模型的拟合优度较好。

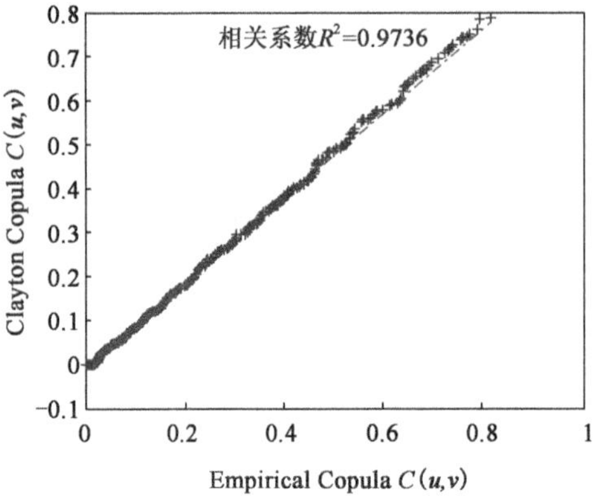

a) 风速&风向

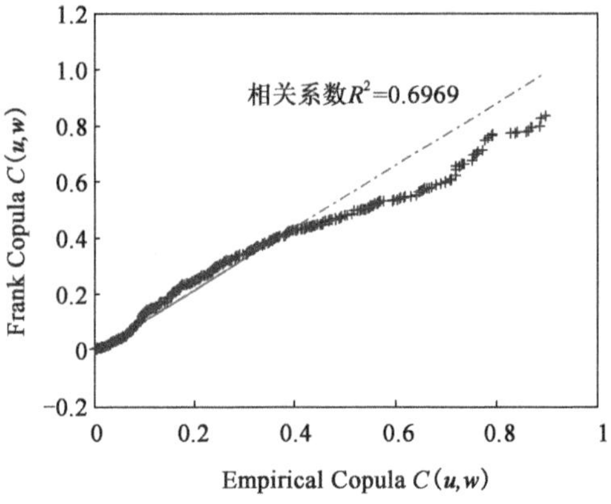

b) 风速&雨量

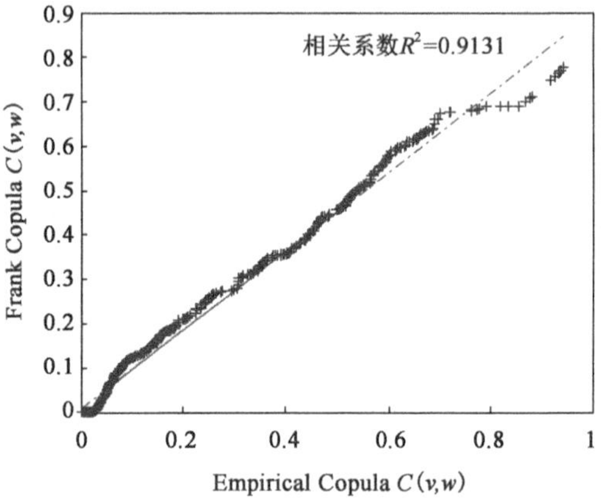

c) 风向&雨量

图 2.24　Q-Q 图

由式(2.24)~式(2.26)可得各自对应的 Copula 二维联合分布模型如图 2.25 所示。

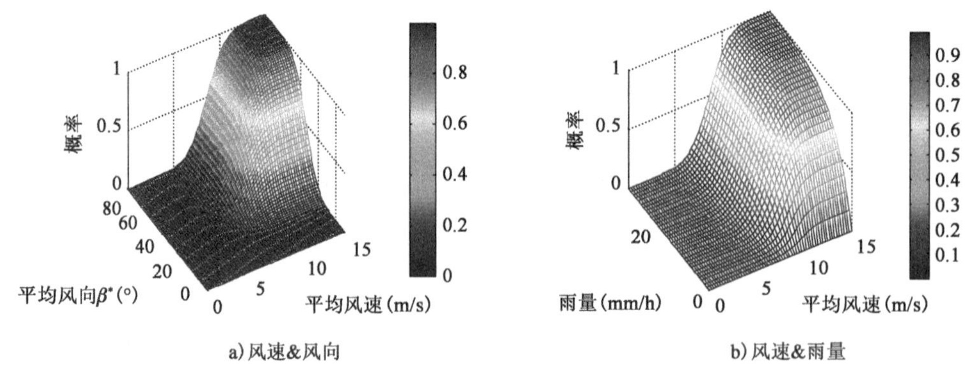

a) 风速&风向

b) 风速&雨量

图　2.25

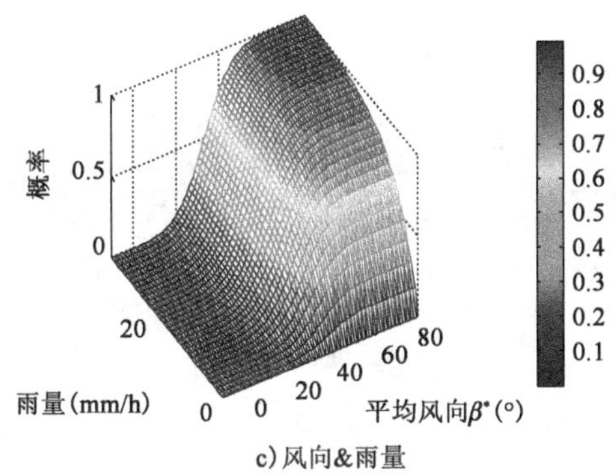

c)风向&雨量

图2.25 二维联合不超越概率图

3)拉索风雨激振影响参数三维联合分布模型

拉索风雨激振三个影响参数的三维联合分布模型采用单参数三维 Archimedean Copulas 函数建立,通过采用适线法进行拟合优度评价,从 Gumbel Copula、Clayton Copula、Frank Copula 和 AMH Copula 四个函数中确定参数 $\theta = -1.4320$ 的 Frank Copula 函数为发生风雨激振时的风速、风向和雨量三维联合分布模型。其联合分布函数为

$$C_\theta(u,v,w) = -\frac{1}{\theta}\ln\left[1 + \frac{(e^{-\theta u}-1)(e^{-\theta v}-1)(e^{-\theta w}-1)}{(e^{-\theta}-1)^2}\right] \tag{2.27}$$

根据 Copula 函数的定义,三维联合分布为

$$C(u,v,w) = P(x \leqslant x_1, y \leqslant y_1, z \leqslant z_1) \tag{2.28}$$

三维超越联合概率为

$$\begin{aligned} &P(x \geqslant x_1, y \geqslant y_1, z \geqslant z_1) \\ &= 1 - F_x(x_1) - F_y(y_1) - F_z(z_1) + C(F_x(x_1),F_y(y_1)) + C(F_x(x_1),F_z(z_1)) + \\ &C(F_y(y_1),F_z(z_1)) - C(F_x(x_1),F_y(y_1),F_z(z_1)) \\ &= 1 - u - v - w + C(u,v) + C(u,w) + C(v,w) - C(u,v,w) \end{aligned} \tag{2.29}$$

由上述公式,以风速5m/s、10m/s,风向20°、50°,雨量12mm/h、24mm/h为条件绘制三变量四维切片图,以展示风雨激振时的风速、风向和雨量三维联合分布模型的联合不超越概率,如图2.26所示。

由图2.26,可以查找出给定不同组合情况下的联合不超越概率。如给定风速10m/s,从该风速下切片可以看出,雨量一定时,风向角越大,相应的三维联合不超越概率越大;风向角一定时,雨量越大,相应的三维联合不超越概率越大。当风速在8~9m/s,风向在30°~40°,雨量在5~8mm/h时,相应的三维联合不超越概率变动幅度最大,即相应的概率密度最大,其他区域的概率密度较小。反之亦然。其中尤为明显的是,雨量的大小直接影响发生风雨激振的风速。以风速5m/s、10m/s,风向20°、50°,雨量12mm/h、24mm/h为条件绘制三变量四维切片图,以展示风雨激振时的风速、风向和雨量三维联合分布模型的联合超越概率,如图2.27所示。

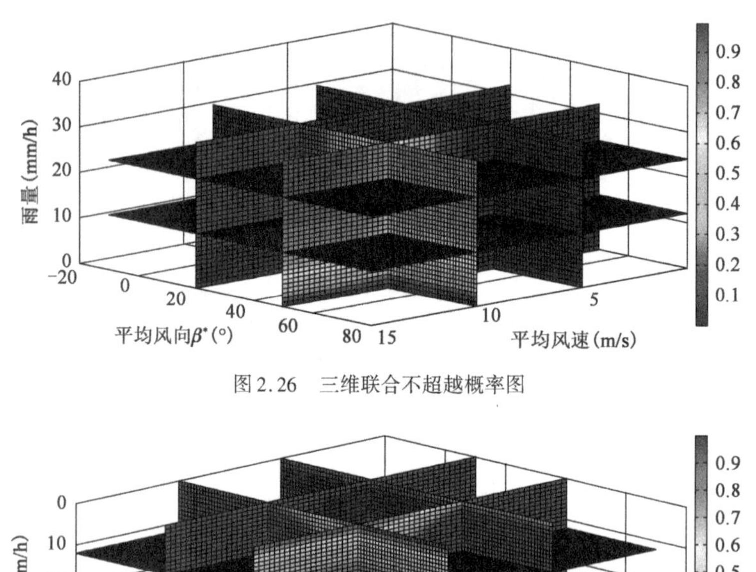

图 2.26　三维联合不超越概率图

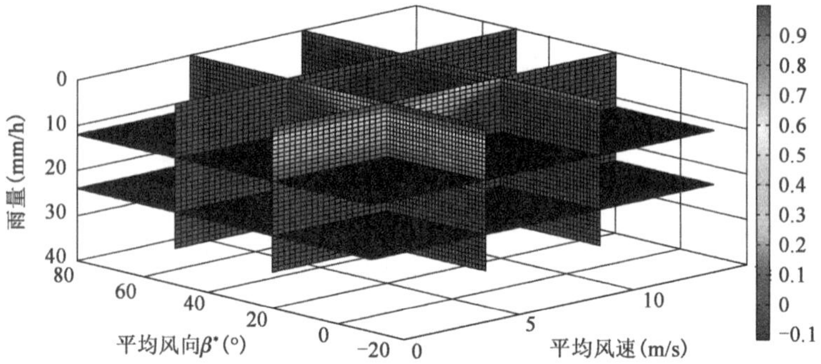

图 2.27　三维联合超越概率图

由图 2.27,可以查找出给定不同组合情况下的联合超越概率。对比图 2.26 和图 2.27,可以看到风速、风向、雨量的取值越小,其相应的三维联合不超越概率越小,相应的三维联合超越概率越大。

本实验的风雨激振参数分布模型根据洞庭湖大桥 A12 索的实测数据建立的,现场还对 A11、A13、B12 进行了同步观测,A11 和 A13 索与 A12 相邻,风速、风向、雨量参数基本相同,与 A12 索一样发生了风雨振,而 B12 索位于索塔另一侧,因为风向角不同,B12 索没有发生明显风雨振。这也验证了本实验提出的三维联合概率分布模型。

2.4　拉索-阻尼器减振设计理论

2.4.1　拉索-黏性阻尼器系统优化设计理论

Kovas[10]提出了拉索-阻尼器系统的一阶模态阻尼比的优化设计方法。对于如图 2.28 所示的拉索-阻尼器系统,当阻尼器阻尼系数 $C=0$ 时,则模态阻尼为 0,而当阻尼系数 $C\to\infty$ 时,阻尼器相当于一固定支座,拉索的模态阻尼同样等于 0。可以肯定,在这两种极限状态之间,必存在某个优化阻尼系数 C_{opt},使拉索-阻尼器系统获得最大的模态阻尼比。

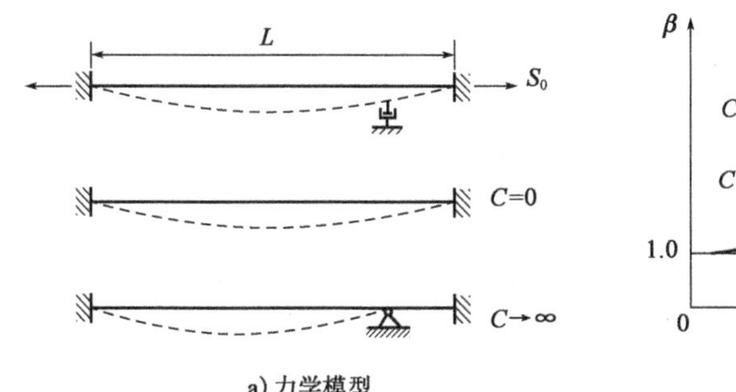

a）力学模型

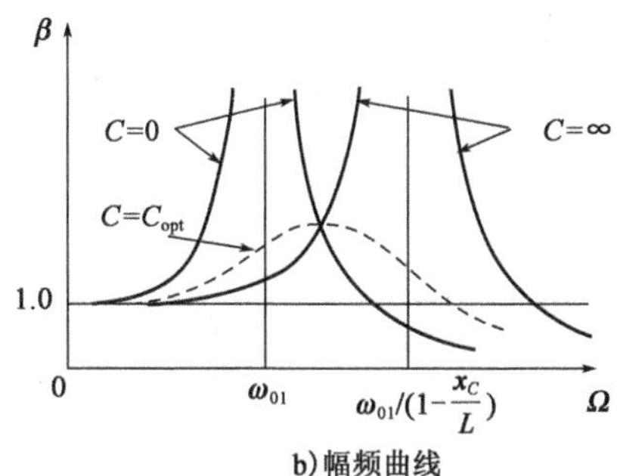

b）幅频曲线

图 2.28　Kovacs 的优化阻尼器设计

设 $C=0$ 时拉索的共振频率为 ω_{01}，而 $C\to\infty$ 时，因为拉索长度的改变，拉索-阻尼器系统的共振频率为 $\omega_{01}/\left(1-\frac{x_C}{L}\right)$，则其相应的动力放大系数为

$$\beta_{C=0}=\left|\frac{1}{1-\left(\frac{\Omega^2}{\omega_{01}^2}\right)}\right| \tag{2.30}$$

$$\beta_{C\to\infty}=\left|\frac{1}{1-\left(\frac{\Omega^2}{\omega_{01}^2}\right)\left(1-\frac{x_C}{L}\right)^2}\right| \tag{2.31}$$

式中，ω_{01} 为拉索的第一阶模态频率。

当 $C=C_{opt}$ 时，有

$$\beta_{C=0}=\beta_{C\to\infty} \tag{2.32}$$

$$\frac{1}{\left(\frac{\Omega^2}{\omega_{01}^2}\right)-1}=\frac{1}{1-\left(\frac{\Omega^2}{\omega_{01}^2}\right)\left(1-\frac{x_C}{L}\right)^2} \tag{2.33}$$

当 x_C/L 很小时，可得到上述方程的近似解为

$$\Omega\approx\omega_{01}\left(1+\frac{1}{2}\frac{x_C}{L}\right) \tag{2.34}$$

于是得 $C=C_{opt}$ 时的放大系数和优化模态阻尼比为

$$\beta_{opt}\approx\frac{1}{\left(\frac{x_C}{L}\right)} \tag{2.35}$$

$$\xi_{max}\approx\frac{1}{2\beta_{opt}}=\frac{1}{2}\frac{x_C}{L} \tag{2.36}$$

相应的优化阻尼系数表示为

$$C_{opt}\approx\frac{mL\omega_{01}}{2\pi\left(\frac{x_C}{L}\right)} \tag{2.37}$$

Pacheco 等[38]在上述基础上推导了拉索阻尼器优化设计问题。不考虑拉索的垂度、刚度、非线性等因素的影响,拉索-阻尼器系统的运动方程为

$$S_0 \frac{\partial^2 y}{\partial x^2} = m \frac{\partial^2 y}{\partial t^2} + C \frac{\partial y}{\partial t}\delta(x - x_C) \tag{2.38}$$

式中,S_0 为拉索张力;m 为拉索每米质量;C 为阻尼器阻尼系数;$\delta(\cdot)$ 为狄拉克函数。

以模态坐标表示横行位移,有

$$y(x,t) = \sum_{i=1}^{n} q(t)\varphi_i(x) \tag{2.39}$$

设振型函数为

$$\varphi_i(x) = \sin \frac{i\pi x}{L} \tag{2.40}$$

式中,i 表示第 i 阶振型。

则无阻尼固有频率

$$\omega_{0i} = \frac{\pi i}{L}\sqrt{\frac{S_0}{m}} \tag{2.41}$$

引入下列无量纲参数

$$b = \frac{[q_1(t) \quad q_2(t) \quad \cdots \quad q_n(t)]^{\mathrm{T}}}{L} \tag{2.42}$$

$$\tau = \omega_{01} t \tag{2.43}$$

$$(\quad)' = \frac{\partial(\quad)}{\partial \tau} \tag{2.44}$$

则拉索运动方程可化为

$$M^* \ddot{b} + C^* \dot{b} + K^* b = 0 \tag{2.45}$$

式中,$M_{ij}^* = \delta_{ij}$;$C_{ij}^* = 2\left(\frac{C}{mL\omega_{01}}\right)\sin\frac{i\pi x}{L}\sin\frac{j\pi x}{L}$;$K_{ij}^* = i^2\delta_{ij}$。

以无量纲参数 $\xi_i/\left(\frac{x_C}{L}\right)$、$\left(\frac{C}{mL\omega_{01}}\right)i\left(\frac{x_C}{L}\right)$分别为纵坐标和横坐标,得到如图 2.29 所示的优化设计曲线。

Pacheco 方法没有考虑拉索垂度、刚度、倾角等因素,是一种实用近似方法。应用图 2.29 进行设计时,还必须经过多次试算。下节将提出一种基于最优控制理论的优化阻尼系数确定方法,对上述不足均有所改进。

2.4.2　拉索-黏性阻尼器系统多模态优化设计方法

1）拉索-黏性阻尼器系统运动方程

拉索-黏性阻尼器系统力学模型如图 2.30 所示，假设拉索长度为 L，倾角为 θ，初始张拉力为 T_0，初始平衡状态线型为抛物线，用 $y_0(x)$ 表示，则拉索的静平衡方程为

$$T_0 \frac{\mathrm{d}^2 y_0}{\mathrm{d}x^2} = -mg\cos\theta \tag{2.46}$$

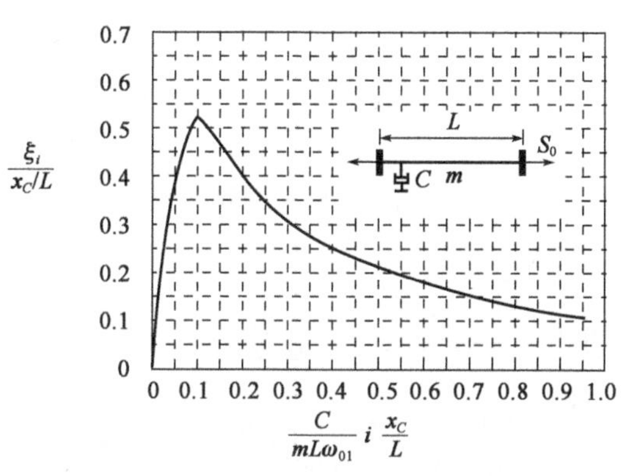

图 2.29　Pacheco 阻尼器统一设计曲线

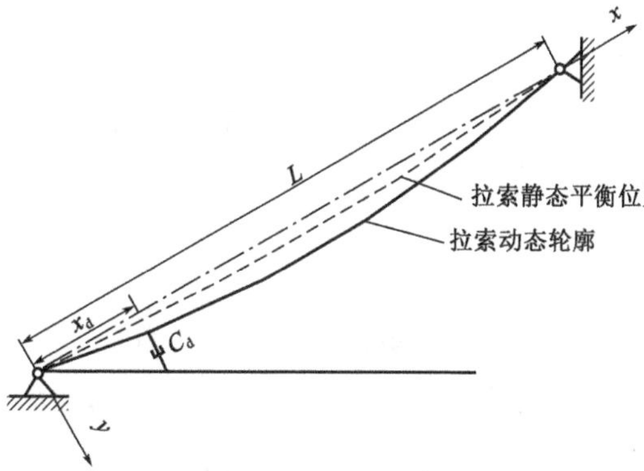

图 2.30　拉索-黏性阻尼器模型

上述方程的解为

$$y_0(x) = 4f\left(1 - \frac{x}{L}\right)\frac{x}{L} \tag{2.47}$$

式中，跨中垂度 f 为

$$f = \frac{mgL^2\cos\theta}{8T_0} \tag{2.48}$$

设拉索横向振动引起的动位移为 $y(x,t)$、索力增量为 T。考虑弯曲刚度、垂度、倾角等因素，拉索-阻尼器系统运动方程为

$$EI\frac{\partial^4 y}{\partial x^4} - T_0\frac{\partial^2 y}{\partial x^2} - T\frac{\partial^2 y_0}{\partial x^2} + C\frac{\partial y}{\partial t} + m\frac{\partial^2 y}{\partial t^2} = f(x,t) - f_\mathrm{d}\delta(x - x_\mathrm{d}) \tag{2.49}$$

式中，EI 为拉索弯曲刚度；m 为拉索每米质量；C 为拉索固有阻尼器系数；f_d 为外加阻尼器阻尼力；x_d 为阻尼器与下锚固端的距离；$f(x,t)$ 为外部激励；$\delta(\cdot)$ 为狄拉克函数。

在方程(2.49)中，索力增量 T 表达为

$$T = \frac{EA}{L_\mathrm{e}}\Delta L \tag{2.50}$$

式中，EA 为拉索抗拉刚度；L_e 为拉索静平衡时的长度；ΔL 为振动引起的伸长量。

考虑垂度及倾角，按照拉索静平衡抛物线假定，L_e 和 ΔL 可表达为

$$L_e = \int_0^L \left[1 + \left(\frac{dy_0}{dx}\right)^2\right]^{3/2} dx = \left[1 + \frac{(mgL\cos\theta/T_0)^2}{8}\right]L \tag{2.51}$$

$$\Delta L = \int_0^L [\sqrt{1 + (y_0' + y')^2} - \sqrt{1 + y'^2}]dx \approx \int_0^L y_0' y' dx = -\int_0^L y y_0'' dx \tag{2.52}$$

式中，g 为重力加速度；θ 为拉索倾角。

垂度参数 λ^2 定义为

$$\lambda^2 = \left(\frac{mgL\cos\theta}{T_0}\right)^2 \frac{LEA}{T_0 L_e} \tag{2.53}$$

考虑模态坐标，拉索动位移可表示为

$$y(x,t) = \sum_{i=1}^{n} \varphi_i(x) \cdot q_i(t) = [\varphi_1 \quad \varphi_2 \quad \cdots \quad \varphi_n][q_1 \quad q_2 \quad \cdots \quad q_n] \tag{2.54}$$

式中，n 为自由度数；$q_i(t)$ 为模态坐标；$\varphi_i(x)$ 为振型函数，需满足下列边界条件

$$\varphi_i(0) = \varphi_i(L) = 0 \tag{2.55}$$

将式(2.50)~式(2.54)代入方程(2.49)，采用伽辽金法可以得到下列方程

$$\boldsymbol{M}\ddot{\boldsymbol{q}} + \boldsymbol{C}\dot{\boldsymbol{q}} + \boldsymbol{K}\boldsymbol{q} = \boldsymbol{F} - \boldsymbol{\varphi} f_d \tag{2.56}$$

式中，$\boldsymbol{M}$、$\boldsymbol{C}$、$\boldsymbol{K}$ 分别为质量、阻尼、刚度矩阵，$\boldsymbol{F}$ 为外部激励矩阵，分别表示为

$$M_{ij} = \int_0^L m\varphi_i\varphi_j dx \tag{2.57}$$

$$C_{ij} = \int_0^L C\varphi_i\varphi_j dx \tag{2.58}$$

$$K_{ij} = \int_0^L EI\varphi_i''\varphi_j'' dx + \int_0^L T_0\varphi_i'\varphi_j' dx + \frac{\lambda^2 T_0}{L^3}\left(\int_0^L \varphi_i dx\right)\left(\int_0^L \varphi_j dx\right) \tag{2.59}$$

$$\boldsymbol{\varphi} = [\varphi_1(x_d) \quad \varphi_2(x_d) \quad \cdots \quad \varphi_n(x_d)]^T \tag{2.60}$$

$$F_i = \int_0^L \varphi_i f(x,t) dx \tag{2.61}$$

2)多模态优化设计方法

从前期的研究可知，对每阶模态减振都能确定一个最优的阻尼系数，但根据某阶模态确定的优化阻尼系数并不是高阶或低阶的最优参数。另外，拉索的主振模态会随着外部条件变化而发生改变，因此，确定合理的阻尼器阻尼系数，使得前几阶可能发生振动的模态都能取得较大的阻尼比是一项有意义的工作。本节基于结构最优控制理论，提出了一种确定多模态优化阻尼器系数的方法。

将方程(2.56)改写为状态方程

$$\dot{\boldsymbol{Y}} = \boldsymbol{A}\boldsymbol{Y} + \boldsymbol{B}\boldsymbol{f}_d + \boldsymbol{f}_w\boldsymbol{F} \tag{2.62}$$

式中，$\dot{\boldsymbol{Y}}=[\boldsymbol{q} \quad \dot{\boldsymbol{q}}]^{\mathrm{T}}$ 为状态向量。

$$\boldsymbol{A}=\begin{bmatrix} 0 & \boldsymbol{I} \\ -\boldsymbol{M}^{-1}\boldsymbol{K} & -\boldsymbol{M}^{-1}\boldsymbol{C}^{*} \end{bmatrix};\boldsymbol{B}=\begin{bmatrix} 0 \\ \boldsymbol{M}^{-1}\boldsymbol{\varphi}(x_{\mathrm{d}}) \end{bmatrix};\boldsymbol{f}_{\mathrm{w}}=\begin{bmatrix} 0 \\ \boldsymbol{M}^{-1} \end{bmatrix}$$

式中，$\boldsymbol{\varphi}(x_{\mathrm{d}})=[\varphi_1(x_{\mathrm{d}}) \quad \cdots \quad \varphi_n(x_{\mathrm{d}})]^{\mathrm{T}}$。又因为

$$\boldsymbol{f}_{\mathrm{d}}=-C_{\mathrm{d}}V(x_{\mathrm{d}},t)=-C_{\mathrm{d}}\boldsymbol{\varphi}^{\mathrm{T}}(x_{\mathrm{d}})\dot{\boldsymbol{q}}=-C_{\mathrm{d}}[0 \quad \boldsymbol{\varphi}^{\mathrm{T}}(x_{\mathrm{d}})]y=\boldsymbol{L}^{*}y \tag{2.63}$$

式中，$\boldsymbol{L}^{*}=-C_{\mathrm{d}}[0 \quad \boldsymbol{\varphi}^{\mathrm{T}}(x_{\mathrm{d}})]$，为拉索阻尼器的增益。故式(2.72)可转化为

$$\dot{\boldsymbol{Y}}=\boldsymbol{AY}+\boldsymbol{BL}^{*}\boldsymbol{Y}+\boldsymbol{f}_{\mathrm{w}}\boldsymbol{F} \tag{2.64}$$

当外加荷载$f(x,t)$为随机激励时，$\boldsymbol{f}_{\mathrm{w}}$ 假定为零均值的高斯白噪声。

受高斯白噪声作用的随机线性系统的控制问题称为线性二次型高斯(Linear-Quadratic Gaussian，简称 LQC)问题，该控制系统可用状态方程表示为

$$\dot{\boldsymbol{Y}}=\boldsymbol{AY}+\boldsymbol{BU}+\boldsymbol{f}_{\mathrm{w}}\boldsymbol{F} \tag{2.65}$$

式中，$\boldsymbol{U}$ 为最优控制力，可由 LQR 法确定。

$$\boldsymbol{U}=\boldsymbol{L}^{*}\boldsymbol{Y} \tag{2.66}$$

$$\boldsymbol{L}=-\boldsymbol{R}^{-1}\boldsymbol{B}^{\mathrm{T}}\boldsymbol{P} \tag{2.67}$$

式中，$\boldsymbol{R}$ 是正定对称矩阵；$\boldsymbol{P}$ 是李卡提(Riccati)方程的解。

比较式(2.64)和式(2.65)，当应用阻尼器进行拉索振动控制时，因为拉索只在一个位置安装阻尼器，且只能提供被动阻尼力，系统具有控制约束，比较 $\boldsymbol{L}$、$\boldsymbol{L}^{*}$ 可知，拉索-阻尼器系统无法实现最优控制力，故只能寻求准最优控制。为此，定义元素为 g_{ij}的矩阵 $\boldsymbol{G}$

$$\boldsymbol{G}=\boldsymbol{L}-\boldsymbol{L}^{*} \tag{2.68}$$

$\boldsymbol{G}$ 的范数定义为

$$\|\boldsymbol{G}\|=\sqrt{\sum_{i=1}^{n}\sum_{j=1}^{n}g_{ij}^{2}} \tag{2.69}$$

式(2.69)也可以写成

$$\|\boldsymbol{G}\|=\sqrt{\mathrm{tr}[\boldsymbol{G}^{\mathrm{T}}\boldsymbol{G}]} \tag{2.70}$$

式中，tr[·]表示矩阵对角元素之和。

这样求准最优 $\boldsymbol{L}^{*}$ 的问题可以考虑成使

$$\boldsymbol{J}^{*}=\sqrt{\mathrm{tr}[(\boldsymbol{L}-\boldsymbol{L}^{*})^{\mathrm{T}}(\boldsymbol{L}-\boldsymbol{L}^{*})]} \tag{2.71}$$

最小的问题，解这个问题就可以求出准最优阻尼系数 C_{d}。

加权矩阵 $\boldsymbol{Q}$、$\boldsymbol{R}$ 的选取对控制效果产生一定的影响。对于不同的 $\boldsymbol{Q}$、$\boldsymbol{R}$，可以得到不同的增益矩阵 $\boldsymbol{L}$，因为我们希望的反馈是系统具有最佳的模态阻尼比，所以确定 $\boldsymbol{Q}$、$\boldsymbol{R}$ 的方法为：取 $\boldsymbol{Q}=\begin{bmatrix} \boldsymbol{M} & 0 \\ 0 & 0 \end{bmatrix}$，变化 $\boldsymbol{R}$，得到一系列增益矩阵 $\boldsymbol{L}$，对矩阵($\boldsymbol{A}+\boldsymbol{BL}$)进行特征值分解，取达到最佳

模态阻尼比时的最大 $\boldsymbol{R}$ 为加权矩阵。

3)仿真实例

以洞庭湖大桥岳阳侧边塔下游 A11 索为例进行仿真计算。该索的主要参数为:$L=114.719\mathrm{m}$,$S_0=3095\mathrm{kN}$,单位长度质量 $m=52.8\mathrm{kg/m}$,$A=6.273\times10^{-3}\mathrm{m}^2$,$E=2\times10^{11}\mathrm{Pa}$,$I=1.921\times10^{-8}\mathrm{m}^4$,$C_0=0$,索的平衡曲线设为抛物线,即 $y_0=\dfrac{mg}{2S_0}x(L-x)$,前三阶模态频率分别为 1.15Hz、2.28Hz 及 3.41Hz。

设加权矩阵 $\boldsymbol{Q}=\begin{bmatrix}\boldsymbol{M} & 0\\ 0 & 0\end{bmatrix}$,变化得到的 R 与模态阻尼比的关系曲线如图 2.31 所示,由此可确定达到最大模态阻尼比的最大权重 $R=2\times10^{-10}$。并由式(2.71)求出准最优阻尼系数 $C_{\mathrm{d}}=5.7\times10^4\mathrm{N/(m/s)}$,按 C_{d} 计算得到的系统前三阶阻尼比为:$\xi_1=1.7\%$,$\xi_2=2.0\%$,$\xi_3=1.9\%$。

当 $C_{\mathrm{d}}=5.7\times10^4\mathrm{N/(m\cdot s)}$,根据 Pacheco 理论,得到优化设计曲线的横坐标分别为 0.0524、0.105、0.157。由该曲线得到拉索-阻尼器系统前三阶模态阻尼比分别为 1.68%、2.10%、1.84%,见图 2.32。可见上述方法所得结果是完全可信的,并且前三阶模态阻尼比大小接近,实现了系统的最优控制。

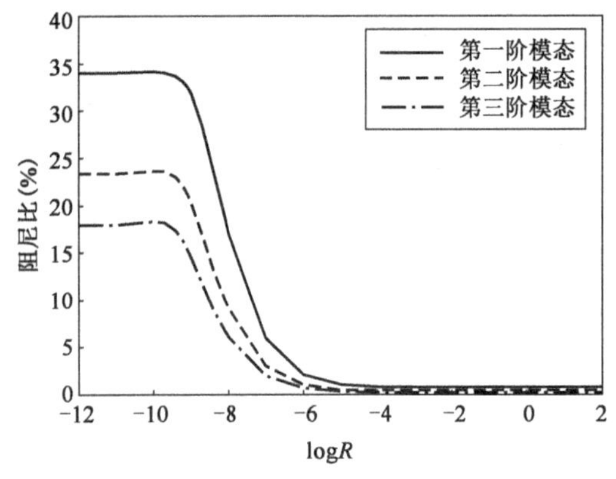

图 2.31 权重系数 R 与模态阻尼比的关系

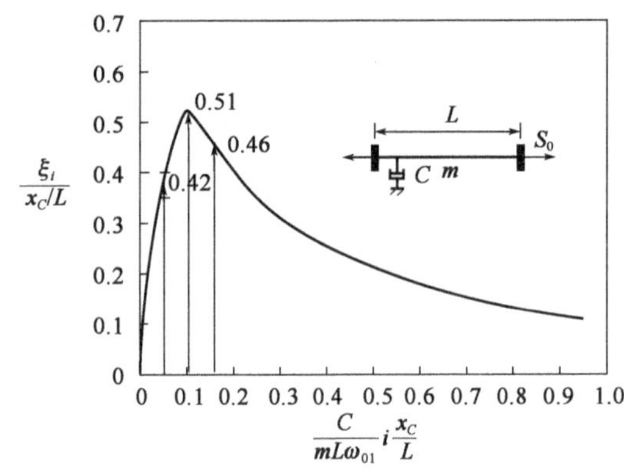

图 2.32 Pacheco 设计曲线确定的模态阻尼比

2.5 拉索主要减振措施

2.5.1 空气动力学措施

拉索风雨振是拉索在风雨共同作用下产生的大幅振动,研究表明,风雨振的产生与上水线的形成有密切的关系,日本学者最先提出了改变拉索表面形状以阻止上水线形成的思路,风洞实验和工程应用证明,空气动力学措施对抑制拉索风雨振非常有效。这些措施包括:将 PE 护套外表面制成纵向肋条,缠绕螺旋线或压制凹坑、凸点[图 2.33b)]等。日本 Higushi Kobe 斜拉桥,采用了 PE 护套带纵肋的拉索[图 2.33a)];日本多多罗(Tatara)大桥(主跨 890m)采用了 PE 护套上压有凹坑的方法[图 2.33c)];法国诺曼底(Normandy)大桥(主跨 856m),采用了 PE 护套上加螺旋线的方法;我国南京长江二桥采用了架设后再缠绕螺旋线的方法[图 2.33g)]。

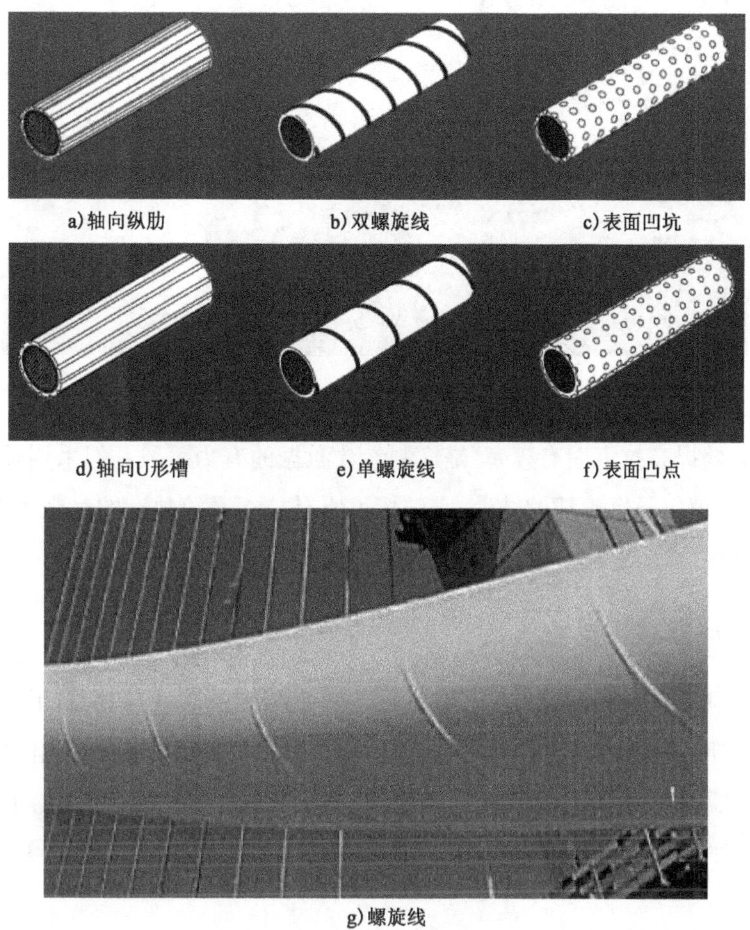

图 2.33 拉索表面空气动力学措施

2.5.2 结构措施(辅助索)

目前已证明有效的结构措施主要是辅助索方法,辅助索是指在拉索之间用高强度钢索连接,其作用是减小拉索的有效长度,提高拉索的固有频率,另外使拉索之间产生耦合作用,形成有干扰效应的索网或用高阻尼材料做辅助索以提高系统阻尼,达到抑制拉索风雨激振、参数共振等振动的目的。法国诺曼底大桥就采用了辅助索,如图 2.34 所示。

辅助索减振措施的作用包括:

①提高了拉索体系的整体刚度;

②提高了拉索各阶振型的广义质量;

③增加了拉索的机械阻尼和气动阻尼；

④拉索振动时各模态之间相互耦合。

图2.34 法国诺曼底大桥辅助索

辅助索能有效提高拉索固有频率,是抑制参数激振的有力手段。但采用辅助索结构较为复杂,其作用和机理仍没有确切的结论,它破坏了原有拉索系统独有的美观效果,且费用相对于其他减振方法更为昂贵,所以它在实际工程中的应用并不是很普遍。

2.5.3 阻尼器减振措施

由于拉索振动主要是因为拉索具有非常低的固有结构阻尼,增加拉索阻尼能够抑制拉索的所有振动。按阻尼器的安装形式,其可分为内置式和外置式。内置式阻尼器(图2.35～图2.37)安装较低,拉索在该处振动位移很小,吸收振动能量有限,难以对风雨振等大幅、强烈的振动产生有效的控制。外置式阻尼器(图2.38、图2.39)安装较高,对长索、超长索能实现很好的减振效果。

图2.35 内置式高阻尼橡胶阻尼器

图 2.36 内置式液压阻尼器(美国 New Cooper River 桥)

图 2.37 内置式径向阻尼器(瑞典 Oresund 桥)

a) Elorn桥(法国)

b) New Cooper River桥(美国)

图 2.38 固定外置式阻尼器

a)诺曼底大桥(法国)

b)汀九大桥(香港)

图2.39　垂摆式外置阻尼器应用

2.6　拉索减振的磁流变阻尼器长期性能

磁流变阻尼器具有结构简单,能提供连续、可顺逆调节的阻尼力,以及可调范围大,响应速度快等优点,近20年来在结构工程中得到广泛应用。陈政清、王修勇等[36]应用磁流变阻尼器建立洞庭湖大桥拉索减振系统,解决了该桥严重的拉索风雨振问题;李蕙等[39]开发了滨州黄河公路大桥拉索磁流变智能阻尼控制系统,在实桥取得了良好的减振效果;瞿伟廉等[40]应用磁流变阻尼器解决了天兴洲长江大桥主梁纵向列车制动响应控制问题。

应用于土木结构的磁流变阻尼器往往面临恶劣的自然环境,在长期服役期内其性能会不断退化,影响减振效果。磁流变阻尼器性能退化涉及磁流变液中磁性颗粒沉淀、氧化及环境温度、阻尼器密封等方面,许多学者已开展大量研究。Park 等[42]对磁流变液的沉淀率开展了研究;Wiehe 等[43]研究了温度对磁流变液动态黏性和屈服应力的影响;Roupec、Ulicny 等[44,45]研究了磁流变液的磁性颗粒氧化情况;Wiehe、Iyengar 等[43,46]对密封材料的耐磨性能进行了研究;Caterino 等[47]研究了磁流变阻尼器的中长期性能,该研究模拟抗震阻尼器的工作状态,将一个磁流变阻尼器静置五年后进行实验对比,验证了长期处于静置状态的磁流变阻尼器的抗震有效性。

在实际工程中长期服役的磁流变阻尼器力学性能是工程界非常关注的问题。2002年建立的岳阳洞庭湖大桥拉索减振系统被认为是世界上磁流变阻尼器在桥梁工程的第一个实际应用[48],如图2.40所示,该系统采用美国LORD公司生产的RD-1005型磁流变阻尼器,在全桥156根拉索上安装了312个阻尼器,成功解决了该桥的拉索风雨振问题。2012年该桥拉索减振系统进行了升级改造,更换了磁流变阻尼器。为了研究服役10年后的磁流变阻尼器长期性能,随机选取了30个磁流变阻尼器样品,开展了实验研究,得到了更有统计意义的结果。在此基础上,提出了服役10年后的修正的磁流变阻尼器力学模型,并对性能退化的原因进行了分析。

图2.40 洞庭湖大桥磁流变阻尼器拉索减振系统

2.6.1 磁流变阻尼器实验样品与实验方案

选取了30个磁流变阻尼器进行力学性能实验。实验样品为美国Lord公司生产的RD-1005型磁流变阻尼器,其在洞庭湖大桥拉索减振系统已服役10年。洞庭湖大桥地处湖南省岳阳市,该地区属亚热带季风气候,具有气温高、降水丰富、季节变化大等特点,相对湿度常年大于70%。以2013年为例,年最低气温-3℃,最高气温37℃。鉴于洞庭湖大桥的气候条件,为了保护磁流变阻尼器,洞庭湖大桥拉索减振系统设计了专门的阻尼器保护装置,采用两个不锈钢管套筒防止雨水和紫外线对阻尼器的侵蚀。选取的样品外观没有破损,电路正常,经测试,其线圈电阻在4.5~4.9Ω之间。

力学性能实验在MTS-810电液伺服万能材料实验机上进行,采用正弦激励激振。实验参数考虑输入电压、激励位移幅值、激励频率,输入电压分别取0V、0.5V、1.0V、1.5V、2.0V、2.5V、3.0V,频率分别取0.5Hz、1.0Hz、1.5Hz、2.0Hz、2.5Hz和3.0Hz,振幅分别取2.5mm、5.0mm、7.5mm和10.0mm。

2.6.2 磁流变阻尼器实验结果分析

按照实验方案对30个样品进行了实验,获得力-位移曲线及力-速度曲线。取输入电压3.0V、激励幅值5.0mm和激励频率2.0Hz条件下的实验结果进行分析。30个磁流变阻尼器中,23个阻尼器工作状态基本正常,阻尼力随输入电压变化,具有减振耗能和可调功能,与新阻尼器相比,阻尼力幅值明显下降,一些力-位移滞回曲线形状变得不如新阻尼器饱满,如图2.41所示;1个阻尼器(编号8376)的阻尼力随输入电压变化,但滞回曲线发生明显变异,如图2.42所示;6个阻尼器则处于失效状态,其阻尼力很小,且阻尼力几乎不随输入电压改变而变化,如图2.43所示。

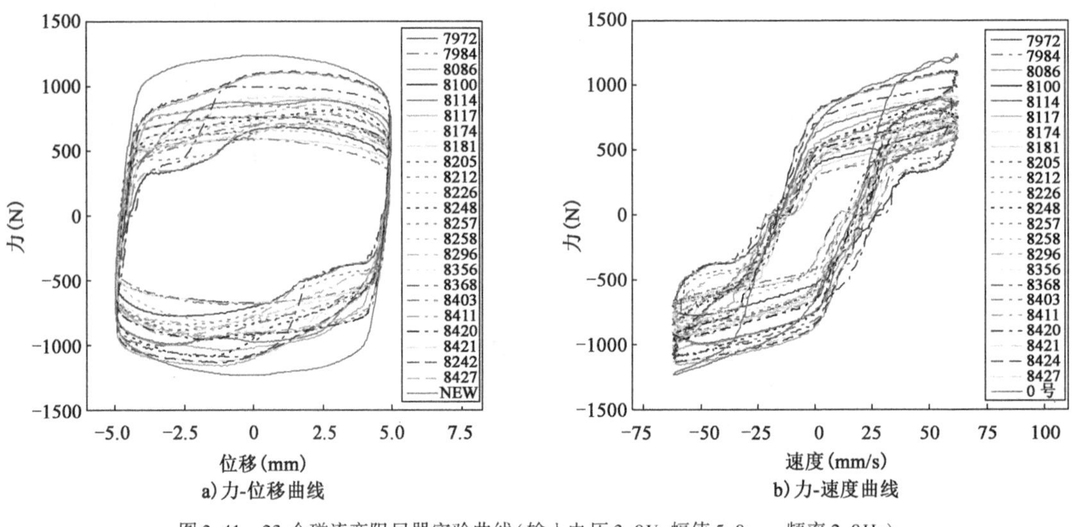

图2.41　23个磁流变阻尼器实验曲线(输入电压3.0V、幅值5.0mm、频率2.0Hz)

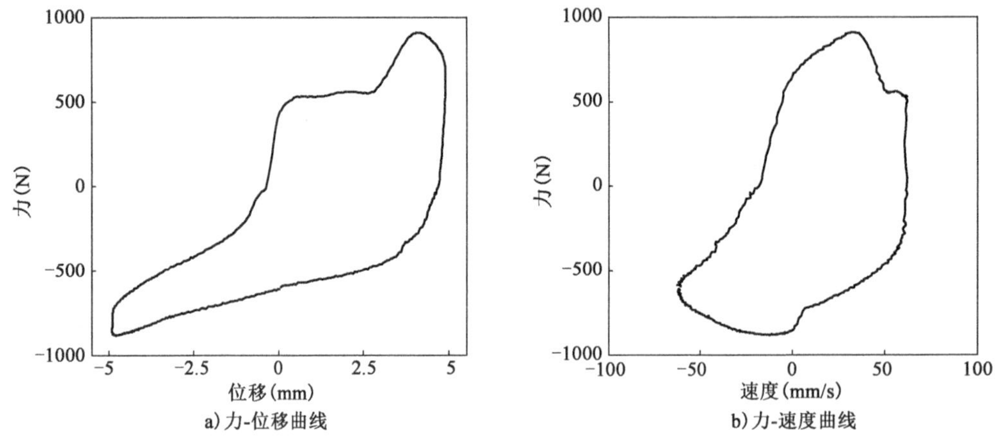

图2.42　编号8376磁流变阻尼器实验曲线(输入电压3.0V、幅值5.0mm、频率2.0Hz)

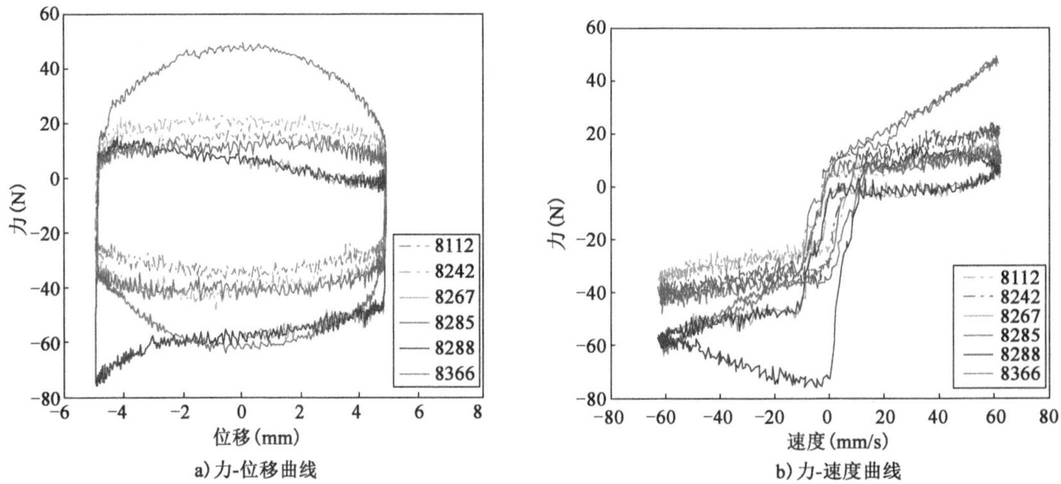

图2.43　6个失效磁流变阻尼器实验曲线(输入电压3.0V、幅值5.0mm、频率2.0Hz)

根据图2.41和图2.42滞回曲线获得的24个RD-1005型磁流变阻尼器样品的等效黏性阻尼系数、阻尼力幅值，以及性能退化率如表2.1所示，6个失效的样品没有列出。从表中可知，在输入电压3.0V、幅值5.0mm、频率2.0Hz条件下，24个阻尼器的等效黏性阻尼系数平均降低32.4%，阻尼力幅值平均降低29.8%。

阻尼器力学参数

表2.1

编号	滞回曲线面积 E_D ($N\times$mm)	等效黏性阻尼系数 C_{eq} ($\times10^3$)	等效阻尼系数降低率(%)	阻尼系数平均降低率(%)	阻尼力幅值(N)	力幅值降低率(%)	力幅值平均降低率(%)
New	20395	20.7	—	—	1238	—	—
7972	10693	10.8	47.6	32.4	733	40.8	29.8
7984	13899	14.1	31.9		895	27.7	
8086	16308	16.5	20.1		970	21.7	
8114	15719	15.9	23.2		945	23.7	
8117	18380	18.6	9.9		1134	8.4	
8174	16472	16.7	19.3		1025	17.2	
8181	11255	11.4	44.9		637	48.5	
8205	13457	13.6	34.1		810	34.6	
8212	11696	11.9	42.7		777	37.2	
8248	15059	15.3	26.2		952	23.1	
8257	15492	15.7	24.1		897	27.5	
8258	12439	12.6	39.1		740	40.3	
8296	13678	13.9	33.0		945	23.7	
8356	13914	14.1	31.8		833	32.8	
8368	15066	15.3	26.2		1048	15.3	
8376	8605	8.7	57.8		953	23.0	
8411	11333	11.5	44.5		788	36.3	
8403	10805	11.0	47.1		645	47.9	
8420	14965	15.2	26.7		863	30.3	
8421	12671	12.9	37.9		806	34.9	
8427	14752	15.0	27.7		852	31.2	
8226	14894	15.1	27.0		637	48.6	
8424	18319	18.6	10.2		856	30.9	
8100	11244	11.4	44.9		1125	9.1	

2.6.3 磁流变阻尼器修正模型

Spencer等[49]根据磁流变阻尼器的滞回曲线特性，建立了磁流变阻尼器的现象模型，如图2.44所示，其阻尼力为

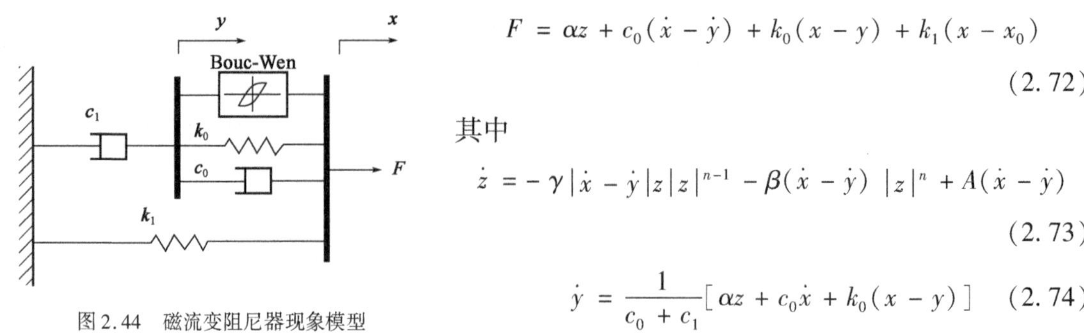

图 2.44　磁流变阻尼器现象模型

$$F = \alpha z + c_0(\dot{x} - \dot{y}) + k_0(x - y) + k_1(x - x_0) \tag{2.72}$$

其中

$$\dot{z} = -\gamma|\dot{x} - \dot{y}|z|z|^{n-1} - \beta(\dot{x} - \dot{y})|z|^n + A(\dot{x} - \dot{y}) \tag{2.73}$$

$$\dot{y} = \frac{1}{c_0 + c_1}[\alpha z + c_0\dot{x} + k_0(x - y)] \tag{2.74}$$

式(2.72)~式(2.74)中参数 c_0、k_0、c_1、k_1 意义如图 2.44 所示，x_0 是弹簧的初始位移，γ、β、A 为控制屈服元件滞回曲线形状的参数，详见文献[49]。

对于使用了 10 年的磁流变阻尼器，由图 2.41 可知，其力与位移的滞回曲线并不像新磁流变阻尼器一样饱满，主要表现在滞回曲线左上角与右下角，根据此现象，提出修正的现象模型为

$$F = \begin{cases} \alpha z + c_0(\dot{x} - \dot{y}) + k_0(x - y) + k_1(x - x_0) + ax^2\mathrm{sign}(x) & \mathrm{sign}(-x\dot{x}) \geq 0 \\ \alpha z + c_0(\dot{x} - \dot{y}) + k_0(x - y) + k_1(x - x_0) & \mathrm{sign}(-x\dot{x}) < 0 \end{cases} \tag{2.75}$$

根据图 2.41、图 2.42 的实验数据，取 24 个磁流变阻尼器的实验数据平均值，采用粒子群算法得到修正模型的参数如表 2.2 所示。从表中可以看出，与 Spencer 模型相比，修正模型各参数均存在变化。

Spencer 模型与修正模型参数对比　　　表 2.2

模型	α	c_0	k_0	c_1	k_1	γ	β	n	A	x_0	a
修正模型	575	60	200	1000	30	12	30	2	30	1.74	330
Spencer 模型	963	53	14	930	5.4	200	200	2	207	18.9	

修正模型、Spencer 模型与实验数据对比如图 2.45、图 2.46 所示。从图可知，修正模型能更好地反映使用了 10 年的磁流变阻尼器的力学性能。

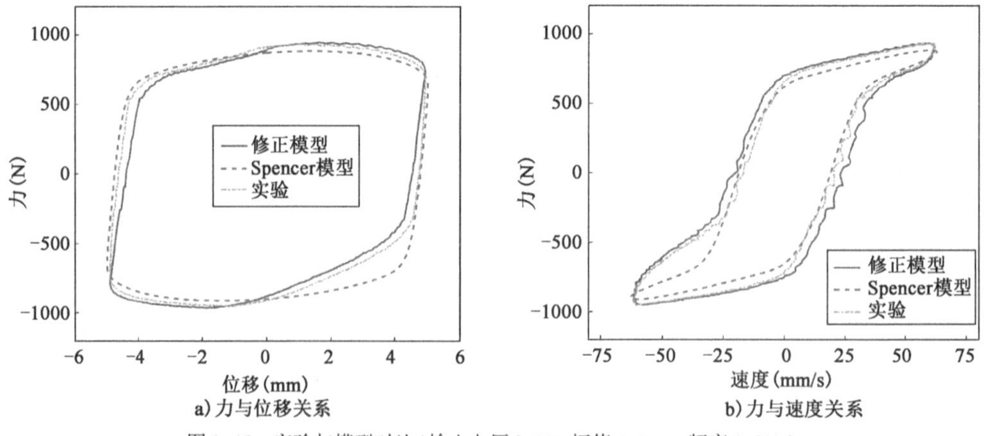

图 2.45　实验与模型对比(输入电压 3.0V、幅值 5.0mm、频率 2.0Hz)

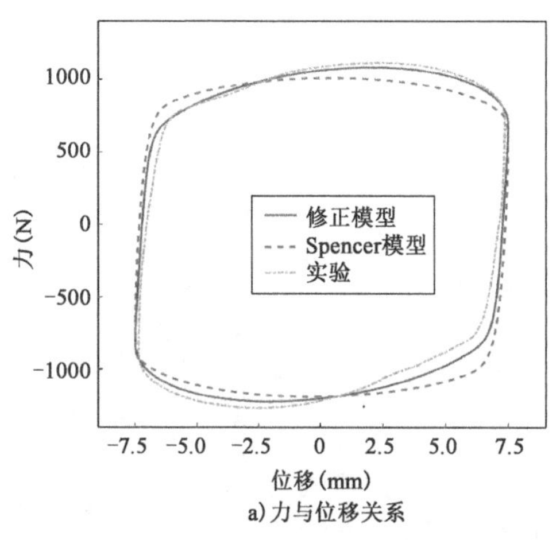

a)力与位移关系

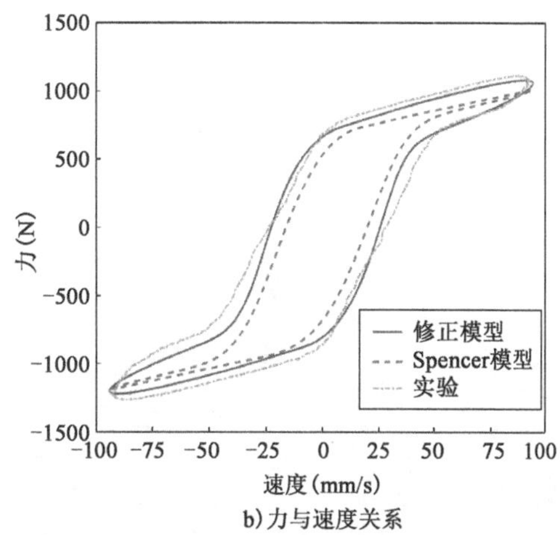

b)力与速度关系

图2.46　实验与模型对比(输入电压3.0V、幅值7.5mm、频率2.0Hz)

2.6.4　磁流变阻尼器性能退化原因分析

为了确定使用10年后磁流变阻尼器的失效和性能退化原因,切开了几个阻尼器来观察其内部状态,如图2.47所示。图2.47a)和b)均为失效的阻尼器,其最大阻尼力小于100N,从图2.47a)可以看出,阻尼器内磁流变液的液体全部泄漏,只留下磁性颗粒,形成了固体;从图2.47b)看出,阻尼器内仅剩余很少的液体和磁性颗粒;图2.47c)为性能退化的阻尼器,从图中看出,缸体内还剩有部分磁流变液,但缸体没有被磁流变液充满,表现为阻尼器还有一定的耗能能力和可变阻尼力性能,但滞回曲线会变得不再饱满。综合来看,磁流变阻尼器密封性能下降,导致磁流变液泄漏是磁流变阻尼器性能退化或失效的主要原因。

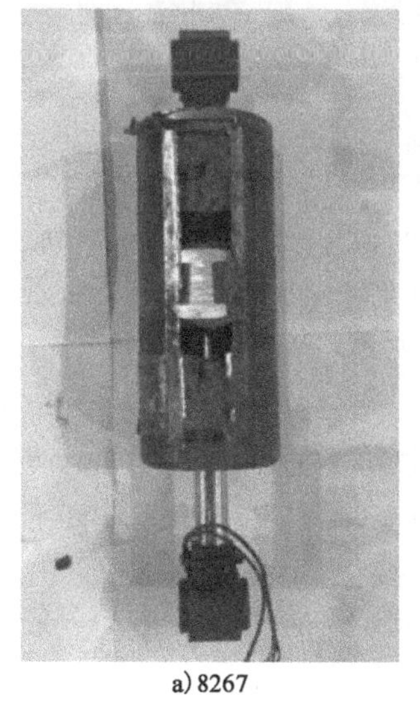
a)8267

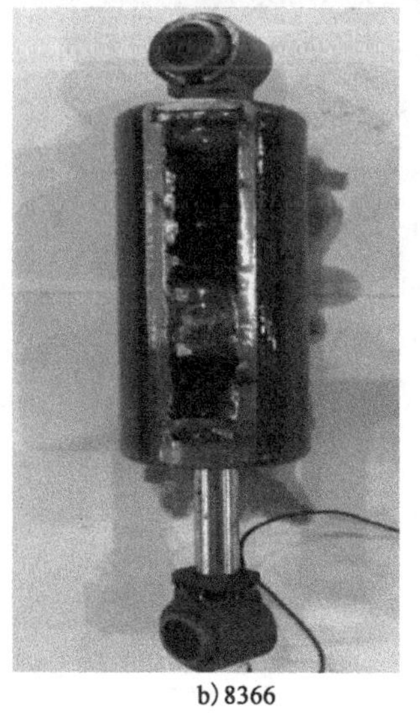
b)8366

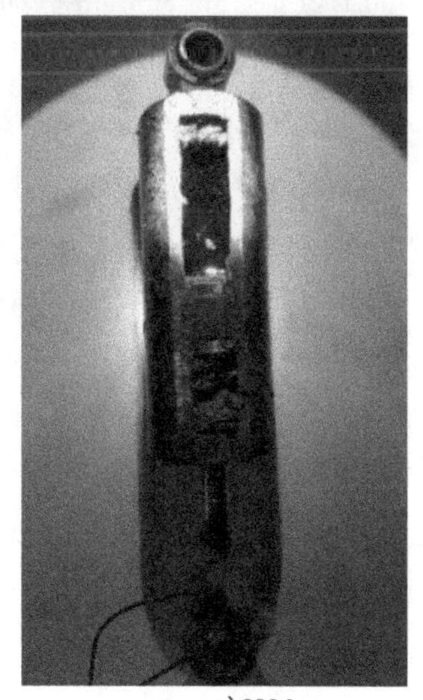
c)8296

图2.47　阻尼器内部状态

为了研究磁流变液中磁性颗粒氧化情况,选取了磁流变颗粒样品进行电镜扫描分析,得到的电镜图如图 2.48b)所示,与使用前的磁流变颗粒的电镜图[图 2.48a)]相比,使用 10 年后磁流变颗粒发生了明显氧化,颗粒变得粗糙。

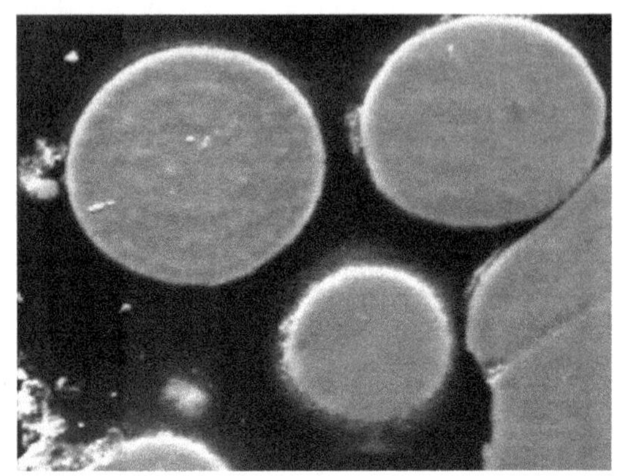

a)使用前

b)使用10年后

图 2.48　磁流变阻尼器中磁性颗粒扫描电镜图

参考文献

[1] 项海帆. 进入 21 世纪的桥梁风工程研究[J]. 同济大学学报:自然科学版, 2002, 30(5): 529-530.

[2] 顾明,刘慈军,罗国强,等. 斜拉桥拉索的风(雨)激振及控制[J]. 力学季刊, 1998, 19(4): 281-288.

[3] 李国豪. 桥梁结构稳定与振动[M]. 北京:中国铁道出版社, 2002.

[4] 陈政清. 桥梁风工程[M]. 北京:人民交通出版社, 2005.

[5] Irwin P A. Wind vibrations of cables on cable-stayed bridges[C]. Building to Last Structures Congress: Proceedings of the 15th Structures Congress, ASCE, Vol. 1, 383-387.

[6] Virlogeux M. Cable vibrations in cable-stayed bridges[J]. Bridge Aerodynamics, Larsen and Esdahl(eds), 1998, Balkema, Rotterdam, 213-233.

[7] Yamaguchi H, Fujino Y. Stay cable dynamics and its vibration control[J]. Bridge Aerodynamics, Larsen and Esdahl(eds), 1998, Balkema, Rotterdam,235-253.

[8] Yamada H. Control of wind-induced cable vibrations from a viewpoint of the wind resistant design of cable-stayed bridges[C]. Proceedings of International Seminar on Cable Dynamics, Tokyo,13 Oct. 1997.

[9] Yamada Y, Shiraishi N,Toki K,et al. Earthquake-resistant and wind-resistant design of the Higashi-Kobe Bridge[M].//Ito M,Fujino Y,Miyata T, et al. Cable-stayed Bridges:Recent Developments and their Future-Proceedings of the Seminar,Yokohama, Japan, 10-11 December 1991(Developments in Civil Engineering S.).[S.l.] Elsevier, 1991: 397-416.

[10] Kovacs I. Zur frage der seilschwingungen und der seildampfung[J]. Bautechnik, 1981, 10: 325-332.

[11] 汪至刚,孙炳楠. 斜拉桥参数振动引起的拉索大幅振动[J]. 工程力学, 2001, 18(1): 103-109.

[12] 亢战,钟万勰. 斜拉桥参数共振问题的数值研究[J]. 土木工程学报, 1998, 31(4): 3-5.

[13] 陈丕华,王修勇,陈政清,等. 拉索面内参数振动的理论和实验研究[J]. 振动与冲击, 2010, 29(2): 50-53,220.

[14] H. P. Ruscheweyh. The mechanism of rain-wind-induced vibration. Wind engineering into the 21st century[J]. Balkema. Rotterdam, 1999: 1041.

[15] Hikami Y, Shiraishi N. Rain-wind induced vibrations of cables stayed bridges[J]. J. Wind Eng. Ind. Aerodyn, 1988, 29(1-3): 409-418.

[16] Persoon A J, Noorlander K. Full-scale measurements on the Erasmus Bridge after rain/wind induced cable vibrations[M]. //Larose G L, Larsen A, Livesey F M. Wind Engineering into the 21st Century. Rotterdam: Balkema, 1999: 1019-1026.

[17] Main J A, Jones N P. Full-scale measurements of stay cable vibration[M]. //Larose G L, Larsen A, Livesey F M. Wind Engineering into the 21st Century. Rotterdam: Balkema, 1999: 963-970.

[18] Matsumoto M, Shirato H, Yagi T, et al. Field observation of the full-scale wind-induced cable vibration[J]. J. Wind Eng. Ind. Aerodyn, 2003, 91(1-2): 13-26.

[19] 王修勇,陈政清,倪一清. 斜拉桥拉索风雨振观测及其控制[J]. 土木工程学报, 2003(6): 53-59.

[20] Ni Y Q, Wang X Y, Chen Z Q, et al. Field observations of rain-wind-induced cable vibration in cable-stayed Dongting Lake Bridge[J]. J. Wind Eng. Ind. Aerodyn, 2007, 95(5): 303-328.

[21] Matsumoto M, Saitoh T, Kitazawa M, et al. Response characteristics of rain-wind induced vibration of stay-cables of cable-stayed bridges[J]. J. Wind Eng. Ind. Aerodyn, 1995, 57(2-3): 323-333.

[22] 顾明,黄麟,王国砚. 水线震荡对斜拉桥拉索风雨激振稳定性的作用[J]. 振动工程学报, 2004, 17(1): 96-101.

[23] 廖海黎,李明水,何向东. 拉索节段模型风雨振动风洞实验技术研究[C]. 2004 全国结构风工程实验技术研讨会论文集. 2004.

[24] 陈文礼,李慧. 拉索风雨振-实验与数值模拟混合子结构方法[J]. 哈尔滨工业大学学报, 2011(8): 6-10.

[25] Yamaguchi H. Analytical study on growth mechanism of rain vibration of cable[J]. J. Wind Eng. Ind. Aerodyn, 1990, 33(1-2): 73-80.

[26] Bosdogianni A, Olivari D. Wind-and rain-induced oscillations of cables of stayed bridges[J]. J. Wind Eng. Ind. Aerodyn, 1996, 64(2-3): 171-185.

[27] 顾明,刘慈军,徐幼麟,等. 带人工雨线的拉索在风激励下的响应[J]. 应用数学和力学, 2002(10): 1047-1054.

[28] 杜晓庆,顾明. 拉索上雨线的气动力特性的实验研究[J]. 同济大学学报:自然科学版, 2005(5): 585-589.

[29] 刘庆宽,王毅,郑云飞,等. 水线-雷诺数效应-拉索振动关系的实验研究[J]. 工程力学, 2012(11): 257-265.

[30] Li S Y, Chen Z Q, Sun W F, et al. Experimental Investigation on Quasi-steady and Unsteady Self-excited Aerodynamic Forces on Cable and Rivulet[J]. Journal of Engineering Mechanics, 2016, 142(1): 06015004.

[31] Xu Y L, Wang L Y. Analytical study of wind-rain-induced cable vibration: SDOF model[J]. Journal of Wind Engineering and Industrial Aerodynamics, 2003, 91(1-2): 27-40.

[32] 彭天波,顾明.斜拉桥拉索风雨激振的机理研究[J].同济大学学报:自然科学版, 2001(1): 35-39.

[33] 顾明,杜晓庆,李寿英.斜拉桥拉索风雨激振的实验和理论研究[J].振动工程学报, 2007(5): 473-479.

[34] 李寿英,陈政清,顾明.拉索风雨激振中拉索和水线之间的耦合运动[J].振动与冲击, 2008,27(10): 1-5,187.

[35] Li S Y, Chen Z Q, Li S K. Theoretical investigation on rain-wind induced vibration of a continuous stay cable with given rivulet motion[J]. Wind and Structures,2014,19(5): 481-503.

[36] Chen Z Q, Wang X Y, Ko J M, et al. MR damping system for mitigating wind-rain induced vibration on Dongting Lake cable-stayed bridge[J]. Wind and Structures, 2004, 7(5): 293-304.

[37] Matsumoto M, Yagi T, Shigemura Y, et al. Vortex-induced cable vibration of cable-stayed bridges at high reduced wind velocity[J]. Journal of Wind Engineering and Industrial Aerodynamics, 2001, 89(1): 633-647.

[38] Pacheco B M, Fujino Y, Sulekh, A. Estimation curve for modal damping in stay cables with viscous damper [J]. Journal of Engineering Mechanics, 1991, 119(6): 1961-1979.

[39] Li H, Liu M, Li J H, et al. Vibration Control of Stay Cables of the Shandong Binzhou Yellow River Highway Bridge Using Magnetorheological Fluid Dampers[J]. Journal of Bridge Engineering, 2007, 12(4): 401-9.

[40] 瞿伟廉,秦顺全,涂建维,等.武汉天兴洲公铁两用斜拉桥主梁和桥塔纵向列车制动响应智能控制的理论与关键技术[J].土木工程学报, 2010, 43(8): 63-72.

[41] Wang X Y, Ni Y Q, Ko J M, et al. Optimal design of viscous dampers for multi-mode vibration control of bridge cables[J]. Engineering Structures, 2005, 27 (5): 792-800.

[42] Park J H,Chin B D, Park O O. Rheological properties and stabilization of magnetorheological fluids in a water-in-oil emulsion[J]. Journal of Colloid and Interface Science, 2001, 240(1): 349-54.

[43] Wiehe A, Kieburg C, Maas J. Temperature induced effects on the durability of MR fluids[J]. Journal of Physics:Conference Series, 2013, 412: 012-017.

[44] Roupec J, Mazurek I,Strecker Z, et al. The behavior of the MR fluid during durability test[J]. Journal of Physics:Conference Series, 2013, 412:012-024.

[45] Ulicny J C, Hayden C A, Hanley P M, et al. Magnetorheological fluid durability test-organics analysis[J]. Materials Science and Engineering: A, 2007, 464(1-2): 269-273.

[46] Iyengar V R, Alexandris A A. Wear testing of seals in magneto-rheological fluids[J]. Tribology Transactions January, 2004, 47(1): 23-28.

[47] Caterino N. Semi-active control of a wind turbine via magnetorheological dampers[J]. Journal of Sound and Vibration, 2015, 345: 1-17.

[48] Fortner B. Magnetic fluid dampers motion in civil structures[J]. Civil Engineering, ASCE, 2003, January, 40.

[49] Spencer Jr B F, Dyke S J, Sain M K. Magnetorheological dampers: a new approach to seismic protection of structures[J]. Proc. Conf. On Decision and Control, 1996, 676-681.

3　基于超磁致伸缩作动器的拉索主动控制与无线振动控制

主动控制系统又被称为有源控制，因为其在工作时需要外部能源的供给。控制系统会根据结构的响应及外部激励的反馈信息，通过分析信息并计算出实时所需的最优控制力，然后通过外部供给的能量将所需的控制力施加给受控结构，达到减振的效果。

国内外的学者将拉索主动控制的方法分为波控制和模态控制两种[1]。Hagedorn、Yamaguchi等[2,3]提出的波控制是指在拉索的径向施加控制力以减小振动波的传播，但在拉索上施加径向力会在力的作用点附加产生弯曲应力，从而易使拉索发生疲劳损伤。Chen、Natori 等[4,5]提出的模态控制方法是通过在拉索的端点施加沿拉索轴向的控制力，从而改变拉索自身的振动参数。Fujino 等[6]采用拉索支座沿轴向的位移来代替控制力，有效地减少了模态控制中的应力集中现象。Warnitchai 等[7]建立了小垂度拉索的模态控制方程。随后，Susumpow 等[1]对该方程进行了简化，并基于李雅普诺夫原理提出了一个能使拉索振动渐进稳定的控制算法。基于该控制算法，Achkire 等[8]采用压电作动器作为控制元件，对拉索的模态控制进行了实验研究。Gattulli 等[9]提出多模态优化控制方法，同时应用压电作动器在拉索的锚固端提供轴向控制力，对多模态控制开展了仿真和实验研究。周海俊等[10]利用记忆材料对拉索进行轴向振动控制，对拉索风雨激振控制开展了仿真分析；朱保兵等[11]建立了拉索轴向振动控制状态方程，并在不同工况下开展了拉索主动控制仿真分析和实验研究，证明了该控制方法的有效性。

半主动控制相较于被动控制需要外界为其供给少量的能量，在使用过程中，控制设备可以改变自身的控制参数，因此半主动控制设备又被称为可调节的被动设备。因为其可根据不同的情况调节自身的刚度、阻尼等参数，使控制系统处于最优状态[12]，所以半主动控制系统的控制效果要优于被动控制。Hrovat 等[13]于 1983 年首先提出将半主动控制技术应用于土木工程领域。而后，国内外的专家学者对拉索的半主动控制开展了许多理论与实验研究。Ni 等[14]基于神经网络开发了一种拉索半主动控制的方法，并对其进行了仿真分析以及实验分析。McClamroch 等[15]基于电流变阻尼器进行了半主动闭环控制的研究。陈水生[16]基于磁流变阻尼器开发了 LQR-Clipped 半主动控制算法，并对拉索的振动进行了半主动控制实验，分析该算法对控制效果的影响。Ying 等[17]对拉索的参数振动进行了半主动控制数值仿真，在仿真过程中发现系统中的时滞会对振动控制效果产生一定的负面影响。Chen 等[18]将自感式 MR 阻尼器应用到拉索振动控制中，并进行了实验和仿真分析，发现该阻尼器能很好地调节自身阻尼以适应拉索振动参数的变化。Zhou 等[19]对安装了阻尼器的拉索进行了数值仿真分析,提出了一种使用磁流变液阻尼器进行三维振动控制的方法。

作者研发了磁致伸缩作动器,利用磁致伸缩作动器施加拉索轴向控制力进行拉索有线及无线振动控制,本章介绍相关研究过程与结果。

3.1 拉索-磁致伸缩作动器系统控制理论

3.1.1 拉索-磁致伸缩作动器系统轴向振动控制状态方程

拉索轴向振动控制系统力学模型如图 3.1 所示,假设拉索的质量是均匀的,其 a 端支座固定,b 端为可沿拉索轴向运动的滑动铰支座。图中 H^s 为拉索静力平衡状态下的初始索力,$U(t)$ 为磁致伸缩作动器提供的沿拉索轴向的主动控制力。定义拉索在静力平衡状态下的应力为 $\sigma^{(s)}$,拉索的密度为 ρ,拉索长度为 L。为了建立拉索的静力平衡方程,作以下假设:

①拉索为小垂度拉索。

②忽略拉索抗弯刚度 EI,且拉索材料变形本构关系符合胡克定律。

③忽略拉索均布质量在 x 方向上的分量,即假定拉索静应力 $\sigma^{(s)}$ 沿弦线方向为定值。

④拉索在重力平面内的静力平衡状态下形状线型采用抛物线,即

$$w^{(s)} = \frac{1}{2}(\gamma L^2/\sigma^{(s)})[(x/L) - (x/L)^2] \tag{3.1}$$

式中,$w^{(s)}$ 为拉索静位移;L 为拉索的长度;$\gamma = \rho g\cos\theta$ 为拉索的均布质量在 y 方向的分量。

⑤在静力平衡状态下,拉索沿着拉索轴向方向的位移量 $u^{(s)} = 0$;

⑥上标 s 表示静力平衡时的物理量;上标 q 表示拉索在准静态位移 u_b 作用时的物理量;上标 m 表示拉索横向振动引起的物理量。

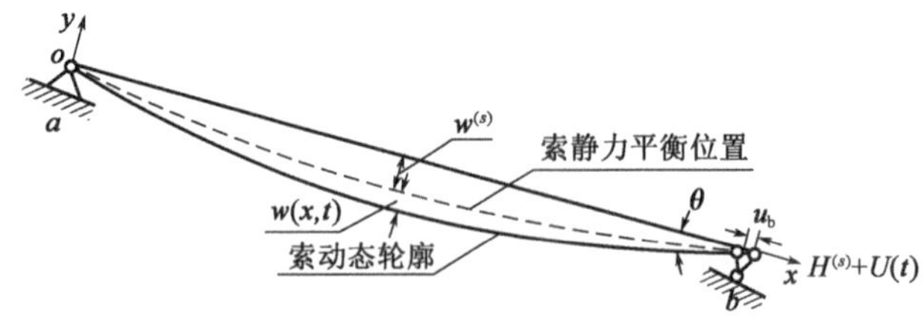

图 3.1 拉索轴向振动控制系统力学模型

根据假设条件,沿拉索弦线方向的应变表达式为

$$\varepsilon(x,t) = \frac{\partial u}{\partial x} + \frac{\partial w^{(s)}}{\partial x}\frac{\partial w}{\partial x} + \frac{1}{2}\left[\left(\frac{\partial u}{\partial x}\right)^2 + \left(\frac{\partial w}{\partial x}\right)^2\right] \tag{3.2}$$

拉索沿着轴向振动的非线性整体运动主要分为拟静态运动和动态运动

$$u(x,t) = u^{(q)}(x,t) + u^{(m)}(x,t) \tag{3.3}$$

$$w(x,t) = w^{(q)}(x,t) + w^{(m)}(x,t) \tag{3.4}$$

由于拉索在轴向的动态运动非常小即 $u^{(m)}(x,t) \ll w^{(m)}(x,t)$，因此 $u^{(m)}(x,t)$ 忽略不计。拟静态运动是由于作动器移动产生的拉索线性位移，而动态运动是指拉索横向振动引起的位移。通过推导可得

$$u^{(q)} = \frac{E_q}{E}u\left(\frac{x}{L}\right) + \frac{\lambda^2}{4}\frac{E_q}{E}u\left[\left(\frac{x}{L}\right) - 2\left(\frac{x}{L}\right)^2 + \frac{4}{3}\left(\frac{x}{L}\right)^3\right] \tag{3.5}$$

$$w^{(q)} = -\frac{1}{2}\frac{\gamma L E_q}{(\sigma^{(s)})^2}u\left[\left(\frac{x}{L}\right) - \left(\frac{x}{L}\right)^2\right] \tag{3.6}$$

根据文献[7]可知，$E_q = \frac{1}{1+\lambda^2/12}E$ 为拉索等效模量，$\lambda^2 = \frac{E}{\sigma^{(s)}}\left(\frac{\gamma L}{\sigma^{(s)}}\right)^2$ 为 Irvine 系数。

拉索动态运动在平面内产生的动态应力在低模态情况下沿整个拉索都是均匀的，设

$$w^{(s)}(x,t) = \sum_n \varphi_n(x) q_n(t) \tag{3.7}$$

式中，φ_n 为线性无阻尼拉索平面内垂直动态运动模态；$q_n(t)$ 为平面内垂直动态运动的第 n 阶模态幅值。

对于小垂度拉索，假设平面内的垂直动态运动模态为

$$\varphi_n = \sin(n\pi x/L) \tag{3.8}$$

小垂度拉索运动产生的沿弦线方向应变包括静态应变 ε^s、准静态应变 $\varepsilon^q(x,t)$ 和动态应变 $\varepsilon^m(x,t)$，即

$$\varepsilon_t = \varepsilon^s + \varepsilon^q(x,t) + \varepsilon^m(x,t) \tag{3.9}$$

其中动态应变 $\varepsilon^m(x,t)$ 是线性动态应变与非线性动态应变的线性叠加，即

$$\begin{aligned} \varepsilon^m(x,t) &= \varepsilon_1^m(x,t) + \varepsilon_2^m(x,t) \\ &= \frac{\partial w^{(s)}}{\partial x}\frac{\partial w^{(m)}}{\partial x} + \left[\frac{\partial w^{(q)}}{\partial x}\frac{\partial w^{(m)}}{\partial x} + \frac{1}{2}\left(\frac{\partial w^{(m)}}{\partial x}\right)^2\right] \end{aligned} \tag{3.10}$$

式中，$\varepsilon_1^m(x,t)$ 是与静力平衡状态拉索形状 $w^{(s)}$ 相关的线性动态应变

$$\varepsilon_1^m(t) = \frac{1}{L}\int_0^L \left(\frac{\partial w^{(s)}}{\partial x}\frac{\partial w^{(m)}}{\partial x}\right)\mathrm{d}x = \sum_n \left[\frac{\gamma}{\sigma^{(s)}}\frac{[1+(-1)^{n+1}]}{n\pi}y_n\right] \tag{3.11}$$

$\varepsilon_2^m(x,t)$ 是与拉索准静态运动、平面内垂直运动产生的弹性伸长相关的非线性部分

$$\varepsilon_2^m(x,t) = \frac{\partial w^{(q)}}{\partial x}\frac{\partial w^{(m)}}{\partial x} + \frac{1}{2}\left(\frac{\partial w^{(m)}}{\partial x}\right)^2 \tag{3.12}$$

同理,将式(3.6)、式(3.7)、式(3.8)代入式(3.12),并沿拉索跨径积分得

$$\varepsilon_2^m(t) = \frac{1}{L}\int_0^L \varepsilon_2^m(x,t)\mathrm{d}x = \sum_n\left[\frac{1}{4}\left(\frac{n\pi}{L}y_n\right)^2 - \frac{\gamma\sigma^{(q)}}{(\sigma^{(s)})^2}\frac{[1+(-1)^{n+1}]}{n\pi}y_n\right] \tag{3.13}$$

对应着拉索沿弦线方向产生静态应变、准静态应变和动态应变,故产生相应的轴向拉力有静态拉力、准静态拉力和动态拉力

$$H(t) = H^s(t) + H^q(t) + H^m(t) = H^s(t) + H^q(t) + H_1^m(t) + H_2^m(t) \tag{3.14}$$

设拉索的横截面积为 A,则相应的轴向拉力为

静态拉力
$$H^s = EA\varepsilon^s = \sigma^{(s)}A \tag{3.15}$$

准静态拉力
$$H^q = \frac{E_qA}{L}u_b = K_qu_b \tag{3.16}$$

动态拉力

$$\begin{aligned}
H^m(t) &= H_1^m(t) + H_2^m(t) = EA\varepsilon_1^m(t) + EA\varepsilon_2^m(t)\\
&= \boldsymbol{k}_2^{\mathrm{T}}\boldsymbol{q} + \boldsymbol{q}^{\mathrm{T}}\boldsymbol{k}_3\boldsymbol{q} - \frac{H^q}{H^s}\left\{EA\frac{2\gamma}{\pi\sigma^{(s)}} \quad 0 \quad \cdots \quad EA\frac{\gamma}{\sigma^{(s)}}\frac{[1+(-1)^{n+1}]}{n\pi}\right\}\\
&= \boldsymbol{k}_2^{\mathrm{T}}\boldsymbol{q} + \boldsymbol{q}^{\mathrm{T}}\boldsymbol{k}_3\boldsymbol{q} - \frac{H^q}{H^s}H_1^m\\
&= \boldsymbol{k}_2^{\mathrm{T}}\boldsymbol{q} + \boldsymbol{q}^{\mathrm{T}}\boldsymbol{k}_3\boldsymbol{q} - \frac{H^q}{H^s}\boldsymbol{k}_2^{\mathrm{T}}\boldsymbol{q}
\end{aligned} \tag{3.17}$$

式中,$\boldsymbol{k}_2 = \left[EA\frac{2\gamma}{\pi\sigma^{(s)}} \quad 0 \quad \cdots \quad EA\frac{\gamma}{\sigma^{(s)}}\frac{[1+(-1)^{n+1}]}{n\pi}\right]^{\mathrm{T}}$

$$\boldsymbol{k}_3 = \begin{bmatrix} EA\left(\frac{\pi}{2L}\right)^2 & 0 & \cdots & 0 \\ 0 & EA\left(\frac{2\pi}{2L}\right)^2 & \cdots & 0 \\ \vdots & \vdots & \vdots & \vdots \\ 0 & 0 & \cdots & EA\left(\frac{n\pi}{2L}\right)^2 \end{bmatrix}$$

$$\boldsymbol{q} = [q_1 \quad q_2 \quad \cdots \quad q_n]^{\mathrm{T}}$$

应用 Lagrange 方程

$$\frac{\partial}{\partial t}\left(\frac{\partial T}{\partial \dot{q}_n}\right) + \frac{\partial \overline{U}}{\partial q_n} = 0 \tag{3.18}$$

根据结构动力学原理，拉索振动产生的动能为

$$T = \int_0^L \frac{1}{2}\rho A\left[\left(\frac{\partial u}{\partial t}\right)^2 + \left(\frac{\partial w}{\partial t}\right)^2\right]\mathrm{d}x \tag{3.19}$$

索横向振动时，$\left(\frac{\partial u}{\partial t}\right)^2$ 相对于$\left(\frac{\partial w}{\partial t}\right)^2$ 可以忽略，经过推理演算得

$$T = \frac{1}{2}\rho AL\sum\left\{\frac{1}{2}(\dot{q}_n^2) - [1+(-1)^{n+1}]\frac{2\gamma LE_q}{(n\pi)^3(\sigma^{(s)})^2}\dot{u}_b\dot{q}_n\right\} \tag{3.20}$$

用矩阵形式来表示多模态拉索振动的动能

$$T = \frac{1}{2}\dot{\boldsymbol{q}}^{\mathrm{T}}\boldsymbol{M}\dot{\boldsymbol{q}} - \boldsymbol{k}_1^{\mathrm{T}}\dot{u}_b\dot{\boldsymbol{q}} \tag{3.21}$$

式中，$\boldsymbol{k}_1 = \left\{\rho AL^2\frac{E_q}{(\sigma^{(s)})^2}\frac{2\gamma}{\pi^3} \quad 0 \quad \cdots \quad \rho AL^2\frac{E_q}{(\sigma^{(s)})^2}\frac{[1+(-1)^{n+1}]\gamma}{(n\pi)^3}\right\}$为系数矩阵；$\boldsymbol{M} = \frac{1}{2}\rho AL\boldsymbol{I}_n$为模态质量矩阵，其中 $\boldsymbol{I}_n$ 为单位矩阵。

拉索的势能主要有弹性伸长引起的应变能、重力势能和外力做功产生的势能

$$\overline{U} = U^e + U^g + U^f \tag{3.22}$$

$$U^e = \frac{L}{2}EAH^2 \tag{3.23}$$

$$U^g = -\int_0^L \rho gA\cos\theta(w^{(q)} + w^{(m)})\mathrm{d}x = \frac{\lambda^2}{12}\frac{E_q}{E}\sigma^{(s)}Au_b - \frac{L}{EA}\sigma^{(s)}A\boldsymbol{k}_2^{\mathrm{T}}\boldsymbol{q} \tag{3.24}$$

$$U^f = \int_0^L AY(w^{(s)} + w^{(q)} + w^{(m)})\mathrm{d}x \tag{3.25}$$

将动能、势能表达式代入 Lagrange 方程(3.18)中得

$$\begin{aligned}\frac{\partial T}{\partial \dot{\boldsymbol{q}}} &= \boldsymbol{M}\dot{\boldsymbol{q}} - \boldsymbol{k}_1\dot{u}_b \\ \frac{\partial \overline{U}}{\partial \boldsymbol{q}} &= \frac{L}{EA}H\left(\frac{\partial H_1^m}{\partial \boldsymbol{q}} + \frac{\partial H_2^m}{\partial \boldsymbol{q}}\right) - \frac{L}{EA}H^s\frac{\partial H_1^m}{\partial \boldsymbol{q}} + \frac{\partial U^f}{\partial \boldsymbol{q}}\end{aligned} \tag{3.26}$$

由式(3.17)、式(3.25)得出

$$\begin{aligned}\frac{\partial H_1^m}{\partial \boldsymbol{q}} &= \boldsymbol{k}_2 \\ \frac{\partial H_2^m}{\partial \boldsymbol{q}} &= 2\boldsymbol{k}_3\boldsymbol{q} - \frac{E_q}{\sigma^{(s)}A}u_b\boldsymbol{k}_2 \\ \frac{\partial U^f}{\partial \boldsymbol{q}} &= -\boldsymbol{F}_y\end{aligned} \tag{3.27}$$

式中，$\boldsymbol{F}_y = \int_0^L \boldsymbol{Y}\varphi_n \mathrm{d}x$ 为拉索受到的广义力。

由式(3.26)和式(3.27)得出

$$\frac{\mathrm{d}}{\mathrm{d}t}\left(\frac{\partial T}{\partial \dot{\boldsymbol{q}}}\right)+\frac{\partial \overline{U}}{\partial \boldsymbol{q}} = \boldsymbol{M}\ddot{\boldsymbol{q}} - \boldsymbol{k}_1\ddot{u}_{\mathrm{b}} + \frac{L}{EA}H\left(\frac{\partial H_1^m}{\partial \boldsymbol{q}}+\frac{\partial H_2^m}{\partial \boldsymbol{q}}\right)-\frac{L}{EA}H^s\frac{\partial H_1^m}{\partial \boldsymbol{q}} - \boldsymbol{F}_y = 0 \tag{3.28}$$

简化式(3.28)得

$$\boldsymbol{M}\ddot{\boldsymbol{q}} + \frac{2L}{EA}H\boldsymbol{k}_3\boldsymbol{q} + \frac{L}{EA}\left[(H^q + H^m)\left(1 - \frac{H^q}{H^s}\right)- H^q\right]\boldsymbol{k}_2 - \boldsymbol{k}_1\ddot{u}_{\mathrm{b}} = \boldsymbol{F}_y \tag{3.29}$$

假设准静态运动产生的拉力 H^q 和静力平衡状态下的拉力 H^s 相比可以忽略不计，由式(3.29)得出无阻尼模态运动方程

$$\boldsymbol{M}(\ddot{\boldsymbol{q}} + \boldsymbol{O}^2\boldsymbol{q}) + \boldsymbol{G}(H^q + H^m)\boldsymbol{q} + \boldsymbol{\Lambda}H^m - \boldsymbol{k}_1\ddot{u}_{\mathrm{b}} = \boldsymbol{F}_y \tag{3.30}$$

式中，$\boldsymbol{O}^2 = \begin{bmatrix} \frac{\sigma^{(s)}}{\rho}\left(\frac{\pi}{L}\right)^2 & 0 & \cdots & 0 \\ 0 & \frac{\sigma^{(s)}}{\rho}\left(\frac{2\pi}{L}\right)^2 & \cdots & 0 \\ \vdots & \vdots & \vdots & \vdots \\ 0 & 0 & \cdots & \frac{\sigma^{(s)}}{\rho}\left(\frac{n\pi}{L}\right)^2 \end{bmatrix}$；

$$\boldsymbol{G} = \begin{bmatrix} \frac{\pi^2}{2L} & 0 & \cdots & 0 \\ 0 & \frac{(2\pi)^2}{2L} & \cdots & 0 \\ \vdots & \vdots & \vdots & \vdots \\ 0 & 0 & \cdots & \frac{(n\pi)^2}{2L} \end{bmatrix};$$

$$\boldsymbol{\Lambda} = \begin{bmatrix} \frac{\gamma L}{\sigma^{(s)}}\frac{2}{\pi} \\ 0 \\ \vdots \\ \frac{\gamma L}{\sigma^{(s)}}\frac{[1+(-1)^{n+1}]}{n\pi} \end{bmatrix}$$

再将式(3.16)、式(3.17)代入式(3.30)中得到

$$\boldsymbol{M}(\ddot{\boldsymbol{q}} + \boldsymbol{O}^2\boldsymbol{q}) + \boldsymbol{G}[K_q u_{\mathrm{b}} + \boldsymbol{k}_2^{\mathrm{T}}\boldsymbol{q} + \boldsymbol{q}^{\mathrm{T}}\boldsymbol{k}_3\boldsymbol{q}] + \boldsymbol{\Lambda}H^m - \boldsymbol{k}_1\ddot{u}_{\mathrm{b}} = \boldsymbol{F}_y \tag{3.31}$$

因为拉索在平衡位置做微幅振动，所以拉索在平面内运动的二阶、三阶次项忽略不计，可简化方程式(3.31)为

$$\ddot{\boldsymbol{q}}+\boldsymbol{O}^{2}\boldsymbol{q}+\boldsymbol{\alpha}U(t)\boldsymbol{q}-\boldsymbol{\beta}\ddot{U}(t)=\boldsymbol{F}_{y} \tag{3.32}$$

式中，$U(t)=K_{q}u_{\mathrm{b}}=\dfrac{E_{q}A}{L}u_{\mathrm{b}}$ 为作动器提供的沿弦线轴向力；

$\omega_{n}^{2}=\dfrac{\sigma^{(s)}}{\rho}\left(\dfrac{n\pi}{L}\right)^{2}$ 为拉索在平面内垂直运动的固有频率；

$$\boldsymbol{\beta}=\left[\frac{4L^{2}\ \ mg\cos\theta}{\pi^{3}\ [\sigma^{(s)}A]^{2}}\quad 0\quad \cdots\quad \frac{2[1+(-1)^{n+1}]L^{2}\ \ mg\cos\theta}{(n\pi)^{3}\qquad [\sigma^{(s)}A]^{2}}\right],$$

$$\boldsymbol{\alpha}=\begin{bmatrix}\dfrac{1}{\rho A}\left(\dfrac{\pi}{L}\right)^{2} & 0 & \cdots & 0\\ 0 & \dfrac{1}{\rho A}\left(\dfrac{2\pi}{L}\right)^{2} & \cdots & 0\\ \cdots & \cdots & \cdots & \cdots\\ 0 & 0 & \cdots & \dfrac{1}{\rho A}\left(\dfrac{n\pi}{L}\right)^{2}\end{bmatrix}$$ 均为系数矩阵。

考虑阻尼作用，我们可写出拉索有阻尼模态运动方程为

$$\ddot{\boldsymbol{q}}+2\boldsymbol{\xi}\boldsymbol{O}\dot{\boldsymbol{q}}+\boldsymbol{O}^{2}\boldsymbol{q}+\boldsymbol{\alpha}U(t)\boldsymbol{q}-\boldsymbol{\beta}\ddot{U}(t)=\boldsymbol{F}_{y} \tag{3.33}$$

式中，$\boldsymbol{\xi}=\begin{bmatrix}\xi_{1} & 0 & \cdots & 0\\ 0 & \xi_{2} & \cdots & 0\\ \vdots & \vdots & \vdots & \vdots\\ 0 & 0 & \cdots & \xi_{n}\end{bmatrix}$ 为拉索的模态阻尼。

拉索大幅振动通常为前几阶模态为主的振动，考虑前三阶模态，则拉索控制运动方程为

$$\begin{bmatrix}\ddot{q}_{1}\\ \ddot{q}_{2}\\ \ddot{q}_{3}\end{bmatrix}+\begin{bmatrix}2\xi_{1}\omega_{1} & 0 & 0\\ 0 & 2\xi_{2}\omega_{2} & 0\\ 0 & 0 & 2\xi_{3}\omega_{3}\end{bmatrix}\begin{bmatrix}\dot{q}_{1}\\ \dot{q}_{2}\\ \dot{q}_{3}\end{bmatrix}+\begin{bmatrix}\omega_{1}^{2} & 0 & 0\\ 0 & \omega_{2}^{2} & 0\\ 0 & 0 & \omega_{3}^{2}\end{bmatrix}\begin{bmatrix}q_{1}\\ q_{2}\\ q_{3}\end{bmatrix}$$

$$+\begin{bmatrix}\alpha_{1} & 0 & 0\\ 0 & \alpha_{2} & 0\\ 0 & 0 & \alpha_{3}\end{bmatrix}U(t)\begin{bmatrix}q_{1}\\ q_{2}\\ q_{3}\end{bmatrix}-\begin{bmatrix}\beta_{1}\\ \beta_{2}\\ \beta_{3}\end{bmatrix}\ddot{U}(t)=\begin{bmatrix}F_{y1}(t)\\ F_{y2}(t)\\ F_{y3}(t)\end{bmatrix} \tag{3.34}$$

根据现代控制理论有关系统状态的定义，定义拉索平面内振动控制系统的状态变量：$z_{1}=$

$q_1-\beta_1U(t)$，$z_2=q_2-\beta_2U(t)$，$z_3=q_3-\beta_3U(t)$，$z_4=\dot{q}_1-\beta_1[\dot{U}(t)-2\xi_1\omega_1U(t)]$，$z_5=\dot{q}_2-\beta_2[\dot{U}(t)-2\xi_2\omega_2U(t)]$，$z_6=\dot{q}_3-\beta_3[\dot{U}(t)-2\xi_3\omega_3U(t)]$，则得出

$$\begin{aligned}
\dot{z}_1 &= z_4-2\xi_1\omega_1\beta_1U(t)\\
\dot{z}_2 &= z_5-2\xi_2\omega_2\beta_2U(t)\\
\dot{z}_3 &= z_6-2\xi_3\omega_3\beta_3U(t)\\
\dot{z}_4 &= -2\xi_1\omega_1z_4-\omega_1^2z_1-\alpha_1z_1U(t)-(1-4\xi_1^2)\beta_1\omega_1^2U(t)-\alpha_1\beta_1U^2(t)+F_{y1}(t)\\
\dot{z}_5 &= -2\xi_2\omega_2z_5-\omega_2^2z_2-\alpha_2z_2U(t)-(1-4\xi_2^2)\beta_2\omega_2^2U(t)-\alpha_2\beta_2U^2(t)+F_{y2}(t)\\
\dot{z}_6 &= -2\xi_3\omega_3z_6-\omega_3^2z_3-\alpha_3z_3U(t)-(1-4\xi_3^2)\beta_3\omega_3^2U(t)-\alpha_3\beta_3U^2(t)+F_{y3}(t)
\end{aligned} \tag{3.35}$$

忽略二次项 $\alpha_1\beta_1U^2(t)$，拉索前三阶模态控制系统状态方程可写为

$$\dot{\boldsymbol{Z}}=\boldsymbol{AZ}+\boldsymbol{B}U(t)+\boldsymbol{DF}(t) \tag{3.36}$$

式中，$\boldsymbol{A}=\begin{bmatrix}0&0&0&1&0&0\\0&0&0&0&1&0\\0&0&0&0&0&1\\-\omega_1^2&0&0&-2\xi_1\omega_1&0&0\\0&-\omega_2^2&0&0&-2\xi_2\omega_2&0\\0&0&-\omega_3^2&0&0&-2\xi_3\omega_3\end{bmatrix}$；

$$\boldsymbol{B}=\begin{bmatrix}0&0&0&0&0&0\\0&0&0&0&0&0\\0&0&0&0&0&0\\-\alpha_1&0&0&0&0&0\\0&-\alpha_2&0&0&0&0\\0&0&-\alpha_3&0&0&0\end{bmatrix}\begin{bmatrix}z_1\\z_2\\z_3\\z_4\\z_5\\z_6\end{bmatrix}-\begin{bmatrix}2\xi_1\omega_1\beta_1\\2\xi_2\omega_2\beta_2\\2\xi_3\omega_3\beta_3\\(1-4\xi_1^2)\beta_1\omega_1^2\\(1-4\xi_2^2)\beta_2\omega_2^2\\(1-4\xi_3^2)\beta_3\omega_3^2\end{bmatrix};$$

$$\boldsymbol{D}=\begin{bmatrix}0&0&0&0&0&0\\0&0&0&0&0&0\\0&0&0&0&0&0\\0&0&0&1&0&0\\0&0&0&0&1&0\\0&0&0&0&0&1\end{bmatrix};\boldsymbol{F}=\begin{bmatrix}0\\0\\0\\F_{y1}(t)\\F_{y2}(t)\\F_{y3}(t)\end{bmatrix}。$$

由前面的最优控制理论可知，土木工程结构受到外部干扰下的最优控制通常假定$\boldsymbol{DF}(t)=0$，在忽略该项后，拉索振动控制系统的状态方程可简化为

$$\dot{\boldsymbol{Z}}(t)=\boldsymbol{AZ}(t)+\boldsymbol{B}(t)U(t) \tag{3.37}$$

由式(3.37)可知，控制矩阵$\boldsymbol{B}(t)$与控制力$U(t)$都是时变的参数，两者对于控制系统都是线性的，但两者的乘积$\boldsymbol{B}(t)U(t)$对于控制系统是非线性项，因此该控制系统被称为双线性控制系统。

3.1.2 拉索-磁致伸缩作动器系统振动控制算法

针对双线性系统，在本书后续研究中，采用了两种控制算法。一种是将双线性系统线性化，采用经典二次型最优控制算法；另一种是 Benallou 等[20]于 1988 年提出的双线性最优控制算法，该算法基于 Lyapunov 原理，求解出的最优控制力$U(t)$可以使受控系统渐进稳定，并使二次型性能泛函J达到最小值。

假设拉索振动控制系统的二次型性能泛函为

$$J=\int_0^{t_w}L(\boldsymbol{Z},U)\,\mathrm{d}t \tag{3.38}$$

式中，t_w为控制系统的工作时间，则双线性系统的最优控制问题可以表述成求解最小值的数学问题

$$\left.\begin{matrix}U(t)\quad(0\leqslant t\leqslant t_w)\\ \min(J)\end{matrix}\right\} \tag{3.39}$$

可采用 Lyapunov 直接法求解该最小值问题，定义 Lyapunov 试算函数为

$$\varphi(\boldsymbol{Z})=\frac{1}{2}\boldsymbol{Z}^{\mathrm{T}}\boldsymbol{SZ} \tag{3.40}$$

将式(3.40)两侧对时间求导得

$$\dot{\varphi}(\boldsymbol{Z}) = \frac{1}{2}\boldsymbol{Z}^{\mathrm{T}}[\boldsymbol{SA} + \boldsymbol{A}^{\mathrm{T}}\boldsymbol{S}]\boldsymbol{Z} + U[\boldsymbol{Z}^{\mathrm{T}}\boldsymbol{S}(\boldsymbol{B}_1\boldsymbol{Z} + \boldsymbol{B}_2)] \tag{3.41}$$

由 Lyapunov 原理可知,若 $\dot{\varphi}(\boldsymbol{Z}) < 0$,则表示系统中的能量在减小,即整个系统是渐进稳定的,表现在振动控制系统中则是振动逐渐减小。显然,只要确保式(3.41)右侧中的两项表达式都小于零,则 $\dot{\varphi}(\boldsymbol{Z}) < 0$ 必然成立。对于式(3.41)右侧的第一项,不妨假设括号中的表达式为

$$\boldsymbol{SA} + \boldsymbol{A}^{\mathrm{T}}\boldsymbol{S} = -\boldsymbol{Q} \tag{3.42}$$

式中,$\boldsymbol{Q}$、$\boldsymbol{S}$ 为对称正定矩阵。

式(3.42)被称为 Lyapunov 方程,显然,该方程可以使式(3.41)右侧的第一项必然小于零。同理,为了使第二项小于零,只需将最优控制力假设为

$$U = -\frac{1}{R}\boldsymbol{Z}^{\mathrm{T}}\boldsymbol{S}(\boldsymbol{B}_1\boldsymbol{Z} + \boldsymbol{B}_2) \tag{3.43}$$

式中,R 为大于零的权重系数。

将式(3.42)及式(3.43)代入式(3.41)得

$$\dot{\varphi}(\boldsymbol{Z}) = -\frac{1}{2}\boldsymbol{Z}^{\mathrm{T}}[\boldsymbol{Q}]\boldsymbol{Z} - \frac{1}{R}[\boldsymbol{Z}^{\mathrm{T}}\boldsymbol{S}(\boldsymbol{B}_1\boldsymbol{Z} + \boldsymbol{B}_2)]^2 \tag{3.44}$$

则由 $\boldsymbol{Q}$ 和 R 的定义可知 $\dot{\varphi}(\boldsymbol{Z}) < 0$,所以由式(3.43)计算得到的控制力即为双线性系统振动控制的最优解,同时该解可以使二次型性能泛函(3.45)取得最小值

$$J = \frac{1}{2}\int_0^{t_w}\{\boldsymbol{Z}^{\mathrm{T}}\boldsymbol{QZ} + \frac{1}{R}[\boldsymbol{Z}^{\mathrm{T}}\boldsymbol{S}(\boldsymbol{B}_1\boldsymbol{Z} + \boldsymbol{B}_2)]^2 + U^{\mathrm{T}}RU\}\,\mathrm{d}t \tag{3.45}$$

综上所述,双线性最优控制算法的控制力求解步骤如下:

①确定权重矩阵 $\boldsymbol{Q}$ 与权重系数 R;

②求解 Lyapunov 方程式(3.46)得到矩阵解 $\boldsymbol{S}$;利用 Matlab 中的函数"lyap"求解 Lyapunov 方程,即

$$\boldsymbol{S} = \mathrm{lyap}(\boldsymbol{A}^{\mathrm{T}}, \boldsymbol{Q}) \tag{3.46}$$

③通过式(3.43)计算得到最优主动控制力 U。

3.2 超磁致伸缩作动器力学性能

3.2.1 超磁致伸缩材料与超磁致伸缩作动器

超磁致伸缩材料是一种新型功能材料,该材料的体积会随着其所处的磁场强度大小的变

化而变化,从而产生磁致伸缩现象。1972 年,美国人 Clark 基于实验研究对磁致伸缩材料进行了改良,通过向磁致伸缩材料中添加稀土元素来提高材料的磁致伸缩率。改良后的新型材料被称为超磁致伸缩材料。

超磁致伸缩材料因其具有良好的物理特性而成为当代高新技术领域中重要的智能材料。超磁致伸缩材料具有:电磁转换率高、响应速度快、承载能力大、所需能源小、温度适应性好、能量密度高等优点。作为 21 世纪的战略材料,超磁致伸缩材料广泛应用于高精密控制、机械工业、电子工业、国防等领域。现有的研究表明,超磁致伸缩材料的基本特性包括以下几点:

1)超磁致伸缩材料的伸缩特性

该特性主要表现为:当超磁致伸缩材料受一定大小的磁场作用时,其体积会随之发生变化,当外界的磁场消失后,该材料又会还原到受磁场作用前的体积。利用这种特性,改变材料所处的磁场强度,就可以使得驱动元件发生伸缩现象,达到向外输出位移或力的目的。

2)超磁致伸缩材料的倍频特性

该特性主要表现为超磁致伸缩作动器输出力的频率是输入交变磁场频率的两倍。在这种状态下,超磁致伸缩材料仅能伸长而不能缩短,导致作动器仅能输出正的作动力。这是因为超磁致伸缩材料的伸缩只随磁场大小的变化而变化,与激励磁场的方向无关。现有的研究表明,为了使超磁致伸缩材料能够正常地伸长与缩短,则必须预先在超磁致伸缩材料上施加一个偏置磁场,使得交变激励磁场的方向保持不变,从而消除作动器的倍频效应。

3)超磁致伸缩材料的预压力特性

该特性表现为超磁致伸缩材料的伸缩率会随着预压力大小的变化而发生变化。研究表明,对该材料进行预压,其伸缩率会大幅增加,预压力越大则伸缩率越大,但当预压力大小超过某个限值时,超磁致伸缩材料的伸缩率反而会随着预压力的增加而减小。在实际工程应用中,为了最大限度地利用超磁致伸缩材料的伸缩特性,必须预先给磁致伸缩作动器施加恰当的预压力。经过多次实验研究,本书中所使用的磁致伸缩作动器的预压力定为 440N,相应的应力大小为 1.19MPa。

4)超磁致伸缩材料的磁滞特性

该特性表现为超磁致伸缩材料的伸缩反应与外界施加的交变磁场不同步,存在一定的滞后。这种现象是数据处理、数据传输,以及超磁致伸缩材料的反应都需要一定的时间导致的,同时在受交变磁场作用时,超磁致伸缩材料并不能立刻恢复到初始应变,而是存在一定量的残余应变。超磁致伸缩材料的滞后特性会在一定程度上影响振动控制系统的控制精度和性能。

5)超磁致伸缩材料的温度适应特性

该特性表现为超磁致伸缩材料的伸缩系数会随着其工作温度的改变而发生变化。现有的研究表明，当温度接近居里点 T_c 时，超磁致伸缩材料的伸缩系数会随着温度的升高而降低。而当温度超过居里点 T_c 时，超磁致伸缩材料的伸缩特性将完全消失，但当温度再次降低到居里点 T_c 以下后，该材料的伸缩特性又会恢复。一般超磁致伸缩材料的适宜工作温度在 20～80℃之间。

6）其他特性

对超磁致伸缩材料的研究表明，该材料的磁致伸缩率与外界施加的磁场强度之间表现出非线性，如图 3.2 所示。此外，因为这种伸缩材料的电阻较小，在交变磁场的作用下存在较大的涡流损耗现象，所以该材料的高频特性较差，一般被应用于低频率的交变磁场中。

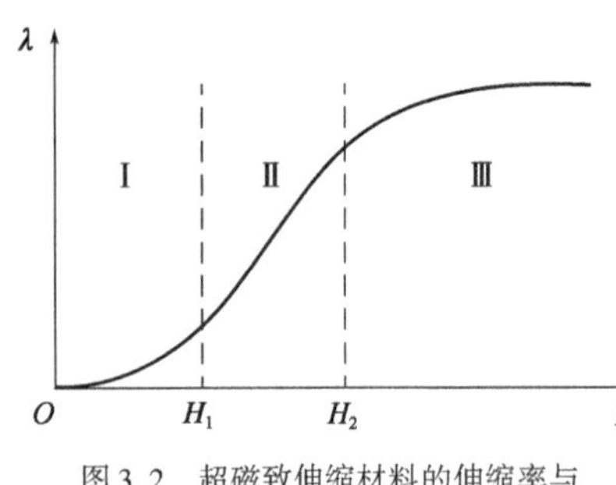

图 3.2　超磁致伸缩材料的伸缩率与磁场强度的关系

利用超磁致伸缩材料的伸缩特性可以设计适用于各种场合的超磁致伸缩作动器（Giant Magnetostrictive Actuator，简称 GMA），国内外学者对此开展了大量的研究工作。Reed 等[21]针对框架结构的主动隔震，设计了用于主动隔震的磁致伸缩作动器实验模型；Faidley 等[22]对磁致伸缩作动器进行了深入的实验研究，并系统地分析了作动器的磁滞回线；Caraman 等[23]研究了超磁致伸缩材料的非线性本构关系；Karunanidhi 和 Grunwald 等[24,25]对磁致伸缩作动器的设计进行了优化，并研究了其力学特性；Moon 等[26]研发了一款线性磁致伸缩作动器，并用该作动器开展了简支梁振动控制实验，取得了令人满意的效果；Tan 等[27]基于实验研究的结果，利用特殊算子建立了磁致伸缩作动器力学模型；Braghin 等[28]针对主动控制系统建立了一种磁致伸缩作动器模型；Calkins 等[29]将 Jiles-Atherton 模型和二次畴转模型相结合，提出了新的作动器磁滞模型；曹淑瑛等[30]基于作动器的二次畴转模型，建立了磁滞非线性动态模型；张天飞等[31]自行研制了一款磁致伸缩作动器，对其力学性能和振动控制性能进行了系统的研究，取得了一定的效果；张磊等[32]进行了磁致伸缩作动器的建模与主动控制研究，并提出了一种模型数值求解方法和近似线性控制的方法。总体来说，超磁致伸缩作动器在结构振动控制领域应用已开展了大量研究，具有广泛的应用前景。

3.2.2　超磁致伸缩作动器研制

为了开展超磁致伸缩作动器振动控制相关研究，研制了一款超磁致伸缩作动器。采用的磁致伸缩棒（Terfenol-Drod）为浙江椒光稀土材料有限公司生产，其成分为铽镝铁（TbDyFe），如图 3.3 所示，其部分参数值如表 3.1 所示。该公司的产品分析检测报告指出其伸缩系数可达到 10^{-3} 量级，在磁场强度为 500Oe，预压为 6MPa 的情况下，磁致伸缩棒的磁性伸缩率大于等于 850ppm，且线性程度较好。

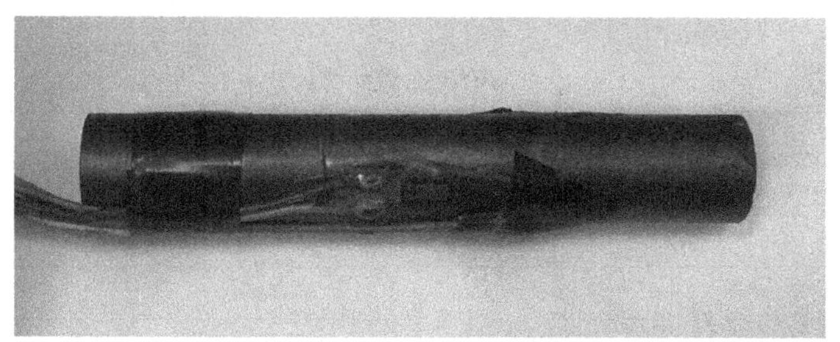

图 3.3　磁致伸缩棒

Terfenol-D 棒参数　　表 3.1

参数名称	参数值	参数名称	参数值
Terfenol-D 棒质量	0.347kg	Terfenol-D 棒长度	120mm
Terfenol-D 棒直径	20mm	居里点 T_c	380℃
密度	9.2×10^3kg/m^3	机电耦合系数	0.4～0.75
磁导率	5～10H/m	声速	1640～1940m/s
GMM 杨氏模量	2.6×10^{10}Pa	磁致伸缩率	≥850ppm
抗压强度	700 MPa	抗拉强度	25 MPa

采用该磁致伸缩棒作为驱动元件制成一款磁致伸缩作动器，如图 3.4 所示，其内部结构如图 3.5 所示，主要参数如表 3.2 所示。为了确保磁致伸缩棒能受到均匀的磁场作用，激励线圈骨架的长度至少要大于磁致伸缩棒的长度，所以骨架的长度被确定为 150mm。同时为了保证作动系统拥有较高的电磁转换率，必须尽量减小激励线圈骨架内径与磁致伸缩棒之间的间隙，所以选择的激励线圈内径为 24mm。此外，为了使线圈能在 3A 的工作电流下产生强度为 250Oe 的磁场，激励线圈的匝数定为 1100 匝。而在外围的偏置线圈的匝数为 1300 匝，内径为 52mm，偏置线圈能在作动器工作时产生偏置磁场，以消除作动器的倍频效应。

图 3.4　磁致伸缩作动器

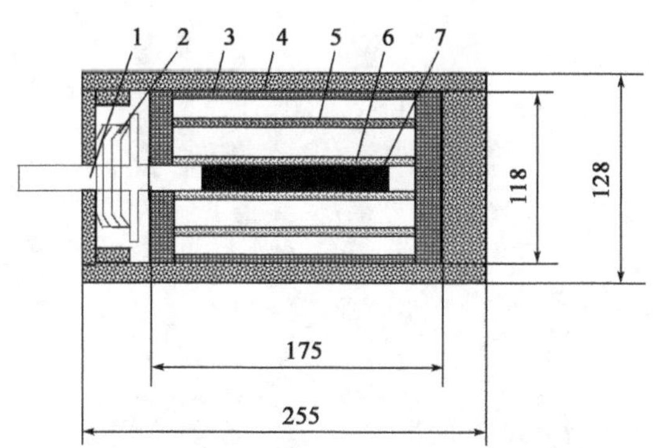

图 3.5　磁致伸缩作动器内部构造图(尺寸单位：mm)

1-输出杆；2-预压弹簧；3-导磁内壳；4-非导磁外壳；5-偏置线圈骨架；6-激励线圈骨架；7-超磁致伸缩棒

超磁致伸缩作动器部分参数表　　表3.2

参数名称	参数值	参数名称	参数值
GMM 杨氏模量	2.6×10^{10} Pa	导磁内壁内径	112mm
线圈骨架材料	铝	漆包线直径	1mm
导磁材料	A3 钢	非导磁材料	不锈钢
A3 钢相对磁导率	8000	线圈骨架厚度	2mm
偏置线圈匝数	1300	激励线圈匝数	1100
激励线圈内径	24mm	偏置线圈内径	52mm

3.2.3　超磁致伸缩作动器力学模型

1)超磁致伸缩作动器实验方案设计

为了研究磁致伸缩作动器的力学性能,设计了两个实验,分别为:

①无约束状态下磁致伸缩作动器输出位移测试;

②拉索-磁致伸缩作动器系统作动力测试。

磁致伸缩作动器无约束位移测量实验布置如图3.6所示,在无预压的条件下,将非接触式电涡流测微仪的探头置于磁致伸缩作动器输出杆上方0.5mm处,用于采集作动器的输出位移,并用直流稳压电源分别给作动器的激励线圈和偏置线圈供电,得到不同电压大小下作动器的输出位移。

拉索模型下磁致伸缩作动器输出力测量实验布置如图3.7所示,直流稳压电源仍用于提供偏置磁场,磁致伸缩作动器被安装在一根钢梁的中部,钢梁的一端铰接于地面上,另一端与力传感器相连。而力传感器与本书研究的拉索模型相连。当作动器受到外界激励电压作用时,会通过杠杆原理向拉索施加轴向力。通过采集磁致伸缩作动器输出于拉索轴向的力以及输入电压的数据,则可以拟合得到作动器输出力与输入电压之间的关系。

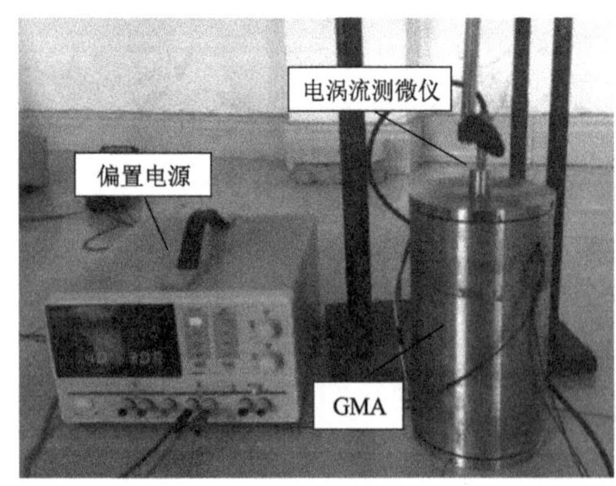

图3.6　磁致伸缩作动器无约束位移测量实验布置

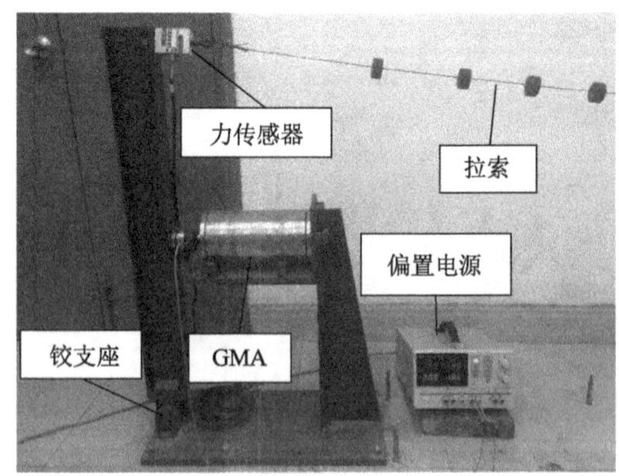

图3.7　拉索模型下磁致伸缩作动器输出力测量实验布置

2）磁致伸缩作动器无约束位移测试结果

在偏置电压0V或15V，激励电压0～12V条件下，分别测量作动器输出杆的位移，并采用线性拟合的方法得到激励电压与输出位移之间的关系，实验结果及拟合结果如图3.8和图3.9所示。

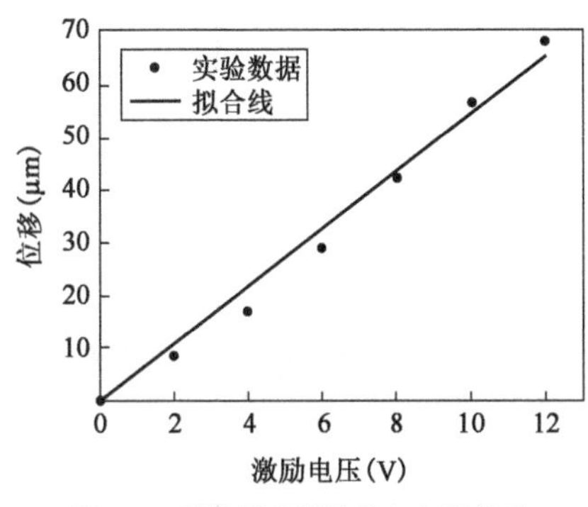

图3.8　无偏置磁场位移与电压关系

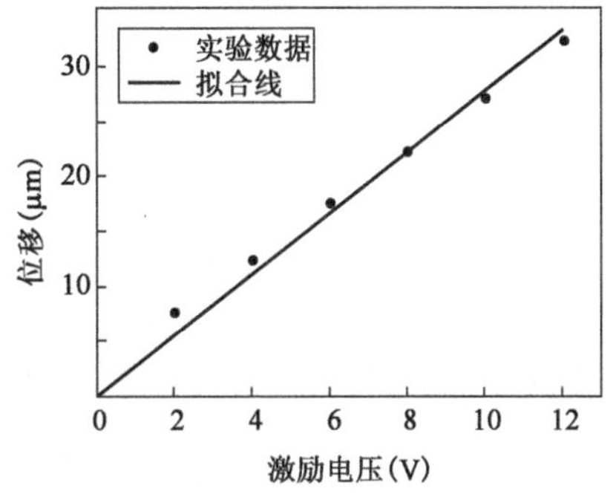

图3.9　有偏置磁场位移与电压关系拟合

在无偏置及偏置15V条件下拟合的位移与输入电压的关系为

无偏置磁场作用　　$S_d = 5.404V_{in}$　　(3.47)

偏置电压15V作用　　$S_d = 2.743V_{in}$　　(3.48)

式中，S_d为作动器输出位移，V_{in}为激励电压。

可见当电压小于12V时作动器输出位移与输入电压之间有着良好的线性关系。在无偏置磁场作用下，在电压达到12V时，作动器的最大输出位移可达68μm，而有偏置磁场作用下的输出位移仅为33μm。但后者的线性性能较前者更好，这使得有偏置磁场作用的作动器能在后面的控制实验中更准确地输出受控系统所需的控制力。

3）拉索-磁致伸缩作动器系统输出力测试结果

为了避免拉索在测试过程中发生振动，影响测试结果，实验中交变电压的频率选为0.32Hz、幅值选为9V，则在此激励电压的作用下，拉索被视为准静态的。本实验中将磁致伸缩棒伸长时的输出力定义为正，反之为负。

作动器在无偏置磁场作用时，输入电压与输出力的时程如图3.10所示。可见输出力的频率为输入电压频率的两倍，即所谓的倍频效应。在这种情况下，磁致伸缩棒仅能伸长不能缩短，故此时作动器仅能输出一个方向的控制力，不满足拉索振动控制实验的需要。在给作动器中的偏置线圈施加15V的直流电压后，线圈提供的偏置磁场能消除倍频效应，如图3.11所示。此时超磁致伸缩材料既能够伸长，又可以缩短，故作动器能提供两个方向的控制力，且作动器输出力的频率与输入电压频率相同。所以磁致伸缩作动器只有在施加了偏置磁场后才能发挥最优的工作性能，满足控制实验的要求。

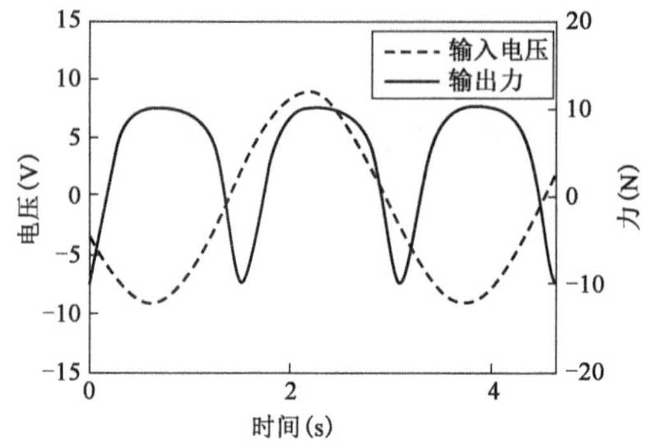

图3.10　无偏置磁场时电压与输出力时程图

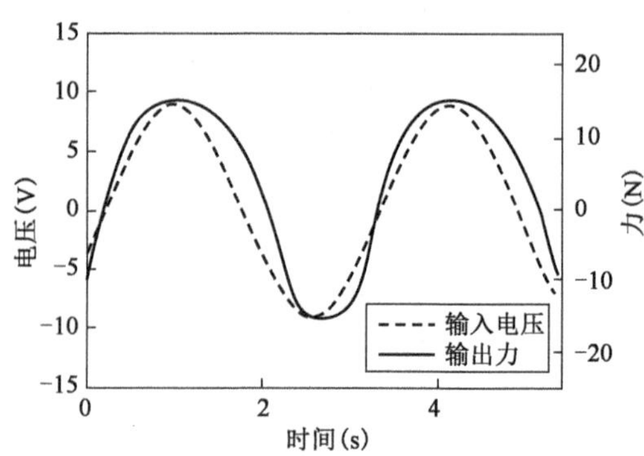

图3.11　有偏置磁场时电压与输出力时程图

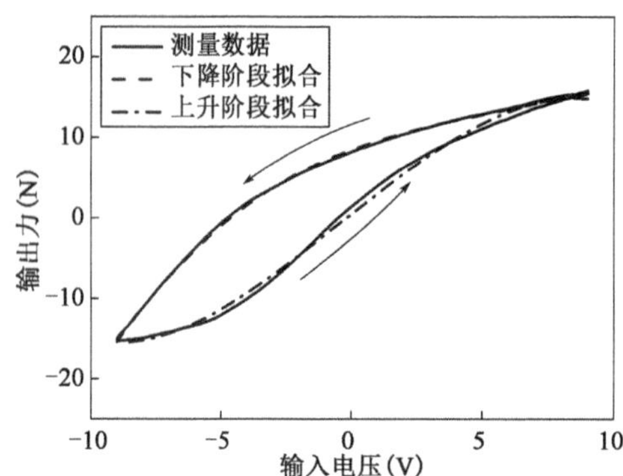

图3.12　磁致伸缩作动器输出力与输入电压关系曲线

4)拉索-磁致伸缩作动器系统输出力-输入电压关系

将输入电压作为水平轴,输出力作为竖向轴,选取图3.11中一个周期的数据作图,即可得到输入电压与输出力的关系曲线,如图3.12所示。值得注意的是,该曲线不能简单地用一段曲线来表示,为了得到精确的输出力-输入电压关系,将关系曲线分为上升阶段和下降阶段并采用三阶拟合的方法进行拟合。

拟合得到的GMA输出力-输入电压关系函数为

$$\text{上升阶段}\quad U=-0.0114V_{in}^3-0.0078V_{in}^2+2.5955V_{in}+0.3784\quad \dot{V}_{in}>0 \tag{3.49}$$

$$\text{下降阶段}\quad U=0.0058V_{in}^3-0.0993V_{in}^2+1.2425V_{in}+8.3992\quad \dot{V}_{in}<0 \tag{3.50}$$

式中,U为磁致伸缩作动器输出在拉索轴向的力;V_{in}为激励电压;$\dot{V}_{in}$为激励电压对时间的一阶导数。

此外,因为实验数据得到关系曲线在端点处是连续的,所以三阶拟合得到的上升阶段和下降阶段的曲线在端点处也是连续的。

3.3　磁致伸缩作动器拉索减振性能仿真分析

针对拉索-磁致伸缩作动器系统在自由振动、简谐振动和随机振动三种条件下进行了减振仿真分析,控制算法采用了LQR控制算法以及双线性最优控制算法。仿真分析选用湖南岳阳洞庭湖大桥A12拉索作为原型,按照索长比例20∶1缩小,建立前三阶频率相近的简化拉索模型,如图3.13所示,具体参数见表3.3。

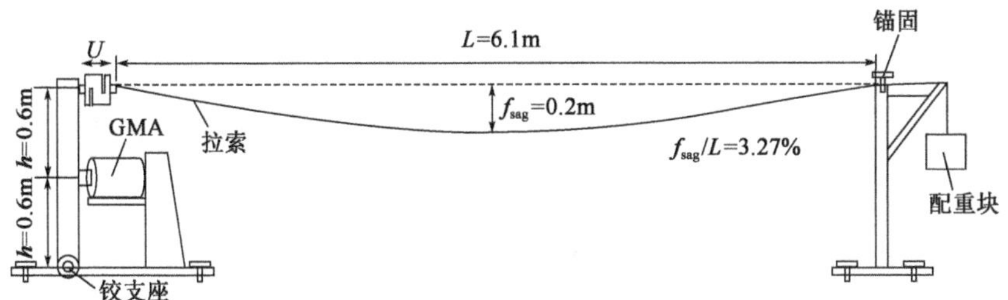

图 3.13　拉索仿真模型

模型拉索的主要参数　　表 3.3

直径（mm）	索长（m）	水平倾角（°）	水平拉力（N）	单位质量（kg/m）	前三阶阻尼比（%）	前三阶频（Hz）
1.58	6.1	0	219.1	1.3354	0.6、0.5、0.5	1.02、2.05、3.08

采用结构响应（位移、速度）的均方根 RMS（Root Mean Square）的大小来衡量控制算法的减振效果

$$Y_{\mathrm{RMS}} = \sqrt{\frac{1}{N}\sum_{i=1}^{N} y_i^2} \tag{3.51}$$

式中，y_i 表示观测点实时的位移值；Y_{RMS}为控制器不工作时拉索的位移响应的均方根值。则拉索在受控条件下减振率为

$$\eta = \frac{Y_{\mathrm{RMS}} - YK_{\mathrm{RMS}}}{Y_{\mathrm{RMS}}} \times 100\% \tag{3.52}$$

式中，YK_{RMS}为控制器工作时拉索的位移响应的均方根值。

3.3.1　最优控制力计算

考虑拉索的基频和风雨振发生频率小于 3Hz，仿真研究仅考虑拉索的前三阶模态，即状态向量

$$\boldsymbol{Z} = [z_1 \quad z_2 \quad z_3 \quad z_4 \quad z_5 \quad z_6]^{\mathrm{T}} \tag{3.53}$$

采用最优控制算法和双线性控制算法确定最优控制力。值得注意的是，控制系统所需的控制力大小以及控制效果与权重矩阵 $\boldsymbol{Q}$ 和 R 的相对大小有关，主要表现在当矩阵 $\boldsymbol{Q}$ 不变时，若 R 增大，则减振效果增大，而所需的控制力也越大。所以在选取 $\boldsymbol{Q}$ 和 R 时，必须在控制效果和能量消耗之间找到平衡点，以达到最优控制。将 $\boldsymbol{Q}$ 和 R 表示为

$$\boldsymbol{Q} = a\,\boldsymbol{I}_{6\times 6}, R = b \tag{3.54}$$

式中，$\boldsymbol{I}$ 为单位矩阵，a、b 为待选参数。

1)最优控制算法(LQR)最优控制力

因为LQR控制算法仅适用于线性系统,所以在使用LQR算法之前必须先将拉索系统线性化。拉索振动过程中非线性主要表现在控制矩阵 $\boldsymbol{B}(t)$ 不是常数矩阵,由矩阵 $\boldsymbol{B}(t)$ 的定义可知,非常数控制矩阵呈线性变化,忽略非常数项 $\boldsymbol{B}_1\boldsymbol{Z}$,则控制矩阵可简化为

$$\boldsymbol{B}(t) = \boldsymbol{B}_2 \tag{3.55}$$

式中,$\boldsymbol{B}_2 = [2\zeta_1\omega_1\beta_1 \quad \cdots \quad 2\zeta_n\omega_n\beta_n \quad (1-4\zeta_1^2)\beta_1\omega_1^2 \quad \cdots \quad (1-4\zeta_n^2)\beta_n\omega_n^2]^{\mathrm{T}}$。取控制参数为 $a=1,b=0.01$,则最优控制力 U 可由第1章LQR法计算得出。

2)双线性最优控制力

取控制参数为:$a=1$, $b=0.01$,将拉索的参数以及权重矩阵 $\boldsymbol{Q}$ 代入Lyapunov方程式(3.46),求解得到

$$\boldsymbol{S} = \begin{bmatrix} 279.3184 & 0 & 0 & 0.0117 & 0 & 0 \\ 0 & 658.9136 & 0 & 0 & 0.0029 & 0 \\ 0 & 0 & 985.1899 & 0 & 0 & 0.0029 \\ 0.0117 & 0 & 0 & 6.5086 & 0 & 0 \\ 0 & 0.0029 & 0 & 0 & 3.8385 & 0 \\ 0 & 0 & 0.0013 & 0 & 0 & 2.5507 \end{bmatrix}$$

则由式(3.43)即可得到双线性控制算法下的最优控制力

$$U = [29.775z_1 + 3.1937z_3 + 370.27z_4 + 48.373z_6 + 1273.7z_1z_4 + 3004.6z_2z_5 + 4492.4z_3z_6 + 2.28z_1^2 + 2.28z_2^2 + 2.28z_3^2]$$

将控制力代入状态方程中,在Matlab软件中用龙格库塔法求解即可以算出拉索振动的响应。

3.3.2 拉索自由振动仿真分析

自由振动的初始条件设为 $\boldsymbol{Z}_0 = [0.005 \quad 0.005 \quad 0.005 \quad 0 \quad 0 \quad 0]^{\mathrm{T}}$,拉索在无控制、LQR控制,以及双线性控制下前三阶的模态位移时程如图3.14~图3.16所示。从图可以看出,两种控制算法都有效地减小了拉索的前三阶位移响应。在LQR控制算法中,拉索受控后的前三阶等效阻尼比分别为1.35%、3.02%、3.69%,而双线性控制中,拉索的前三阶等效阻尼比分别为1.57%、3.67%、5.39%,两种控制算法都极大地增加了拉索的阻尼比,使得模态位移响应迅速衰减。相应的,拉索跨中和1/4跨的位移时程如图3.17所示。与模态位移时程类似,

仿真结果显示拉索的跨中和1/4跨的位移也迅速衰减。拉索在无控制、LQR控制,以及双线性控制三种情况下跨中位移响应的RMS分别为0.00307m、0.00132m和0.00120m,相应的LQR控制算法减振率为57.13%,双线性控制算法减振率为61.21%。在1/4跨,三种情况下位移响应的RMS分别为0.00327m、0.00179m、0.00154m,相应的LQR控制算法减振率为46.97%,双线性控制算法减振率为53.16%。两种算法下的控制力时程如图3.18所示,其最大值分别为15.3N和18.5N。图3.19为控制力的功率谱密度,从图中可以看出两种控制力都包含了拉索的前三阶频率成分,这表明这两种控制力都能有效地减小拉索振动时各阶的位移响应。

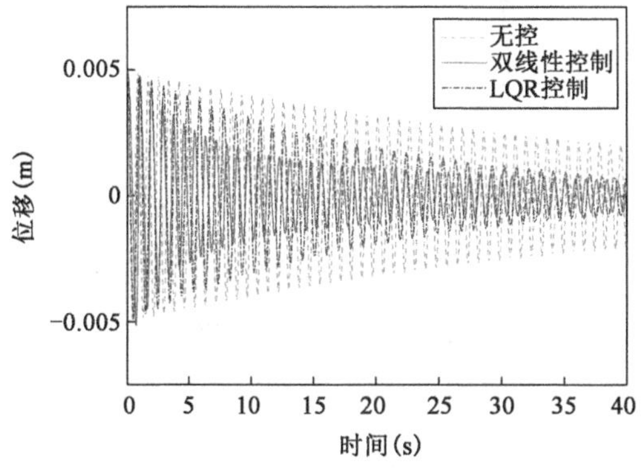

图3.14 自由振动下一阶模态位移时程图

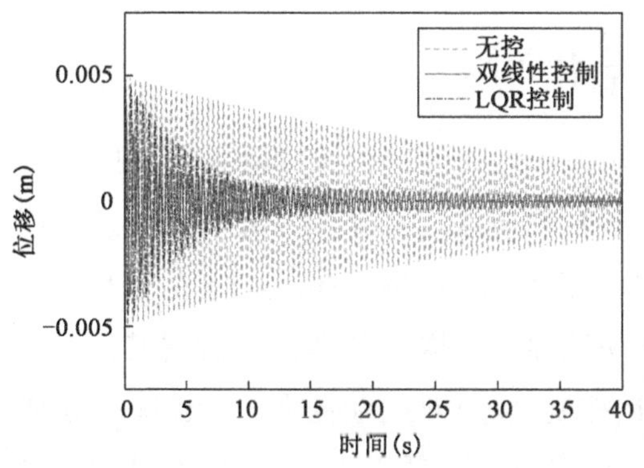

图3.15 自由振动下二阶模态位移时程图

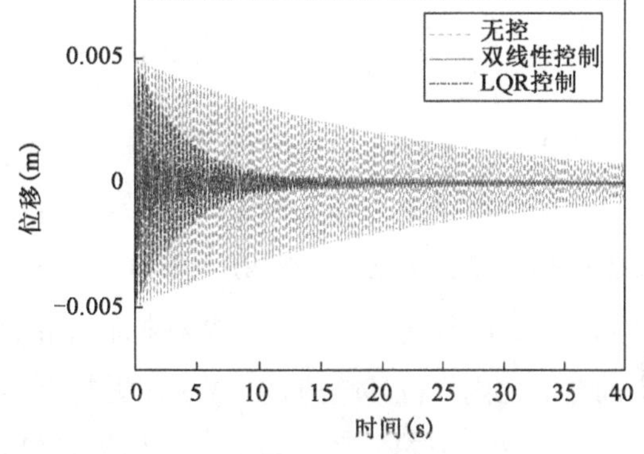

图3.16 自由振动下二阶模态位移时程图

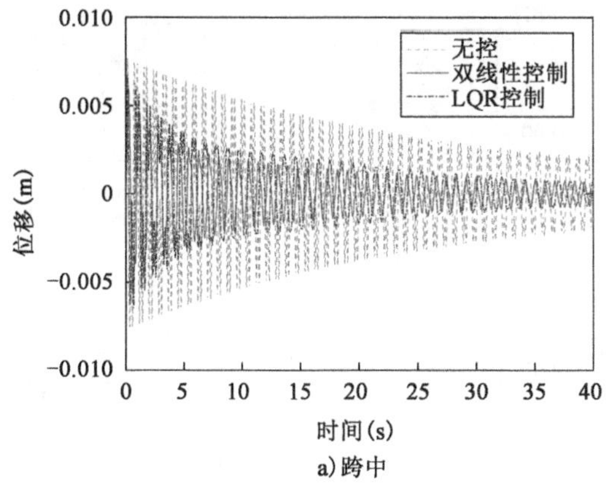

a)跨中

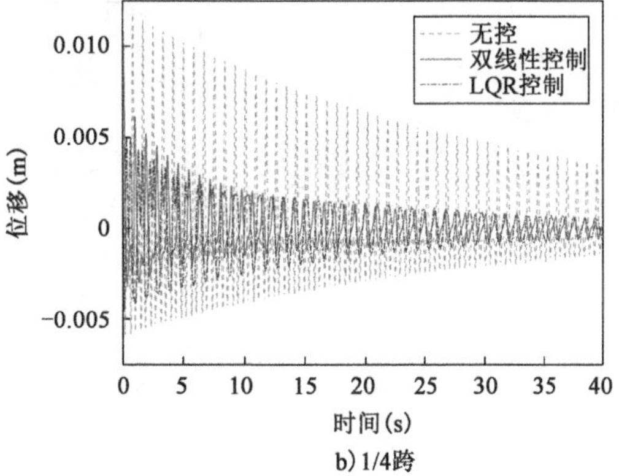

b)1/4跨

图3.17 自由振动下拉索位移时程图

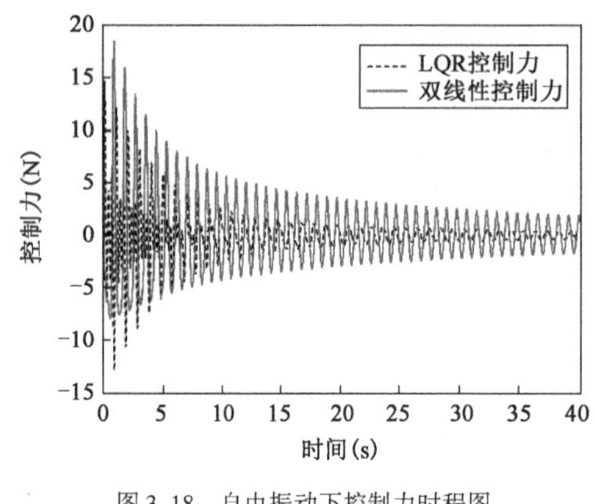

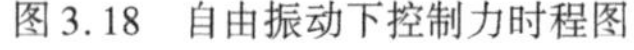
图 3.18　自由振动下控制力时程图

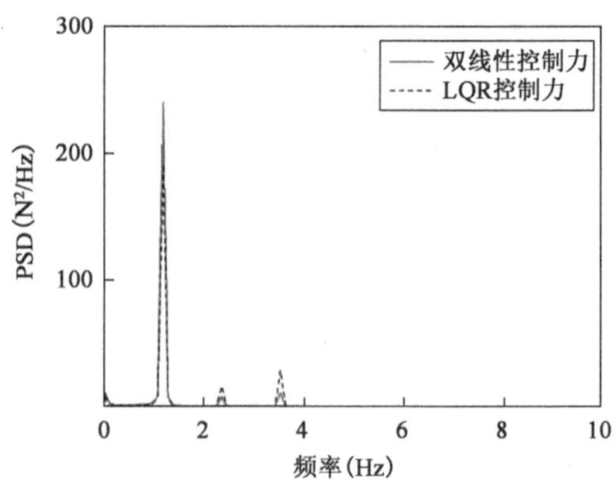

图 3.19　自由振动下控制力的功率谱密度

3.3.3　拉索简谐振动仿真分析

在拉索右端 $L/14$ 处作用一幅值为 3N 的简谐激振力，为了激起拉索的一阶模态共振，激振力的频率被定为一阶模态频率，则激振力可以表示为

$$F_e(x,t) = 3\delta\left(x - \frac{L}{14}\right)\sin(\omega_{D1}t) \tag{3.56}$$

式中，$\omega_{D1} = \omega_1\sqrt{1-\zeta_1^2} \approx 6.40\text{rad/s}$，$\omega_1$ 和 ζ_1 分别为拉索一阶模态的频率和阻尼比。

在简谐激励 $F_e(x,t)$ 作用下对拉索进行持续 100s 的仿真，以获得拉索的稳态响应。假设拉索的初始条件为 $\mathbf{Z}_0 = [0\quad 0\quad 0\quad 0\quad 0\quad 0]^{\mathrm{T}}$，拉索跨中在前 40s 和稳定状态的位移响应分别如图 3.20 所示。可以看出，两种控制器都能很快地抑制位移响应的增大，并将其稳定在很小的范围之内。位移响应的 RMS 在无控制、LQR 控制，以及双线性控制三种情况下分别为 0.00615m、0.00173m 和 0.00161m，两种控制策略相应的减振率分别为 72.13% 和 73.82%。同样的，拉索 1/4 跨在前 40s 和稳定状态的位移响应如图 3.21 所示。位移响应的 RMS 从 0.00431m经 LQR 控制和双线性控制分别减小到 0.00129m 和 0.00114m，对应的减振率为

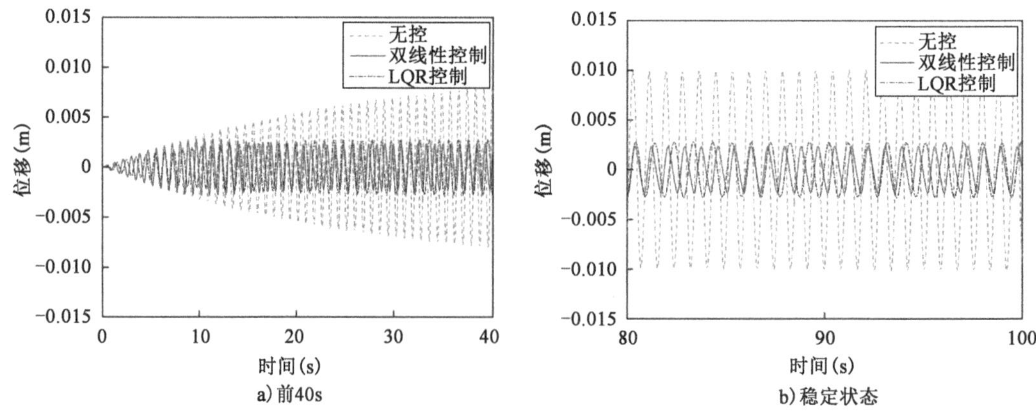

a) 前40s　　b) 稳定状态

图 3.20　简谐激励下拉索跨中位移时程图

70.01% 和 73.55% 。

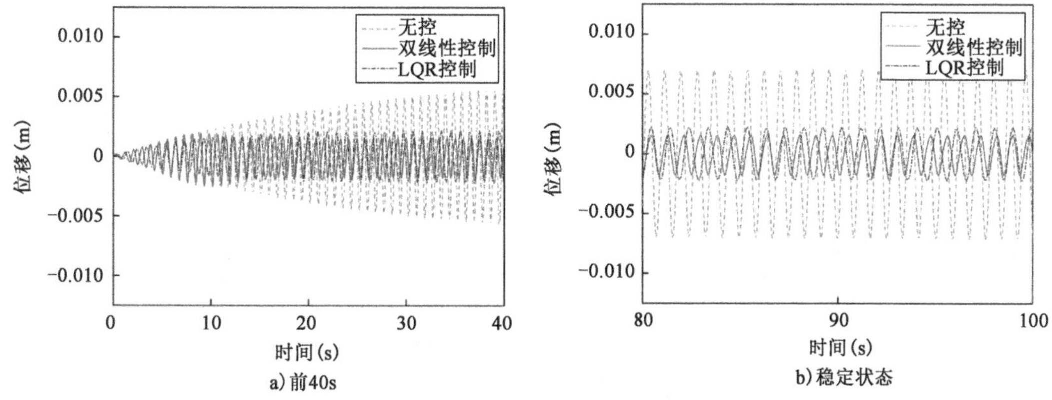

图 3.21　简谐激励下拉索 1/4 跨位移时程图

图 3.22 为两种控制算法所需的控制力时程,控制力最大的峰值分别为 8.3N 和9.7N,仅为拉索初始索力的 3.8% 和 4.5% 。该仿真结果表明,LQR 控制法和双线性控制法都能用较小的控制力去减小拉索的一阶振动,并持续地将振动幅值维持在一个较小的范围之内。

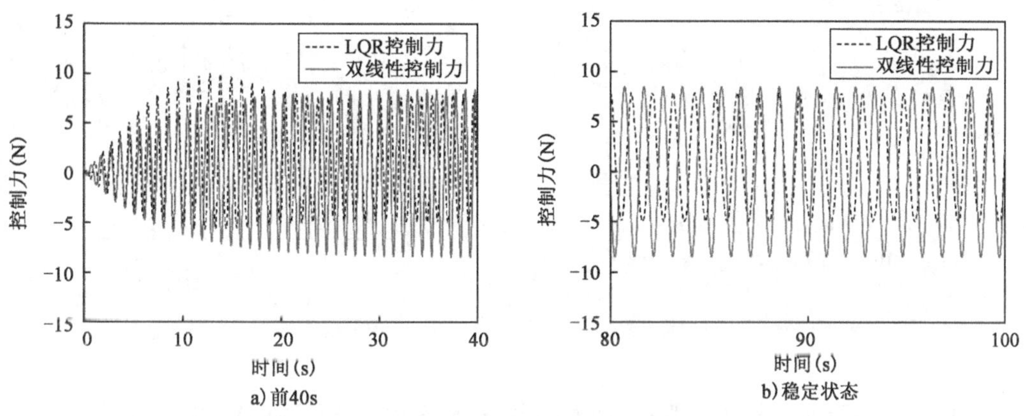

图 3.22　简谐激励下控制力时程图

3.3.4　拉索随机振动仿真分析

在拉索的 1/14 跨处施加由高斯白噪声产生的随机激励,激励时程如图 3.23 所示,其均方根值为 0.81N,峰值为 2.48N。

假设拉索的初始条件为 $\mathbf{Z}_0 = [0 \quad 0 \quad 0 \quad 0 \quad 0 \quad 0]^T$,经 Matlab 计算得到拉索跨中和 1/4 跨在随机激励作用下的位移响应时程如图 3.24 和图 3.25 所示。从图中可以看出,拉索在随机激励下的振动响应被控制器大幅降低了,位移响应的 RMS 在无控制、LQR 控制,以及双线性控制三种情况下分别为 0.00516m、0.00189m 和 0.00178m,两种控制策略相应的减振率分别为 63.37% 和 65.55% 。类似的,在 1/4 跨处,三种情况下位移响应的 RMS 分别为 0.00522m、

0.00282m、0.00256m，相应的 LQR 控制算法减振率为 45.98%，双线性控制算法减振率为 50.96%。在图 3.26 中，两种算法的控制力 $U(t)$ 的最大值分别为 17.8N 和 13.4N，小于拉索初始索力的 10%。

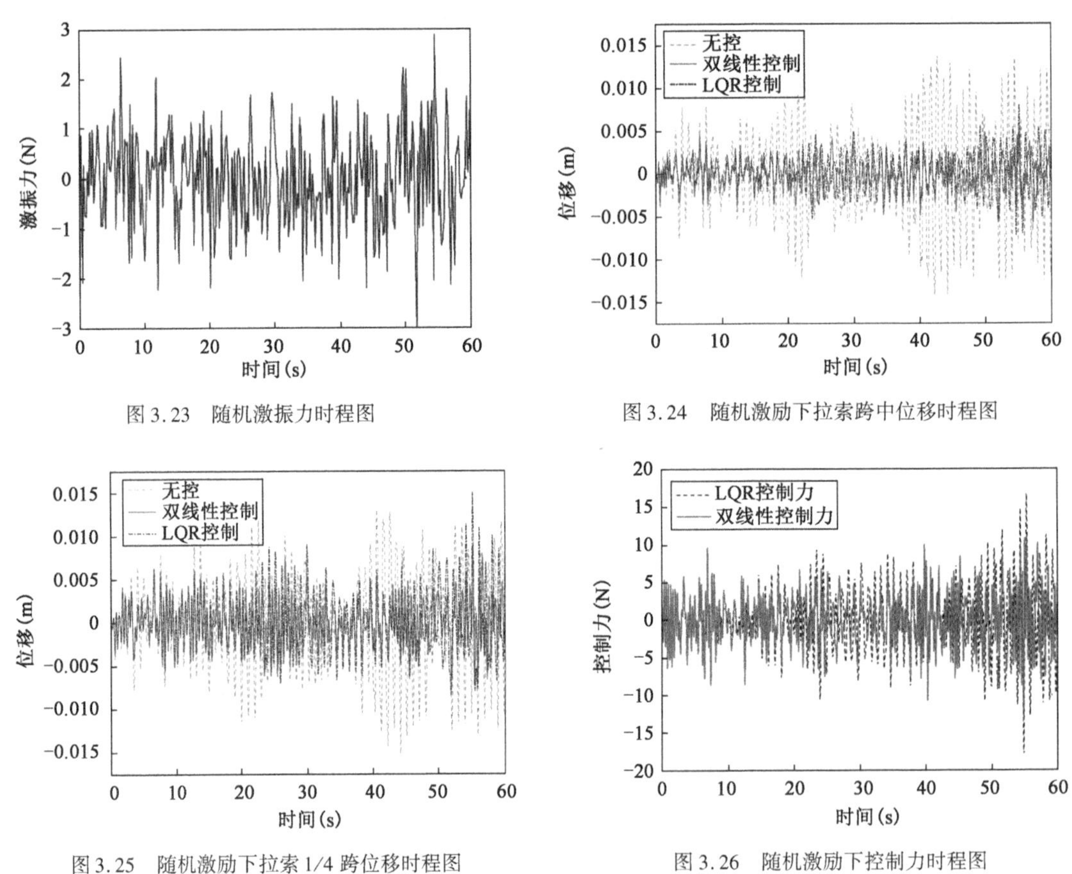

图 3.23　随机激振力时程图

图 3.24　随机激励下拉索跨中位移时程图

图 3.25　随机激励下拉索 1/4 跨位移时程图

图 3.26　随机激励下控制力时程图

3.4　考虑时滞补偿的磁致伸缩作动器拉索减振性能分析

时滞普遍存在于结构振动控制过程中，当时滞量较小时，其对振动控制系统几乎没有影响，但当时滞量较大时，振动控制的效果将大幅降低，甚至使整个结构失去稳定[34]。所以研究时滞与振动控制效率之间的关系以及时滞补偿算法是振动控制的重要课题。国内外的学者进行大量的仿真和实验研究后提出了一些时滞补偿算法，如泰勒级数展开法、预估状态法和移相法[35]，还有基于神经网络和模糊规则的遗传算法和粒子群算法等。

由 Chung 等[36]提出的移相法是通过分析位移时滞和速度时滞之后改变控制系统的反馈增益矩阵来进行时滞补偿。但在拉索振动控制领域还没有相关的时滞补偿研究。因此，本章主要对时滞补偿算法——移相法的原理进行了简要的介绍，并通过该算法开展了拉索主动控制时滞补偿仿真分析。

3.4.1 拉索振动控制状态方程离散化

为了研究拉索控制系统中的时滞对其控制效果以及稳定性的影响,用 Matlab 软件中的离散函数“c2d”对连续状态方程进行离散化,即

$$\begin{aligned}[\boldsymbol{A}_{\mathrm{d}},\boldsymbol{B}_{\mathrm{d}}] &= \mathrm{c2d}(\boldsymbol{A},\boldsymbol{B},\Delta t)\\ [\boldsymbol{A}_{\mathrm{d}},\boldsymbol{D}_{\mathrm{d}}] &= \mathrm{c2d}(\boldsymbol{A},\boldsymbol{D},\Delta t)\end{aligned} \tag{3.57}$$

式中,Δt 为离散步长。

于是,离散化处理后拉索振动主动控制系统的状态方程可以改写为

$$\boldsymbol{Z}(k+1) = \boldsymbol{A}_{\mathrm{d}}\boldsymbol{Z}(k) + \boldsymbol{B}_{\mathrm{d}}\boldsymbol{U}(k) + \boldsymbol{D}_{\mathrm{d}}\boldsymbol{F}(k) \tag{3.58}$$

式中,$\boldsymbol{Z}(k)$ 和 $\boldsymbol{Z}(k+1)$ 分别表示拉索系统在 k 时刻和 $(k+1)$ 时刻的状态向量;$\boldsymbol{U}(k)$ 是对应时刻的控制力大小;$\boldsymbol{F}(k)$ 是对应时刻的外部激励。

当考虑拉索振动主动控制系统中存在时滞时,需要在控制力 U 中加入时滞的影响,则拉索振动主动控制系统的离散化状态方程可以改写为

$$\boldsymbol{Z}(k+1) = \boldsymbol{A}_{\mathrm{d}}\boldsymbol{Z}(k) + \boldsymbol{B}_{\mathrm{d}}\boldsymbol{U}(k-i) + \boldsymbol{D}_{\mathrm{d}}\boldsymbol{F}(k) \tag{3.59}$$

式中,i 为时滞的步长,对应的时滞为 $i\Delta t$。

因为对拉索系统的状态方程进行了离散化,所以主动轴向控制力的状态反馈增益矩阵也需要进行相应的离散化处理,采用 Matlab 软件中的函数“dlqr”即可求解离散化状态反馈增益矩阵

$$\boldsymbol{G}_{\mathrm{d}} = \mathrm{dlqr}(\boldsymbol{A}_{\mathrm{d}},\boldsymbol{B}_{\mathrm{d}},\boldsymbol{Q},\boldsymbol{R}) \tag{3.60}$$

为了研究不同时滞量大小对拉索响应以及振动控制系统稳定性的影响,假设时滞量大小分别为 $\Delta t, 2\Delta t, \cdots, i\Delta t$。根据拉索状态向量的初始条件,采用式(3.61)即可以求解出拉索系统的状态响应向量

$$\boldsymbol{Z}(k+1) = \boldsymbol{A}_{\mathrm{d}}\boldsymbol{Z}(k) + \boldsymbol{B}_{\mathrm{d}}\boldsymbol{G}_{\mathrm{d}}\boldsymbol{Z}(k-i) + \boldsymbol{D}_{\mathrm{d}}\boldsymbol{F}(k) \tag{3.61}$$

3.4.2 基于移相法的拉索时滞补偿理论

对于多模态控制系统,由结构主动控制最优控制原理可知,第 i 阶模态对控制力的影响可以拆分为位移影响和速度影响两部分,表示为

$$u_i(t) = -g_{1i}q_i(t) - g_{2i}\dot{q}_i(t) \tag{3.62}$$

式中,q_i 为第 i 阶模态位移坐标;g_{1i} 和 g_{2i} 分别代表无时滞时的位移和速度反馈增益。假设系统中的时滞量大小为 τ,则控制力可以表示为

$$u_i'(t) = -g_{1i}q_i(t-\tau_q) - g_{2i}\dot{q}_i(t-\tau_{\dot{q}}) \tag{3.63}$$

采用时滞补偿方法进行补偿后,式(3.63)即可改写为

$$u_i'(t) = -g_{1i}'q_i(t-\tau_q) - g_{2i}'\dot{q}_i(t-\tau_{\dot{q}}) \tag{3.64}$$

式中，g'_{1i}和 g'_{2i}分别为时滞补偿后的反馈增益。

假设有时滞控制系统的控制力等于无时滞控制系统的控制力，则可知

$$u_i(t) = u'_i(t) = -g_{1i}q_i(t) - g_{2i}\dot{q}_i(t) = -g'_{1i}q_i(t-\tau_q) - g'_{2i}\dot{q}_i(t-\tau_{\dot{q}}) \tag{3.65}$$

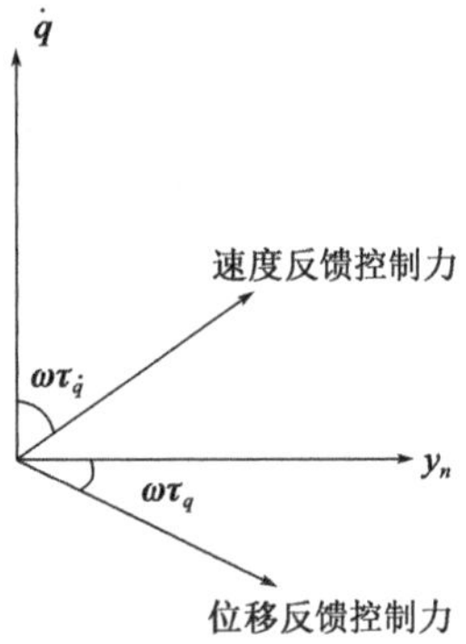

图 3.27　控制力与响应之间的相位差

当控制过程中位移的滞后量为τ_q，速度的滞后量为$\tau_{\dot{q}}$，则两者的相位分别比无时滞时的状态延后了 $\omega_i\tau_q$ 和 $\omega_i\tau_{\dot{q}}$，如图 3.27 所示，其中 ω_i 为第 i 阶模态的固有频率。

由两者的相位差可知，第 i 阶模态位移的控制力可拆分为 $g'_{1i}\cos(\omega_i\tau_q)q_i(t)$ 和 $-g'_{1i}\sin(\omega_i\tau_q)q_i(t)/\omega_i$；同理，第 i 阶模态速度的控制力可拆分为 $g'_{2i}\sin(\omega_i\tau_{\dot{q}})\omega_i\dot{q}_i(t)$ 和 $g'_{2i}\cos(\omega_i\tau_{\dot{q}})\dot{q}_i(t)$。因为不考虑时滞的控制系统的参数与考虑时滞的控制系统的振动参数相等，所以

$$\begin{bmatrix} g'_{1i} \\ g'_{2i} \end{bmatrix} = \begin{bmatrix} \cos\omega_i\tau_q & \omega_i\sin\omega_i\tau_{\dot{q}} \\ -(1/\omega_i)\sin\omega_i\tau_q & \cos\omega_i\tau_{\dot{q}} \end{bmatrix}^{-1} \begin{bmatrix} g_{1i} \\ g_{2i} \end{bmatrix} = \boldsymbol{D}_i \begin{bmatrix} g_{1i} \\ g_{2i} \end{bmatrix} \tag{3.66}$$

式中

$$\boldsymbol{D}_i = \frac{1}{\cos\omega_i(\tau_q - \tau_{\dot{q}})} \begin{bmatrix} \cos\omega_i\tau_{\dot{q}} & -\omega_i\sin\omega_i\tau_{\dot{q}} \\ (1/\omega_i)\sin\omega_i\tau_q & \cos\omega_i\tau_q \end{bmatrix} \quad (i = 1,2,\cdots) \tag{3.67}$$

令

$$\boldsymbol{D}_e = \mathrm{Diag}[\boldsymbol{D}_i] \tag{3.68}$$

将补偿矩阵$\boldsymbol{D}_e$ 变换成状态空间内的补偿矩阵 $\boldsymbol{D}_c$，则可得到

$$\boldsymbol{D}_c = \boldsymbol{\psi}_s \boldsymbol{D}_e \boldsymbol{\psi}_s^{-1} \tag{3.69}$$

式中，$\boldsymbol{\psi}_s = [\psi 0;0\psi]$；$\boldsymbol{\psi}$ 是系统的模态振型矩阵。则时滞补偿增益矩阵 $\boldsymbol{G}'$可以表示为

$$\boldsymbol{G}' = \boldsymbol{D}_c\boldsymbol{G} \tag{3.70}$$

式中，$\boldsymbol{G}$ 为无时滞状态下的反馈增益矩阵，可由第 1 章中的 LQR 法计算得到。

通过式(3.61)和式(3.70)即可得到拉索振动控制系统在时滞补偿后的状态方程

$$\boldsymbol{Z}(k+1) = \boldsymbol{A}_d\boldsymbol{Z}(k) + \boldsymbol{B}_d\boldsymbol{G}'_d\boldsymbol{Z}(k-i) + \boldsymbol{D}_d\boldsymbol{F}(k) \tag{3.71}$$

根据拉索的初始位移和初始速度，采用式(3.71)即可以逐步求解出拉索系统在时滞补偿后的响应。

3.4.3　拉索振动控制系统的时滞补偿仿真分析

采用拉索的前三阶模态进行数值仿真，并假设拉索响应的状态向量为

$$\boldsymbol{Z} = [z_1 \quad z_2 \quad z_3 \quad z_4 \quad z_5 \quad z_6]^{\mathrm{T}} \tag{3.72}$$

拉索振动控制系统前三阶的状态方程表示为

$$\dot{\boldsymbol{Z}}(t) = \boldsymbol{A}\boldsymbol{Z}(t) + \boldsymbol{B}(t)\boldsymbol{U}(t) + \boldsymbol{D}\boldsymbol{F}(t) \tag{3.73}$$

式中

$$\boldsymbol{A} = \begin{bmatrix} \boldsymbol{0}_3 & \boldsymbol{I}_3 \\ -\mathrm{diag}[\omega_i^2] & -2\mathrm{diag}[\zeta_i\omega_i] \end{bmatrix};\boldsymbol{D} = \begin{bmatrix} \boldsymbol{0}_3 & \boldsymbol{0}_3 \\ \boldsymbol{0}_3 & \boldsymbol{I}_3 \end{bmatrix};\boldsymbol{F} = \begin{bmatrix} \boldsymbol{0}_{3\times1} \\ F_i(t) \end{bmatrix}$$

$$\boldsymbol{B}(t) = \boldsymbol{B}_1\boldsymbol{Z}(t) + \boldsymbol{B}_2;\boldsymbol{B}_1 = \begin{bmatrix} \boldsymbol{0}_3 & \boldsymbol{0}_3 \\ -\mathrm{diag}[\alpha_i] & \boldsymbol{0}_3 \end{bmatrix}$$

$$\boldsymbol{B}_2 = [2\zeta_1\omega_1\beta_1 \quad \cdots \quad 2\zeta_3\omega_3\beta_3 \quad (1-4\zeta_1^2)\beta_1\omega_1^2 \quad \cdots \quad (1-4\zeta_3^2)\beta_3\omega_3^2]^{\mathrm{T}} \quad (i=1,2,3)$$

将式(3.73)离散化后，即可对拉索轴向振动控制进行时滞补偿仿真分析。

1)拉索自由振动时滞补偿仿真分析

将自由振动的初始条件设为 $\boldsymbol{Z}_0 = [0.005 \quad 0.005 \quad 0.005 \quad 0 \quad 0 \quad 0]^{\mathrm{T}}$，拉索的控制力大小和控制效果与权重矩阵 $\boldsymbol{Q}$ 和 $\boldsymbol{R}$ 有关，取参数 $a=1$，$b=0.01$，假设时滞量大小为 0.11s，则拉索在无控制、无时滞、有时滞无补偿，以及有时滞有补偿状态下跨中以及 1/4 跨的位移时程如图 3.28 所示。

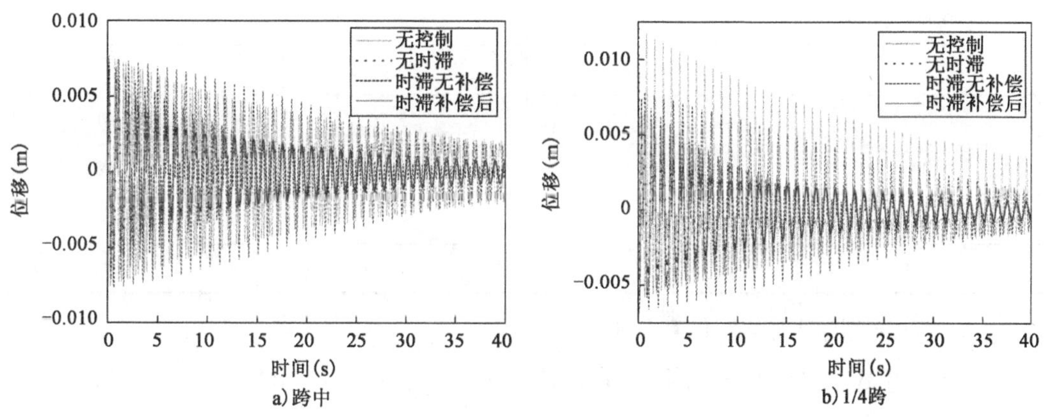

图 3.28　自由振动下时滞 0.11s 时拉索位移时程图

四种情况对应的 RMS 值分别为 0.00307m、0.00132m、0.00276m 和 0.00143m。在有控制力输入的三种状态下拉索跨中的减振率分别为 57.13%、9.87% 和 53.42%。图 3.29 和图 3.30是拉索在无时滞情况下和时滞补偿后轴向主动控制力的时程图，两者的最大峰值分别为 14.9N 和 13.8N。从该仿真结果可以看出，当时滞量达 0.11s 时原本的控制方法已经不能有效地减小拉索的振动，但采用移相法进行时滞补偿过后，控制效果得到了极大的提升，接近无时滞的理想状态。

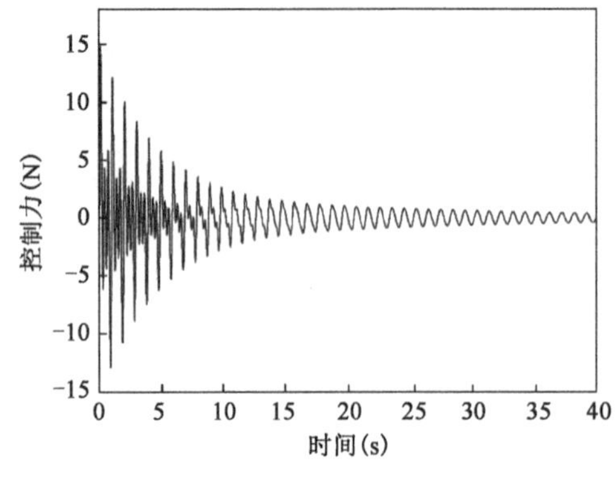

图 3.29　自由振动下系统主动控制力

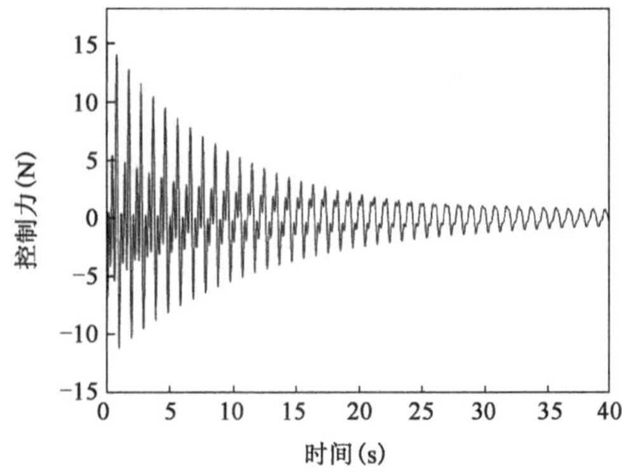

图 3.30　自由振动下时滞补偿后系统主动控制力

为了研究时滞量大小对拉索振动控制的影响以及移相法的补偿效果,选取了不同的时滞进行了多组仿真分析,得到了不同时滞量大小情况下的时滞补偿控制效果,如表 3.4 所示。由仿真结果可知,当时滞量变大时,拉索系统的减振效果逐渐降低,特别是当时滞量增大到 0.13s 时,拉索系统的响应比无控制状态下更大,控制系统完全失效。进行移相法时滞补偿后,拉索振动控制系统的减振效果明显优于未补偿的减振效果。虽然补偿后仍然不能达到无时滞时的理想状态,但控制算法仍具有令人满意的减振效果。

拉索自由振动状态下移相法时滞补偿效果　　　　表 3.4

时滞量(s)	无时滞减振率(%)	无补偿减振率(%)	时滞补偿减振率(%)
0.00	57.13	—	—
0.05	—	56.06	55.37
0.07	—	55.76	54.41
0.09	—	42.12	51.90
0.11	—	9.87	53.34
0.13	—	-12.26	54.23

2)拉索简谐振动时滞补偿仿真分析

仿真中采用式(3.56)形式的简谐力,幅值为 3N,频率为 6.40rad/s,作用位置为距拉索右端 $L/14$ 处。在简谐激励 $F_e(x,t)$ 作用下对拉索振动控制系统进行持续 40s 的仿真。假设拉索的初始条件为 $\mathbf{Z}_0=[0\quad 0\quad 0\quad 0\quad 0\quad 0]^{\mathrm{T}}$,取参数 $a=1$, $b=0.01$,假设时滞量大小为 0.11s,则拉索在无控制、无时滞、有时滞无补偿,以及有时滞有补偿状态下跨中和 1/4 跨的位移时程如图 3.31 所示。

四种情况对应的 RMS 值分别为 0.00615m、0.00173m、0.00258m 和 0.00179m。在有控制力输入的三种状态下拉索跨中的减振率分别为 72.13%、58.04% 和 70.89%。图 3.32 和图 3.33是拉索在无时滞情况下和时滞补偿后控制系统主动控制力的时程图。

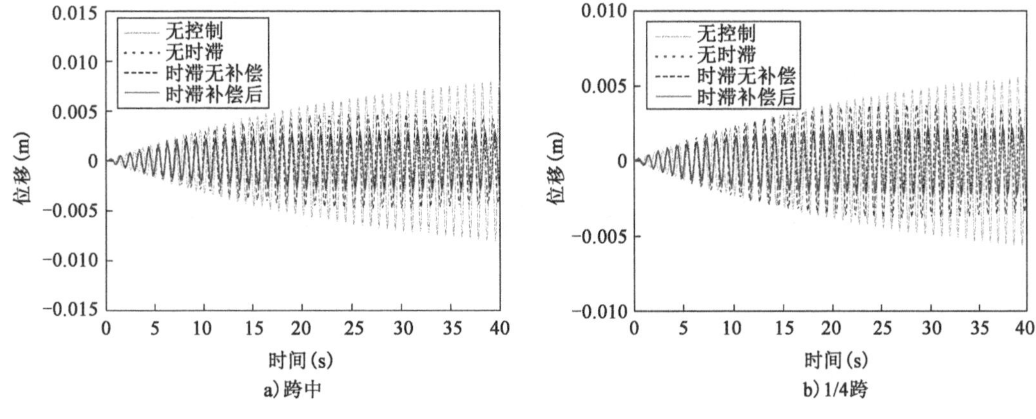

图 3.31 简谐激励下时滞 0.11s 时拉索位移时程

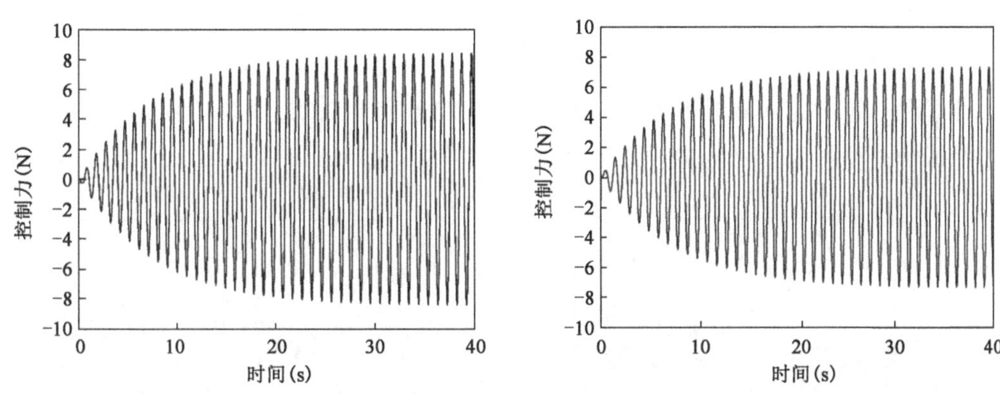

图 3.32 简谐激励下无时滞时主动控制力

图 3.33 简谐激励下时滞补偿后系统主动控制力

采用不同时滞量大小进行仿真分析，得到的控制效果如表 3.5 所示。由表可知，当时滞量增大到 0.15s 时，拉索系统的响应比无控制状态下更大，控制系统完全失效。进行移相法时滞补偿后，取得近似于无时滞状态的减振效果。

拉索简谐振动状态下移相法时滞补偿效果 表 3.5

时滞量(s)	无时滞减振率(%)	无补偿减振率(%)	时滞补偿减振率(%)
0.00	72.13	—	—
0.09	—	64.62	71.08
0.11	—	58.04	70.89
0.13	—	31.41	69.15
0.15	—	发散	70.37
0.17	—	发散	67.62

3)拉索随机振动时滞补偿仿真分析

仿真中采用的随机激励为白噪声激励，其均方根值为 0.81N，峰值为 2.48N，作用位置为距拉索右端 $L/14$ 处。随机激励对拉索持续作用 60s，假设拉索的初始条件为 $\boldsymbol{Z}_0 = [0 \quad 0 \quad 0 \quad 0 \quad 0]^{\mathrm{T}}$，取参数 $a=1, b=0.01$，假设时滞量大小为 0.11s，则拉索在无控制、无时滞、有时滞无补偿,以及有时滞有补偿状态下跨中和1/4 跨的位移时程如图3.34 所示。

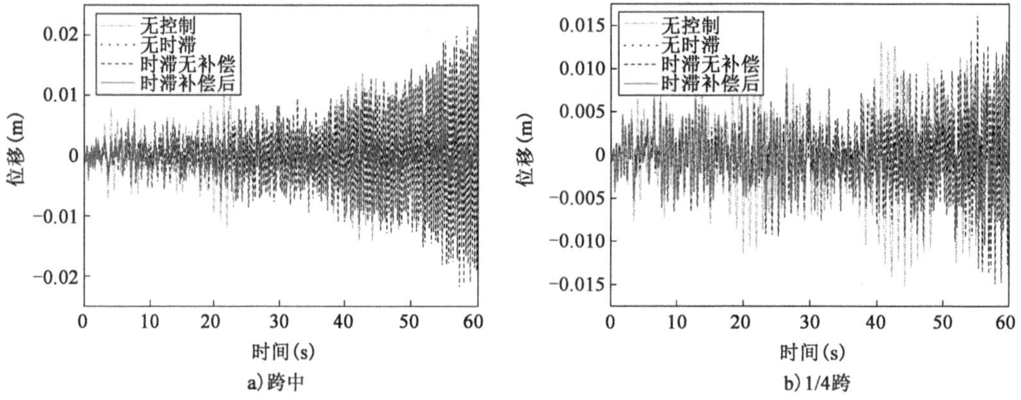

图3.34 随机激励下时滞0.11s时拉索位移时程

四种情况对应的RMS 值分别为0.00516m、0.00189m、0.00594m、0.00205m。在控制器工作的三种情况下拉索跨中减振率为63.37%、-15.12%和59.12%。无时滞情况下和时滞补偿后情况下轴向控制力如图3.35 和图3.36 所示。

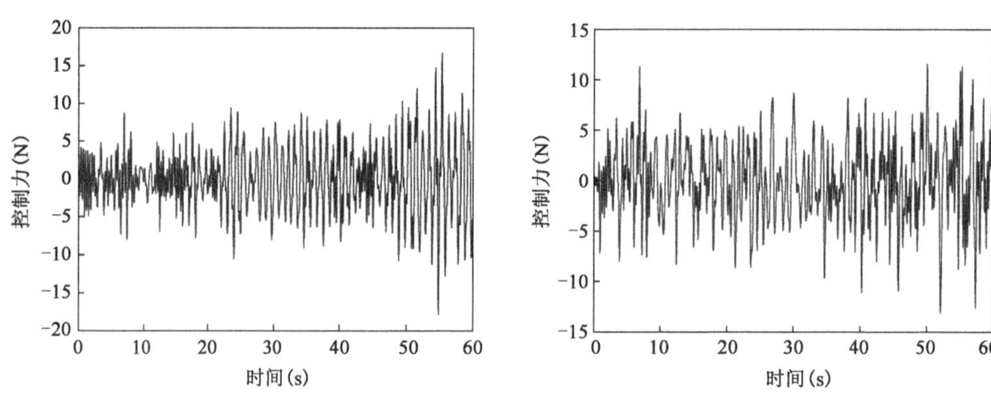

图3.35 随机激励下无时滞时系统主动控制力　　图3.36 随机激励下时滞补偿后系统主动控制力

与前两种工况类似,采用不同时滞量大小进行仿真分析,得到的控制效果如表3.6 所示。从表中可以看出,在时滞量逐渐增大的过程中,有时滞补偿的控制系统与无时滞补偿控制系统之间出现了明显的差异,时滞补偿算法能显著地提升拉索振动控制系统的减振效果。

拉索在随机振动状态下移相法时滞补偿效果　　表3.6

时滞量(s)	无时滞减振率(%)	无补偿减振率(%)	时滞补偿减振率(%)
0.00	63.37	—	—
0.05	—	62.47	60.86
0.07	—	60.66	60.49
0.09	—	58.70	59.31
0.11	—	-15.12	59.12
0.13	—	发散	57.67

3.5 磁致伸缩作动器拉索减振性能实验

3.5.1 实验设计

拉索振动控制实验设计如图3.37所示,假设拉索质量是均匀的,右端被锚固在钢架上,左端固定于一根钢梁上,钢梁的另一端与地面铰接,当钢梁绕绞支座微幅转动时,拉索可在面内沿轴向运动。磁致伸缩作动器处于钢梁的中间位置,在控制电压的驱动下可以给拉索提供轴向控制力。在拉索跨中及1/4跨处布置激光位移传感器以测量拉索的振动响应。拉索参数见表3.3。

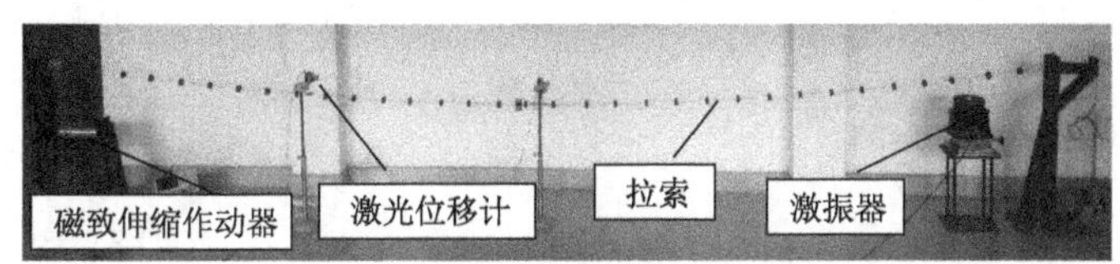

图3.37 拉索振动控制实验设计图

采用D-SPACE进行闭环控制实验。通过测量位移得到状态向量,利用前面提出的控制算法确定控制力并换算为GMA输入电压,由D-SPACE发送信号至功率放大器,功率放大器将控制的最优电压施加给GMA,通过GMA对拉索施加控制力。

拉索的模态控制需要先获得拉索各阶的模态响应,并通过模态响应计算相应的控制力,但在实际控制过程中,模态响应无法被直接测量,所以本书在实验控制系统的设计过程中忽略了高阶模态的影响,仅考虑拉索振动的一阶模态响应,将控制算法简化为单模态控制。则当$n=1$时,式(3.7)和式(3.8)被简化为

$$w(x,t) = \varphi_1(x)q_1(t) \tag{3.74}$$

$$\varphi_1 = \sin(\pi x/L) \tag{3.75}$$

当$x=L/2$时,则由式(3.74)和式(3.75)可得

$$w(L/2,t) = q_1(t) \tag{3.76}$$

即拉索跨中的位移等价于一阶模态位移。因此,在实验中采用跨中的位移响应来计算控制力。则控制力采用下式确定

$$U = 29.775Y_{L/2} + 444.35\dot{Y}_{L/2} + 1528.398Y_{L/2}\dot{Y}_{L/2} + 2.280\dot{Y}_{L/2}^2 \tag{3.77}$$

式中,$Y_{L/2}$、$\dot{Y}_{L/2}$分别为拉索跨中位移、速度。

由仿真分析可知,拉索控制力小于10%拉索静态索力,因此实验时GMA的输入电压限定在±15V范围。

3.5.2 磁致伸缩作动器拉索减振实验结果

自由振动下拉索 L/2、L/4 处有控和无控的位移时程如图 3.38 所示。从图可知,跨中位移减振效果良好,L/4 处也有一定减振效果,但比跨中效果差,这是因为控制确定时忽略了第三阶模态位移。控制力时程如图 3.39 所示,其最大控制力为 17.7N。

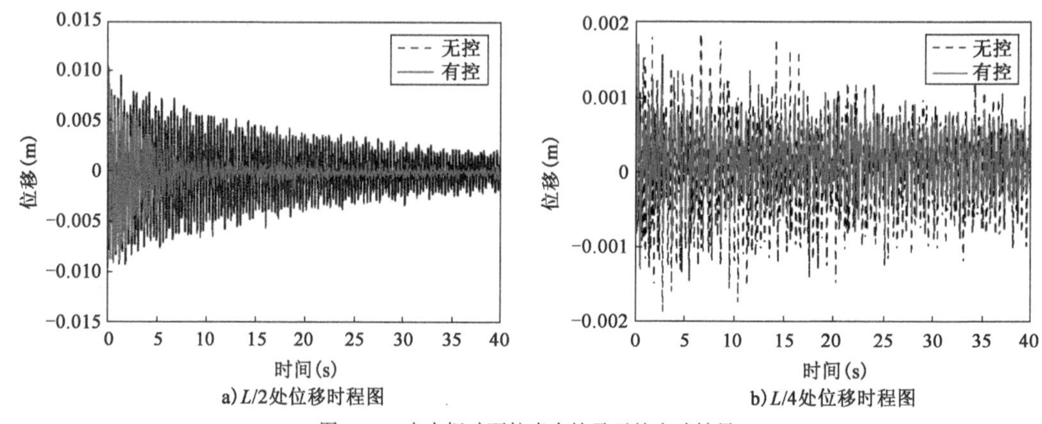

图 3.38 自由振动下拉索有控及无控实验结果

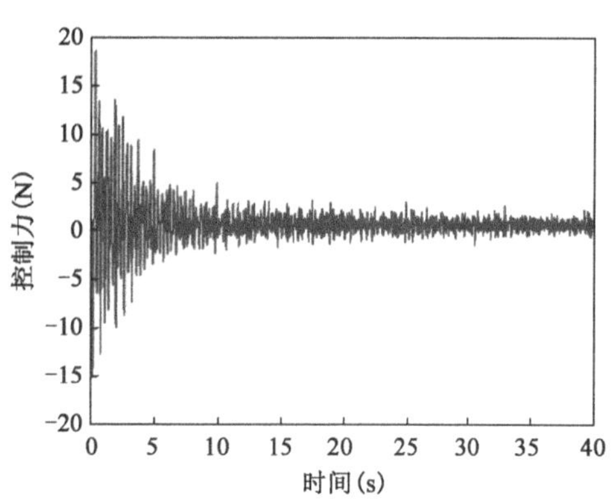

图 3.39 自由振动下控制力时程图

采用第一阶模态频率激振开展了减振实验,有控制和无控制的实验结果如图 3.40 所示。从图可以看出,无控和有控时 L/2 处稳态振动均方根值分别为 0.00509m 和 0.00147m,减振率为 71.2%;无控和有控时 L/4 处稳态振动均方根值分别为 0.00135m和 0.00268m,减振率为 49.6%。控制力确定时忽略第三阶模态位移导致 L/4 处减振效果降低。控制力时程如图 3.41 所示,最大控制力为 11.5N,稳态时控制力范围为 -6.6 ~ 7.5N。

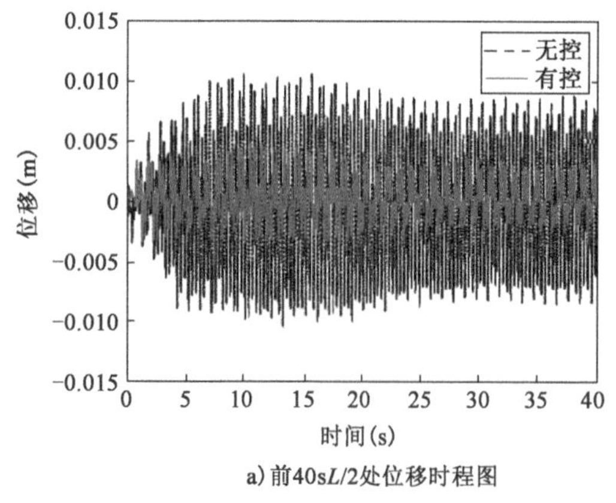

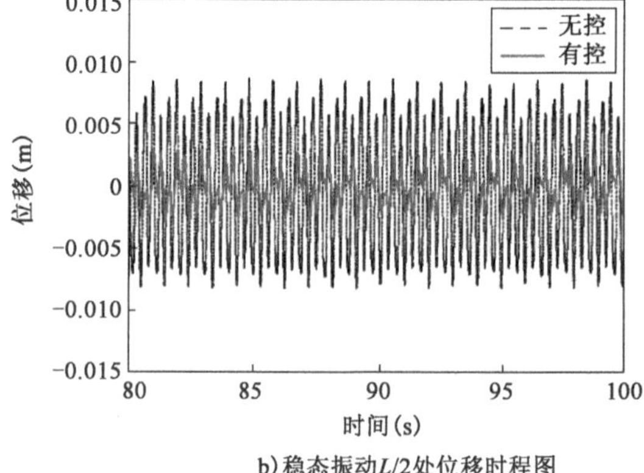

图 3.40

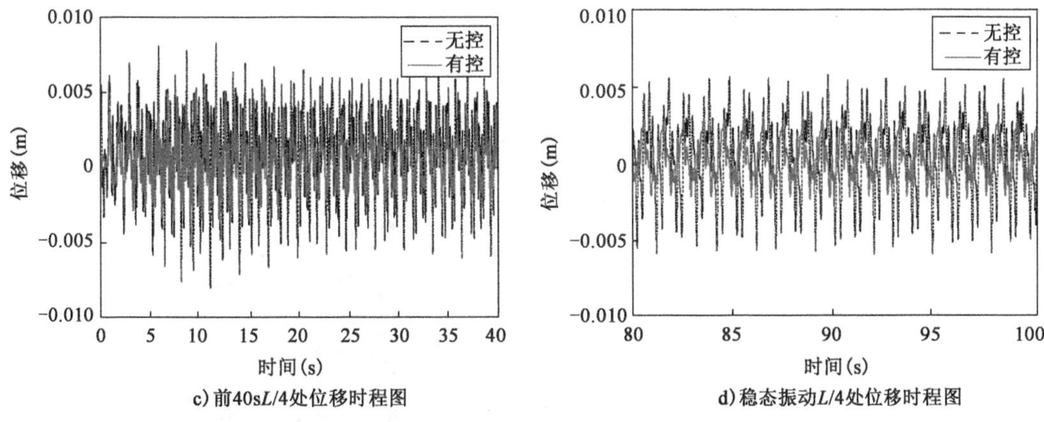

c)前40s$L/4$处位移时程图 d)稳态振动$L/4$处位移时程图

图3.40 一阶模态频率激励下拉索有控及无控实验结果

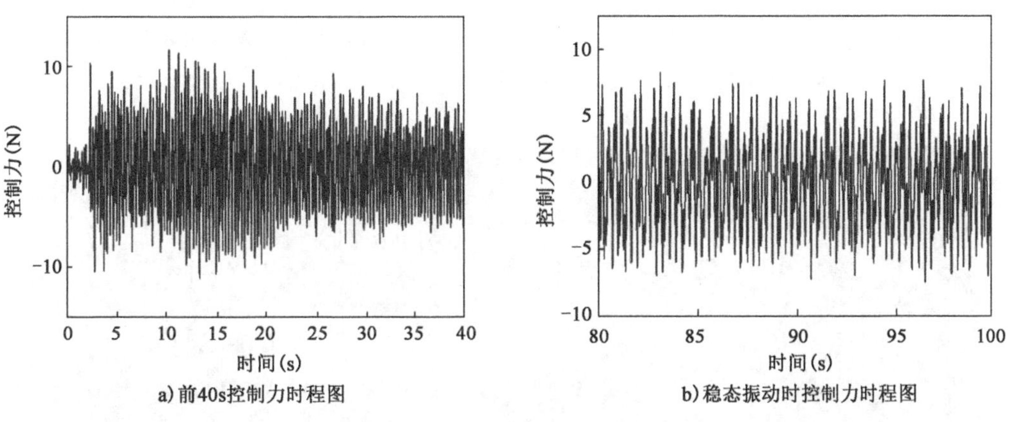

a)前40s控制力时程图 b)稳态振动时控制力时程图

图3.41 一阶模态频率激励下拉索控制力

3.5.3 基于无线信号传输的拉索-磁致伸缩作动器系统减振实验及结果

1)无线振动控制系统

无线传感器技术在结构监测已得到广泛应用,但无线振动控制研究较少。作者针对基于无线信号传输的拉索-磁致伸缩作动器系统减振开展了相关实验研究。与有线振动控制类似,无线振动控制同样采用了闭环控制系统,但在闭环控制系统的数据传输过程中运用了无线传输技术,无线传输闭环振动控制系统简图如图3.42所示。

采用由扬州某科技公司研发的无线传输系统,如图3.43所示。该系统采用Wi-Fi(Wireless Fidelity,无线保真)无线传输技术,工作频段在2.4GHz附近,具有传输速率高(可达11Mbps)、有效距离远、传输时滞小等优点。无线传输系统分为服务端与客户端两部分,其中服务端与D-SPACE相连,而客户端与传感器和作动器相连。拉索无线振动控制系统布置如图3.44所示,在振动控制系统工作时,客户端会将传感器采集到的振动响应无线传输给服务端，响应经过控制器分析计算后得到相应的控制电压信号，该信号再经服务端与客户端之间的无线传输最终作用于磁致伸缩作动器上，完成一次闭环控制。

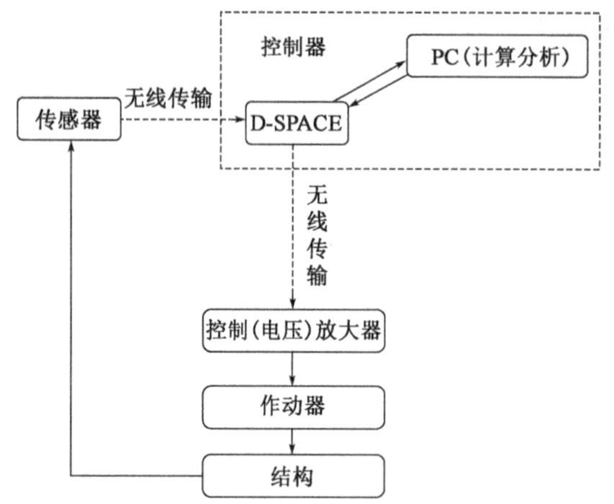

图 3.42　无线通信闭环振动控制系统简图

图 3.43　无线传输系统

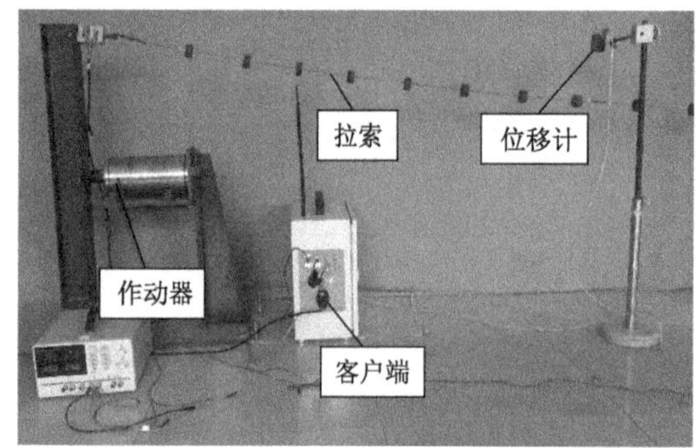

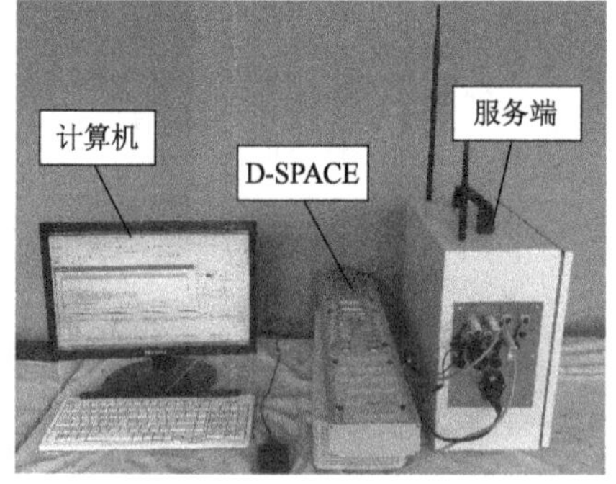

图 3.44　无线振动控制系统布置

2)拉索振动控制系统设计

拉索振动控制系统设计需使用 D-SPACE 半实物仿真系统，它可将实验对象放入仿真系统回路中，并对其开展仿真研究，并对仿真系统的参数进行实时调整，改善实验系统的性能，以达到实验的目的。本实验采用 Matlab 中 Simulink 模块进行编程，经过编译后传输至 D-SPACE 半实物仿真系统中进行运算分析与控制。实验中采用的 Simulink 控制程序主要包括：

(1)LQR 法最优反馈增益矩阵计算模块

图 3.45 是最优反馈增益矩阵计算模块，该模块基于 LQR 最优控制算法，通过求解 Riccati 方程式得到矩阵 $\boldsymbol{P}$，进而得到最优反馈增益矩阵 $\boldsymbol{G}$。

(2)LQR 控制模块

图 3.46 是 LQR 控制模块示意图，首先激光位移传感器测量的拉索位移响应会经 D-SPACE的 DAC 接口从模拟信号转化为数字信号，然后在控制模块中通过实时求导得到速度

响应,即得到拉索的状态向量 $\boldsymbol{Z}$,则可由 LQR 控制算法计算得出拉索所需的主动控制力大小 $\boldsymbol{U}=-\boldsymbol{GZ}$。再通过本章建立的磁致伸缩作动器力与电压之间的关系将控制力转换成相应的控制电压,并由 D-SPACE 的 DAC 接口从数字信号转化为模拟信号,经功率放大器增强后作用于磁致伸缩作动器,产生拉索振动控制所需的轴向主动控制力。

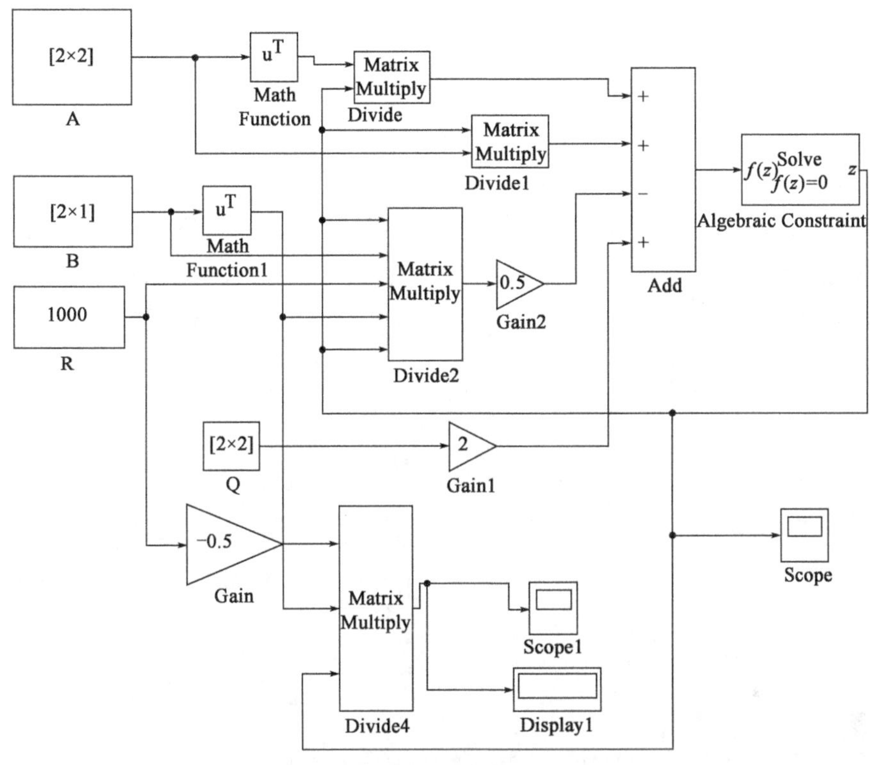

图 3.45 最优反馈增益矩阵计算模块

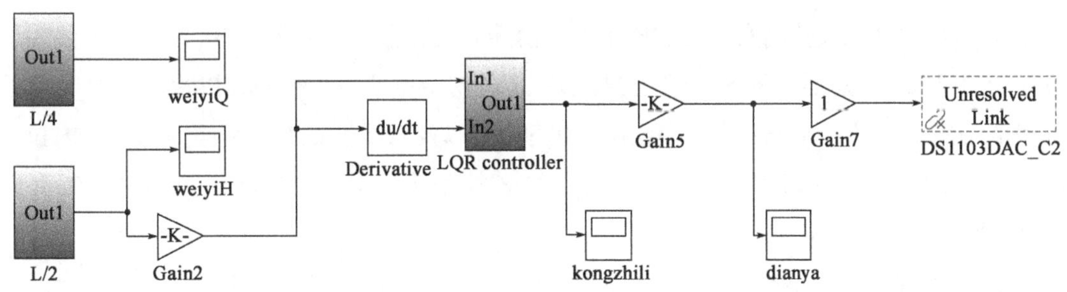

图 3.46 LQR 控制模块示意图

(3)双线性控制模块

图 3.47 是双线性控制模块,其基本原理与 LQR 控制模块类似,根据拉索跨中的状态反馈,经双线性控制算法计算出所需的主动轴向控制力,并最终由磁致伸缩作动器作用于拉索上,达到主动振动控制的目的。

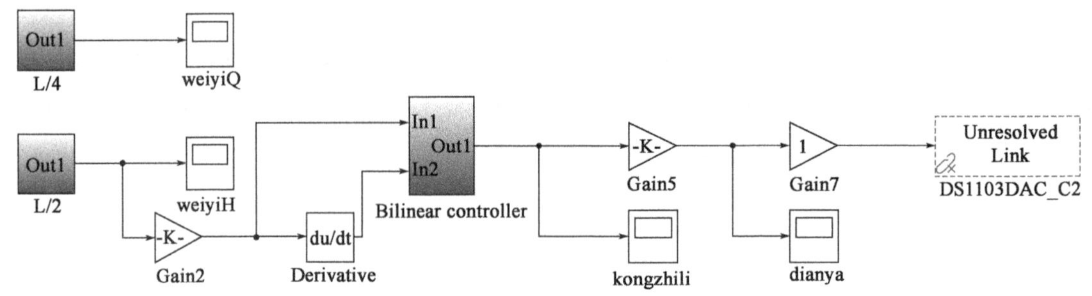

图 3.47　双线性控制模块

(4)无线振动控制下的时滞补偿模块

图 3.48 是无线振动控制下的时滞补偿模块,该模块基于无线传输和 LQR 控制算法,通过在振动控制的过程中人为地加入时滞,来研究时滞补偿算法——移相法的补偿效果。在模块中可以调节不同的时滞大小,并自动计算出相应的时滞补偿后的反馈增益矩阵和补偿后的控制力大小,最终由作动器将控制力施加于拉索上。

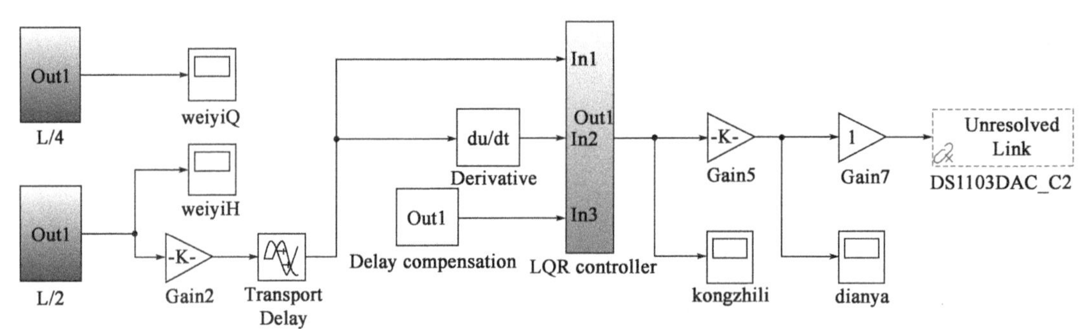

图 3.48　无线振动控制下的时滞补偿模块

3)拉索无线振动控制实验

拉索自由振动无线控制实验的初始条件与前述有线控制实验相同,在拉索的跨中使用细绳悬挂 3 个质量块,总质量为 576g,使得拉索跨中的初始位移为 0.011m,初始速度为 0,然后剪断细绳让拉索自由振动,分别在无控制、LQR 控制,以及双线性控制条件下测量 40s 内拉索跨中与 1/4 跨处的位移时程如图 3.49 所示,两种控制算法下作动器输出力的位移时程如图 3.50所示。

从图 3.49 可以看出,在启用 LQR 控制器或双线性控制器后,拉索跨中的位移响应迅速衰减至平衡位置。拉索在无控制、LQR 控制,以及双线性控制三种情况下跨中位移响应的 RMS 分别为 0.00293m、0.00130m 和 0.00121m,相应的 LQR 控制算法减振率为 55.63%,双线性控制算法减振率为 58.70%,接近仿真的减振率 61.21%。但是在图 3.49 中,由于忽略了高阶模态的影响,简化了控制算法,导致拉索 1/4 跨处的减振效果相较仿真而言有一定程度的降低,三种情况下位移响应的 RMS 分别为 0.00135m、0.00087m、0.00081m,相应的 LQR 控制算法减

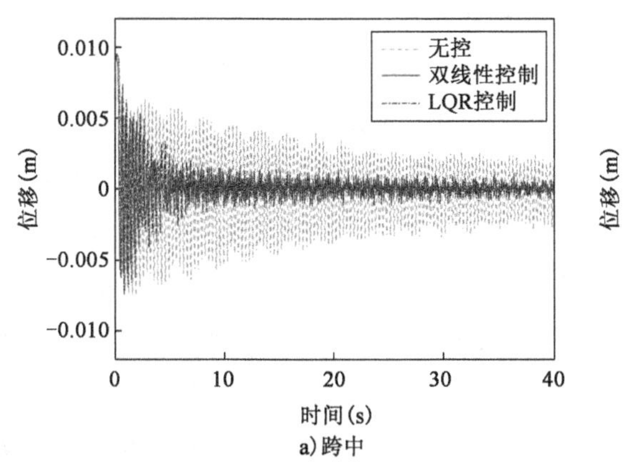

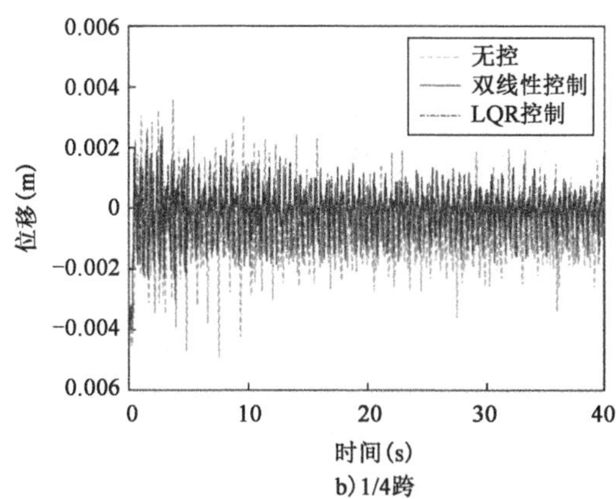

图 3.49 自由振动下拉索无线控制位移时程图

振率为 35.56%（仿真为 46.97%），双线性控制算法减振率为 40.07%（仿真为 53.16%）。可见，模态截断误差过大会导致控制效果下降。在图 3.50 中，双线性控制力的峰值略大于 LQR 控制力的峰值，其值约为 18.7N，小于初始索力的 10%。

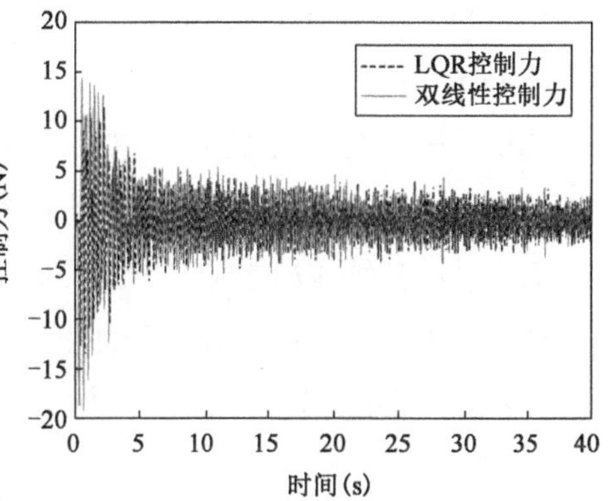

图 3.50 自由振动下主动控制力时程图

简谐强迫激励下拉索无线控制实验采用的简谐激振力与有线控制实验的简谐力 $F_e(x,t)$ 相同，幅值为 3N，频率为 6.40rad/s，通过向 KDJ-20 激振器施加峰值为 5V 的简谐电压将激振力作用于距拉索右端 $L/14$ 处，持续作用 40s。假设拉索的初始条件为 $\boldsymbol{Z}_0 = [0 \quad 0 \quad 0 \quad 0 \quad 0 \quad 0]^{\mathrm{T}}$，分别在无控制、LQR 控制，以及双线性控制条件下测量 40s 内拉索跨中与 1/4 跨处的位移时程，如图 3.51 所示，两种控制算法下作动器输出力的位移时程如图 3.52 所示。

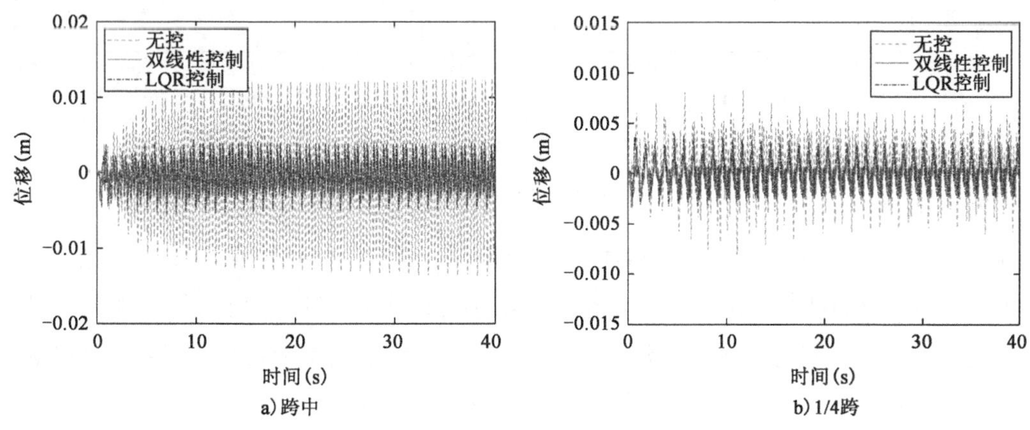

图 3.51 简谐振动下拉索无线控制位移时程图

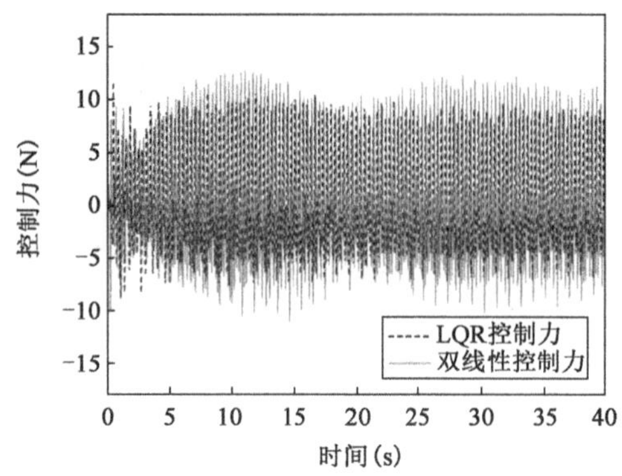

图3.52 简谐振动下主动控制力时程图

从图3.51可以看出,两种控制器都能很快地抑制位移响应的增大,并将其稳定在很小的范围之内。跨中位移响应的RMS在无控制、LQR控制,以及双线性控制三种情况下分别为0.00761m、0.00245m和0.00232m,两种控制策略相应的减振率分别为67.80%和69.51%,略低于仿真中的结果。但在1/4跨处的情况与自由振动工况相同,忽略第二阶和第三阶模态直接导致了控制效果的降低。拉索在1/4跨处的位移响应的RMS从0.00314m经LQR控制和双线性控制分别减小到了0.00165m和0.00148m,对应的减振率仅为47.45%和52.87%,低于仿真的减振率。由图3.52可以看出,双线性控制算法所需的控制力略大于LQR控制算法。

随机激励下拉索无线振动控制实验采用的随机激振力与有线控制的随机激励相同,其均方根值为0.81N,峰值为2.48N,通过向KDJ-20激振器施加激励电压将激振力作用于距拉索右端$L/14$处,持续作用40s。假设拉索的初始条件为$\mathbf{Z}_0=[0\quad 0\quad 0\quad 0\quad 0\quad 0]^{\mathrm{T}}$,分别在无控制、LQR控制,以及双线性控制条件下测量40s内拉索跨中与1/4跨处的位移时程,如图3.53所示,两种控制算法下作动器输出力的位移时程如图3.54所示。

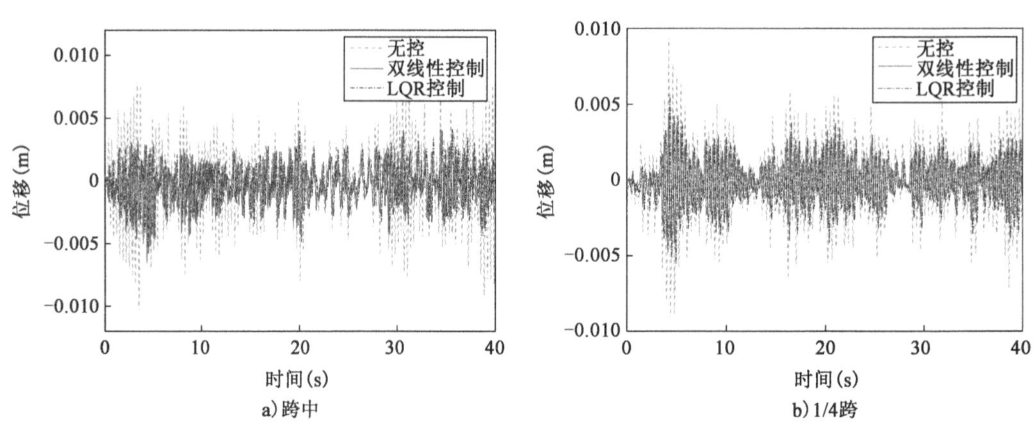

图3.53 随机振动下拉索无线控制位移时程图

从图3.53可以看出,拉索跨中位移响应的RMS在无控制、LQR控制,以及双线性控制三种情况下分别为0.00307m、0.00158m和0.00147m,两种控制策略相应的减振率分别为48.69%和51.99%。与前两种工况类似,由于实验中仅使用单模态控制,导致拉索1/4跨的减振效果低于预期,三种情况下位移响应的RMS分别为0.00205m、0.00159m、0.00142m,相应的LQR控制算法减振率为37.32%,双线性控制算法减振率为43.91%。

由三组实验可知，LQR 控制算法和双线性控制算法在拉索跨中位置都有着良好的控制效果，其中双线性控制的减振效果略优于 LQR 控制算法，位移 RMS 值减振率接近仿真分析中的结果。因为在控制算法中忽略高阶模态的影响，引起了模态截断误差，导致在拉索 1/4 跨处的控制效果不及仿真结果。但是实验结果仍然能说明采用磁致伸缩作动器对拉索进行轴向振动控制是可行的。

4）考虑时滞补偿的拉索-磁致伸缩作动器系统无线减振实验及结果

本研究中采用的无线传输系统分为服务端与客户端两部分，其中服务端与 D-SPACE 相连，而客户端与传感器和作动器相连。为了了解无线传输系统中时滞量的大小，进行了时滞测量实验。通过无线传输系统传输频率为 1Hz、幅值为 1V 的正弦信号，对比服务端发射的信号和客户端接收到的信号可知该系统的时滞量大小约为 48ms，如图 3.55 所示。由前面的仿真结果可知该时滞量对控制效果的影响较小，通过在振动控制的过程中人为地加入不同大小的时滞，来研究时滞对拉索主动振动控制的影响以及补偿算法——移相法的补偿效果。

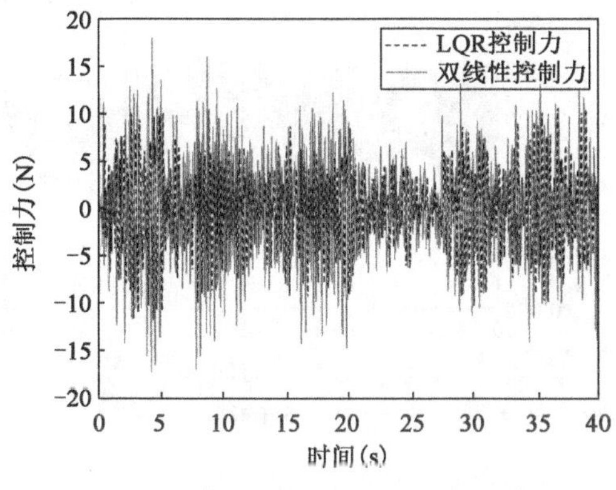

图 3.54　随机振动下拉索无线控制控制力时程图

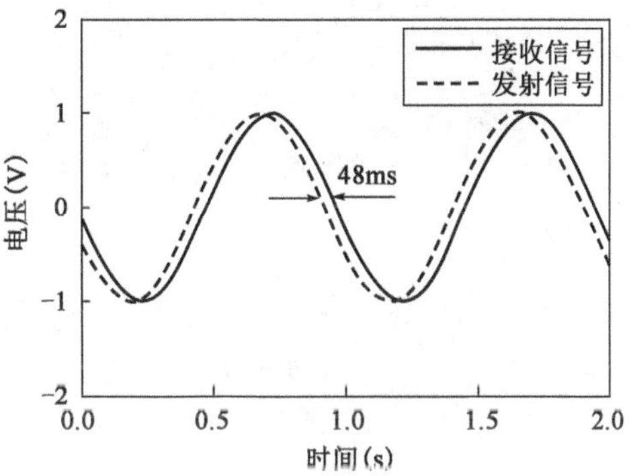

图 3.55　无线通信系统的时滞

自由振动下考虑时滞的拉索无线振动控制的初始条件与有线振动控制实验相同，拉索跨中的初始位移为 0.011m，初始速度为 0，设定时滞量大小为 0.11s 时，在无控制、无时滞、有时滞无补偿，以及有时滞有补偿状态下分别测量拉索跨中以及 1/4 跨处位移时程，如图 3.56所示。四种情况对应的 RMS 值分别为 0.00293m、0.00130m、0.00238m 和0.00145m。在有控制力输入的三种状态下拉索跨中的减振率分别为 55.63%、18.77% 和50.51%。

当时滞增大到 0.13s 时，在无控制、无时滞、有时滞无补偿，以及有时滞有补偿状态下分别测量拉索跨中和 1/4 跨处位移时程，如图 3.57所示。显然，在有时滞无补偿的状态下，控制力反而增大了拉索的位移响应，进行时滞补偿后的减振率为 49.37%。拉索在无时滞情况下、0.11s时滞和 0.13s 时滞下补偿主动控制力的时程分别如图 3.58、图 3.59a）和图 3.59b）所示。

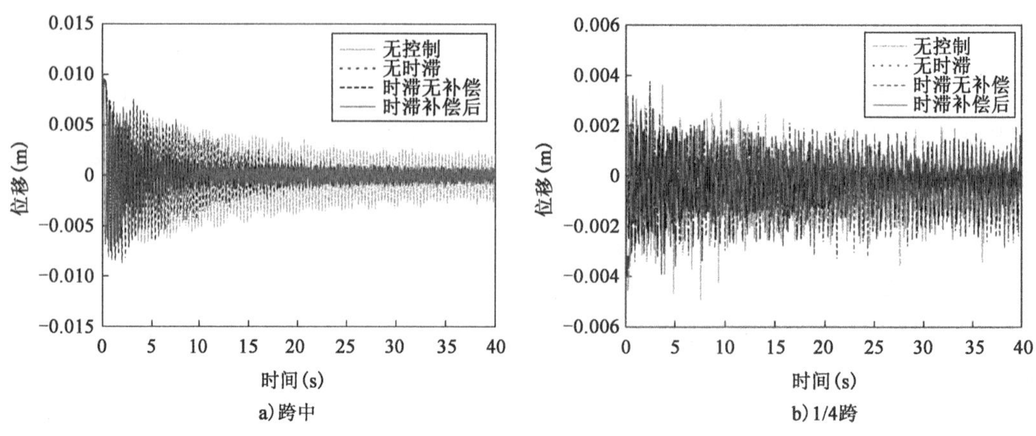

图 3.56　自由振动下时滞 0.11s 时拉索时滞补偿控制位移时程图

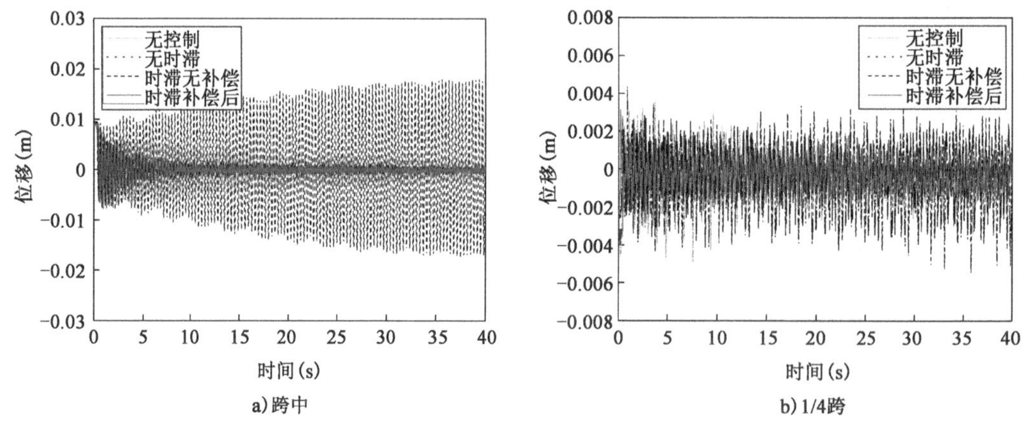

图 3.57　自由振动下时滞 0.13s 时拉索时滞补偿控制位移时程图

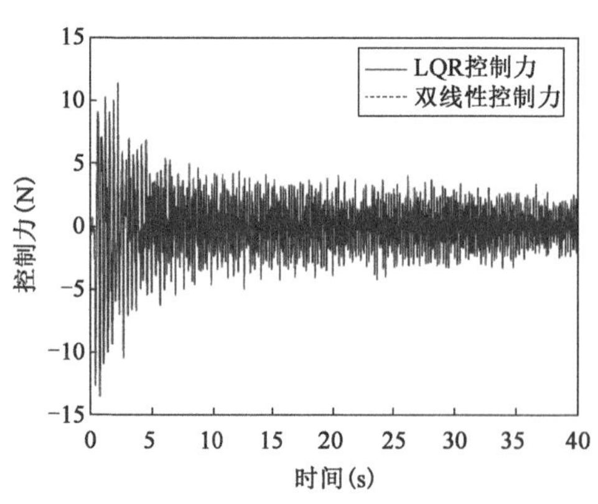

图 3.58　自由振动下无时滞时主动控制力

本研究选取了不同的时滞进行了多组实验,得到了不同时滞量大小情况下的时滞补偿控制效果,如表 3.7 所示。从表中可以看出,随着时滞量的增大,拉索系统的减振效果逐渐降低,甚至当时滞量增大到一定大小时,拉索系统的响应发散,控制系统完全失效。进行移相法时滞补偿后,拉索振动控制系统的减振效果明显优于未补偿的减振效果。虽然补偿后仍然不能达到无时滞时的理想状态,但补偿后的控制算法仍具有不错的减振效果。

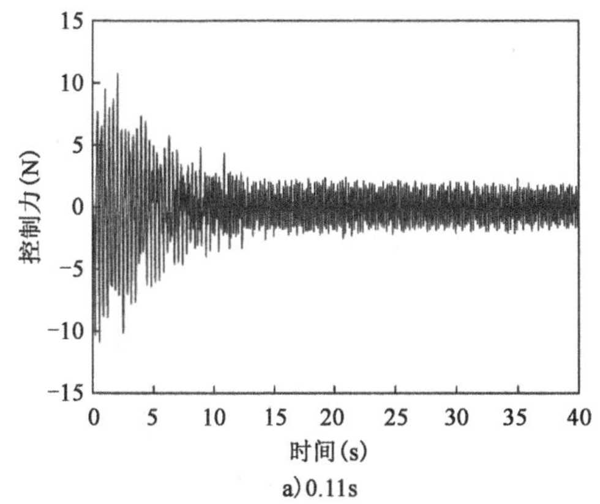

a)0.11s

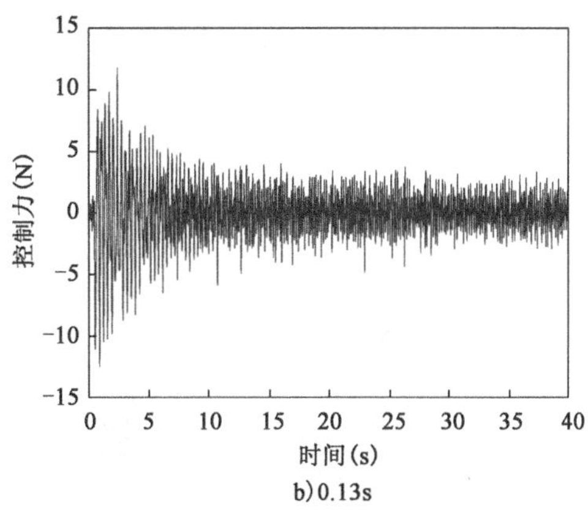

b)0.13s

图3.59　自由振动下时滞补偿控制主动控制力

拉索自由振动状态下移相法时滞补偿效果　　表3.7

时滞量(s)	无时滞减振率(%)	无补偿减振率(%)	时滞补偿减振率(%)
0.00	55.63	—	—
0.05	—	54.23	53.14
0.07	—	52.62	52.55
0.09	—	42.15	50.69
0.11	—	18.77	50.51
0.13	—	发散	49.37

3.5.4　拉索简谐振动下的时滞补偿实验

简谐振动下考虑时滞的拉索无线振动控制的激振力与有线振动控制实验相同，取控制参数 $a=1$，$b=0.01$，设定时滞量大小为0.11s时，在无控制、无时滞、有时滞无补偿，以及有时滞有补偿状态下分别测量拉索跨中和1/4跨处位移时程，如图3.60所示。四种情况对应的RMS值分别为0.00761m、0.00245、0.00397m和0.00284m。在有控制力输入的三种状态下拉索跨

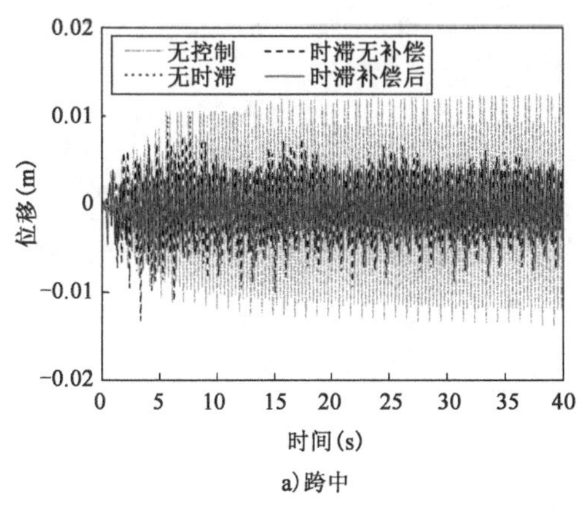

a)跨中

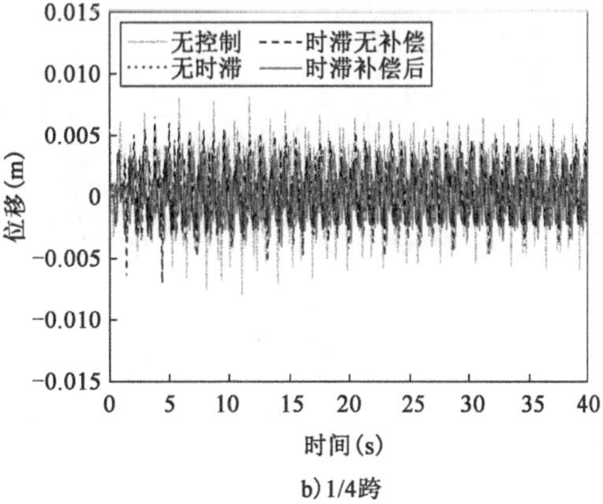

b)1/4跨

图3.60　简谐振动下时滞0.11s时拉索时滞补偿控制位移时程图

中的减振率分别为67.80%、47.83%和62.68%。

当时滞增大到0.13s时,在无控制、无时滞、有时滞无补偿,以及有时滞有补偿状态下分别测量拉索跨中和1/4跨处位移时程,如图3.61所示。在有时滞无补偿的状态下,控制力使拉索失去稳定,进行时滞补偿后的减振率为60.72%。拉索在无时滞情况下、0.11s时滞和0.13s时滞下补偿主动控制力的时程分别如图3.62、图3.63a)和图3.63b)所示。

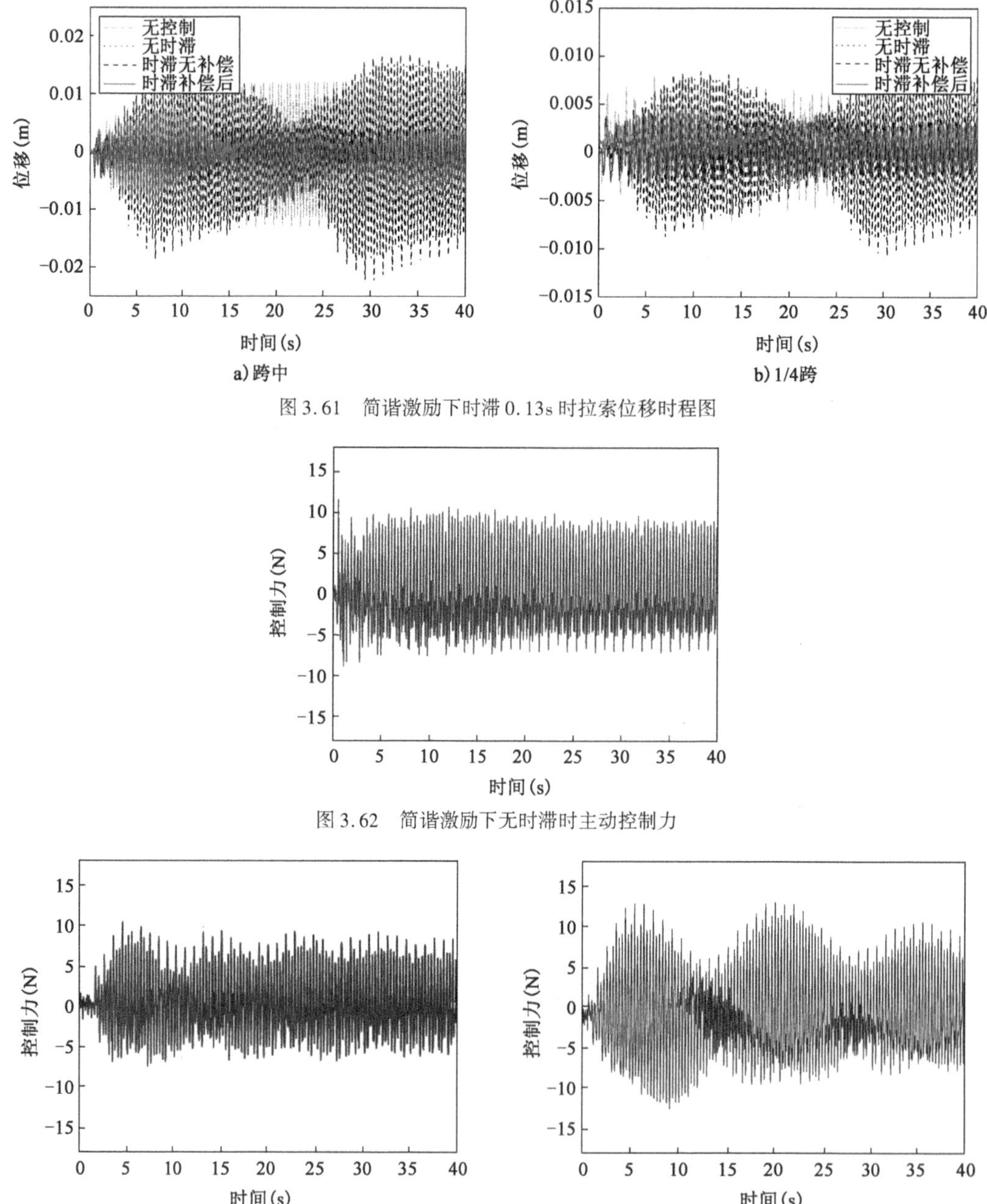

图3.61 简谐激励下时滞0.13s时拉索位移时程图

图3.62 简谐激励下无时滞时主动控制力

a)0.11s
b)0.13s

图3.63 简谐激励下时滞补偿控制主动控制力

采用不同时滞量大小进行实验，得到的控制效果如表3.8所示。从表中可以看出，随着时滞量的增大，拉索系统的减振效果逐渐降低，甚至当时滞量增大到一定大小时，拉索系统的响应发散，控制系统完全失效。进行移相法时滞补偿后，拉索振动控制系统的减振效果明显优于未补偿的减振效果。虽然补偿后仍然不能达到无时滞时的理想状态，但补偿后的控制算法仍具有不错的减振效果。

拉索简谐振动状态下移相法时滞补偿效果 表3.8

时滞量(s)	无时滞减振率(%)	无补偿减振率(%)	时滞补偿减振率(%)
0.00	67.80	—	—
0.05	—	65.24	63.47
0.07	—	60.89	61.55
0.09	—	58.65	62.97
0.11	—	47.83	62.68
0.13	—	-18.26	60.72

随机振动下考虑时滞的拉索无线振动控制的激振力与有线振动控制实验相同，取控制参数 $a=1$，$b=0.01$，设定时滞量大小为0.11s时，在无控制、无时滞、有时滞无补偿，以及有时滞有补偿状态下分别测量拉索跨中和1/4跨处位移时程，如图3.64所示。四种情况对应的RMS值分别为0.00307m、0.00158m、0.00415m、0.00166m。在有控制力输入的三种状态下拉索跨中的减振率分别为48.69%、-35.18%和45.93%。拉索在无时滞情况下和时滞补偿后轴向主动控制力的时程如图3.65和图3.66所示，两者的最大峰值分别为11.9N和13.1N。

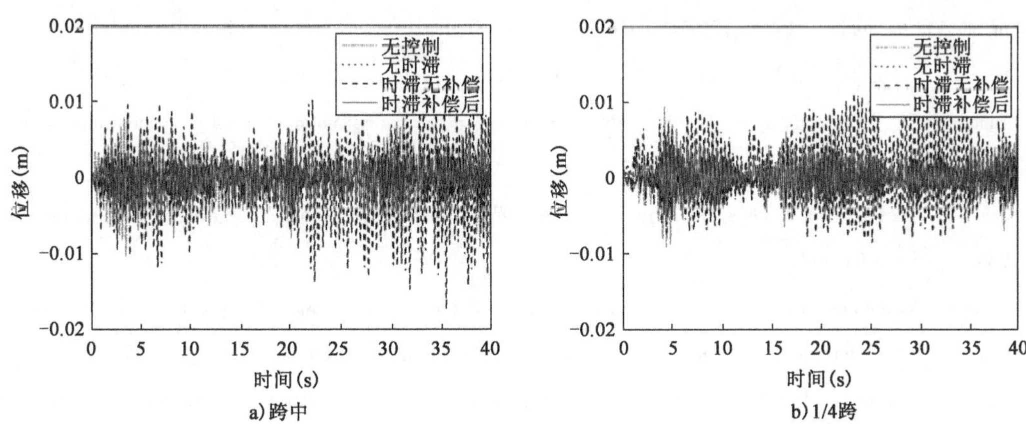

图3.64 随机激励下时滞0.11s时拉索位移时程图

与前两种工况类似，实验采用了不同的时滞量大小，得到的控制效果如表3.9所示。从表中可以看出，在时滞量逐渐增大的过程中，有时滞补偿的控制系统与无时滞补偿的控制系统之间出现了明显的差异，时滞补偿算法能显著地提升拉索振动控制系统的减振效果。

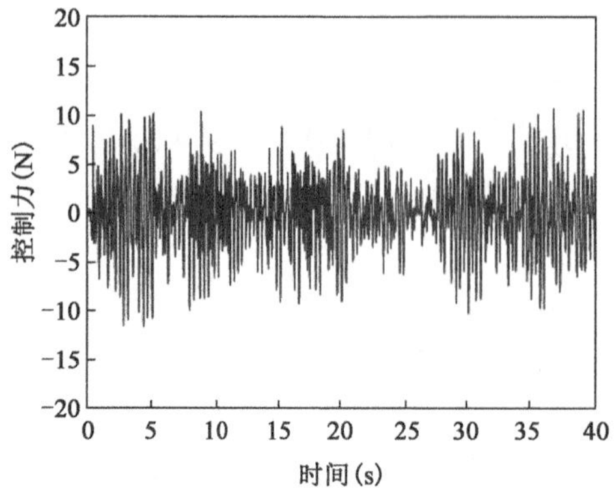

图 3.65 随机激励下无时滞时主动控制力

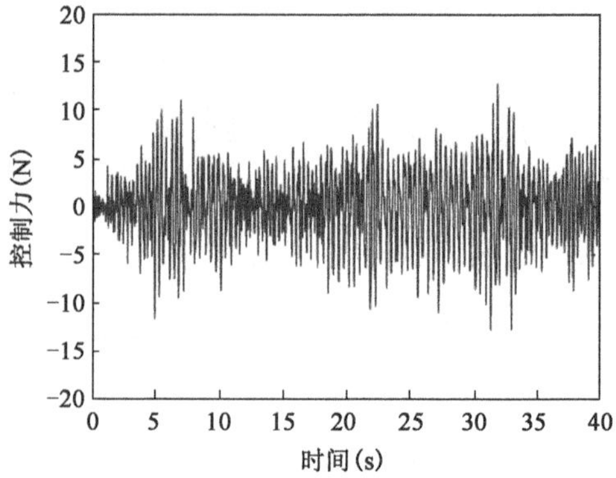

图 3.66 随机激励下时滞 0.11s 时时滞补偿控制力

拉索随机振动状态下移相法时滞补偿效果 表 3.9

时滞量(s)	无时滞减振率(%)	无补偿减振率(%)	时滞补偿减振率(%)
0.00	48.69	—	—
0.05	—	48.08	47.81
0.07	—	46.72	46.24
0.09	—	42.93	45.11
0.11	—	-35.18(发散)	45.93
0.13	—	发散	44.57

参考文献

[1] Susumpow T, Fujino Y. Active control of multimodal cable vibrations by axial support motion[J]. Journal of engineering mechanics, 1995, 121(9): 964-972.

[2] Hagedorn P, Stadler W. Non-linear oscillations[M]. New York: Oxford University Press, USA, 1988.

[3] Yamaguchi T, Hirata M, Pang J C K. Advances in high-performance motion control of mechatronic systems [M]. CRC Press, 2013.

[4] Chen J C. Response of large space structures with stiffness control[J]. Journal of Spacecraft and Rockets, 1984, 21(5): 463-467.

[5] Natori M. Vibration control of membrane space structures through the change of support tension[C]//40th Congress of the International Astronautical Federation, Malaga, Spain, 1989.

[6] Fujino Y, Warnitchai P, Pacheco B M. Active stiffness control of cable vibration[J]. Journal of Applied Mechanics, 1993, 60(4): 948-953.

[7] Warnitchai P, Fujino Y, Susumpow T. A non-linear dynamic model for cables and its application to a cable-structure system[J]. Journal of Sound and Vibration, 1995, 187(4): 695-712.

[8] Achkire Y, Preumont A. Active tendon control of cable-stayed bridges[J]. Earthquake Engineering & Structural Dynamics, 1996, 25(6): 585-597.

[9] Gattulli V, Alaggio R, Potenza F. Analytical prediction and experimental validation for longitudinal control of cable oscillations[J]. International Journal of Non-Linear Mechanics, 2008, 43(1): 36-52.

[10] 周海俊,孙利民. 拉索风雨激振的形状记忆合金半主动控制数值模拟分析[J]. 防灾减灾工程学报, 2008, 28(3): 308-312.

[11] 朱保兵,李国强. 不同边界条件下拉索振动的主动控制研究[J]. 力学季刊, 2009, 30(3): 461-468.

[12] 欧进萍. 结构振动控制——主动、半主动和智能控制[M]. 北京:科学出版社, 2003.

[13] Hrovat D, Barak P, Rabins M. Semi-active versus passive or active tuned mass dampers for structural control [J]. Journal of Engineering Mechanics, 1983, 109(3): 691-705.

[14] Ni Y Q, Chen Y, Ko J M, et al. Neuro-control of cable vibration using semi-active magnetorheological dampers[J]. Engineering Structure, 2007, 24(3): 295-307

[15] McClamroch N H, Gavin H P. Closed loop structural control using electrorheological dampers[C]//American Control Conference, Proceedings of the 1995. IEEE, 1995, 6: 4173-4177.

[16] 陈水生. 斜拉桥拉索的 MR 半主动控制研究[J]. 中国公路学报, 2004, 17(2): 51-55.

[17] Ying Z G, Ni Y Q, Ko J M. Parametrically excited instability analysis of a semi-actively controlled cable[J]. Engineering Structures, 2007, 29(4): 567-575.

[18] Chen Z H, Lam K H, Ni Y Q. Enhanced damping for bridge cables using a self-sensing MR damper[J]. Smart Materials and Structures, 2016,25(8), 085019.

[19] Zhou Q, Nielsen S R K, Qu W L. Semi-active control of three-dimensional vibration of inclined sag cable with magnetorheological dampers[J]. Journal of Sound and Vibration, 2007, 296(1-2): 1-22.

[20] Benallou A, Mellichamp D A, Seborg D E. Optimal stabilizing controllers for bilinear systems[J]. International Journal of Control, 1988, 48(4): 1487-1501.

[21] Reed R S. Active vibration isolation using a magnetostrictive actuator[J]. Modeling & Simulation,1988,19: 73-81.

[22] Faidley L E, Lund B J, Flatau A B, et al. Tefenol-D elasto-magnetic properties under varied opening Conditions using hysteresis loop analysis[J]. SPIE Symposium on Smart Structures, 1998.

[23] Carman G P, Mitrvic M. Nonlinear constitutive relations for magnetostrictive materials with applications to 1-D problems[J]. JIntelli Mat Syst & Stru, 1995, (6): 673-684.

[24] Karunanidhi S, Singaperumal M. Design, analysis and simulation of magnetostrictive actuator and its application to high dynamic servo valve[J]. Sensors and Actuators A: Physical, 2010,157(2):185-197.

[25] Grunwald A, Olabi A G. Design of a magnetostrictive (MS) actuator[J]. Sensors and Actuators A, 2008, 144 (1): 161-175.

[26] Moon S J, Lim C W, Kim B H, et al. Structural vibration control using linear magnetostrictive actuators[J]. Journal of Sound and Vibration, 2007, 302(4-5): 875-891.

[27] Tan X, Baras J S. Modeling and control of hysteresis in magnetostrictive actuators[J]. Automatica, 2004, 40 (9): 1469-1480.

[28] Braghin F, Cinquemani S, Resta F. A model of magnetostrictive actuators for active vibration control[J]. Sensors and Actuators A: physical, 2011,165(2): 342-350.

[29] Calkins F T, Smith R C, Flarau A B. Energy-based hysteresis model for magnetostrictive transducers[J]. IEEE Trans Magn, 2000, 36(2): 429-439.

[30] 曹淑瑛,王博文,闫荣格,等. 超磁致伸缩致动器的磁滞非线性动态模型[J]. 中国电机工程学报, 2003, 23(11):145-149.

[31] 张天飞,汪鸿振,孙曜. 超磁致伸缩作动器用于振动主动控制中的仿真研究[J]. 振动与冲击, 2006, 25(1):61-63,66,165.

[32] 张磊,付永领,刘永光,等. 磁致伸缩作动器的建模与控制研究[J]. 压电与声光, 2005, 27(5): 503-506.

[33] 翁玲,王博文,孙英,等. 磁场和应力作用下的超磁致伸缩换能器的动态模型[J]. 电工技术学报, 2008, 23(12):17-22.

[34] 徐鉴,裴利军. 时滞系统动力学近期研究进展与展望[J]. 力学进展, 2006, 36(1): 17-30.

[35] Yang J N, Akbarpour A, Askar G. Effect of time delay on control of seismic-excited building[J]. Journal of Structural Engineering, ASCE, 1990, 116(10): 2801-2814.

[36] Chung L L, Wang Y P, Tung C C. Instantaneous control of structures with time-delay consideration[J]. Engineering Structures, 1997, 19(6): 465-475.

4 拉索及索-梁组合结构非线性时滞减振理论

斜拉桥是由索、梁、塔构成的组合结构,其中塔和梁为相对刚性的压弯构件,拉索为相对柔性的受拉构件,二者力学特性不同。在车辆荷载、风雨激励、地震等动力荷载作用下各构件都将产生振动。各构件有着自身的振动频率(局部模态),各拉索频率也很接近,而拉索作为一个整体也有自身的振动频率(整体模态)。同时研究发现,索-桥面-塔之间存在强烈的耦合作用[1-3],这种耦合作用在实测中已得到证实[4]。一方面,由于构件繁多、边界条件复杂、索-梁-塔间的耦合振动等问题,斜拉桥非线性振动理论的研究较少,且相对不够完善[5-10],文献[11]系统总结了大跨斜拉桥非线性振动模型与理论研究进展。另一方面,尽管对斜拉桥结构系统的大幅振动机理并没有完全理解,基于工程的实际需要,根据不同的情况已经提出了一系列相应的振动控制方法。目前采用的控制方法主要包括空气动力学措施和机械措施[12-20]。本章主要阐述时滞减振技术的基本理论及拉索、索-梁组合结构振动控制方面的研究。

4.1 时滞减振理论

主动控制系统中不可避免地存在着时滞现象,传感器信号的采集和传输、控制器的计算、作动器的作动过程等,都会导致最终作用于结构的控制力产生时滞。以往人们为了理论分析和控制设计上的方便,总是忽略时滞,但即使是小时滞量也会导致作动器在系统不需要能量时向系统输入能量,这有可能引起控制效率的下降或控制系统失稳。目前,关于时滞问题的研究正在得到越来越多学者的关注,众多学者在自动化、结构工程、力学、航空航天、生物、车辆等许多学科领域正在开展着大量的研究与探索。相对于结构主动控制的研究,时滞系统动力学起步较晚。有关学者对相关时滞动力学的研究进展在文献中进行了综述[21-23]。时滞动力学专著的出版对时滞动力学的发展做出了突出贡献[24,25]。

时滞动力系统的基本特征是系统随时间的演化不仅依赖系统的当前状态,也依赖其过去的状态。这是一类通常由时滞微分方程描述的无穷维动力系统,不论时滞多么短,系统的状态空间是无穷维的,解空间是无穷维的,特征方程有无穷多个根等,这使得时滞动力系统与无时滞动力系统在许多方面具有本质性差异。时滞动力学研究主要包括稳定性与分岔,判断时滞动力系统稳定性主要有两类方法,一类是基于 Lyapunov 函数/泛函方法,另一类是基于系统方程的特征根分析;时滞消除技术,常用的有移相技术、泰勒级数展开法、状态预估法等;时滞利用技术,可以跟踪外激励频率对反馈增益系数和时滞量进行实时调节,而且在某些情况下能够完全消除主系统的振动;典型系统的理论研究以时滞反馈为中心的控制、鲁棒控制是当前国内外动力学与控制领域所关注的重要问题;典型系统的实验研究主要是时滞的辨识问题。

动力减振器是一类重要的减振装置,被广泛应用在机械工程、桥梁结构工程等领域。而时滞减振作为一种新的动力减振技术由 Olgac, McFarland 和 Holm-Hansen[26,27]提出,并应用于线性振动系统的减振,其优点在于可以跟踪外激励频率对反馈增益系数和时滞量进行实时调节,而且在某些情况下能够完全消除主系统的振动,解决了动力吸振器在外部激励频率偏离动力吸振器的固有频率时不能很好吸能的缺点。自时滞减振技术提出以来,减振技术的研究取得了一定的进展[28-34]。

时滞减振器如图 4.1b)所示,与调频质量阻尼器具有以下不同:图 4.1a)所示调谐质量阻尼器(TMD)通过调谐 m,c,k 来优化参数,然而预先确定的调谐质量阻尼器仅在其优化频率附近范围内有效。此外,即使在最有效时,由于在减振器位移和输入扰动之间存在相移,主系统的动态响应也不会变为零。而图 4.1b)所示时滞减振器则可以通过实时调整 τ 和 g 来调整工作频率。这种实时控制在存在频率变化的谐波干扰情况下仍产生有效减振效果。图 4.1c)为多自由度时滞减振系统示意图。

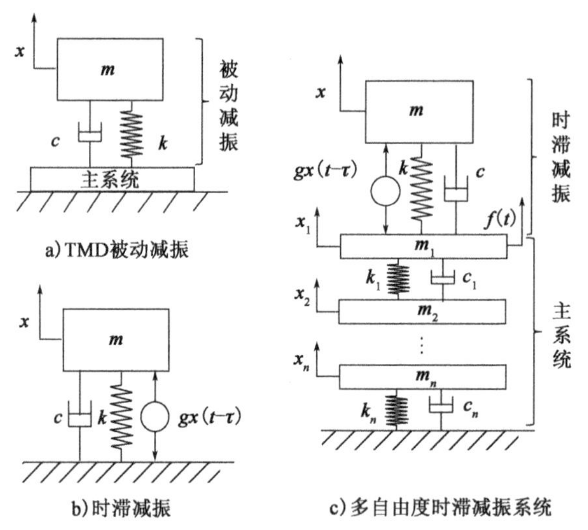

图 4.1 减振装置示意图

时滞减振器通过重新配置弹簧-质量-阻尼器,使得它在所提供的共振频率下保持稳定。图 4.1b)所示类型的时滞减振器运动方程如下

$$m\ddot{x} + c\dot{x} + kx + gx(t-\tau) = 0 \tag{4.1}$$

对应的特征方程为

$$m\lambda^2 + c\lambda + k + ge^{-\tau\lambda} = 0 \tag{4.2}$$

如果 $g=0$,方程(4.2)即为图 4.1a)中所示减振器特征方程。此处关注 $g\neq 0$ 的情形,方程(4.2)是一个具有无限多根的超越方程。每一个根 $\lambda=\alpha+\omega \mathrm{i}$ 对应一个控制增益 g,并由下式确定

$$g = |m\lambda^2 + c\lambda + k| e^{-\tau\alpha} \tag{4.3}$$

式中,α、ω 分别表示根的实部和虚部。

根据稳定性理论,可知当 $\lambda = \pm\omega_c \mathrm{i}$ 时,时滞减振器是有效的。根据超越方程的性质可得 τ 为多值,表达式为

$$\begin{aligned} \tau_c &= (1/\omega_c)\{\arctan[c\omega_c/(m\omega_c^2 - k)] + 2\pi l\} \\ g_c &= \pm\sqrt{(c\omega_c)^2 + (k - m\omega_c)^2} \end{aligned} \tag{4.4}$$

式中,$l=0,1,2,\cdots$。根据式(4.4)可以选取合适的控制增益和时滞值对时滞减振器进行参数设计。图 4.2 给出了单自由度时滞减振式(4.1)的减振效果。

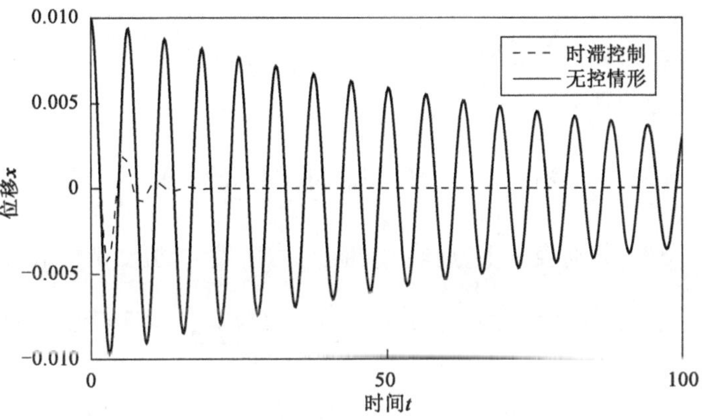

图 4.2 时滞减振器减振效果

4.2 拉索非线性振动理论

拉索是斜拉桥的关键构件,由于拉索具有阻尼低、质量轻,以及全面柔性等基本特点,其在车辆荷载或风、雨荷载的作用下容易发生大幅振动,非线性现象明显。

4.2.1 拉索非线性运动微分方程

如图 4.3 所示为拉索模型。锚固点标记为 A,B,以上锚固端 A 为坐标原点,两端点连线方向为 x 轴,以垂直 x 轴方向为 y 轴建立直角坐标系 $O\text{-}xyz$。实线表示拉索的静态和动态构型,

拉索上一点沿着 x,y,z 轴方向上的位移分别用 $u(x,t)$,$v(x,t)$ 和 $w(x,t)$ 来表示,假设沿索长方向的截面积保持不变,索始终保持在弹性变形范围内,同时忽略弯曲、扭转,以及剪切刚度的影响。

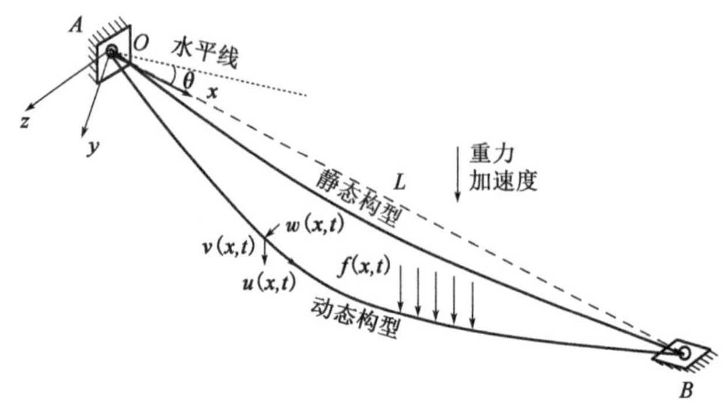

图 4.3　拉索系统的理论模型

采用拉格朗日应变作为应变测量,则拉索的轴向应变可记为

$$\varepsilon(x,t) = x'u' + y'v' + \frac{u'^2 + v'^2 + w'^2}{2} \tag{4.5}$$

式中,(　)′表示对坐标 x 的导数。

根据哈密尔顿变分原理

$$\delta\int_{t_1}^{t_2}(K^v - \Pi^v)\mathrm{d}t + \int_{t_1}^{t}\delta W^v\mathrm{d}t = 0 \tag{4.6}$$

式中,K^v、Π^v 和 δW^v 分别表示重力、外力和阻尼力所做的动能、势能和虚功,表达式如下

$$K^v = \frac{1}{2}\int_0^{l_c} m\sum_{i=1}^{3}\dot{u}_i^2\mathrm{d}s, \Pi^v = \Pi^1 + \int_0^{l_c}\left(T^1\varepsilon + \frac{EA\varepsilon^2}{2}\right)\mathrm{d}s \tag{4.7}$$

$$\delta W^v = \int_0^{l_c}\sum_{i=1}^{3}(mg\delta_{i2} + p_i(s,t) - c_i\dot{u}_i)\delta u_i\mathrm{d}s \tag{4.8}$$

式中,($\dot{}$)表示对时间 t 的导数;T^l 表示静态构型下拉索的张力;$c_i = \{c_u, c_v, c_w\}$ 表示单位长度的阻尼系数;$u_i(x,t) = \{u,v,w\}$ 分别表示轴向、平面内和平面外的位移分量;$p_i(s,t)$ 表示激励在各个方向上的分量;δ_{i2} 为 Kronecker delta 函数。

根据如下假设:

①初始静态构型采用抛物线:$y = 4\mathrm{d}[(x/l) - (x/l)^2]$ 来表示,其中满足:$\mathrm{d}s \approx \mathrm{d}x$ 和 $T^1 \approx H$,H 是初始张力的水平分量;

②面内位移的水平分量对于微元来说是可以忽略的(拉索的大幅转动);

③$H/(EA) \ll 1$。

可得到拉索的运动方程如下

$$m\ddot{u} + c_u\dot{u} - \left[EA\left(u' + y'v' + \frac{v'^2 + w'^2}{2}\right)\right]' = P_u \tag{4.9}$$

$$m\ddot{v} + c_v\dot{v} - \left[Hv' + EA(y' + v')\left(u' + y'v' + \frac{v'^2 + w'^2}{2}\right)\right]' = P_v \tag{4.10}$$

$$m\ddot{w} + c_w\dot{w} - \left[Hw' + EAw'\left(u' + y'v' + \frac{v'^2 + w'^2}{2}\right)\right]' = P_w \tag{4.11}$$

式中，m 为单位长度的质量；c_u、c_v 和 c_w 为阻尼系数；E 为弹性模量；A 为横截面积；H 为水平张力，$H \ll EA$。

其边界条件为

$$u(0,t) = v(0,t) = w(0,t) = 0 \tag{4.12}$$

$$u(l,t) = v(l,t) = w(l,t) = 0 \tag{4.13}$$

式中，l 为拉索的长度。

因为拉索的横向波速远小于其纵向波速，所以可以假设拉索以拟静态方式进行轴向变形，忽略方程(4.9)中的阻尼、惯性力、外激励，则有

$$EA\left[u' + y'v' + \frac{v'^2 + w'^2}{2}\right] = 0 \tag{4.14}$$

积分后得

$$u(l,t) - u(0,t) + \int_0^l \left[y'v' + \frac{v'^2 + w'^2}{2}\right]\mathrm{d}x = lc(t) \tag{4.15}$$

由边界条件 $u(0,t) = u(l,t) = 0$，则有

$$c(t) = \frac{1}{l}\int_0^l \left[y'v' + \frac{v'^2 + w'^2}{2}\right]\mathrm{d}x \tag{4.16}$$

由方程(4.14)和方程(4.16)可解得

$$u(x,t) = \frac{x}{l}\int_0^l \left(y'v' + \frac{v'^2 + w'^2}{2}\right)\mathrm{d}x - \int_0^l \left(y'v' + \frac{v'^2 + w'^2}{2}\right)\mathrm{d}x \tag{4.17}$$

于是方程(4.10)和方程(4.11)约化为只含有面内位移 v 和面外位移 w 两个分量的积分微分方程，并将其无量纲化，可得

$$\ddot{v} + c_v\dot{v} - \frac{v''}{\pi^2} - \frac{\alpha}{\pi^2}(y'' + v'')\int_0^l \left[y'v' + \frac{1}{2}(v'^2 + w'^2)\right]\mathrm{d}x = P_v \tag{4.18}$$

$$\ddot{w} + c_w\dot{w} - \frac{w''}{\pi^2} - \frac{\alpha}{\pi^2}w''\int_0^l \left[y'v' + \frac{1}{2}(v'^2 + w'^2)\right]\mathrm{d}x = P_w \tag{4.19}$$

其中利用了无量纲变量

$$\begin{aligned} &x^* = x/l, y^* = y/l, v^* = v/l, w^* = w/l, \alpha = EA/H, t^* = t\pi/l\sqrt{H/m} \\ &c_v^* = c_v l/(\pi m)\sqrt{m/H}, c_w^* = c_w l/(\pi m)\sqrt{m/H}, P_v^* = P_v l/H, P_w^* = P_w l/H \end{aligned} \tag{4.20}$$

为了书写方便，运动方程中的星号已经去掉。

4.2.2 固有特性研究

忽略抗弯刚度、拉索自身阻尼和二阶小量 $h\frac{\partial^2 w}{\partial^2 x}$的影响，可得拉索平面内的动力平衡方程

$$m\frac{\partial^2 w}{\partial^2 t}-H_s\frac{\partial^2 w}{\partial^2 x}-h\frac{d^2 z}{d^2 x}=0 \tag{4.21}$$

只考虑一阶项影响，可得

$$\frac{hl}{EA}=\int_0^l\frac{dz_0}{dx}\cdot\frac{\partial w}{\partial x}dx \tag{4.22}$$

将 $z_0=\frac{mg}{2H_s}(lx-x^2)$代入式(4.22)，并沿索长积分，得拉索变形协调方程为

$$\frac{hl}{EA}=\frac{mg}{H_s}\int_0^l wdx \tag{4.23}$$

当不考虑垂度的影响时，可以把拉索看成柔性张紧弦，由式(4.22)可知 $h=0$，令 $w(x,t)=\tilde{w}(x)e^{i\omega t}$，式(4.21)化简为

$$H_s\frac{\partial^2\tilde{w}}{\partial^2 x}+m\omega^2\tilde{w}=0 \tag{4.24}$$

对于两端简支的拉索，由边界条件 $\tilde{w}(0)=\tilde{w}(l)=0$，求解方程(4.24)可得拉索振动的第 n 阶固有频率 ω_n 及振型 $\tilde{w}_n$

$$\omega_n=\frac{n\pi}{l}\left(\frac{H_s}{m}\right)^{1/2}\quad(n=1,2,3,\cdots) \tag{4.25}$$

$$\tilde{w}_n=A_n\sin\frac{n\pi x}{l} \tag{4.26}$$

式中，A_n 为拉索第 n 阶模态振动的振幅。

当考虑拉索垂度时，对于对称模态，动拉力 h 不为零，将 $w=\tilde{w}(x)e^{i\omega t}$代入式(4.21)得

$$H_s\frac{\partial^2\tilde{w}}{\partial^2 x}+m\omega^2\tilde{w}=\frac{mg}{H_s}\tilde{h} \tag{4.27}$$

式中，$\tilde{h}=\frac{EA}{l}\times\frac{mg}{H_s}\int_0^l\tilde{w}dx$。

对于两端简支拉索，根据边界条件可以求出无量纲化后的拉索横向对称模态的振型方程

$$\tilde{w}'=\frac{\tilde{h}'}{\omega'^2}\left[1-\tan\frac{\omega'}{2}\sin(\omega' x')-\cos(\omega' x')\right] \tag{4.28}$$

式中，$\tilde{w}'=\tilde{w}/(mgl^2/H_s)$；$x'=x/l$；$\tilde{h}'=\tilde{h}/H_s$；$\omega'=\omega l\,(H_s/m)^{1/2}$

对方程(4.28)两边积分,消去$\tilde{h}'$得到关于频率的超越方程

$$\tan\frac{\omega'}{2}=\frac{\omega'}{2}-\frac{4}{\lambda_1^2}\left(\frac{\omega'}{2}\right)^3 \tag{4.29}$$

式中,$\lambda_1^2=\dfrac{(mgl/H_s)^2 l}{H_s L_e/EA}$为 Irvine 参数,它是反映拉索弹性 H_s/EA 及几何特征 mgl/H_s 的重要参数,一般情况下,mgl/H_s 起决定作用。当 λ_1^2 增大时,索的刚度逐渐增大。

表4.1为数值计算得到的 λ_1^2 取不同值时的固有频率。图4.4和图4.5分别给出了频率和振型图。

模态固有频率 表4.1

面内模态	文献[35]	Irvine 理论结果[36]	足尺测量结果[37]	面外模态	文献[35]	Irvine 理论结果[36]
1	1.0157	1.0157	1.07	1	1.0114	1.0114
2	2.0229	2.0229	2.14	2	2.0229	2.0229
3	3.0346	3.0346	3.20	3	3.0344	3.0344
4	4.0459	4.0459	4.20	4	4.0459	4.0459

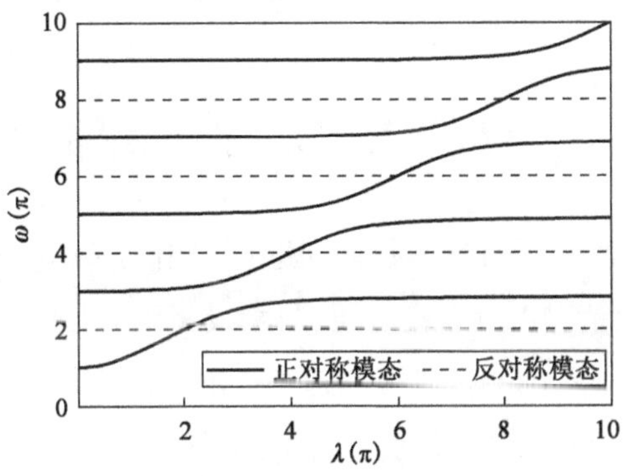

图4.4 拉索的无量纲频率

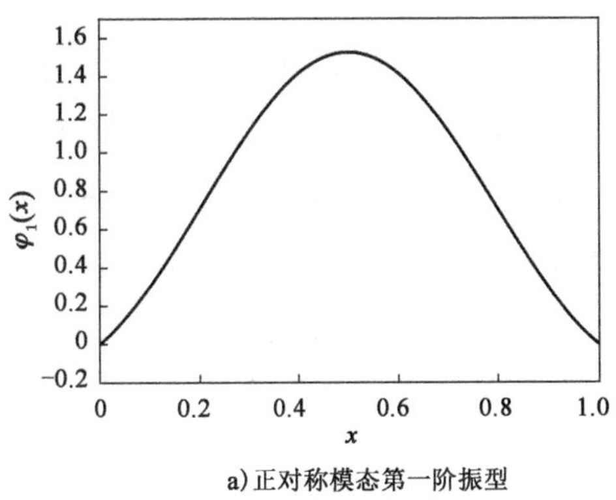

a)正对称模态第一阶振型

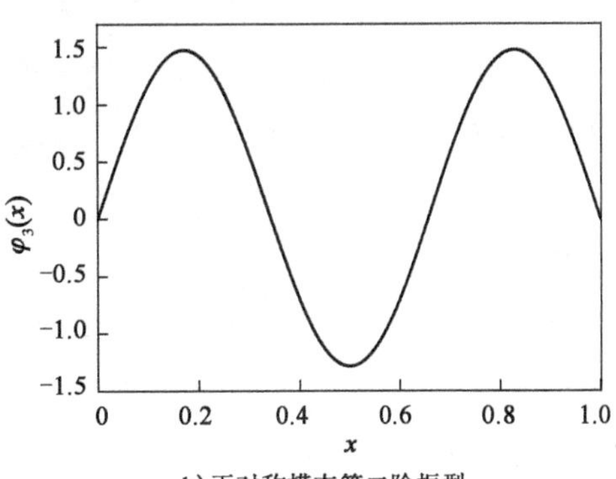

b)正对称模态第二阶振型

图 4.5

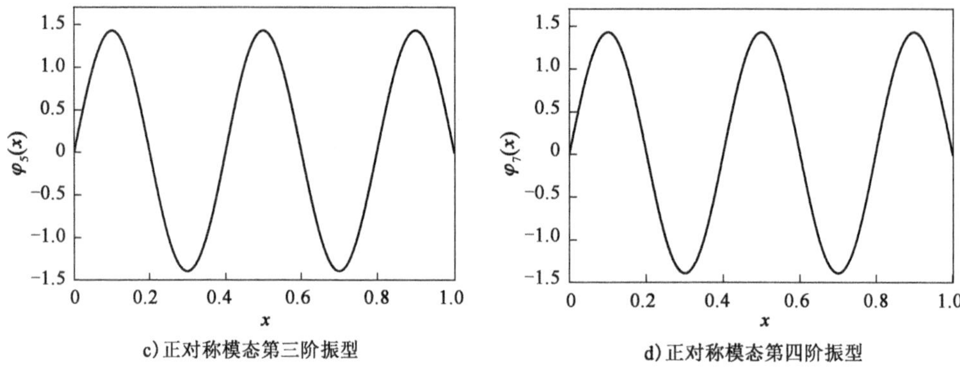

图 4.5 拉索正对称模态的前四阶振型（垂跨比 $d=0.015$）

当考虑拉索垂度时，对于反对称模态，根据式(4.23)，定义：使拉索动拉力 $h=0$ 的振动模态为反对称模态。该模态由反对称的竖向振动分量和对称的轴向振动分量组成。将 $w(x,t)=\widetilde{w}(x)\mathrm{e}^{\mathrm{i}\omega t}$ 代入式(4.21)，同理可得拉索振动的第 n 阶固有频率 ω_n 及振型 $\widetilde{w}_n$

$$\omega_n=\frac{n\pi}{l}\left(\frac{H_s}{m}\right)^{1/2}\quad(n=2,4,6,\cdots)\tag{4.30}$$

$$\widetilde{w}_n=A_n\sin\frac{n\pi x}{l}\tag{4.31}$$

4.3 拉索非线性时滞减振机理

针对采用磁流变(MR)阻尼器对拉索的振动进行控制已有不少研究，由于MR阻尼器本身存在时滞40～50ms，主要包括MR液响应时间、激励线圈反应时间和结构时滞等，再加上半主动控制系统的时滞，整个控制系统的时滞可以达到近1s，这与拉索的基频处于同一个量级，因此本节考虑时滞对该系统控制效果的影响。

4.3.1 MR阻尼器-拉索系统时滞微分方程

由于拉索的垂度非常小，因此拉索沿弦长方向的振动可以忽略不计。假设沿索长方向的截面积保持不变，索始终保持在弹性变形范围内。如图4.6所示为MR阻尼器-拉索系统。固定端标记为 A，B，磁流变阻尼器安装位置标记为 C。以固定端 A 为坐标原点，两端点连线方向为 x 轴，垂线方向为 y 轴，建立直角坐标系。利用Hamilton变分原理可得到忽略弯曲、扭转，以及剪切的MR阻尼器-拉索系统的面内非线性运动方程[35,36]

$$m\ddot{v}+c\dot{v}-\left[Hv'+\frac{EA}{L}(y'+v')\int_0^L\left(y'v'+\frac{1}{2}v'^2\right)\mathrm{d}x\right]'=f(x,t)+F_\mathrm{d}\delta(x-x_\mathrm{d})\tag{4.32}$$

式中，m 为单位长度的质量；c 为阻尼系数；E 为弹性模量；A 为横截面积；H 为水平张力且

$H \ll EA$;L 为拉索的跨径;$F_d = -C_{eq}\dot{v}$ 为位于 x_d 处 MR 阻尼器提供的等效阻尼控制力[12];y 为拉索的初始静态构型;$f(x,t) = F\cos(\Omega t)$ 为外部荷载;δ 为 Dirac delta 函数。$(\dot{\ })$代表对时间 t 的导数;$(\ \ )'$代表对坐标 x 的导数。

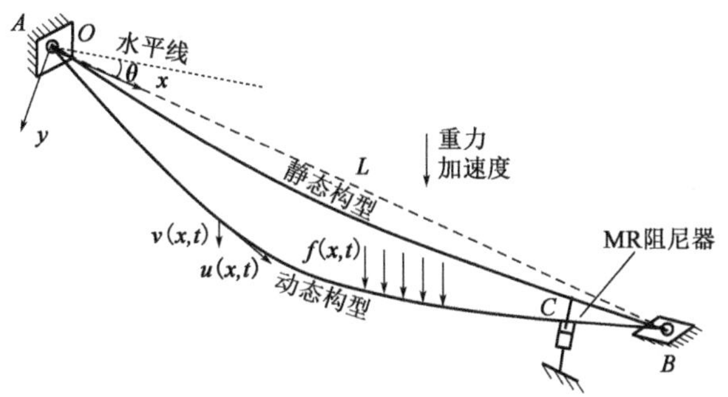

图 4.6　MR 阻尼器-拉索系统的理论模型

边界条件为

$$v(0,t) = v(L,t) = 0 \tag{4.33}$$

由于拉索的垂度很小,因此,初始拉索的静态构型 y 可近似表示为[10]

$$y = \frac{mgL\cos\theta}{2H}x\left(1 - \frac{x}{L}\right) \tag{4.34}$$

式中,θ 为拉索的倾角。

基于上面的假设,可得到拉索的无量纲非线性运动方程

$$\ddot{v} + c\dot{v} - v'' - \alpha(y'' + v'')\int_0^1 \left(y'v' + \frac{1}{2}v'^2\right)\mathrm{d}x = F\cos(\Omega t) - C_{eq}\dot{v}\delta(x - x_d) \tag{4.35}$$

其中利用了下面的无量纲变量

$$\begin{aligned} &x^* = x/L, y^* = y/L, v^* = v/L, \alpha = EA/H \\ &t^* = t/L\sqrt{H/m}, F^* = LF/H, \Omega^* = \Omega L/\sqrt{m/H} \\ &c^* = cL/m\sqrt{m/H}, C_{eq}^* = C_{eq}L/m\sqrt{m/H} \end{aligned} \tag{4.36}$$

此外,为了书写方便,运动方程(4.35)中的星号已经去掉。

考虑控制时滞 τ,则时滞作用下的 MR 阻尼器-拉索系统运动方程为

$$\ddot{v} + c\dot{v} - v'' - \alpha(y'' + v'')\int_0^1 \left(y'v' + \frac{1}{2}v'^2\right)\mathrm{d}x = F\cos(\Omega t) - C_{eq}\dot{v}(t - \tau)\delta(x - x_d) \tag{4.37}$$

运用伽辽金方法将其位移函数 $v(x,t)$ 展开

$$v = \sum_{n=1}^{\infty}\varphi_n(x)q_n(t) \tag{4.38}$$

式中，$\varphi_n(x)=\sqrt{2}\sin(n\pi x)(n=1,2,3,\cdots)$。将方程(4.38)代入方程(4.37)，并进行伽辽金积分可以得到第 n 阶单模态非线性响应的时滞微分方程

$$\ddot{q}_n+\mu_n\dot{q}_n+\omega_n^2q_n+\Lambda_{nij}q_iq_j+\Gamma_{nijk}q_iq_jq_k=f_n\cos(\Omega t)-k_n\dot{q}_n(t-\tau) \tag{4.39}$$

其中运动方程中利用了模态阻尼，μ_n 为模态阻尼系数，ω_n 为第 n 阶面内模态的固有频率，此外

$$\begin{gathered}\mu_n=\int_0^1 c\varphi_n^2(x)\mathrm{d}x,\Lambda_{nij}=-\int_0^1\left[\alpha\varphi_j''(x)\int_0^1\varphi_i'(x)y'\mathrm{d}x+\frac{1}{2}\alpha y''\int_0^1\varphi_j'(x)\varphi_i'(x)\mathrm{d}x\right]\varphi_n(x)\mathrm{d}x\\ \Gamma_{nijk}=-\int_0^1\frac{1}{2}\alpha\varphi_n(x)\varphi_j''(x)\int_0^1\varphi_i'(x)\varphi_k'(x)\mathrm{d}x\mathrm{d}x\\ f_n=\int_0^1 F\varphi_n(x)\mathrm{d}x,k_n=C_{\mathrm{eq}}\varphi_n^2(x_{\mathrm{d}})\end{gathered} \tag{4.40}$$

有关收敛性已有验证[13]，同时 Zhou 和 Xu[14]提供了很好的解决收敛性和计算效率问题的方法。在本书中仅研究单模态非线性响应，且计算阻尼系数时只取第一阶近似，即

$$\ddot{q}_n+\mu_n\dot{q}_n+\omega_n^2q_n+\Lambda_{nnn}q_n^2+\Gamma_{nnnn}q_n^3=f_n\cos(\Omega t)-k_n\dot{q}_n(t-\tau) \tag{4.41}$$

4.3.2 静平衡态的稳定性分析

本节研究增益 k_n 以及时滞 τ 对方程(4.39)的线性部分的静平衡态 $q_n=0$ 的稳定性影响，这个结果将直接影响方程(4.39)的主共振周期解。对于 $f_n=0$，线性化方程为

$$\ddot{q}_n+\mu_n\dot{q}_n+\omega_n^2q_n=-k_n\dot{q}_n(t-\tau) \tag{4.42}$$

其特征方程为

$$\lambda^2+\mu_n\lambda+\omega_n^2=-k_n\lambda\exp(-\lambda\tau) \tag{4.43}$$

方程(4.43)的特征值是参数 k_n 和 τ 的解析函数。易知 $\lambda=0$ 不是特征方程的根。于是，方程(4.43)具有负实部的特征根随 k_n 或 τ 的变化成为正实部，必须通过虚轴。由于复特征根都是成对出现，不失一般性，假设方程(4.43)的特征根为 $\lambda=\sigma+\mathrm{i}\beta$，其中 σ 和 β 为实数且 $\beta>0$，则方程(4.43)可以写为

$$-(\beta-\mathrm{i}\sigma)^2+\mu_n\mathrm{i}(\beta-\mathrm{i}\sigma)+\omega_n^2=-k_n\mathrm{i}(\beta-\mathrm{i}\sigma)\exp[-(\sigma+\mathrm{i}\beta)\tau] \tag{4.44}$$

当 $\sigma=0$ 时，将方程(4.44)分离实虚部有

$$\begin{cases}-\beta^2+\omega_n^2+k_n\beta\sin\beta\tau=0\\ \mu_n\beta+k_n\beta\cos\beta\tau=0\end{cases} \tag{4.45}$$

由上面的分析可以看出，这就是平衡态 $q_n=0$ 的稳定性边界，则

$$\tau = \frac{1}{\beta}\left(\arctan\frac{\omega_n^2 - \beta^2}{\mu_n \beta} + j\pi\right)$$

$$k_n = \pm \frac{\sqrt{(\beta^2 - \omega_n^2)^2 + \mu_n^2 \beta^2}}{\beta} \quad (j = 0,1,2,\cdots) \tag{4.46}$$

根据方程(4.46),得到稳定性区域。如图4.7所示,在(τ,k_1)平面内,稳定性范围随着τ的增大而逐渐减小。当确定时滞为某一个值时,系统的稳定性随着k_1的增大而发生改变,即由稳定变为不稳定或者由不稳定变为稳定。因此,可调节时滞τ或增益k_1来改变系统的稳定性。

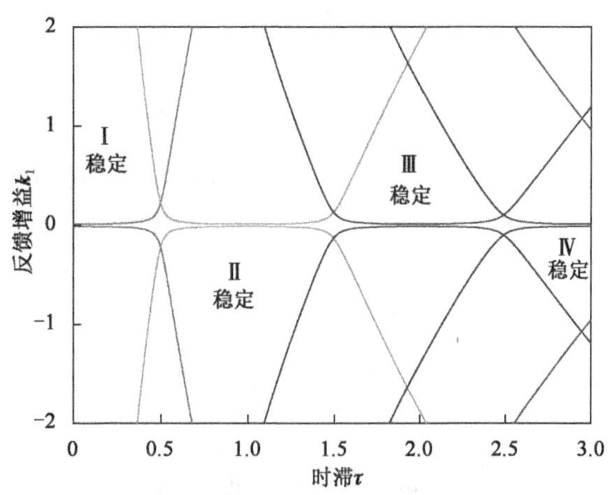

图4.7　系统稳定性图($n=1$,$\mu_1=0.0126$)

图4.8和图4.9给出了不同时滞下受控索的第一阶模态响应时程曲线和相图,从图4.8可以看出,时滞较小($\tau=0.008$)时,对控制效果的影响不大;当时滞增大($\tau=0.8$)(图4.9)时,控制效果变差,拉索出现了较大的振幅。

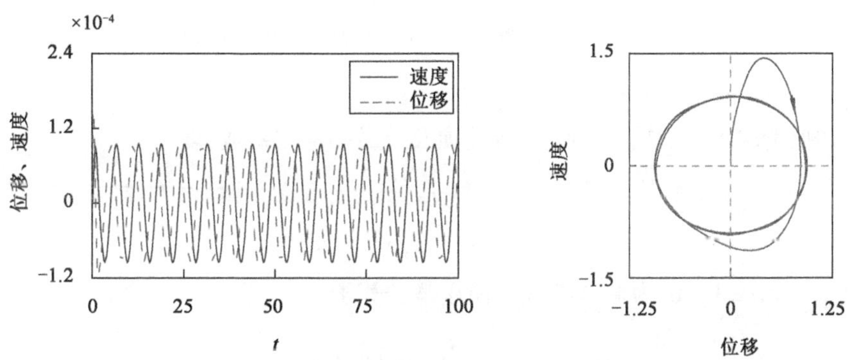

图4.8　时滞$\tau=0.008$和增益$k_1=3$时受控索的第一阶模态响应的时程曲线和相图

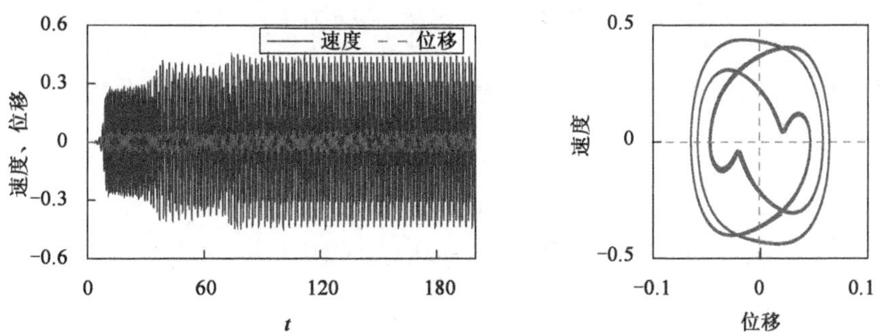

图4.9　时滞$\tau=0.8$和增益$k_1=3$时受控索的第一阶模态响应的时程曲线和相图

图4.9和图4.10则描述了相同时滞不同增益下受控索的响应。图4.9表明：当$\tau=0.8$，$k_1=3$时，振动幅值约为0.05，出现拟周期运动。而在图4.10中，当调整$k_1=0.049$时，拉索的振动幅值得到一定抑制，约为0.035。因此，当时滞$\tau=0.8$时，可以通过调节增益k_1来调整系统的响应，而增益k_1的值则由磁流变阻尼器的参数等确定。因此，重新设计磁流变阻尼器的参数可以抑制时滞的影响，这也为抑制或消除时滞的影响提供了一个思路。

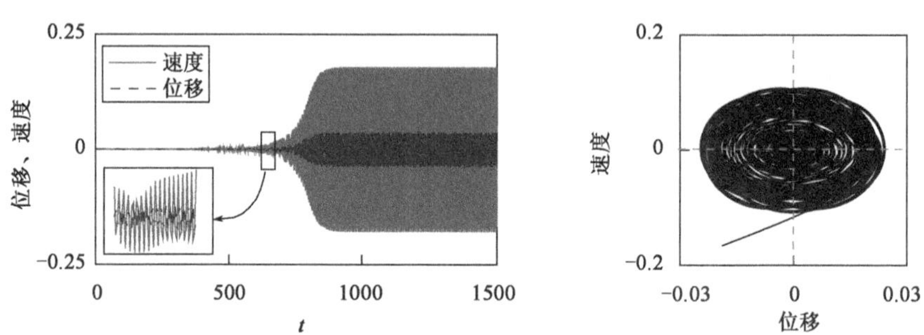

图4.10　时滞$\tau=0.8$和增益$k_1=0.049$时受控索的第一阶模态响应的时程曲线和相图

4.3.3　非线性主共振响应分析

本节求解该系统单模态非线性振动的主共振解，采用多尺度法，设方程(4.42)的摄动解形式为

$$
\begin{aligned}
q_n(t) &= q_{n0}(T_0,T_1,T_2) + \varepsilon q_{n1}(T_0,T_1,T_2) + \varepsilon^2 q_{n2}(T_0,T_1,T_2) + O(\varepsilon^2) \\
T_j &= \varepsilon^j t \quad (j=0,1,2)
\end{aligned}
\tag{4.47}
$$

在主共振情况下，调整阻尼项、非线性项及外激励项的系数，即

$$
\begin{aligned}
&\mu_n = O(\varepsilon^2), \Lambda_{nnn} = O(\varepsilon), \Gamma_{nnnn} = O(\varepsilon^2), k_n = O(\varepsilon^2) \\
&f_n = O(\varepsilon^2), \Omega = \omega_n + \varepsilon^2\sigma, \sigma = O(1)
\end{aligned}
\tag{4.48}
$$

其中$\varepsilon(0<\varepsilon\leqslant 1)$，$\sigma$为调谐参数。使用微分算子

$$
\begin{aligned}
\frac{\mathrm{d}}{\mathrm{d}t} &= D_0 + \varepsilon D_1 + \varepsilon^2 D_2 + O(\varepsilon^3) \\
\frac{\mathrm{d}^2}{\mathrm{d}t^2} &= D_0^2 + 2\varepsilon D_0 D_1 + \varepsilon^2 D_1^2 + 2\varepsilon^2 D_0 D_2 + O(\varepsilon^3)
\end{aligned}
\tag{4.49}
$$

将方程(4.47)和方程(4.49)代入方程(4.42)，比较方程两边的系数，得到如下微分方程组

$$
D_0^2 q_{n0} + \omega_n^2 q_{n0} = 0 \tag{4.50}
$$

$$
\begin{aligned}
D_1^2 q_{n0} + \omega_n^2 q_{n1} = &-2D_0D_1q_{n0} - D_1^2q_{n0} - 2D_0D_2q_{n0} \\
&- \mu_n D_0 q_{n0} - \Lambda_{nnn}q_{n0}^2 - \Gamma_{nnnn}q_{n0}^3 \\
&- k_n D_0 q_{n0}(T_0-\tau,T_1,T_2) + f_n\cos(T_0+\sigma T_2)
\end{aligned}
\tag{4.51}
$$

方程(4.50)的解可写为

$$q_{n0}(T_0,T_1) = A_n(T_1,T_2)\mathrm{e}^{\mathrm{i}\omega_n T_0} + \bar{A}_n(T_1,T_2)\mathrm{e}^{-\mathrm{i}\omega_n T_0} \tag{4.52}$$

其中,i 表示虚数单位,$A_n(T_1)$为关于 T_1 的复函数。将方程(4.52)代入方程(4.51)可得

$$D_0^2 q_{n1} + \omega_n^2 q_{n1} = -2\mathrm{i}D_1 A\mathrm{e}^{\mathrm{i}\omega_n T_0} - \Lambda_{nnn}(A_n^2\mathrm{e}^{2\mathrm{i}\omega_n T_0} + A_n\bar{A}_n) + cc \tag{4.53}$$

其中,cc 表示前面几项的复共轭。在方程(4.53)中消去使 q_{n1} 产生久期项的那些项,得到 $D_1A_n=0$ 或 $A_n=A_n(T_2)$。因而方程(4.53)的解记为

$$q_{n1} = \Lambda_{nnn}\left(-2A_n\bar{A}_n + \frac{1}{3}A_n^2\mathrm{e}^{2\mathrm{i}\omega_n T_0} + \frac{1}{3}\bar{A}_n^2\mathrm{e}^{-2\mathrm{i}\omega_n T_0}\right) \tag{4.54}$$

将方程(4.52)和方程(4.54)代入方程(4.51),可得

$$\begin{aligned} D_0^2 q_{n2} + \omega_n^2 q_{n2} = &-2D_0D_1\Lambda_{nnn}\left(-2A_n\bar{A}_n + \frac{1}{3}A_n^2\mathrm{e}^{2\mathrm{i}\omega_n T_0}\right) - D_1^2A_n\mathrm{e}^{\mathrm{i}\omega_n T_0} - 2D_0D_2A_n\mathrm{e}^{\mathrm{i}\omega_n T_0} \\ &-\mu_n D_0 A_n\mathrm{e}^{\mathrm{i}\omega_n T_0} - 2\Lambda_{nnn}\left(\frac{1}{3}A_n^3\mathrm{e}^{3\mathrm{i}\omega_n T_0} + \frac{5}{3}A_n^2\bar{A}_n\mathrm{e}^{\mathrm{i}\omega_n T_0}\right) - \Gamma_{nnnn}(A_n^3\mathrm{e}^{3\mathrm{i}\omega_n T_0} + 3A_n^2\bar{A}_n\mathrm{e}^{\mathrm{i}\omega_n T_0}) \\ &-k_n\mathrm{i}\mathrm{e}^{\mathrm{i}\tau}A_n\mathrm{e}^{\mathrm{i}\omega_n T_0} + \frac{f_n}{2}\mathrm{e}^{\mathrm{i}\sigma T_2}\mathrm{e}^{\mathrm{i}\omega_n T_0} + cc \end{aligned} \tag{4.55}$$

在方程(4.55)中消去使得 q_{n2} 产生久期项的那些项,则有

$$-\mathrm{i}(2D_2 + \mu_n + k_n\mathrm{e}^{\mathrm{i}\tau})A_n + \left(\frac{10}{3}\Lambda_{nnn} - 3\Gamma_{nnnn}\right)A_n^2\bar{A}_n + \frac{f_n}{2}\mathrm{e}^{\mathrm{i}\sigma T_1} = 0 \tag{4.56}$$

令 $A_n(T_2)=\frac{1}{2}a_n(T_2)\mathrm{e}^{\mathrm{i}\beta_n(T_2)}$,其中 $a_n(T_2)$和$\beta_n(T_2)$皆为实函数,将其代入方程(4.56),并分离实虚部,可得

$$\begin{aligned} a_n' &= -\frac{1}{2}\mu a_n - \frac{1}{2}ka_n\cos\tau + \frac{f_n}{2}\sin\varphi \\ \varphi'_n &= a_n\sigma_n - \frac{1}{2}k_na_n\sin\tau + \left(\frac{5}{12}\Lambda_{nnn} - \frac{3}{8}\Gamma_{nnnn}\right)a_n^3 + \frac{f_n}{2}\cos\varphi \end{aligned} \tag{4.57}$$

其中,$\varphi_n(T_2)=\sigma_nT_2-\beta_n(T_2)$。当 $a_{n0}'=\gamma_{n0}'=0$ 时存在稳态运动,这对应着方程(4.57)的奇点,亦即对应方程组

$$\begin{aligned} \frac{1}{2}\mu_na_n &= -\frac{1}{2}k_na_n\cos\tau + \frac{f_n}{2}\sin\varphi \\ a_n\sigma_n &= \frac{1}{2}ka_n\sin\tau - \left(\frac{5}{12}\Lambda_{nnn} - \frac{3}{8}\Gamma_{nnnn}\right)a_n^3 - \frac{f_n}{2}\cos\varphi \end{aligned} \tag{4.58}$$

的解。将上述两个方程平方相加,可得到主共振的幅频响应方程及相位角方程

$$\frac{f_n^2}{4} = \left[\frac{1}{4}(\mu_n - k_n\cos\tau)^2 + \left(\sigma_n - \frac{1}{2}k_n\sin\tau + \frac{5}{12}\Lambda_{nnn}a_n^2 - \frac{3}{8}\Gamma_{nnnn}a_n^2\right)^2\right]a_n^2 \tag{4.59}$$

$$\tan\varphi_n = \frac{-(\mu_n - k_n\cos\tau)/2}{\sigma_n - k_n\sin\tau/2 + 5\Lambda_{nnn}a_n^2/12 - 3\Gamma_{nnnn}a_n^2/8} \tag{4.60}$$

因此,主共振的稳态一阶近似解可以表示为

$$q_n(t) = a_n\cos(\Omega t - \varphi_n) + O(\varepsilon) \tag{4.61}$$

同时,易知响应幅值是关于调谐参数、反馈增益、时滞,以及外激励幅值的函数。根据方程(4.59)可得主共振最大幅值的表达式为

$$a_{\mathrm{p}} = f/(\mu_n + k_n\cos\tau) \tag{4.62}$$

4.3.4 稳定性分析

下面通过研究方程(4.57)的奇点的性状来确定稳态运动的稳定性,设

$$a_n = a_{n0} + a_{n1},\gamma_n = \gamma_{n0} + \gamma_{n1} \tag{4.63}$$

将方程(4.63)代入方程(4.57),注意到 a_{n0},γ_{n0} 满足方程(4.58),保留到 a_{n1},γ_{n1} 的线性项,得到

$$\begin{aligned} a'_{n1} &= -\left(\frac{1}{2}\mu_n + \frac{1}{2}k_n\cos\tau\right)a_{n1} + \left(\frac{f_n}{2}\cos\varphi_{n0}\right)\varphi_{n1} \\ \varphi'_{n1} &= \left[\left(\frac{5}{6}\Lambda_{nnn} - \frac{3}{4}\Gamma_{nnnn}\right)a_{n0} - \frac{f_n}{2a_{n0}^2}\cos\varphi_{n0}\right]a_{n1} - \left(\frac{f_n}{2a_{n0}}\sin\varphi_{n0}\right)\varphi_{n1} \end{aligned} \tag{4.64}$$

方程(4.64)的特征方程如下

$$\begin{vmatrix} -\left(\frac{1}{2}\mu_n + \frac{1}{2}k_n\cos\tau\right) - \lambda_n & \frac{f_n}{2}\cos\varphi_{n0} \\ \left(\frac{5}{6}\Lambda_{nnn} - \frac{3}{4}\Gamma_{nnnn}\right)a_{n0} - \frac{f_n}{2a_{n0}^2}\cos\varphi_{n0} & -\frac{f_n}{2a_0}\sin\varphi_{n0} - \lambda_n \end{vmatrix} = 0 \tag{4.65}$$

根据方程(4.58),方程(4.65)可以简化为

$$\lambda_n^2 + 2\upsilon_n\lambda_n + \rho_n = 0 \tag{4.66}$$

其中

$$\begin{aligned} \upsilon_n &= \frac{1}{2}\mu_n + \frac{1}{2}k_n\cos\tau \\ \rho_n &= \upsilon_n^2 + \left[\frac{1}{2}k_n a_{n0}\sin\tau - \left(\frac{5}{12}\Lambda_{nnn} - \frac{3}{8}\Gamma_{nnnn}\right)a_{n0}^3\right]\left[\left(\frac{5}{4}\Lambda_{nnn} - \frac{9}{8}\Gamma_{nnnn}\right)a_{n0} - \frac{1}{2a_{n0}}k_n\sin\tau\right] \end{aligned} \tag{4.67}$$

由此可得,当 $\upsilon_n>0,\rho_n>0$ 时,稳态运动稳定,反之不稳定。同时,当满足 $|\upsilon_n|<\sqrt{2\rho_n}$ 时,方程(4.66)的特征值 $\lambda_{n1,2}=-\upsilon_n\pm\mathrm{i}\sqrt{\rho_n-\upsilon_n^2/2}$;而当 $\upsilon_n=0,\rho_n<0$ 时,方程(4.66)存在一对纯虚根 $\lambda_{n1,2}=\pm\mathrm{i}\sqrt{-\rho_n}$,根据霍普夫(Hopf)分岔定理,由于 υ_n 是关于时滞 τ 的函数,该情况

系统发生霍普夫分岔。因此,调节时滞参数可以控制霍普夫分岔的发生,即可以消除或改变其发生条件。

4.3.5　算例分析

本节以岳阳洞庭湖大桥 A12 拉索作为研究对象进行算例分析。其几何参数和物理参数分别为:索长 $L=121.9\ \mathrm{m}$;横截面积 $A=6.273\times10^{-6}\mathrm{m}^2$;初始张力 $H=3150\mathrm{kN}$;弹性模量 $E=2.0\times10^{11}\mathrm{Pa}$;倾斜角 $\theta=35.2°$;单位长度质量 $m=51.8\mathrm{kg/m}$;阻尼 $\mu_1=0.0126$;重力加速度 $g=9.81\mathrm{m/s^2}$,等效阻尼系数 $k_1=15$,阻尼器位置取距离下锚固端 2%L 位置。

下面将分别分析时滞、控制增益和外激励幅值对第一阶模态($n=1$)主共振幅频响应的影响,图中实线和虚线分别表示稳定和不稳定幅值。图 4.11、图 4.12 是主共振的幅频响应曲线图。图 4.13 中选取外激励的幅值 $f=0.005$,给出了不同时滞值和控制增益作用下主共振的幅频响应曲线。从图 4.11、图 4.12 中可以看出,随着时滞值和控制增益的增大,振幅增大,而其主共振区域和振动骨架无明显变化。同时发现,不同的时滞值对应的幅频曲线均存在多值区域和跳跃现象。值得指出的是,随着时滞值的增大,幅值越来越接近系统的固有频率,可能发生共振,从而导致非线性响应增强。

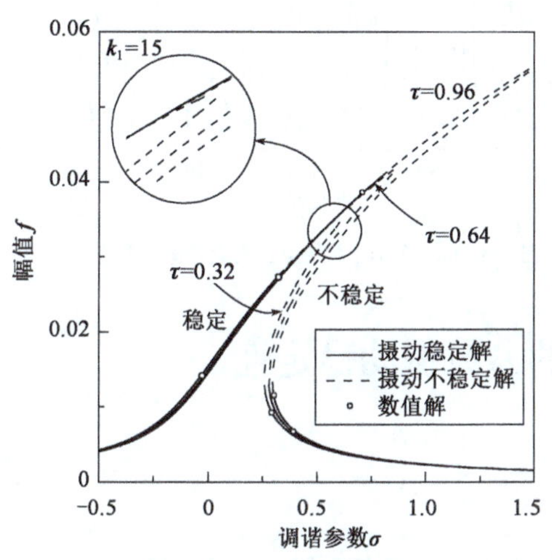

图 4.11　时滞作用下主共振的幅频响应曲线

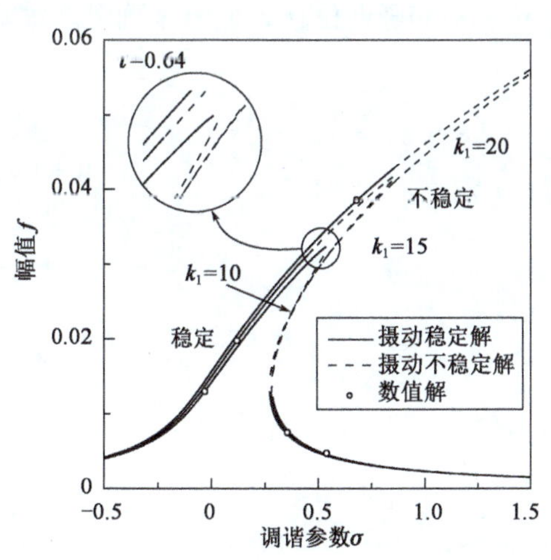

图 4.12　控制增益作用下主共振的幅频响应曲线

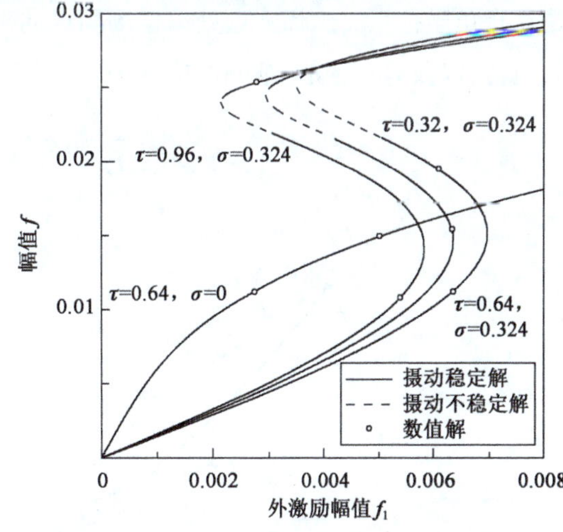

图 4.13　时滞作用下主共振的振幅-激励幅值曲线

图 4.13 给出了不同时滞值和调谐参数时系统第一阶模态的振动响应。注意到,随着调谐参数值的不同,有些曲线是多值的,有些曲线是单值的。并且不稳定值仅出现在多值曲线上。

随着时滞值的增加,系统响应幅值相应增大,而与幅值曲线不同的是,振动曲线的响应较弱。

图 4.14 给出的是主共振的响应幅值的峰值与时滞之间的关系图。从图中可以得出,随着时滞值的增大,其峰值逐渐增大,并且当时滞值处于一定范围内时,对主共振响应的幅值的峰值影响不大,但当时滞值达到或大于某一值时,其峰值增幅得到显著提高。图 4.15 则通过系统响应的时程曲线给出了不同时滞作用下响应的明显变化。当时滞值增大时,系统的响应明显增大。

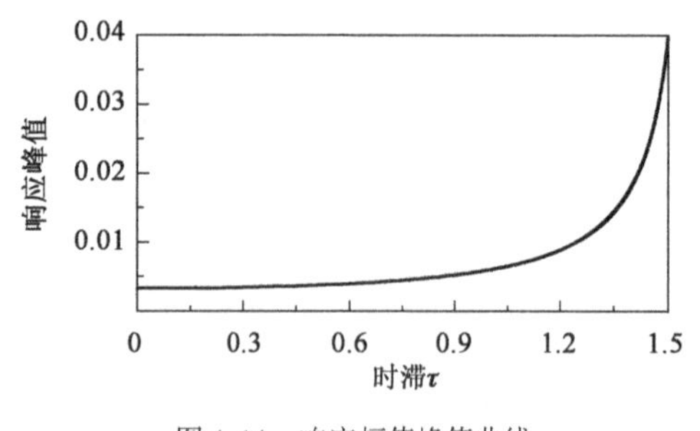

图 4.14　响应幅值峰值曲线

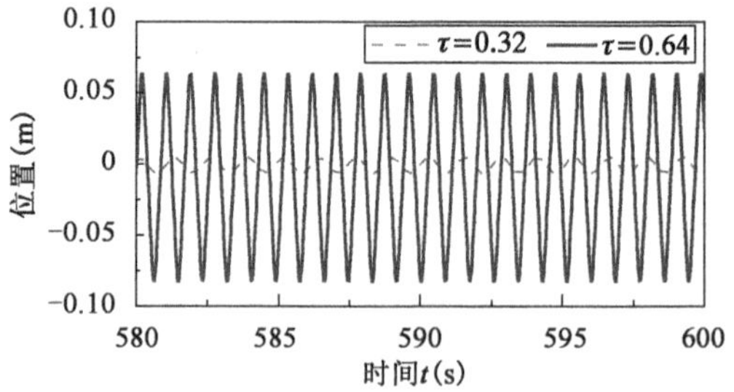

图 4.15　不同时滞值时主共振的响应时间历程图

4.4　时滞影响下受控拉索的参数振动稳定性

4.4.1　数学模型及控制方程

考虑如图 4.16 所示的拉索模型。一端固定,另一端受轴向简谐激励:$P(t) = Z\cos(\Omega t)$,Z 为激励幅值,Ω 为激励频率。以固定端为坐标原点,两端点连线方向为 x 轴,垂线方向为 y 轴,建立直角坐标系。坐标 x 点处位移场用纵向坐标 $u(x,t)$ 和竖向位移 $v(x,t)$ 来确定。忽略弯曲、扭转,以及剪切变形,轴向的应变为

$$\varepsilon(x,t) = u' + y'v' + \frac{v'^2}{2} \tag{4.68}$$

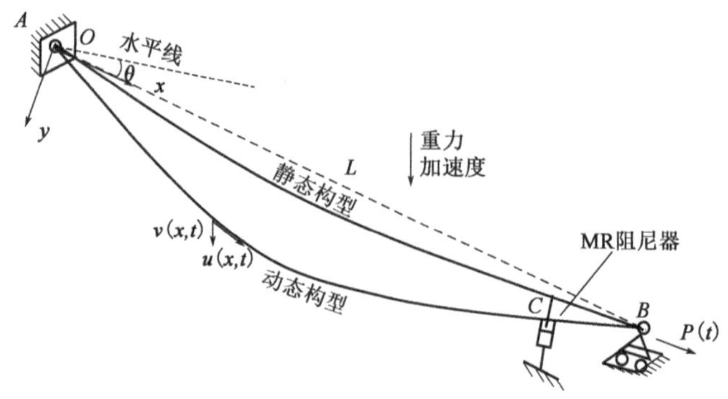

图 4.16　MR 阻尼器-拉索控制模型

式中，( )′表示对 x 求导；$y=\dfrac{mgL\cos\theta}{2H}(x-x^2/L)$ 为索的初始构型；m 为单位长度的质量；g 为重力加速度；L 为拉索的跨径；H 为水平张力；θ 为拉索的倾角。

利用哈密尔顿变分原理可得到拉索系统的非线性运动方程为[8]

$$m\ddot{u}+c\dot{u}-[EA\varepsilon(x,t)]'=0 \tag{4.69}$$

$$m\ddot{v}+c\dot{v}-[Hv'+EA(y'+v')\varepsilon(x,t)]'=0 \tag{4.70}$$

式中，E 为弹性模量；A 为横截面积；(˙)表示对 t 求导。

边界条件为

$$u(0,t)=v(0,t)=v(L,t)=0,u(l,t)=Z\cos(\Omega t) \tag{4.71}$$

假设拉索以拟静态方式进行轴向变形，忽略方程(4.69)中的加速度项和速度项，考虑边界条件，位移 $u(x,t)$ 可表示为

$$u(x,t)=Z\sin\theta\sin(\omega t)\frac{x}{l}+\frac{x}{l}\int_0^l\left(y'v'+\frac{v'^2}{2}\right)\mathrm{d}x-\int_0^x\left(y'v'+\frac{v'^2}{2}\right)\mathrm{d}x \tag{4.72}$$

将方程(4.72)代入方程(4.70)，可得关于面内位移 $v(x,t)$ 的积分微分方程如下

$$m\ddot{v}+c\dot{v}+\frac{EA}{L}(y''+v'')\left[z_0\cos(\Omega t)+\int_0^L(y'v'+\frac{1}{2}v'^2)\,\mathrm{d}x\right]-Hv''=0 \tag{4.73}$$

考虑距端部 B 点处 MR 阻尼器作用和时滞影响，可得受控拉索无量纲面内非线性运动方程

$$m\ddot{v}+c\dot{v}+\frac{EA}{L}(y''+v'')\left[z_0\cos(\Omega t)+\int_0^L(y'v'+\frac{1}{2}v'^2)\,\mathrm{d}x\right]-Hv''=F_\mathrm{d}\delta(x-x_\mathrm{d}) \tag{4.74}$$

其中 $F_\mathrm{d}=-C_{\mathrm{eq}}\dot{v}(t-\tau)$ 为位于 x_d 处阻尼器的等效阻尼控制力[15]，τ 为控制系统的时滞值，δ 是 Dirac delta 函数。并采用了如下的无量纲变量

$$x^*=x/L\quad y^*=y/L\quad v^*=v/L\quad \alpha=EA/H\quad z_0=Z/L\quad t^*=t/L\sqrt{H/m}$$

$$\Omega^*=\Omega L/\sqrt{m/H}\quad c^*=cL/m\sqrt{m/H}\quad C_{\mathrm{eq}}^*=C_{\mathrm{eq}}L/m\sqrt{m/H} \tag{4.75}$$

此外，为了书写方便，方程(4.74)中的星号已经去掉。

运用伽辽金方法将位移函数 v 展开

$$v=\sum_{i=1}^{\infty}\varphi_i(x)q_i(t) \tag{4.76}$$

其中

$$\varphi_i(x)=\sin(i\pi x) \tag{4.77}$$

将方程(4.76)代入方程(4.74)，并进行伽辽金积分可得非线性响应的时滞微分方程

$$\ddot{q}_i+2\omega_i\xi_i\dot{q}_i+\Gamma_{1ij}q_i+\sum_{j=1}^{N}(\Gamma_{2ij}q_j+\Gamma_{3ij}q_j^2+\Gamma_{4ij}q_jq_i+\Gamma_{5ij}q_j^2q_i)=\Gamma_{6ij}\cos(\Omega t)-k_i\dot{q}_i(t-\tau) \tag{4.78}$$

其中

$$\Gamma_{1ij} = i^2[1 + \alpha z_0\cos(\Omega t)], \Gamma_{2ij} = \frac{\alpha}{\pi^2}\int_0^1 y'\varphi_i'(x)\mathrm{d}x\int_0^1 y'\varphi_j'(x)\mathrm{d}x, \Gamma_{3ij} = \frac{\alpha}{2}j^2\int_0^1 y'\varphi_i'(x)\mathrm{d}x$$

$$\Gamma_{4ij} = \alpha i^2\int_0^1 y'\phi_j'(x)\mathrm{d}x, \Gamma_{5ij} = \frac{\alpha}{2}i^2(j\pi)^2$$

$$\Gamma_{6ij} = -\frac{\alpha}{\pi^2}z_0\int_0^1 y'\varphi_i'(x)\mathrm{d}x, k_i = C_{\mathrm{eq}}\varphi_i^2(x_{\mathrm{d}}), i,j = 1,2,\cdots,n \tag{4.79}$$

4.4.2 主参数共振分析

本节采用多尺度法[17]分析单自由度振动模态的主参数共振，为了便于求解，引进小参数ε，方程(4.78)可化为

$$\ddot{q}_n + \omega^2 q_n + \varepsilon\Gamma_{1nn}q_n\cos(\Omega t) + \varepsilon\mu\dot{q}_n + \varepsilon(\Gamma_{3nn} + \Gamma_{4nn})q_n^2 + \varepsilon\Gamma_{5nn}q_n^3 = \varepsilon\Gamma_{6nn}\cos(\Omega t) - \varepsilon k_n\dot{q}_n(t - \tau) \tag{4.80}$$

并设方程(4.80)的解为

$$q_n(t,\varepsilon) = q_{n0}(T_0, T_1, \cdots) + \varepsilon q_{n1}(T_0, T_1, \cdots) + \cdots \tag{4.81}$$

其中 $T_n = \varepsilon^n t, n = 0,1$。设

$$\omega = \frac{\Omega}{2} + \varepsilon\omega_1 + \varepsilon^2\omega_2 + \cdots \tag{4.82}$$

将方程(4.81)和方程(4.82)代入方程(4.80)，并令两端 ε^0 和 ε^1 的系数相等，得到

$$D_0^2 q_{n0} + \frac{\Omega^2}{4}q_{n0} = 0 \tag{4.83}$$

$$D_0^2 q_{n1} + \frac{\Omega^2}{4}q_{n1} = -2D_0D_1q_{n0} - \Omega\omega_1 q_{n0} - \Gamma_{1nn}q_{n0}\cos(\Omega t) - \mu D_0 q_{n0} - (\Gamma_{3nn} + \Gamma_{4nn})q_{n0}^2 - \Gamma_{5nn}q_{n0}^3 + \Gamma_{6nn}\cos(\Omega t) - k_n D_0 q_{n0}(t - \tau) \tag{4.84}$$

方程(4.84)的通解可以写为

$$q_{n0} = A_n(T_1)\exp\left(\frac{\mathrm{i}\Omega T_0}{2}\right) + \bar{A}_n(T_1)\exp\left(\frac{-\mathrm{i}\Omega T_0}{2}\right) \tag{4.85}$$

将方程(4.85)代入方程(4.84)，可得

$$
\begin{aligned}
D_0^2 q_{n1} + \frac{\Omega^2}{4} q_{n1} = & \left[-\mathrm{i}\Omega A'_n - \Omega\omega_1 A_n - \frac{\Gamma_{1nn}}{2}\bar{A}_n - \frac{1}{2}\mathrm{i}\mu\Omega A_n - 3\Gamma_{5nn} A_n^2 \bar{A}_n - \right. \\
& \left. \frac{1}{2} k_n \mathrm{i}\Omega A_n \exp\left(-\frac{\mathrm{i}\Omega\tau}{2} \right) \right] \exp\left(\frac{\mathrm{i}\Omega T_0}{2} \right) - \frac{\Gamma_{1nn}}{2} A_n \exp\left(\frac{3\mathrm{i}\Omega T_0}{2} \right) - \\
& (\Gamma_{3nn} + \Gamma_{4nn}) A_n^2 \exp(\mathrm{i}\Omega T_0) - (\Gamma_{3nn} + \Gamma_{4nn}) A_n \bar{A}_n - \\
& \Gamma_{5nn} A_n^3 \exp\left(\frac{3\mathrm{i}\Omega T_0}{2} \right) + \frac{\Gamma_{6nn}}{2} \exp(\mathrm{i}\Omega T_0) + cc
\end{aligned}
\tag{4.86}
$$

其中，cc 表示前面各项的共轭，消去方程(4.86)中的长期项，有

$$
\mathrm{i}\Omega A'_n + \Omega\omega_1 A_n + \frac{\Gamma_{1nn}}{2}\bar{A}_n + \frac{1}{2}\mathrm{i}\mu\Omega A_n + 3\Gamma_{5nn} A_n^2 \bar{A}_n + \frac{1}{2} k_n \mathrm{i}\Omega A_n \exp\left(-\frac{\mathrm{i}\Omega\tau}{2} \right) = 0 \tag{4.87}
$$

将 A_n 表示成极坐标：$A_n = a_n \exp(\mathrm{i}\beta_n)/2$，其中 a_n 和 β_n 是关于 T_1 的实函数，并分离实虚部，可得

$$
a'_n = -\frac{1}{2}\mu_e a_n + \frac{\Gamma_{1nn} a_n}{2\Omega}\sin 2\beta_n \tag{4.88}
$$

$$
\beta'_n = \omega_1 + \frac{k_n}{2}\sin\frac{\Omega\tau}{2} + \frac{3\Gamma_{5nn}}{4\Omega} a_n^2 + \frac{2\Gamma_{1nn}}{\Omega}\cos 2\beta_n \tag{4.89}
$$

其中 $\mu_e = \mu + k_n \cos(\Omega\tau/2)$。令 $a_n' = \gamma_n' = 0$ 可得稳定解，考虑非平凡解，即 $a_n \neq 0$，则由方程(4.88)和方程(4.89)可得

$$
\sin 2\beta_n = \frac{\Omega\mu_e}{\Gamma_{1nn}} \tag{4.90}
$$

将方程(4.90)代入方程(4.89)，得到定常解的振幅为

$$
a_n^2 = -\frac{4\Omega}{3\Gamma_{5nn}}\left(\omega_1 + \frac{k_n}{2}\sin\frac{\Omega\tau}{2} \right) \pm \frac{8\Gamma_{1nn}}{3\Gamma_{5nn}}\sqrt{1 - \frac{\Omega^2\mu_e^2}{\Gamma_{1nn}^2}} \tag{4.91}
$$

式(4.91)为幅频曲线方程。进一步根据 a_n 为实函数的条件，由方程(4.91)得到系统运动稳定性条件如下

$$
\omega_1 + \frac{k_n}{2}\sin\frac{\Omega\tau}{2} \leqslant \frac{2\Gamma_{1nn}}{\Omega}\sqrt{1 - \frac{\Omega^2\mu_e^2}{\Gamma_{1nn}^2}} \tag{4.92}
$$

将方程(4.82)代入方程(4.92)，可得一阶近似稳定性区域

$$
\frac{2\omega}{\Omega} \leqslant 1 - \frac{k_n \sin(\Omega\tau/2)}{\Omega} \pm \frac{4\Gamma_{1nn}}{\Omega^2}\sqrt{1 - \frac{\Omega^2\mu_e^2}{\Gamma_{1nn}^2}} \tag{4.93}
$$

4.4.3　数值分析与讨论

本节取岳阳洞庭湖大桥 A12 拉索作为研究对象进行算例分析，参数同4.3.5 节。

根据方程(4.93)表示的稳定性区域条件,图4.17、图4.18分别给出了不同参数作用下受控拉索的稳定性区域。其中,图4.17给出了时滞对受控索参数共振稳定性的影响,纵坐标为外激励幅值 Z_0。

从中可以看出,当 $k_1=-0.15$ 时,随着时滞值的减小,受控索的不稳定区域明显缩小,激励幅值的临界值相应增大,且在 $2\omega_0/\Omega=1$ 附近上方移动,该点($2\omega_0/\Omega=1$)是亚谐波-主参数共振点。值得指出的是,给定控制增益,不同时滞下,结构稳定性区域相对亚谐波-主参数共振区域有一定偏移。图4.18则分析了控制增益对受控拉索参数共振的影响。此处,给定时滞 $\tau=\pi/8$,随着反馈控制增益绝对值的增大,不稳定区域上移。

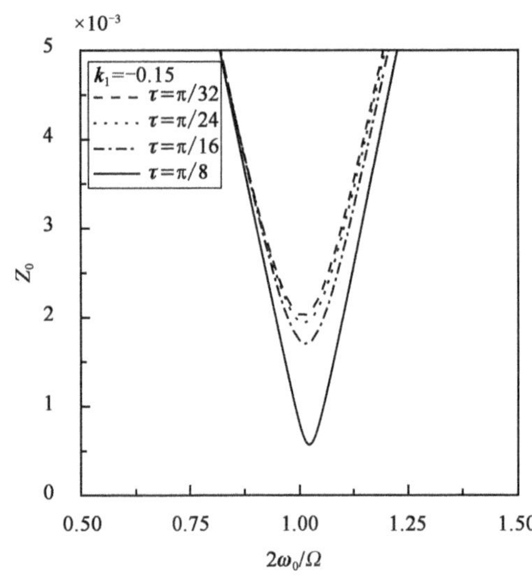

图4.17 时滞值对受控索稳定性的影响

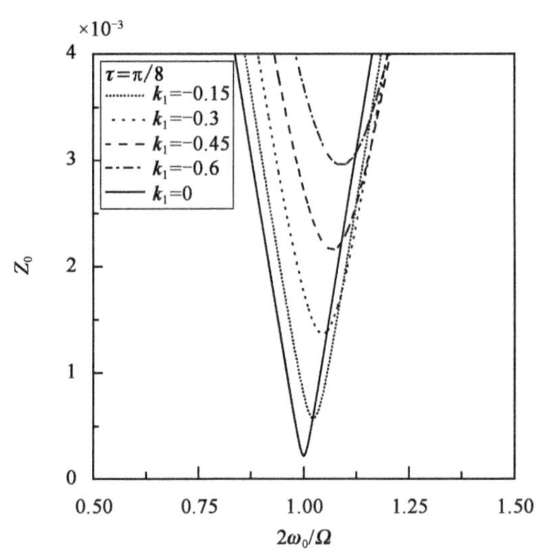

图4.18 控制增益对受控索稳定性的影响

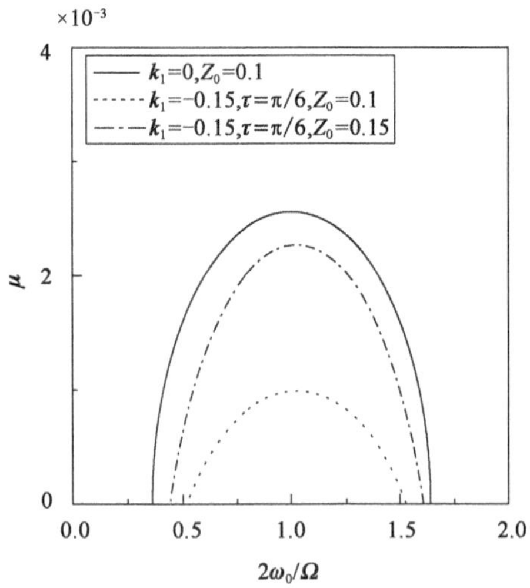

图4.19 外激励幅值对受控索稳定性的影响

图4.19给出了激励幅值对受控拉索参数振动稳定性的影响曲线,其中纵坐标为结构的阻尼系数 μ。明显可知,随着外激励幅值 Z_0 的增大,稳定域边界逐渐升高。说明外激励幅值增加,需较大的主动阻尼才能使结构处于稳定区域,而与无控时($k_1=0$)比较,施加控制后效果较为明显。

另外,通过对方程(4.74)进行数值求解可得到受控拉索第一阶($i=1$)模态运动响应的时程曲线,如图4.20~图4.22所示。其中,图4.20中控制增益 $k_1=-1$,时滞 $\tau=\pi/2$ 时,响应出现周期解。而当 $k_1=-1$,$\tau=\pi$ 时,如图4.21所示,响应幅值明显增大,则响应出现不规则运动。进一步调整控制增益

$k_1 = -0.15$时,图 4.22 中显示系统响应出现拍振。

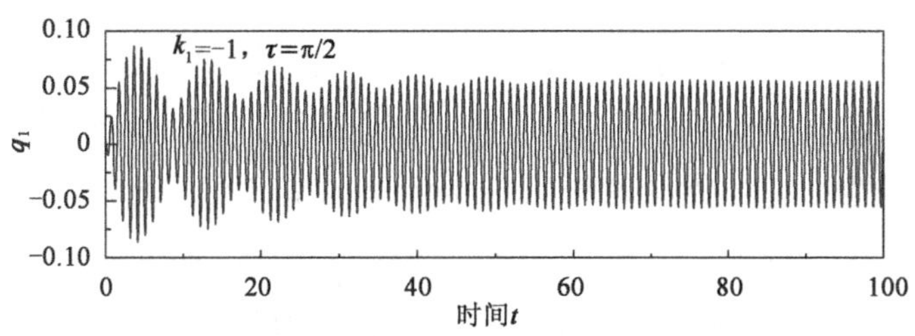

图 4.20 受控拉索第一阶模态运动时程曲线

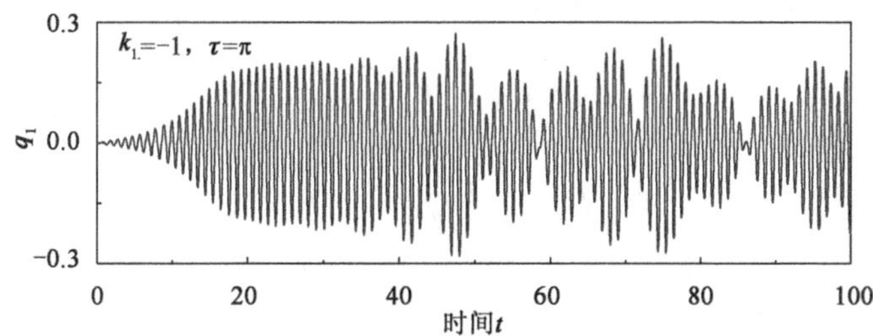

图 4.21 受控拉索第一阶模态运动时程曲线

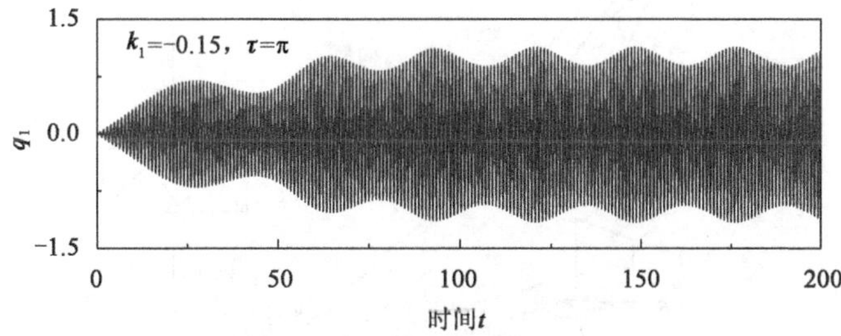

图 4.22 受控拉索第一阶模态运动时程曲线

4.5 索-梁组合结构非线性时滞减振

索、梁这两种结构单元通过一定的连接方式组成不同结构型式的缆索结构体系,以其受力形式简单,材料力学性能优良,施工方便且跨越能力大等优点,在实际工程中有着广泛的应用。如土木工程中大跨度斜拉桥的拉索和主梁,集装箱起重机的拉索和起重臂,现代化体育场馆的索和梁等都可以简化为索-梁组合结构。随着工程结构向高、轻、大方向发展,此类结构在外部荷载下的非线性特征凸显。因此,探究其大幅振动机理以及对其进行振动控制已迫在眉睫。

本节基于哈密尔顿原理,详细分析了索-梁的连接条件和边界条件,建立了比较完备的索-梁组合结构面内运动非线性方程,进而利用时滞反馈控制对索-梁组合结构的大幅振动进行控制。着重探讨时滞对受控系统的影响,从而为索-梁组合结构的振动控制提供一种新思路。

4.5.1 数学模型

图4.23所示为索-梁组合结构振动控制简化模型。索、梁端的锚固端记为A、B，连接处记为C，D点和E点分别为时滞反馈控制系统中的传感器布点和作动器布点位置，作动器与连接处距离为a。索的参照系以连接处为坐标原点，建立如图所示的$O-x_c y_c$坐标系。梁的参照系以锚固点B为原点，坐标系$O-x_b y_b$如图所示。d表示拉索的垂度，l_c和l_b分别表示索长和梁长。U_C和V_C、U_B和V_B分别表示索和梁在各自坐标系下的轴向和面内位移。另假设如下：索和梁的应力、应变满足胡克定律，且各点受力均匀，索只承受拉力；忽略索的抗弯刚度、抗扭刚度及抗剪刚度；忽略梁的轴向位移，不计梁的非线性。索的轴向应变ε和梁的应变e分别为

$$
\begin{aligned}
\varepsilon &= U'_C + y'V'_C + \frac{U'^2_C + V'^2_C}{2} \\
e &= U'_B + \frac{U'^2_C + V'^2_C}{2}
\end{aligned}
\tag{4.94}
$$

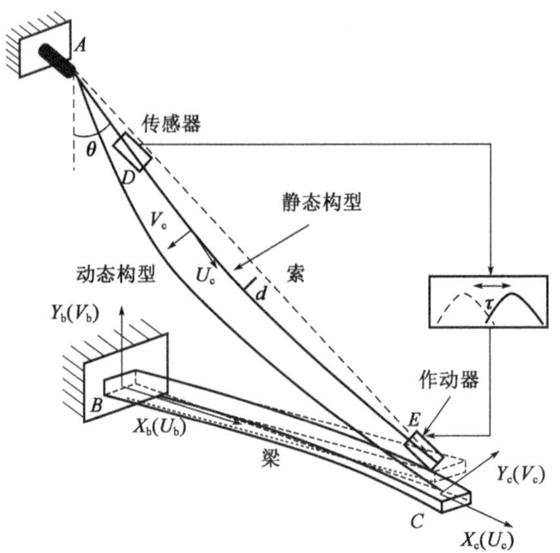

图4.23 索-梁组合结构振动控制简化模型

式中，( )′表示对x的求导；拉索的静态构型y表达式为

$$
y = 4d\left[\frac{x_C}{l_C} - \left(\frac{x_c}{l_c}\right)^2\right] \tag{4.95}
$$

根据哈密尔顿原理，可以得到索-梁组合结构的非线性控制方程

$$
\begin{aligned}
& m_c\ddot{U}_C + C_u\dot{U}_C = \frac{\partial}{\partial x}[H + E_C A_C \varepsilon(x,t) U'_C] \\
& m_c\ddot{V}_C + C_v\dot{V}_C - m_c g\cos\theta = \frac{\partial}{\partial x}[(H + E_C A_C \varepsilon(x,t))(y' + V'_C)] - K\ddot{V}_C(t-\tau)\delta(x-a) \\
& m_b\ddot{V}_B + C_{bv}\dot{V}_B + E_b I_b V''''_B = 0
\end{aligned}
\tag{4.96}
$$

式中,($\dot{}$)表示对 t 的求导;$m_{c,b}$ 分别表示拉索(梁)的单位长度质量线重;C_u,C_v 表示索单位长度的黏性阻尼系数;C_{bv} 为梁单位长度的黏性阻尼系数;g 为重力加速度;θ 为拉索的倾斜角;H 为拉索的初始轴力;$E_{c,b}$ 分别表示拉索(梁)的弹性模量;A_C 为拉索的横截面积;I_b 为梁横截面的惯性矩。K 为控制增益;τ 为控制系统的时滞量。

垂度 d 表示为

$$d = \frac{m_c g l_c^2 \cos\theta}{8H} \tag{4.97}$$

因此,系统的无量纲化方程为[10]

$$\begin{aligned}&\ddot{v}_c - \frac{1}{\omega_c^2}[v_c' + \alpha(by_c' + v_c')\hat{\varepsilon}^*(t)]' = -k\ddot{v}(t-\tau)\delta(x-a)\\&\ddot{v}_b + \frac{1}{\omega_b^4}v_b'''' = 0\\&\hat{\varepsilon}^*(t) = v_b(1,t)\sin\theta\cos\theta + \int_0^1\left[by_c'v_c' + \frac{1}{2}v_c'^2\right]dx_c\end{aligned} \tag{4.98}$$

引入如下变量

$$\boldsymbol{v} = \begin{bmatrix} v_c \\ v_b \end{bmatrix} = \begin{bmatrix} \varphi_c(x) \\ \varphi_b(x) \end{bmatrix} e^{i\frac{\omega}{\omega_1}t} \tag{4.99}$$

其中,ω 表示系统的频率。将方程(4.99)代入方程(4.98),线性化有

$$\begin{aligned}&\varphi_c''(x) + \omega_{vc}^2\varphi(x) = 8ab\varepsilon^*\\&\varphi_b''''(x) - \omega_{vb}^4 = 0\end{aligned} \tag{4.100}$$

连接条件如下

$$\begin{aligned}&\varphi_c(0) - \varphi_b(1)\cos^2\theta = 0, K\varphi'''(1) = -\varepsilon^*\sin\theta\\&\varphi_c(1) = 0, \varphi_b(0) = 0, \varphi_b'(0) = 0, \varphi_b''(1) = 0\end{aligned} \tag{4.101}$$

其中

$$\hat{\varepsilon}^*(t) = \varphi_b(1)\sin\theta\cos\theta + \int_0^1 by_c^{*\prime}\varphi_c' dx \tag{4.102}$$

通过求解,可得到索、梁的振型如下

$$\begin{aligned}&\varphi_c(x) = \varphi_b(1)\cos\theta\left[\chi\cos\omega_{vc}x - \frac{1}{\sin\omega}(\cos\theta + \chi)\sin\omega_{vc}x + \sin\theta + \chi\right]\\&\varphi_b(x) = c\left[\sin ax - \sinh ax - \frac{\sin a + \sinh a}{\cos a + \cosh a}(\cos ax + \cosh ax)\right]\end{aligned} \tag{4.103}$$

其中

$$\chi = \frac{-4b\rho\cos\theta + \left(\omega_{vc}\sin\theta - \dfrac{\sin\theta\omega_{vc}^3}{8\alpha b}\right)\left(4bv + \dfrac{\omega_{vc}^3}{8\alpha b}\right)}{4b(\cos\omega_{vc} - 1)\rho - \sin\omega_{vc}(4bv + \omega_{vc}^3/8\alpha b)}$$

$$a = \sqrt{\omega_{vc}\left(\frac{m_b l_b^4}{E_b I_b}\right)^{1/2}}$$

$$\rho = 2 - 2\cos\omega_{vc}\sin\omega_{vc}$$

$$\upsilon = -\omega_{vc} - \omega_{vc}\cos\omega_{vc} + 2\sin\omega_{vc}$$

采用伽辽金方法离散时滞微分方程组(4.96),设

$$\begin{aligned} v_c(x,t) &= \sum_{i=1}^{\infty}\varphi_{ci}(x)q_i(t) \\ v_b(x,t) &= \sum_{i=1}^{\infty}\varphi_{bi}(x)q_i(t) \end{aligned} \tag{4.104}$$

式中,$\varphi_{ci}(x)$、$\varphi_{bi}(x)$分别为索和梁的振型函数,$q_i(t)$为整体的第 i 阶模态振动函数。

将方程(4.104)代入系统方程(4.96),并考虑外部荷载作用,可得

$$\begin{aligned} &\ddot{q}_n(t) + \mu_n\dot{q}_n(t) + \omega_n^2 q_n(t) + \sum_{i,j}^{\infty}\Lambda_{nij}q_iq_j + \\ &\sum_{i,j,k=1}^{\infty}\Gamma_{nijk}q_i(t)q_j(t)q_k(t) = F_n\cos(\Omega t) - k_n\ddot{q}_n(t-\tau) \end{aligned} \tag{4.105}$$

式中,μ_n 为阻尼比,ξ_c 和 ξ_b 分别为索和梁的结构阻尼比,F_n 为外激励幅值,Ω 为外激励频率,f_c 和 f_b 分别为作用在索和梁上的外部荷载,且有

$$\mu_n = \frac{\xi_c\int_0^1\varphi_{cn}^2\mathrm{d}x + \xi_b J\int_0^1\varphi_{bn}^2\mathrm{d}x}{M_n} \qquad M_n = \int_0^1\varphi_{cn}^2\mathrm{d}x_c + J\int_0^1\varphi_{bn}^2\mathrm{d}x_b$$

$$\Lambda_{nij} = -\frac{3\alpha b\int_0^1\varphi'_{cn}\varphi'_{ci}\varphi'_{cj}\mathrm{d}x + 4\sin\theta\cos\theta\alpha\int_0^1\varphi'_{cn}\varphi'_{ci}\varphi'_{cj}\varphi_b(1)\mathrm{d}x}{2M_n\omega_c^2}$$

$$F_n = -\frac{\int_0^1 f_c\varphi_{cn}\mathrm{d}x + J\int_0^1 f_b\varphi_{bn}\mathrm{d}x}{M_n} \quad \Gamma_{nijk} = -\frac{\alpha\int_0^1\varphi'_{cn}\varphi'_{ci}\varphi'_{cj}\varphi'_{ck}\mathrm{d}x}{2M_n\omega_c^2}$$

$$\omega_n = \frac{\tilde{\omega}_2}{\tilde{\omega}_1} \qquad k_n = \varphi_{cn}(a)K \qquad J = \frac{m_b l_b^3}{m_c l_c^3}$$

4.5.2 线性稳定性分析

将方程(4.105)线性化,可得

$$\ddot{q}_n(t) + \mu_n\dot{q}_n(t) + \omega_n^2 q_n(t) = -k_n\ddot{q}_n(t-\tau) \tag{4.106}$$

方程(4.106)的解由以下形式给出

$$q_n = A_n e^{(\xi_n + i\lambda_n)t} \tag{4.107}$$

式中，A_n 为振幅；ξ_n 为阻尼系数；λ_n 为响应频率。

将方程(4.107)代入方程(4.106)，分离实虚部并令其分别等于0，则有

$$\lambda_n(2\xi_n+\mu_n)e^{\xi_n\tau}-k_n[(\xi_n^2-\lambda_n^2)\sin(\lambda_n\tau)-2\xi_n\lambda_n\cos(\lambda_n\tau)]=0 \tag{4.108}$$

$$(\lambda_n^2-\xi_n^2-\mu_n\xi_n-\omega_n^2)e^{\xi_n\tau}-k_n[(\xi_n^2-\lambda_n^2)\cos(\lambda_n\tau)+2\xi_n\lambda_n\sin(\lambda_n\tau)]=0 \tag{4.109}$$

令 $\xi_n=0$，代入方程(4.108)和方程(4.109)可得线性稳定性的边界[11]

$$\begin{aligned}\hat{\gamma}&=\frac{\hat{\tau}}{2\pi}=\frac{1}{2\pi\hat{\lambda}_{nq}}\left(\arctan\frac{\hat{\lambda}_{nq}\mu_n}{\hat{\lambda}_{nq}^2-\omega_n^2}+j\pi\right)\qquad j=0,1,\cdots\\ \hat{k}_{ann}&=\pm\sqrt{(1-\omega_n^2/\hat{\lambda}_{nq}^2)^2+(\mu_n/\hat{\lambda}_{nq}^2)^2}\end{aligned} \tag{4.110}$$

式中，$\hat{\lambda}_{nq}$是稳定性边界的临界时滞反馈频率。

考虑梁的第一阶模态($n=1$)时滞反馈的线性自由响应，图4.24a)给出了当$\tau=1.2$，$\mu_1=0.02$时，最小的两个时滞频率 λ_1 和 λ_2 随着控制增益 k_1 的变化。图4.24b)呈现了两个时滞频率对应的阻尼比 ξ_1 和 ξ_2 随着 k_1 的变化图。其中梁的几何尺寸和材料特性参数为线重$m_b=1.6\times10^4$kg/m，惯性矩 $I_b=2.4\text{m}^4$，长度 $l_b=30$m，弹性模量 $E_b=3.5\times10^{10}\text{N/m}^2$。索的几何尺寸和材料特性参数为线重 $m_c=62$kg/m，长度 $l_c=95.82$m，弹性模量 $E_c=2\times10^{11}\text{N/m}^2$，截面积 $A_c=7.6\times10^{-3}\text{m}^2$，倾角 $\theta=18.25°$，索力 $H=4.49$MN。

我们注意到，当 $k_1\approx0$ 时，λ_1 的值非常接近第一阶模态固有频率 $\omega_1=1$，对应的阻尼比 ξ_1、ξ_2均为负阻尼，且$|\xi_1|<|\xi_2|$。因此，对于小的增益，第一时滞频率占主导地位的梁的平凡时滞响应是稳定的。随着 k_1 增加，我们注意到 λ_1 偏离 ω_1 变得更小，更为衰弱，而 k_1 的变化对 λ_2 的影响不大，但可显著降低对应的阻尼比 ξ_2。当 $k_1>0.3$ 时，第二时滞频率对应的阻尼比大于第一时滞频率对应的阻尼比，因此，λ_2 占主导地位。此时，梁的平凡时滞响应仍然保持稳定。当 k_1 进一步增加，在 $k_1\approx0.45$ 时，ξ_2 从负值变到了正值。结果，梁的平凡时滞响应失去稳定，因此，一个小的扰动会导致非平凡响应。

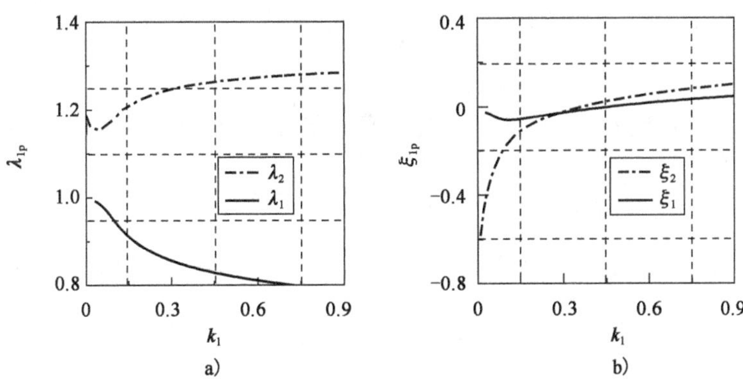

图4.24 频率和阻尼比随控制增益的变化曲线

4.5.3 主共振分析

本节采用多尺度法求解受控系统的主共振解，设方程(4.105)的解的形式如下

$$q_n(t,\varepsilon) = q_{n0}(T_0,T_1,T_2) + \varepsilon q_{n1}(T_0,T_1,T_2) + \varepsilon^2 q_{n2}(T_0,T_1,T_2) + O(\varepsilon^3) \quad (4.111)$$

其中，$T_i = \varepsilon^i t(i=0,1)$，因此，在主共振情况下，调整阻尼项、非线性项及外激励项的系数，即

$$\begin{aligned} &\mu_n = O(\varepsilon^2), \Lambda_{nnn} = O(\varepsilon), \Gamma_{nnnn} = O(\varepsilon^2), k_n = O(\varepsilon^2) \\ &F_n = O(\varepsilon^2), \Omega = 1 + \varepsilon^2\sigma, \sigma = O(1) \end{aligned} \quad (4.112)$$

式中，$\varepsilon(0<\varepsilon\leqslant 1)$为小参数；$\sigma$ 为调谐参数。

将方程(4.112)代入方程(4.105)，并令两端 ε^0，ε^1 和 ε^2 的系数相等，得到

$O(\varepsilon^0)$

$$D_0^2 q_{n0} + q_{n0} = 0 \quad (4.113)$$

$O(\varepsilon^1)$

$$D_0^2 q_{n1} + q_{n1} = -2D_0 D_1 q_{n0} - \Lambda q_{n0}^2 \quad (4.114)$$

$O(\varepsilon^2)$

$$\begin{aligned} D_0^2 q_{n2} + q_{n2} = &-2D_0 D_2 q_{n0} - D_1^2 q_{n0} - 2D_0 D_1 q_{n1} - \mu_n D_0 q_{n0} - 2\Lambda_{nnn} q_{n0} q_{n1} - \Gamma_{nnnn} q_{n0}^3 \\ &- k_n D_0^2 q_{n0}(T_0 - \tau, T_1, T_2) + F_n \cos(T_0 + \sigma T_2) \end{aligned} \quad (4.115)$$

方程(4.113)的解可记为

$$q_{n0} = A_n(T_1,T_2)\mathrm{e}^{\mathrm{i}T_0} + cc \quad (4.116)$$

其中，$\mathrm{i} = \sqrt{-1}$，cc 代表前面各项的共轭复数。将方程(4.116)代入方程(4.114)中，可得

$$D_0^2 q_{n1} + q_{n1} = -2\mathrm{i}D_1 A_n \mathrm{e}^{\mathrm{i}T_0} - \Lambda_{nnn}(A_n^2 \mathrm{e}^{2\mathrm{i}T_0} + A_n \bar{A}_n) + cc \quad (4.117)$$

消去方程(4.117)中的久期项，得到 $A_n(T_2)$是 T_2 的复函数，因而方程(4.117)的解为

$$q_{n1} = \Lambda_{nnn}\left(-A_n\bar{A}_n + \frac{1}{3}A_n^2\mathrm{e}^{2\mathrm{i}T_0}\right) + cc \quad (4.118)$$

将方程(4.116)和方程(4.118)代入方程(4.115)中，可得

$$D_0^2 q_{n2} + q_{n2} = -2D_0D_2A_n e^{iT_0} - D_1^2 A_n e^{iT_0} - 2D_0D_1\Lambda_{nnn}\left(-A_n\overline{A}_n + \frac{1}{3}A_n^2 e^{2iT_0}\right) - \mu_n D_0 A_n e^{iT_0}$$

$$-2\Lambda_{nnn}\left(\frac{1}{3}A_n^3 e^{3iT_0} - \frac{5}{3}A_n^2\overline{A}_n e^{iT_0}\right) - \Gamma_{nnnn}(A_n^3 e^{3iT_0} + 3A_n^2\overline{A}_n e^{iT_0}) + k_n e^{-i\tau}A_n e^{iT_0} + \frac{F_n}{2}e^{i\sigma T_2}e^{iT_0} + cc \tag{4.119}$$

消去方程(4.119)中的久期项,有

$$-2iA_n' - i\mu_n A_n + k_n A_n e^{-i\tau} + \left(\frac{10}{3}\Lambda_{nnn} - 3\Gamma_{nnnn}\right)A_n^2\overline{A}_n + \frac{F_n}{2}e^{i\sigma T_2} = 0 \tag{4.120}$$

令

$$A_n(T_2) = \frac{1}{2}a_n(T_2)e^{i\beta_n(T_2)} \tag{4.121}$$

式中,a_n 和 β_n 是 T_2 的实函数。

将方程(4.121)代入方程(4.120)中,分离实虚部,得到

$$\begin{aligned} a_n' &= -\frac{\mu_n}{2}a_n - \frac{k_n a_n}{2}\sin\tau + \frac{F_n}{2}\sin\gamma_n \\ a_n\gamma_n' &= \sigma a_n + \frac{k_n a_n}{2}\cos\tau + \left(\frac{5}{12}\Lambda_{nnn} - \frac{3}{8}\Gamma_{nnnn}\right)a_n^3 + \frac{F_n}{2}\cos\gamma_n \end{aligned} \tag{4.122}$$

式中,$\gamma_n(T_2) = \sigma T_2 - \beta_n(T_2)$。则可得主共振的幅频响应方程

$$\frac{f_n^2}{4} = \frac{1}{4}\mu_e^2 a_n^2 + \left(\sigma_e + \frac{5}{12}\Lambda_{nnn}a_n^2 - \frac{3}{8}\Gamma_{nnnn}a_n^2\right)^2 a_n^2 \tag{4.123}$$

其中

$$\mu_e = \mu_n + k_n \sin\tau, \sigma_e - \sigma + k_n \cos\tau/2$$

下面研究主共振响应幅值的峰值和临界激励幅值,由方程(4.122)可知,当 $\sigma_e + \frac{5}{12}\Lambda_{nnn}a_n^2 - \frac{3}{8}\Gamma_{nnnn}a_n^2 = 0$ 时,a_n^2 有最大值。因此,可得主共振响应幅值的峰值为

$$a_p = \frac{F_n}{|\mu_n + k_n \sin\tau|} \tag{4.124}$$

在方程(4.123)中,令 $B = a_n^2$,则有

$$\frac{F_n^2}{4} = \frac{1}{4}\mu_e^2 B + \left[\sigma_e + \left(\frac{5}{12}\Lambda_{nnn} - \frac{3}{8}\Gamma_{nnnn}\right)B\right]^2 B \tag{4.125}$$

对方程(4.125)两边求导,可得

$$\sigma_e^{\pm} = \left(\frac{3}{4}\Gamma_{nnnn} - \frac{5}{6}\Lambda_{nnn}\right)B \pm \frac{1}{2}\left[4\left(\frac{5}{12}\Lambda_{nnn} - \frac{3}{8}\Gamma_{nnnn}\right)^2 B^2 - \mu_e^2\right]^{\frac{1}{2}} \tag{4.126}$$

由上式可知,当$\sigma_e = \left(\frac{3}{4}\Gamma_{nnnn} - \frac{5}{6}\Lambda_{nnn}\right)B$时,$\sigma_e = \mu_e$,可得相应的临界激励幅值为

$$f_{crit} = \sqrt{\frac{2\mu_e^3}{\frac{3}{4}\Gamma_{nnnn} - \frac{5}{6}\Lambda_{nnn}}} \tag{4.127}$$

4.5.4 数值算例

本节对受控索-梁结构第一阶模态的主共振响应进行数值分析,讨论其与增益和时滞量之间的关系。

选取$f_1 = 0.003$,$\mu_1 = 0.02$,图4.25给出了当控制增益$k_1 = 0.3$时不同时滞值情况下受控梁第一模态($n = 1$)主共振响应的幅频曲线。其中增益值、时滞量的选取根据图4.26中时滞对响应峰值的影响,选取了一个周期中的几个参数进行对比。从中可以看出,随着时滞值的增大,响应幅值先减小后增大。值得指出的是,图4.26给出的主共振响应的峰值曲线也证明了这一点,当时滞值$\tau \in (k\pi, k\pi + \pi/2)$,$k = 0, 1, \cdots$,响应幅值随着时滞值的增大而减小,增长速率明显高于时滞值增长速率,且随着时滞值增大,幅频响应曲线弯曲程度减弱。同时可以发现,不同的时滞值对应的幅频曲线存在多值区域和跳跃现象,而在$\tau \in (k\pi + \pi/2, k\pi + \pi)$区间则递增,呈现出周期性变化(周期$T = \pi$)。

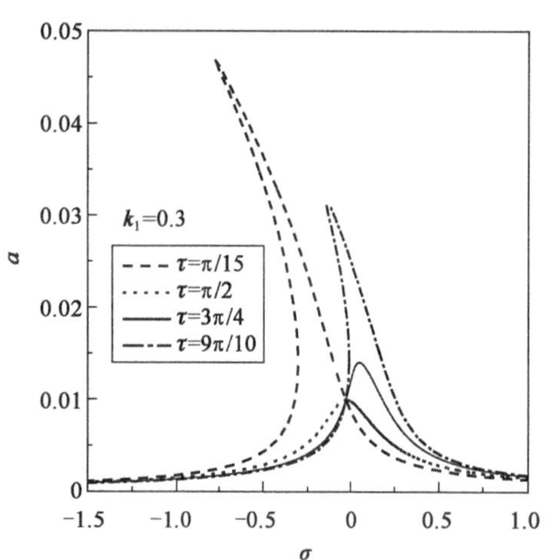

图4.25　不同时滞值时受控索-梁结构主共振响应幅频曲线

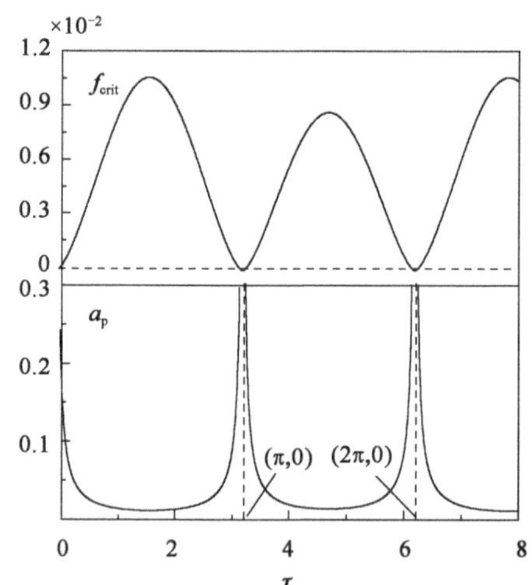

图4.26　时滞影响下受控索-梁结构主共振响应峰值和临界激励幅值曲线

图4.27给出了不同时滞值和调谐参数值的情况下系统第一阶模态的响应幅值-激励幅值曲线,这些曲线直接由方程(4.123)得到。注意到,随着调谐参数值的变化,曲线有单值和多值的不同,并且不难发现,不稳定值仅出现在多值曲线上,随着值的增大即激励频率的增大,出现了单值到多值的转换,同时可以发现,随着时滞值增大,系统响应幅值相应增大,曲线弯曲程

度增强。

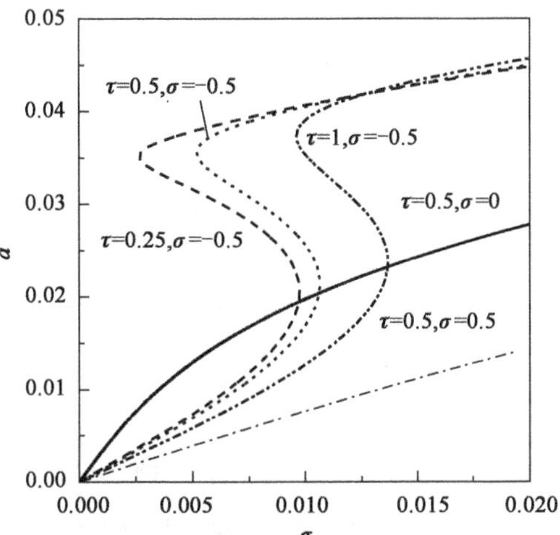

图 4.27　时滞作用下主共振响应幅值-激励幅值曲线

参 考 文 献

[1] Gattulli V, Morandini M, Paolone A. A parametric analytical model for nonlinear dynamics in cable-stayed beam[J]. Earthquake Engineering and Structural Dynamics, 2002, 31: 1281-1300.

[2] 张妍, 王怀磊, 杨杰. 斜拉桥塔-索-桥耦合连续模型及其内共振分析[J]. 振动工程学报, 2010, 23(4): 397-403.

[3] 赵跃宇, 蒋丽忠, 王连华, 等. 索-梁组合结构的动力学建模理论及其内共振分析[J]. 土木工程学报, 2004, 37(3): 69-72,104.

[4] Caetano E, Cunha A, Gattulli V, et al. Cable-deck dynamic interactions at the international Guadiana bridge: on-site measurements and finite element modeling[J]. Structural Control and Health Monitoring, 2008, 15(3): 237-264.

[5] Bruno D, Greco F, Lonetti P. Dynamic impact analysis of long span cable-stayed bridges under moving loads[J]. Engineering Structures, 2008, 30(4): 1160-1177.

[6] Cao D Q, Song M T, Zhu W D et al. Modeling and analysis of the in-plane vibration of a complex cable-stayed bridge[J]. Journal of Sound and Vibration, 2012, 331(26): 5685-5714.

[7] 汪峰,文晓旭,刘章军. 斜拉桥塔-索-桥面连续耦合参数振动特性分析[J]. 应用力学学报, 2015,32(2): 340-346, 360.

[8] Konstantakopoulos T G, Michaltsos G T. A mathematical model for a combined cable system of bridges[J]. Engineering Structures, 2010, 32(9): 2717-2728.

[9] El Ouni M H, Ben Kahla N. Numerical study of the active tendon control of a cable-stayed bridge in a construction phase[J]. Shock and Vibration, 2014, 8: 1-10.

[10] Lin K, Zou D, Wei M. Nonlinear analysis of cable vibration of a multispan cable-stayed bridge under trans-

verse excitation[J]. Mathematical Problems in Engineering, 2014, 4: 1-13.

[11] 康厚军，郭铁丁，赵跃宇. 大跨度斜拉桥非线性振动模型与理论研究进展[J]. 力学学报，2016，48(3)：519-535.

[12] Krenk S. Vibration of a taut cable with an external damper[J]. Journal of Applied Mechanics, ASME. 2000, 67(4): 772-776.

[13] Johnson E A, Baker G A, Spencer B F Jr, et al. Semiactive damping of stay cables[J]. Journal of Engineering Mechanics, ASCE. 2007, 133(1): 1-11.

[14] 陈水生. 斜拉桥拉索的 MR 半主动控制研究[J]. 中国公路学报，2004，17(2)：51-55.

[15] 王修勇，陈政清，倪一清，等. 斜拉桥拉索磁流变阻尼器减振技术研究[J]. 中国公路学报，2003，16(3)：52-56.

[16] 陈政清. 拉索风雨振现场观测与振动控制[J]. 建筑科学与工程学报，2005，22(4)：5-10.

[17] Cai C S, Wu W J, Araujo M. Cable vibration control with a TMD-MR damper system: experiment exploration [J]. Journal of Structure Engineering, ASCE. 2007, 133(4): 629-637.

[18] Duan Y F, Ni Y Q, Ko J M. Cable vibration control using magnetorheological dampers[J]. Journal of Intelligent Material Systems and Structures. 2006, 17(4): 321-325.

[19] Li H, Liu M, Guan X, Ou J. Vibration control of stay cables of the Shandong Binzhou Yellow River highway bridge using magnetorheological fluid dampers[J]. Journal of Bridge Engineering, ASCE. 2007, 12(4): 401-409.

[20] 陈勇，孙炳楠，楼文娟，等. 采用 ER 阻尼器作拉索半主动振动控制的实验研究[J]. 土木工程学报，2004，37(1)：50-55.

[21] 胡海岩. 振动主动控制中的时滞动力学问题[J]. 振动工程学报，1997，10(3)：273-279.

[22] 徐鉴，裴利军. 时滞系统动力学近期研究进展与展望[J]. 力学进展，2006，36(1)：17-30.

[23] 王在华，胡海岩. 时滞动力系统的稳定性与分岔：从理论走向应用[J]. 力学进展，2013，43(1)：3-20.

[24] Stepan G. Retarded dynamical systems: stability and characteristic functions[J]. Essex: Longman Scientific & Technical, 1989.

[25] Hu H Y, Wang Z H. Dynamics of controlled mechanical systems with delayed feedback[M]. Berlin: Springer, 2002.

[26] Olgac N, McFarland D M, Holm-Hansen B T. Position feedback-induced resonance: the delayed resonator [C]. ASME Winter Annual Meeting, 1992, 38: 113-119.

[27] Olgac N, Holm-Hansen B T. A novel active vibration absorption technique: delayed resonator[J]. Journal of Sound and Vibration, 1994, 176 (1): 93-104.

[28] Kammer A S, Olgac N. Delayed-feedback vibration absorbers to enhance energy harvesting[J]. Journal of Sound and Vibration, 2016, 363: 54-67.

[29] 赵艳影，徐鉴. 时滞非线性动力吸振器的减振机理[J]. 力学学报，2008，40(1)：98-106.

[30] 赵艳影，徐鉴. 利用时滞反馈控制自参数振动系统的振动[J]. 力学学报，2011，43(5)：894-904.

[31] 陈龙祥. 结构振动的时滞反馈控制及其实验研究[D]. 上海:上海交通大学, 2009.

[32] Peng J, Wang L H, Zhao Y Y, et al. Bifurcation analysis in active control system with time delay feedback [J]. Applied Mathematics and Computation, 2013, 219(19): 10073-10081.

[33] 彭剑, 李禄欣, 向明姣, 等. 索-梁组合结构主共振响应的时滞反馈控制[J]. 计算力学学报, 2017, 34 (5): 638-643.

[34] 蔡国平, 陈龙祥. 时滞反馈控制及其实验[M]. 北京: 科学出版社, 2017.

[35] Wang L H, Zhao Y Y. Large amplitude motion mechanism and non-planar vibration character of stay cables subject to the support motions[J]. Journal of Sound and Vibration, 327(1-2): 121-133.

[36] Irvine H M. Cable Structures[M], MIT Press,Cambridge,1981.

[37] Ni Q, Wang X Y, Chen Z Q, et al. Field observations of rain-wind-induced cable vibration in cable-stayed Dongting Lake Bridge[J]. Journal of Wind Engineering and Industrial Aerodynamics, 2007, 95: 303-328.

5 磁流变式调谐液柱阻尼器减振理论与实验

磁流变式调谐液柱阻尼器(Manetorheological Tuned Liquid Column Damper,简称 MR-TLCD)采用智能材料磁流变液或磁流变阻尼器代替传统调谐液柱阻尼器(TLCD)水平段的阀门耗能功能,实现调节 TLCD 阻尼力的作用,进而实现 TLCD 实时半主动控制技术[1-15]。现有 TLCD 半主动控制研究主要集中在实现 TLCD 半主动控制的两种方法。一种是通过实时调节 TLCD 水平段阀门大小改变阻尼器的阻尼力,如 Yalla 等[4,5]开发了气动阀门半主动 TLCD 实验装置;另外一种是采用智能材料实现 TLCD 的半主动控制,如 Ying、Wang、Ni 等[8-10]用磁流变液材料代替 TLCD 中常规水液体,Colwell 等[11]研究了装有水、乙二醇和稀释磁流变液的 TLCD 减振情况,Sarkar 等[12]提出了 MR-TLCD 控制风力发电机风叶与塔筒振动的方法。作者采用第二种 MR 阻尼器方式,开展了 MR-TLCD 力学性能分析与实验、桥梁-MR-TLCD 系统风振被动控制研究、MR-TLCD 系统半主动控制理论研究,并通过单自由度结构受简谐荷载、三阶谐波荷载,以及随机风荷载时的半主动控制减振分析与实验研究,验证了 MR-TLCD 半主动控制减振性能[13-15]。

5.1 MR-TLCD 力学性能分析与实验

5.1.1 MR-TLCD 实验装置

如图 5.1 所示,MR-TLCD 包括水平管段 U 形管,在 U 形管的水平管段中固定安装 MR 阻尼器,此 MR 阻尼器通过芯杆连接到带有密封结构的活塞,且该活塞可在 U 形水平管段中随芯杆做轴向移动,并保持将该活塞两侧的 U 形管腔体密封分隔。MR-TLCD 与现有 TLCD 相比,通过加入智能材料 MR 阻尼器,具备实时调节阻尼器阻尼力的能力,实现半主动 TLCD 减振控制的特性。

考虑到 MR-TLCD 模型实验,研制了如图 5.2 所示的 MR-TLCD 实验装置,其特点:选取了无限位、阻尼力可调范围大的旋转剪切式 MR 阻尼器[16,17]。从图 5.3a)看出,实验 MR-TLCD 主要由装有液体的 U 形结构和 MR 阻尼器两部分组成。为加工方便,TLCD 选取有机玻璃板材料制作,并把 U 形管做成正方形截面,MR 阻尼器选用旋转剪切式 MR 阻尼器。通过在

TLCD竖直段放置一块方形轻质有机玻璃块,使旋转剪切式 MR 阻尼器与 TLCD 协同工作,此板通过一个带牙条的导杆与 MR 阻尼器连接,然后在导杆旁安装一个小刚度弹簧,其目的是保持方形轻质有机玻璃板、导杆和力传感器处于某一平衡位置。MR 阻尼器固定在 TLCD 一端管壁上的 MR-TLCD 力学模型等同于 MR 阻尼器固定于 U 形管水平段时的模型,选取图 5.3 的 MR-TLCD 示意图进行建模分析。

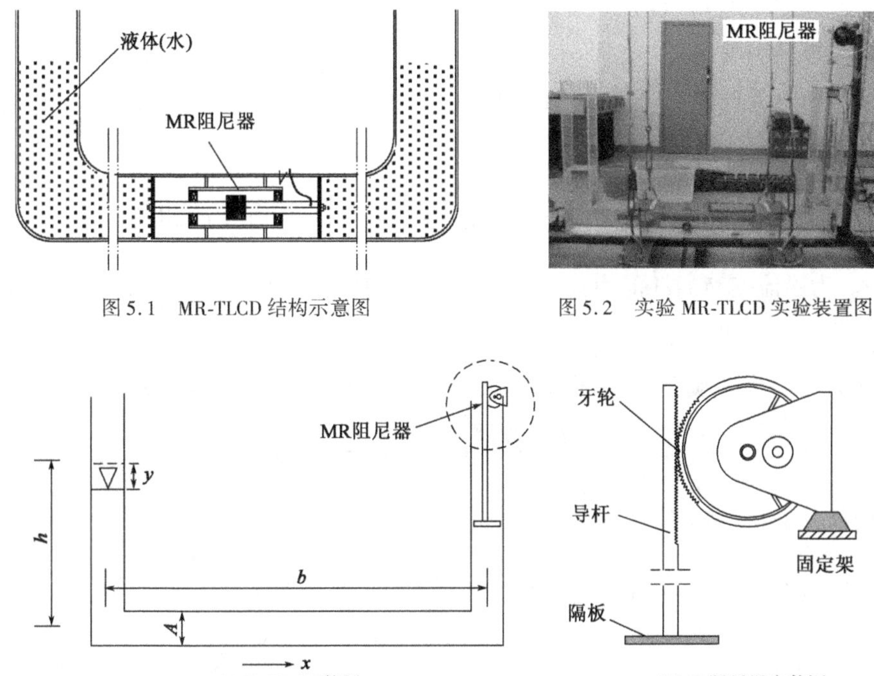

图 5.1　MR-TLCD 结构示意图

图 5.2　实验 MR-TLCD 实验装置图

图 5.3　实验 MR-TLCD 结构示意图

5.1.2　MR-TLCD 力学模型

1)基本假定

根据 MR 和 TLCD 协同工作原理,分析 MR-TLCD 力学模型时,首先单独考虑 MR 阻尼器力学模型和常规 TLCD 力学模型,然后由方形轻质有机玻璃板的同步液体位移和速度,建立 MR-TLCD 耦合动力方程。建立 MR-TLCD 动力方程时,做如下假定:

①不考虑 MR-TLCD 管内液体表面的晃动,其原因是实验室制作和工程应用的 TLCD 管壁较长、频率很低,可忽略 TLCD 管内液体表面的晃动。

②TLCD 管内液面与旋转剪切式 MR 阻尼器的位移和速度保持同步。

③考虑安装在导杆旁的竖向弹簧刚度,不考虑方形轻质有机玻璃板、导杆和力传感器的质量。

④将液体与 TLCD 管壁之间的水流阻力、方形轻质有机玻璃板与 TLCD 管壁的库仑摩擦

力和固定导杆的摩擦力等三项综合考虑到 MR 阻尼器无电流施加时 MR-TLCD 初始阻尼比中，随 MR 阻尼器输入电流的增加，MR-TLCD 阻尼比在此基础上随输入电流增加而增大。

⑤TLCD 截面宽度远小于水平段液柱长度，其原因是 TLCD 由调谐液体阻尼器 TLD 改装而来，当 TLD 制作成 U 形 TLCD 时，由于 TLD 运动频率很复杂，又存在行波效应，会引起液柱运动不同步，当截面宽度远小于水平段液柱长度时，即可避免上述现象的发生。从后续 MR-TLCD实验现象知，TLCD 满足远小于水平段液柱长度假定。

2）MR-TLCD 动力方程

MR-TLCD 动力方程建模中的 MR 阻尼器选用旋转剪切式 MR 阻尼器[16,17]，并采用基于 Bingham 的玻尔兹曼力学模型，如下式

$$F_{\mathrm{MR}}(\dot{y}) = \left[0.7197 - \frac{2.5142}{1 + \mathrm{e}^{(I+0.4033)/0.4422}}\right]\mathrm{sgn}(\dot{y}) + 6.2817\dot{y} \tag{5.1}$$

式中，F_{MR} 为磁流变液的耗能力；I 为电流值；$\dot{y}$ 为 TLCD 管中液体与 MR 阻尼器做同步运动的速度。

MR 阻尼器力学模型确定后，采用 Lagrange 方程建立 MR-TLCD 力学模型

$$\frac{d}{\mathrm{d}t}\left(\frac{\partial(T-U)}{\partial\dot{y}}\right) - \frac{\partial(T-U)}{\partial y} = Q \tag{5.2}$$

式中，液体动能 T 表达为

$$T = 2\times\int_{V_{\mathrm{V}}}\frac{1}{2}(\dot{x}^2+\dot{y}^2)\rho\mathrm{d}V_{\mathrm{V}} + \int_{V_{\mathrm{H}}}\frac{1}{2}(\dot{y}+\dot{x})^2\rho\mathrm{d}V_{\mathrm{H}} = \rho Ah(\dot{x}^2+\dot{y}^2) + \frac{1}{2}\rho Ab(\dot{y}+\dot{x})^2 \tag{5.3}$$

液体势能 U_1 表达为

$$U_1 = \int_{V_{\mathrm{V}}} g\rho z\mathrm{d}V_V = \rho gA\int_h^{h-y} z\mathrm{d}z + \rho gA\int_h^{h+y} z\mathrm{d}z = \rho gAy^2 \tag{5.4}$$

由假定③知弹簧的弹性势能 U_2 表达为

$$U_2 = \frac{1}{2}k_{\mathrm{m}}y^2 \tag{5.5}$$

MR-TLCD 总势能 U 为

$$U = U_1 + U_2 \tag{5.6}$$

式(5.2)～式(5.6)中，各参数代表意义可参见图 5.3 综合说明。$\dot{x}$ 为 TLCD 底座受到外部水平激励速度；A 为 TLCD 截面面积；b 为 TLCD 水平段管壁长度；h 为 TLCD 竖直段管壁长度；g 为重力加速度；ρ 为液体的密度；z 为从水平管中心线位置竖直向的参考坐标；V_{V} 和 V_{H} 分别为 TLCD 竖直段和水平段液体体积；k_{m} 为导杆旁竖向弹簧刚度；Q 为 MR-TLCD 受到的非保守力。

MR-TLCD 受到非保守力 Q 为式(5.1)中 MR 阻尼器库仑阻尼力和乘以 γ 修正系数的黏

性阻尼力,表达式为

$$Q = -f_{\mathrm{MR}}\mathrm{sgn}(\dot{y}) - \gamma(I)\eta_0\dot{y} \tag{5.7}$$

式中,γ 是把液体与 TLCD 管壁之间的水流阻力,以及方形轻质有机玻璃板与 TLCD 管壁的库仑摩擦力和固定导杆的摩擦力综合考虑到 MR-TLCD 不加电流时的初始阻尼比中的修正系数。电流增加时,MR 阻尼力增大,致使方形轻质有机玻璃板与 TLCD 管壁摩擦力和固定导杆的摩擦力增加,从而阻尼比修正系数 γ 也增大,即 γ 是输入电流的函数。η_0 是旋转剪切式 MR 阻尼器的黏性阻尼系数。

将式(5.4)~式(5.7)代入式(5.2)中,即可得 MR-TLCD 动力控制方程

$$\rho AL_{\mathrm{eq}}\ddot{y} + \gamma(I)\eta_0\dot{y} + (2\rho gA + k_{\mathrm{m}})y = -\rho Ab\ddot{x} - f_{\mathrm{MR}}\mathrm{sgn}(\dot{y}) \tag{5.8}$$

式中,$f_{\mathrm{MR}}\mathrm{sgn}(\dot{y})$ 是通过外接输入电流的可调库仑阻尼力。

MR-TLCD 管壁等效长度为 $L_{\mathrm{eq}} = b + 2h$,振动圆频率是

$$\omega_{\mathrm{T}} = \sqrt{\frac{2\rho gA + k_{\mathrm{m}}}{\rho AL_{\mathrm{eq}}}} = \sqrt{\frac{2g}{L_{\mathrm{eq}}} + \frac{k_{\mathrm{m}}}{\rho AL_{\mathrm{eq}}}} \tag{5.9}$$

式中,振动圆频率 ω_{T} 与文献[1]不同之处在于多了由弹簧刚度引起的频率变化部分 $k_{\mathrm{m}}/\rho AL_{\mathrm{eq}}$。

5.1.3 MR-TLCD 动力放大系数

本节采用等效原则[18]对非线性库仑阻尼力项进行线性化处理,即使等效黏性阻尼在一周期内消耗的能量等于要简化的非黏性阻尼在同一个周期内消耗的能量,为便于计算消耗的能量,通常假设在简谐激振力作用下,非黏性阻尼系统的稳态振动仍然是简谐振动,等效后的阻尼系数如下式

$$c_{\mathrm{e}} = \frac{4f_{\mathrm{MR}}}{\pi\omega y_0} \tag{5.10}$$

式中,c_{e} 是库仑摩擦力的等效阻尼系数;ω 是简谐振动的圆频率;y_0 是简谐振动的幅值。

若 MR-TLCD 受水平激励加速度 $\ddot{x} = -\omega^2 x_0 \mathrm{e}^{\mathrm{i}\omega t}$作用,式中,$x_0$ 为与时间无关的初始输入幅值。对应的 MR-TLCD 液体稳态位移响应 $y = \bar{y}\mathrm{e}^{\mathrm{i}\omega t}$,速度响应 $\dot{y} = \mathrm{i}\omega\bar{y}\mathrm{e}^{\mathrm{i}\omega t}$,加速度响应 $\ddot{y} = -\omega^2\bar{y}\mathrm{e}^{\mathrm{i}\omega t}$,式中,$\bar{y}$ 称为复振幅,其包含相位信息。MR-TLCD 稳态响应与式(5.11)一起代入式(5.8)中,其稳态解的特解如下式

$$-\omega^2\bar{y}\mathrm{e}^{\mathrm{i}\omega t} + 2(\gamma(I)\zeta_1 + \zeta_{\mathrm{e}})\omega_{\mathrm{T}}\omega\bar{y}\mathrm{e}^{\mathrm{i}\omega t} + \omega_{\mathrm{T}}^2\bar{y}\mathrm{e}^{\mathrm{i}\omega t} = \alpha\omega^2 x_0\mathrm{e}^{\mathrm{i}\omega t} \tag{5.11}$$

式中,$\omega_{\mathrm{T}} = \sqrt{k_{\mathrm{T}}/m_{\mathrm{T}}}$为 MR-TLCD 结构固有频率;$m_{\mathrm{T}} = \rho AL_{\mathrm{eq}}$为 MR-TLCD 总质量;$k_{\mathrm{T}} = 2\rho gA +$

k_m 为 MR-TLCD 总刚度；$\alpha = b/L_{eq}$ 为 MR-TLCD 水平段与总长度比值；$\zeta_1 = \dfrac{\eta_0}{2m_T\omega_T}$ 为不考虑 $\gamma(I)$ 修正系数时 MR-TLCD 初始黏性阻尼比；$\zeta_e = \dfrac{c_e}{2m_T\omega_T} = \dfrac{2f_{MR}}{\pi\lambda k_T y_0}$ 为 MR-TLCD 库仑力的等效阻尼比；$\lambda = \dfrac{\omega}{\omega_T}$ 为激励与固有频率比。

求式(5.11)稳态解为

$$
\begin{aligned}
\bar{y} &= \frac{\alpha\lambda^2 x_0}{\sqrt{(1-\lambda^2)^2 + (2(\gamma(I)\zeta_1 + \zeta_e)\lambda)^2}} e^{-i\varphi} \\
\varphi &= \arctan \frac{2(\gamma(I)\zeta_1 + \zeta_e)\lambda}{1-\lambda^2}
\end{aligned}
\tag{5.12}
$$

若不考虑 ζ_1 和 ζ_e 之间的交叉项，解得 MR-TLCD 受到水平运动简谐激励时的动力放大系数(Dynamic Magnification Factor，简称 DMF)

$$
y_{DMF} = \alpha\lambda^2 \frac{\sqrt{1 - \left(\dfrac{4f_{MR}}{\pi k_T \alpha\lambda^2 x_0}\right)^2}}{\sqrt{(1-\lambda^2)^2 + (2\gamma(I)\zeta_1\lambda)^2}} \tag{5.13}
$$

将式(5.13)动力放大系数与 MR-TLCD 力学性能实验结果比对，可求黏性阻尼比，以及随电流变化的阻尼比修正系数 $\gamma(I)$，为后续 MR-TLCD 被动与半主动控制减振性能分析提供重要基础。

5.1.4 MR-TLCD 力学性能实验结果分析

1)实验装置与工况

MR-TLCD 性能实验装置及仪器如图 5.4 所示，包括伺服电动机、信号发生器、MR-TLCD 装置、MR 阻尼器固定架、激光位移计、信号变换器、数据采集器、直流可调电源等。MR-TLCD 实验过程为将伺服电动机[图 5.4a)]通过刚性导杆与 MR-TLCD 底座[图 5.4c)]连接，从而保证 MR-TLCD 依据伺服电动机信号运动。通过激光位移计[图 5.4e)]采集 MR-TLCD 液位和 MR 阻尼器同步位移信号，然后由激光位移计信号转换器[图 5.4f)]将其传输至数据采集系统并自动保存。

MR-TLCD 性能实验中采用了两种特征尺寸的 TLCD，其参数如表 5.1 所示。在每种工况下均对有 MR 阻尼器，安装 MR 阻尼器后无外接电流，外接电流 0.1A、0.3A、0.5A、0.7A、0.9A 等工况进行了实验，详见实验工况表 5.2。此外，还实验了无 MR 阻尼器时的 TLCD 频率值，以便与有 MR 阻尼器后频率变化值进行比对。

a)伺服电动机

b)电动机信号发生器

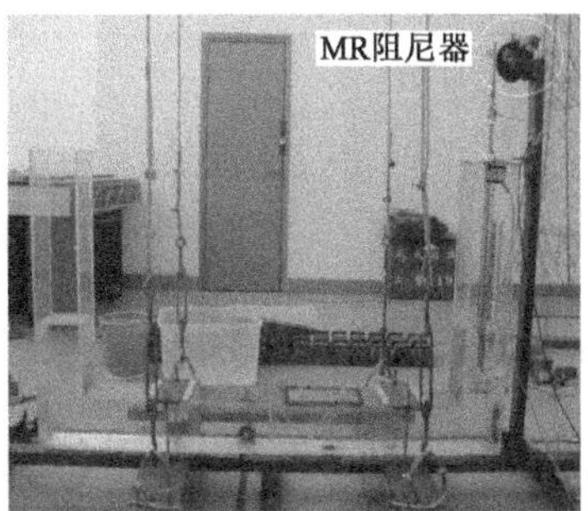

c)MR-TLCD装置

d)MR阻尼器固定架

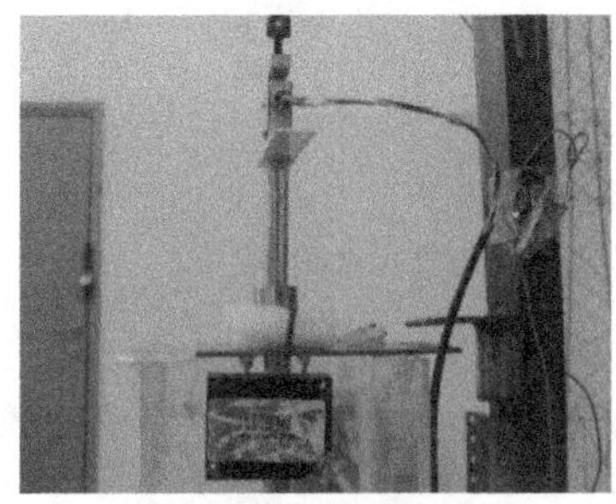
e)激光位移计

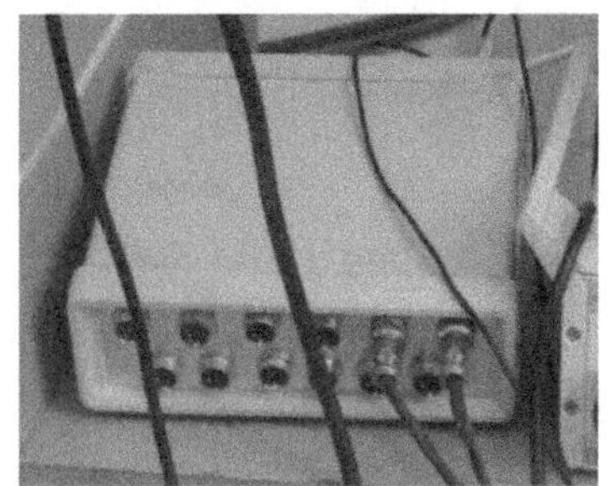
f)激光位移计信号转换器

图 5.4 MR-TLCD 性能实验装置及仪器

两种 TLCD 实验工况的特征尺寸 表 5.1

工　况	水平长度 b(m)	竖直长度 h(m)	等效长度 L_{eq}(m)	截面面积 A(m^2)	弹簧刚度 k_m(N/m)
工况一	1.45	0.395	2.24	0.15 ×0.15	11.5
工况二	1.45	0.300	2.05	0.15 ×0.15	11.5

MR-TLCD 实验工况 表 5.2

工　况	MR 阻尼器输入电流(A)						
工况一	无/有 MR 阻尼器	0.0	0.1	0.3	0.5	0.7	0.9
工况二							

2)TLCD 理论与实验频率值对比

TLCD 理论频率值由式(5.9)和表 5.1 两种 TLCD 实验工况的特征尺寸求得,TLCD 实验频率经快速傅立叶变换后,见图 5.5 所示。两者的频率值对比见表 5.3。由表 5.3 可知两种工况的理论值与实验值比较接近,误差分别为 3.00% 和 2.51%,故 TLCD 数值分析时可以直接采用理论计算公式。

TLCD 理论与实验频率值 表 5.3

工　况	有效长度 L_{eq}(m)	理论值(Hz)	实验值(Hz)	误　差
工况一	2.24	0.47103	0.48486	3.00%
工况二	2.05	0.49237	0.50507	2.51%

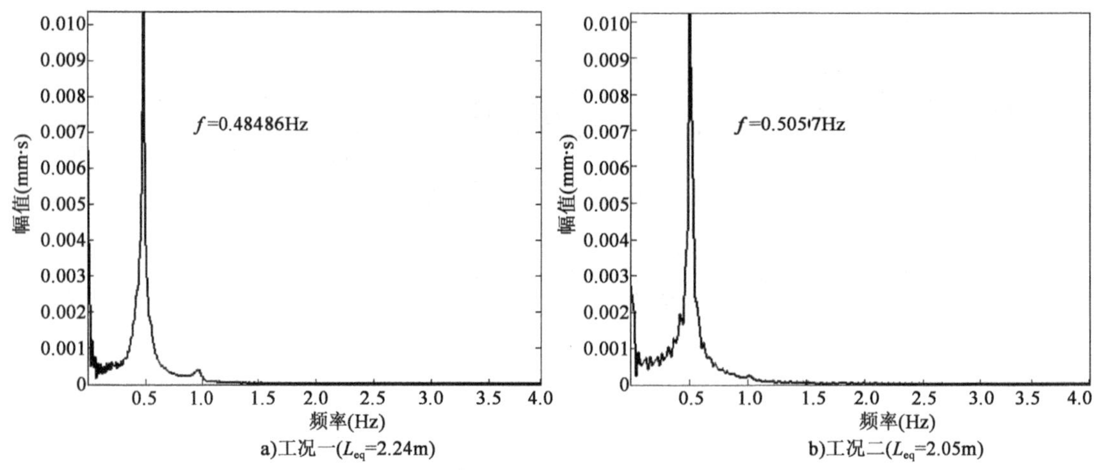

图 5.5　TLCD 实验频谱值

3) MR-TLCD 理论与实验频率对比

MR-TLCD 理论频率值由式(5.9)直接求得,实验频率经快速傅立叶变换后得到,如图 5.6 所示。MR-TLCD 中的液体为水,密度 $\rho = 1000\text{kg/m}^3$,结合表 5.1 两种 TLCD 实验工况的特征尺寸,求得理论与实验频率值如表 5.4 所示。由表 5.4 MR-TLCD 理论与实验频率值知,两种工况下理论与实验误差分别为 2.34% 和 3.92%,相比 TLCD 理论与实验值误差,工况一误差略有减小,工况二误差略有增大。总体而言,MR-TLCD 最大误差均在接受范围内,所以 MR-TLCD 理论值能为后续仿真计算直接采用。

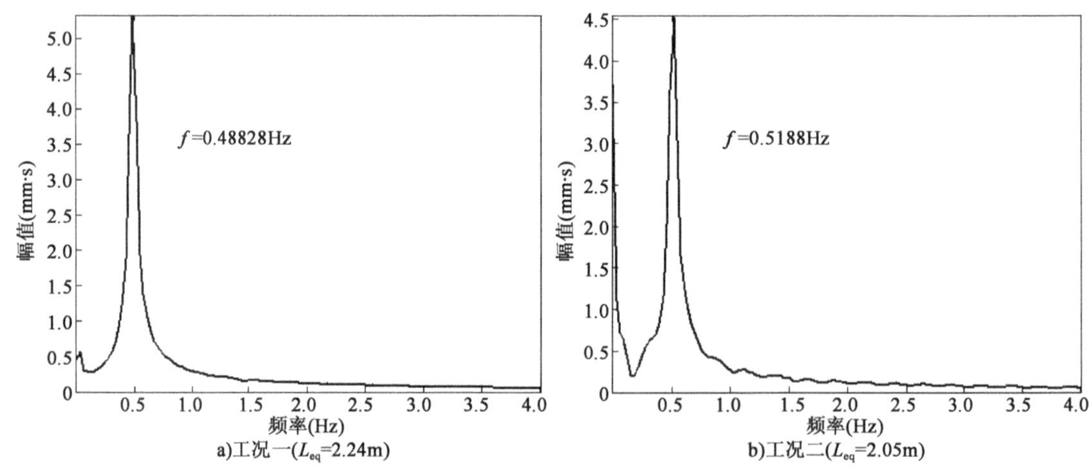

图 5.6　MR-TLCD 实验频谱值

MR-TLCD 理论与实验频率值　　表 5.4

工　况	有效长度 L_{eq}(m)	理论值(Hz)	实验值(Hz)	误　差
工况一	2.24	0.47712	0.48828	2.29%
工况二	2.05	0.49874	0.51880	3.87%

4)初始阻尼比修正

由图5.7 MR-TLCD 初始阻尼比修正知,在无 MR 阻尼器时 TLCD 的初始阻尼比较小[图5.7a)和 b)],两种工况的阻尼比分别为1.6%和1.56%;与 MR 阻尼器共同工作后,系统阻尼明显增大[图5.7c)和 d)],阻尼比分别为4.2%和4.0%。

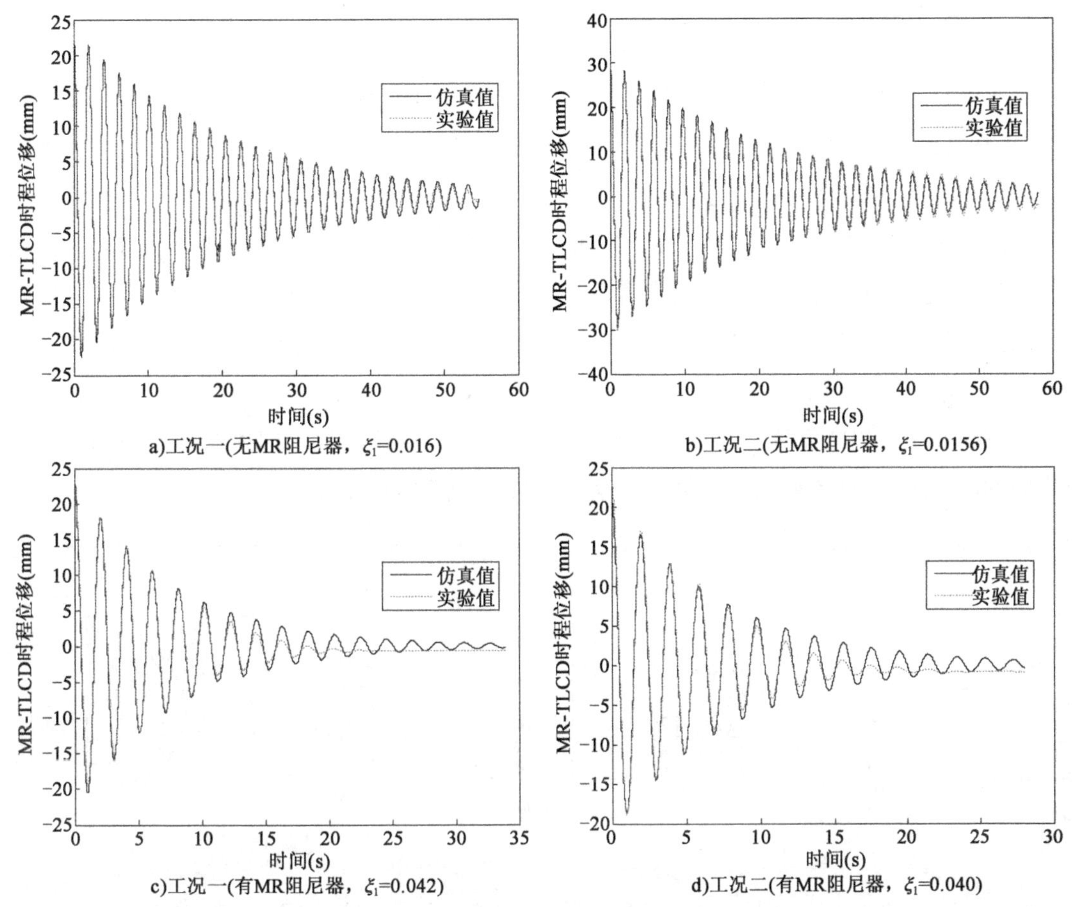

图5.7 MR-TLCD 初始阻尼比修正

由以上分析知,建立 MR-TLCD 动力方程时,可把第一项小阻尼比通过修正系数归结到整个 MR-TLCD 初始阻尼项中。通过进一步对实验数据分析,可拟合出修正系数 γ 随外接输入电流变化的显式函数。所以,基于假定第4)条中不考虑液体与 TLCD 管壁之间的水流阻力以及方形轻质有机玻璃板与 TLCD 管壁的库仑摩擦力,采用 MR-TLCD 初始阻尼比修正系数的方法是合理的。

5.1.5 实验动力放大系数

根据实验数据分析表5.2中两种工况下的有/无 MR 阻尼器,输入电流分别为0.1A、0.3A、0.5A、0.7A、0.9A 情况下多种简谐激励的 MR-TLCD 稳态位移时程。记录每种频率响应振幅、水平输入幅值,然后计算该频率下的动力放大系数(响应振幅除以输入幅值)。每种工况下,用激励频率除以 MR-TLCD 实验固有频率,即得到输入频率比 λ。将以上数据与式(5.13)理论计算分析的结果做对比,即可通过实验数据验证理论推导的动力放大系数。

当 MR-TLCD 的等效长度 $L_{eq}=2.24$ 时,MR 阻尼器输入电流频率为0.32Hz ~0.95Hz,共计28 种水平简谐激励频率,输入频率比 λ 为 0.655 ~1.95,由实验所得的动力放大系数和式(5.13)的理论动力放大系数见图 5.8a)。

当 MR-TLCD 的等效长度 $L_{eq}=2.05$ 时,MR 阻尼器输入电流频率为0.36Hz ~0.90Hz,共计26 种水平简谐激励频率,输入频率比 λ 为 0.694 ~1.74,由实验所得的动力放大系数和式(5.13)的理论动力放大系数见图 5.8b)。

由图 5.8 知,低电流(0.0A、0.1A、0.3、0.5A)时,实验动力放大系数与理论动力放大系数在整个频率比阶段吻合比较好;而电流增高时(0.7A、0.9A),共振区段仿真很好,但共振区域之后的高频率比理论值高于实验值。主要原因是,采用理论计算式(5.13)时,忽略了黏性阻尼比与库仑阻尼比之间的交叉项的影响。

由图 5.8 中给出的每种工况下对应的初始阻尼比修正系数 γ 值,即可求得修正系数与电流之间的函数关系,具体见 5.1.6 阻尼比修正系数与电流的关系。

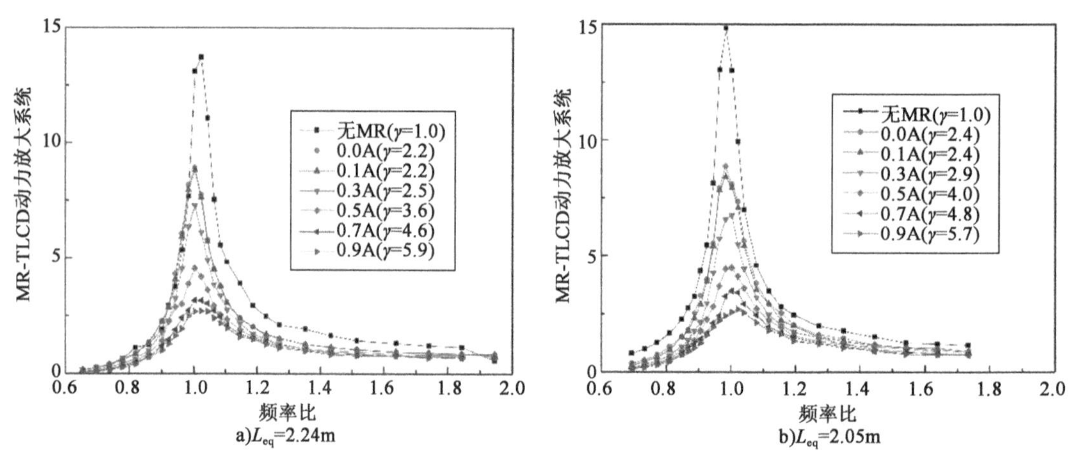

图 5.8 动力放大系数对比图

注:γ 的含义见式(5.7)

5.1.6 阻尼比修正系数与电流的关系

由图 5.7 MR-TLCD 初始阻尼比修正求出的初始阻尼比修正系数约为 2.6,与图 5.8 中的 2.2和 2.4 略有出入。5.1.5 两种工况下的修正系数 γ 值与拟合值如图 5.9所示。修正系数 γ 值与电流显式函数关系为

$$\gamma(I)=\begin{cases}2.3 & I\in[0.0,0.1]\\ 4.05I+1.745 & I\in[0.1,0.9]\end{cases} \tag{5.14}$$

将式(5.14)代入式(5.8),可得到完整的MR-TLCD动力方程。后续MR-TLCD被动、半主动减振分析与实验时可直接应用理论公式进行对比。

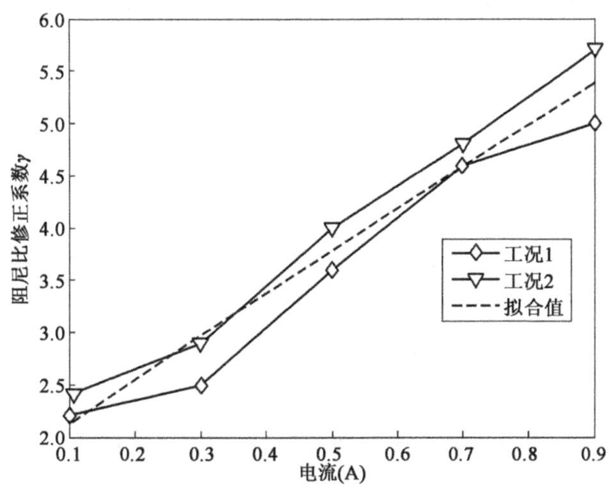

图5.9　阻尼比修正系数与电流关系

5.2　桥梁-MR-TLCD系统风振被动控制研究

5.2.1　桥梁扭转-MR-TLCD系统动力方程

风荷载作用下,大跨桥梁易发生低频扭转振动或横向、扭转双向耦合振动。为简化计算,常将其考虑为一阶扭转单自由度振动,如图5.10所示;或一阶横向、扭转耦合的两自由度振动,如图5.11所示。

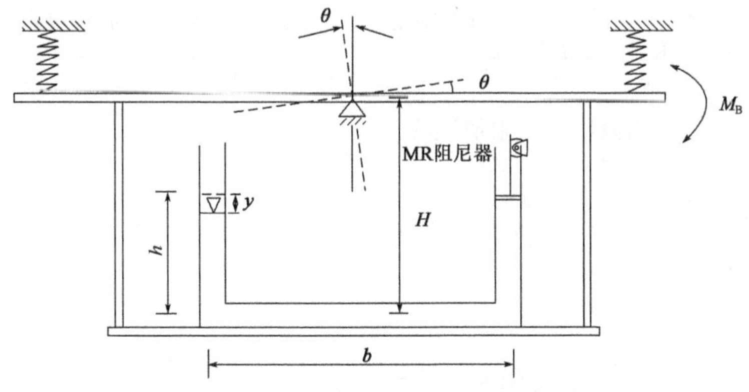

图5.10　桥梁扭转-MR-TLCD系统风振示意图

MR-TLCD力学模型选用实验所得的式(5.8)形式,建立桥梁-MR-TLCD系统动受随机风荷载振动力方程时,取$k_m=0$,并假定阻尼比修正系数$\gamma=1$。

依据 Lagrange 方程，建立桥梁扭转-MR-TLCD 系统动力方程时，各参数意义为：q 为广义坐标；θ 为桥梁扭转振动扭转角；y 为 MR-TLCD 的液体位移。

系统总动能 T 包括 MR-TLCD 动能 T_W 和桥面板扭转结构动能 T_B。式中，MR-TLCD 动能 T_W 由 MR-TLCD 水平段动能 T_{WH} 和竖直段动能 T_{WV} 组成。

系统总动能 T

$$T = T_W + T_B = \frac{1}{2}I_D\dot{\theta}^2 + \frac{1}{2}\rho AL\dot{y}^2 + \rho Ab(H+h)\dot{y}\dot{\theta} + \frac{1}{2}I_B\dot{\theta}^2 \tag{5.15}$$

式中，$I_D = \rho Ab(H^2 + \frac{1}{12}b^2) + 2\rho Ah\left[\frac{1}{4}b^2 + H^2 - \frac{1}{2}H(2h) + \frac{1}{12}(2h)^2\right]$ 为 MR-TLCD 绕桥梁中心的质量惯性矩。

系统总势能 U

$$U = \rho gAy^2 + \rho gAby\theta + \rho gALH\theta + \frac{1}{2}K_B\theta^2 \tag{5.16}$$

系统非保守力 Q

$$Q = M_B - C_B\dot{\theta} - f_{MR}\mathrm{sgn}(\dot{y}) - \gamma(I)\eta_0\dot{y} \tag{5.17}$$

式(5.15)~式(5.17)中，I_B、K_B、C_B 分别为桥梁扭转质量惯性矩、扭转刚度、扭转阻尼；H 为 MR-TLCD 水平中心处到板梁中心距离；M_B 为系统受的外力随机风荷载引起的扭矩；其他相关参数同 5.1.2 节。

将式(5.15)~式(5.17)代入 Lagrange 方程式(5.2)中，并转化为矩阵形式得

$$\boldsymbol{M}\ddot{\boldsymbol{X}} + \boldsymbol{C}\dot{\boldsymbol{X}} + \boldsymbol{K}\boldsymbol{X} = \boldsymbol{E}\boldsymbol{F}(t) + \boldsymbol{B}_s u(t) \tag{5.18}$$

式中的参数意义为

$\boldsymbol{M} = \begin{bmatrix} I_B + I_D & \rho Ab(H+h) \\ \rho Ab(H+h) & \rho AL \end{bmatrix}$ 为桥梁扭转-MR-TLCD 系统扭转质量惯性矩矩阵；

$\boldsymbol{C} = \begin{bmatrix} C_B & 0 \\ 0 & \gamma(I)\eta_0 \end{bmatrix}$ 为系统扭转阻尼矩阵；

$\boldsymbol{K} = \begin{bmatrix} K_B + \rho gALH & \rho gAb \\ \rho gAb & 2\rho gA \end{bmatrix}$ 为系统扭转刚度矩阵；

$\boldsymbol{X} = \{\theta \quad y\}^T$ 为系统广义坐标向量；

$\boldsymbol{E} = \begin{bmatrix} 1 & 0 \\ 0 & 1 \end{bmatrix}$ 为系统的外力风荷载作用位置向量；

$\boldsymbol{F}(t) = [M_B \quad 0]^T$ 为系统的外力风荷载向量；

$\boldsymbol{B}_s = [0 \quad 1]^T$ 为系统的 MR-TLCD 半主动控制力作用位置；

$u(t) = -f_{MR}\mathrm{sgn}(\dot{y})$为系统的 MR-TLCD 半主动控制力。

5.2.2　桥梁横向、扭转-MR-TLCD 系统动力方程

建立图 5.11 所示的桥梁横向、扭转-MR-TLCD 系统动力方程,依据式(5.2)Lagrange 方程求解。

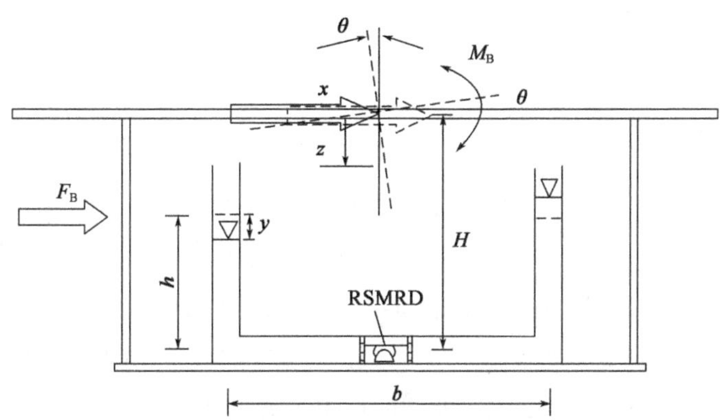

图 5.11　桥梁横向、扭转-MR-TLCD 系统风振示意图

系统总动能 T,包括两部分:MR-TLCD 的动能 T_W 和桥梁横向、扭转结构的动能 T_B,MR-TLCD 的动能 T_W 又分为水平段动能 T_{WH}和竖直段动能 T_{WV},表达式为

$$\begin{aligned} T &= T_{WH} + T_{WV} + T_B \\ &= \frac{1}{2}\rho A(B+2h)\dot{y}^2 + \left\{\frac{1}{2}\rho AB\left(H^2+\frac{1}{12}B^2\right)+\frac{1}{2}\rho A2h\left[\frac{1}{4}B^2+H^2-\frac{1}{2}H(2h)+\frac{1}{12}(2h)^2\right]\right\}\dot{\theta}^2 + \\ &\quad \frac{1}{2}\rho A(B+2h)\dot{x}^2 + \rho AB(H+h)\dot{y}\dot{\theta} + \rho AB\dot{y}\dot{x} + (\rho ALH-\rho Ah^2)\dot{\theta}\dot{x} + \frac{1}{2}m_s\dot{x}^2 + \frac{1}{2}I_B\dot{\theta}^2 \end{aligned} \tag{5.19}$$

式中,参数意义同式(5.15)。

系统总势能 U

$$U = \rho AgBw\theta + \rho Agw^2 + \frac{1}{2}K_s x^2 + \frac{1}{2}K_\theta \theta^2 \tag{5.20}$$

系统非保守力 Q

$$\begin{aligned} Q_1 &= F_B - C_s\dot{x} - m_s z\ddot{\theta} \\ Q_2 &= -f_{MR}\mathrm{sgn}(\dot{y}) - \gamma(I)\eta_0\dot{y} \\ Q_3 &= M_B - C_\theta\dot{\theta} - m_s z\ddot{x} \\ Q &= Q_1 + Q_2 + Q_3 \end{aligned} \tag{5.21}$$

将式(5.19)~式(5.21)代入式(5.2)中,得到 MR-TLCD 与桥梁横向、扭转振动耦合动力

方程，其中，系统动力方程横向运动方程表达为

$$(m_s + \rho AL)\ddot{x} + C_s\dot{x} + K_s x = -(m_s z + \rho ALH)\ddot{\theta} - \rho ALB/L\ddot{y} + F_B(t) \tag{5.22}$$

MR-TLCD 运动方程表达为

$$\rho AL\ddot{y} - f_{MR}\mathrm{sgn}(\dot{y}) - \gamma(I)\eta_0\dot{y} + 2\rho gAy = -[\rho AB(H+h)\ddot{\theta} + \rho ALgB/L\theta] - \rho ALB/L\ddot{x} \tag{5.23}$$

扭转振动运动方程表达为

$$(I_B + I_D)\ddot{\theta} + C_B\dot{\theta} + (K_B + \rho ALgB/LH)\theta = -(\rho ALH + m_s z)\ddot{x} - [\rho ALB/Lgy + \rho AB(H+h)\ddot{y}] + M_B \tag{5.24}$$

式(5.22)～式(5.24)中，I_B、K_B、C_B 分别为桥梁简化成单自由度扭转结构的质量惯性矩、扭转刚度、阻尼常数；m_s、K_s，C_s 分别为桥梁简化成单自由度横向振动的质量、刚度、阻尼；H 为 MR-TLCD 水平中心处到板面中心距离；z 为桥梁断面弹性中心到质量中心的竖向距离。

式(5.22)～式(5.24)组合为动力方程组，并转化为矩阵形式得

$$\boldsymbol{M}\ddot{\boldsymbol{X}} + \boldsymbol{C}\dot{\boldsymbol{X}} + \boldsymbol{K}\boldsymbol{X} = \boldsymbol{E}\boldsymbol{F}(t) + \boldsymbol{B}_s u(t) \tag{5.25}$$

式中，各参数意义为

$\boldsymbol{M} = \begin{bmatrix} m_s + m_T & \alpha m_T & (m_s z + m_T H) \\ \alpha m_T & 0 & \alpha m_T(H+h) \\ (m_s z + m_T H) & \alpha m_T(H+h) & I_B + I_D \end{bmatrix}$为系统的质量矩阵；

$\boldsymbol{C} = \begin{bmatrix} C_s & 0 & 0 \\ 0 & \gamma(I)\eta_0 & 0 \\ 0 & 0 & C_B \end{bmatrix}$为系统的阻尼矩阵；

$\boldsymbol{K} = \begin{bmatrix} k_s & 0 & 0 \\ 0 & 2\rho gA & \alpha m_T g \\ 0 & \alpha m_T g & K_B + \alpha m_T gH \end{bmatrix}$为系统的刚度矩阵；

$\boldsymbol{X} = [x \quad y \quad \theta]^T$ 为系统的广义坐标向量；

$\boldsymbol{E} = \begin{bmatrix} 1 & 0 & 0 \\ 0 & 1 & 0 \\ 0 & 0 & 1 \end{bmatrix}$为系统的外力风荷载作用位置向量；

$\boldsymbol{F}(t) = [F_B \quad 0 \quad M_B]^T$ 为系统的风外力荷载向量；

$\boldsymbol{B}_s = [0 \quad 1 \quad 0]^T$ 为系统的 MR-TLCD 半主动控制力作用位置向量；

$u(t) = -f_{MR}\mathrm{sgn}(\dot{y})$为系统的 MR-TLCD 半主动控制力大小。

5.2.3 桥梁扭转-MR-TLCD 系统时域分析

在5.2.1桥梁扭转-MR-TLCD系统动力方程基础上,本节考虑如何求解桥梁扭转-MR-TLCD系统动力方程。桥梁扭转-MR-TLCD系统动力方程是一个两自由度方程组,而桥梁横向、扭转-MR-TLCD系统动力方程是一个三自由度方程组。对比式(5.18)和式(5.25)可知,桥梁横向、扭转-MR-TLCD系统动力方程是不考虑横向运动后简化的两自由度扭转方程组。为简化计算,并能说明问题,以桥梁扭转-MR-TLCD系统动力方程为例进行时域和频域分析。

简化式(5.18)参数,并定义 $k=2\rho gA$,$M=\rho Ab(H+h)$,得

$$\begin{bmatrix} I_B+I_D & M \\ M & m_T \end{bmatrix}\begin{Bmatrix} \ddot{\theta} \\ \ddot{y} \end{Bmatrix}+\begin{bmatrix} C_B & 0 \\ 0 & \gamma(I)\eta_0 \end{bmatrix}\begin{Bmatrix} \dot{\theta} \\ \dot{y} \end{Bmatrix}+\begin{bmatrix} K_B+m_TgH & \alpha m_Tg \\ \alpha m_Tg & k \end{bmatrix}\begin{Bmatrix} \theta \\ y \end{Bmatrix}=\begin{Bmatrix} M_B \\ -f_{MR}\mathrm{sgn}(\dot{y}) \end{Bmatrix} \tag{5.26}$$

式中,$\gamma(I)\eta_0$、f_{MR}与电流值大小有关,调节电流值直接控制MR-TLCD的阻尼力,当电流值一定时,$\gamma(I)\eta_0$、f_{MR}即为已知。求解含有 $\mathrm{sgn}(\dot{y})$ 函数的非线性方程组,可采用四阶五级龙格库塔法。二阶微分方程组转化为一阶状态方程组为

$$\dot{\boldsymbol{Z}}(t)=\boldsymbol{AZ}(t)+\boldsymbol{DW}(t) \tag{5.27}$$

式中:$\boldsymbol{Z}(t)=\{\theta,y,\dot{\theta},\dot{y}\}^{\mathrm{T}}$;

$$\boldsymbol{A}=\begin{bmatrix} 0 & 0 & 1 & 0 \\ 0 & 0 & 0 & 1 \\ -\begin{bmatrix} I_B+I_D & M \\ M & m_T \end{bmatrix}^{-1} & \begin{bmatrix} K_B+m_TgH & \alpha m_Tg \\ \alpha m_Tg & k \end{bmatrix} & \begin{bmatrix} I_B+I_D & M \\ M & m_T \end{bmatrix}^{-1} & \begin{bmatrix} C_B & 0 \\ 0 & \gamma(I)\eta_0 \end{bmatrix} \end{bmatrix};$$

$$\boldsymbol{D}=\begin{bmatrix} 0 & 0 \\ 0 & 0 \\ \begin{bmatrix} I_B+I_D & M \\ M & m_T \end{bmatrix}^{-1} & \begin{bmatrix} 1 & 0 \\ 0 & 1 \end{bmatrix} \end{bmatrix};\boldsymbol{W}(t)=\begin{bmatrix} M_B \\ -f_{MR}(I)\mathrm{sgn}(\dot{y}) \end{bmatrix}。$$

若已知式(5.27)参数,调节MR-TLCD中MR阻尼器输入电流值,应用Matlab/Simulink工具箱,即可在时域内,研究MR-TLCD抑制桥梁扭转振动被动控制减振效果。

5.2.4 桥梁扭转-MR-TLCD 系统随机风荷载算例分析

桥梁扭转参数取值及TLCD尺寸取值与文献[3]算例相同。某大跨悬索桥,桥板结构为空腹式钢桁架体系,桥板宽40m,高7.5m,单位跨长板断面的质量惯性矩和扭转刚度分别为 $I_B=8.75\times10^6\mathrm{kg\cdot m^2/m}$,$K_B=5.85\times10^6\mathrm{N\cdot m/(rad\cdot m)}$,阻尼比0.7%。MR-TLCD与桥梁扭转

惯性矩之比假定为3%,频率值与桥梁扭转频率相同。则 MR-TLCD 参数见表5.5。随机风荷载选择 Kaimal 谱[19],由谐波合成法[20,21]生成,基本风速为35.8m/s,生成的随机风荷载时程曲线如图5.12所示。

MR-TLCD 抑制桥梁扭转振动参数设计 表5.5

MR 阻尼器参数						
r_1(mm)	r_2(mm)	r_f(mm)	d(mm)	μ (Pa·s)	A_m(cm^2)	$r(\bar{r})$(mm)
8	70	100	1	8.7	154	70
TLCD 参数						
b(m)	h(m)	L_{eq}(m)	A(m^2)	ρ(kg/m^3)	扭转质量矩之比	
25	2.18	29.36	0.115	1000	3%	

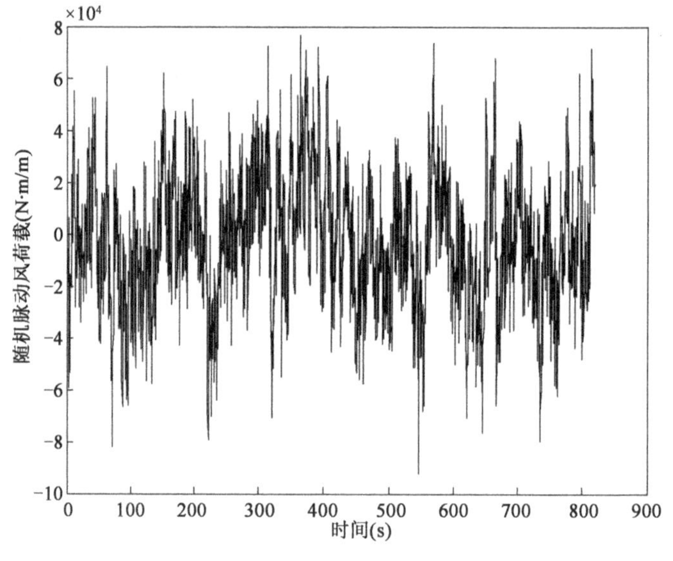

图5.12 随机风荷载时程曲线

由图5.13有/无 MR-TLCD 时桥梁扭转响应时程分析(τ_y=4kPa)可知,当 MR 阻尼器的可控剪应力为4kPa时,桥梁扭转角位移和角加速度时程的减振效果非常明显。可控剪应力不同减振效果也不同,如图5.14a)桥梁扭转峰值响应减小百分比所示,角位移和角加速度的最优被动控制分别对应不同的可控剪应力。MR-TLCD 对桥梁扭转角位移和角加速度都有良好的控制效果,且在相同的可控剪应力时,扭转峰值和均方根的角加速度减振百分比都优于角位移减振效果。在此随机风荷载作用下,峰值最优扭转角位移控制效果(46.05%)对应的可控剪应力为5.4kPa;峰值最优扭转角加速度控制效果(58.41%)对应的可控剪应力为4.2kPa;均方根最优扭转角位移控制效果(54.31%)对应的可控剪应力为4.6kPa;均方根最优扭转角加速度控制效果(58.57%)对应的可控剪应力为4.2kPa。

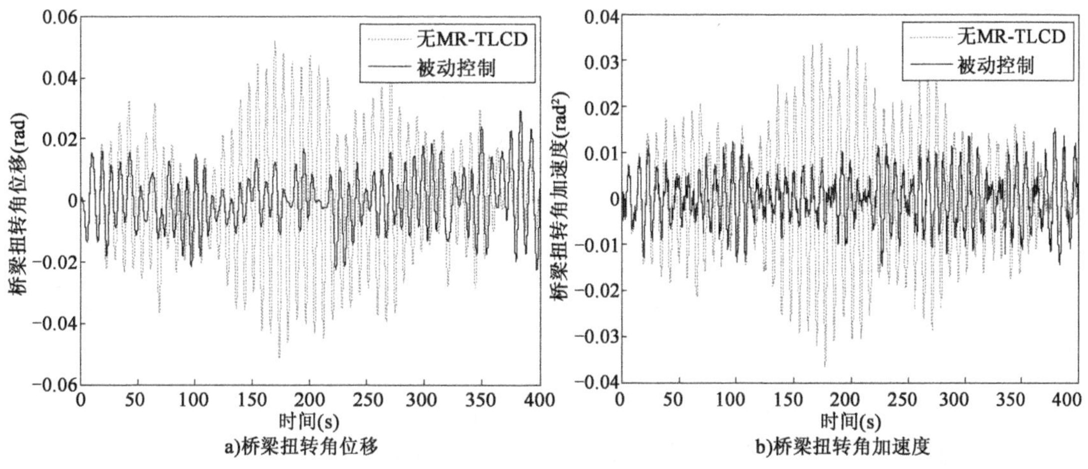

图 5.13 有/无 MR-TLCD 时桥梁扭转响应时程分析($\tau_y=4\text{kPa}$)

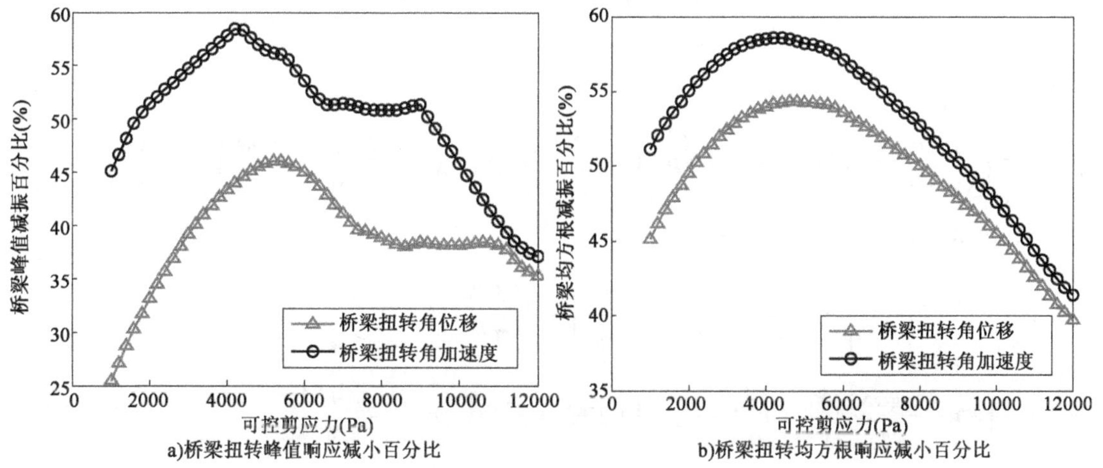

图 5.14 桥梁扭转响应减小百分比

5.2.5 桥梁扭转-MR-TLCD 系统频域分析

频域分析时,将式(5.18)右端的 $f_{MR}(I)\,\text{sgn}(\dot{y})$ 符号函数进行非线性项线性化处理。令 $I_B/I_D=\mu$;$\omega_B^2=K_B/I_B$,$2\omega_B\xi_B=C_B/I_B$,$2\omega_T\xi_T=\eta(I)/m_T$,$\omega_T^2=k/m_T$,$\nu=M/m$,式(5.18)转化为

$$\begin{bmatrix}1+\mu & M/I_B\\ \nu & 1\end{bmatrix}\begin{bmatrix}\ddot{\theta}\\ \ddot{y}\end{bmatrix}+\begin{bmatrix}2\omega_B\xi_B & 0\\ 0 & 2\omega_T\xi_T\end{bmatrix}\begin{bmatrix}\dot{\theta}\\ \dot{y}\end{bmatrix}+\begin{bmatrix}\omega_B^2+m_TgH/I_B & \alpha m_Tg/I_B\\ \alpha g & \omega_T^2\end{bmatrix}\begin{bmatrix}\theta\\ y\end{bmatrix}=\begin{bmatrix}M_B/I_B\\ -\dfrac{4f_{MR}(I)}{m\omega\pi y_0}\dot{y}\end{bmatrix} \tag{5.28}$$

式中,μ 为 MR-TLCD 与桥梁扭转的质量矩之比;ω_B 为桥梁扭转的圆频率;ω_T 为 MR-TLCD 的振动圆频率。

若输入外力荷载 $M_B = M_0 e^{i\omega t}$，假定系统动力方程式(5.28)的稳态响应特解为 $\theta = \bar{\theta}e^{i\omega t}$ 和 $y = \bar{y}e^{i\omega t}$，式中 $\bar{\theta}$，$\bar{y}$ 称为复振幅，包含相位，式(5.28)进一步转化为

$$\begin{bmatrix} \omega_B^2 + mgH/I_B + 2i\omega\omega_B\xi_B - \omega^2(1+\mu) & mg\alpha/I_B - \omega^2 M/I_B \\ g\alpha - \omega^2\nu & \omega_T^2 + 2i\omega\omega_T\xi_T - \omega^2 \end{bmatrix}\begin{bmatrix} \bar{\theta} \\ \bar{y} \end{bmatrix} = \begin{bmatrix} M_0/I_B \\ \dfrac{4f_{MR}(I)}{im\pi} \end{bmatrix} \tag{5.29}$$

令 MR-TLCD 频率与桥梁扭转频率比为 $\lambda = \omega_T/\omega_B$，激励频率与桥梁扭转频率比为 $\chi = \omega/\omega_B$，得

$$\begin{bmatrix} \bar{\theta} \\ \bar{y} \end{bmatrix} = \frac{1}{\Delta}\begin{bmatrix} \lambda^2 + 2i\lambda\chi\xi_T - \chi^2 & \chi^2\dfrac{M}{K_B} - \dfrac{mg\alpha}{K_B} \\ \chi^2\nu - \dfrac{mg\alpha\lambda^2}{k} & 1 + \dfrac{mgH}{K_B} + 2i\chi\xi_B - \chi^2(1+\mu) \end{bmatrix}\begin{bmatrix} \dfrac{M_0}{K_B} \\ \dfrac{4f_{MR}(I)\lambda^2}{ik\pi} \end{bmatrix} \tag{5.30}$$

式中

$$\Delta = \left[\left(1 + \frac{mgH}{K_B}\right) + 2i\chi\xi_B - \chi^2(1+\mu)\right]\cdot(\lambda^2 + 2i\lambda\chi\xi_T - \chi^2) - \left(\frac{mg\alpha}{K_B} - \chi^2\frac{M}{K_B}\right)\cdot\left(\frac{mg\alpha\lambda^2}{k} - \chi^2\nu\right)$$

式(5.30)中，令

$$a = [\lambda^2 + 2i\lambda\chi\xi_T - \chi^2]\frac{M_0}{K_B} + \left[\chi^2\frac{M}{K_B} - \frac{mg\alpha}{K_B}\right]\frac{4f_{MR}(I)\lambda^2}{ik\pi},$$

$$b = \left[\chi^2\nu - \frac{mg\alpha\lambda^2}{k}\right]\frac{M_0}{K_B} + \left[\left(1 + \frac{mgH}{K_B}\right) + 2i\chi\xi_B - \chi^2(1+\mu)\right]\frac{4f_{MR}(I)\lambda^2}{ik\pi},$$

取式(5.30)稳态解的实振幅为

$$\theta_0 = \sqrt{\frac{a\cdot \mathrm{conj}(a)}{\Delta\cdot \mathrm{conj}(\Delta)}} \tag{5.31}$$

$$y_0 = \sqrt{\frac{b\cdot \mathrm{conj}(b)}{\Delta\cdot \mathrm{conj}(\Delta)}} \tag{5.32}$$

式中，$\mathrm{conj}(a)$ 表示 a 的共轭复数。

无 MR-TLCD 阻尼器时，桥梁扭转动力放大系数：$O_{\theta DMF} = \sqrt{1/[(1-\lambda^2)^2 + 4\xi_B^2\lambda^2]}$，在激励 M_0 静力作用时，桥梁扭转静位移为 $\theta_{st} = M_0/K_B$，由式(5.31)解得动力放大系数 $\theta_{DMF} = \theta_0/\theta_{st}$。

由式(5.31)和式(5.32)知，动力放大系数 θ_{DMF} 与频率比 χ 和电流控制阻尼比的 $\xi_T(I)$ 参数有关。当 $\xi_T(I)$ 为定值时，动力放大系数之比与激励频率比 χ 关系为 $\psi(\chi) = \theta_{DMF}/O_{\theta DMF}$。某特定阻尼比 $\xi_T(I)$ 下的平均动力放大系数比，定义为 $R(I) = \sum\psi(\chi)/n$，n 是 χ 总个数。

5.3　MR-TLCD 系统半主动控制理论分析

5.3.1　基于耗能力的 MR-TLCD 系统半主动控制

1) MR-TLCD 耗能特点

从 MR-TLCD 耗能受力角度分析，根据 MR 阻尼力和 TLCD 恢复力是阻尼力还是负阻尼力，分别基于耗能力的简单双态控制（只考虑 MR 阻尼器是阻尼力或负阻尼力）和两级双态控制（共同考虑 MR 阻尼力和 TLCD 恢复力是阻尼力或负阻尼力），提出两种控制策略对应的半主动控制施加电流算法。

研究 MR-TLCD 耗能特点时，仅以建立的单自由度结构-MR-TLCD 系统动力方程为例，多自由度结构-MR-TLCD 系统完全相同。单自由度结构-MR-TLCD 系统的动力方程为

$$\begin{aligned} m_s\ddot{x}_s + c_s\dot{x}_s + k_s x_s &= f(t) - m_T\ddot{x} - \alpha m_T\ddot{y} \\ m_T\ddot{y} + \alpha m_T\ddot{x} + k_T y &= -f_{MR}\mathrm{sgn}(\dot{y}) - \gamma(I)\eta_0\dot{y} \end{aligned} \tag{5.33}$$

式中，MR 阻尼器能够耗能的条件是 TLCD 中的液体必须流动，即 MR 轴向须有位移和速度，用下式来判断

$$\frac{1}{2}m_T\dot{y}^2 + \frac{1}{2}k_T y^2 \geqslant \frac{1}{2}\gamma(I)\eta_0|\dot{y}y| + f_{MR}|y| \tag{5.34}$$

式(5.34)成立，则说明 MR 阻尼器能够耗能做功。

式(5.33)中消去 $\alpha m_T\ddot{y}$，得

$$m_s\ddot{x} + c_s\dot{x} + k_s x = f(t) + (\alpha^2 - 1)m_T\ddot{x} + \alpha f_{MR}\mathrm{sgn}(\dot{y}) + \alpha\gamma(I)\eta_0\dot{y} + \alpha k_T y \tag{5.35}$$

式中，$\alpha f_{MR}\mathrm{sgn}(\dot{y})$ 为由 MR 阻尼器提供的库仑阻尼力，其大小由外接电流调节；$\alpha\gamma(I)\eta_0\dot{y}$ 为由 MR 阻尼器提供的黏性阻尼力，大小与 TLCD 中液体速度成正比，但力的方向始终与 $\alpha f_{MR}\mathrm{sgn}(\dot{y})$ 方向相同。所以这两个合起来一起考虑为 αF_{MR}；$\alpha k_T y$ 为与 TLCD 液面相关的恢复力。

根据 αF_{MR} 和 $\alpha k_T y$ 的特点，简单双态控制只考虑直接与 MR 阻尼器相关项 αF_{MR}，而两级双态控制同时考虑了与 MR 阻尼器相关的项 αF_{MR} 和与 TLCD液面相关的恢复力项 $\alpha k_T y$。

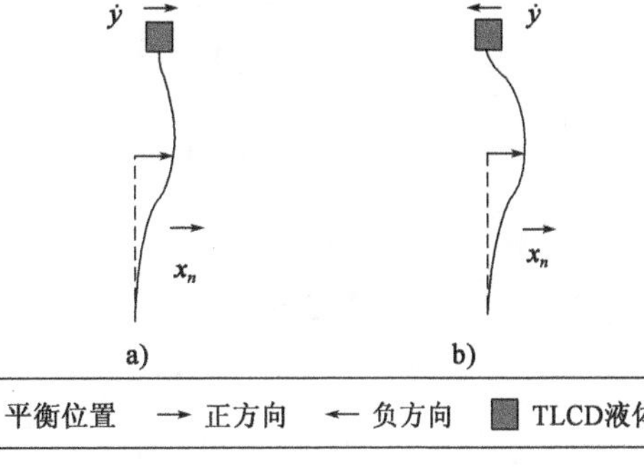

图 5.15　基于耗能力的简单双态控制耗能状态图

2) 基于耗能力的简单双态控制

MR 阻尼器相关项 αF_{MR} 只与 TLCD 液体运动速度有关，从 TLCD 液体速度和结构位移相互关系建立 MR-TLCD 力学耗能的简单双态控制。MR 阻

尼器电流施加情况,可从图 5.15 基于耗能力的简单双态控制耗能状态图进行分析。

以图 5.15 单自由度结构正方向位移为例,分析 αF_{MR}作用力是阻碍结构远离平衡位置(阻尼力)还是加速结构远离平衡位置(负阻尼力)。当结构为负方向位移时,分析方法同正方向。

①图 5.15a)结构位移为正,MR-TLCD 液体速度为正,此时 αF_{MR}为负阻尼力,即

$$x\dot{y}>0 \quad \alpha F_{MR}\text{为负阻尼力} \tag{5.36}$$

②图 5.15b)结构位移为正,MR-TLCD 液体速度为负,此时 αF_{MR}为阻尼力,即

$$x\dot{y}<0 \quad \alpha F_{MR}\text{为阻尼力} \tag{5.37}$$

式(5.36)中 αF_{MR}为负阻尼力,即加速被控结构远离平衡位置,此时应减小 MR 阻尼器电流输入;式(5.37)中 αF_{MR}为阻尼力,即阻碍被控结构远离平衡位置,此时应增大 MR 阻尼器电流输入。

3)基于耗能力的两级双态控制

考虑与 MR 阻尼器相关项 αF_{MR}后,进一步同时分析与 MR 阻尼器相关项 αF_{MR}和与 TLCD 液面相关的恢复力 $\alpha k_T y$。前者与 TLCD 液体速度有关,后者与 TLCD 液体位移有关。在任一瞬时,阻尼力 αF_{MR}与恢复力 $\alpha k_T y$ 作用在结构上时,存在力方向不同情况,但是这两个力都与 TLCD液体运动有关,也均与 MR 阻尼器外接电流有关,如 αF_{MR}需要加大电流,而 $\alpha k_T y$ 要减小电流,此时两者就会存在一个平衡点的问题。图 5.16 从力学耗能角度,以分析作用力方向以及大小来判断平衡点,进而确定半主动控制策略。

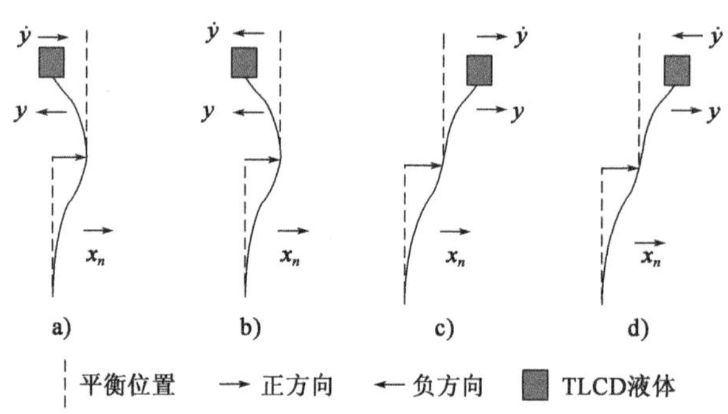

图 5.16　基于耗能力的两级双态控制耗能状态图

以图 5.16 单自由度结构正方向位移为例,详细分析 MR-TLCD 减振时 αF_{MR}和 $\alpha k_T y$ 作用力是阻尼力还是负阻尼力。

①图 5.16a)结构位移为正,MR-TLCD 液体位移为负,速度为正

$$\begin{cases} x\dot{y}>0 \quad \alpha F_{MR}\text{ 为负阻尼力} \\ xy<0 \quad \alpha k_T y\text{ 为阻尼力} \end{cases} \tag{5.38}$$

②图 5.16b)结构位移为正,MR-TLCD 液体位移为负,速度为负

$$\begin{cases} x\dot{y} < 0 & \alpha F_{MR} \text{ 为阻尼力} \\ xy < 0 & \alpha k_T y \text{ 为阻尼力} \end{cases} \tag{5.39}$$

③图 5.16c)结构位移为正,MR-TLCD 液体位移为正,速度为正

$$\begin{cases} x\dot{y} > 0 & \alpha F_{MR} \text{ 为负阻尼力} \\ xy > 0 & \alpha k_T y \text{ 为负阻尼力} \end{cases} \tag{5.40}$$

④图 5.16d)结构位移为正,MR-TLCD 液体位移为正,速度为负

$$\begin{cases} x\dot{y} < 0 & \alpha F_{MR} \text{ 为阻尼力} \\ xy > 0 & \alpha k_T y \text{ 为负阻尼力} \end{cases} \tag{5.41}$$

式(5.39)状态时,αF_{MR} 和 $\alpha k_T y$ 两者都是阻力,抑制结构响应,此时应增加两值大小;式(5.40)状态时,αF_{MR} 和 $\alpha k_T y$ 两者都是负阻力,加速结构响应,此时应减小两值大小;式(5.38)和式(5.41)中有负阻尼力和阻尼力,此时应增加阻尼力值,而相应减小负阻尼力值。αF_{MR}中库仑阻尼力f_{MR}直接与外接电流大小有关,是实施控制算法的主要对象,且f_{MR}与黏性阻尼力同向。若 αF_{MR}为阻尼力,需增大 MR 阻尼器电流,有f_{MR}大于黏性阻尼力,尽管此时 αF_{MR}中与液体速度成正比的黏性阻尼力会减小,但是起主要作用的仍是f_{MR}库仑力。与 TLCD 液位相关的恢复力 $\alpha k_T y$ 为阻尼力时,应增大这种趋势,即 TLCD 液位位移越大,$\alpha k_T y$ 提供的阻尼力越大,使液位位移增加的一个指标是减小 MR 阻尼器的阻尼力,以便 $\alpha k_T y$ 提供更大阻尼力。所以在式(5.39)中,αF_{MR}要求增大电流,而 $\alpha k_T y$ 则要减小电流;式(5.40)中 $\alpha k_T y$ 要增加电流,αF_{MR}则要求减小电流。采用两级双态策略,能解决两者矛盾。以上分析针对的是结构位移为正的情况,若被控结构位移为负,同样能得到上述分析结果。

5.3.2 半主动控制算法

采用基于耗能力的简单双态控制、两级双态控制,以及基于离复位控制 3 种算法对 MR-TLCD 抑制结构受外力荷载作用时的结构响应进行仿真分析。

1)基于耗能力的简单双态控制算法——Semi-1

$$u(t) = \begin{cases} f_{MRmax}\,\mathrm{sgn}(\dot{y}) & (x\dot{y} \leqslant 0) \\ f_{MRmin}\,\mathrm{sgn}(\dot{y}) & (x\dot{y} > 0) \end{cases} \tag{5.42}$$

基于耗能力的简单双态控制算法实质是输出控制力 $u(t)$完全由 MR 阻尼器是阻尼力还是负阻尼力决定。当 $x\dot{y}$为正时 αF_{MR}是负阻尼力,应减小 MR 阻尼力的电流,即施加最小阻尼力 f_{MRmin},否则施加最大阻尼力 f_{MRmax}。

2)基于耗能力的两级双态控制算法——Semi-2

基于耗能力的两级双态控制算法是由 MR-TLCD 中 αF_{MR} 和 $\alpha k_T y$ 对结构是阻尼力还是负阻尼力决定的。

$$x\dot{y}>0\text{时},u(t)=\begin{cases}f_{MRmax}\mathrm{sgn}(\dot{y}) & xy>0\text{且}|\alpha k_T y|\geqslant|\alpha F_{MR}|\\ f_{MRmin}\mathrm{sgn}(\dot{y}) & \text{其他}\end{cases}\tag{5.43}$$

$$x\dot{y}\leqslant 0\text{时},u(t)=\begin{cases}f_{MRmin}\mathrm{sgn}(\dot{y}) & xy<0\text{且}|\alpha k_T y|\geqslant|\alpha F_{MR}|\\ f_{MRmax}\mathrm{sgn}(\dot{y}) & \text{其他}\end{cases}\tag{5.44}$$

基于耗能力的两级双态控制算法实质是,第一级双态控制由与 MR 阻尼器相关的 αF_{MR} 判断,然后由第二级控制算法与 TLCD 液位相关的 $\alpha k_T y$ 来具体实施控制电流。

以式(5.43)和式(5.44)为例,首先判断 $x\dot{y}$ 是否大于零,即 αF_{MR} 是阻尼力还是负阻尼力,若大于零,αF_{MR} 是负阻尼力,MR 供应电流理应取最小电流,此为第一级双态控制。然后判断 $\alpha k_T y$ 是阻尼力还是负阻尼力,若 $xy<0$,F_d 是阻尼力,整个系统直接取小电流即可;若 $xy>0$,$\alpha k_T y$ 是负阻尼力,对于 $\alpha k_T y$ 而言 MR 阻尼器理应取大电流,取大电流还是小电流依据 αF_{MR} 和 $\alpha k_T y$ 相对权重来判断,如果 $|\alpha k_T y|\geqslant|\alpha F_{MR}|$,说明此时调节影响 $\alpha k_T y$ 的参数对减振效果更好,故取大电流,否则就取小电流。由以上分析知,具体电流实施是以第一级双态控制为基础,由第二级双态控制来决定。

3)离复位控制算法——Semi-3

$$\begin{aligned}x\dot{x}>0\text{时},u(t)&=\begin{cases}f_{MRmin}\mathrm{sgn}(\dot{y}) & \dot{x}\dot{y}\geqslant 0\\ f_{MRmax}\mathrm{sgn}(\dot{y}) & \dot{x}\dot{y}<0\end{cases}\\ x\dot{x}<0\text{时},u(t)&=\begin{cases}f_{MRmax}\mathrm{sgn}(\dot{y}) & \dot{x}\dot{y}\geqslant 0\\ f_{MRmin}\mathrm{sgn}(\dot{y}) & \dot{x}\dot{y}<0\end{cases}\end{aligned}\tag{5.45}$$

离复位控制算法(OTE)详细介绍见文献[7],其控制思想是如果结构远离平衡位置,应该调整 MR-TLCD 的阻力抵抗结构运动;如果结构趋于平衡位置,应该调整 MR-TLCD 的阻力尽可能削减结构零位置穿越速度。在离位过程中,如果结构运动和阻力同向,应该选择小控制力;反之,如果结构运动和阻力反向,一个大控制力是合适的。在复位过程中,如果结构运动和阻力同向,应该选择大控制力;反之,如果结构运动和阻力反向,一个小控制力是合适的。

5.3.3 仿真工具及流程图

1)仿真系统状态输出

仿真分析单自由度结构-MR-TLCD 系统受外力荷载作用,5.3.2 中 3 种半主动控制算法的减振效果,可在 MATLAB/Simulink 工具箱内实现。由系统状态方程,给出系统状态输出和系统评价输出方程。

若采用全部状态位移和速度反馈,则位移和速度输出量可统一地表示为式(5.46)输出方程

$$\boldsymbol{Y}_{\mathrm{F}} = \boldsymbol{A}_{\mathrm{F}}\boldsymbol{Z} + \boldsymbol{D}_{\mathrm{F}}\boldsymbol{F} + \boldsymbol{B}_{\mathrm{F}}u \tag{5.46}$$

式中,$\boldsymbol{A}_{\mathrm{F}} = \boldsymbol{I}_{2(n+1)\times 2(n+1)}$;$\boldsymbol{D}_{\mathrm{F}} = \boldsymbol{0}_{2(n+1)\times n}$;$\boldsymbol{B}_{\mathrm{F}} = \boldsymbol{0}_{2(n+1)\times 1}$。

评价单自由度结构-MR-TLCD 系统的半主动控制效果,常用结构位移和加速度值,此时对应的系统评价输出方程为

$$\boldsymbol{Y}_{\mathrm{out}} = \boldsymbol{A}_{\mathrm{out}}\boldsymbol{Z} + \boldsymbol{D}_{\mathrm{out}}\boldsymbol{F} + \boldsymbol{B}_{\mathrm{out}}u \tag{5.47}$$

式中,$\boldsymbol{Y}_{\mathrm{out}} = \begin{bmatrix} \boldsymbol{X} \\ \ddot{\boldsymbol{X}} \end{bmatrix}$为评价输出向量;$\boldsymbol{A}_{\mathrm{out}} = \begin{bmatrix} \boldsymbol{I}_{(n+1)} & \boldsymbol{0} \\ -\boldsymbol{M}^{-1}\boldsymbol{K} & -\boldsymbol{M}^{-1}\boldsymbol{C} \end{bmatrix}$;$\boldsymbol{D}_{\mathrm{out}} = \boldsymbol{D}$;$\boldsymbol{B}_{\mathrm{out}} = \boldsymbol{B}$。

2)仿真流程图

MR-TLCD 半主动控制流程如图 5.17 所示,对应的在 MATLAB/ Simulink 工具箱下的流程见图 5.18。单自由度结构-MR-TLCD 系统 5.3.2 中 3 种半主动控制算法实现过程分别为:图 5.19a)基于耗能力的简单双态控制算法;图 5.19b)基于耗能力的两级双态控制算法;图 5.19c)离复位控制算法。仿真计算 3 种半主动控制策略控制效果时,只需要用图 5.19替换图 5.18 中半主动控制策略框图即可。

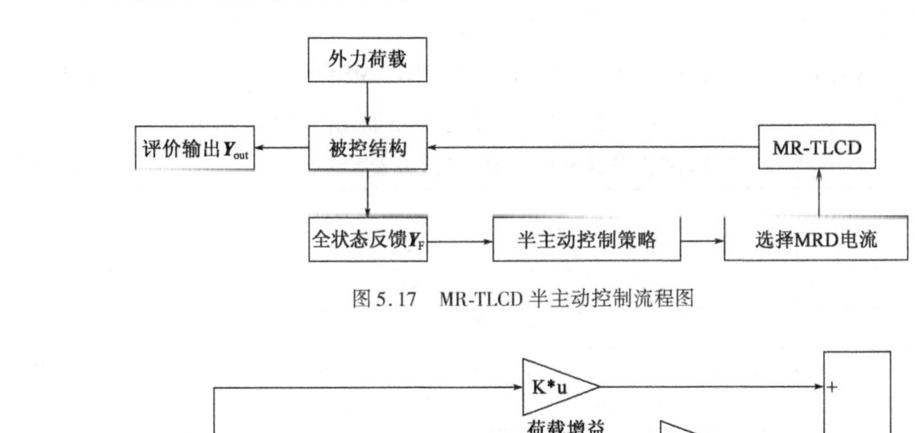

图 5.17 MR-TLCD 半主动控制流程图

图 5.18 MATLAB/Simulink 仿真流程图

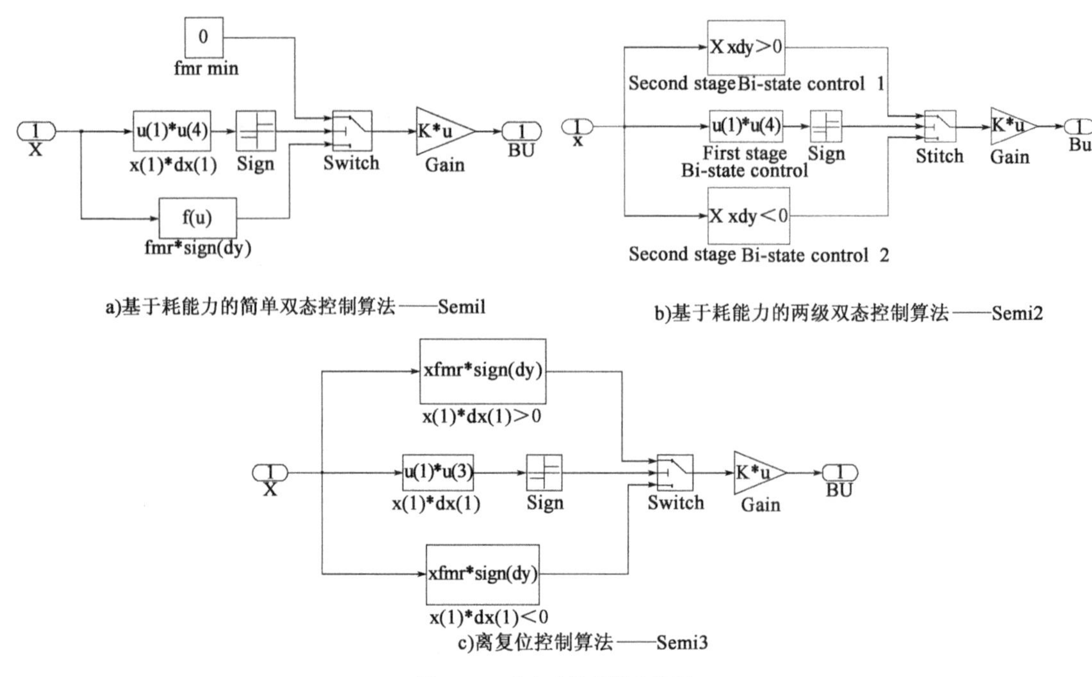

图 5.19 半主动控制算法流程

5.3.4 随机风荷载作用时半主动控制仿真分析

单自由度结构参数选取同文献[7]算例,质量为 1.49×10^7kg,刚度为 1.49×10^7N/m,阻尼常数为 2.97×10^5N · s/m,MR-TLCD 参数选取见表 5.6, MR-TLCD 与单自由度结构质量比为 2.43%。单自由度-MR-TLCD 系统受到的风荷载时程图如图 5.20 所示。

随机风荷载仿真分析时 MR-TLCD 参数设计 表 5.6

TLCD 参数							
b(m)		L_{eq}(m)		A(m^2)		ρ(kg/m^3)	
14.02		20.03		18.11		1000	
MR 阻尼器参数							
r_1(mm)	r_2(mm)	r_f(mm)	d(mm)	μ(Pa · s)	A_m(m^2)	r(-)(mm)	τ_y(kPa)
10	300	200	0.8	8.7	0.2827	150	30

仿照后续半主动控制实验工况,研究了单自由度结构无控、被动控制关(Passive off,简称 Pof)、被动控制开(Passive on,简称 Pon)、MR-TLCD 控制单自由度结构简单双态控制(Simple Bi-State,简称 SBS)、两级双态控制(Two-stage Bi-state,简称 TSBS)、离复位控制(Off-and -Towards Equilibrium,简称 OTE)风振峰值及均方根值,以及单自由度结构的位移和加速度减小百分比,如表 5.7 所示。由表 5.7 知,实施简单双态控制、离复位控制、两级双态控制算法时单自由度结构的位移和加速度峰值都好于无控和被动控制,并且峰值减小百分比可达到 30% 以上。两级双态控制效果最好,达 42% 和 39.9%,离复位次之,达 33.8% 和 31.2%,两者峰值比

较,两级双态控制好于离复位控制,约为8%,被动控制效果比较差。相比峰值减振效果,结构的位移和加速度均方根值减振性能指标也达35%,此时三种情况下的减振指标很接近。从被控结构均方根值控制角度讲,3种控制算法没有区别,但从表5.8知,简单双态控制和离复位控制时MR-TLCD的液体位移和加速度分别达到0.25m和0.24m/s^2,此时两级双态控制对应值只为0.16m和0.166m/s^2,明显小于前者,则说明结构均方根值减振方面,3种半主动控制算法对于结构控制效果基本相同,而对于MR-TLCD,两级双态控制要比简单双态控制和离复位控制系统更趋于稳定。综合考虑单自由度结构以及MR-TLCD的位移和加速度峰值,两级双态控制都优于简单双态控制和离复位控制。

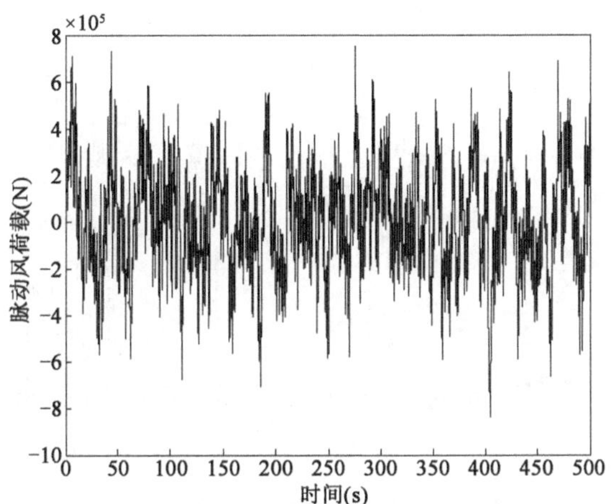

图5.20 随机脉动风荷载时程

随机风荷载仿真分析时被控结构减振分析 表5.7

减振指标	单位	无控	Pon	SBS	TSBS	OTE
J_{xp}	mm	0.1861	0.1796	0.1231	0.1076	0.1232
	—	—	3.48%	33.86%	42.19%	33.79%
$J_{\ddot{x}p}$	mm/s^2	0.1791	0.1854	0.1171	0.1107	0.1168
	—	—	-0.30%	31.27%	39.93%	31.19%
J_{xrms}	mm	0.0645	0.0558	0.0411	0.0402	0.0410
	—	—	13.44%	36.30%	37.68%	36.38%
$J_{\ddot{x}rms}$	mm/s^2	0.0633	0.0550	0.0393	0.0377	0.0392
	—	—	11.90%	35.16%	36.57%	35.24%

随机风荷载仿真分析时TLCD液体响应值 表5.8

响应指标	单位	Pon	SBS	TSBS	OTE
y_p	mm	0.8835	0.7362	0.4741	0.7364
$\ddot{y}_p$	mm/s^2	0.9119	0.7776	0.5080	0.7776
y_{rms}	mm	0.3276	0.2511	0.1653	0.2515
$\ddot{y}_{rms}$	mm/s^2	0.3307	0.2490	0.1664	0.2492

注:y_p、$\ddot{y}_p$、y_{rms}、$\ddot{y}_{rms}$分别为风振控制时MR-TLCD液体位移峰值、加速度峰值、位移均方根值和加速度均方根值。

从图5.21和图5.22单自由度结构位移和加速度时程图可以看出,离复位控制和两级双态控制时程曲线很接近,且对结构位移和加速度有良好的抑制效果,离复位控制位移峰值略大于两级双态控制。从图5.23和图5.24中MR-TLCD液体位移和加速度时程曲线知,离复位控制和两级双态控制的时程曲线相关性分别为0.8667和0.8783,但两级双态控制位移和加速度明显小于离复位控制,说明两者控制效果接近时,整个减振系统前者更趋于稳定。

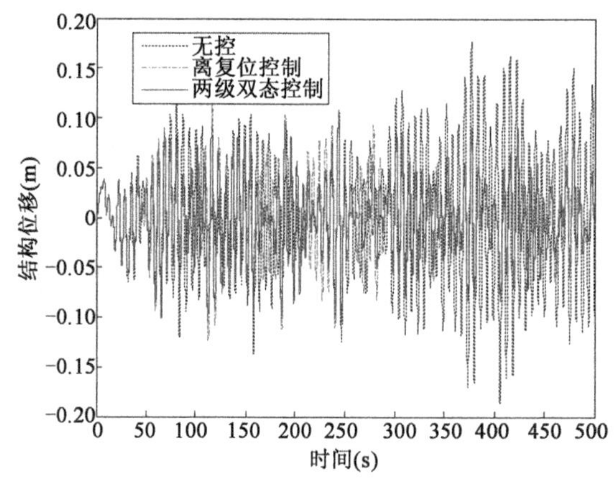

图5.21 随机风荷载下结构位移时程图

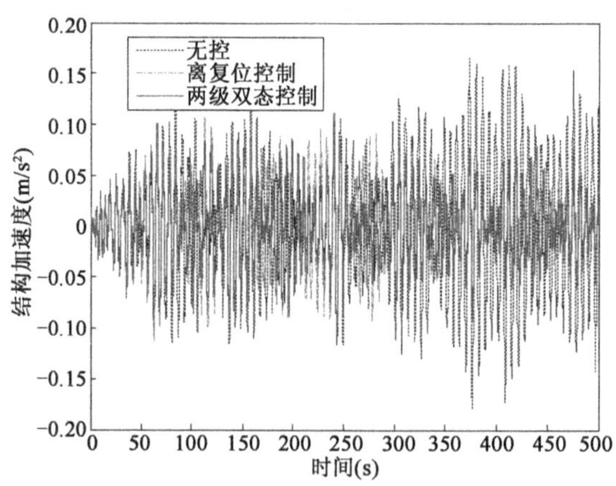

图5.22 随机风荷载下结构加速度时程图

图5.25是根据式(5.18)MR阻尼器耗能条件绘出TLCD液体能量与MR阻尼器耗能能量,图中所示TLCD液体能量全部大于MR阻尼器耗能能量,表明式(5.18)成立。

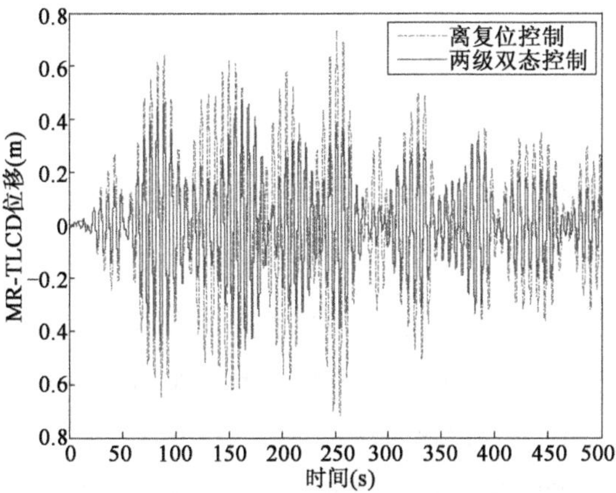

图 5.23　随机风荷载下 MR-TLCD 液体位移时程图

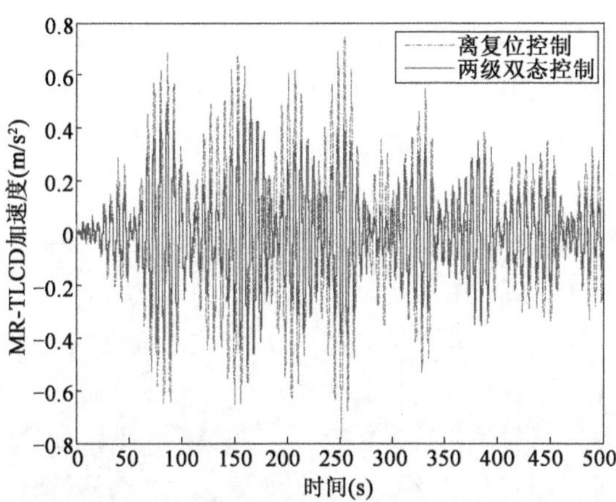

图 5.24　随机风荷载下 MR-TLCD 液体加速度时程图

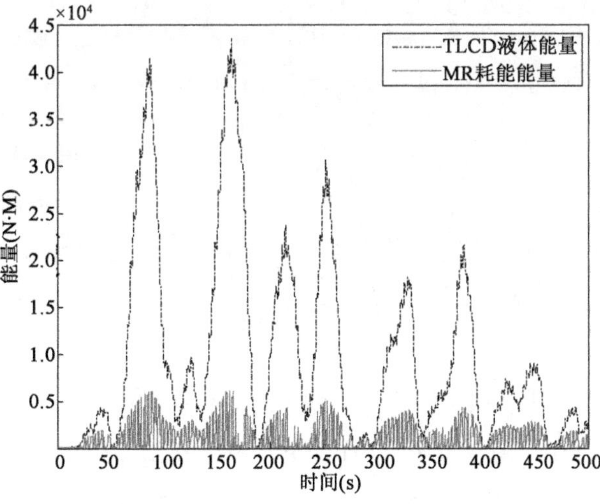

图 5.25　随机风荷载下 MR-TLCD 能量时程图

5.4 MR-TLCD 系统半主动控制实验研究

5.4.1 MR-TLCD 系统半主动控制实验设计和算法实现

1)系统半主动控制实验设计

单自由度结构-MR-TLCD 系统半主动控制实验装置如图 5.26 所示,水平导轨固定于地面,导轨上 4 个轴承承担上部结构重量,并起到轴向限位作用。轴承上 2 个重 128.5kg 槽形槽钢放置 96 个 10kg 的质量砝码,并用钢丝绳吊于实验室建筑结构上,起到减小结构水平库仑摩擦力的作用。5 根总刚度达 9709N/m 的弹簧与被控结构相连,其中 4 根弹簧(8688N/m)连接于槽形槽钢与固定于地面导轨之间,另一根弹簧(1021N/m)直接连接外力驱动装置,便于驱动装置直接给被控结构施加外力,MR-TLCD 固定在 2 个槽形槽钢的横梁上。整个半主动实验装置包括驱动装置位移测量计,共装有 5 个传感器,分别是 2 个力传感器、2 个激光位移计、1 个位移传感器,传感器安装如图 5.27 所示,上述对应的半主动控制实验流程见图 5.28。

图 5.26 单自由度结构-MR-TLCD 系统半主动控制实验装置

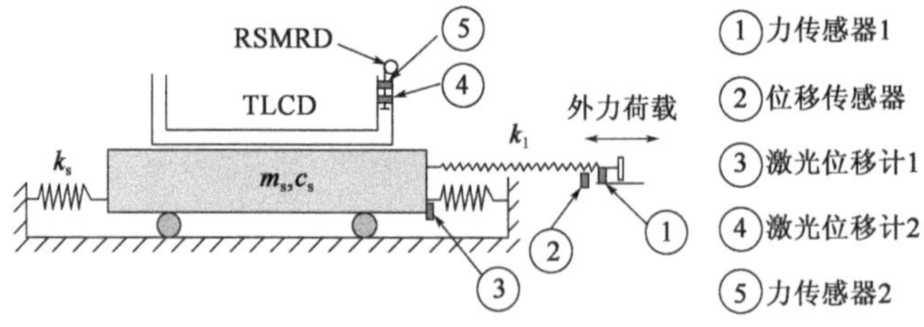

图 5.27 MR-TLCD 半主动控制实验传感器布置图

半主动控制实验过程中,带有 MR-TLCD 的单自由度结构受到伺服电动机驱动外力荷载,结构发生振动,产生位移,结构运动驱使 TLCD 和 MR 阻尼器有相同位移,由激光位移计记录结构的运动位移和 MR-TLCD 位移响应并反馈到 dSPACE 实时控制系统中,根据控制算法,由

I/O 输出端口输出实时控制电流,经电流放大器后供给 MR 阻尼器。整个实时半主动控制过程中,施加于结构的外力和位移信号分别由力传感器 1 和位移计采集,结构的位移响应由激光位移计 1 采集,MR-TLCD 液体位移响应由激光位移计 2 采集,MR 阻尼器阻尼力由力传感器 2 采集,5 个传感器全部由数据采集系统显示、记录和备份。应用于半主动控制反馈的结构位移响应和 MR-TLCD 液体相对位移响应信号,并联输出到 dSPACE 的 I/O 输入端口。

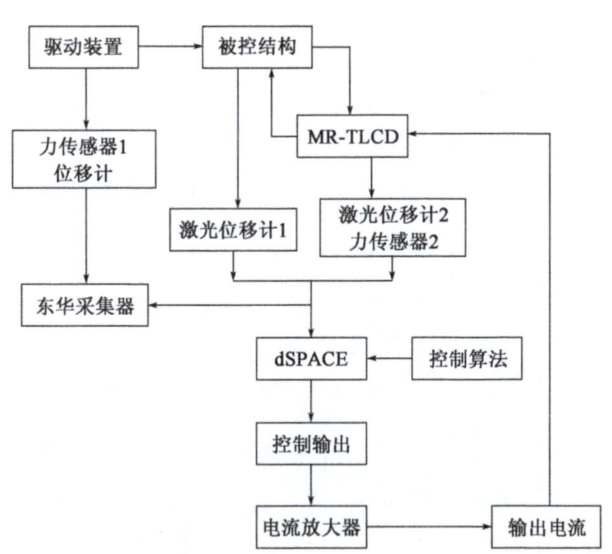

图 5.28 MR-TLCD 半主动控制实验流程图

2)系统半主动控制算法实现

图 5.29 MR-TLCD 半主动控制算法 RTI 框图是在 MATLAB/Simulink 工具箱实现的。RTI 框图主要由四部分组成,分别是 dSPACE 实时控制系统的 DS1103 MUXADC 输入模拟信号、输入信号处理模块、半主动控制算法实现模块和 DS1103 DAC 输出模拟信号。DS1103 MUXADC 和 DAC 模拟信号与 dSPACE 的 I/O 端口相对应;输入信号处理模块是把输入的模拟信号通过传感器灵敏度设置转化为相应的位移响应大小以及离散求导,得到速度响应,位移和速度响应作为反馈信号直接输入半主动控制算法模块;半主动控制算法实现模块把输入的反馈信号根据半主动控制算法策略输出对应的控制模拟信号到 DS1103 DAC,至此形成闭环的实时半主动控制实验。为得到不同的半主动控制算法控制效果,只需改变半主动控制算法实现模块内容即可。

5.4.2 系统半主动控制实验基本参数辨识

1)单自由度结构参数辨识

根据结构初始位移自由振动信号,由快速 Fourier 变换方法求得结构自振频率,由衰减信号求出结构阻尼比,然后利用多频率强迫振动动力放大系数进一步校核结构阻尼比。首先施加于结构一个初始位移，然后释放使结构产生自由衰减振动，滤波后的自由振动衰减信号如图5.30a)所示，根据阻尼比衰减，初步判断$\zeta = 0.7\%$，图5.30b)是时程图图5.30a)对应的FFT变换，得到结构固有频率为0.5188Hz，由已知结构质量和弹簧刚度计算的理论频率为0.5136Hz，两者误差仅1%，说明半主动控制理论采用的结构基本参数与实验研究所采用结构参数相匹配。

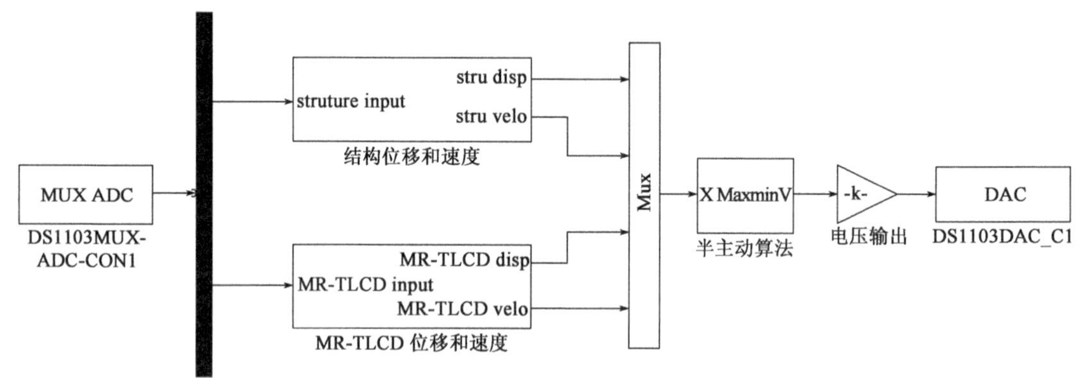

图5.29　MR-TLCD 半主动控制算法 RTI 框图

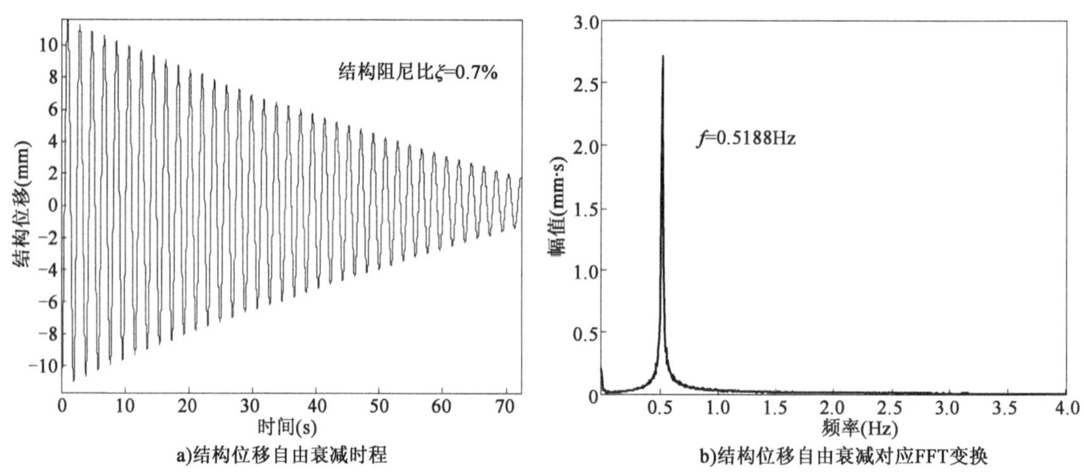

图5.30　实验结构频率值参数辨识

由衰减时程辨识的结构阻尼比$\zeta = 0.7\%$，根据式(5.48)，绘制阻尼比$\zeta = 0.7\%$下的结构理论衰减时程，并与实验信号对比，如图5.31a)所示。同时采用图5.31b)强迫振动动力放大系数($\zeta = 0.7\%$)实验值与理论值对比，两者都说明结构频率取0.5188Hz、阻尼比取$\zeta = 0.7\%$是与理论分析值一致的。

$$x_s(t) = x_0 e^{(0.007 \times 2 \times \pi \times 0.5188 \times t)} \times \cos(2 \times \pi \times 0.5188 \times t) \tag{5.48}$$

式中，x_0为图5.30对应的初始位移值。

2)MR-TLCD 参数辨识

实验所得的 MR-TLCD 时程如图5.32a)所示，对应的 FFT 变换频率如图5.32b)所示。

MR-TLCD 的实验频率为 0.5096Hz，与理论频率 0.4987Hz 存在 2.1% 误差。由结构、MR-TLCD 实验所得频率求出 MR-TLCD 与结构频率比为 0.982，质量比为 4.24%。

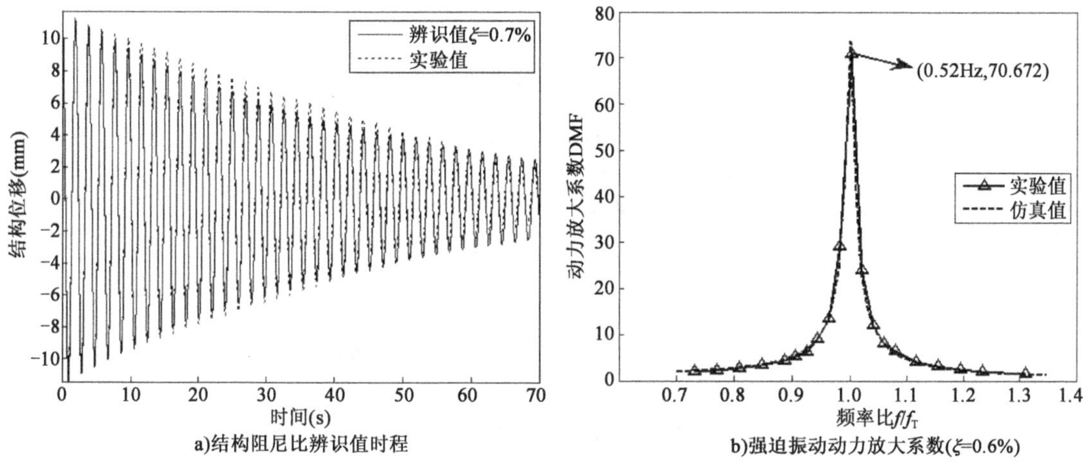

图 5.31 实验结构阻尼比参数辨识

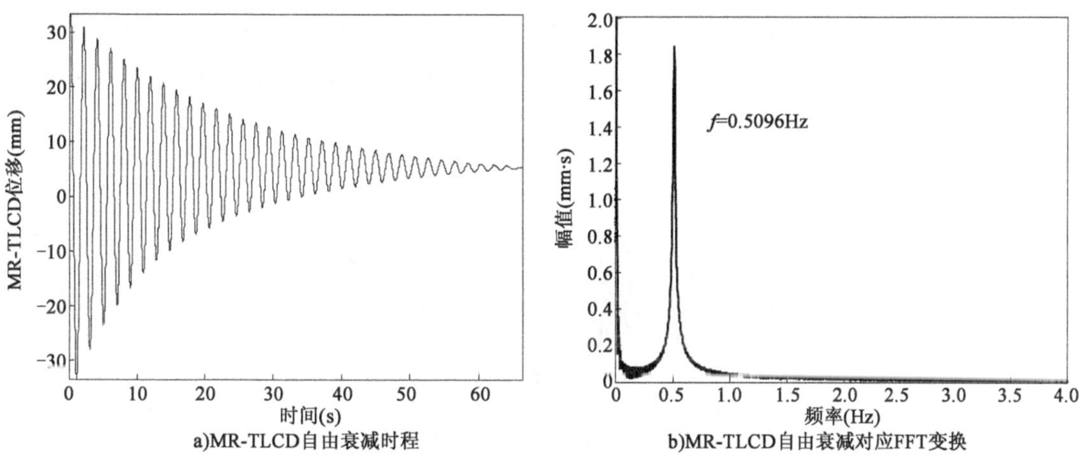

图 5.32 MR-TLCD 频率值参数辨识

5.4.3 单自由度结构-MR-TLCD 被动控制实验

实验 MR-TLCD 无输入电流，输入电流分别为 0.1A、0.3A、0.5A 下单自由度结构，从 0.38Hz至 0.68Hz 的 20 种频率变化的简谐激励强迫振动的减振情况。每种电流工况下，求出结构有 MR-TLCD 控制装置的动力放大系数如图 5.33 所示。无 MR-TLCD 减振装置时动力放大系数最大，而且只有频率比等于 1 时的一个共振点；当施加 MR-TLCD 后，频率比接近 1 时，4 种电流情况下结构动力放大系数都很小，但在频率比 0.9 和 1.1 附近出现了两个动力放大系数峰值，新出现的两个峰值点位于结构施加 MR-TLCD 后系统两个频率对应频率比处。4 种输入电流在频率比等于 1 时，结构动力放大系数随电流减小而减小，这与结构在简谐荷载作用下,调谐质量阻尼器装置的减振控制理论分析是一致的。此外,在4种输入电流下,结构动力放大系数都经过 P 和 Q 点,此现象与文献[22]相同。

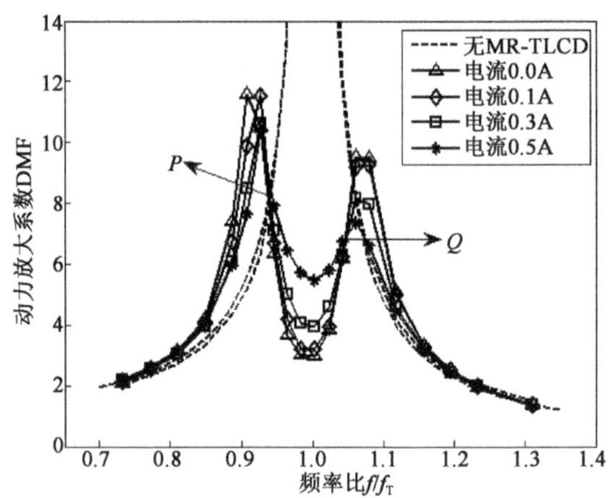

图5.33　不同输入电流时结构动力放大系数

由图5.34实验与仿真动力放大系数对比(I=0.1A)知,在输入电流为0.1A时,实验与仿真值的趋势完全相同,且两者动力放大系数大小也很接近,仅在频率比等于1时,仿真值与实验值略有差别。主因是仿真MR-TLCD与结构频率比为0.9710,而实验频率比为0.982。此外,结构库仑摩擦力偏小导致结构阻尼比有所减小。

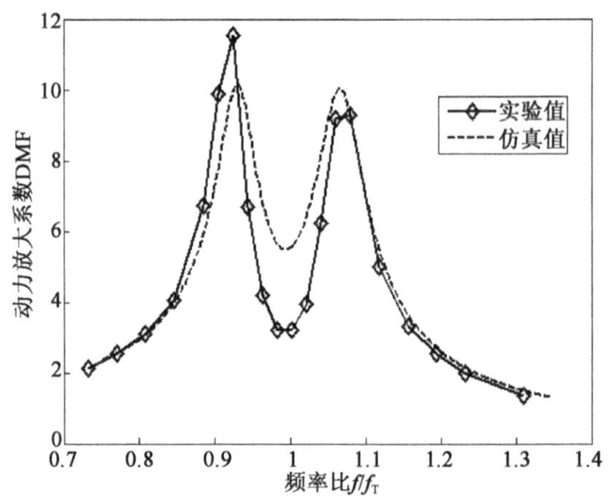

图5.34　实验与仿真动力放大系数对比(I=0.1A)

从图5.33和图5.34分析可得,MR-TLCD对结构在简谐荷载作用下的被动控制确实有很好的减振效果。

5.4.4　MR-TLCD半主动控制实验工况和评价指标

1)半主动控制实验工况

有MR-TLCD单自由度结构半主动控制实验算法工况分别为被动控制关、被动控制开,以及3种半主动控制算法，如：基于耗能力的简单双态控制，基于耗能力的两级双态控制，离复位控制。上述5种算法均实验5种电流方案，如表5.9所示，以及8种荷载激励形式，如表5.10所示。

半主动控制实验最大输入电流方案　　表5.9

指　　标	方案1	方案2	方案3	方案4	方案5
电流放大系数 K	0.075	0.100	0.115	0.135	0.145
最大输入电流(A)	0.100	0.210	0.300	0.410	0.460

半主动控制实验荷载激励形式　　表5.10

指　　标	简谐运动荷载	三阶谐波荷载		
荷载激励名称	简谐1	工况1	工况2	工况3
基频(Hz)	0.50	0.50	0.50	0.50
频率幅值比	—	1:1:1	2:1:1	3:1:1

按表5.10半主动控制实验荷载激励的简谐运动荷载和三阶谐波荷载形式对半主动控制实验结果统一分析。简谐运动荷载时，评价单自由度结构位移和加速度峰值减振效果，以及结构稳态振动阶段位移和加速度峰值减振效果；三阶谐波荷载时，评价单自由度结构位移和加速度峰值减振效果，以及位移和加速度均方根值减振效果。

2)半主动控制实验评价指标

将半主动理论分析得到的单自由度结构仿真值与实验结果进行对比，以便验证理论分析的正确性，采用仿真值与实验值误差百分比 R 评价，定义如下式

$$R = \frac{仿真值 - 实验值}{仿真值} \times 100\% \tag{5.49}$$

对应的同一控制算法下，多种最大控制电流时最小误差百分比为

$$R_{\min} = \min\{R_i\} \tag{5.50}$$

最大误差百分比为

$$R_{\max} = \max\{R_i\} \tag{5.51}$$

式(5.50)、式(5.51)中，R_i 表示某一控制算法下，第 i 个控制电流的仿真值与实验值误差百分比。当 $R_{\min}$、$R_{\max}$ 出现负值时，表明半主动控制实验结果值大于理论仿真值。

5.4.5　简谐运动荷载作用时半主动控制实验结果

1)结构峰值响应分析

单自由度结构在频率0.50Hz简谐运动荷载作用下，结构位移峰值减振及仿真实验误差

百分比见表5.11,加速度峰值减振及仿真实验误差百分比见表5.12,结构稳态振动阶段位移及仿真实验误差百分比见表5.13,稳态振动阶段加速度峰值减振及仿真实验误差百分比见表5.14。

简谐荷载时半主动控制实验结构位移峰值分析 表5.11

最大控制电流(A)	无控(mm)	Pof(mm)	Pon(mm)	SBS(mm)	TSBS(mm)	OTE(mm)
0.10	10.4748	3.3750	3.6525	3.6148	3.5913	3.5439
0.21			3.7916	3.6904	3.6074	3.6447
0.30			3.7004	3.8087	3.6712	3.7304
0.41			4.0911	3.9367	3.7805	3.8959
0.46			4.1325	4.0596	3.8401	3.9878
R_{min}	20.11%	9.13%	10.75%	2.22%	3.33%	3.95%
R_{max}	20.11%	9.13%	25.43%	3.45%	7.17%	4.99%

简谐荷载时半主动控制实验结构加速度峰值分析 表5.12

最大控制电流(A)	无控(mm/s^2)	Pof(mm/s^2)	Pon(mm/s^2)	SBS(mm/s^2)	TSBS(mm/s^2)	OTE(mm/s^2)
0.10	107.5184	36.2966	38.0101	40.2466	38.4921	36.1471
0.21			44.3305	38.8466	37.5568	37.4892
0.30			44.1221	40.2224	40.3810	40.4637
0.41			41.5538	42.5111	44.4057	44.5839
0.46			43.3693	42.3923	43.8712	45.0430
R_{min}	18.42%	1.23%	1.86%	-9.05%	-10.74%	-10.69%
R_{max}	18.42%	1.23%	21.71%	-2.84%	0.14%	2.06%

简谐荷载时半主动控制实验稳态阶段结构位移峰值分析 表5.13

最大控制电流(A)	无控(mm)	Pof(mm)	Pon(mm)	SBS(mm)	TSBS(mm)	OTE(mm)
0.10	6.5693	2.3470	2.5022	2.4814	2.3791	2.3980
0.21			2.7471	2.7153	2.4731	2.5828
0.30			2.9499	2.9174	2.5576	2.7937
0.41			3.2609	3.1998	2.6892	3.0750
0.46			3.3516	3.2533	2.7615	3.2200
R_{min}	25.05%	-3.18%	6.61%	-9.07%	-4.59%	-5.41%
R_{max}	25.05%	-3.18%	31.28%	5.33%	19.61%	6.30%

简谐荷载时半主动控制实验稳态阶段结构加速度峰值分析　　表5.14

最大控制电流(A)	无控(mm/s^2)	Pof(mm/s^2)	Pon(mm/s^2)	SBS(mm/s^2)	TSBS(mm/s^2)	OTE(mm/s^2)
0.10	65.5743	24.7375	23.4232	23.5782	24.3347	24.0298
0.21			29.4334	27.0232	26.3569	26.1830
0.30			31.6210	30.2888	27.7158	30.3091
0.41			32.7518	35.4258	28.4880	33.5920
0.46			36.3674	34.5468	30.2828	32.6139
R_{min}	24.17%	-10.19%	10.79%	-10.02%	-8.39%	-7.02%
R_{max}	24.17%	-10.19%	27.94%	-1.86%	11.49%	3.84%

从表5.11和表5.12半主动控制结构位移、加速度减振情况可知，被动控制关算法(Pof)减振效果都是最好的，3种半主动控制算法都好于被动控制开算法且两级双态控制算法好于离复位控制算法和简单双态控制算法。这与半主动理论仿真分析结果相一致。被动控制关算法好于其他控制算法的原因主要是简谐激励荷载作用下，采用调谐质量阻尼器装置时，调谐阻尼器阻尼比越小，被控结构减振效果越好。由半主动仿真值与实验值误差百分比分析知：在单自由度结构无控时位移和加速度误差较大，分别达20.11%、18.42%；被动控制关时加速度误差相差无几；简单双态、两级双态、离复位3种半主动的仿真值与实验值位移已很接近，最小误差1.44%(简单双态控制)、最大误差7.17%(两级双态控制)；加速度误差比也很小，最小误差0.14%(两级双态控制)，此时实验值大于仿真分析值。

表5.13和表5.14稳态阶段的位移、加速度减振情况与表5.11和表5.12基本相同，3种半主动控制算法中两级双态控制算法优于简单双态控制算法和离复位控制算法，但差于被动控制关算法，好于被动控制开算法，与理论仿真值结论相同。

由仿真与实验误差百分比分析得知，无控时和被动控制开算法误差略大，被动控制关算法与半主动控制算法误差较小，最大误差百分比控制在25.14%以内，且理论与实验数值大小互有交错。

2)结构峰值减振百分比分析

图5.35分析的是单自由度结构在被动控制关/开，以及3种半主动控制简单双态控制、两级双态控制和离复位对应于无控时的百分比减振情况。这一部分是对表5.11~表5.14的进一步分析，5种控制算法下位移、加速度峰值减振效果控制在60%~68%，而稳态阶段效果略逊，基本在45%~65%。这说明MR-TLCD半主动阻尼装置对单自由度结构受简谐荷载作用时的结构响应均有良好的抑制作用。

3)MR-TLCD峰值响应分析

从图5.36分析可知，4种峰值位移基本满足被动控制关时MR-TLCD位移峰值大于其他控制算法,被动控制开时位移峰值响应最小。以表 5.13 为例,半主动控制时稳态位移响应基本相当,对应图 5.36c) 和 d) 中的 MR-TLCD 位移峰值也很接近,表明 MR-TLCD 峰值与被控结构响应相关。就 MR-TLCD 减振装置而言,被控结构峰值响应愈小,对应的 MR-TLCD 峰值愈大。

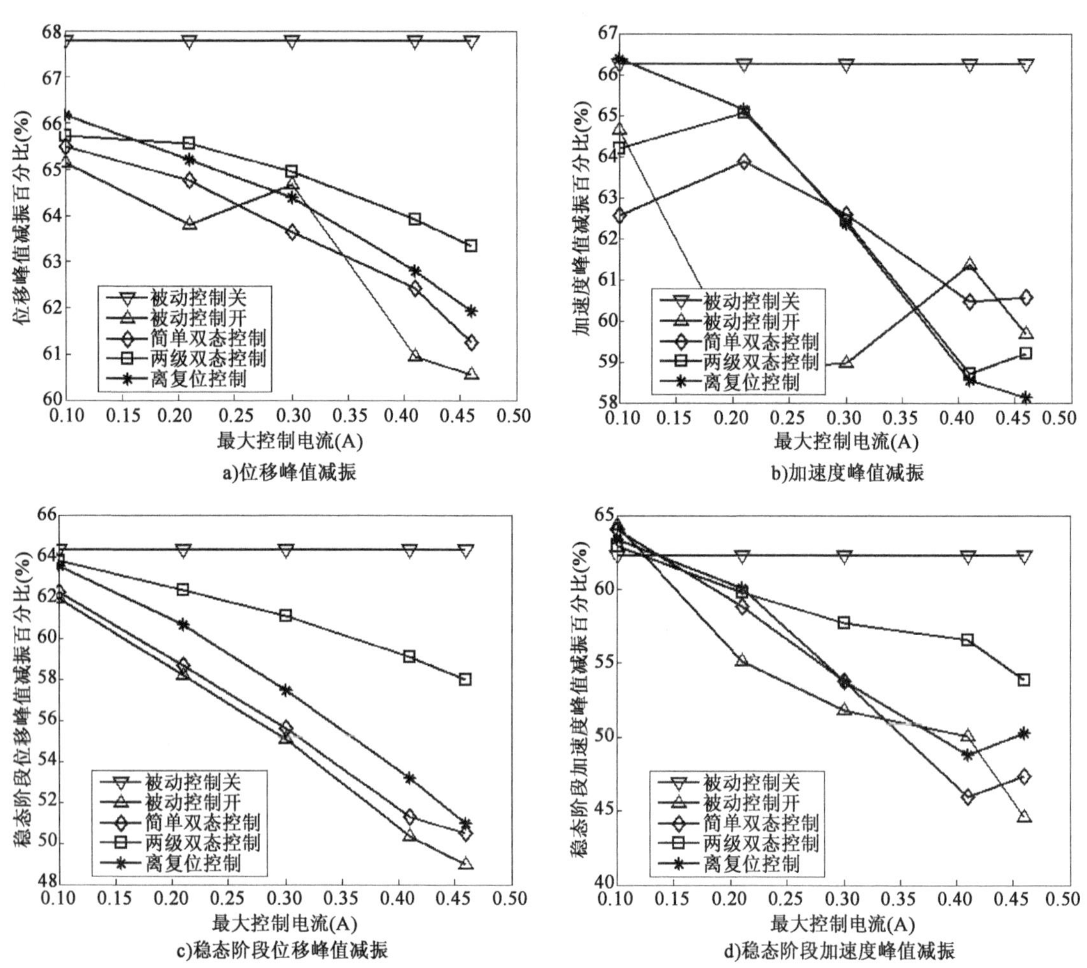

图 5.35　简谐荷载时半主动控制实验结构减振效果

4)不同控制算法时程曲线比较

以图 5.37 为例,分析不同控制算法时程曲线对比。当输入电流为 0.46A 时,两级双态控制算法的位移、加速度时程响应明显小于对应电流下的被动控制开算法的位移、加速度时程响应,表明提出的基于耗能力的两级双态控制明显优于被动控制开算法。

5)MR-TLCD 阻尼力实时分析

图 5.38 是两级双态控制算法下没有滤波的 MR 阻尼力实时变化情况,图 5.38a) 是两级双态控制时程图对应的 MR 阻尼力时程,图 5.38b) 是 50 ~ 70s 时两级双态控制反馈的实时电流输出值情况,图 5.38c) 和 d) 分别是 MR 阻尼力与 MR-TLCD 位移和速度的关系。从 MR 阻

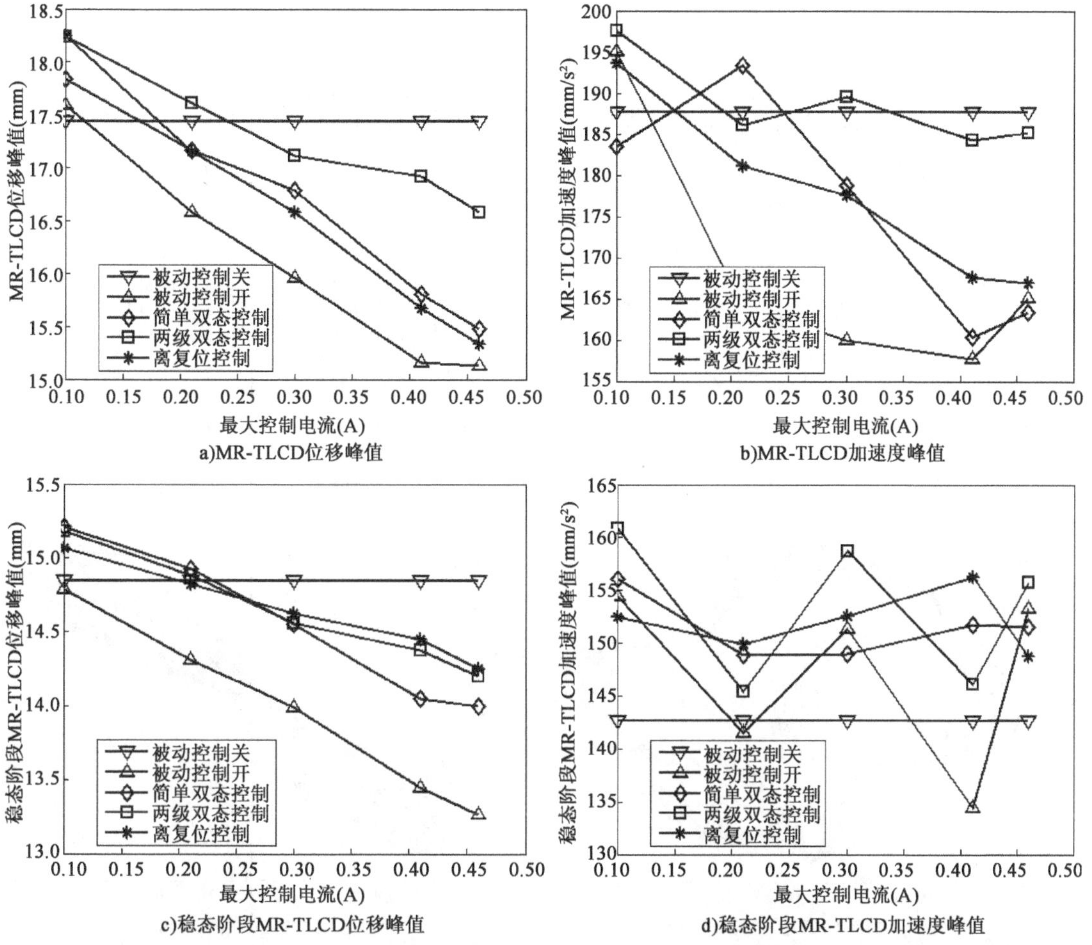

a)MR-TLCD位移峰值

b)MR-TLCD加速度峰值

c)稳态阶段MR-TLCD位移峰值

d)稳态阶段MR-TLCD加速度峰值

图5.36　简谐荷载时半主动控制实验 MR-TLCD 峰值响应

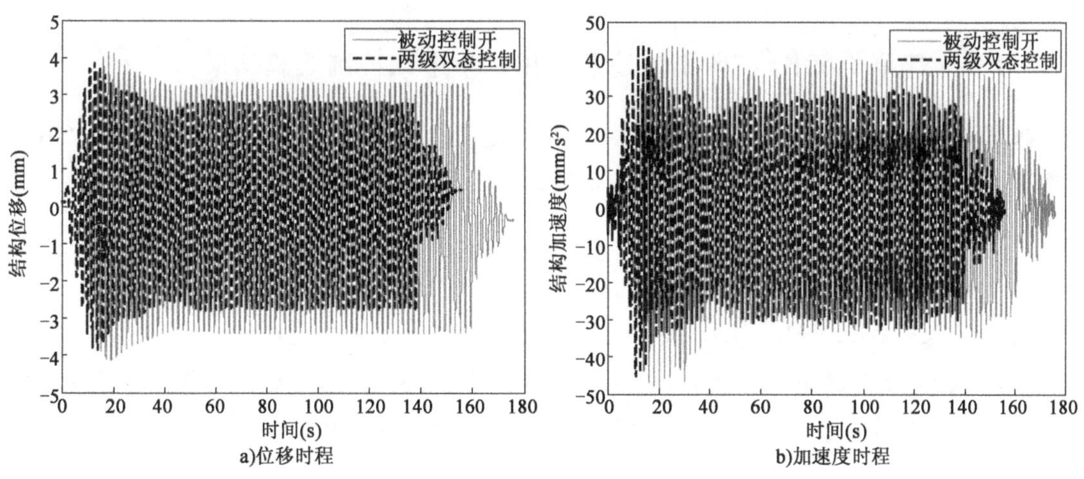

a)位移时程

b)加速度时程

图5.37　简谐荷载时两级双态控制算法和 Pon 算法时程对比($I=0.46\mathrm{A}$)

尼力与 MR-TLCD 位移和速度关系分析得到实时反馈电流对 MR 阻尼力有明显影响。

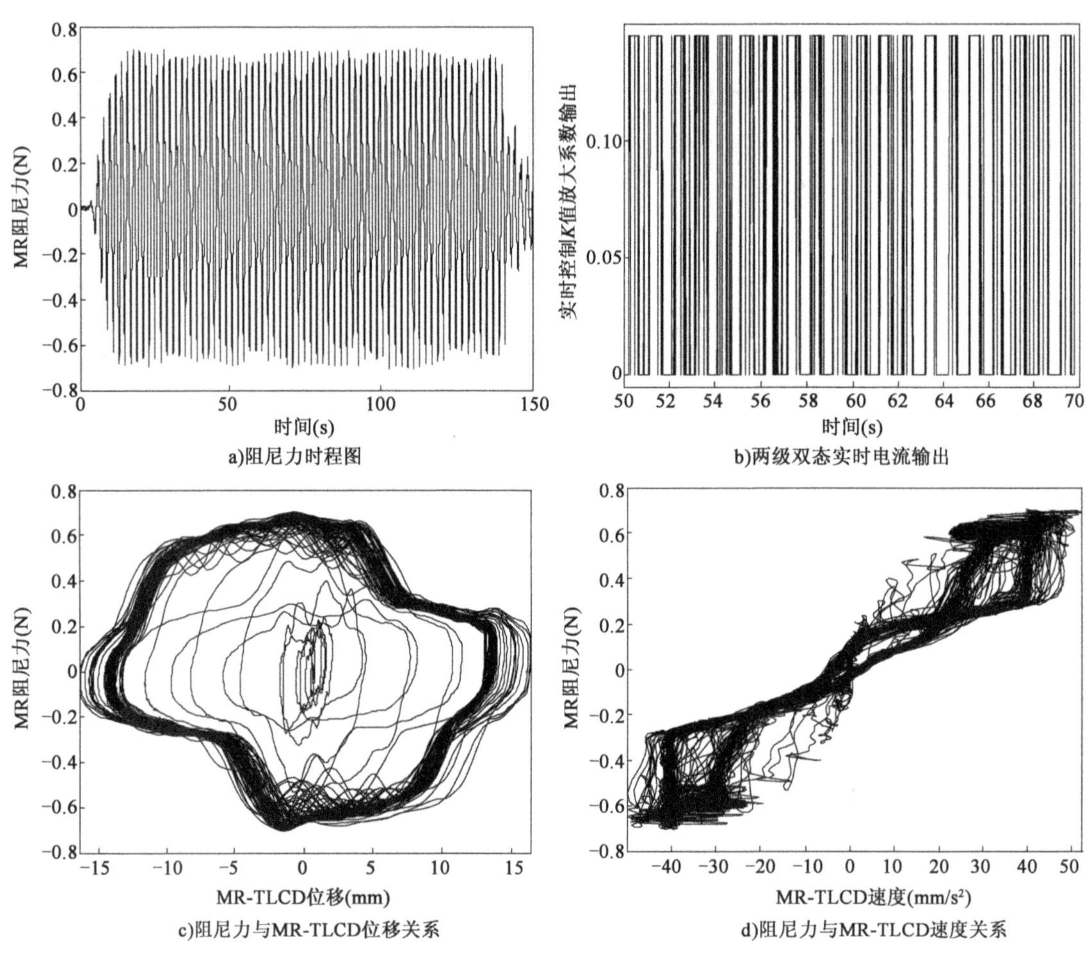

a)阻尼力时程图

b)两级双态实时电流输出

c)阻尼力与MR-TLCD位移关系

d)阻尼力与MR-TLCD速度关系

图 5.38 简谐荷载时两级双态控制算法 MR 实时阻尼力(I=0.46A)

5.4.6 基频 0.50Hz 三阶谐波荷载作用时半主动控制实验结果

表5.10 所示半主动控制实验荷载激励形式中,工况1、工况2、工况3 的基频均是0.50Hz,频率比为0.50∶1.00∶1.50,但各频率对应不同幅值的三阶谐波荷载激励,故将3 种荷载激励形式的半主动控制实验结果一并分析。

1)三阶谐波荷载时程及频谱分析

图5.39 是基频0.50Hz 三阶谐波荷载时程及频率图,由于采用伺服电动机驱动装置,理论输入的频率值与实验测量所得的频率值有所差别。图 5.39 工况 1 输入荷载频率比 0.50∶1.00∶1.50,对应幅值比 1∶1∶1,而实验测量得到频率比 0.54626∶1.0376∶1.5259,对应幅值比 2.1037∶1.3517∶1.0376;图 5.39 工况 2 频率,幅值比 2∶1∶1,而实验测量得到频率比 0.50354∶0.98267∶1.4618,对应幅值比 2.2027∶1.2609∶0.7832;图 5.39 工况 3 频率,幅值比

3∶1∶1,而实验测量得到频率比 0.49438∶0.97961∶1.4679,对应幅值比 2.6073∶1.0765∶0.7425。由于工况 1 中 0.54626Hz 激励频率与耦合系统理论计算频率 0.5410Hz 非常接近,所以带有 MR-TLCD 的被控结构和无 MR-TLCD 时的结构响应都会很大。

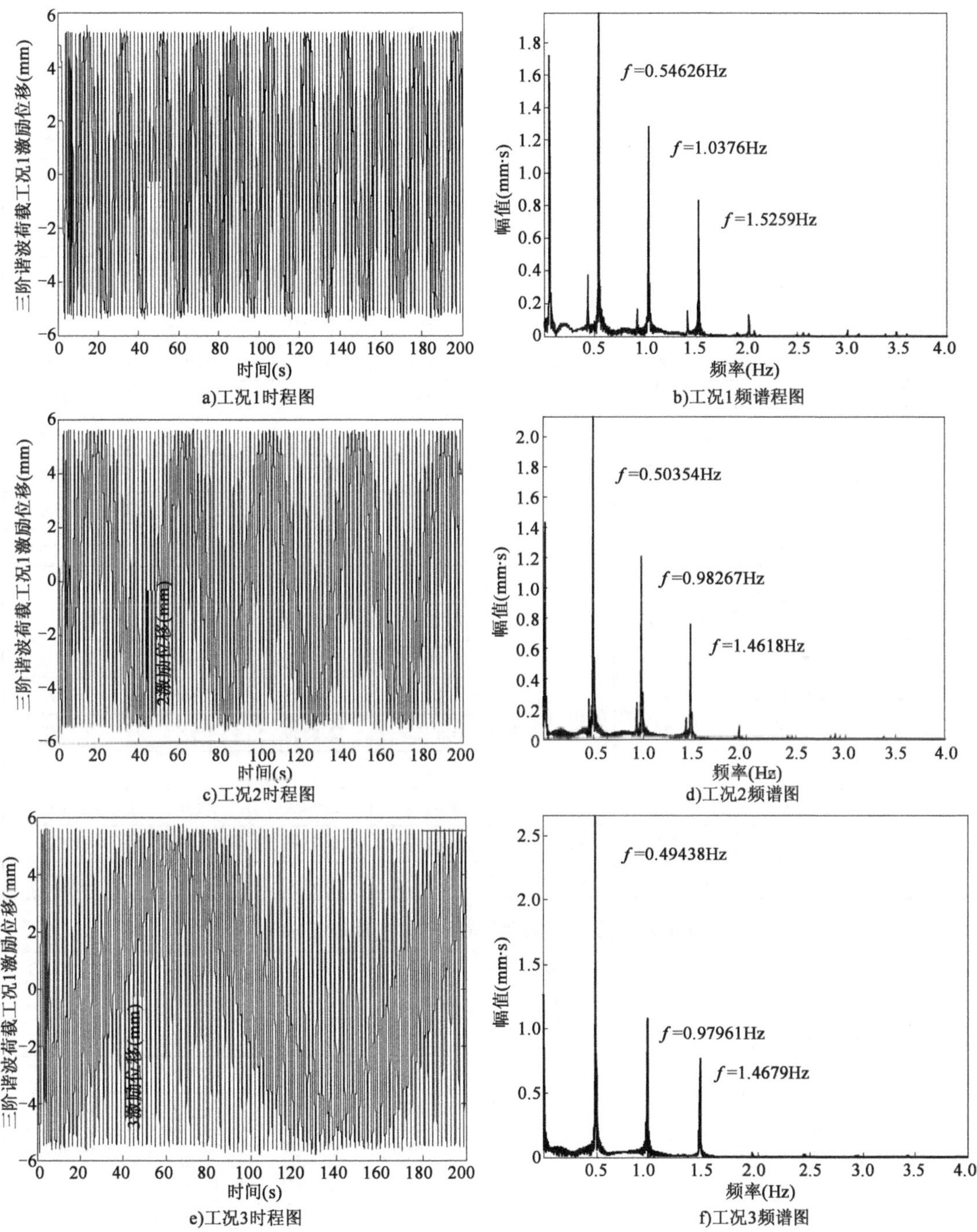

图 5.39 基频 0.50Hz 三阶谐波荷载时程及频率图

2)结构峰值及均方根响应分析

基频为0.50Hz的三阶谐波荷载作用下半主动控制实验单自由度结构位移峰值及仿真实验误差百分比见表5.15,结构加速度峰值及仿真实验误差百分比见表5.16,单自由度结构位移均方根及仿真实验误差百分比见表5.17,结构加速度均方根及理论实验误差百分比见表5.18。

基频0.50Hz三阶谐波荷载时结构位移峰值分析 表5.15

三阶谐波荷载工况	最大控制电流(A)	无控(mm)	Pof(mm)	Pon(mm)	SBS(mm)	TSBS(mm)	OTE(mm)
工况1	0.10	4.5239	2.7573	2.6712	2.5263	2.9272	2.5186
	0.21			2.5100	2.4217	2.8925	2.4678
	0.30			2.4519	2.4107	2.9044	2.4105
	0.41			2.4196	2.3385	2.8436	2.3288
	0.46			2.4297	2.2949	2.7978	2.3110
	R_{min}	-11.06%	20.32%	3.66%	7.11%	-2.30%	6.46%
	R_{max}	-11.06%	20.32%	14.50%	23.20%	13.94%	23.43%
工况2	0.10	8.8788	2.6455	3.0182	2.5333	2.7095	2.5611
	0.21			3.2251	2.6858	2.7238	2.7254
	0.30			3.4283	2.8367	3.1789	2.9226
	0.41			3.6060	3.1923	3.3106	3.1149
	0.46			3.6471	3.2071	3.1277	3.2886
	R_{min}	20.80%	17.46%	8.55%	1.00%	2.15%	-0.19%
	R_{max}	20.80%	17.46%	20.38%	18.11%	13.98%	17.21%
工况3	0.10	7.2798	2.8160	3.0032	2.6688	3.0075	2.7175
	0.21			3.0169	2.6943	2.8669	2.7977
	0.30			3.1277	2.8559	2.9475	2.9252
	0.41			3.3744	3.1136	2.9106	3.0702
	0.46			3.4422	3.1469	2.9090	3.1484
	R_{min}	20.71%	-2.40%	3.02%	0.75%	-8.88%	-0.29%
	R_{max}	20.71%	-2.40%	27.57%	3.45%	20.64%	2.83%

基频0.50Hz三阶谐波荷载时结构加速度峰值分析 表5.16

三阶谐波荷载工况	最大控制电流(A)	无控(mm/s^2)	Pof(mm/s^2)	Pon(mm/s^2)	SBS(mm/s^2)	TSBS(mm/s^2)	OTE(mm/s^2)
工况1	0.10	58.2817	42.2335	37.8740	37.1703	40.3286	37.7714
	0.21			38.5454	35.2410	38.3450	36.9397
	0.30			37.0586	36.5728	42.5168	34.8884
	0.41			41.2090	35.7432	40.5843	44.5823
	0.46			39.7196	35.6671	40.0735	39.5980
	R_{min}	-26.03%	-0.88%	-28.82%	-18.44%	-21.37%	-44.37%
	R_{max}	-26.03%	-0.88%	-2.85%	6.70%	2.12%	5.19%

续上表

三阶谐波荷载工况	最大控制电流（A）	无控（mm/s²）	Pof（mm/s²）	Pon（mm/s²）	SBS（mm/s²）	TSBS（mm/s²）	OTE（mm/s²）
工况 2	0.10	93.9434	33.0457	35.9832	32.7667	32.9040	38.3722
	0.21			32.1058	38.8421	34.0956	34.5528
	0.30			35.6488	39.3018	35.2779	36.7056
	0.41			37.2872	38.0696	36.7273	36.4647
	0.46			38.1729	45.0495	35.3510	39.4921
	R_{min}	16.24%	2.01%	-4.39%	-32.93%	-5.74%	-18.20%
	R_{max}	16.24%	2.01%	19.96%	-0.93%	0.60%	-8.25%
工况 3	0.10	79.2980	35.1085	35.1088	39.6773	37.0588	34.1679
	0.21			36.1097	37.3249	37.0270	34.8096
	0.30			39.4829	35.7761	36.4805	35.1157
	0.41			44.7457	37.7456	33.3555	38.6943
	0.46			45.7411	43.0003	34.8795	38.8368
	R_{min}	12.60%	-20.80%	-8.71%	-38.69%	-28.05%	-19.99%
	R_{max}	12.60%	-20.80%	5.66%	-17.05%	7.18%	-15.21%

基频 0.50Hz 三阶谐波荷载时结构位移均方根分析 表 5.17

三阶谐波荷载工况	最大控制电流（A）	无控（mm）	Pof（mm）	Pon（mm）	SBS（mm）	TSBS（mm）	OTE（mm）
工况 1	0.10	2.1744	1.5698	1.5401	1.4161	1.6833	1.4295
	0.21			1.4714	1.3887	1.6832	1.4528
	0.30			1.4415	1.3770	1.6697	1.3891
	0.41			1.4202	1.3704	1.6575	1.3668
	0.46			1.4251	1.3571	1.6471	1.3471
	R_{min}	-4.80%	10.21%	-8.43%	6.47%	-2.67%	7.16%
	R_{max}	-4.80%	10.21%	14.92%	27.80%	17.21%	27.11%
工况 2	0.10	4.3422	1.2163	1.3228	1.1694	1.2525	1.1498
	0.21			1.4599	1.2791	1.2854	1.2577
	0.30			1.6281	1.3740	1.3341	1.3544
	0.41			1.7673	1.5192	1.4249	1.4998
	0.46			1.8346	1.5939	1.4715	1.5676
	R_{min}	22.91%	0.67%	10.24%	4.14%	4.03%	5.75%
	R_{max}	22.91%	0.67%	31.96%	8.69%	25.08%	10.11%

续上表

三阶谐波荷载工况	最大控制电流(A)	无控(mm)	Pof(mm)	Pon(mm)	SBS(mm)	TSBS(mm)	OTE(mm)
工况 3	0.10	3.2215	1.7448	1.8470	1.6782	1.8431	1.6925
	0.21			1.9408	1.7577	1.8530	1.7877
	0.30			2.0309	1.8545	1.8335	1.8587
	0.41			2.1743	1.9864	1.8311	1.9791
	0.46			2.2039	2.0224	1.8531	2.0367
	R_{min}	16.95%	-22.80%	-9.83%	-18.77%	-18.19%	-19.78%
	R_{max}	16.95%	-22.80%	24.43%	-1.18%	20.97%	-1.90%

基频 0.50Hz 三阶谐波荷载时结构加速度均方根分析 表 5.18

三阶谐波荷载工况	最大控制电流(A)	无控(mm/s^2)	Pof(mm/s^2)	Pon(mm/s^2)	SBS(mm/s^2)	TSBS(mm/s^2)	OTE(mm/s^2)
工况 1	0.10	25.6039	18.9447	18.4522	17.3117	20.1102	17.5083
	0.21			17.7346	17.0524	19.9909	17.6479
	0.30			17.3414	16.8531	19.8381	16.9974
	0.41			17.0901	16.9229	19.6621	16.8911
	0.46			17.2683	16.8861	19.6208	16.6128
	R_{min}	-26.03%	21.98%	-13.41%	0.15%	-4.82%	1.76%
	R_{max}	-26.03%	21.98%	12.76%	24.54%	15.45%	23.68%
工况 2	0.10	43.1269	13.2590	14.0640	13.0197	13.7353	12.8673
	0.21			15.3916	14.0968	14.0313	13.8855
	0.30			16.8111	14.9840	14.5614	14.7204
	0.41			18.3689	16.0494	15.3386	15.8466
	0.46			19.0236	16.6811	15.7383	16.4465
	R_{min}	23.61%	-7.96%	4.70%	-6.45%	-5.10%	-5.21%
	R_{max}	23.61%	-7.96%	29.39%	4.31%	19.74%	5.66%
工况 3	0.10	31.5825	17.3507	18.4825	16.8715	18.3241	16.9812
	0.21			19.4869	17.5042	18.3590	17.8667
	0.30			20.4058	18.5621	18.2244	18.5433
	0.41			21.6277	19.7812	18.0890	19.5908
	0.46			21.9647	20.1255	18.4321	20.1473
	R_{min}	16.50%	-25.93%	-13.46%	-23.11%	-21.34%	-23.91%
	R_{max}	16.50%	-25.93%	22.06%	-4.17%	18.56%	-4.28%

从表5.15和表5.16分析:结构无控时,工况2荷载下位移峰值和加速度峰值都大于工况1和工况3,原因是工况2的频率值0.50354Hz与结构无控时频率比接近1;被动控制关时,工况1的位移峰值比工况2略大,比工况3略小,但加速度峰值都大于工况2和工况3。从3种工况的控制算法分析可知,被动控制关算法结构响应值最优,3种半主动控制算法优于被动控制开算法,且在不同荷载工况时3种半主动控制算法各有优势。表5.17和表5.18分析得到3种工况荷载下的结构均方根与结构峰值,结论类似。无控时结构位移均方根和加速度均方根均是工况2荷载值最大,3种半主动控制算法略大于被动控制关算法,但好于被动控制开算法。

由基频0.50Hz三阶谐波荷载与0.50Hz简谐荷载情况比较,得到单自由度结构在无控、被动控制关/开和3种半主动控制下结构位移和加速度峰值都是后者大于前者,归其原因,0.50Hz简谐荷载形式给被控结构共振提供了必要条件,而三阶谐波荷载多频率成分致使结构不易发生荷载中某一种频率振动形式,所以不可能发生共振,只会放大与结构频率接近的外荷载频率响应值。

从3种工况荷载下结构峰值、均方根值的仿真实验误差最大最小百分比来看:结构位移峰值中工况3的被动控制开算法误差最大为27.57%,工况2的离复位控制算法误差最小为-0.19%,而无控误差保持在20%以内;结构加速度峰值中,工况3的简单双态控制算法误差最大为38.69%,工况2的两级双态控制算法误差最小为0.60%;结构位移均方根值中工况2的被动控制开算法误差最大为31.96%,工况2的被动控制关算法误差最小为0.67%;结构加速度均方根值中工况2的被动控制开算法误差最大为29.39%,工况1的被动控制开算法误差最小为0.15%。在峰值与均方根值仿真与实验误差中,仿真值与实验值互有大小,且大部分误差都保持在20%以内,除去实验误差原因,这说明5.2的理论仿真部分与实验情况符合很好。

3)结构峰值及均方根减振百分比分析

由图5.40可知,工况1荷载时减振效果明显差于其他工况荷载,峰值和均方根减振效果保持在20%~40%之间,小于工况2的52%~72%和工况3的30%~63%。工况2和工况3的被动控制开、简单双态、两级双态和离复位控制算法结构峰值和均方根减振效果基本都是随输入电流增大而减小,但工况1的上述4种控制算法随输入电流增大控制效果略增加。归其原因是工况1的频率值0.54626Hz与被控结构-MR-TLCD新系统频率值较接近。

3种荷载工况下的简单双态、两级双态和离复位控制算法的结构峰值与均方根减振效果基本相当,在不同荷载工况、输入电流值时不同控制算法各有优势。在工况1荷载时简单双态和离复位控制算法略好于两级双态控制,但工况2、3荷载时两级双态控制反而好于简单双态和离复位控制算法。

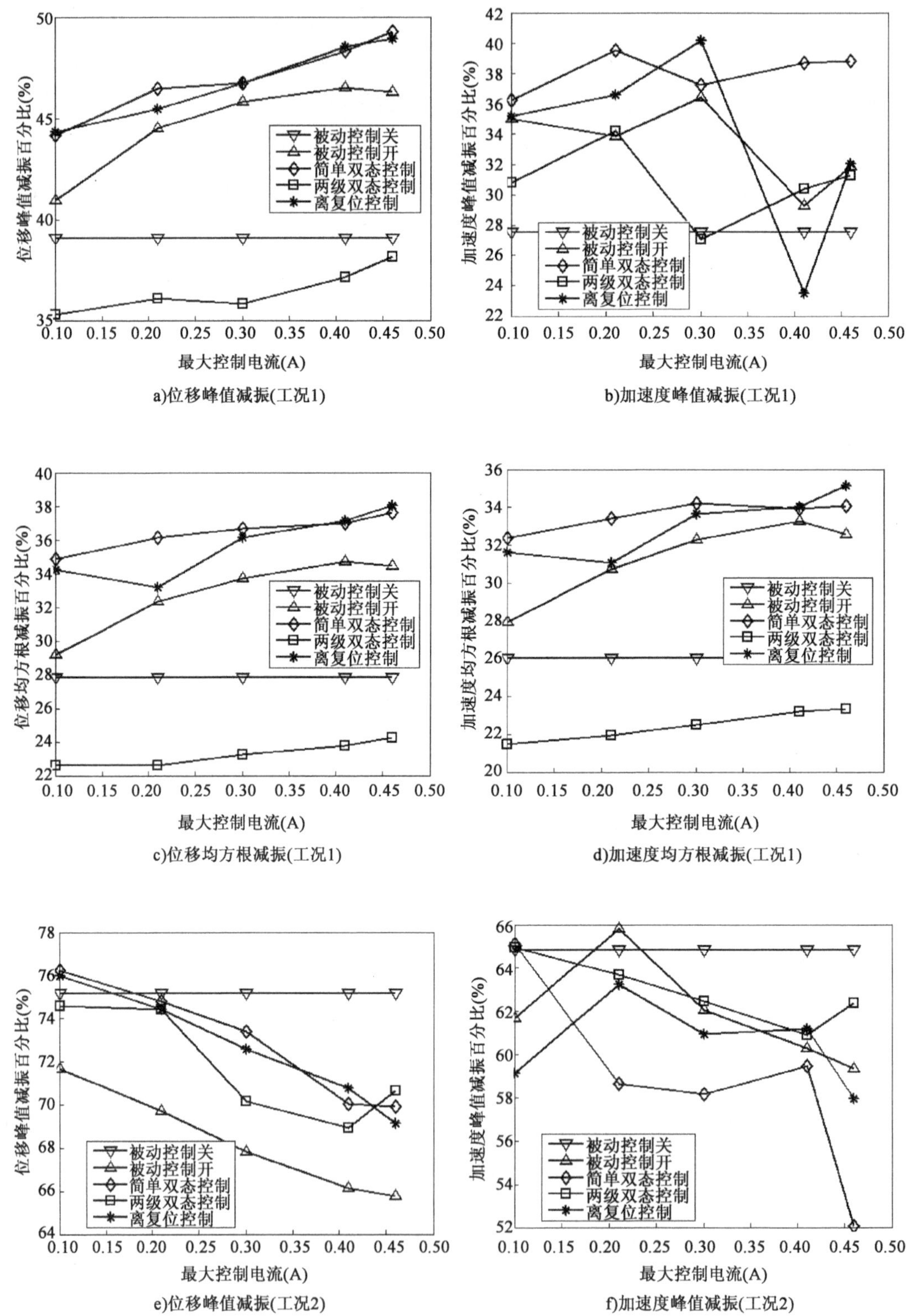

a)位移峰值减振(工况1)

b)加速度峰值减振(工况1)

c)位移均方根减振(工况1)

d)加速度均方根减振(工况1)

e)位移峰值减振(工况2)

f)加速度峰值减振(工况2)

图 5.40

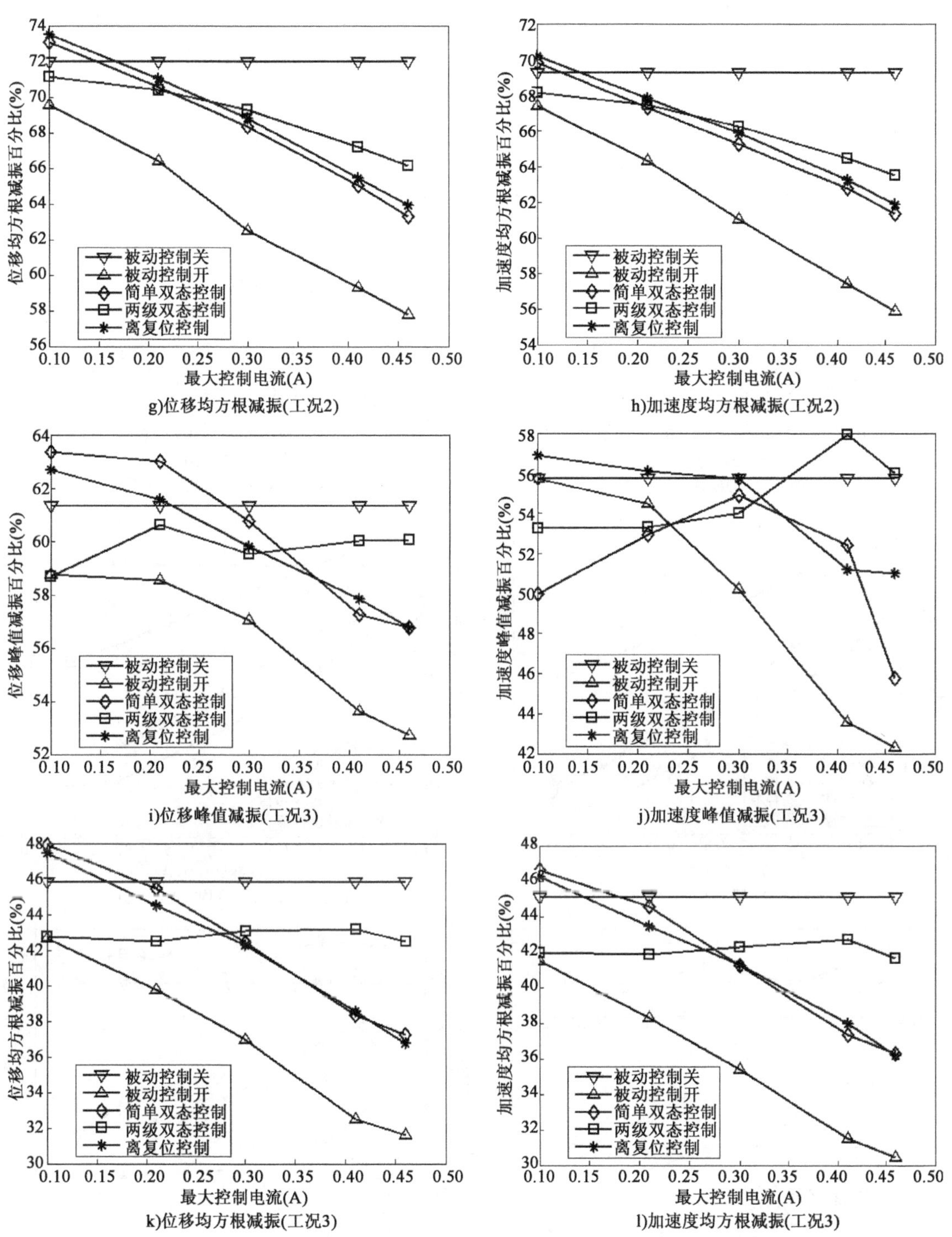

图 5.40 基频 0.50Hz 三阶谐波荷载时结构减振效果

4) MR-TLCD 峰值及均方根响应分析

由图 5.41 可知,被动控制开、简单双态控制、两级双态控制和离复位控制 4 种算法的 MR-

TLCD 位移、加速度峰值及均方根随输入电流增加而减小,由 MR-TLCD 性能实验知,主要原因是电流增大后,增大了 MR-TLCD 阻尼器的阻尼力,相应地提高了 MR-TLCD 阻尼比。

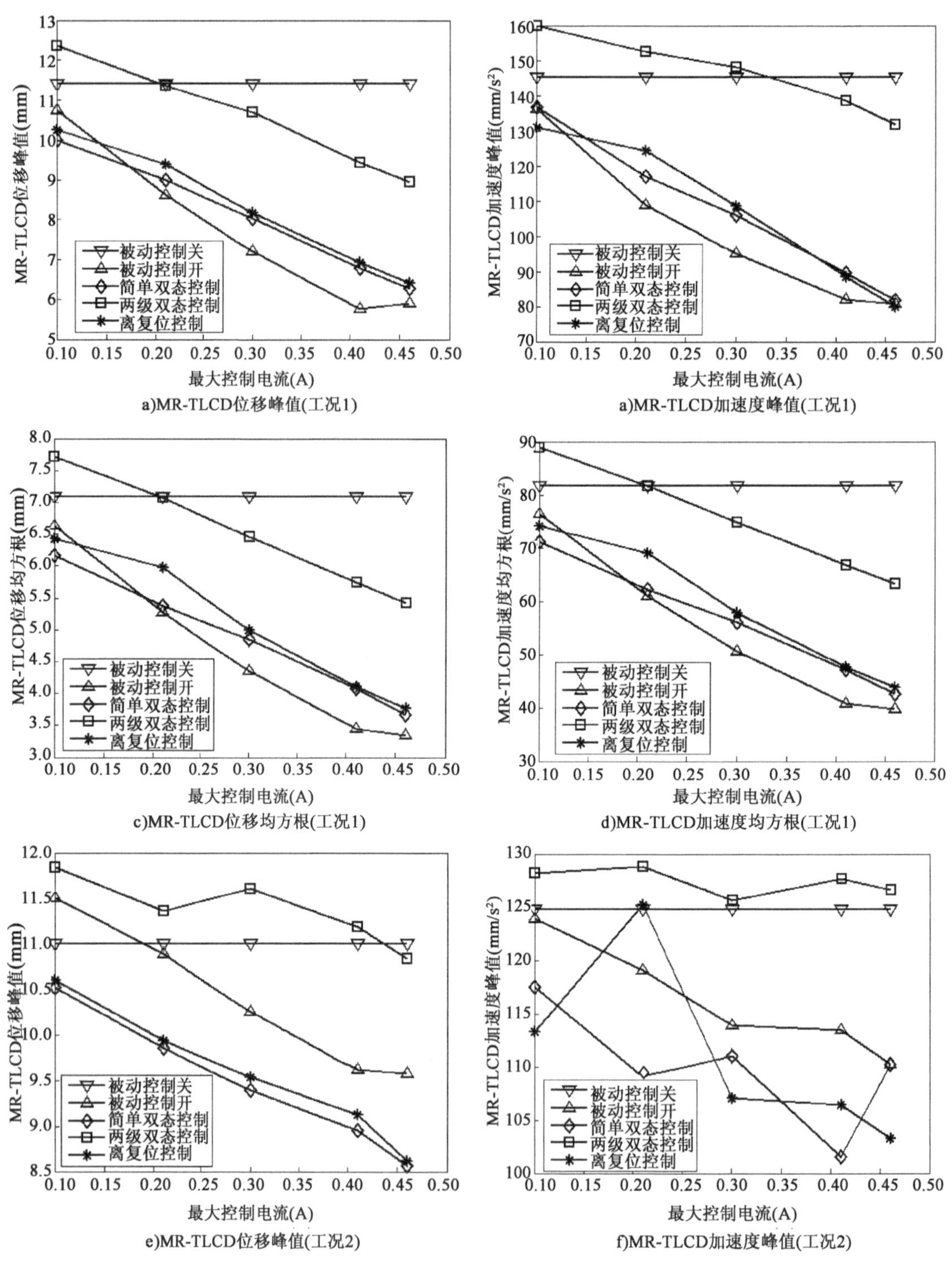

图 5.41

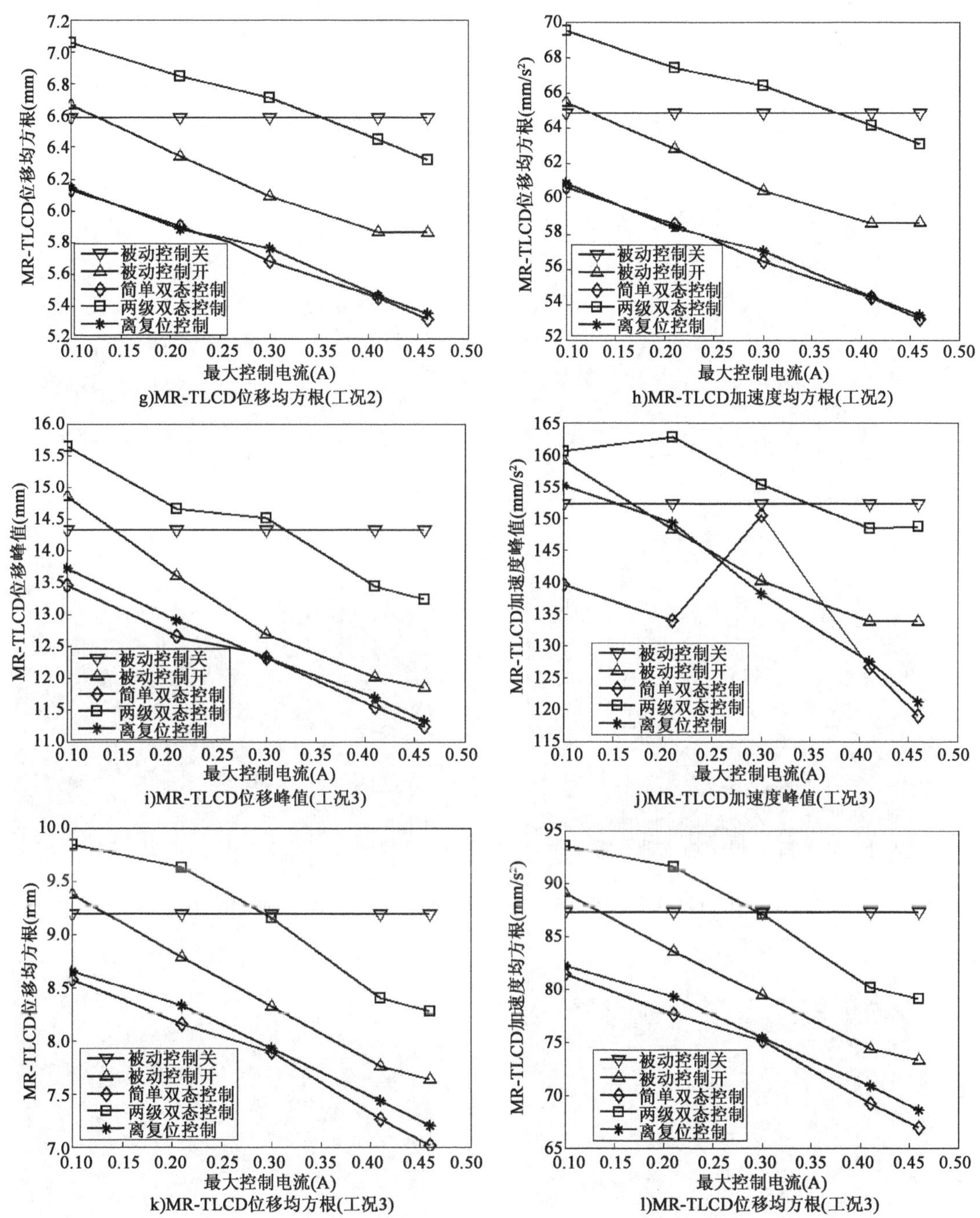

图 5.41 基频 0.50Hz 三阶谐波荷载时 MR-TLCD 峰值响应

结合图 5.40 和图 5.41 分析，当不同控制算法下结构控制效果接近时，控制算法下的 MR-TLCD 的响应值不再相同，如图 5.40 工况 2 所示，在简单双态、两级双态和离复位控制算法下结构响应值减振百分比很接近，但图 5.41 中 MR-TLCD 响应值尽管趋势相同，但数值略有差别。

5)不同控制算法时程曲线比较

以图5.42为例,分析不同控制算法时程曲线。当输入电流为0.46A时,工况2和工况3荷载形式下两级双态控制算法的位移、加速度时程响应都明显小于对应电流下被动控制开算法的时程响应,这与表5.15~表5.18峰值分析是一致的,也说明两级双态控制算法明显优于

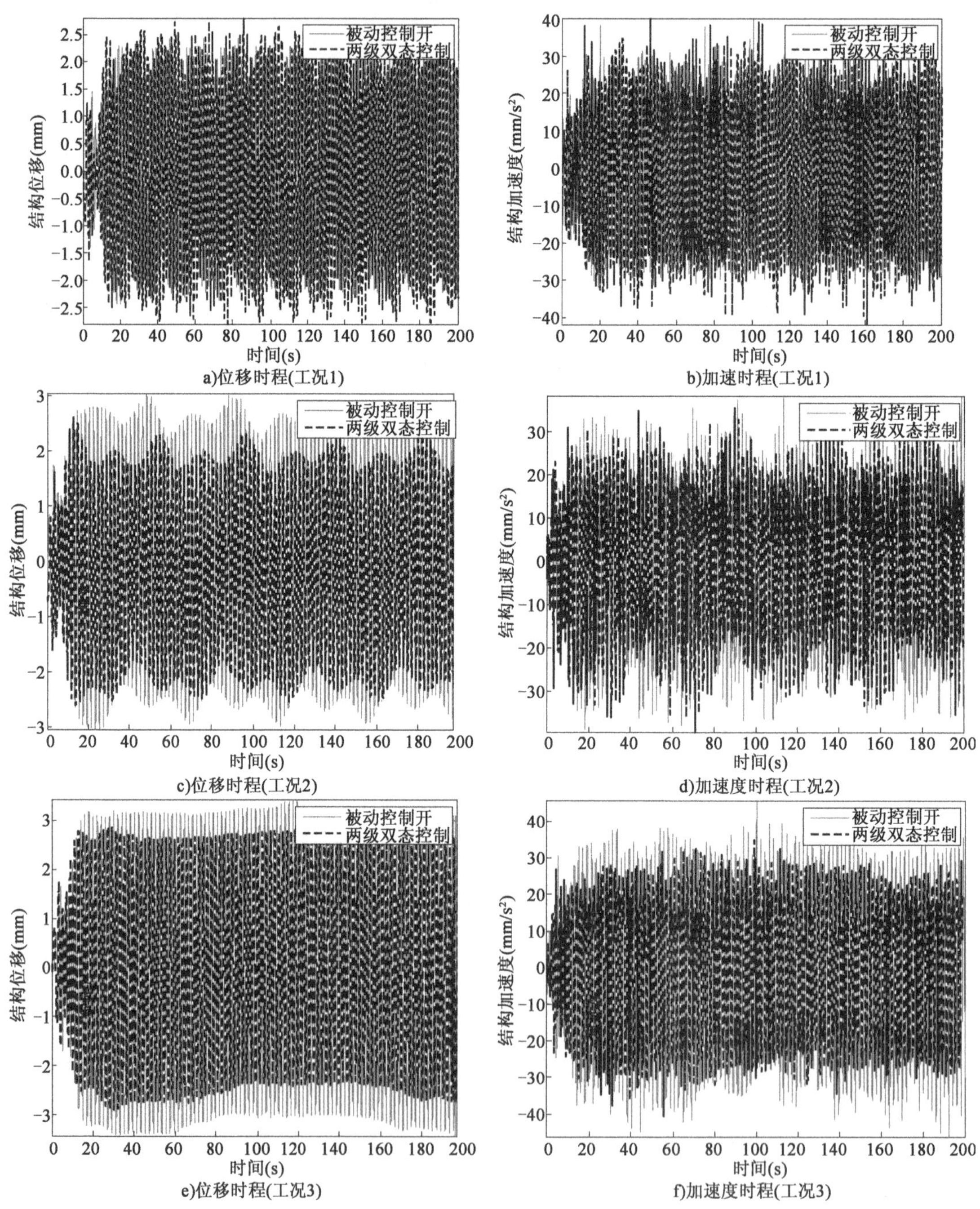

图5.42 基频0.50Hz三阶谐波荷载时两级双态控制算法与Pon算法时程(I=0.46A)

被动控制开算法。从图5.40工况1随输入电流增大减振效果增加来看，工况1荷载时两种算法下的位移、加速度时程基本相当。

6）MR-TLCD阻尼力实时分析

图5.43分析的是两级双态控制算法时三阶谐波荷载中的工况1、2、3下MR-TLCD的MR阻尼力实时变化情况。图5.43a）、e）、i）是图5.42中a）、c）、e）两级双态控制时程对应的MR阻尼力时程图，图5.43b）、f）、j）是50～70s时两级双态控制反馈的实时电流值，图5.43c）、g）、k）和d）、h）、l）分别是MR阻尼力与MR-TLCD位移和速度的滞回曲线。由MR阻尼力时程图分析得3种工况的阻尼力时程是不同的，从阻尼力与MR-TLCD速度关系看则更明显。

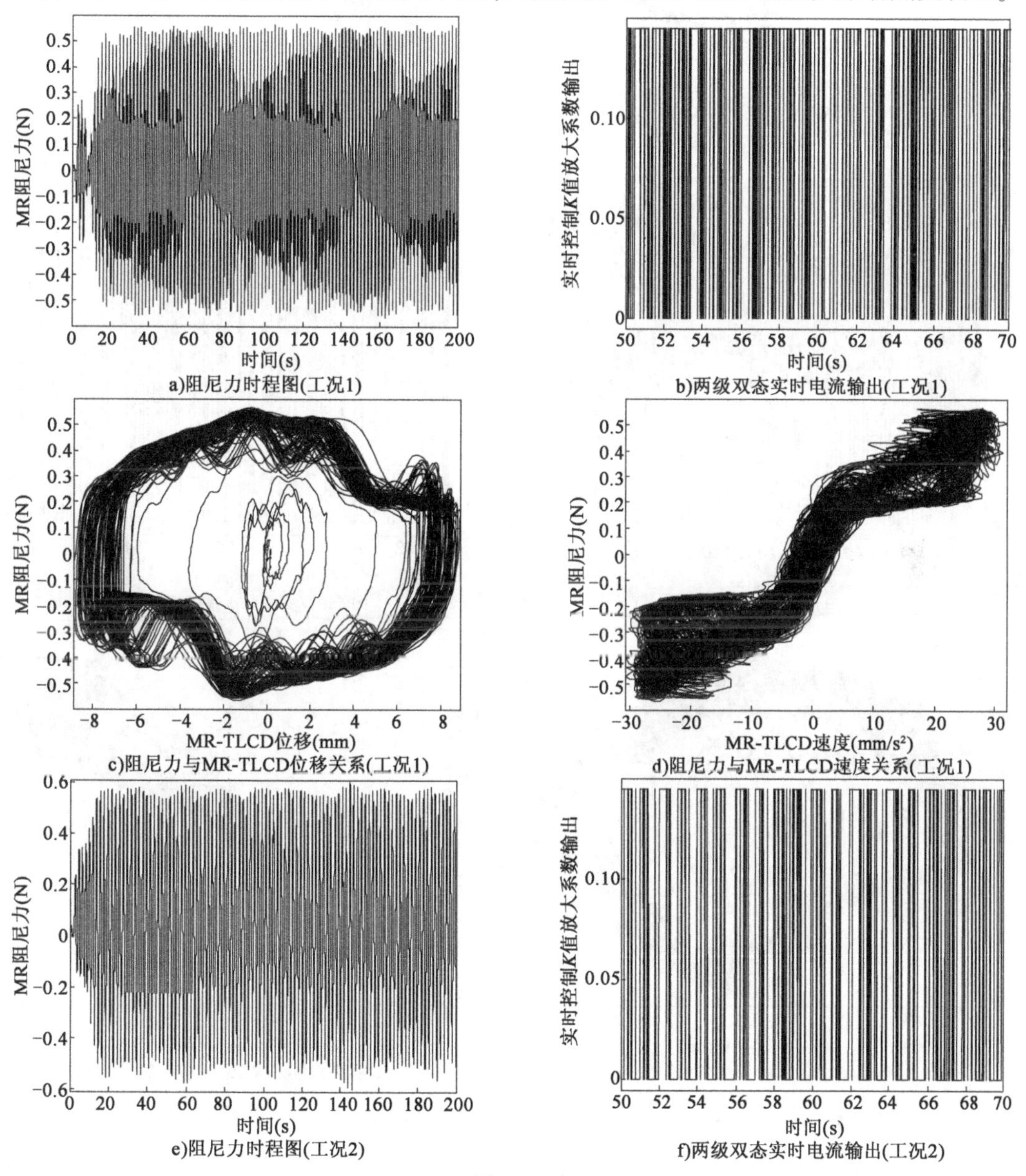

图　5.43

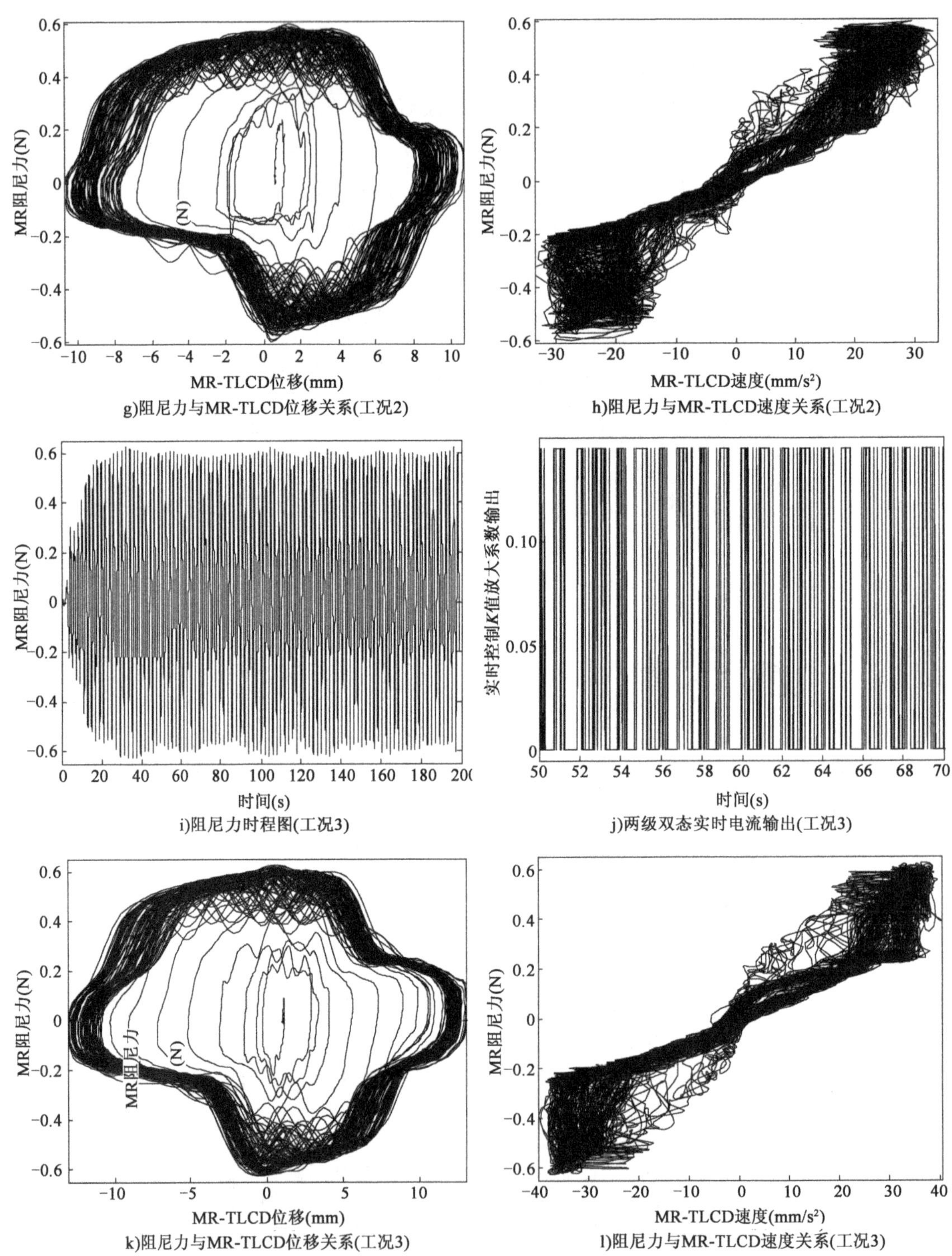

g)阻尼力与MR-TLCD位移关系(工况2)

h)阻尼力与MR-TLCD速度关系(工况2)

i)阻尼力时程图(工况3)

j)两级双态实时电流输出(工况3)

k)阻尼力与MR-TLCD位移关系(工况3)

l)阻尼力与MR-TLCD速度关系(工况3)

图5.43　基频0.50Hz三阶谐波荷载时两级双态控制算法MR实时阻尼力($I=0.46$A)

图5.43中MR阻尼力与MR-TLCD位移和速度关系曲线，与简谐荷载作用时图5.38中阻

尼力与位移、速度滞回曲线轮廓类似,同样说明实时反馈电流对 MR 阻尼力有明显影响。

参 考 文 献

[1] Hitchcock P A, Kwok K C S, Watkins R D, et al. Characteristics of liquid column vibration absorbers (LCVA)-Ⅰ[J]. Engineering Structures, 1997, 19(2):126-134.

[2] Hitchcock P A, Kwok K C S, Watkins R D, et al. Characteristics of liquid column vibration absorbers (LCVA)-Ⅱ[J]. Engineering Structures, 1997, 19(2):135-144.

[3] 薛素铎, 高赞明, 徐幼麟. 抑制桥板扭转振动的调频液体阻尼器[J]. 振动工程学报, 2000, 13(4):596-603.

[4] Yalla S K, Kareem A, Kantor J C. Semi-active tuned liquid column dampers for vibration control of structures [J]. Engineering Structures, 2001, 23(11):1469-1479.

[5] Yalla S K, Kareem A. Semiactive tuned liquid column dampers: experimental study[J]. Journal of Structural Engineering, 2003, 129(7):960-971.

[6] 杨润林, 刘锡荟, 周锡元. 调谐液柱阻尼系统的半主动模糊控制[J]. 土木工程学报, 2003, 36(6): 36-41.

[7] 杨润林, 闫维明, 周锡元, 等. 半主动 U 形液力阻尼器的结构振动控制[J]. 应用力学学报, 2003, 20(4):108-111,168.

[8] Ying Z G, Ni Y Q, Ko J M. Semi-active optimal control of linearized systems with multi-degree of freedom and application[J]. Journal of Sound and Vibration, 2005, 279(1-2):373-388.

[9] Wang J Y, Ni Y Q, Ko J M, et al. Magneto-rheological tuned liquid column dampers (MR-TLCDs) for vibration mitigation of tall buildings: modelling and analysis of open-loop control[J]. Computers and Structures, 2005,83(25-26):2023-2034.

[10] Ni Y Q, Ying Z G, Wang J Y, et al. Stochastic optimal control of wind-excited tall buildings using semi active MR-TLCDs[J]. Probabilistic Engineering Mechanics, 2004, 19(3):269-277.

[11] Colwell S, Basu B. Tuned liquid column dampers in offshore wind turbines for structural control[J]. Engineering Structures, 2009, 31(2):358-368.

[12] Sarkar S, Chakraborty A. Optimal design of semiactive MR-TLCD for along-wind vibration control of horizontal axis wind turbine tower[J]. Structural Control and Health Monitoring, 2018,25(2):e2083.

[13] 孙洪鑫, 陈政清, 王修勇. 磁流变式调谐液柱阻尼器对结构风致抖振控制研究[J]. 振动工程学报, 2008, 21(3):255-260.

[14] 孙洪鑫, 王修勇, 陈政清, 等. 磁流变式调谐液柱阻尼器对桥梁风致扭转振动的控制效果[J]. 中国公路学报, 2010(1):58-65.

[15] 孙洪鑫, 王修勇, 陈政清, 等. SDOF-磁流变式调谐液柱阻尼器系统半主动控制实验研究[J]. 土木工程学报, 2010(12):62-68.

[16] 王修勇, 孙洪鑫, 陈政清. 旋转剪切式磁流变液阻尼器设计及力学模型[J]. 振动与冲击, 2010,29

(10):77-81, 251.

[17] 孙洪鑫, 王文熙, 王修勇, 等. 旋转剪切式 MR 阻尼器的性能实验与改进滞回模型[J]. 振动工程学报, 2011, 24(4):394-399.

[18] 倪振华. 振动力学[M]. 西安: 西安交通大学出版社, 1989.

[19] 张相庭. 结构风工程[M]. 北京: 中国建筑工业出版社, 2006.

[20] 陈政清. 桥梁风工程[M]. 北京: 人民交通出版社, 2005.

[21] 林家浩, 张亚辉. 随机振动的虚拟激励法[M]. 北京: 科学出版社, 2004.

[22] Soong T T. 结构工程中的被动消能系统[M]. 董平, 译. 北京: 科学出版社, 2005.

6 调谐质量阻尼器减振理论与优化设计

调谐质量阻尼器(Tuned Mass Damper,简称 TMD)的最初构想源自 1909 年 Frahm 研究的动力吸振器[1],其主要由一个质量块和一个弹簧组成,其与 TMD 相比,并未加入阻尼器,此类动力吸振器虽然能在一定条件下控制主结构的位移,但并不能消耗其能量,这就是 TMD 的原型。

为了减少和降低振动给工程结构带来的不利影响,同时提高 TMD 技术在工程中的应用性,TMD 控制技术从 20 世纪 30 年代开始,成为工程界的研究热点,许多的国内外学者都在这一领域做出了卓越的贡献。Den Hartog 和 Ormondroyd[2]为了在改变外激励频率的情况下获得优良的控制效果,在 Frahm 的吸振器模型上添加了黏弹性阻尼,同时 Den Hartog 等[3]在理论上推导出了不考虑被控结构阻尼的最优参数闭合解,但是这个最优频率比和最优阻尼比表达式只在不考虑被控结构阻尼的情况下才适用。随后许多学者研究了在考虑被控结构阻尼情况下的 TMD 最优参数。Rana 和 Soong[4]发现利用 Den Hartog 导出的不考虑被控结构阻尼的最优参数表达式对事实上存在阻尼的结构进行 TMD 设计时,会损害 TMD 的减振效果,同时他们利用数值方法研究了考虑被控结构阻尼的最优参数,给出了被控结构受到基底激励下不同质量比的最优参数表,并进行了 TMD 系统的鲁棒性分析,指出频率比是影响 TMD 减振效果的关键因素。Thompson 等[5]提出利用频率轨迹法可以描述有阻尼被控结构的 TMD 频率比和阻尼比的优化情况,其中在 TMD 频率比用数值方法求得后,TMD 的阻尼比可以通过解析式得到。Chang 等[6]推导出了被控结构在受到风荷载和地震荷载作用下,TMD 最优参数的近似表达式。Warburton 等[7]在无阻尼被控结构受到简谐荷载和白噪声随机荷载作用下的最优 TMD 参数。Bakre 等[8]利用曲线拟合技术近似地给出了有阻尼被控结构在受到白噪声荷载作用情况下的 TMD 最优参数表达式,并分析了被控结构阻尼对 TMD 最优参数分布的影响。

由于单个 TMD 对于被控结构的频率很敏感,一旦出现频率失调,将大大影响 TMD 的有效性,故 Xu 和 Igusa 等[9]提出采用不同频率的多重调谐质量阻尼器(Multiple Tuned Mass Dampers,简称 MTMD)系统来控制结构振动的想法。由于 MTMD 系统的优化参数个数过多,采用一般的数值搜索方法并不能寻找到最优的参数,因此一般的 MTMD 的优化参数研究都会给 MTMD 系统的频率分布提出一些原则,以此来减少数值搜索中参数的个数。李春祥等[10]研究了 MTMD系统的 TMD 频率按照线性原则分布情况下的最优参数,结果表明 MTMD 系统具有更好的减振有效性,同时所能控制的频率带宽变大,其鲁棒性相对于单个 TMD 要好。Han 等[11]研究了5种不同分布原则的MTMD系统的最优参数及控制效果。Li等[12]放弃了MTMD系统的频率和阻尼比的限制,利用基于导数的优化方法对无约束MTMD系统进行了最优化参数的研究,结果表明,无约束MTMD系统才是TMD系统的最优解。

Kaynia等[13]利用时程分析法研究了单自由度结构无控和受TMD控制下在真实地震波作用下的反应,结果证明TMD在减小弹性结构在地震中的响应上效果是很有限的。但Villaverde等[14]对安装TMD系统的结构在地震作用下的性能进行了大量的研究,结果表明,假如被控结构-TMD系统在地震荷载作用下的前两阶模态阻尼比等于被控结构阻尼比和TMD阻尼比的平均值,TMD能有效控制被控结构在地震下的反应。对于TMD系统是否能有效控制地震反应,目前还没有定论,李春祥等[15]指出其主要原因是:①地震是典型的脉冲荷载,地震波是通过被控结构过滤以后传递给TMD系统的,其反应会在很短时间内达到峰值并衰退,TMD在如此短的时间内可能还没有启动工作;②地震荷载覆盖的频率带宽很大,单个TMD控制效果不佳;③不同的被控结构动力特性、不同类型的外激励,以及不同的优化准则会给研究结果带来很大影响。

针对桥梁风致振动和人行荷载引起的振动,许多学者应用TMD减振技术开展了深入研究。项海帆等[16]采用Scanlan非线性气动力模型,研究了TMD对柔性桥梁主梁跨中涡激共振的减振优化参数与减振效果。Gu等[17]提出利用TMD系统来控制大跨度斜拉桥的抖振,通过数值方法研究了其有效性,研究结果表明,TMD系统对控制大跨度斜拉桥风致抖振有明显的效果。顾金钧等[18]利用新型TMD成功地控制了九江长江大桥的吊杆的涡振。随后汪正兴等[19]以九江长江大桥为工程背景,提出了一种MTMD参数优化的改进算法,在考虑主结构最大响应最小化的同时,考虑TMD系统的位移响应,数值结果表明改进算法不仅能够兼顾减振效果的有效性,还能大大降低TMD的冲程,减小其由于疲劳产生失效的可能性。袁小钦等[20]建立了列车-桥-阻尼器耦合动力模型,分析磁流变式TMD(MR-TMD)对铁路连续箱梁桥轨道不平顺引起的桥梁振动的控制效果。徐家云等[21]采用ANSYS分析和风洞实验,对不同类型TMD控制桥梁的风致竖向抖振开展了研究,研究表明连续型TMD能够有效降低桥梁的竖向抖振幅值。喻梅等[22]研究了TMD控制桥梁涡激振动的参数优化设计方法,结果表明当质量比为1%时,TMD能有效控制桥梁的涡激振动。肖艳平等[23]对分别采用TMD和MTMD控制桥梁的竖向位移响应开展了研究,结果表明MTMD对桥梁竖向振动的减振效果更明显。陈政清等[24]提出了基于遗传算法的MTMD参数优化设计方法,开发了适用于桥梁减振的电涡流TMD并在实际工程中得到成功应用。陈勇等[25]针对桥梁上附属自立杆的TMD风致振动控制开展了研究,提出了相应的TMD优化参数设计方法。肖学双等[26]对某钢结构人行天桥进行了TMD和MTMD减振分析,并提出减振方案。樊健生等[27]提出了采用TMD及MTMD减振系统的单跨和多跨人行桥动力反应时程计算方法,研究了单跨和多跨梁式人行桥-TMD系统中 TMD 的优化设计参数。肖新标等[28]研究了移动荷载作用下的 TMD 控制,得到了桥梁在不同速度下的幅频特性曲线以及 TMD 控制的质量比影响曲线。张鸣祥等[29]研究了 TMD 对桥梁颤振临界风速的影响,结果显示通过优化 TMD 设计参数,可以大大提高桥梁颤振临界风速。

6.1 调谐质量阻尼器减振机理

忽略结构阻尼,单自由度结构-TMD 系统力学模型简图如图 6.1 所示。

由图 6.1 可知,该 2-自由度系统的运动方程为

$$m_p\ddot{x}_p + k_p x_p + c_1(\dot{x}_p - \dot{x}_1) + k_1(x_p - x_1) = f_p \tag{6.1}$$

$$m_1\ddot{x}_1 + c_1(\dot{x}_1 - \dot{x}_p) + k_1(x_1 - x_p) = 0 \tag{6.2}$$

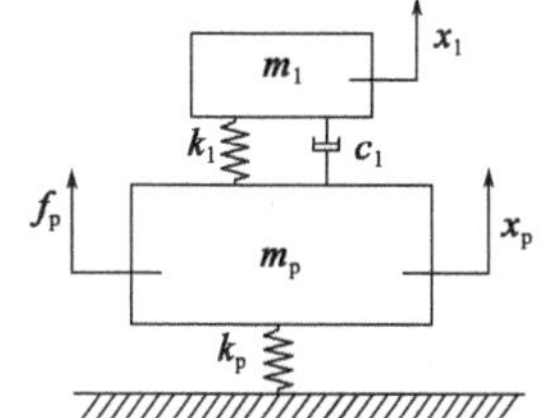

图 6.1 不考虑被控结构阻尼的结构-TMD 简化模型

假设$f_p = f_0\sin\omega t$,则式(6.1)和式(6.2)有如下解的形式

$$\begin{cases} x_p = X_p\sin(\omega t + \alpha_1) \\ x_1 = X_1\sin(\omega t + \alpha_2) \end{cases} \tag{6.3}$$

利用复数表示法,则$f_p = f_0 e^{i\omega t}$,则式(6.3)可变为

$$\begin{cases} x_p = \overline{X}_p e^{i\omega t} \\ x_1 = \overline{X}_1 e^{i\omega t} \end{cases} \tag{6.4}$$

将式(6.4)代入式(6.1)和式(6.2)中可得到

$$\begin{cases} \overline{X}_p = \dfrac{f_0(k_1 - m_1\omega^2 + ic_1\omega)}{[(k_p - m_p\omega^2)(k_1 - m_1\omega^2) - m_1k_1\omega^2] + ic_1\omega(k_1 - m_p\omega^2 - m_1\omega^2)} \\ \overline{X}_1 = \dfrac{\overline{X}_p(k_1 + ic_1\omega)}{k_1 - m_1\omega^2 + ic_1\omega} \end{cases} \tag{6.5}$$

当 $c_1 = 0$,即 TMD 阻尼系数为零,令 TMD 振动圆频率 $\omega_1 = \dfrac{k_1}{m_1}$,被控结构振动圆频率 $\omega_p = \dfrac{k_p}{m_p}$,则式(6.5)为

$$\begin{cases} \overline{X}_p = \dfrac{f_0(\omega_1^2 - \omega^2)}{m_p(\omega_p^2 - \omega^2)(\omega_1^2 - \omega^2) - k_1\omega^2} \\ \overline{X}_1 = \dfrac{\overline{X}_p k_1}{m_1(\omega_1^2 - \omega^2)} \end{cases} \tag{6.6}$$

若 $\omega_1 = \omega$,则有

$$\begin{cases} X_p = 0 \\ X_1 = -\dfrac{f_0}{k_1} \end{cases} \tag{6.7}$$

$\omega_1=\omega$ 称为动力调谐条件,这时主结构振动消失。

6.2 TMD 参数优化与鲁棒性分析

6.2.1 经典 TMD 参数优化理论

经典 TMD 参数优化理论由 Den Hartog 提出,推导中只考虑 TMD 阻尼,忽略结构阻尼。定义质量比 $\mu=\dfrac{m_1}{m_p}$,结构在荷载作用下的静位移 $\delta_{st}=\dfrac{f_0}{k_p}$,TMD 频率比 $f=\dfrac{\omega_1}{\omega_p}$,荷载频率比 $g=\dfrac{\omega}{\omega_p}$,临界阻尼 $c_{cr}=2m_1\omega_p$。如果以控制结构位移为目的,则由以上定义可以将结构动力放大系数 $\mathrm{DMF}=\left|\dfrac{\overline{X}_p}{\delta_{st}}\right|$ 写为

$$\left|\frac{\overline{X}_p}{\delta_{st}}\right| = \sqrt{\frac{\left(2\dfrac{c_1}{c_{cr}}g\right)^2+(g^2-f^2)^2}{\left(2\dfrac{c_1}{c_{cr}}g\right)^2(g^2-1+\mu g^2)^2+[\mu f^2g^2-(g^2-1)(g^2-f^2)]^2}} \tag{6.8}$$

Den Hartog 发现无论 c_1/c_{cr} 为何值,$|\overline{X}_p/\delta_{st}|$ 曲线在荷载频率比 g 的变化过程中均会经过两个不动点,且当两个不动点 $|\overline{X}_p/\delta_{st}|$ 的值相等以及切线斜率为零时,此时即为 $|\overline{X}_p/\delta_{st}|$ 曲线的最优状态,也就是说,此时的动力放大系数 $|\overline{X}_p/\delta_{st}|$ 曲线是在以控制结构位移为目的的情况下的最优设计参数,根据这个条件可以推导出 TMD 的最优设计参数表达式。令 $|\overline{X}_p/\delta_{st}|$ 有如下形式

$$\left|\frac{\overline{X}_p}{\delta_{st}}\right| = \sqrt{\frac{A\left(\dfrac{c_1}{c_{cr}}\right)^2+B}{C\left(\dfrac{c_1}{c_{cr}}\right)^2+D}} \tag{6.9}$$

式中,$A=(2g)^2$;$B=(g^2-f^2)^2$;$C=(2g)^2(g^2-1+\mu g^2)^2$;$D=[\mu f^2g^2-(g^2-1)(g^2-f^2)]^2$。因为式(6.9)是不受 c_1/c_{cr} 项所影响的,若需满足这一结论,则必有

$$A/C = B/D \tag{6.10}$$

将 A,B,C,D 的值代入式(6.10)后可得到下式

$$g^4 - 2g^2 \frac{1 + f^2 + \mu f^2}{2 + \mu} + \frac{2f^2}{2 + \mu} = 0 \tag{6.11}$$

利用一元二次方程的基本性质可以得到如下关系

$$g_1^2 + g_2^2 = \frac{2(1 + f^2 + \mu f^2)}{2 + \mu} \tag{6.12}$$

由前述可知，在 g_1^2, g_2^2 处的 $\left|\frac{\overline{X}_p}{\delta_{st}}\right|$ 是相等的，由此可以写出以下等式

$$\frac{1}{1 - g_1^2(1 + \mu)} = -\frac{1}{1 - g_2^2(1 + \mu)} \tag{6.13}$$

式(6.13)变形后得到下式

$$g_1^2 + g_2^2 = \frac{2}{1 + \mu} \tag{6.14}$$

将式(6.12)与式(6.14)联立后，可以解得，在以控制结构位移为目标的最优 TMD 频率比为

$$f_{opt} = \frac{1}{1 + \mu} \tag{6.15}$$

因为最优动力放大系数曲线在 g_1^2, g_2^2 处的切线斜率为零，将 g_1^2, g_2^2 和 $f = \frac{1}{1+\mu}$ 代入式(6.8)，并对 c_1/c_{cr} 求导，利用导数为零的条件，可以得到

$$\left(\frac{c_1}{c_{cr}}\right)^2 = \frac{8\mu}{8(1 + \mu)^3} \tag{6.16}$$

通过变形可以得到 TMD 的最优阻尼比如下

$$\xi_{opt} = \frac{c_1}{2m_1\omega_1} = \sqrt{\frac{3\mu}{8(1 + \mu)}} \tag{6.17}$$

利用两个不动点的纵坐标相等，且不动点的纵坐标为最大值的原理，以控制结构位移为原则，此时 TMD 的最优频率比 f_{opt} 和最优阻尼比 ξ_{opt} 的最优闭合解如下

$$\begin{cases} f_{opt} = \dfrac{1}{1 + \mu} \\ \xi_{opt} = \sqrt{\dfrac{3\mu}{8(1 + \mu)}} \end{cases} \tag{6.18}$$

以上推导基于以控制结构位移为目标的 TMD 最优参数表达式，而在建筑振动控制中或者人行桥的振动控制中，一般将结构振动加速度作为控制目标，则动力放大系数改写为 DMF = $\left|\frac{-m_p\omega^2\overline{X}_p}{f_0}\right|$，采用上述相同的推导方法，可以得到在此原则下的 TMD 的最优频率比 f_{opt} 和最优阻尼比 ξ_{opt} 的最优闭合解为

$$\begin{cases} f_{\text{opt}} = \sqrt{\dfrac{1}{1+\mu}} \\ \xi_{\text{opt}} = \sqrt{\dfrac{3\mu}{8\left(1+\dfrac{\mu}{2}\right)}} \end{cases} \tag{6.19}$$

6.2.2 TMD 参数优化数值分析

1)TMD 参数优化分析方法

从理论上推导 TMD 最优参数的解析表达式是一个非常烦琐且漫长的过程,在考虑结构阻尼的情况下,不可能从理论上推导出 TMD 最优参数的解析表达式。而 TMD 参数优化的目的是找到一组参数 f、ξ,使得在荷载圆频率 ω 不断变化的范围内结构动力放大系数 DMF 最大值最小化,其数学表达形式如下

$$\min_{f,\xi}\max_{\omega}\text{DMF} \tag{6.20}$$

TMD 系统的优化参数只有 2 个,运用普通的优化搜索方法就能很方便地完成其最优参数的数值搜索。本书的数值优化是以控制结构振动位移为目的,因此动力放大系数采用式(6.8),采用数值优化的具体步骤如下:

第一步,指定参数搜索的起点 f_s、ξ_s,指定搜索步长 Δf、$\Delta\xi$,则可以得到任意一组参数($f_i = f_s + i\Delta f, \xi_k = \xi_s + k\Delta\xi$)。

第二步,将各组参数代入式(6.8),得到$\max\limits_{\omega}\text{DMF}(f_i,\xi_k)$。

第三步,再从这些$\max\limits_{\omega}\text{DMF}(f_i,\xi_k)$中去选取最小值$\min\limits_{f,\xi}\max\limits_{\omega}\text{DMF}$,由此可以得到其最优参数组合($f_{\text{opt}},\xi_{\text{opt}}$)。

2)不考虑被控结构阻尼的 TMD 最优参数分析

假设外荷载 f_p 为简谐激励,由式(6.18)得到 TMD 最优参数的解析解,同时利用数值方法求解式(6.20)得到了 TMD 最优参数,具体比较和结果见表 6.1 以及图 6.2 和图 6.3。

不同质量比下,不考虑被控结构阻尼的 TMD 最优参数表 表 6.1

质量比	最优频率比		最优阻尼比	
	数值解	解析解	数值解	解析解
$\mu=1\%$	0.9901	0.9901	0.0614	0.0609
$\mu=2\%$	0.9804	0.9804	0.0864	0.0857
$\mu=3\%$	0.9709	0.9709	0.1040	0.1045
$\mu=4\%$	0.9615	0.9615	0.1206	0.1201
$\mu=5\%$	0.9524	0.9524	0.1338	0.1336

续上表

质量比	最优频率比		最优阻尼比	
	数值解	解析解	数值解	解析解
$\mu=6\%$	0.9434	0.9434	0.1456	0.1457
$\mu=7\%$	0.9346	0.9346	0.1566	0.1566
$\mu=8\%$	0.9259	0.9259	0.1678	0.1667
$\mu=9\%$	0.9174	0.9174	0.1765	0.1760
$\mu=10\%$	0.9090	0.9091	0.1857	0.1846

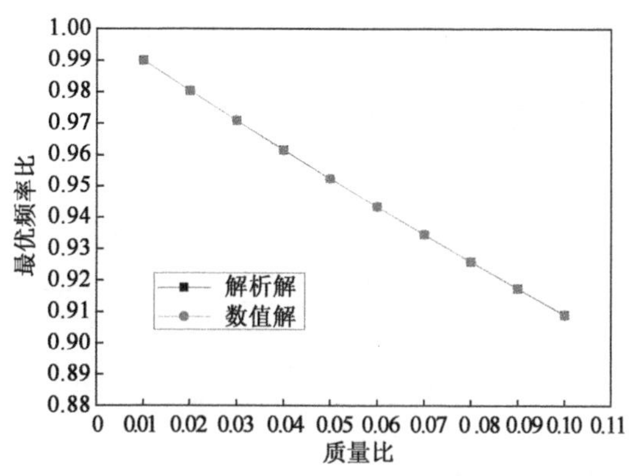

图6.2　最优频率比的数值解与解析解比较

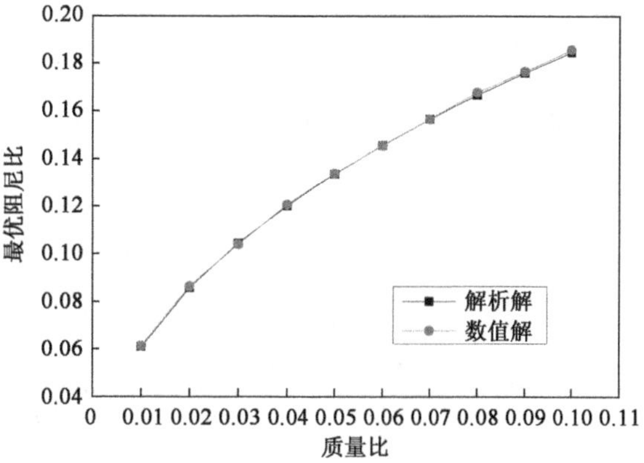

图6.3　最优阻尼比的数值解与解析解比较

由图6.2与图6.3可以直观地看出,利用数值方法所得到的最优参数与计算解析解所得到的最优参数基本吻合,证明了所使用的数值搜索方法是正确的,从表6.1中可以看出,两种结果的TMD频率比几乎一致,而阻尼比则有一些偏差,但是误差不超过0.7%,这是因为阻尼比偏差对于TMD减振效果的影响是很小的,所以在搜索过程中,其微小的变化不会引起减振效果的变化。此外,还发现随着质量比的增大,TMD最优频率比会下降,且与质量比基本呈线性关系,而最优阻尼比会增大,且随着质量比的增大其增速会减缓。

TMD采用最优参数后,被控结构动力放大系数DMF最大值与质量比的关系如图6.4所示,可以看出随着质量比的增大,TMD系统的减振效果会增强,但当质量比达到一定大小时,其减振效果不会再有明显变化,可以预见的是,当TMD系统的质量比增大到一定程度时,减振效果的增幅会趋于平缓。

3)考虑被控结构阻尼的TMD最优参数分析

考虑被控结构阻尼后的被控结构-TMD的简化力学模型如图6.5所示,可得如下运动方程

$$m_p\ddot{x}_p + c_p\dot{x}_p + k_px_p + c_1(\dot{x}_p - \dot{x}_1) + k_1(x_p - x_1) = f_p \tag{6.21}$$

$$m_1\ddot{x}_1 + c_1(\dot{x}_1 - \dot{x}_p) + k_1(x_1 - x_p) = 0 \tag{6.22}$$

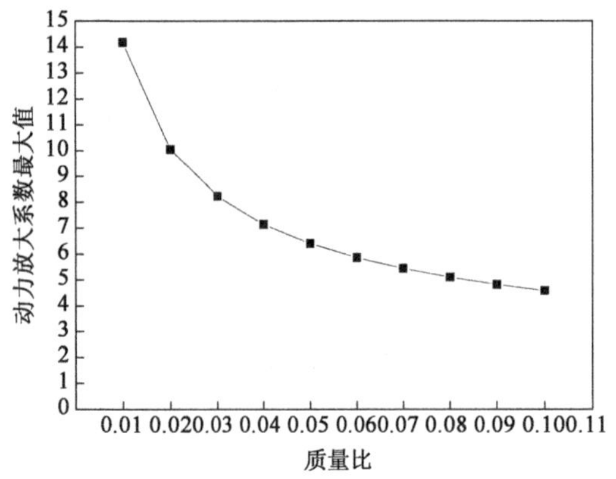

图6.4 结构动力放大系数最大值与质量比关系

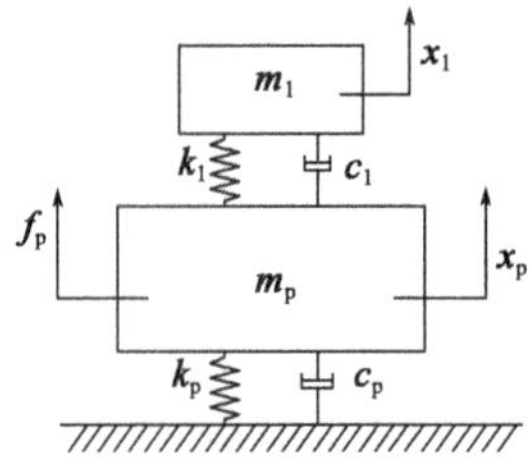

图6.5 考虑被控结构阻尼的结构-TMD简化力学模型

利用类似推导方法,可得式(6.21)和式(6.22)的解为

$$\begin{cases} \overline{X}_p = \dfrac{f_0}{(k_p + i\omega c_p - m_p\omega^2) + k_1 + i\omega c_1 - \dfrac{(k_1 + i\omega c_1)^2}{k_1 + i\omega c_1 - m_1\omega^2}} \\ \overline{X}_1 = \dfrac{\overline{X}_p(k_1 + ic_1\omega)}{k_1 - m_1\omega^2 + ic_1\omega} \end{cases} \tag{6.23}$$

则以控制主结构位移为目的的动力放大系数 $\mathrm{DMF} = \left|\dfrac{\overline{X}_p}{\delta_{st}}\right|$ 为

$$\mathrm{DMF} = \frac{k_p}{\left|(k_p + i\omega c_p - m_p\omega^2) + k_1 + i\omega c_1 - \dfrac{(k_1 + i\omega c_1)^2}{k_1 + i\omega c_1 - m_1\omega^2}\right|} \tag{6.24}$$

式中,δ_{st}为被控结构静位移,$\delta_{st} = \dfrac{f_0}{k_p}$;i 为虚数单位。

由于有阻尼被控结构的 TMD 最优参数无法通过理论推导求解,只能通过数值求解,因此此处不再进行多余的推导,而仅以式(6.24)代入优化目标式(6.20)中,利用前述数值方法,得到的 TMD 最优频率比f_{opt}以及 TMD 最优阻尼比 ξ_{opt},如表 6.2 以及图 6.6、图 6.7 所示。从不同被控结构阻尼比的最优参数的分布趋势上来看,与被控结构无阻尼的最优参数分布趋势一致,随着被控结构阻尼比的增大,TMD 的最优频率比下降,而 TMD 的最优阻尼比上升。

不同质量比以及不同被控结构阻尼情况下的 TMD 最优参数 表 6.2

质量比	被控结构阻尼比 $\xi_p=1\%$		被控结构阻尼比 $\xi_p=2\%$	
	最优频率比	最优阻尼比	最优频率比	最优阻尼比
$\mu=1\%$	0.9886	0.0625	0.9869	0.0643
$\mu=2\%$	0.9783	0.0874	0.9761	0.0886
$\mu=3\%$	0.9684	0.1064	0.9658	0.1084

续上表

质量比	被控结构阻尼比 $\xi_p = 1\%$		被控结构阻尼比 $\xi_p = 2\%$	
	最优频率比	最优阻尼比	最优频率比	最优阻尼比
$\mu = 4\%$	0.9588	0.1213	0.9558	0.1233
$\mu = 5\%$	0.9493	0.1355	0.9461	0.1371
$\mu = 6\%$	0.9401	0.1473	0.9367	0.1488
$\mu = 7\%$	0.9311	0.1584	0.9274	0.1604
$\mu = 8\%$	0.9222	0.1691	0.9184	0.1702
$\mu = 9\%$	0.9135	0.1784	0.9095	0.1805
$\mu = 10\%$	0.9051	0.1869	0.9010	0.1877

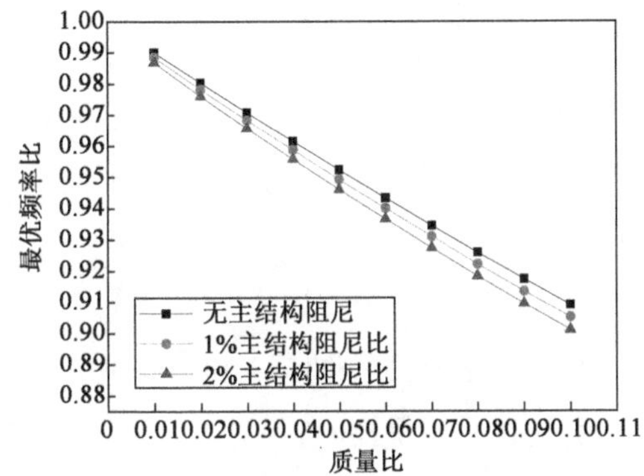

图 6.6 TMD 最优频率比与质量比关系

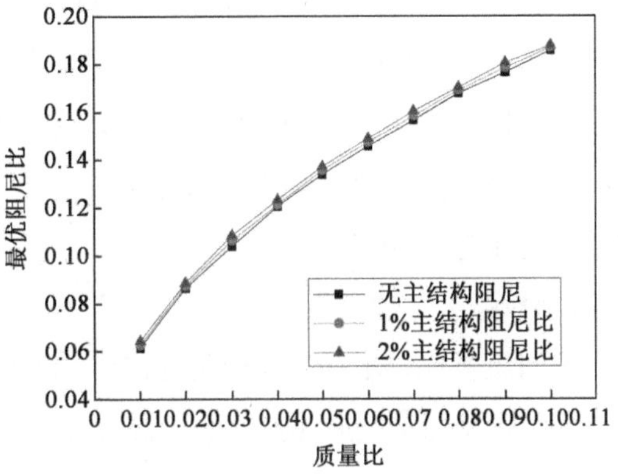

图 6.7 TMD 最优阻尼比与质量比关系

TMD 采用最优参数后，不同被控结构阻尼比情况下，被控结构动力放大系数 DMF 最大值与质量比的关系如图 6.8 所示。

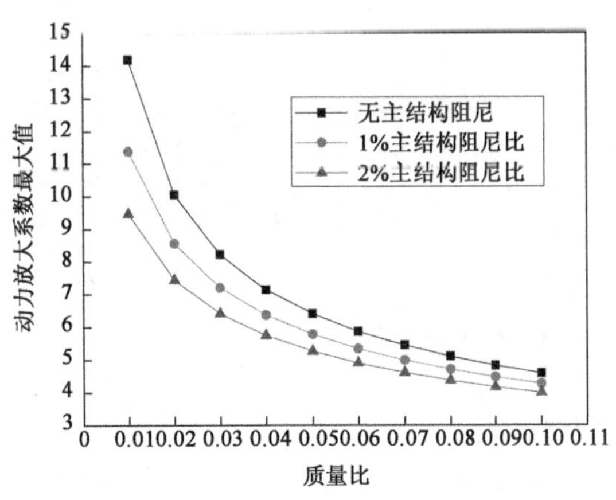

图 6.8 不同质量比和被控结构阻尼下结构动力放大系数最大值

由图 6.8 可知，随着质量比的增大，被控结构的动力放大系数最大值会减小，不同被控结构阻尼比情况下的动力放大系数最大值随着质量比的变化的趋势是相同的；在质量比较小的情况下,TMD 对于不同阻尼比的被控结构的控制效果有很大差异,随着质量比的增加,这种差异会变得不明显。

6.2.3 被控结构-TMD 系统的鲁棒性分析

使用 TMD 系统对结构进行振动控制时,被控结构参数以及 TMD 的参数都会发生一定偏离,这些偏离会对减振效果带来影响[44]。对于如图 6.5 所示的结构-TMD 系统的简化模型,被控结构的参数偏离可能会发生在质量 m_p、其刚度 k_p,以及其阻尼系数 c_p 上,为了分别研究这三种偏离带来的影响,假设以下三种情况:

情况 A:给予被控结构 m_p 从 ±1% 到 ±5% 的摄动,其 k_p,c_p 保持不变;

情况 B:给予被控结构 k_p 从 ±1% 到 ±5% 的摄动,其 m_p,c_p 保持不变;

情况 C:给予被控结构 c_p 从 ±1% 到 ±5% 的摄动,其 m_p,k_p 保持不变。

评价标准采用 $R = \max\limits_{\omega}\mathrm{DMF}$,即发生被控结构参数偏离后,被控结构动力放大系数在荷载频率 ω 不断变化过程中的最大值,如果 R 越大,则表示参数偏离后的控制效果相比于最优控制效果变化越大,即鲁棒性越差。

1)情况 A

不同质量比及不同结构阻尼比时 m_p 偏离大小与 R 的关系分别如图 6.9 和图 6.10 所示。由图 6.9 可知,TMD 质量比越大时,其鲁棒性越好,特别是在小质量比时,提升一定的质量比,其鲁棒性会有很大提高。结合图 6.8 可知,当 TMD 质量比达到一定大小后,再增大其质量比对提高 TMD 鲁棒性没有明显影响。由图 6.10 可知,被控结构阻尼比越大时,TMD 的鲁棒性会得到增强。

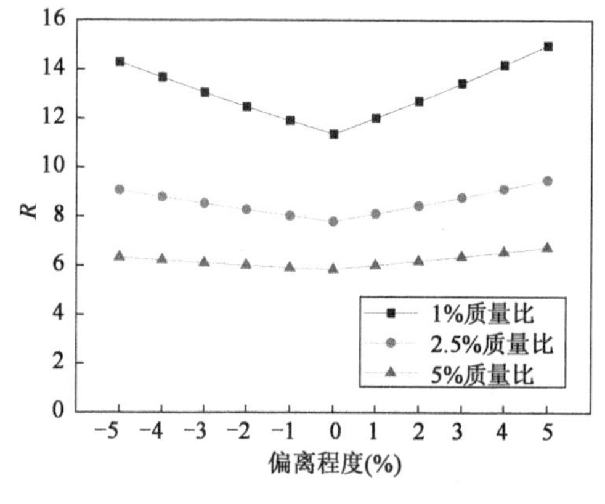

图 6.9 不同质量比下 R 与 m_p 偏离值关系

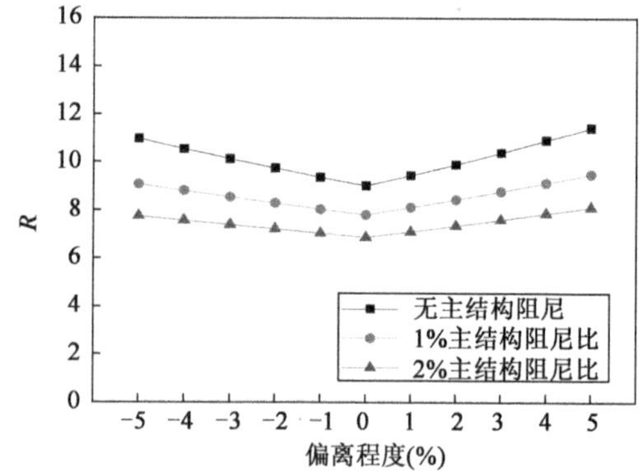

图 6.10 不同结构阻尼比下 R 与 m_p 偏离值关系

2)情况 B

不同质量比及不同结构阻尼比时 k_p 偏离大小与 R 的关系分别如图 6.11 和图 6.12 所示。图 6.11 和图 6.12 与图 6.9 和图 6.10 基本相似,所得到的结论也是一样的,因为被控结构质量和刚度的偏离都会反映到被控结构的频率偏离上，本质上这两种偏离情况没有任何区别。

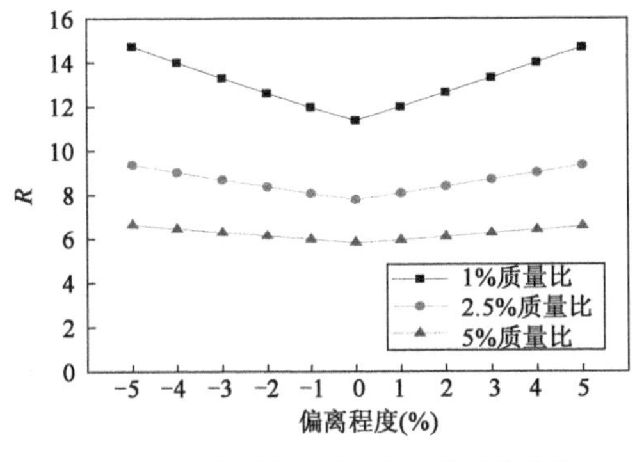

图 6.11 不同质量比下 R 与 k_p 偏离值关系

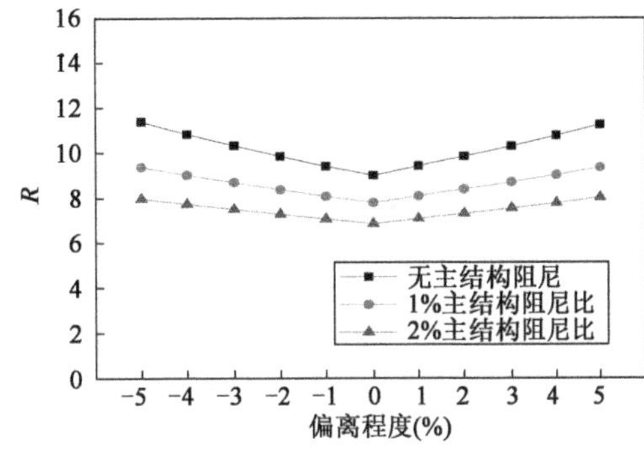

图 6.12 不同结构阻尼比下 R 与 k_p 偏离值关系

3)情况 C

不同质量比及不同结构阻尼比时 c_p 偏离大小与 R 的关系分别如图 6.13 和图 6.14 所示。由图 6.13 和图 6.14 可知，随着质量比的增大，鲁棒性增强，随着被控结构阻尼比的增大，鲁棒性增强。在被控结构阻尼系数（即阻尼比）发生偏移时，$R=\max\limits_{\omega}\text{DMF}$ 不会发生大的改变，也就是说，TMD 系统的减振不会因被控结构的阻尼偏移而受到很大影响。

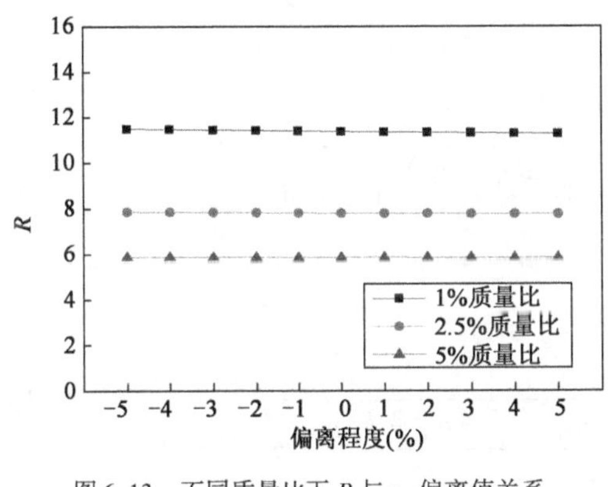

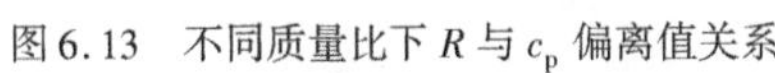

图 6.13 不同质量比下 R 与 c_p 偏离值关系

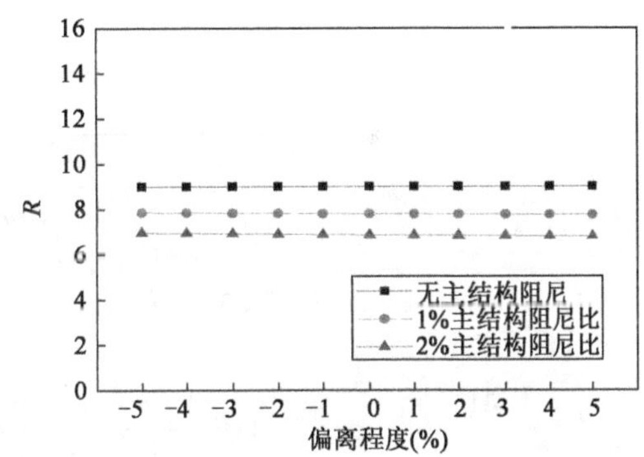

图 6.14 不同结构阻尼比下 R 与 c_p 偏离值关系

6.2.4 TMD 与被控结构相对位移及其影响因素分析

1)相对位移动力放大系数推导

为了保证桥梁结构的美观和行车便利，抑制桥梁结构的 TMD 系统一般安装在主梁内，考虑到 TMD 的安装与使用空间有限，TMD 与桥梁结构的相对位移不能过大，一旦相对位移超过限值，不仅会损坏 TMD 系统的控制有效性，还有可能破坏桥梁本身的安全性，因此考虑 TMD 相对位移的大小是十分有必要的。

对于如图 6.5 所示的简化模型，现定义 TMD 与结构间的相对位移 x_{re}、相对速度 $\dot{x}_{re}$，以及

相对加速度 $\ddot{x}_{re}$ 为

$$\begin{cases} x_{re} = x_p - x_1 \\ \dot{x}_{re} = \dot{x}_p - \dot{x}_1 \\ \ddot{x}_{re} = \ddot{x}_p - \ddot{x}_1 \end{cases} \tag{6.25}$$

将式(6.25)代入式(6.21)和式(6.22)中可得

$$m_p\ddot{x}_p + c_p\dot{x}_p + k_px_p + c_1x_{re} + k_1x_{re} = f_p \tag{6.26}$$

$$m_1(\ddot{x}_p - \ddot{x}_{re}) - c_1\dot{x}_{re} - k_1x_{re} = 0 \tag{6.27}$$

设式(6.26)和式(6.27)有如下解

$$\begin{cases} x_p = \overline{X}_p e^{i\omega t} \\ x_{re} = \overline{X}_{re} e^{i\omega t} \end{cases} \tag{6.28}$$

将式(6.28)代入式(6.26)和式(6.27)中得到$\overline{X}_{re}$、$\overline{X}_p$ 如下

$$\begin{cases} \overline{X}_p = \dfrac{f_0}{(k_p + i\omega c_p - m_p\omega^2) + k_1 + i\omega c_1 - \dfrac{(k_1 + i\omega c_1)^2}{k_1 + i\omega c_1 - m_1\omega^2}} \\ \overline{X}_{re} = \dfrac{f_0}{\dfrac{(k_p + i\omega c_p - m_p\omega^2)(m_1\omega^2 - i\omega c_1 - k_1)}{m_1\omega^2} + k_1 + i\omega c_1} \end{cases} \tag{6.29}$$

现定义相对位移动力放大系数为

$$DMF_{re} = \left|\frac{\overline{X}_{re}}{\delta_{st}}\right| = \frac{k_p}{\left|\dfrac{(k_p + i\omega c_p - m_p\omega^2)(m_1\omega^2 - i\omega c_1 - k_1)}{m_1\omega^2} + k_1 + i\omega c_1\right|} \tag{6.30}$$

取 TMD 质量比 5%，结构阻尼比 1%，采用 TMD 最优参数代入式(6.30)后能够得到相对位移动力放大系数 DMF_{re} 随 ω 变化而变化的图形，如图 6.15 所示。

从图 6.15 中可以看出，相对位移动力放大系数曲线拥有 2 个波峰，其值相比于被控结构的动力放大系数要大，表明当结构振动很小时，TMD 可能产生大幅振动。因此，在 TMD 设计时，需要考虑安装空间满足 TMD 的振动幅值要求。

2）影响因素分析

为了分析不同 TMD 质量比和不同被控结构阻尼比等参数对相对位移大小的影响，将最优 TMD 参数代入后，可得到不同工况下相对位移 DMF_{re} 最大值，如图 6.16 所示。

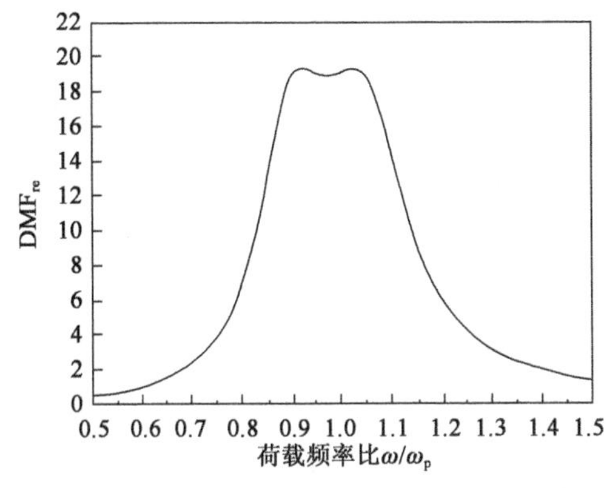

图6.15 相对位移动力放大系数曲线($\mu=5\%$,$\xi_p=1\%$)

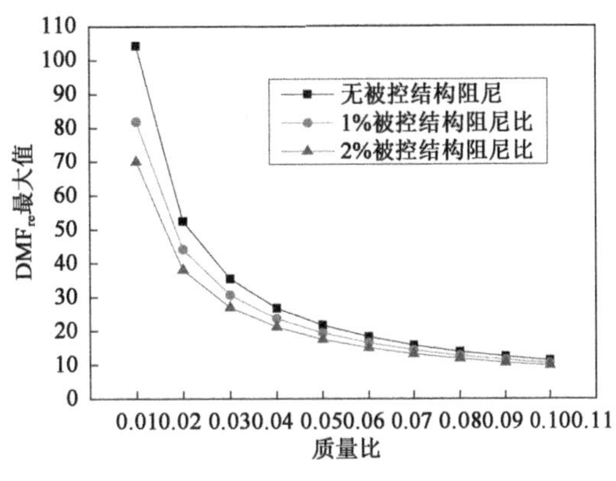

图6.16 不同工况下的DMF$_{re}$最大值

由图6.16可知,随着TMD质量比μ的增大,相对位移动力放大系数DMF$_{re}$会减小;随着被控结构阻尼比ξ_p的增大,DMF$_{re}$会减小。在TMD系统设计时,往往希望DMF$_{re}$能尽量满足空间的限制,在小质量比的设计前提下,稍稍提高一定的质量比就能使得DMF$_{re}$降低得很快,而当质量比较大时,再通过提高质量比的方法来降低DMF$_{re}$作用很小。同时发现,被控结构阻尼比的大小对DMF$_{re}$大小的影响是有限的。

6.3 多重调谐质量阻尼器(MTMD)参数优化与鲁棒性分析

6.3.1 结构-MTMD系统运动方程

被控结构简化为一个单自由度的质量、弹簧、阻尼系统,其模态刚度用一个刚度为k_p的弹簧代替,被控结构阻尼系数为c_p,MTMD系统被安装在被控结构上进行减振,第i个TMD包括一个质量块m_i,一个刚度为k_i的弹簧,以及一个阻尼比为ξ_i的线性黏弹性阻尼器。被控结构-MTMD系统的简化力学模型如图6.17所示。

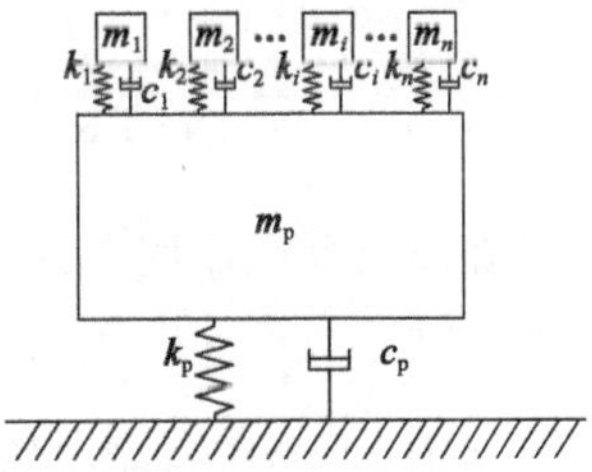

图6.17 被控结构-MTMD简化力学模型

根据被控结构-MTMD体系的力学模型,其运动方程为

$$\boldsymbol{M}\ddot{\boldsymbol{X}} + \boldsymbol{C}\dot{\boldsymbol{X}} + \boldsymbol{K}\boldsymbol{X} = \boldsymbol{P} \tag{6.31}$$

式中,x_p为主结构的位移;x_i为第i个TMD的位移($i=1,2,\cdots n$);$\boldsymbol{X}$为位移列向量,其形式为

$$\boldsymbol{X} = [x_p, x_1, \cdots, x_i, \cdots, x_n]^{\mathrm{T}}_{1\times(n+1)} \tag{6.32}$$

$\boldsymbol{M}$,$\boldsymbol{C}$,以及$\boldsymbol{K}$分别为系统的质量矩阵、阻尼矩阵,以及刚度矩阵,其形式为

$$M = \begin{bmatrix} m_p & 0 & 0 & \cdots & 0 \\ 0 & m_1 & 0 & \cdots & 0 \\ 0 & 0 & m_2 & \cdots & 0 \\ \vdots & \vdots & \vdots & \ddots & \vdots \\ 0 & 0 & 0 & \cdots & m_n \end{bmatrix}_{(n+1)\times(n+1)} \tag{6.33}$$

$$C = \begin{bmatrix} c_p + \sum_{i=1}^{n} c_i & -c_1 & -c_2 & \cdots & -c_n \\ -c_1 & c_1 & 0 & \cdots & 0 \\ -c_2 & 0 & c_2 & \cdots & 0 \\ \vdots & \vdots & \vdots & \ddots & \vdots \\ -c_n & 0 & 0 & \cdots & c_n \end{bmatrix}_{(n+1)\times(n+1)} \tag{6.34}$$

$$K = \begin{bmatrix} k_p + \sum_{i=1}^{n} k_i & -k_1 & -k_2 & \cdots & -k_n \\ -k_1 & k_1 & 0 & \cdots & 0 \\ -k_2 & 0 & k_2 & \cdots & 0 \\ \vdots & \vdots & \vdots & \ddots & \vdots \\ -k_n & 0 & 0 & \cdots & k_n \end{bmatrix}_{(n+1)\times(n+1)} \tag{6.35}$$

被控结构上受到外荷载 $\boldsymbol{P}$,其形式为

$$\boldsymbol{P} = [1,0,0,\cdots,0]^{\mathrm{T}}_{(n+1)\times 1} p(t) \tag{6.36}$$

6.3.2 简谐荷载作用下被控结构响应动力放大系数

在简谐荷载作用下,利用复频响应原理,则外荷载 $\boldsymbol{P}$ 的形式如下,其中 j 为虚数单位

$$\boldsymbol{P} = p_0 e^{j\omega t}[1,0,0,\cdots,0]^{\mathrm{T}}_{1\times(n+1)} \tag{6.37}$$

式中,p_0 为简谐荷载的幅值;ω 为简谐荷载的激励圆频率。

方程(6.31)的解为

$$\overline{\boldsymbol{X}} = e^{j\omega t}[\overline{X}_p, \overline{X}_1, \overline{X}_2, \cdots, \overline{X}_n]^{\mathrm{T}} \tag{6.38}$$

将式(6.32)~式(6.35)和式(6.37)、式(6.38)代入式(6.31),可以得到被控结构的位移响应

$$\overline{X}_p = \frac{p_0}{(k_p + j\omega c_p - m_p\omega^2) + \sum_{i=1}^{n}\left[k_i + j\omega c_i - \frac{(k_i + j\omega c_i)^2}{k_i + j\omega c_i - m_i\omega^2}\right]} \tag{6.39}$$

在计算主结构动力放大系数时,通常采用位移动力放大系数或加速度动力放大系数。一

般在人行桥或者高层结构减振中采用加速度动力放大系数,而在一般的桥梁减振中采用的是位移动力放大系数,但是实际上这两种动力放大系数并没有本质区别。现在采用以控制结构位移为目的的动力放大系数来进行 MTMD 系统的参数优化。

定义以控制结构位移为目的的动力放大系数为

$$\mathrm{DMF} = \left|\frac{\overline{X}_{\mathrm{p}}}{p_0/k_{\mathrm{p}}}\right| \tag{6.40}$$

将式(6.39)代入(6.40)可得

$$\mathrm{DMF} = \frac{k_{\mathrm{p}}}{\left|(k_{\mathrm{p}} + \mathrm{j}\omega c_{\mathrm{p}} - m_{\mathrm{p}}\omega^2) + \sum_{i=1}^{n}\left[k_i + \mathrm{j}\omega c_i - \frac{(k_i + \mathrm{j}\omega c_i)^2}{k_i + \mathrm{j}\omega c_i - m_i\omega^2}\right]\right|} \tag{6.41}$$

为了更方便地描述被控结构-MTMD 系统的性质,进行如下定义:主结构振动圆频率 $\omega_{\mathrm{p}} = \frac{k_{\mathrm{p}}}{m_{\mathrm{p}}}$,被控结构阻尼比 $\xi_{\mathrm{p}} = \frac{c_{\mathrm{p}}}{2m_{\mathrm{p}}\omega_{\mathrm{p}}}$,荷载频率比 $\lambda_{\mathrm{p}} = \frac{\omega}{\omega_{\mathrm{p}}}$,第 i 个 TMD 的质量比 $\mu_i = \frac{m_i}{m_{\mathrm{p}}}$,总质量比 $\mu = \sum_{i=1}^{n}\mu_i = \frac{\sum_{i=1}^{n}m_i}{m_{\mathrm{p}}}$,第 i 个 TMD 频率比 $\lambda_i = \frac{\omega_i}{\omega_{\mathrm{p}}}$,第 i 个 TMD 阻尼比 $\xi_i = \frac{c_i}{2m_i\omega_i}$,j 为虚数单位。

由以上定义可以改写式(6.41)为

$$\mathrm{DMF} = \frac{1}{\left|1 + 2\mathrm{j}\xi_{\mathrm{p}}\lambda_{\mathrm{p}} - \lambda_{\mathrm{p}} + \sum_{i=1}^{n}\left[\mu_i\lambda_i^2 + 2\mathrm{j}\xi_i\mu_i\lambda_i\lambda_{\mathrm{p}} - \frac{\left(1 + \frac{2\mathrm{j}\xi_i\lambda_{\mathrm{p}}}{\lambda_i}\right)^2}{\frac{1}{\lambda_i^2\mu_i} + \frac{2\mathrm{j}\xi_i\lambda_{\mathrm{p}}}{\lambda_i^3\mu_i} - \frac{\lambda_{\mathrm{p}}^2}{\lambda_i^4\mu_i}}\right]\right|} \tag{6.42}$$

6.3.3 MTMD 参数优化目标及优化方法

1)MTMD 参数优化目标

式(6.42)的 DMF 与简谐荷载频率比 λ_{p} 有关,由文献[46]可知,MTMD 系统的参数优化目标是,寻找到一个 MTMD 系统的参数组合$(\lambda_1,\xi_1,\lambda_2,\xi_2,\cdots,\lambda_n,\xi_n)$使得 DMF 在简谐荷载频率比 λ_{p} 不断变化的过程中,始终保持其最大值的最小化,故优化目标即如下

$$\min_{\lambda_1,\xi_1,\lambda_2,\xi_2,\cdots,\lambda_n,\xi_n}\ \max_{\lambda_{\mathrm{p}}}\mathrm{DMF} \tag{6.43}$$

为了准确获得优化参数,提出了基于蒙特卡洛-模式搜索法的 MTMD 参数优化方法。

2)模式搜索法

模式搜索法[30]属于直接优化法,是由 Hooke 和 Jeeves 于 1961 年提出来的,因此又称为 Hooke-Jeeves 方法,相比于基于导数的优化方法,它的收敛速度较慢,但是不要求导数的存在且迭代较为简单。从几何意义上来看,这种方法的基本思想是寻找具有较小函数值的“山谷”,使得迭代产生的序列沿着“山谷”逼近极小值点。

对于式(6.43),我们无法轻易地求出其各参数的偏导数,因此对于此类函数的求解,模式搜索法拥有极强的优势。

基于 Hooke-Jeeves 模式搜索法的 n 个变量的函数 $f(x_1,x_2,\cdots,x_n)$ 的优化流程如下[31]:

第一步,给定初始基点 $x^{(1)}$,单位探测向量 $\boldsymbol{e}_1,\boldsymbol{e}_2,\cdots,\boldsymbol{e}_n$,步长 δ,加速因子 $\alpha\geqslant1$,步长缩减率 $\beta\in(0,1)$,允许误差 $\varepsilon>0$,置 $y^{(1)}=x^{(1)}$,$k=1$,$j=1$,其中轴向探测向量 $\boldsymbol{e}_1,\boldsymbol{e}_2,\cdots,\boldsymbol{e}_n$ 为

$$\begin{cases}\boldsymbol{e}_1 = (1,0,\cdots,0)_{1\times n}\\ \boldsymbol{e}_2 = (0,1,\cdots,0)_{1\times n}\\ \qquad\vdots\\ \boldsymbol{e}_n = (0,0,\cdots,1)_{1\times n}\end{cases} \tag{6.44}$$

第二步,如果 $f(y^{(j)}+\delta e_j)<f(y^{(j)})$,则置 $y^{(j+1)}=y^{(j)}+\delta e_j$,转第四步;否则,转第三步;

第三步,如果 $f(y^{(j)}-\delta e_j)<f(y^{(j)})$,则置 $y^{(j+1)}=y^{(j)}-\delta e_j$,否则,令 $y^{(j+1)}=y^{(j)}$,如果 $j<n$,则置 $j=j+1$,转第二步;

第四步,如果 $f(y^{(n+1)})<f(x^{(k)})$,则进行第五步;否则,进行第六步;

第五步,$x^{(k+1)}=y^{(n+1)}$,令 $y^{(1)}=x^{(k+1)}+\alpha(x^{(k+1)}-x^{(k)})$,进行第七步;

第六步,如果 $\delta\leqslant\varepsilon$,则停止迭代,得 $x^{(k)}$;否则,置 $\delta=\beta\delta$,$y^{(1)}=x^{(k)}$,$x^{(k+1)}=x^{(k)}$,进行第七步;

第七步,$k=k+1$,$j=1$,转第二步。

Hooke-Jeeves 模式搜索法中探测移动是沿着轴向探测向量 $\boldsymbol{e}_1,\boldsymbol{e}_2,\cdots,\boldsymbol{e}_n$ 进行的,而模式移动也是沿着下降方向移动,虽然其移动方向与最速梯度法[22]相比较,并不是最优的,但是在优化过程中,并不需要计算函数的偏导数。

但是不论是 Hooke-Jeeves 模式搜索法还是最速梯度法,都只能搜索到与初始基点最相关的极小值点,即局部最优,难以实现函数的全局最优,搜索所得到的结果与初始基点的选取息息相关,为了解决这一缺点,本节在基点选取时,引入了蒙特卡洛方法来生成多个初始基点,在优化结果中选取其中的最优值近似作为全局最优值,结果表明这种方法是有效的。

3)蒙特卡洛方法

蒙特卡洛方法的实质是通过大量的随机实验利用概率论来解决问题的一种数值方法。一般结合蒙特卡洛方法的优化设计,并非最优的结果,但是它所产生的结果也是令人满意的,即准最优。

针对式(6.43)的优化问题,在运用模式搜索法进行优化时,最终的优化值总是与所选初始点最相关的那个极小值,远不能代表全局的最优值,此时利用蒙特卡洛方法在全局范围内产生 m 个不同的初始基点,并以各个初始基点为基础分别运行模式搜索法的优化过程,最终将所得到的 m 个最优值再进行比较,选取其中的最优值,并以此作为全局的最优值。

显然生成的初始基点数量越多,得到的优化结果也会越好,但随之而来的是计算量的陡增,而在工程中我们只需要找到可以接受的优化结果即可,也就是准最优值,所以在利用蒙特卡洛-模式搜索法对不同种类的 TMD 系统以及 MTMD 系统进行优化时,有必要对初始基点数量进行预估,这样既能得到满意的优化结果,又能节省计算时间。

6.3.4 MTMD 参数优化设计

1)MTMD 系统中 TMD 的个数优化

对于如图 6.17 所示的模型,在被控结构阻尼比 $\xi_p=1\%$ 以及总质量比 $\mu=1\%$ 情况下,利用蒙特卡洛-模式搜索优化法对不同 TMD 个数的 MTMD 系统进行了参数优化,采用最优化参数以后的 MTMD 系统对被控结构进行控制,不同 TMD 个数下,被控结构的位移动力放大系数 DMF 幅值曲线如图 6.18 所示,不同 TMD 个数下,被控结构的动力放大系数最大值 $\max\limits_{\lambda_p}\mathrm{DMF}$ 如图 6.19所示。

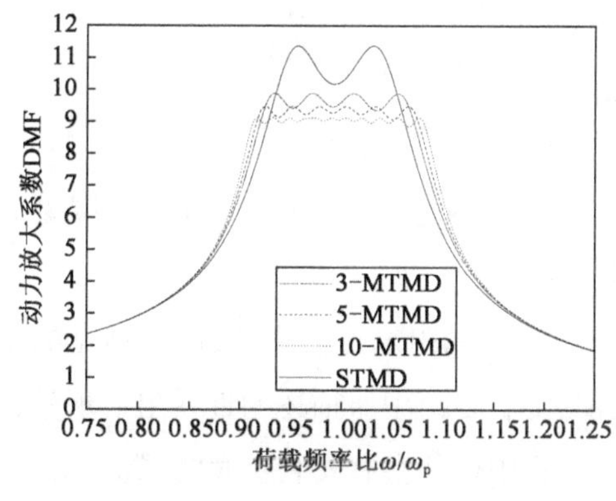

图 6.18 MTMD 动力放大系数 DMF

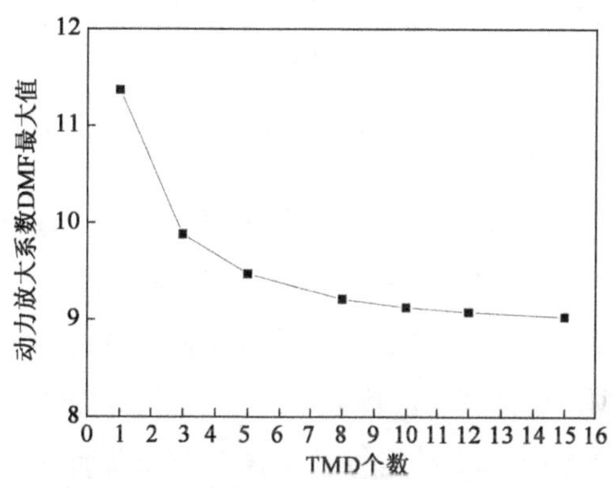

图 6.19 MTMD 个数与结构 DMF 最大值关系

由文献[12]可知,拥有 i 个 TMD 的 MTMD 系统的参数调整到最优参数的情况下,被控结构的动力放大系数曲线会出现 $(i+1)$ 个波峰,这些波峰的具体意义为 i 个 TMD 和被控结构的频率点。由图 6.18 可以看出,采用本节优化方法优化后的被控结构动力放大系数曲线与 Li 等[12]所得结果吻合,证明了该方法的正确性。

由图 6.18 可以看出,相比于 STMD 系统,MTMD 系统能在结构频率附近提供更好的减振效果,通过计算,在 10-TMD 情况下,其减振效果要优于 STMD 系统 24.6%。此外,随着 TMD 个数的增加,其发挥减振性能的频率宽度会增大,也就是说,MTMD 系统相对于 STMD 系统拥有更强的鲁棒性。

由图 6.19 可知,随着 TMD 个数的增加,动力放大系数的最大值会降低,说明 MTMD 系统的减振有效性在提高,且在 TMD 个数小于 5 时,降幅较为剧烈;当 TMD 个数超过 10 时,下降的趋势变得平缓,可以预见的是当 TMD 达到可观数量后,其减振效果不会再有大的提升。

2）MTMD 系统中各 TMD 的参数分布

MTMD 系统中的最优参数分布会呈现出一定规律，为了进一步寻找这种规律，下面将深入研究其最优参数的分布。在被控结构阻尼比 $\xi_p=1\%$ 以及质量比 $\mu=1\%$ 情况下，不同 TMD 个数的情况下，各个 TMD 最优频率比 λ_i^{opt} 的分布以及最优阻尼比 ξ_i^{opt} 的分布如图 6.20 和图 6.21所示。

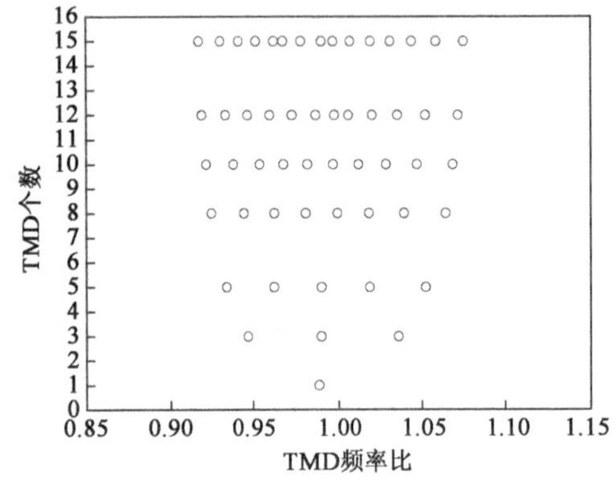

图 6.20　MTMD 最优频率比分布图

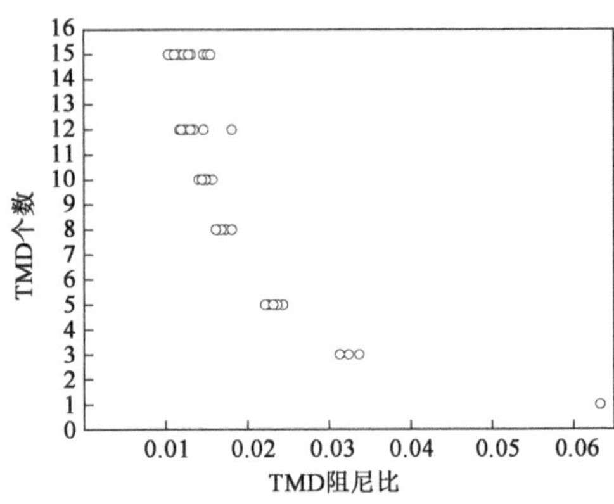

图 6.21　MTMD 的最优阻尼比分布图

由图 6.20 可知，随着 TMD 数量的增大，各个 TMD 的频率比 λ_i 在数值上分布范围更大，由此会使 MTMD 系统在更宽的频率范围内具有减振效果。

由图 6.21 可以看出，随着 TMD 个数的增加，每个 TMD 的阻尼比会降低，可以预见的是，当 TMD 增大到一定数量时，每个 TMD 的阻尼比会出现文献[52]中所描述的近零阻尼现象，在这种情况下，每个 TMD 的冲程会大大增加，由于实际工程中往往会有安装空间的限值，所以一味地增加 TMD 个数，并不是一个提高减振性能的可行方案。

3）MTMD 系统中各 TMD 的优化参数

为了方便设计使用，本书以 5-MTMD 为例，给出了 5-MTMD 在不同总质量比和被控结构阻尼比下的各个 TMD 最优频率比 λ_i^{opt} 和最优阻尼比 ξ_i^{opt}，具体数据见表 6.3。

不同工况下 5-MTMD 最优参数　　表 6.3

质量比	$\xi_p=0\%$		$\xi_p=1\%$		$\xi_p=2\%$	
	λ_i^{opt}	ξ_i^{opt}	λ_i^{opt}	ξ_i^{opt}	λ_i^{opt}	ξ_i^{opt}
$\mu=1\%$	0.9374	0.0216	0.9340	0.0220	0.9304	0.0224
	0.9648	0.0221	0.9626	0.0224	0.9600	0.0227
	0.9916	0.0222	0.9902	0.0233	0.9886	0.0231
	1.0197	0.0230	1.0190	0.0238	1.0184	0.0243
	1.0517	0.0235	1.0523	0.0244	1.0527	0.0251

续上表

质量比	$\xi_p=0\%$		$\xi_p=1\%$		$\xi_p=2\%$	
	λ_i^{opt}	ξ_i^{opt}	λ_i^{opt}	ξ_i^{opt}	λ_i^{opt}	ξ_i^{opt}
$\mu=2.5\%$	0.8973	0.0329	0.8935	0.0335	0.8893	0.0342
	0.9384	0.0338	0.9354	0.0347	0.9318	0.0348
	0.9795	0.0352	0.9770	0.0360	0.9746	0.0358
	1.0237	0.0365	1.0220	0.0373	1.0207	0.0375
	1.0755	0.0385	1.0753	0.0390	1.0750	0.0400
$\mu=5\%$	0.8504	0.0446	0.8457	0.0449	0.8412	0.0459
	0.9043	0.0471	0.9004	0.0471	0.8963	0.0479
	0.9597	0.0494	0.9566	0.0496	0.9530	0.0499
	1.0212	0.0522	1.0189	0.0524	1.0164	0.0527
	1.0962	0.0551	1.0954	0.0554	1.0941	0.0566

由表6.3可知,随着 MTMD 质量比的增加, MTMD 系统频率比范围更大,说明此时 MTMD 系统所能发挥控制作用的频率区域越大;单个 TMD 的阻尼比也随之上升。随着被控结构阻尼比的增加,在相同质量比下 MTMD 系统频率比覆盖的范围基本保持不变,但整体向频率比下降方向平移;而各个 TMD 的阻尼比不会发生大的变化。此外,对于最优频率比较高的 TMD,其最优阻尼比也会大,两者呈正相关。

为了比较最优 MTMD 系统在不同工况下的减振效果,将 MTMD 系统参数调整到最优后,得到其在每种工况下的动力放大系数 DMF 最大值$\max\limits_{\lambda_p}\mathrm{DMF}$,以此来判别其减振效果,如表6.4所示。由表6.4可知,MTMD 减振效果在不同质量比和被控结构阻尼比情况下的变化规律与 STMD 相似。当质量比增大时,MTMD 的减振效果提高;当被控结构阻尼比增大时,MTMD 的减振效果也会提高。

5-MTMD 系统优化后的 DMF 最大值 表6.4

结构阻尼比 ξ_p	$\mu=0.01$	$\mu=0.025$	$\mu=0.05$
$\xi_p=0$	11.3027	7.1957	5.1438
$\xi_p=1\%$	9.4756	6.4212	4.7446
$\xi_p=2\%$	8.1377	5.7914	4.4010

6.3.5 被控结构-MTMD 系统的鲁棒性分析

为了研究被控结构参数发生偏离时 MTMD 控制鲁棒性,假设以下三种情况。

情况 A:给予被控结构 m_p 从 ±1% 到 ±5% 的摄动,其 k_p,c_p 保持不变;

情况 B:给予被控结构 k_p 从 ±1% 到 ±5% 的摄动,其 m_p,c_p 保持不变;

情况 C:给予被控结构 c_p 从 ±1% 到 ±5% 的摄动,其 m_p,k_p 保持不变。

评价标准采用 $R=\max_{\omega}\mathrm{DMF}$，即发生被控结构参数偏离后，被控结构动力放大系数在荷载频率 ω 不断变化过程中的最大值，R 越大，则参数偏离后的控制效果相比于最优控制效果越差，即鲁棒性越差。

1）情况 A

结构质量偏离对 R 值的影响如图 6.22 和图 6.23 所示。由图可知，MTMD 的鲁棒性在不同质量比和不同被控结构阻尼比的情况下的变化规律与 STMD 相似，MTMD 质量比越大，其鲁棒性越好，特别是在小质量比时，提升一定的质量比，其鲁棒性能够有很大提高，但当 MTMD 质量比达到一定大小后，再增大其质量比，MTMD 的鲁棒性没有明显增强；此外，当被控结构阻尼比增大时，MTMD 的鲁棒性会得到增强。

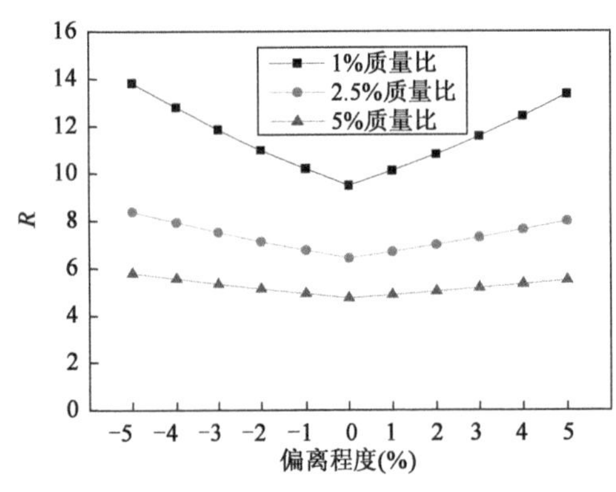

图 6.22　不同质量比下 R 与 m_p 偏离值关系

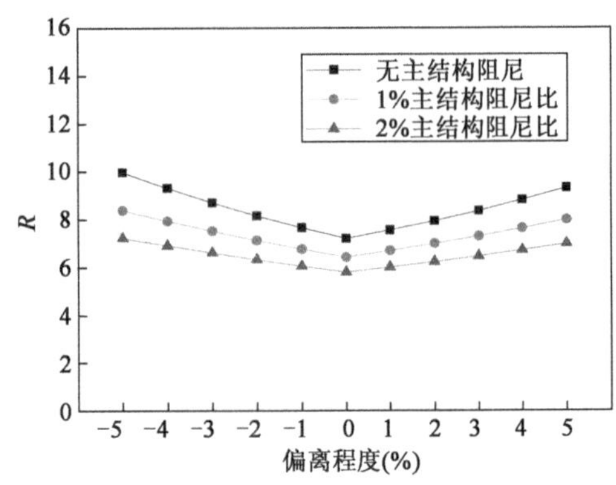

图 6.23　不同结构阻尼比下 R 与 m_p 偏离值关系

不同 TMD 系统时 R 与 m_p 偏离值的关系如图 6.24 所示。由图 6.24 可知，随着 MTMD 个数的增加，其有效控制范围会增大，其鲁棒性会变好，此外，当质量发生负方向偏离时，其鲁棒性比质量发生正方向偏离时要差；但当 MTMD 个数达到一定数量后，其鲁棒性不会再有明显增强；相比于 STMD，MTMD 的鲁棒性更好，在工程中能够为结构提供更可靠的控制效果，其主要原因是 MTMD 的频率控制宽度要比 STMD 要大，所以当被控频率发生偏离时，其仍能发挥较强的控制效果。

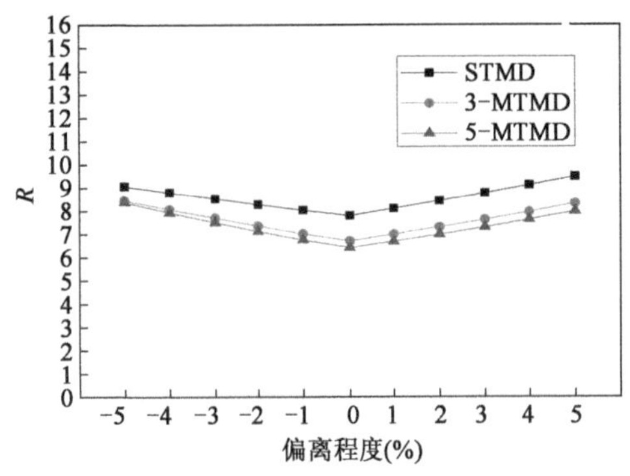

图 6.24　R 与 m_p 偏离值关系（质量比 2.5%，被控结构阻尼比 1%）

2）情况 B

结构刚度偏离对 R 值的影响如图 6.25 和图 6.26所示。由于情况 B 与情况 A 相似，都是改变被控结构的频率，其所得结论也相似，由图 6.25 和图 6.26 可知，随着质量比的增大，MTMD 的鲁棒性会得到增强，随着被控结构阻尼比的增大，MTMD 的鲁棒性会增强。不同 TMD 系统时 R 与

k_p 偏离值的关系如图 6.27 所示。由图 6.27 可知,随着 MTMD 的 TMD 数量的增加,其鲁棒性会增强,但当 TMD 数量达到一定程度后,其鲁棒性不会再有明显提升。

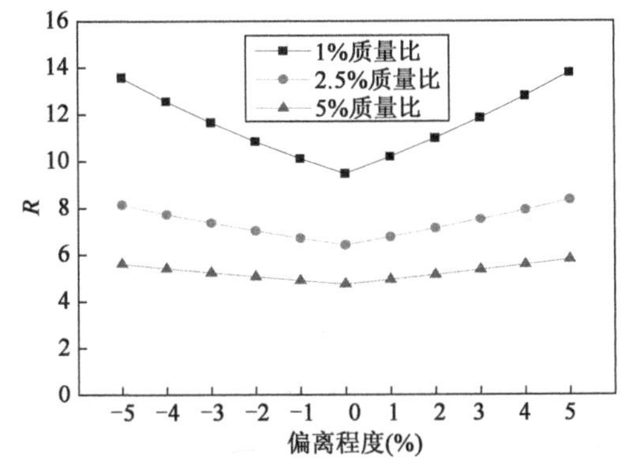

图 6.25 不同质量比下 R 与 k_p 偏离值关系

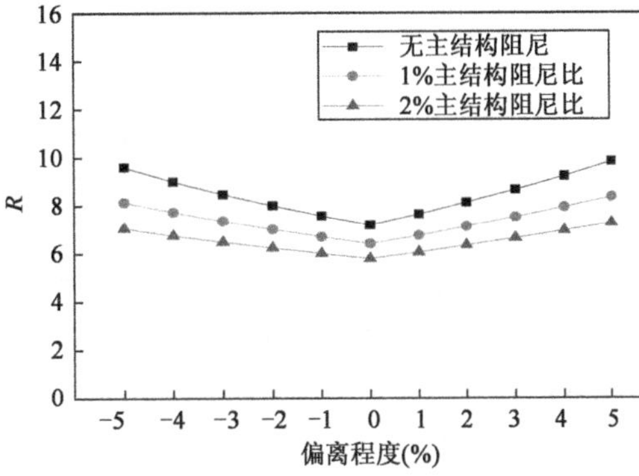

图 6.26 不同结构阻尼比下 R 与 k_p 偏离值关系

3)情况 C

结构阻尼偏离对 R 值的影响如图 6.28 和图 6.29 所示。由图 6.28 和图 6.29 可知,随着质量比的增大,MTMD 的鲁棒性会得到增强,随着被控结构阻尼比的增大,MTMD 的鲁棒性会增强。在被控结构阻尼系数(即阻尼比)发生偏移时,$R=\max\limits_{\omega}\mathrm{DMF}$ 不会发生大的改变,也就是说,TMD 系统的减振不会因被控结构的阻尼偏移而受到很大影响。不同 TMD 系统时 R 与 c_p 偏离值的关系如图 6.30 所示。由图 6.30 可知,MTMD 比 STMD 拥有更强的鲁棒性,而 MTMD 系统的 TMD 个数增加,也会增强减振系统的鲁棒性。

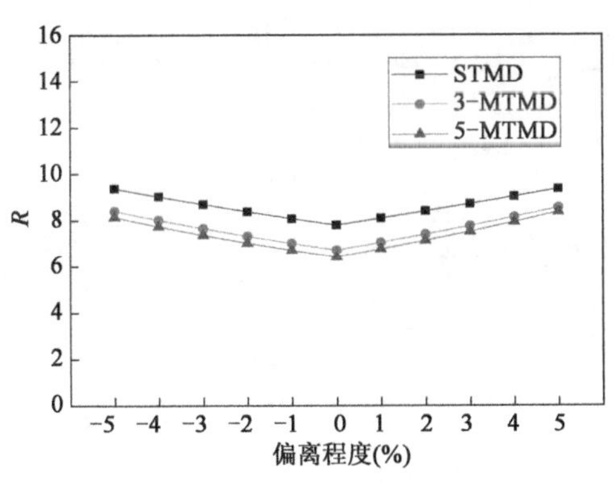

图 6.27 R 与 k_p 偏离值关系(质量比 2.5%,被控结构阻尼比 1%)

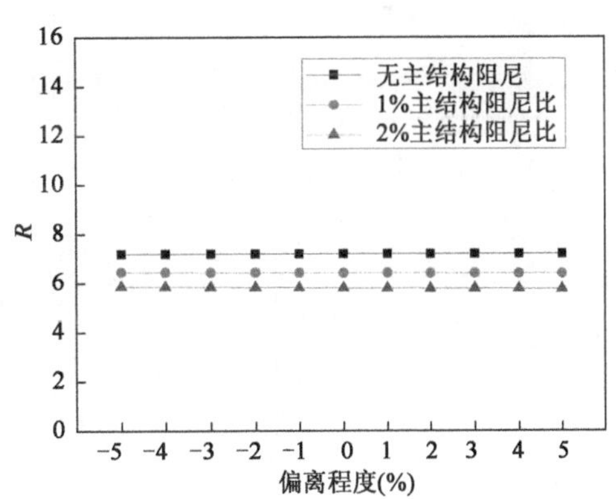

图 6.28 不同质量比下 R 与 c_p 偏离值关系

6.3.6 MTMD 与被控结构相对位移及其影响因素分析

1)MTMD 相对位移动力放大系数

为了清晰地表达相对位移的推导过程,将式(6.31)写成如下形式

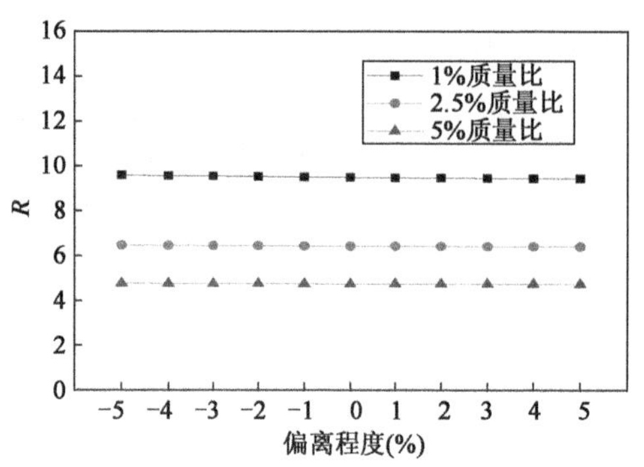

图6.29　不同结构阻尼比下 R 与 c_p 偏离值关系

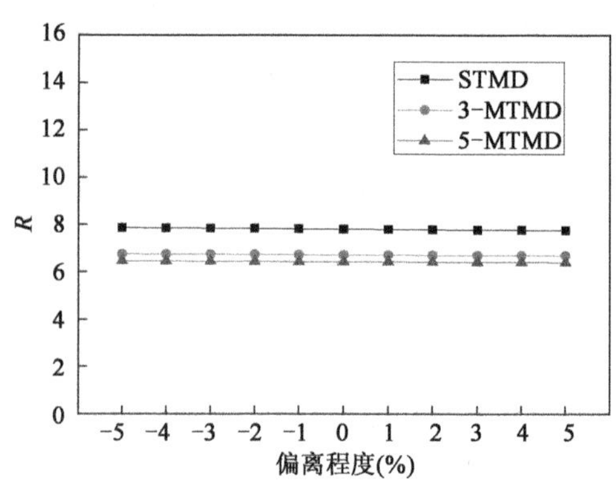

图6.30　R 与 c_p 偏离值关系(质量比2.5%，被控结构阻尼比1%)

$$\begin{cases} m_p\ddot{x}_p + c_p\dot{x}_p + k_p x_p + \sum_{i=1}^{n}[c_i(\dot{x}_p - \dot{x}_i) + k_i(x_p - x_i)] = P \\ m_1\ddot{x}_1 - c_1(\dot{x}_p - \dot{x}_1) - k_1(x_p - x_1) = 0 \\ \vdots \\ m_n\ddot{x}_n - c_n(\dot{x}_p - \dot{x}_n) - k_n(x_p - x_n) = 0 \end{cases} \tag{6.45}$$

现定义 MTMD 中第 i 个 TMD 的相对位移 x_i^{re}、相对速度 $\dot{x}_i^{re}$，以及相对加速度 $\ddot{x}_i^{re}$ 如下

$$\begin{cases} x_i^{re} = x_p - x_i \\ \dot{x}_i^{re} = \dot{x}_p - \dot{x}_i \\ \ddot{x}_i^{re} = \ddot{x}_p - \ddot{x}_i \end{cases} \tag{6.46}$$

将式(6.46)代入式(6.45)后，可以得到包含相对位移的运动方程如下

$$\begin{cases} m_p\ddot{x}_p + c_p\dot{x}_p + k_p x_p + \sum_{i=1}^{n}[c_i\dot{x}_i^{re} + k_i x_i^{re}] = P \\ m_1\ddot{x}_p - m_1\ddot{x}_1^{re} - c_1\dot{x}_1^{re} - k_1 x_1^{re} = 0 \\ \vdots \\ m_n\ddot{x}_p - m_n\ddot{x}_1^{re} - c_n\dot{x}_n^{re} - k_n x_n^{re} = 0 \end{cases} \tag{6.47}$$

式(6.47)有如下解

$$\begin{cases} x_p = \overline{X}_p e^{j\omega t} \\ x_1^{re} = \overline{X}_1^{re} e^{j\omega t} \\ \vdots \\ x_n^{re} = \overline{X}_n^{re} e^{j\omega t} \end{cases} \tag{6.48}$$

将式(6.48)代入式(6.47)后,可以得到$\overline{X}_{\mathrm{p}}$以及第$i$个TMD的$\overline{X}_i^{\mathrm{re}}$的表达式如下

$$\begin{cases} \overline{X}_{\mathrm{p}} = \dfrac{p_0}{(k_{\mathrm{p}} + \mathrm{j}\omega c_{\mathrm{p}} - m_{\mathrm{p}}\omega^2) + \sum\limits_{i=1}^{n}\left[k_i + \mathrm{j}\omega c_i - \dfrac{(k_i + \mathrm{j}\omega c_i)^2}{k_i + \mathrm{j}\omega c_i - m_i\omega^2}\right]} \\ \overline{X}_i^{\mathrm{re}} = \dfrac{m_i\omega^2}{m_i\omega^2 - k_i - \mathrm{j}\omega c_i}\overline{X}_{\mathrm{p}} \end{cases} \tag{6.49}$$

定义MTMD中第i个TMD的相对位移动力放大系数为$\mathrm{DMF}_i^{\mathrm{re}} = \left|\dfrac{\overline{X}_i^{\mathrm{re}}}{\delta_{\mathrm{st}}}\right|$,其中$\delta_{\mathrm{st}} = \dfrac{p_0}{k_{\mathrm{p}}}$,则$\mathrm{DMF}_i^{\mathrm{re}}$的最终表达式如下

$$\mathrm{DMF}_i^{\mathrm{re}} = \left|\frac{m_i\omega^2}{m_i\omega^2 - k_i - \mathrm{j}\omega c_i}\frac{\overline{X}_{\mathrm{p}}}{\delta_{\mathrm{st}}}\right| \tag{6.50}$$

2)影响因素分析

以5-MTMD为例,采用5-MTMD最优参数,计算得到不同工况下,5-MTMD系统中各个TMD的相对位移,结果见表6.5。图6.31是在质量比2.5%以及被控结构阻尼比1%情况下的TMD相对位移动力放大系数幅值,图6.32是不同工况下的5-MTMD动力放大系数最大值随质量比的变化。

不同工况下5-MTMD中各个TMD的相对位移DMF 表6.5

质　量　比	被控结构阻尼比$\xi_{\mathrm{p}}=1\%$	被控结构阻尼比$\xi_{\mathrm{p}}=2\%$
$\mu=1\%$	206,209,199,187,194	157,175,176,172,164
$\mu=2.5\%$	87,84,93,90,79	70,75,83,81,79
$\mu=5\%$	51,47,41,44,49	47,41,43,37,45

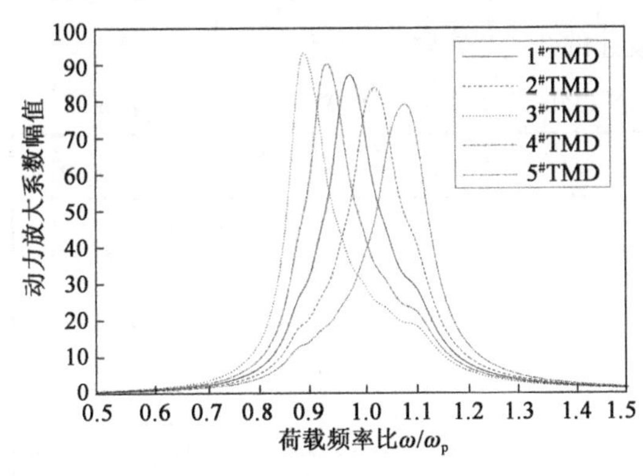

图6.31　MTMD相对位移DMF

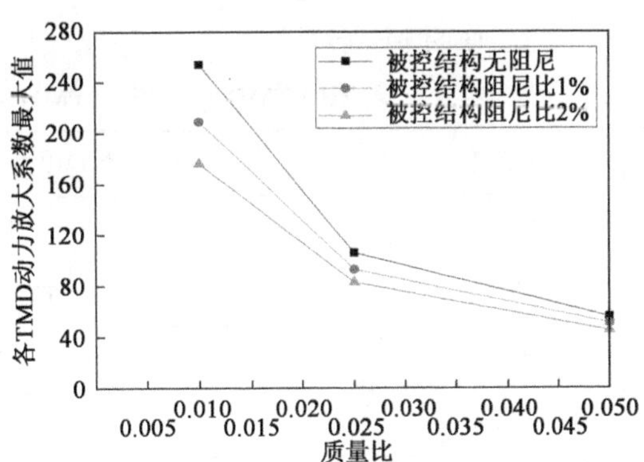

图6.32　MTMDDMF最大值与质量比关系

通过表6.5中数据可以看出,随着质量比的增大,MTMD系统中TMD的相对位移DMF会减小;随着被控结构阻尼比的增大,MTMD系统中TMD的相对位移DMF也会减小。同STMD

相比,MTMD 虽然能带来更好的减振有效性以及更强的鲁棒性,但各个 TMD 的相对位移会大大增加。由表6.3可知,在质量比2.5%和被控结构阻尼比1%的情况下,5-MTMD 系统中各个 TMD 的最优频率比(1#TMD ~ 5#TMD)分别为0.9770、1.0220、0.8935、0.9354 和 1.0753;最优阻尼比(1#TMD ~ 5#TMD)分别为0.0360、0.0373、0.0335、0.0347 和 0.0390。通过分析图6.31可知,3#TMD 的动力放大系数最大,5#TMD 的动力放大系数最小,总体上来看,在 MTMD系统中,TMD 的阻尼比越大,其相对位移动力放大系数越小,而从表6.3可知,在 MTMD 系统中 TMD 的最优阻尼比与最优频率比呈正相关,也就是说,最优频率比较大的 TMD,其最优阻尼比也较大,而阻尼比的增大会减小 TMD 相对位移的动力放大系数,最终出现了图6.31中相对位移动力放大系数幅值波峰随着荷载频率比的增大而减小的现象。

由图6.32可知,被控结构阻尼比的增大会降低 TMD 相对位移动力放大系数的最大值,但这种变化对 TMD 相对位移响应所带来的影响是有限的;随着质量比的增加,其幅值会减小,但当质量比增大到一定程度后,再增大质量比不会对减小 TMD 相对位移的响应起重要作用。

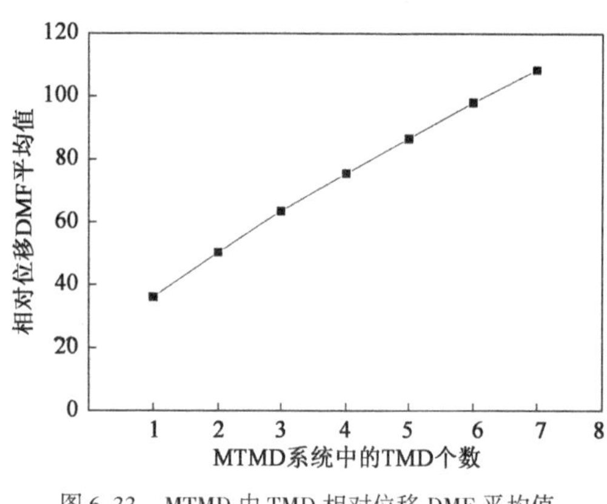

图6.33 MTMD 中 TMD 相对位移 DMF 平均值与 TMD 个数关系

表6.6是不同 TMD 个数下的 MTMD 的相对位移动力放大系数幅值,图6.33是在不同 TMD 个数下,MTMD 系统中各个 TMD 的相对位移 DMF 平均值。通过两者可以看出,随着 MTMD 系统中 TMD 数量的增加,各个 TMD 的相对位移响应都会上升,且基本呈线性相关。所以在实际工程中,不能为了增强减振有效性以及减振系统的鲁棒性而一味地增加 MTMD 系统中 TMD 的个数,应当在考虑实际的安装和使用空间后,选择最佳的 TMD 个数。

不同 TMD 个数下,MTMD 中各个 TMD 的相对位移 DMF 表6.6

TMD 类型	各个 TMD 相对位移 DMF 值	平均值
TMD	36.1	36.1
2-MTMD	53.3 48.4	50.4
3-MTMD	67.6 59.4 63.6	63.5
4-MTMD	77.5 73.9 69.6 80.9	75.5
5-MTMD	87.0 84.3 93.3 89.9 79.2	86.6
6-MTMD	105.2 88.6 100.6 102.6 98 93.6	98.1
7-MTMD	116.0 113.1 101.8 106.6 114.4 96.9 110.6	108.5

6.4 TMD 系统自身参数偏离的可靠性分析

6.4.1 参数偏离模型与分析方法

前面已经分析了被控结构的参数发生偏离时,对 TMD 以及 MTMD 系统的减振效果的影响,即鲁棒性分析。但在减振系统的制作、运输和安装过程中,还可能会使 TMD 减振系统的实际参数同最优参数发生一定的偏离,同时这种偏离具有很强的随机性,特别是对于 MTMD 减振系统,其参数较多,那么其参数偏离更具复杂性。

从参数偏离的随机性和复杂性入手,利用正态分布概率模型来描述减振系统的参数偏离更具有一般性和普遍性,且能很好地模拟其实际制作、运输、安装,以及使用过程中发生的参数偏离。引入如下参数偏离模型

$$k_i^{\text{real}} \in N(k_i^{\text{opt}},\sigma_{ki}^2) \tag{6.51}$$

$$c_i^{\text{real}} \in N(c_i^{\text{opt}},\sigma_{ci}^2) \tag{6.52}$$

式中,k_i^{real}、c_i^{real} 为第 i 个 TMD 实际的刚度和阻尼系数,k_i^{opt}、c_i^{opt} 为最优刚度以及最优阻尼系数。

假设在制作、安装,以及使用过程中 TMD 自身的参数最大偏离率 η 为 5%,考虑在正态分布中小概率事件发生的概率一般遵从“3σ”法则,即一个服从正态分布 $N(E,\sigma^2)$ 的数肯定会落在 $(E-3\sigma,E+3\sigma)$ 区间内,σ_{ki}、σ_{ci} 分别采用下列公式计算

$$\sigma_{ki} = \frac{\eta k_i^{\text{opt}}}{3} \tag{6.53}$$

$$\sigma_{ci} = \frac{\eta c_i^{\text{opt}}}{3} \tag{6.54}$$

可以预见的是,TMD 系统和 MTMD 系统的参数偏离会带来两种结果:一种是使系统的减振效果更优,另一种则会损害减振效果。为了描述这两种可能的概率大小,可以引入蒙特卡洛实验,对参数偏离满足 $k_i^{\text{real}} \in N(k_i^{\text{opt}},\sigma_{ki}^2)$、$c_i^{\text{real}} \in N(c_i^{\text{opt}},\sigma_{ci}^2)$ 概率模型的情况下,进行减振可靠性的描述与研究。

通过 N 次蒙特卡洛实验,在如上参数偏离模型下,会得到被控结构的动力放大系数 DMF 的一个平均值 DMF_{mean},并定义为

$$\text{DMF}_{\text{mean}} = \frac{\sum_{j=1}^{N}\text{DMF}_j}{N} \tag{6.55}$$

当 DMF_{mean} 越小,则在 TMD 自身的参数最大偏离率为 η 的情况下,减振可靠性越高,这对于减振系统而言是十分有利的。

6.4.2 分布式 TMD 系统的可靠性分析

一般在实际工程中,TMD 系统由于其参数少、制作简单,往往受到设计者的青睐。而就布置方式而言,由于制作工艺的限制,一般将质量较大的 TMD 系统,设计成多个小质量 TMD,同时保持每个小 TMD 的频率比和阻尼比相同,这种 TMD 的布置方式被称为分布式 TMD 系统。故研究不同个数分布式 TMD 在参数偏离下的表现具有十分现实的意义。

计算所采用的被控结构参数为:被控结构阻尼比 $\xi_p=1\%$,TMD 系统质量比 $\mu=1\%$,蒙特卡洛实验次数取为 $N=5000$,最大偏离率 $\eta=5\%$,TMD 分布个数分别取 1、3、5、8、10,以及 12。表 6.7 是在不同 TMD 分布个数下,被控结构的 DMF_{opt} 和 DMF_{mean},其中 DMF_{opt} 为无参数偏离时被控结构的最优动力放大系数,DMF_{mean} 为参数偏离时被控结构的平均动力放大系数,图 6.34 是在不同分布个数 TMD 系统的控制下,被控结构的 DMF_{mean}。

不同 TMD 分布个数下 TMD 系统的 DMF_{opt} 和 DMF_{mean} 表 6.7

不同 TMD 分布个数 TMD 系统	DMF_{opt}	DMF_{mean}
1-TMD 系统	11.3767	12.1977
3-TMD 系统	11.3767	11.8034
5-TMD 系统	11.3767	11.6995
8-TMD 系统	11.3767	11.6110
10-TMD 系统	11.3767	11.5807
12-TMD 系统	11.3767	11.5597

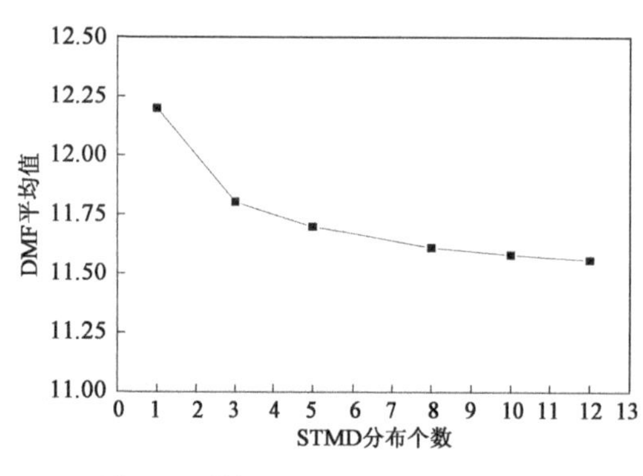

图 6.34 结构 DMF_{mean} 与 STMD 个数关系

由表 6.7 以及图 6.34 可知,当 TMD 自身参数偏离服从正态分布概率模型时,随着 TMD 分布个数的增加,被控结构动力放大系数平均值 DMF_{mean} 下降,TMD 系统的减振可靠性能更加优越,且当分布个数达到一定数量后其可靠性不会再有较大提高,分布数量大于 10 个以后,下降的趋势变得缓和,说明可靠性会趋近于稳定。从表 6.7中还可看出,当 TMD 系统自身参数出现如本节所假设的参数偏离时,即使是在最大偏离率 $\eta=5\%$ 下,其减振效果也不会发生过大损害。

6.4.3 MTMD 系统的可靠性分析

被控结构阻尼比 $\xi_p=1\%$,TMD 系统质量比 $\mu=1\%$,蒙特卡洛实验次数取为 $N=5000$,最大偏离率 $\eta=5\%$,TMD 个数分别取 2、3、4、5、6、7、8,以及 10。表 6.8 是在不同 MTMD 系统控

制下被控结构的 DMF_{opt} 和 DMF_{mean}，图 6.35 是在参数偏离时，不同 MTMD 系统控制下，被控结构的 DMF_{mean} 图。

不同 TMD 个数下，MTMD 系统的 DMF_{opt} 和 DMF_{mean} 表 6.8

不同 TMD 个数 MTMD 系统	DMF_{opt}	DMF_{mean}
2-MTMD 系统	10.3239	11.4165
3-MTMD 系统	9.9311	11.2160
4-MTMD 系统	9.6713	11.1737
5-MTMD 系统	9.4756	11.1774
6-MTMD 系统	9.3613	11.2867
7-MTMD 系统	9.2753	11.3998
8-MTMD 系统	9.2143	11.4864
10-MTMD 系统	9.1280	11.5247

由表 6.8 以及图 6.35 可知，当 MTMD 系统的自身参数偏离服从正态分布概率模型时，MTMD 系统随着 MTMD 个数的增加，被控结构动力放大系数 DMF_{mean} 先会出现下降，而后上升。具体而言，随着 MTMD 个数的增加，被控结构的 DMF_{mean} 在 TMD 个数小于 4 时会下降，即减振可靠性有所提升，但当 MTMD 个数大于 4 以后，被控结构 DMF_{mean} 上升，可知此时的减振可靠性在变差，但当 MTMD 个数大于 8 以后，其上升趋势变得越来越缓和。可以看到图 6.35 中会出现一个“低谷”，出现这个现象的原因是，当 MTMD 个数增加时，其减振有效性即动力放大系数会降低，但随之而来的是，MTMD 的参数越来越多，以至于给予其很小的摄动时，减振有效性就会出现很大的下降，故在 MTMD 个数增长的方向上，必然会有最佳的 MTMD 个数使得可靠性最好。可以看出，在 MTMD 系统的自身参数偏离服从正态分布的概率模型下（被控结构阻尼比 1%，MTMD 质量比 1%），MTMD个数等于 4 时是最佳状态。

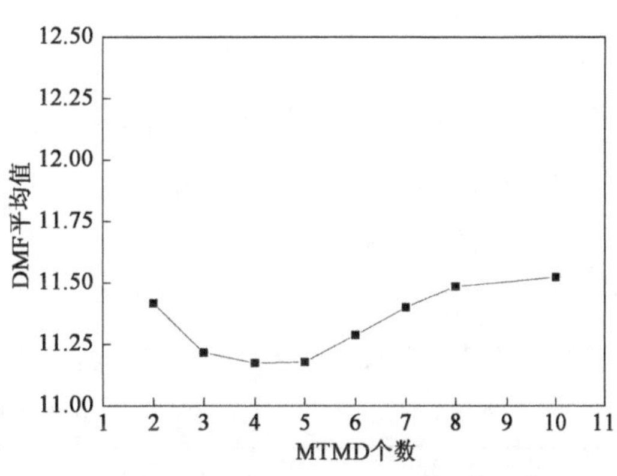

图 6.35 结构 DMF_{mean} 与 MTMD 个数关系

通过对比图 6.34 和图 6.35 可知，虽然 MTMD 在最优参数的理想状态下减振有效性会明显优于 TMD，但是由于其自身参数的数量较多，一旦自身参数发生偏离，其减振有效性会大大降低，以至于和 TMD 系统没有明显区别，所以为了防止 MTMD 在自身参数偏离的情况下无法提供优越的减振有效性，应尽量将 MTMD 的参数调整至最优。同时在设计过程中需要考虑可靠性最佳状态时的 MTMD 个数。

6.5 人行桥 TMD 优化设计

6.5.1 概述

随着社会的进步和交通事业的发展,城市的主干道路加宽,主路路幅宽度可达到 35 ~ 40m。在城市中车辆交通与人流繁忙的道路交叉路口修建的人行天桥,通常采用单跨简支钢箱梁结构体系,不允许设置中间桥墩。跨度超过 30m 的简支梁桥,第一阶自振频率往往不能满足我国《城市人行天桥与人行地道技术规范》(CJJ 69—1995)规定的人行天桥上部结构竖向自振频率不应小于 3Hz 的要求,并且与人的竖向步行力荷载卓越频率接近,容易使桥产生共振,影响结构正常使用。此外,振动有可能超过人体舒适度极限,给行人心理上造成恐慌。因此,人行桥的振动问题是人行桥设计中必须解决的重要问题。

现有研究表明 TMD 对于人行桥的振动控制是十分有效的。伦敦的千禧桥在 2000 年开通之后,便由于强烈的振动而不得不关闭,在对千禧桥的振动原因进行了一系列的分析后,通过安装 TMD 以及黏滞阻尼器成功地解决了其人致振动问题。这说明 TMD 减振能对人致振动起到很好的抑制作用。

以我国西南某市的一座城市人行桥为工程背景,开展了 TMD 优化设计。该桥总长度为 44m,主梁采用钢箱梁形式。根据所提供的设计资料,利用通用有限元分析软件 ANSYS 建立了该桥的有限元模型,所得前三阶模态参数如表 6.9 所示。

人行桥前 3 阶模态参数表 表 6.9

振型阶次	频率(Hz)	模态质量(t)	振型描述
1	1.97	40.9	一阶竖向弯曲
2	7.68	41.1	二阶竖向弯曲
3	9.35	33.6	一阶侧向弯曲

由表 6.9 可知,该人行桥的一阶竖向弯曲振动频率为 1.97Hz,落在了竖向行人步行力的卓越频率范围内,可能会发生较大振动。

为了进一步了解结构的实际参数,对该人行桥进行了现场实测,得到人行桥一阶竖向弯曲频率为 2.15Hz,一阶模态阻尼比为 1.25%。相比于有限元分析得到的一阶频率 1.97Hz,实桥测试中识别到的一阶频率有所提高,这是因为在有限元建模时,没有考虑栏杆等构件所能提供的刚度。

6.5.2 人行桥 TMD 最优参数设计

针对该人行桥可能发生的一阶竖向振动,采用 TMD 减振系统对其进行控制。人行桥的减振目标主要是满足行人舒适度的要求,具体行人舒适度指标见表6.10。

人行桥竖向加速度舒适度指标 表6.10

舒适度类型	舒 适 度	竖向加速度限值(m/s^2)
CL1	最好	<0.5
CL2	中等	0.5~1.0
CL3	差	1.0~2.5
CL4	不可接受	>2.5

在进行人行桥减振设计时,采用以控制结构加速度为目的的动力放大系数 DMF 为优化目标,针对 TMD 与 MTMD 优化设计时,式(6.24)与式(6.41)变为

$$\mathrm{DMF} = \left|\frac{-m_p\omega^2\overline{X}_p}{f_0}\right| = \frac{m_p\omega^2}{\left|(k_p + j\omega c_p - m_p\omega^2) + k_1 + i\omega c_1 - \dfrac{(k_1 + i\omega c_1)^2}{k_1 + i\omega c_1 - m_1\omega^2}\right|} \tag{6.56}$$

$$\mathrm{DMF} = \left|\frac{-m_p\omega^2\overline{X}_p}{p_0}\right| = \frac{m_p\omega^2}{\left|(k_p + j\omega c_p - m_p\omega^2) + \sum_{i=1}^{n}\left[k_i + j\omega c_i - \dfrac{(k_i + j\omega c_i)^2}{k_i + j\omega c_i - m_i\omega^2}\right]\right|} \tag{6.57}$$

针对 TMD 和 MTMD 系统分别采用前述优化方法进行优化。由前文所得结论可知,TMD 系统的质量比越大,其减振效果越好,同时鲁棒性也更好,但为了使得添加 TMD 系统后人行桥的恒载不至于变化过大,质量比 μ 取为1%。一阶模态质量为40.9t,一阶模态频率为2.15Hz,一阶模态阻尼比为1.25%。将以上数据代入图6.5的模型,可得到被控结构参数:m_p = 40900kg,k_p =7463786.9N/m,c_p =13812.79N·s/m。TMD 系统均被放置于人行桥跨中位置。

1)分布式 TMD 优化设计方案

由前面研究可知,TMD 分布个数越多时,其减振可靠性更好,为了兼顾减振可靠性和施工的可行性,此处选取 TMD 的分布个数 n 为4个。

利用 TMD 优化方法得到4-TMD 的最优参数如表6.11所示,最优参数下的动力放大系数曲线如图6.36所示。

4-TMD 最优参数表 表6.11

TMD 编号	质量(kg)	弹簧刚度(N/m)	阻尼系数(N·s/m)
1#TMD	102.25	18510	173.05
2#TMD	102.25	18510	173.05
3#TMD	102.25	18510	173.05
4#TMD	102.25	18510	173.05

2)MTMD 优化设计方案

由 MTMD 优化理论可知,在相同质量比下,MTMD 个数越多,其减振效果越好,且鲁棒性更优,但 MTMD 个数越多,单个 TMD 的阻尼比会减小,出现近零阻尼的情况,而且 MTMD 数量过多也不利于施工。为了保证 MTMD 减振系统在自身参数偏离下的可靠性,存在最佳的 MTMD分布个数,又由于 TMD 质量比 $\mu=1\%$,人行桥的一阶阻尼比 $\xi_{\mathrm{p}}=1.25\%$,可以采用其关于最佳可靠性时的最优 MTMD 个数的结论,MTMD 个数 n 取为 4。

利用 MTMD 优化方法得到4-MTMD 的最优参数如表6.12 所示,4-MTMD 在最优参数下的动力放大系数曲线如图 6.37 所示。

4-MTMD 最优参数表 表 6.12

TMD 编号	质量(kg)	弹簧刚度(N/m)	阻尼系数(N·s/m)
1#TMD	102.25	16783	68.87
2#TMD	102.25	20855	83.04
3#TMD	102.25	18033	73.18
4#TMD	102.25	19331	78.15

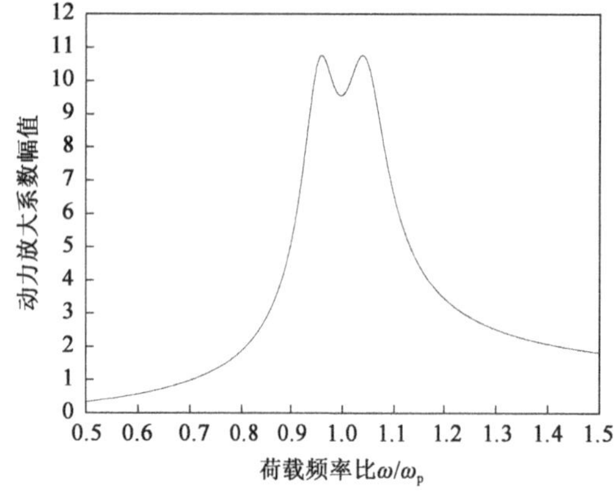

图 6.36 4-TMD 最优参数下的动力放大系数曲线

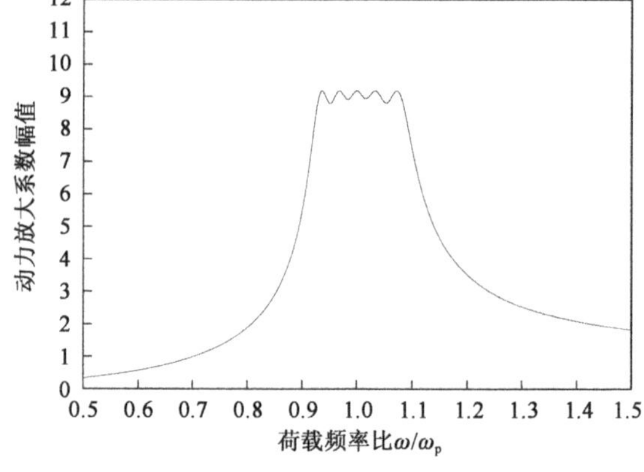

图 6.37 4-MTMD 最优参数下的动力放大系数曲线

6.5.3 减振效果的数值分析

1)竖向步行荷载的确定

单人步行力的竖向荷载模型为下式

$$f_{\mathrm{pv}}=G+\sum_{i=1}^{n}G\alpha_i\sin(2\pi f_{\mathrm{sv}}t+\varphi_i) \tag{6.58}$$

式中,G 为单个行人的质量;f_{sv} 为行人竖向步频;α_i 是第 i 阶荷载谐波的竖向动力荷载因子;φ_i 是第 i 阶荷载谐波的相位角。

为了简化人行荷载,此处只考虑单人竖向人行荷载的一阶变动分量,即

$$f_{pv} = G\alpha_1 \sin(2\pi f_{sv} t + \varphi_1) \tag{6.59}$$

而一阶荷载谐波的竖向动力荷载因子的取值为0.4~0.5[32]。当桥上行人密度小于0.5人/m²时,可以采用Matsumoto等[33]提出的低密度人群行走时的等效人数估算公式进行计算,其具体形式如下

$$N_P = \sqrt{\lambda T_0} \tag{6.60}$$

式中,λ为单位时间内上桥的人数;T_0为行人通过全桥所需时间。

假定桥跨内的人群是均匀分布的,那么根据式(6.60)可以对式(6.59)完成修订,则有

$$f_{pv} = N_P G\alpha_1 \sin(2\pi f_{sv} t + \varphi_1) \tag{6.61}$$

假定桥上任意时刻的总人数均采用自由行走状态下的行人密度0.5人/m²,单个行人质量70kg,单位时间内上桥人数λ为2人,行人通过全桥所需时间T_0为23s,$\alpha_1=0.4$,$\varphi_1=0$,为了获取结构的最不利响应,行人步频设置与人行桥一阶竖向振动频率一致,为2.15Hz,通过将以上数据代入式(6.61)中,可得人行竖向荷载为

$$f_{pv} = N_P G\alpha_1 \sin(2\pi f_{sv} t + \varphi_1) = 1899\sin(13.51t) \tag{6.62}$$

2)数值分析结果

对于TMD和MTMD的不同设计方案,分别采用图6.5和图6.17的简化力学模型,结构上作用的荷载采用式(6.62),即$f_p = f_{pv} = 1899\sin(13.51t)$。利用龙格-库塔法,对人行桥-TMD系统的反应进行了时程分析,具体结果如下:图6.38是人行桥添加4-TMD控制时的跨中加速度时程,图6.39是添加4-MTMD控制时的跨中加速度时程,图6.40是两种不同TMD方案的跨中加速度时程比较。

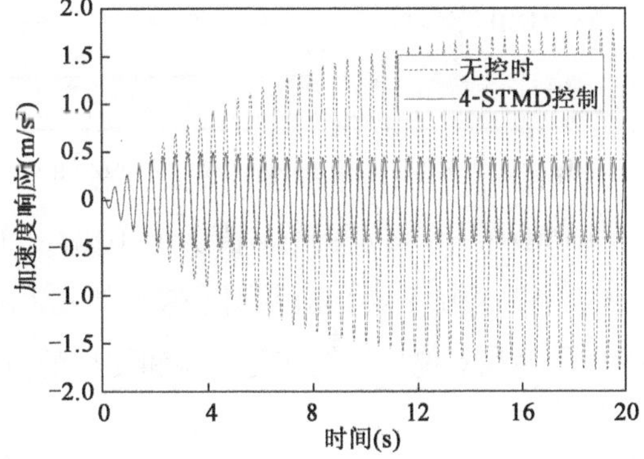

图6.38 4-TMD减振前后的跨中加速度时程

由图6.38和图6.39可知,人行桥在无控时,其跨中竖向的加速度幅值达到了1.85m/s²,远远超过了舒适值0.5m/s²,通过安装4-MTMD以及4-TMD系统后,跨中竖向加速度幅值降到了0.5m/s²以下,满足了舒适度的要求。由图6.40可知,安装4-MTMD后的人行桥跨中竖向加速度幅值为0.418m/s²,而安装4-TMD后的人行桥跨中竖向加速度幅值为0.445m/s²,可以看出MTMD系统的减振有效性高于TMD系统。

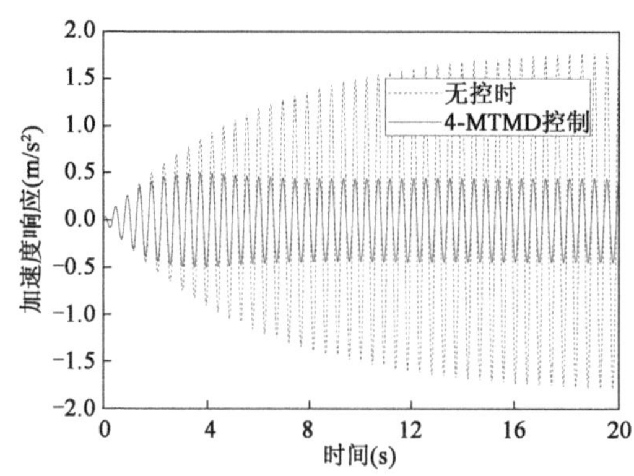

图6.39 4-MTMD减振前后的跨中加速度时程

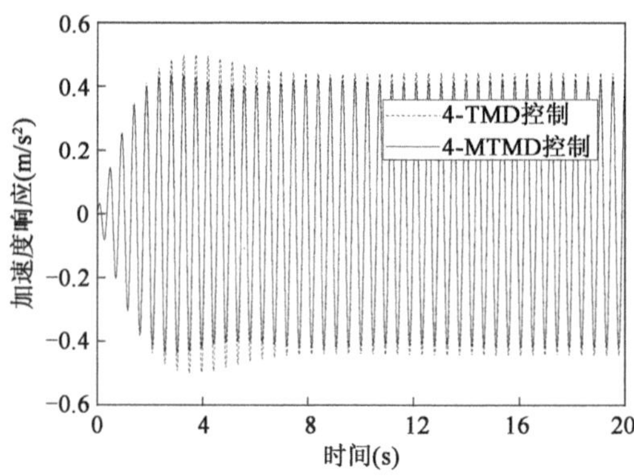

图6.40 4-TMD和4-MTMD的跨中加速度时程对比

由于安装和使用空间的限制，各个TMD的相对位移不能过大，因此需要计算其相对位移。表6.13是两种TMD设计方案的各个TMD相对位移幅值。

两种TMD设计方案的TMD相对位移 表6.13

设计方案	TMD编号	相对位移最大值(m)	平均值(m)
4-TMD设计方案	1#	0.0207	0.0207
	2#	0.0207	
	3#	0.0207	
	4#	0.0207	
4-MTMD设计方案	1#	0.0296	0.0311
	2#	0.0231	
	3#	0.0357	
	4#	0.0359	

由表6.13可知，4-MTMD设计方案的TMD相对位移要大于4-TMD设计方案。TMD系统中的TMD的相对位移最大值为0.0207m，而4-MTMD系统中TMD相对位移的最大值为0.0359m。相比于4-TMD设计方案，其相对位移的平均值增加了50%左右，但两种方案的TMD最大相对位移均能满足安装和使用的空间限制要求。

参考文献

[1] Frahm H. Device for damping vibrations of bodies: U S 989 958A[P]. 1911-04-18.

[2] Den Hartog J P, Ormondroyd J. Theory of the dynamic vibration absorber[J]. ASME, J. Appl. Mech, 1928, 50: 11-22.

[3] Den Hartog J P. Mechanical vibrations[M]. New York: McGraw-Hill, 1947.

[4] Rana R, Soong T T. Parametric study and simplified design of tuned mass dampers[J]. Engineering Structures, 1998, 20(3): 193-204.

[5] Thompson A G. Optimum tuning and damping of a dynamic vibration absorber applied to a force excited and damped primary system. Journal of Sound and Vibration, 1981, 77(3): 403-415.

[6] Chang C C. Mass dampers and their optimal designs for building vibration control[J]. Engineering Structures, 1999, 21(5): 454-463.

[7] Warburton G B. Optimum absorber parameters for various combinations of response and excitation parameters [J]. Earthquake Engineering and Structural Dynamics, 1982, 10(3): 381-401.

[8] Bakre S V, Jangid R S. Optimum parameters of tuned mass damper for damped main system[J]. Structural Control and Health Monitoring, 2007, 14(3): 448-470.

[9] Xu Kangming, Igusa T. Dynamic characteristics of multiple substructures with closely spaced frequencies[J]. Earthquake engineering and Structural Dynamics, 1992, 21(12): 1059-1070.

[10] 李春祥, 熊学玉, 程斌. 基于参数组合和加速度传递函数的最优 MTMD 研究[J]. 振动与冲击, 2001, 20(3):50-54.

[11] Han B K, Li C X. Characteristics of linearly distributed parameter-based multiple-tuned mass dampers[J]. Structural Control and Health Monitoring, 2008, 15(6): 839-856.

[12] Li H N, Ni X L. Optimization of non-uniformly distributed multiple tuned mass damper[J]. Journal of Sound and Vibration, 2007,308(1-2): 80-97.

[13] Kaynia A M, Biggs J M, Veneziano D. Seismic effectiveness of tuned mass dampers[J]. Journal of the Structural Division, 1981, 107(8): 1465-1484.

[14] Villaverde R. Reduction seismic response with heavily-damped vibration absorbers[J]. Earthquake engineering and Structural Dynamics, 1985, 13(1): 33-42.

[15] 李春祥, 刘艳霞, 王肇民. 质量阻尼器的发展[J]. 力学进展, 2003, 33(2):194-206.

[16] 项海帆, 陈艾荣, 顾明. 调质阻尼器(TMD)对桥梁涡激共振的抑制[J]. 同济大学学报(自然科学版), 1994(2):159-164.

[17] Gu M, Xiang H. Optimization of TMD for suppressing buffeting response of long-span bridges[J]. Journal of Wind Engineering and Industrial Aerodynamics, 1992, 42(1-3): 1383-1392.

[18] 顾金钧, 赵煜澄, 邵克华. 九江长江大桥应用新型 TMD 抑制吊杆涡振[J]. 土木工程学报,1994,27(3): 3-13.

[19] 汪正兴, 任文敏, 苏继宏, 等. 多重调谐质量阻尼器参数优化的一种改进算法及其应用[J]. 工程力学, 2005,22(5):26-30.

[20] 袁小钦, 刘习军, 张素侠. MR-TMD 减振系统对连续箱梁桥振动控制研究[J]. 振动与冲击,2012(20): 153-157.

[21] 徐家云, 陈吉, 郑会华, 等. 大跨度桥梁风致竖向抖振控制研究[J]. 武汉理工大学学报,2014(1):112-115.

[22] 喻梅, 廖海黎, 李明水,等. 基于经验线性涡激力的桥梁涡激振动 TMD 控制[J]. 工程力学,2013(6): 269-274.

[23] 肖艳平，沈火明. 利用 MTMD 控制桥梁竖向振动的初步研究[J]. 噪声与振动控制,2005(4):14-17.

[24] 陈政清，黄智文，王建辉,等. 桥梁用 TMD 的基本要求与电涡流 TMD[J]. 湖南大学学报(自然科学版),2013(8):6-10.

[25] 陈勇，宋晓，徐光胜，等. 桥梁自立杆风致振动 TMD 控制及优化设计[J]. 振动与冲击，2008(6):70-74,188.

[26] 肖学双，张涛，伍定一. 人行激励下钢结构人行桥减振研究[J]. 公路与汽运，2009(4):169-172.

[27] 樊健生，陈宇，聂建国. 人行桥的 TMD 减振优化设计研究[J]. 工程力学，2012(9):133-140,156.

[28] 肖新标，沈火明. 移动荷载作用下的桥梁振动及其 TMD 控制[J]. 振动与冲击，2005(2):58-61,149.

[29] 张鸣祥，王建国，汪权. 大跨度桥梁多模态耦合颤振的 TMD 控制[J]. 计算力学学报，2012(3):315-320.

[30] Lewis R M, Torczon V. Pattern search methods for linearly constrained minimization[J]. SIAM Journal on Optimization, 2000, 10(3): 917-941.

[31] 袁小芳，王耀南，吴亮红. 基于混沌变量的模式搜索法及其应用[J]. 湖南大学学报(自然科学版)，2007，34(9):30-33.

[32] 陈政清，华旭刚. 人行桥的振动与动力设计[M]. 北京:人民交通出版社，2009.

[33] Matsumoto Y, Nishioka T, et al. Dynamic design of footbridges[J]. IABSE, 1978, 78(17):1-5.

7　单面碰撞调谐质量阻尼器减振理论与实验

碰撞调谐质量阻尼器(Pounding Tuned Mass Damper,简称 PTMD)是近年来提出的一种新型被动减振装置,如图 7.1 所示。与传统 TMD 比较,PTMD 采用两个限位挡板替代 TMD 的阻尼器,挡板上粘贴黏弹性材料,当质量块在外部激励下运动时与挡板发生碰撞,通过质量块与挡板发生碰撞时的能量消耗以及 TMD 系统中质量块的惯性力来进行结构减振。

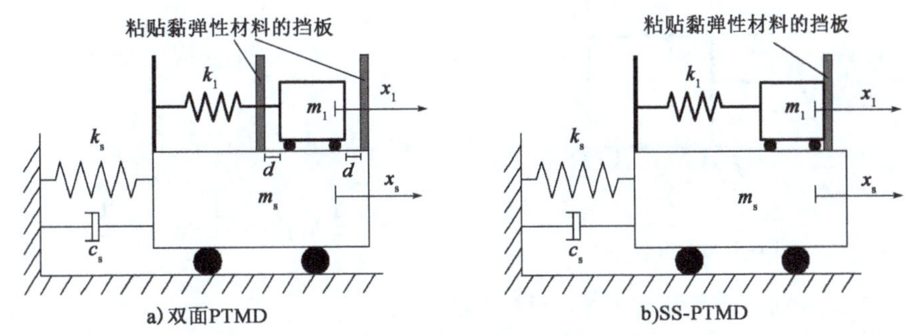

图 7.1　PTMD 力学模型

Zhang 等[1-3]针对 PTMD 控制输电线塔振动开展了相关研究,采用赫兹接触模型描述质量块与黏弹性材料的碰撞力,通过仿真分析验证了 PTMD 比 TMD 具有更好的减振效果;Li 等[3]以海底油气管道为背景,研究了 PTMD 的减振性能及其鲁棒性;Song 等[4]对 PTMD 控制海底油气管道结构振动开展了理论与实验研究。

针对前述的 PTMD 在进行结构减振参数设计时需要考虑两个主要因素:一是调谐频率,当 PTMD固有频率与结构频率一致时,产生调谐效应,主结构振动能量可以最大幅度转移到 PTMD上,因而取得最好的减振效果;二是在质量块和挡板之间确定合理间隙,使质量块与挡板产生碰撞并消耗能量,达到减振目的。但合理间隙与外部激励幅值有关,当激励较小而间隙较大时,质量块与挡板将不会发生碰撞,这样就达不到耗能减振的目的;当激励较大而间隙较小时,质量块将在速度未达到最大时与挡板碰撞,这样消耗的能量有限,减振效果不佳。因此, PTMD 优化设计时如何合理确定碰撞间隙是个难以解决的问题。

作者在双面 PTMD 基础上,提出了单面碰撞调谐质量阻尼器(Single Side Pounding Tuned Mass Damper,简称 SS-PTMD)[5-7]减振装置,如图 7.1b)所示。该装置由质量块、弹簧、挡板组成,挡板上粘贴黏弹性材料,放置在弹簧-质量块系统平衡位置,质量块与挡板间不设间隙,这样,质量块只能单边运动,当主结构振动带动质量块运动时,即使质量块很小的运动也会引起质量块与挡板的碰撞,因此能产生减振的效果。

本章主要对SS-PTMD力学性能、钢-黏弹性材料、SS-PTMD参数优化设计、SS-PTMD减振性能开展研究。

7.1 SS-PTMD动力性能

SS-PTMD的力学模型如图7.2所示,其运动方程为

$$m_1\ddot{x}_1 + k_1x_1 = 0 \tag{7.1}$$

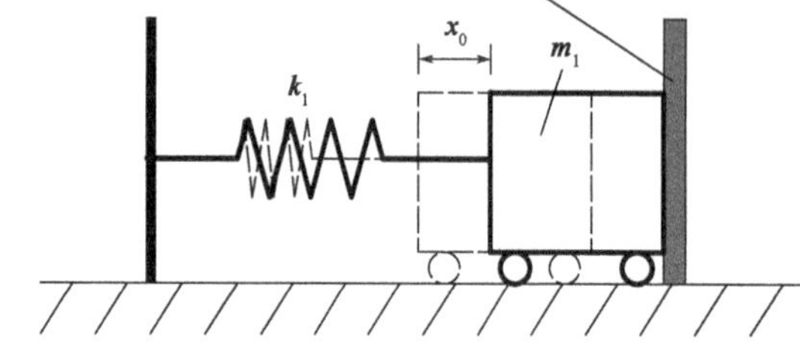

图7.2 SS-PTMD力学模型

因为碰撞时间很小,设碰撞时间等于零,则SS-PTMD的周期为

$$T = \oint \mathrm{d}t = 2\int_{x_0}^{0} \frac{1}{\dot{x}_1}\mathrm{d}x_1 \tag{7.2}$$

根据能量守恒定律,有

$$\frac{1}{2}k_1x_0^2 = \frac{1}{2}k_1x_1^2 + \frac{1}{2}m_1\dot{x}_1^2 \tag{7.3}$$

式中,x_1 和 x_0 分别为质量块位移和位移幅值。

SS-PTMD质量块运动速度可表示为

$$\dot{x}_1 = -\sqrt{\frac{k_1}{m_1}(x_0^2 - x_1^2)} \tag{7.4}$$

将式(7.4)代入式(7.2),有

$$T = -2\sqrt{\frac{m_1}{k_1}}\int_{x_0}^{0}\frac{1}{\sqrt{x_0^2 - x_1^2}}\mathrm{d}x_1 = -2\sqrt{\frac{m_1}{k_1}}\arcsin\left(\frac{x_1}{x_0}\right)\Bigg|_{x_0}^{0} = \pi\sqrt{\frac{m_1}{k_1}} \tag{7.5}$$

因此SS-PTMD的固有频率为

$$f_{\mathrm{ptmd}} = \frac{1}{T} = \frac{1}{\pi}\sqrt{\frac{k_1}{m_1}} \tag{7.6}$$

式(7.6)表明,当忽略质量块与挡板的碰撞时间时,SS-PTMD的固有频率为无挡板时质量块-弹簧系统(相当于无阻尼TMD)固有频率的2倍。

下面研究SS-PTMD的等效阻尼比。

设给质量块一个初始位移 x_0,如图7.2所示,质量块将进行自由衰减振动。考虑第一次碰撞,其碰撞前的速度可表示为

$$v_{\mathrm{pre}} = x_0 \sqrt{\frac{k_1}{m_1}} \tag{7.7}$$

设质量块与黏弹性材料碰撞的弹性恢复系数为 e，则碰撞后速度为

$$v_{\mathrm{post}} = -ex_0 \sqrt{\frac{k_1}{m_1}} \tag{7.8}$$

第一次碰撞后质量块的振幅可表示为

$$x_{01} = ex_0 \tag{7.9}$$

根据碰撞后速度和初始速度，SS-PTMD 的等效阻尼比可表示为

$$\zeta_{\mathrm{ptmd}} = \frac{\ln\left(\frac{1}{e}\right)}{\sqrt{4\pi^2 + \left[\ln\left(\frac{1}{e}\right)\right]^2}} \tag{7.10}$$

当等效阻尼比很小时，式(7.10)可简化为

$$\zeta_{\mathrm{ptmd}} = \frac{1}{2\pi}\ln\left(\frac{1}{e}\right) \tag{7.11}$$

式(7.11)表明，当质量块与挡板碰撞的弹性恢复系数为常数时，SS-PTMD 的等效阻尼比可以用弹性恢复系数 e 表示，且 SS-PTMD 的等效阻尼比也为常数。

采用数值仿真，假设碰撞时间为零，得到不同弹性恢复系数时 SS-PTMD 的自由衰减振动位移图线，如图 7.3 所示。从图可以看出，与传统 TMD 相比，SS-PTMD 的周期为 TMD 的一半，即其频率为 TMD 的两倍；随着碰撞弹性恢复系数的增加，振动衰减越快。

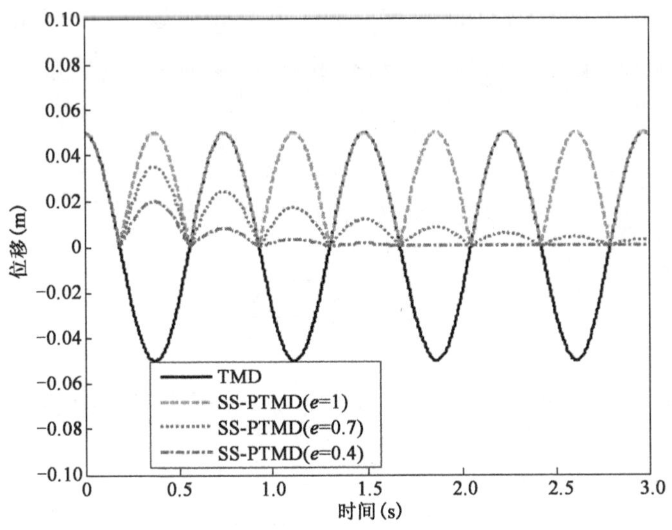

图 7.3　TMD 和 PTMD 自由振动模拟

7.2 钢-黏弹性材料碰撞力模型

7.2.1 现有碰撞力模型

碰撞是一个经典力学问题,也是一个复杂的力学问题,考虑碰撞过程的局部裂缝、表面变形,以及不同的能量耗散,研究者们提出了许多碰撞力模型。

1)线弹性模型

线弹性模型是研究碰撞力学的基本理论模型,该模型中碰撞力与压缩位移呈线性变化,表达式为

$$F = k\delta(t) \tag{7.12}$$

式中,k 为碰撞刚度;$\delta(t)$ 为碰撞物体间的压缩位移。

2)赫兹模型

Hertz 在 1881 年用弹性力学知识推出接触力的计算模型。但是该模型的假设前提是:受力材料的表面是均匀、各向同性的,且是完全弹性的;发生碰撞的期间没有摩擦力影响。因为能比较真实地反映出碰撞力与压缩位移的关系,Hertz 理论被诸多学者用来描述物体间的碰撞,其表达式为

$$F = k\delta(t)^{3/2} \tag{7.13}$$

式中,k 为碰撞的非线性弹簧刚度。

线弹性模型和赫兹模型常用于描述刚体的接触,其缺点是不能描述碰撞过程的能量损失。

3)线性黏弹性模型

线性黏弹性模型(Linear Viscoelastic Model)又称 Kelvin 模型,该模型在线弹性模型基础上加入了阻尼项,则碰撞力既有弹性恢复力也有阻尼力,碰撞接触的能量消耗通过阻尼力来表达,模型表达式为[8-11]

$$F = k\delta + c\dot{\delta} \tag{7.14}$$

式中,$\dot{\delta}$ 为相对速度;c 为碰撞阻尼系数,可表示为

$$c = 2\zeta\sqrt{k\frac{m_1 m_2}{m_1 + m_2}} \tag{7.15}$$

式中,m_1 和 m_2 分别为两个碰撞物体的质量;ζ 为碰撞阻尼比,与碰撞弹性恢复系数 e 有下列关系[9]

$$\zeta = \frac{-\ln e}{\sqrt{\pi^2 + (\ln e)^2}} \tag{7.16}$$

4)改进的线性黏弹性模型

式(7.14)表示的线性黏弹性模型有个明显缺点,在碰撞过程的恢复阶段,$\dot{\delta}$ 小于零,将产生一个负的阻尼力,这与实验不符。因此,一个改进的线性黏弹性模型(modified linear viscoelastic model)被提出[12],该模型将碰撞过程分为接触和恢复两个阶段,假设能量损失仅在碰撞接触阶段产生,其表达式为

$$F = \begin{cases} k\delta + c\dot{\delta} & \dot{\delta} \geqslant 0 \\ k\delta & \dot{\delta} < 0 \end{cases} \tag{7.17}$$

式中,阻尼系数 c 和阻尼比 ζ 可表示为

$$c = 2\zeta \sqrt{k \frac{m_1 m_2}{m_1 + m_2}} \quad \zeta = \frac{1 - e^2}{e[e(\pi - 2) + 2]} \tag{7.18}$$

5)非线性黏弹性模型

改进的线性黏弹性模型的优点是简单易用,但仍存在一些不足,如在碰撞开始时,$\delta = 0$,$\dot{\delta} \neq 0$,碰撞力将产生突变。为了克服这一缺点,Jankowski 等提出了非线性黏弹性模型(nonlinear viscoelastic model)[13,14],即

$$F = \begin{cases} k\delta^{3/2} + c\dot{\delta} & \dot{\delta} \geqslant 0 \\ k\delta^{3/2} & \dot{\delta} < 0 \end{cases} \tag{7.19}$$

式中,阻尼系数 c 可表示为

$$c = 2\zeta \sqrt{k\sqrt{\delta} \frac{m_1 m_2}{m_1 + m_2}} \tag{7.20}$$

式中,阻尼比 ζ 由下式计算

$$\zeta = \frac{9\sqrt{5}}{2} \frac{1 - e^2}{e[e(9\pi - 16) + 16]} \tag{7.21}$$

6)Hunt-Crossley 模型

考虑碰撞问题的强非线性,Hunt 和 Crossley 提出了一个非线性阻尼系数的碰撞力模型[15],即 HC 模型,该模型表达式为

$$F = k\delta^n + \zeta\delta^n\dot{\delta} \tag{7.22}$$

当采用不同的非线性指数 n,假定 δ 和 $\dot{\delta}$ 的关系时,能够求出阻尼比 ζ 的表达式。当 $n = 3/2$,Lankarani、Ye 等[16,17]考虑不同的 δ 和 $\dot{\delta}$ 的关系时得到的阻尼比 ζ 分别为

$$\zeta = \frac{3}{4} \frac{k(1 - e^2)}{\dot{\delta}_0} \tag{7.23}$$

$$\zeta = \frac{8}{5} \frac{k(1 - e)}{e\dot{\delta}_0} \tag{7.24}$$

式中，$\dot{\delta}_0$ 为碰撞开始时刻的相对速度。

在式(7.23)和式(7.24)中，当弹性恢复系数 e 很小时，得到的阻尼比 ζ 是不适用的。Khatiwada 等[18]研究了 δ 和 $\dot{\delta}$ 的精确关系，得到了阻尼比 ζ 的隐式表达式为

$$1+e=\frac{k}{\zeta\dot{\delta}_0}\ln\left|\frac{\dfrac{k}{\zeta\dot{\delta}_0}+1}{\dfrac{k}{\zeta\dot{\delta}_0}-e}\right| \tag{7.25}$$

7)考虑塑性变形的碰撞力模型

Lankarani 和 Nikravesh 提出了一个考虑碰撞塑性变形的碰撞力模型[19]，该模型认为碰撞过程的能量消耗完全由塑性变形产生，在接触阶段只考虑弹性恢复力，其表达式为

$$F=\begin{cases} k\delta^n & \dot{\delta}\geqslant 0 \\ f_{\max}\left(\dfrac{\delta-\delta_{\mathrm{p}}}{\delta_{\max}-\delta_{\mathrm{p}}}\right)^n & \dot{\delta}<0 \end{cases} \tag{7.26}$$

式中，$\delta_{\max}$ 为碰撞过程的最大相对位移；δ_{p} 为假定的塑性变形。

上述模型仅仅适用于低阻尼材料之间的碰撞，对于钢-黏弹性材料碰撞，忽略碰撞过程中黏弹性材料的能量耗散是不合理的；另外，在低速碰撞时，碰撞体不一定产生塑性变形。

7.2.2 钢-黏弹性材料碰撞实验及力学模型

1)碰撞实验与结果分析

为了建立钢-黏弹性材料碰撞力模型，进行了相关实验。根据实验现象，结合现有模型提出了更加合理的碰撞力模型。

实验装置如图7.4所示。实验采用刚性杆将一质量块悬挂，刚性杆上部铰接在横梁上，刚

a)

b)

图7.4 碰撞实验布置

性杆与质量块连接形成单摆。实验立架与碰撞挡板用膨胀螺丝固定于地面，在挡板与碰撞块之间安装力传感器，记录碰撞力数据，在水平方向布置激光位移计，测量质量块的位移数据。刚性杆选择直径 20mm 的圆钢，其长度为 1m，质量块质量为 12.5kg；采用球形碰撞头，直径为 2cm，黏弹性材料采用 3M 公司生产的 Very High Bond（VHB）材料，如图 7.5 所示。

a)

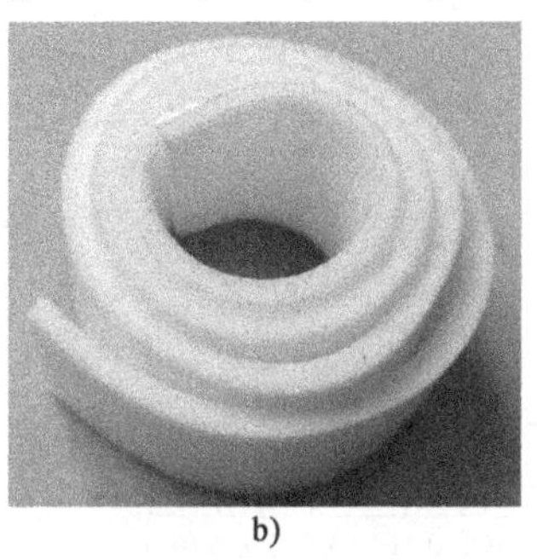

b)

图 7.5　球形碰撞头和黏弹性材料

改变质量块初始位移和黏弹性材料厚度两个参数，开展了大量实验，得到了自由振动条件下的碰撞力和碰撞位移。初始释放距离 50mm、黏弹性材料厚度 24mm 工况下得到的实验结果如图 7.6 所示。由图 7.6 可知，质量块在 50mm 初始位移下产生自由振动，与黏弹性材料发生了多次碰撞，碰撞后回复位移和碰撞力逐次减小，表明每次碰撞均消耗能量。前三次碰撞得到的弹性恢复系数如表 7.1 所示，从表可知，在低速碰撞条件下，VHB 材料的弹性恢复系数基本相同，实验条件下的弹性恢复系数为 0.4 左右。

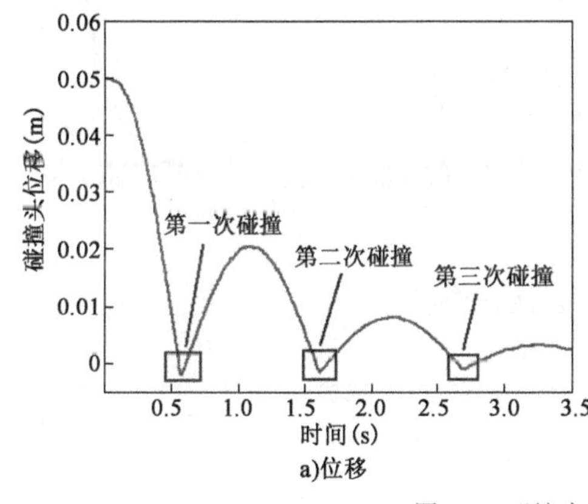

a)位移

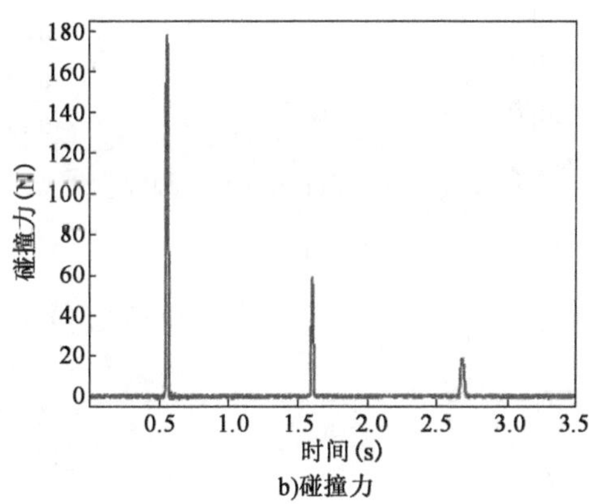

b)碰撞力

图 7.6　碰撞头位移和碰撞力时程

不同初始位移下的弹性恢复系数　　表 7.1

碰撞次序	$L_{initial}$(m)	$L_{rebound}$(m)	碰撞初速度(m/s)	e
第一次碰撞	0.0500	0.0206	0.1566	0.412
第二次碰撞	0.0206	0.0082	0.0645	0.398
第三次碰撞	0.0082	0.0033	0.0257	0.402

前三次碰撞得到的碰撞力、压缩位移时程及滞回环如图 7.7 ~ 图 7.9 所示。由图可知，碰撞力与压缩位移存在明显的弹性后效现象，即碰撞力达到最大时，位移还在继续增长，在碰撞

力回复为零时,黏弹性材料仍存在残余位移,但该残余位移不是塑性变形,随着时间增长会逐渐恢复;从滞回环可知,每次碰撞都会消耗能量。定义残余位移与最大位移之比为残余位移率 $e_1(e_1=\delta_e/\delta_{max})$,前三次碰撞的残余位移率见表7.2,从表可知,残余位移率为0.78。

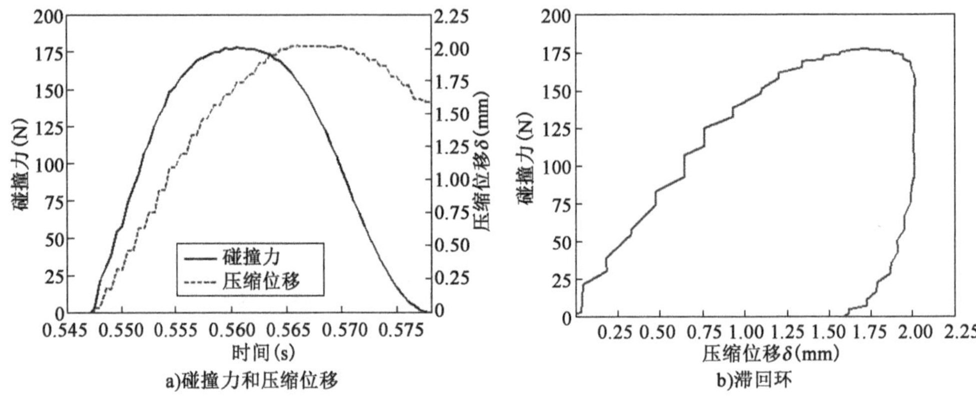

图7.7 第一次碰撞时程曲线

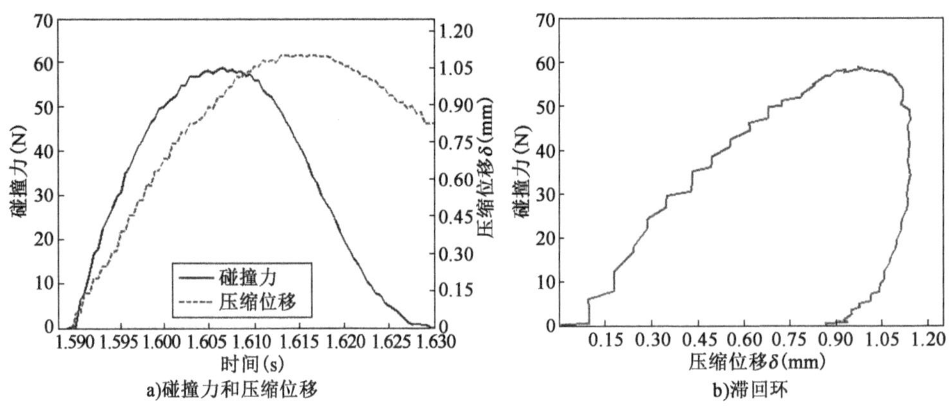

图7.8 第二次碰撞时程曲线

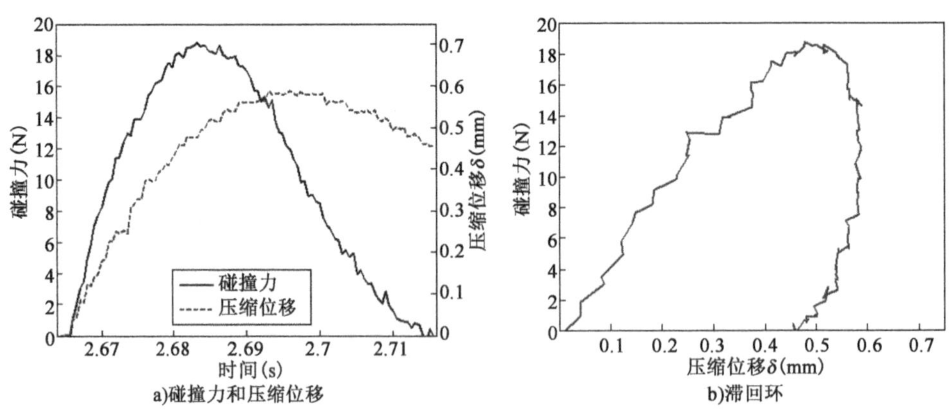

图7.9 第三次碰撞时程曲线

前三次碰撞的残余位移率　　表 7.2

碰 撞 次 序	δ_{max}(mm)	δ_e(mm)	e_1
第一次碰撞	2.02	1.59	0.787
第二次碰撞	1.14	0.90	0.789
第三次碰撞	0.59	0.46	0.780

2)考虑弹性失效后的碰撞力模型

根据实验现象和现有碰撞力模型,提出考虑黏弹性材料耗能和弹性后效的碰撞力模型为[7]

$$F_p = \begin{cases} k\delta^n + \zeta\delta^n\dot{\delta} & \delta_{max} \geqslant \delta > 0, \dot{\delta} \geqslant 0 \quad (\text{接近阶段}) \\ f_e\left(\dfrac{\delta - \delta_e}{\delta_{max} - \delta_e}\right)^n & \delta_{max} > \delta \geqslant \delta_e, \dot{\delta} < 0 \quad (\text{恢复阶段}) \\ 0 & \delta_e > \delta > 0, \dot{\delta} < 0 \end{cases} \tag{7.27}$$

式中,δ_e 为残余位移;δ_{max} 为碰撞过程中的最大位移;f_e 为最大位移时刻的碰撞力,可表示为

$$f_e = k\delta_{max}^n \tag{7.28}$$

式(7.27)表示的碰撞力模型,考虑了弹性后效的影响,黏弹性材料的能量耗散主要在接近阶段,而在位移达到最大后的恢复阶段忽略黏弹性材料的耗能作用,这与实验结果是一致的,其等效力学模型如图 7.10 所示。

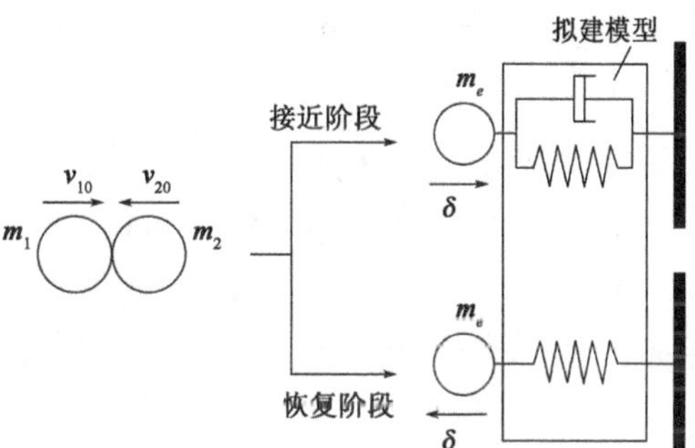

图 7.10　碰撞力等效力学模型

式(7.27)中有 k、ζ、n 三个参数,根据碰撞过程的能量守恒,可以得到 k、ζ 之间的隐含关系。

碰撞过程消耗的总能量 ΔE 可表示为[11]

$$\Delta E = \frac{1}{2}\frac{m_1 m_2}{m_1 + m_2}(1 - e^2)\dot{\delta}_0^2 \tag{7.29}$$

式中,m_1、m_2 分别为两个碰撞体的质量;$\dot{\delta}_0$ 为开始碰撞时刻的相对速度。

碰撞过程损失的能量包括两部分,一是黏弹性材料消耗的能量 ΔE_1,另一部分则是残余位移存储的能量 ΔE_2,即有

$$\Delta E = \Delta E_1 + \Delta E_2 \tag{7.30}$$

ΔE_1 和 ΔE_2 可以分别表示为

$$\Delta E_1 = \int_{\delta=0,\dot{\delta}=\dot{\delta}_0}^{\delta=\delta_{max},\dot{\delta}=0} \zeta\delta^n\dot{\delta}\mathrm{d}\delta \tag{7.31}$$

$$\Delta E_2 = \int_{\delta=0}^{\delta=\delta_{\max}} k\delta^n \mathrm{d}\delta - \int_{\delta=e_1\delta_{\max},}^{\delta=\delta_{\max}} f_e\left(\frac{\delta - e_1\delta_{\max}}{\delta_{\max} - e_1\delta_{\max}}\right)^n \mathrm{d}\delta \tag{7.32}$$

应用分部积分,式 (7.31) 变为

$$\Delta E_1 = \int_{\delta=0,\dot{\delta}=\dot{\delta}_0}^{\delta=\delta_{\max},\dot{\delta}=0} \zeta\delta^n\dot{\delta}\mathrm{d}\delta = -\zeta\int_{\delta=0,\dot{\delta}=\dot{\delta}_0}^{\delta=\delta_{\max},\dot{\delta}=0} \frac{\delta^{n+1}}{n+1}\mathrm{d}\dot{\delta} \tag{7.33}$$

根据图 7.10 的等效力学模型,在接近阶段的运动方程可写为

$$m_e\ddot{\delta} + \zeta\delta^n\dot{\delta} + k\delta^n = 0 \tag{7.34}$$

式中,$m_e = m_1m_2/(m_1 + m_2)$ 是等效质量,考虑到 $\ddot{\delta} = \dot{\delta}\mathrm{d}\dot{\delta}/\mathrm{d}\delta$,式(7.34) 积分后得

$$\int -\frac{m_e\dot{\delta}}{\zeta\dot{\delta} + k}\mathrm{d}\dot{\delta} = \int \delta^n \mathrm{d}\delta \tag{7.35}$$

通过求解式(7.35),得到 δ 和 $\dot{\delta}$ 的关系为[18]

$$\frac{\zeta}{m_e}\frac{\delta^{n+1}}{n+1} = \frac{k}{\zeta}\ln\left|\dot{\delta} + \frac{k}{\zeta}\right| - \dot{\delta} + C \tag{7.36}$$

式中,C 为积分常数,将初始条件 $\delta = 0$ 和 $\dot{\delta} = \dot{\delta}_0$ 代入式(7.36),有

$$C = \dot{\delta}_0 - \frac{k}{\zeta}\ln\left|\dot{\delta}_0 + \frac{k}{\zeta}\right| \tag{7.37}$$

将式(7.37)代入式(7.36),得到 δ 和 $\dot{\delta}$ 的关系为

$$\frac{\delta^{n+1}}{n+1} = \frac{m_e}{\zeta}\left(\frac{k}{\zeta}\ln\left|\dot{\delta} + \frac{k}{\zeta}\right| - \dot{\delta} + \dot{\delta}_0 - \frac{k}{\zeta}\ln\left|\dot{\delta}_0 + \frac{k}{\zeta}\right|\right) \tag{7.38}$$

将式(7.38)代入式(7.33),可得

$$\Delta E_1 = m_e\left(\frac{k^2}{\zeta^2}\ln\left|\frac{\dot{\delta}_0 + \frac{k}{\zeta}}{\frac{k}{\zeta}}\right| + \frac{\dot{\delta}_0^2}{2} - \frac{k}{\zeta}\dot{\delta}_0\right) \tag{7.39}$$

将式(7.28)代入式(7.32),ΔE_2 可表示为

$$\Delta E_2 = \frac{ke_1}{n+1}\delta_{\max}^{n+1} \tag{7.40}$$

考虑到 $\delta = \delta_{\max}$ 时 $\dot{\delta} = 0$,由式(7.38),$\delta_{\max}^{n+1}$ 可表示为

$$\delta_{\max}^{n+1} = \frac{m_e(n+1)}{\zeta}\left(\frac{k}{\zeta}\ln\left|\frac{\frac{k}{\zeta}}{\dot{\delta}_0 + \frac{k}{\zeta}}\right| + \dot{\delta}_0\right) \tag{7.41}$$

将式(7.41)代入式(7.40),有

$$\Delta E_2 = m_e e_1\left(\frac{k^2}{\zeta^2}\ln\left|\frac{\frac{k}{\zeta}}{\dot{\delta}_0 + \frac{k}{\zeta}}\right| + \frac{k}{\zeta}\dot{\delta}_0\right) \tag{7.42}$$

根据式(7.29)、式(7.30)、式(7.39)、式(7.42),可以得到阻尼比 ζ 的隐含表达式

$$\frac{1}{2}(1-e^2)\dot{\delta}_0^2=(1-e_1)\left(\frac{k^2}{\zeta^2}\ln\left|\frac{\dot{\delta}_0+\frac{k}{\zeta}}{\frac{k}{\zeta}}\right|-\frac{k}{\zeta}\dot{\delta}_0\right)+\frac{\dot{\delta}_0^2}{2} \tag{7.43}$$

式(7.43)中,弹性恢复系数 e 和残余位移率 e_1 通过实验确定,下面根据碰撞过程的能量守恒推导其关系。

根据能量守恒定律,碰撞过程中的总能量消耗与残余位移消耗的能量应有下列关系

$$\Delta E\geqslant\Delta E_2 \tag{7.44}$$

将式(7.29)和式(7.40)代入式(7.44),有

$$\frac{1}{2}m_e(1-e^2)\dot{\delta}_0^2\geqslant\frac{ke_1}{n+1}\delta_{\max}^{n+1} \tag{7.45}$$

假设碰撞过程中阻尼耗能为零,则有 $\Delta E=\Delta E_2$,这时,根据碰撞开始时刻的动能和碰撞压缩位移最大时(此时 $\dot{\delta}=0$)的势能相等的条件,有

$$\frac{1}{2}m_e\dot{\delta}_0^2=\frac{k}{n+1}\delta_{\max}^{n+1} \tag{7.46}$$

由式(7.46)得

$$\delta_{\max}^{n+1}=\frac{n+1}{2k}m_e\dot{\delta}_0^2 \tag{7.47}$$

将式(7.47)代入式(7.45),有

$$e\leqslant\sqrt{1-e_1} \tag{7.48}$$

式(7.48)表明,$e_{\max}=\sqrt{1-e_1}$,即碰撞过程中无阻尼耗能的情形。

3)碰撞力模型参数确定

式(7.27)中的 k、ζ、n 三个模型参数根据实验确定,需要注意的是,k、ζ 两个参数必须满足式(7.43)的关系,不是独立参数。模型参数可以采用不同优化算法确定,如粒子群(PSO)算法、遗传(GA)算法等,本书采用试算方法确定模型参数,能更好地理解模型参数变化的影响,实施步骤为:

①确定非线性指数 n 的范围,如 0.5~2.5,间隔取 0.2。

②选取一个非线性指数 n,考虑式(7.43)的关系,根据模型最大碰撞力与实验最大碰撞力相等的原则确定 k 和 ζ。

③根据不同非线性指数 n 得到的 k 和 ζ,确定一组最优的模型参数。

在不同非线性指数 n 下得到的模型参数如表 7.3 所示,相应的各组模型参数得到的碰撞力如图 7.11 所示。从表 7.3 可知,随着 n 增大,k 和 ζ 也随着增大,碰撞时间和最大压缩位移也同样增大。当 $n=1.9$ 时,最大压缩位移为 2.0mm,非常接近实验的 2.02mm,因此,确定 $n=$

1.9 的这组参数为模型参数。从图 7.11 同样可以看出，$n=1.9$ 时碰撞时间非常接近实验得到的碰撞时间。

碰撞力模型参数表 表 7.3

n	碰撞刚度 k (N/m^n)	碰撞阻尼比 ζ	碰撞时间 (ms)	最大压缩位移 δ_{max} (mm)
0.7	1.761×10^4	5.534×10^4	20.6	1.2
0.9	6.233×10^4	1.856×10^5	21.9	1.4
1.1	2.211×10^5	6.665×10^5	23.2	1.5
1.3	7.012×10^5	2.204×10^6	24.6	1.6
1.5	2.257×10^6	7.007×10^6	26.0	1.8
1.7	7.104×10^6	2.232×10^7	27.4	1.9
1.9	2.192×10^7	6.882×10^7	28.7	2.0
2.1	6.662×10^7	2.081×10^8	30.1	2.2
2.3	1.972×10^8	6.197×10^8	31.5	2.3
2.5	5.572×10^8	1.808×10^9	32.9	2.4

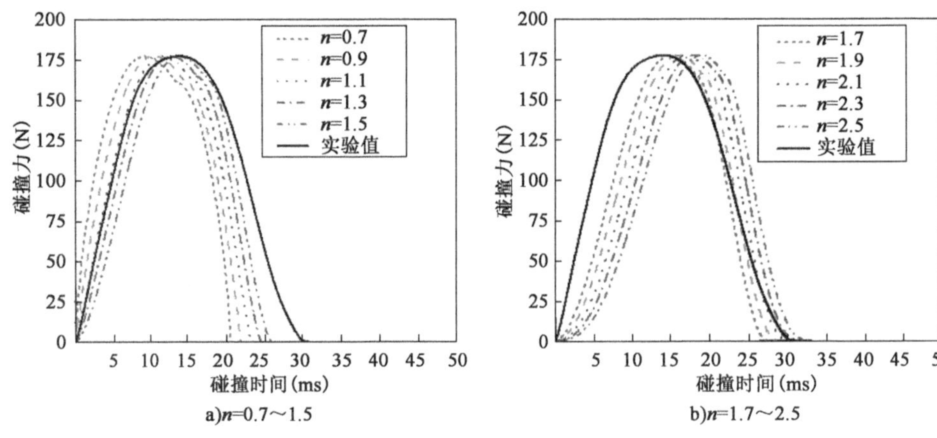

图 7.11 不同 n 值时模型碰撞力与实验值对比

为了说明模型式(7.27)的性能，将本书模型与现有模型进行对比分析。根据实验结果，得到的各模型参数如表 7.4 所示，相应的各模型碰撞力和压缩位移如图 7.12 所示。从图 7.12可以看出，本书提出的模型和 HC 模型在碰撞力方面与实验结果较为接近，但在压缩位移方面，仅仅本书模型与实验结果非常一致。

各碰撞力模型参数 表 7.4

碰撞力模型	刚度系数 k	阻尼比 ζ
线性黏弹性模型(LV)	1.569×10^5 N/m	0.2772
改进的线性黏弹性模型(MLV)	3.631×10^4 N/m	0.8416
非线性黏弹性模型(NV)	1.853×10^6 N/m$^{1.5}$	0.9944
Hunt-Crossley 模型(HC)	1.921×10^6 N/m$^{1.5}$	2.522×10^7
本书模型	2.192×10^7 N/m$^{1.9}$	6.882×10^7

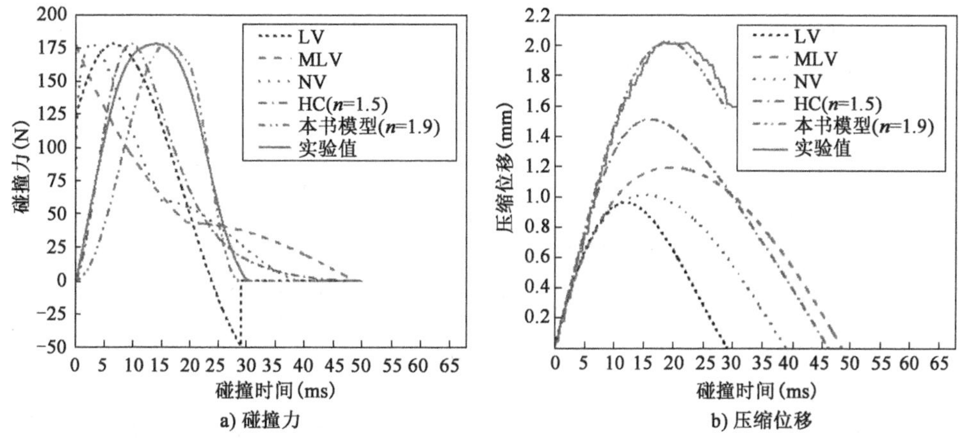

图 7.12 实验与模型对比

定义模型误差指标 ε_0 为

$$\varepsilon_0 = \frac{\sqrt{\sum_{i=1}^{n} (F_{\exp} - F_{\mathrm{p}})^2}}{\sqrt{\sum_{i=1}^{n} (F_{\exp})^2}} \tag{7.49}$$

式中,F_{p}和 $F_{\exp}$分别为模型碰撞力和实验得到的碰撞力。

各模型误差如图 7.13 所示,从图可以看出,本书模型误差为 26.32%,具有更好的精度。

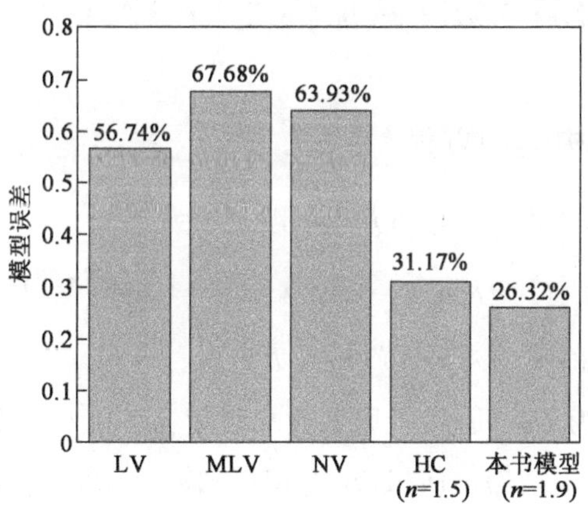

图 7.13 各碰撞力模型误差

4)碰撞力模型验证

为了进一步验证本书碰撞力模型,以图 7.4 所示实验模型为对象,建立其运动方程为

$$m\ddot{x} + \frac{mg}{L_{\mathrm{p}}}x + F_{\mathrm{p}} = 0 \tag{7.50}$$

式中,$\ddot{x}$、x、m、g 和 L_{p}分别为水平加速度、水平位移、碰撞质量、重力加速度和摆长;F_{p} 为碰撞力,由式(7.27)确定。

设初始释放距离为50mm，按照本书碰撞力模型和式(7.50)仿真得到的质量块位移和碰撞力时程如图7.14所示。从图可以看出，模拟的位移和碰撞力时程与实验结果高度一致，说明本书模型能很好地模拟钢-黏弹性材料的碰撞过程。

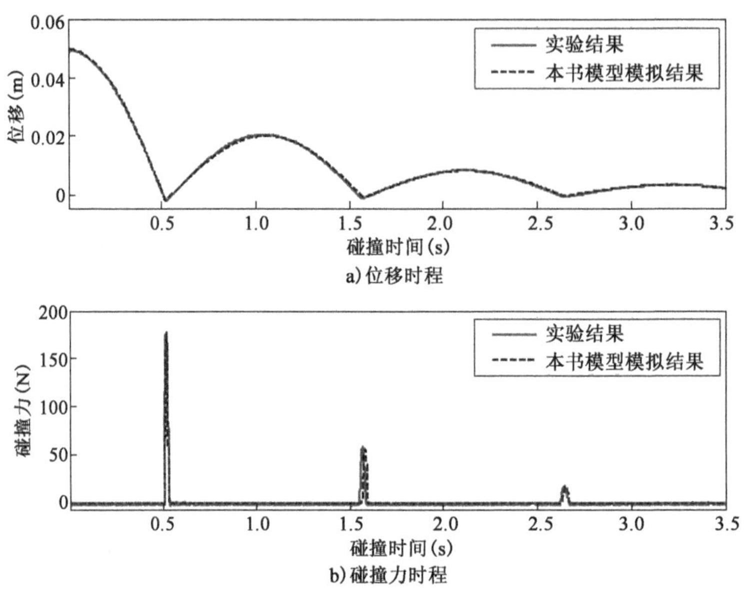

图7.14　本书模型模拟结果与实验对比

7.3　SS-PTMD减振性能与参数优化设计

7.3.1　SS-PTMD-结构运动方程

对于图7.1(b)所示力学模型，其运动方程可以表示为

$$\begin{cases} m_s\ddot{x}_s(t) + c_s\dot{x}_s(t) + k_s x_s(t) + k_1(x_s(t) - x_d(t)) = f(t) + F_p(t) \\ m_1\ddot{x}_d(t) + k_1(x_d(t) - x_s(t)) = -F_p(t) \end{cases} \tag{7.51}$$

式中，m_s、c_s、和 k_s 分别为结构质量、阻尼系数和刚度；m_1 和 k_1 分别为SS-PTMD的质量和刚度；$x_s(t)$ 和 $x_d(t)$ 分别为主结构位移和SS-PTMD位移；f 为外部激励；$F_p(t)$ 是碰撞力。

当 $x_s(t) - x_d(t) < 0$ 时，$F_p(t)$ 等于零；当 $x_s(t) - x_d(t) > 0$ 时，$F_p(t)$ 由式(7.27)确定，式(7.27)压缩位移 $\delta(t)$ 可表示为

$$\delta(t) = x_s(t) - x_d(t) \tag{7.52}$$

7.3.2　SS-PTMD减振性能仿真分析

由于SS-PTMD与被控结构的碰撞力是一个非连续函数，采用四阶龙格-库塔方法对式(7.51)进行数值求解。当给予被控结构一初始位移且设外荷载 $f(t) = 0$ 时，即可求得被控结构在

SS-PTMD控制下的自由振动响应;而当假设外荷载$f(t)$为简谐荷载$f_0\sin(2\pi f_e t)$时,即可求得被控结构在SS-PTMD控制下的强迫振动响应。

为了研究的方便,此处定义SS-PTMD频率比γ为

$$\gamma = \frac{\dfrac{1}{\pi}\sqrt{\dfrac{k_1}{m_1}}}{\dfrac{1}{2\pi}\sqrt{\dfrac{k_s}{m_s}}} = 2\sqrt{\frac{k_1 m_s}{k_s m_1}} \tag{7.53}$$

通过数值方法研究频率比γ以及弹性恢复系数e对SS-PTMD减振性能的影响。数值研究中所采用的主结构与SS-PTMD等基本参数如表7.5所示。简谐荷载幅值f_0设为500N,激振频率比η_e的范围设为0.8~1.2;自由振动时主结构的初始位移设为0.015m。

主结构以及SS-PTMD等基本参数选取 表7.5

质量m_s(kg)	刚度k_s(N/m)	频率f_s(Hz)	阻尼比ζ_s(%)	SS-PTMD质量比μ	碰撞刚度k($N/m^{1.5}$)
10000	8.883×10^5	1.5	0.5	0.01	3.0×10^7

1)频率比γ对SS-PTMD减振性能的影响

数值模拟中SS-PTMD频率比γ以0.02为间隔在0.96~1.08的范围内变化,SS-PTMD的弹性恢复系数e均取为0.65。图7.15给出了SS-PTMD频率比变化对结构强迫振动与自由振动控制的影响。从图7.15a)中可以看出,主结构加装SS-PTMD后的强迫振动响应由未安装之前的单共振波峰改变为双共振波峰,幅值均下降,说明SS-PTMD具有减振效果。当SS-PTMD频率比升高时,右侧共振波峰会降低,同时左侧共振波峰上升。具体而言,当SS-PTMD频率比$\gamma=1.04$时,两共振波峰的幅值相接近,且此时主结构强迫振动响应幅值在频率激振范围内达到最小。而从图7.15b)的主结构自由振动响应也可看出,当SS-PTMD频率比$\gamma=1.04$时其控制效果最好,结构的自由振动响应在12s后几乎为0。

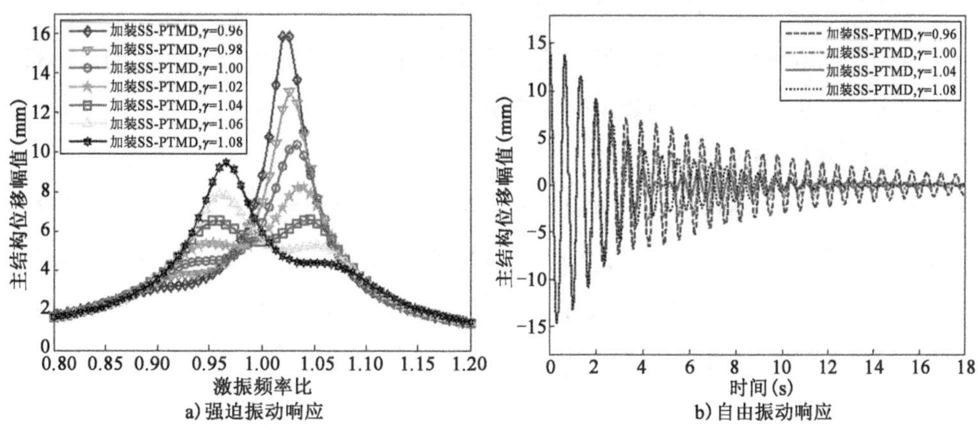

图7.15 SS-PTMD频率比γ对控制效果的影响

2）弹性恢复系数 e 对 SS-PTMD 减振性能的影响

数值模拟中弹性恢复系数 e 以 0.05 为间隔在 0.45～0.75 范围内变化，各个工况的 SS-PTMD频率比 γ 均取为 1.04。图 7.16 给出了黏弹性材料层弹性恢复系数 e 对 SS-PTMD 控制效果的影响。从图 7.16a）中可以看出，当弹性恢复系数 e 较小即 SS-PTMD 的等效阻尼比较大时，主结构的强迫振动响应仅有一个共振波峰；而当弹性恢复系数 e 大于 0.6 后，单共振波峰分化成两个等高的共振波峰。此外，随着弹性恢复系数 e 由小到大变化，主结构强迫振动响应在激振频率范围内的最大值由大变小，而后又由小变大，这说明选取弹性恢复系数合适的黏弹性材料层作为 SS-PTMD 的碰撞边界有助于提升其减振性能。而从图 7.16b）可以看出，当弹性恢复系数 e 较大时，主结构自由振动响应会因为碰撞耗能较小而出现拍振现象。此外，通过图 7.15 与图 7.16 对比可知，频率比 γ 对 SS-PTMD 减振性能的影响要大于弹性恢复系数 e。

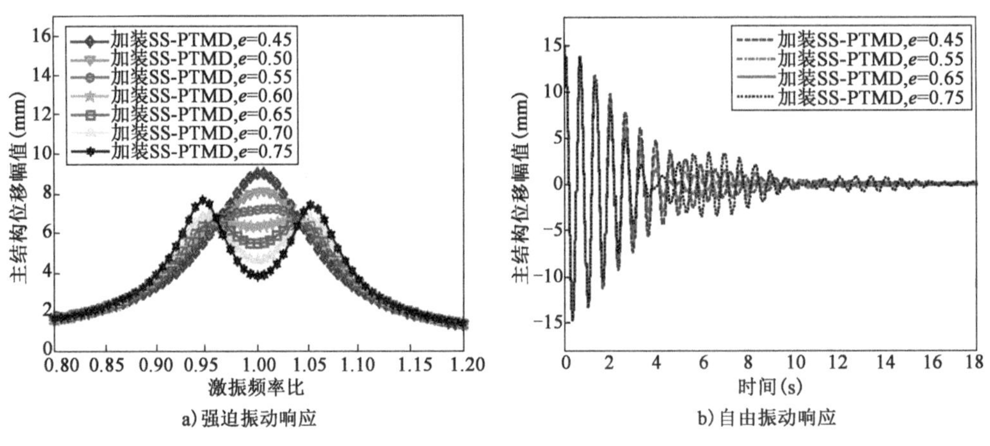

图 7.16　黏弹性材料层弹性恢复系数 e 对控制效果的影响

7.3.3　SS-PTMD 减振性能实验研究

为了更加直观地研究 SS-PTMD 的减振性能，同时验证上述数值模拟方法的准确性，对单层框架结构进行了 SS-PTMD 控制效果的实验研究。

1）碰撞力模型参数识别

图 7.17 给出了自由碰撞实验装置以及所测试的 VHB 黏弹性材料。其中质量块被悬臂梁连接形成单自由度动力系统，覆盖有黏弹性材料层的碰撞挡板被置于质量块的平衡位置右侧；质量块位移和碰撞力分别采用激光位移计和力传感器测量；黏弹性材料层为 VHB 材料层，厚度为 9mm。通过将质量块向后拉起一定初始位移后释放，质量块上的球形碰撞头会与 VHB 材料层发生多次碰撞。利用质量块的位移数据可以得到碰撞过程中的弹性恢复系数 e 以及残余表面变形率 e_1。而合适的碰撞刚度 k 以及碰撞力模型非线性系数 n 则可以通过使得最大碰

撞力的模拟值与实验值相等来得到。表7.6给出了识别后的碰撞参数,从表可以看出,碰撞力模型参数值与前述的不同,这是因为模型参数与碰撞头形状、黏弹性材料性质与厚度等因素相关。

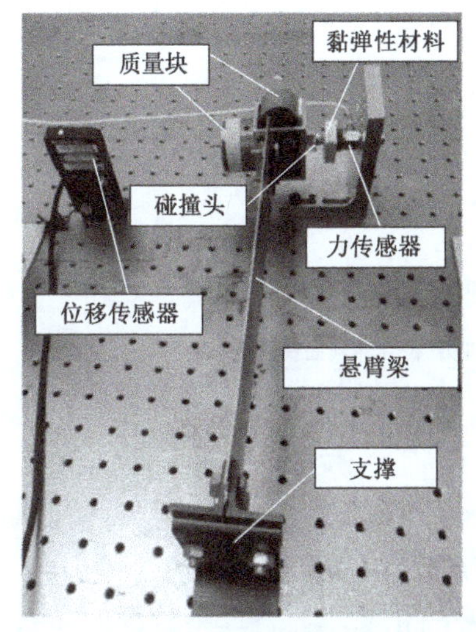

图7.17　自由碰撞实验装置以及测试的黏弹性材料(小型结构)

识别后的碰撞力模型参数　　表7.6

弹性恢复系数 e	残余表面变形率 e_1	碰撞刚度($N/m^{1.9}$)	非线性系数 n
0.273	0.814	5.1×10^6	1.9

图7.18给出了初始释放位移为0.0265m时的质量块自由碰撞过程的数值与实验结果对比,从其中可以看出当采用表7.6中的碰撞参数时数值模拟结果与质量块的位移、碰撞力的大小,以及碰撞力-位移滞回曲线等实验结果均较为一致。

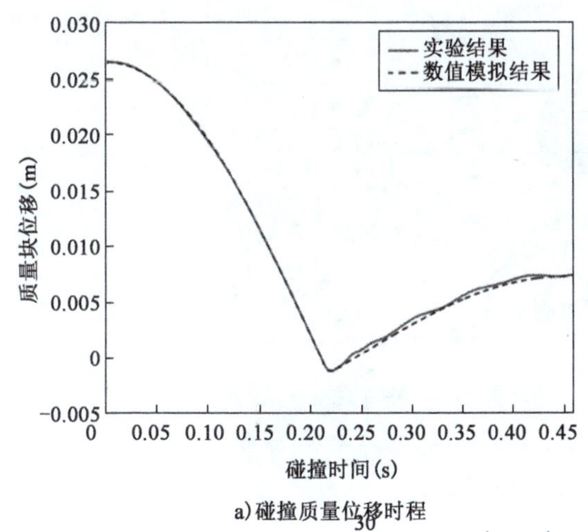

a)碰撞质量位移时程

实验结果
数值模拟结果
碰撞力(N)
碰撞时间(s)

b)碰撞力时程

图　7.18

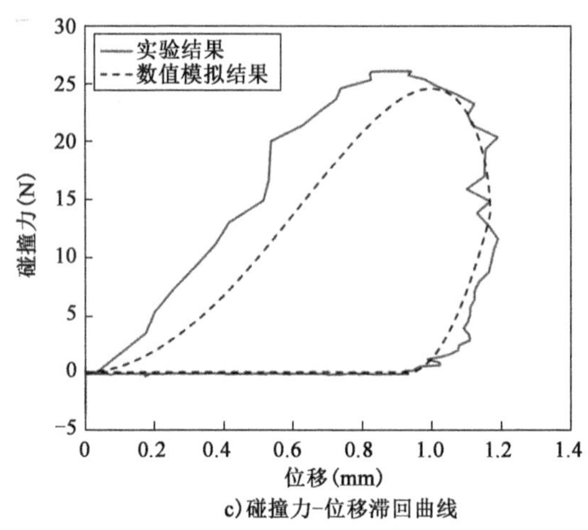

c)碰撞力-位移滞回曲线

图 7.18　自由碰撞实验数值模拟结果与实验结果对比(初始位移 0.0265m)

2)减振实验设计

图 7.19 给出了一单层框架结构在 SS-PTMD 装置控制下的实验设计。其中该框架结构的动力参数列于表 7.7 中。实验中 SS-PTMD 装置的实现是通过一带有端部质量的薄板悬臂梁与框架结构相连而实现的,带有 VHB 胶材料层的碰撞挡板放置于紧贴质量块平衡位置的右侧。一个带有偏心质量的马达用来作为简谐荷载激振装置,其激振频率的大小可以通过调节施加到马达上的直流电压大小来调节。实验结构的位移可以通过设置在一旁的激光位移计采集,而振动过程中产生的碰撞力则被放置于碰撞挡板上的力传感器记录。此外,SS-PTMD 装置的动力参数列于表 7.8 中,其中 SS-PTMD 的质量为 0.746kg,即其质量比 $\mu=5.93\%$,实验中 SS-PTMD 的频率被调节到与框架结构固有频率相近的 2.41Hz。

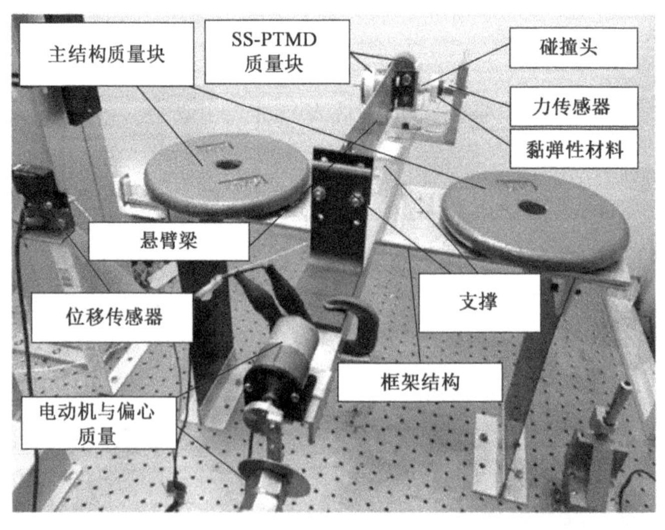

图 7.19　SS-PTMD 对单层框架控制实验

实验框架结构的动力参数　　表 7.7

主结构质量 m_s(kg)	主结构刚度 k_s(N/m)	主结构频率 f_s(Hz)	主结构阻尼比 z_s(%)
12.59	3231.45	2.55	0.51

SS-PTMD 装置的动力参数　　表 7.8

质量 m_1(kg)	刚度 k_1(N/m)	频率 f_{ptmd}(Hz)
0.746	42.20	2.41

3)自由振动响应

实验中首先测试了 SS-PTMD 对于框架结构自由振动的控制效果。图 7.20 给出了在无控时以及 SS-PTMD 控制时,框架结构自由振动位移响应的实验结果以及数值模拟结果,此外,为了对比还给出了无阻尼 TMD 控制时的数值模拟结果。从图中可以看出,在 SS-PTMD 控制下,被控结构的阻尼比从 0.51% 提升到3.05%。而采用无阻尼 TMD 控制时,被控结构的阻尼比不会得到提升,振动能量只会在被控结构的无阻尼 TMD 之间不断传递。图 7.21 还给出了自由振动时 SS-PTMD 与框架结构之间的碰撞力时程。结合图 7.20 与图 7.21 中实验结果与数值模拟结果的对比可知,本书提出的碰撞力模型数值方法能同时准确计算被控结构响应以及碰撞力大小。

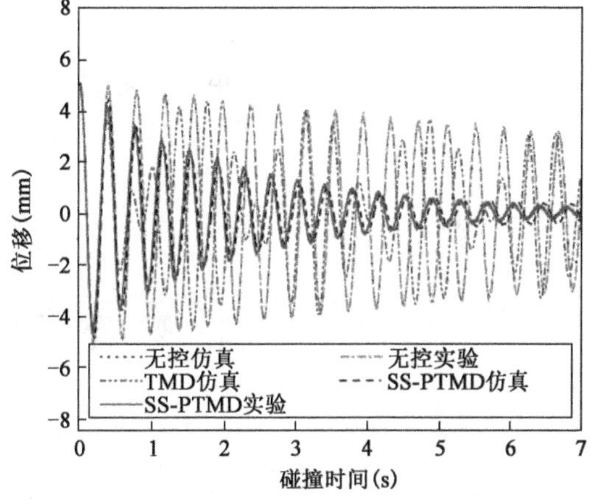

图 7.20　单层框架的自由振动响应

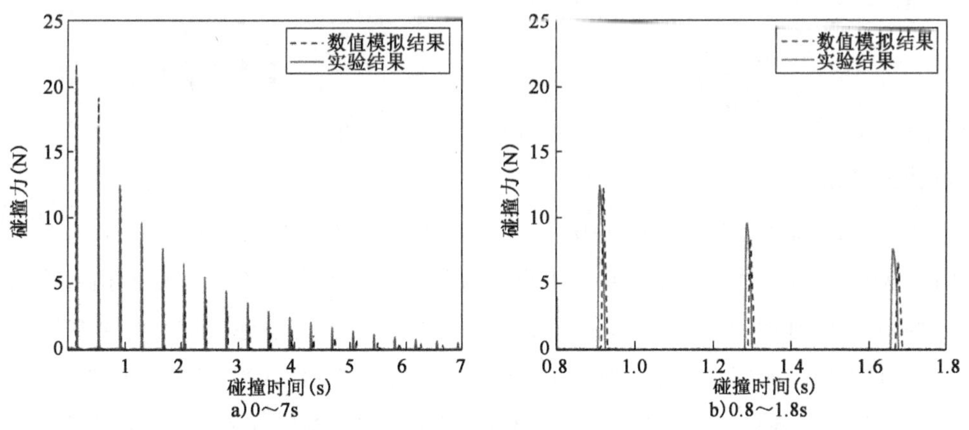

图 7.21　自由振动响应时的 SS-PTMD 碰撞力时程

4)共振响应

图 7.22 给出了无控时以及 SS-PTMD 控制时的主结构共振位移响应。其中结构在无控时

的共振响应为 32.1mm；而在 SS-PTMD 控制下结构的共振响应降低到 3.4mm，减振率达到 89.4%。图 7.23 还给出了共振响应时 SS-PTMD 与被控结构间的碰撞力时程。从图可知，数值模拟与实验结果非常一致，也说明了碰撞力模型和模拟方法的准确性。

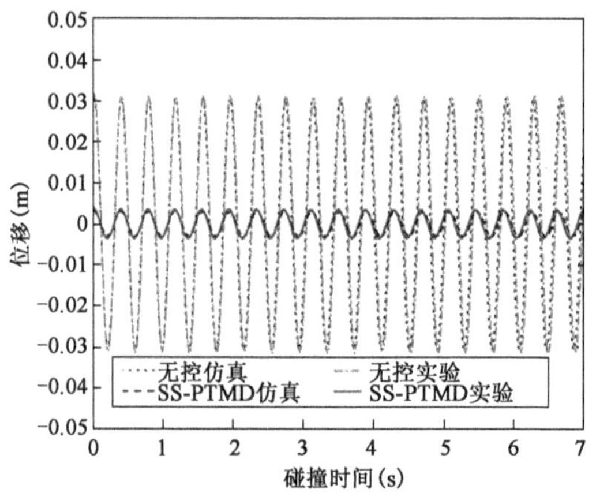

图 7.22 单层框架的共振响应

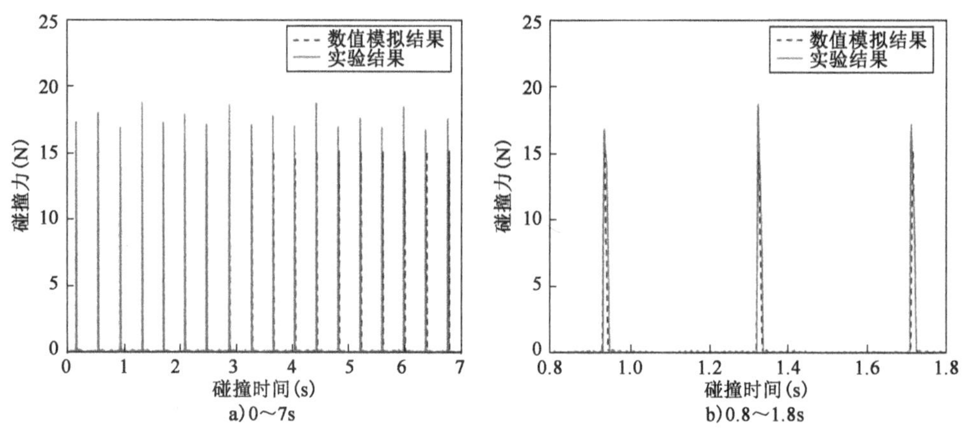

图 7.23 共振响应时的 SS-PTMD 碰撞力时程

5)强迫振动响应

图 7.24 给出了无控时以及 SS-PTMD 控制时的结构强迫振动响应，此外图中还加入了无阻尼 TMD 控制时的曲线作为对比。从图中可以看出 SS-PTMD 能够在较宽激振频率范围内对结构进行控制。SS-PTMD 控制时的最大强迫振动响应出现在 2.65Hz 附近，此时其振幅小于 5mm，与无控时的最大振幅 32.1mm 相对比，减振率仍然超过 84.4%。而无阻尼 TMD 虽然能在主结构固有频率附近有很好的控制效果，但在激振频率 2.25Hz 以及 2.85Hz 附近会出现两个较大共振峰值。图 7.25 还给出了强迫激振时 SS-PTMD 与主结构间碰撞力的稳态幅值，可以看出碰撞力幅值的大小与被控结构的响应大小呈正相关，且所采用数值模拟方法在不同激振频率下均能准确预测碰撞力幅值的大小。

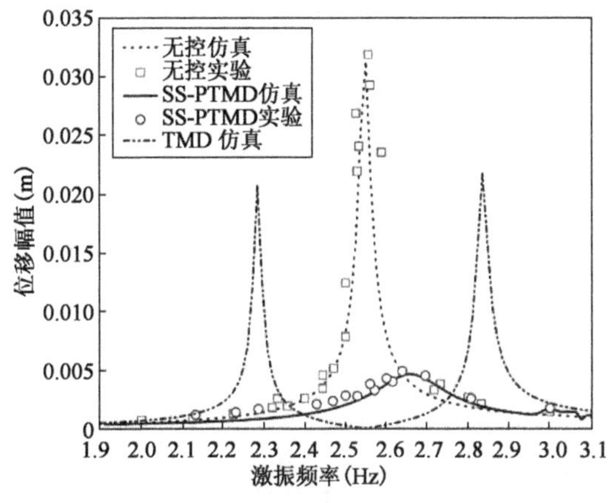

图7.24 单层框架在不同激振频率下的强迫振动响应

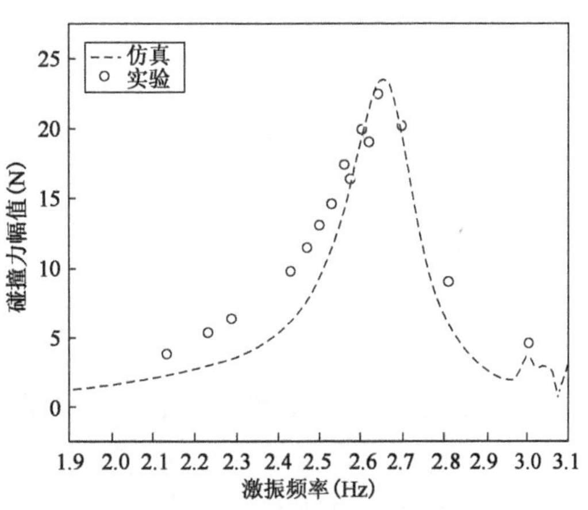

图7.25 强迫振动下 SS-PTMD 的碰撞力幅值

7.3.4 SS-PTMD 参数优化理论

SS-PTMD 优化设计参数包括调谐频率比和碰撞弹性恢复系数两个参数。当忽略结构阻尼时，SS-PTMD 优化频率比和优化阻尼比可采用 Den Hartog 提出的 TMD 优化公式，即

$$f_{\mathrm{opt}} = \frac{1}{1+\mu} \tag{7.54}$$

$$\zeta_{\mathrm{opt}} = \sqrt{\frac{3\mu}{8(1+\mu)}} \tag{7.55}$$

式中，μ 为 SS-PTMD 质量与结构质量之比。

考虑式(7.11)，式(7.55)可改写为优化弹性恢复系数表示的形式

$$e_{\mathrm{opt}} = \frac{1}{\exp\left(2\pi\sqrt{\frac{3\mu}{8(1+\mu)}}\right)} \tag{7.56}$$

考虑结构阻尼时，采用 H_∞ 优化理论，通过求解一定激励频率范围内最小化最大结构位移优化问题，确定最优参数。优化目标函数可表示为

$$\min_{f_i\ e_i}\left[\max_{\omega}(\mathrm{DMF}(\omega))\right] \tag{7.57}$$

式中，$f_i=\omega_{\mathrm{d}}/\omega_{\mathrm{s}}$ 为 SS-PTMD 的调谐频率比；$\omega_{\mathrm{s}}=\sqrt{k_{\mathrm{s}}/m_{\mathrm{s}}}$ 为结构固有频率；$\omega_{\mathrm{d}}=2\pi f_{\mathrm{d}}=2\sqrt{k_{\mathrm{d}}/m_{\mathrm{d}}}$ 为 SS-PTMD 固有频率；e_i 为黏弹性材料弹性恢复系数；DMF(ω)为结构动力放大系数，可表示为

$$\mathrm{DMF}(\omega) = A_{\mathrm{s}}(\omega)k_{\mathrm{s}}/f_0 \tag{7.58}$$

式中，$A_s(\omega)$为结构在简谐荷载$f(t)=f_0\sin(\omega t)$作用下的结构稳态响应。

当SS-PTMD质量比和结构阻尼比确定时，SS-PTMD的减振性能仅与SS-PTMD频率调谐比和黏弹性材料弹性恢复系数有关。以表7.5所述结构为例，选取频率比$f_i\in[0.94, 1.23]$，弹性恢复系数$e_i\in[0.3, 0.9]$，结构阻尼比设为0.5%，激励频率取$0.8\omega_s$到$1.2\omega_s$，采用4阶龙格-库塔方法，根据式(7.57)进行数值优化，得到结构最大动力放大系数随频率比和弹性恢复系数的关系如图7.26、图7.27所示。

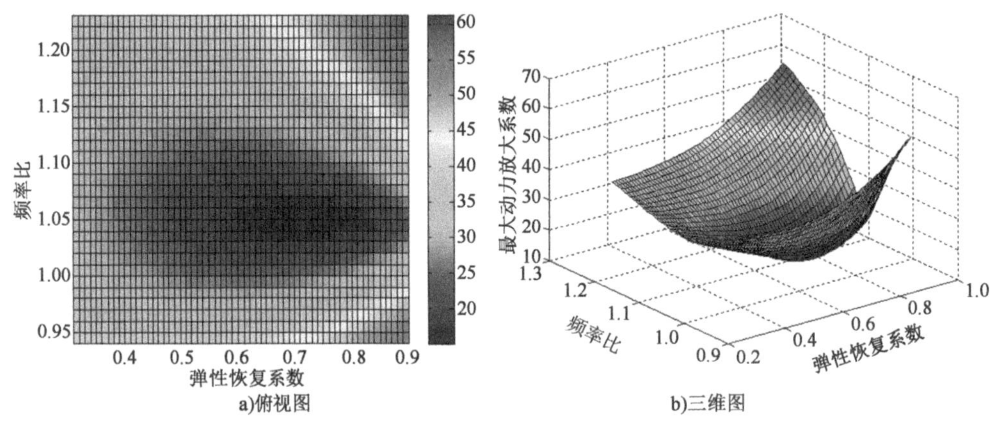

图7.26　质量比$\mu=0.01$时结构动力放大系数与频率比和弹性恢复系数的关系

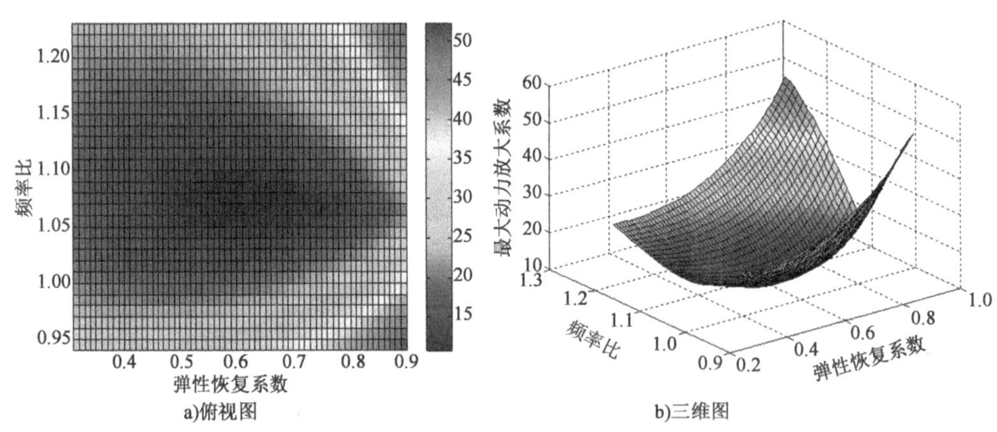

图7.27　质量比$\mu=0.02$时结构动力放大系数与频率比和弹性恢复系数的关系

通过图7.26、图7.27可以确定该质量比条件下的最优频率比和最优弹性恢复系数。不同质量比下得到的最优频率比和最优弹性恢复系数如图7.28所示。最优频率比与质量比的关系可以拟合为

$$f_{opt}=-28.6\mu^2+3.11\mu+1.01 \tag{7.59}$$

从图7.28a)可知，随着质量比的增加，优化频率比也随之增大。而传统的TMD的优化频

率比[式(7.54)]随着质量比的增大而减小,正好与 PTMD 相反。主要原因是,随着 PTMD 质量的增加,碰撞周期延长,相应的 PTMD 频率降低,为保证调谐条件,需要增大频率比。

图 7.28b)表示优化弹性恢复系数与质量比的关系。图中给出了式(7.59)的结果,从图可以看出,数值分析结果与式(7.56)给出的结果非常一致,因此,优化弹性恢复系数可以由式(7.56)确定。

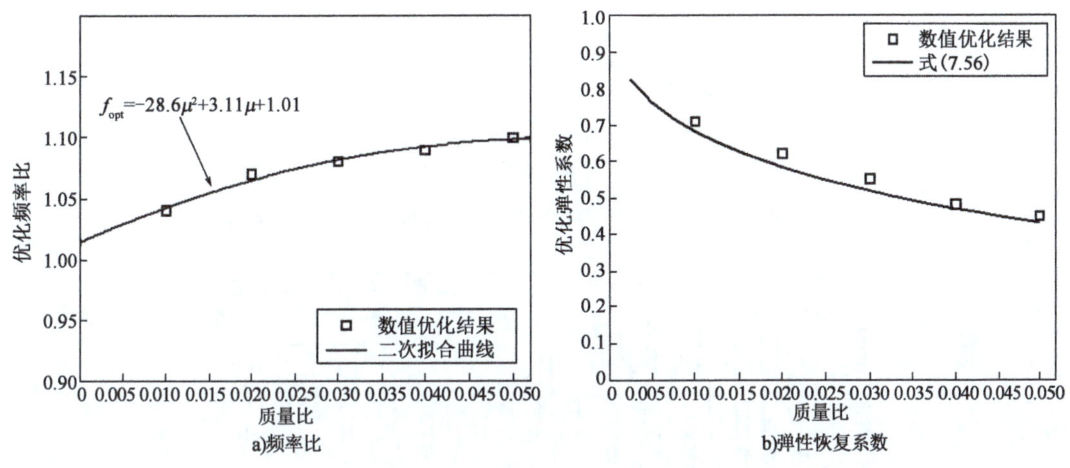

图 7.28 不同质量下的 SS-PTMD 优化参数

7.3.5 SS-PTMD 与 TMD 减振性能对比

带有理想黏滞阻尼的 TMD 系统是一类经典的吸能减振装置,由于其具有较为简单的力学模型以及可观的减振性能,故其常常在分析中作为其他阻尼器的比较对象。为了考查 SS-PTMD 与同类型吸能减振阻尼器的减振性能差异,比较了经典 TMD 与 SS-PTMD 在最优阻尼以及过阻尼情况下对主结构强迫振动以及自由振动的控制效果。模拟中 SS-PTMD 和黏滞阻尼 TMD 的质量比均取为 1%,所采用的主结构参数如表 7.5 所示,简谐激振力幅值为 500N。

1)最优阻尼情况

首先考虑 SS-PTMD 与黏滞阻尼 TMD 均取为最优阻尼的情况,即 SS-PTMD 以及黏滞阻尼 TMD 的最优参数分别采用式(7.54)、式(7.55)和式(7.56)、式(7.59)进行设计。图 7.29 给出了在最优阻尼 SS-PTMD 控制下以及最优阻尼 TMD 控制下的主结构强迫振动响应。可以看出,主结构在无控时的共振峰值为 56.3mm;采用最优 TMD 控制时主结构的最大共振峰值为 7.1mm;而采用本书提出的 SS-PTMD 时主结构的最大共振峰值仅为 6.7mm。此外,相比于无控状态,SS-PTMD 对主结构振动产生抑制作用的频率范围也大于黏滞阻尼 TMD。图 7.30 给出了在最优阻尼 SS-PTMD 以及最优阻尼 TMD 控制下主结构的自由振动响应,同样可以看出在采用最优阻尼情况下 SS-PTMD 对自由振动的阻尼作用强于黏滞阻尼 TMD。

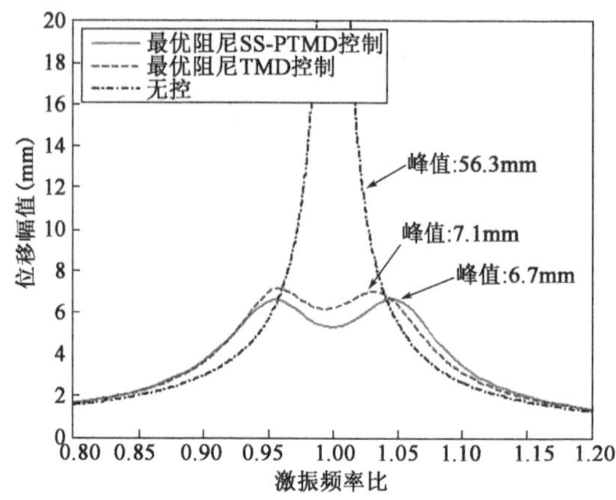

图 7.29 被控结构在 SS-PTMD 与 TMD 控制下的位移稳态响应(最优阻尼)

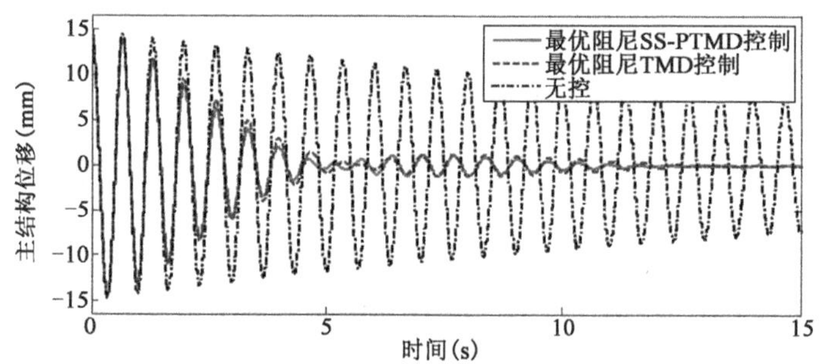

图 7.30 被控结构在 SS-PTMD 与 TMD 控制下的自由振动位移响应(最优阻尼)

2)过阻尼情况

SS-PTMD 以及黏滞阻尼 TMD 的过阻尼状态分别对应 SS-PTMD 弹性恢复系数取为接近于 0 以及 TMD 的黏滞阻尼系数取无穷大的情况。黏滞阻尼 TMD 处于过阻尼状态时的减振效果曾被 Den Hartog 详细研究,其研究表明当 TMD 的阻尼单元的阻尼系数取正无穷大时,TMD 对主结构将不会产生任何阻尼作用。本节着重研究了 SS-PTMD 处于过阻尼状态时的减振效果,并将结果与过阻尼 TMD 的结果做了对比。当 SS-PTMD 的碰撞弹性恢复系数 e 取为无限接近于 0 时,其等效阻尼比将趋于无穷大,此时 SS-PTMD 与主结构之间发生的碰撞属于完全非弹性碰撞。而研究中 SS-PTMD 和黏滞阻尼 TMD 的频率比仍然设为最优值。图 7.31 以及图 7.32分别给出了主结构在过阻尼 SS-PTMD 和过阻尼 TMD 控制下的强迫振动稳态响应以及自由振动响应。可以看出的是,过阻尼 TMD 的阻尼系数趋于无穷大导致 TMD 在主结构振动时不能移动,从而无法有效完成振动能量的传递与消耗。此时过阻尼 TMD 可以看作一个附加于主结构之上的固定质量块,因此在图 7.31 中可以看出加装过阻尼 TMD 后主结构只是共振频率出现了下降,而共振振幅峰值与无控时持平。从图 7.32 中也可以看出,过阻尼 TMD 对主结构的自由振动没有任何阻尼效果,只是振动周期与无控时相比增大了。而 SS-PTMD 处于过阻尼状态时,仍能将强迫振动峰值控制在 15.0mm 左右,虽然与最优阻尼时的 6.7mm 相比有一定下降,但其相对于无控时的振幅峰值 56.3mm 仍然减小了 73.4%。而通过对数衰减率方法对图 7.31 的过阻尼 SS-PTMD 控制曲线进行阻尼比计算可知,主结构在加装过阻尼 SS-PTMD 后其阻尼比从 0.5% 上升到 1.95%。

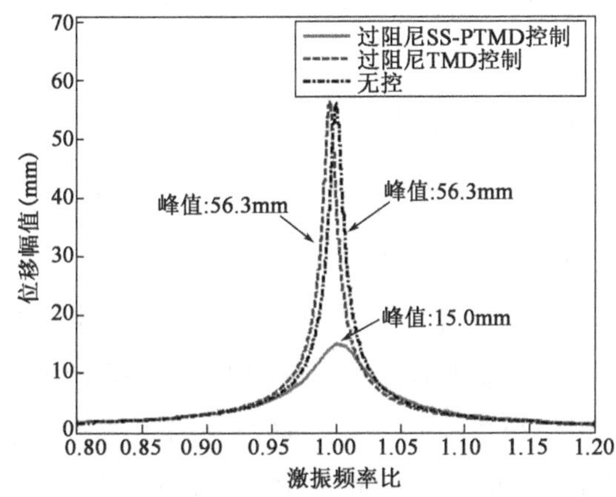

图 7.31　被控结构在 SS-PTMD 与 TMD 控制下的位移稳态响应(过阻尼)

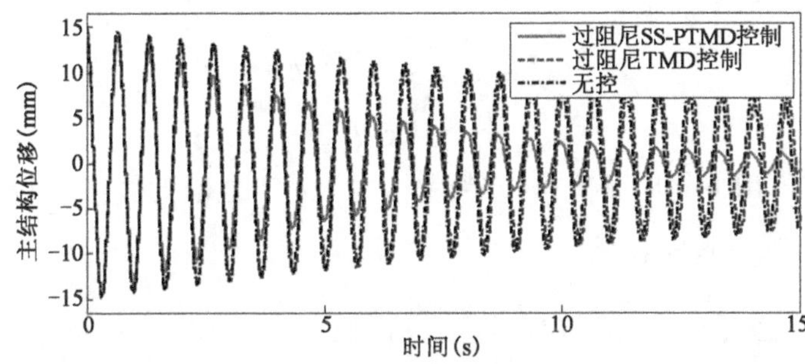

图 7.32　被控结构在 SS-PTMD 与 TMD 控制下的自由振动位移响应(过阻尼)

由上述研究可知,SS-PTMD 的减振性能要强于带有黏滞阻尼的经典 TMD,特别是在过阻尼状态下仍能为结构带来可观的阻尼效果,这是因为 SS-PTMD 与经典黏滞阻尼 TMD 存在截然不同的减振控制机理。对于经典黏滞阻尼 TMD,其减振控制机理主要依赖两个过程,分别为能量传递过程以及能量消耗过程。加 TMD 的主结构在振动过程中,能量传递与能量消耗是同时运作且相互影响的。TMD 黏滞阻尼系数过大会阻止主结构的振动能量向 TMD 传递,从而造成主结构与 TMD 之间的相对运动较小。而 TMD 系统的能量消耗又依赖于其与主结构之间相对运动的剧烈程度,过小的相对运动会降低 TMD 的能量消耗效率。相似地,SS-PTMD 的减振控制机理也同样依赖上述两个过程,但与经典黏滞阻尼 TMD 不同的是,在控制结构振动时其能量传递过程与能量消耗过程是完全独立的。在 SS-PTMD 不与碰撞挡板接触时只有能量传递过程的发生;而能量消耗过程则只发生于 SS-PTMD 与碰撞挡板撞击的短暂时间内。所以,经典 TMD 的能量传递过程与能量消耗过程的同时运作且相互影响的特性是造成其在过阻尼状态时失去减振能力的根本原因,因此,采用 SS-PTMD 能够很好地改善传统质量阻尼器这一缺点。

7.4 地震作用下摆式 SS-PTMD 减震性能

7.4.1 结构-摆式 SS-PTMD 系统运动方程

首先考虑被控结构为单自由度系统,图 7.33a)给出了单自由度结构在摆式 SS-PTMD 控制下的地震响应力学模型,其中摆式 SS-PTMD 的构造如图 7.33b)所示。从图中可以看出,摆式 SS-PTMD 通过一转动铰支座与主结构相连,其碰撞质量块通过一刚性杆连接。黏弹性材料层被放置于主结构上,用以增强碰撞耗能。摆式 SS-PTMD 的频率依赖于所连接刚性杆的长度 l。当杆长被调节到一定长度使得摆式 SS-PTMD 的频率与主结构频率调谐时,主结构由地震输入的振动能量会传递到碰撞质量块上并通过与黏弹性材料层的撞击而得到消耗。结构-摆式 SS-PTMD 是一个非线性的耦合系统,考虑到如图 7.33a)所示坐标系,碰撞质量块的水平以及竖向位移 x_d 以及 y_d 可以写为:

$$x_d = x_g + x_s + l\sin\theta \tag{7.60}$$

$$y_d = l\cos\theta \tag{7.61}$$

式中,x_g 为地震作用下的地面位移;x_s 为主结构相对于地面的位移;θ 以及 l 分别为摆式 SS-PTMD的转角以及摆杆长度。

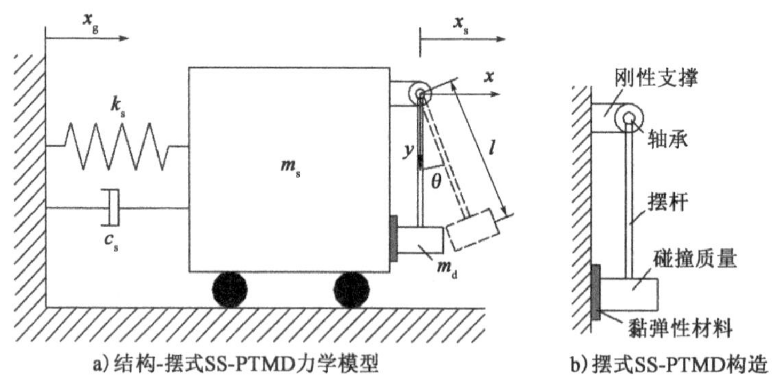

图 7.33 单自由度结构-摆式 SS-PTMD 力学模型以及摆式 SS-PTMD 构造

根据式(7.60)与式(7.61),耦合系统的动能 T、势能 V,以及能量消耗函数 D 有

$$V = \frac{1}{2}k_s x_s^2 + m_d g l(1 - \cos\theta) \tag{7.62}$$

$$T = \frac{1}{2}m_s(\dot{x}_g + \dot{x}_s)^2 + \frac{1}{2}m_d(\dot{x}_d^2 + \dot{y}_d^2) \tag{7.63}$$

$$D=\frac{c_s\dot{x}_s^2}{2} \tag{7.64}$$

式中，m_s、c_s，以及 k_s 分别为主结构的质量、黏滞阻尼系数以及刚度；m_d为摆式 SS-PTMD 的碰撞质量；$g=9.8\mathrm{m/s^2}$ 为重力加速度。

式(7.62)中碰撞质量的水平以及竖向运动速度可分别表示为

$$\dot{x}_d=\dot{x}_g+\dot{x}_s+\dot{\theta}l\cos\theta \tag{7.65}$$

$$\dot{y}_d=-\dot{\theta}l\sin\theta \tag{7.66}$$

通过将式(7.65)以及(7.66)代入式(7.63)后，耦合系统的动能 T 可以改写为

$$T=\frac{1}{2}m_s(\dot{x}_g+\dot{x}_s)^2+\frac{1}{2}m_d[\dot{x}_g^2+\dot{x}_s^2+\dot{\theta}^2l^2+2\dot{x}_s\dot{x}_g+2\dot{\theta}l\cos\theta(\dot{x}_g+\dot{x}_s)] \tag{7.67}$$

结构-摆式 SS-PTMD 耦合系统的拉格朗日方程形式可以写为

$$\frac{\mathrm{d}}{\mathrm{d}t}\left[\frac{\partial(T-V)}{\partial\dot{x}_s}\right]-\frac{\partial(T-V)}{\partial x_s}+\frac{\partial D}{\partial\dot{x}_s}=F_p \tag{7.68}$$

$$\frac{\mathrm{d}}{\mathrm{d}t}\left[\frac{\partial(T-V)}{\partial\dot{\theta}}\right]-\frac{\partial(T-V)}{\partial\theta}+\frac{\partial D}{\partial\dot{\theta}}=-F_pl\cos\theta \tag{7.69}$$

式中，F_p为置于主结构上的黏弹性材料层与碰撞质量块之间的碰撞力。

将式(7.62)、式(7.64)，以及式(7.67)代入式(7.68)以及式(7.69)中后，耦合系统的运动方程可以写成

$$(m_s+m_d)\ddot{x}_s+m_d(\ddot{\theta}l\cos\theta-\dot{\theta}^2l\sin\theta)+c_s\dot{x}_s+k_sx_s=F_p-(m_s+m_d)\ddot{x}_g \tag{7.70}$$

$$m_d\ddot{\theta}l+m_dg\sin\theta=-F_p\cos\theta-m_d\cos\theta(\ddot{x}_s+\ddot{x}_g) \tag{7.71}$$

式中，碰撞力 F_p在碰撞条件不满足时恒等于0；而当碰撞条件满足时可按前述碰撞力模型公式(7.27)计算。此时式(7.27)中的相对位移以及相对速度可采用

$$\delta=l\sin\theta \tag{7.72}$$

$$\dot{\delta}=\dot{\theta}l\cos\theta \tag{7.73}$$

式(7.70)与式(7.71)是一个非线性耦合方程组，它表示了结构-摆式 SS-PTMD 在考虑非线性下的精确力学模型。其动力响应可以通过四阶龙格-库塔方法进行数值求解得到。

7.4.2 摆式 SS-PTMD 的动力特性

前面已经研究了带有线性弹簧的 SS-PTMD 的动力特性，由于带有黏弹性材料层碰撞挡板的存在，线性弹簧 SS-PTMD 的频率相比于传统 TMD 提高了约 2 倍，且其自身等效阻尼比仅与

黏弹性材料层的碰撞弹性恢复系数相关。相似地，假设摆式 SS-PTMD 悬挂于一刚性墙壁之上，恰如图 7.33b）所示。由于挡板的限制，其碰撞质量仅能在其平衡位置右侧运动。因此如同线性弹簧 SS-PTMD 一样，当碰撞时间被忽略时，其运动周期相对于普通单摆会减小恰好一半，而相应的自振频率变为原来的 2 倍。当摆式 SS-PTMD 的摆角较小时，其自振频率可以写为：

$$f_{\mathrm{d}} = 2 \times \frac{1}{2\pi}\sqrt{\frac{g}{l}} = \frac{1}{\pi}\sqrt{\frac{g}{l}} \tag{7.74}$$

从式（7.74）中可知摆式 SS-PTMD 的频率仅与摆长相关。此外，当给予摆式 SS-PTMD 一个初始摆角 $\theta = \theta_0$，而后使其向黏性材料层自由运动，摆式 SS-PTMD 的碰撞前速度 v_{pre} 可表示为

$$v_{\mathrm{pre}} = \sqrt{2gl(1 - \cos\theta_0)} \tag{7.75}$$

考虑到古典碰撞理论以及假设黏弹性材料层的碰撞弹性恢复系数恒等于 e，则碰撞质量的碰撞后速度可以表示为

$$v_{\mathrm{post}} = -e\sqrt{2gl(1 - \cos\theta_0)} \tag{7.76}$$

因此，碰撞质量的最大回弹摆角与碰撞后速度可由下述关系描述

$$m_{\mathrm{d}}gl(1 - \cos\theta_1) = \frac{1}{2}m_{\mathrm{d}}v_{\mathrm{post}}^2 \tag{7.77}$$

将式（7.76）代入式（7.77）后可以得到初始摆角与一次碰撞后的最大回弹摆角之间的关系

$$(1 - \cos\theta_1) = e^2(1 - \cos\theta_0) \tag{7.78}$$

考虑到三角公式 $\cos\theta = 1 - 2\sin^2(\theta/2)$，式（7.78）可改写为

$$\sin\frac{\theta_1}{2} = e\sin\frac{\theta_0}{2} \tag{7.79}$$

假设摆角很小，式（7.79）变为

$$\frac{\theta_0}{\theta_1} = \frac{1}{e} \tag{7.80}$$

结合线性振动系统的阻尼比定义以及对数衰减率，摆式 SS-PTMD 的等效阻尼比与弹性恢复系数有

$$\ln\left(\frac{\theta_0}{\theta_1}\right) = \ln\left(\frac{1}{e}\right) = \frac{2\pi\zeta_{\mathrm{d}}}{\sqrt{1 - \zeta_{\mathrm{d}}^2}} \tag{7.81}$$

式中，ζ_{d} 为摆式 SS-PTMD 的等效阻尼比。

假设 ζ_{d} 小于 20%，式（7.81）可以简化为

$$\zeta_d = \frac{1}{2\pi}\ln\left(\frac{1}{e}\right) \tag{7.82}$$

在小摆角的假设前提下,从式(7.82)可以看出摆式 SS-PTMD 的等效阻尼比与带线性弹簧的 SS-PTMD 的等效阻尼比没有任何区别。

7.4.3 摆式 SS-PTMD 减震实验

图 7.34 给出了振动台实验的实验设置,实验模型为一单自由度结构,通过螺栓与振动台相连接,主结构参数如表 7.9 所示,摆式 SS-PTMD 设计参数如表 7.10 所示。黏弹性材料采用 HEDR 胶,实验得到其弹性恢复系数为 0.53。布置 3 个激光位移计分别测量结构位移、SS-PTMD 质量块位移和振动台位移,布置 1 个力传感器采集摆式 SS-PTMD 与结构间的碰撞力。

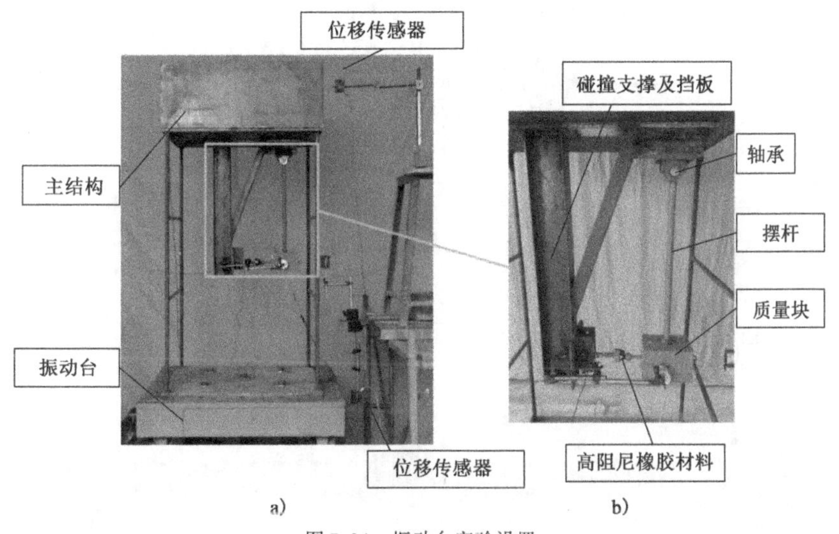

图 7.34 振动台实验设置

结构模型参数 表 7.9

质量 m_s(kg)	阻尼系数 c_s[(N·m)/s]	刚度 k_s(N/m²)	频率 f_s(Hz)	主结构阻尼比 z_s(%)
490	8.58	31053.4	1.267	0.11

摆式 SS-PTMD 参数 表 7.10

碰撞质量 m_d(kg)	摆长 l(m)	频率比 γ	弹性恢复系数 e
12.5	0.50	1.112	0.530

在振动台实验中,输入 3 条不同地震波研究了摆式 SS-PTMD 的减震有效性以及减震特点,其中 3 条地震波分别是 EI-Centro 波、Taft 波,以及 Tianjin 波。图 7.35a) ~ c)分别给出了 3 条地震波的加速度时程,图 7.35d)则给出了 3 条地震波的加速度功率谱密度。从图 7.35d)中可以看出,3 条地震波的能量均集中于 0 ~ 8Hz 内,其峰值位于 1.5Hz 左右。考虑到其自振频率 1.267Hz 与地震能量峰值 1.5Hz 接近,在这些地震作用下,实验结构的大幅振动将会被激起。

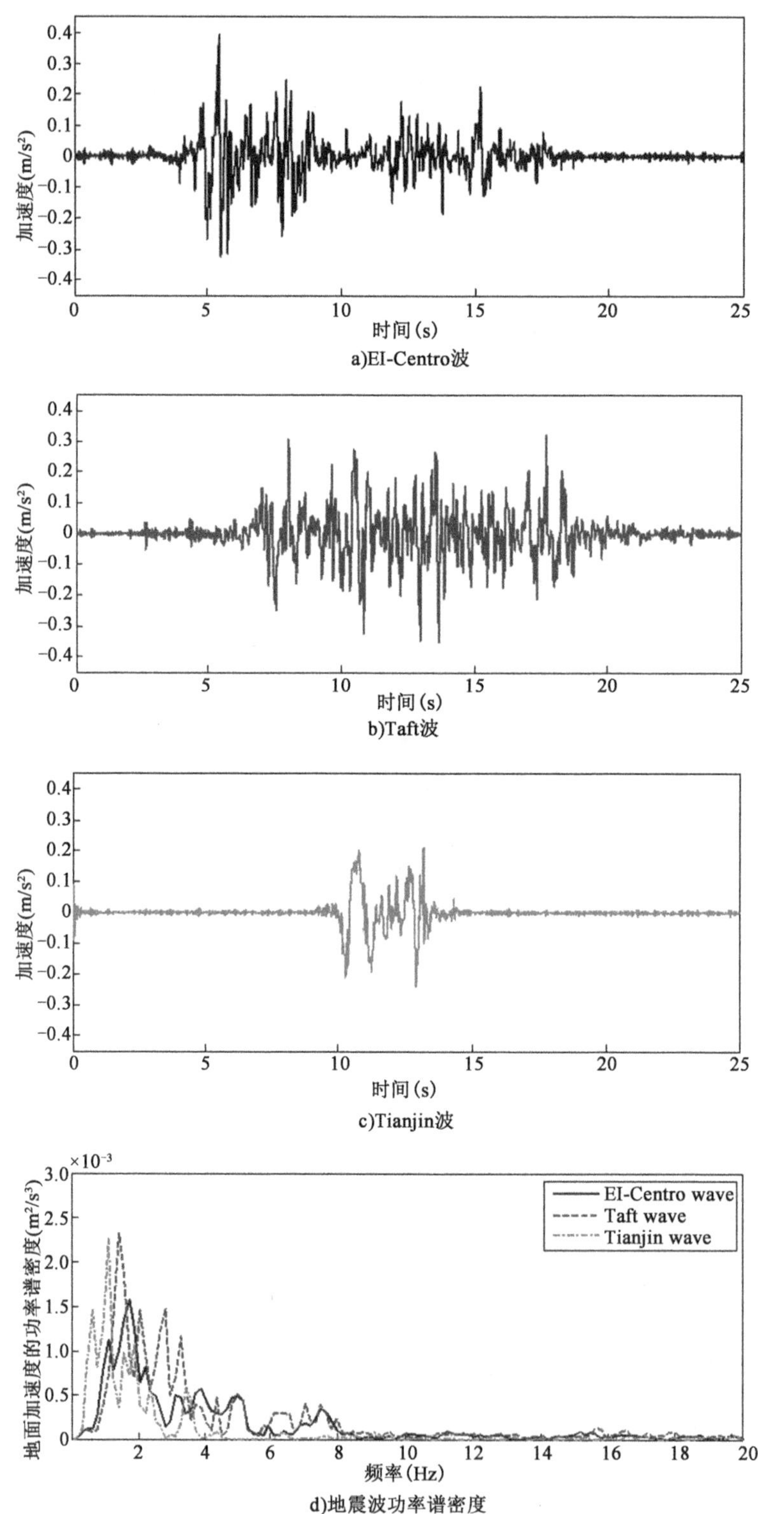

图7.35　3条地震波的加速度时程及其功率谱密度

图 7.36～图 7.38 分别给出了不同地震波输入下的振动台实验结果。其中每组实验结果包括被控结构位移响应时程、位移响应时程的功率谱密度，以及摆式 SS-PTMD 与结构间的碰撞力时程。从这些图中的结构位移响应可以看出，摆式 SS-PTMD 对于地震响应的均方根以及位移峰值均具有较好控制表现。而从被控结构位移响应的功率谱密度中可以看出，地震激起的结构振动频率主要集中于结构的自振频率附近；加装摆式 SS-PTMD 后，其振动能量大幅降低且耦合系统的振动频率并没有发生变化。此外，从碰撞力时程可以看出，地震初期时的碰撞力明显大于地震后期时，即使在地震后期结构具有更大位移响应时也是如此。这说明摆式 SS-PTMD 对地震荷载十分敏感，能够从地震初期就产生较大碰撞力并通过其消耗地震所输入的能量。3 条地震波作用下的碰撞力峰值的最大值为 222.1N，不超过碰撞质量重力的 2 倍。

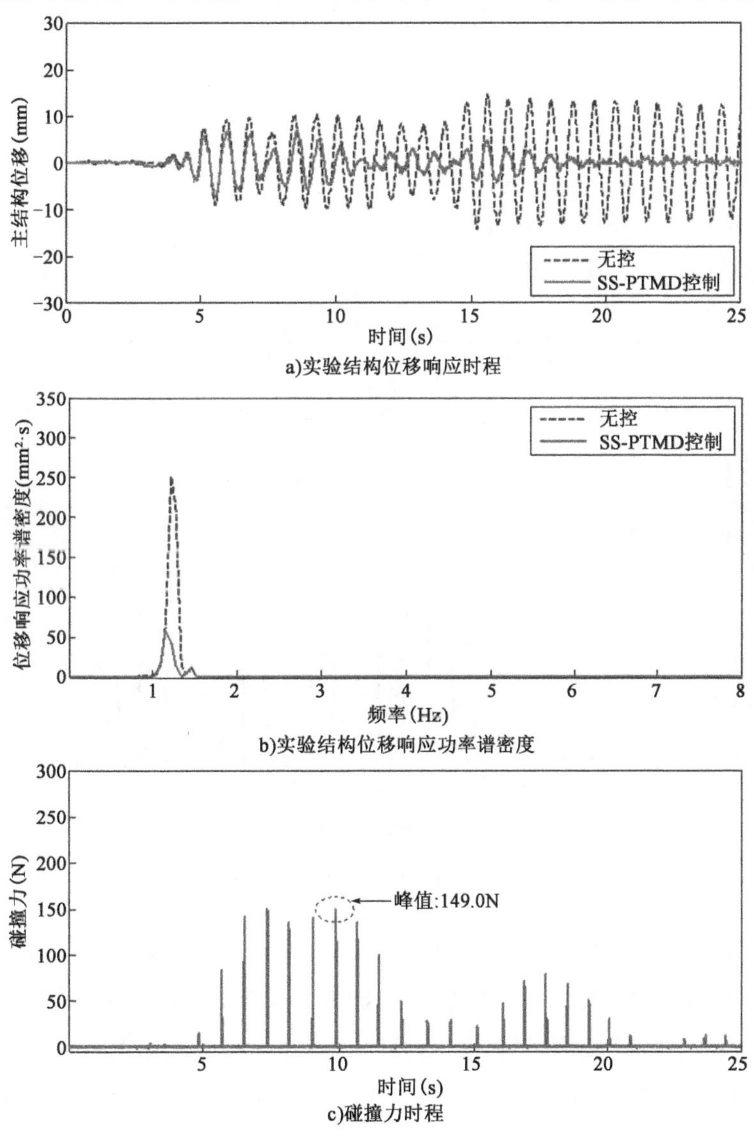

图 7.36　EI-Centro 波作用下的实验结果

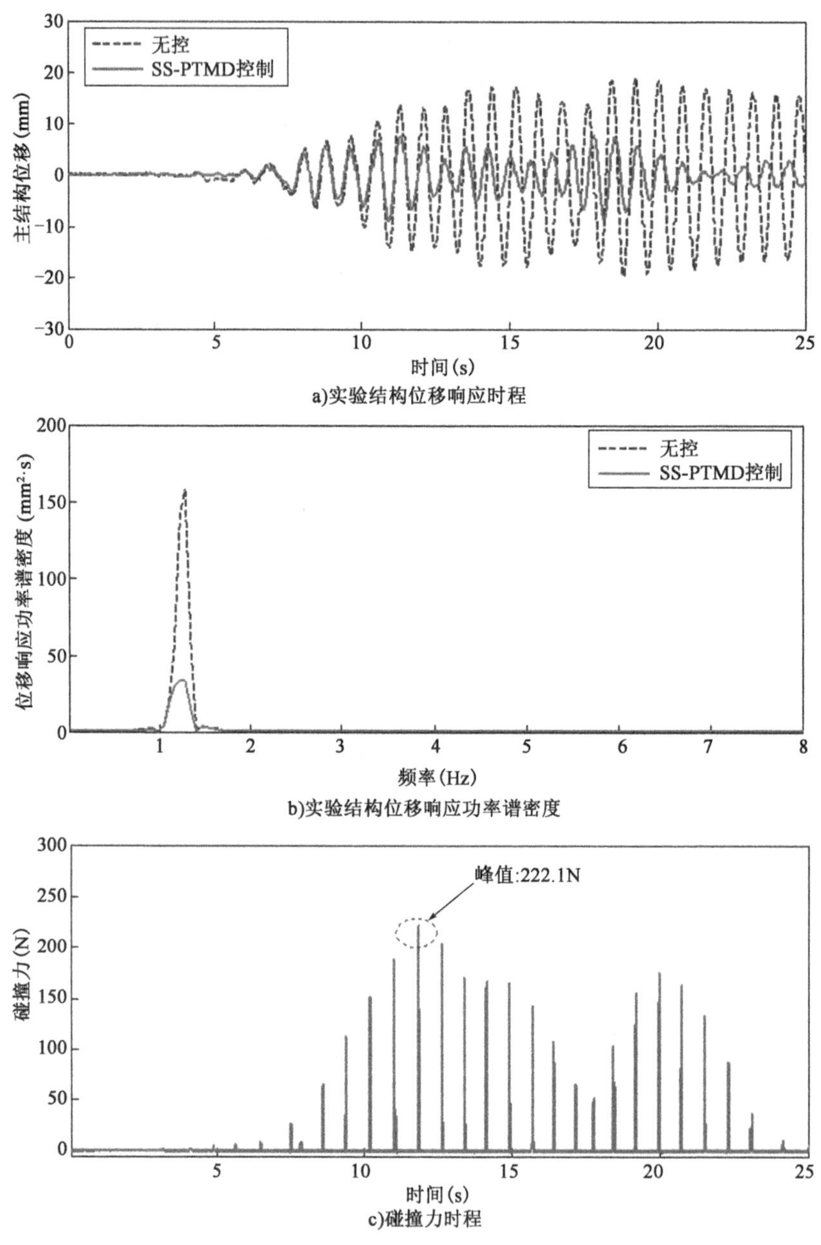

图 7.37 Taft 波作用下的实验结果

表 7.11 总结了 3 条地震波作用下的振动台实验结果。从表中可以看出,摆式 SS-PTMD 对结构响应均方根的控制效果要优于响应峰值的控制效果,其平均减振率分别为 67.0% 和 42.6%。而从无控时的结构响应来看,在 EI-Centro 波和 Taft 波作用下时结构的响应较大,而与此同时摆式 SS-PTMD 的减振率也较高,这说明摆式 SS-PTMD 对于引起结构响应越大的地震波,其控制效果越为显著。

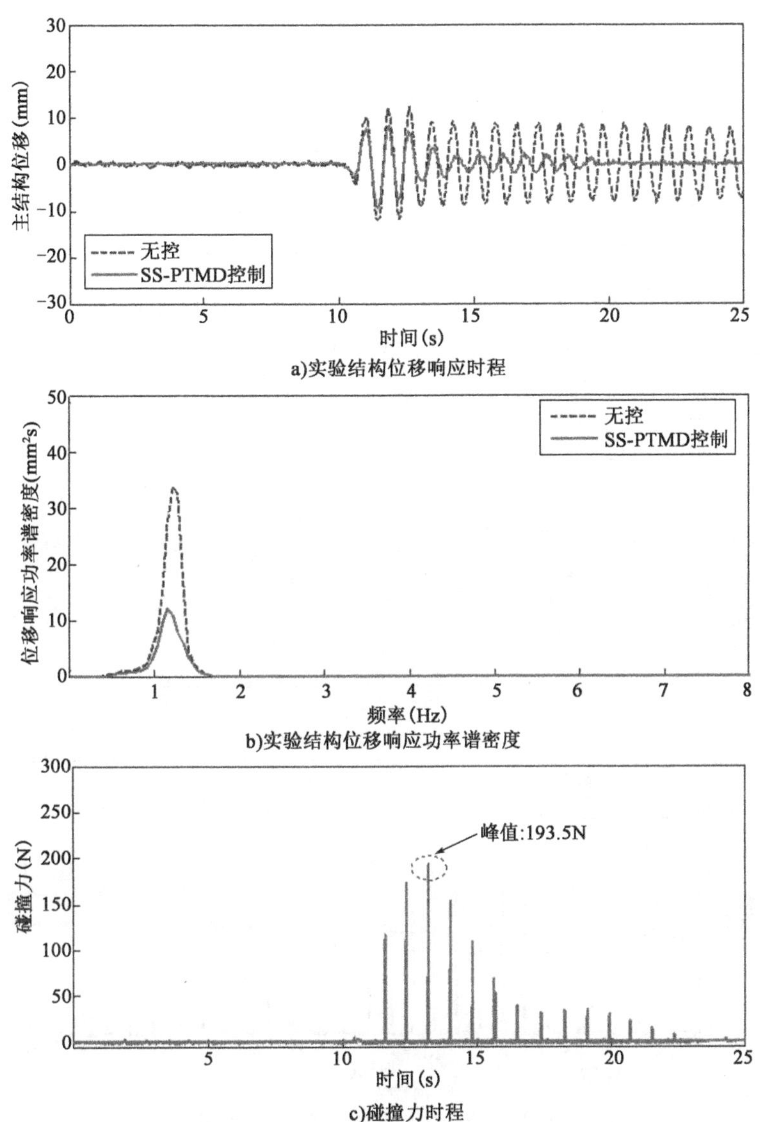

图 7.38　Tianjin 波作用下的实验结果

振动台减震实验结果　　表 7.11

地　震　波	位移均方根(mm)		减振率(%)	位移峰值(mm)		减振率(%)
	无控	SS-PTMD 控制		无控	SS-PTMD 控制	
EI-Centro 波	7.10	2.09	70.6	14.56	7.45	48.8
Taft 波	8.99	2.86	68.2	19.66	8.76	55.4
Tianjin 波	4.75	1.79	62.3	12.10	9.25	23.6

7.4.4 摆式 SS-PTMD 减震仿真分析与验证

采用四阶龙格-库塔方法求解结构-摆式 SS-PTMD 运动方程，其中模拟时间步长设定为 1×10^{-4}s，碰撞力模型参数分别设置为：碰撞非线性系数 $n=1.5$；碰撞刚度 $k=6.4\times10^{5}\mathrm{N/m^{1.5}}$；碰撞阻尼 ζ 按照式(7.43)计算，残余表面变形率 e_1 根据实验结果取 0.67。主结构以及摆式 SS-PTMD的参数按照表 7.9 与表 7.10 选取。图 7.39 ~ 图 7.41 分别给出了 EI-Centro 波、Taft 波，以及 Tianjin 波激励下的被控结构位移响应以及碰撞力时程。从图中可以看出，被控结构的位移响应以及碰撞力的模拟结果与实验结果符合良好，这说明采用碰撞力模型方法以及前述的运动方程能够准确预测结构在摆式 SS-PTMD 控制下的地震响应。

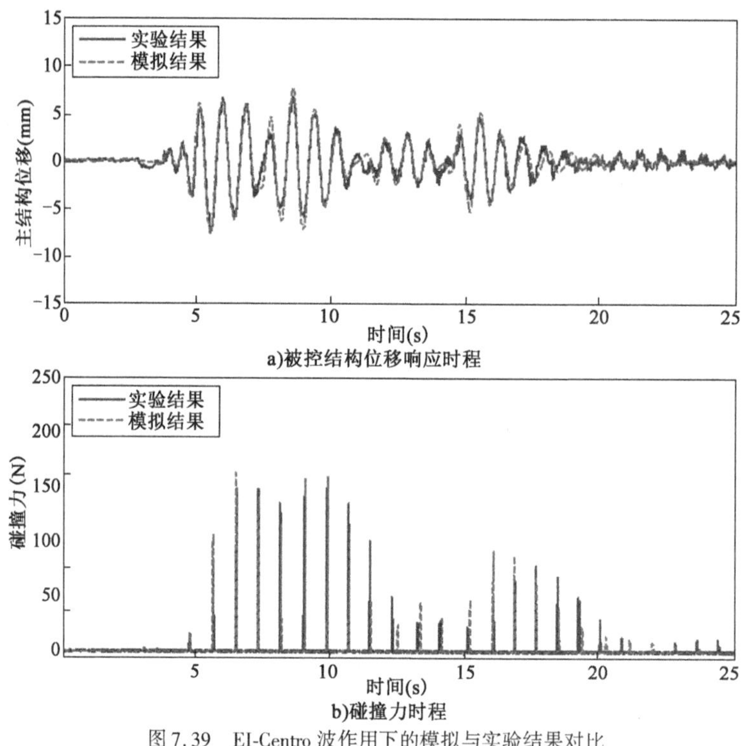

a)被控结构位移响应时程

b)碰撞力时程

图 7.39　EI-Centro 波作用下的模拟与实验结果对比

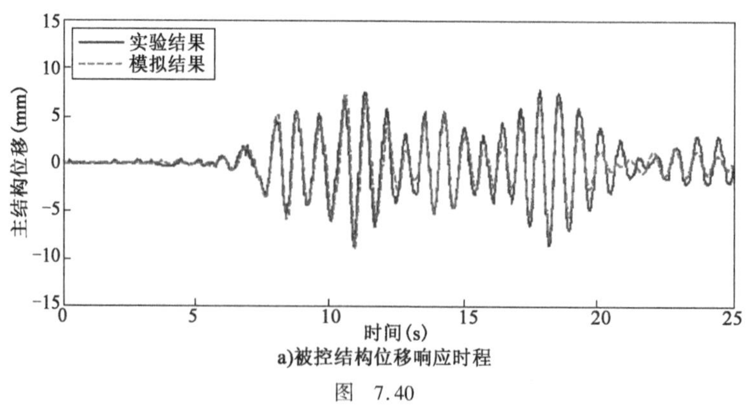

a)被控结构位移响应时程

图　7.40

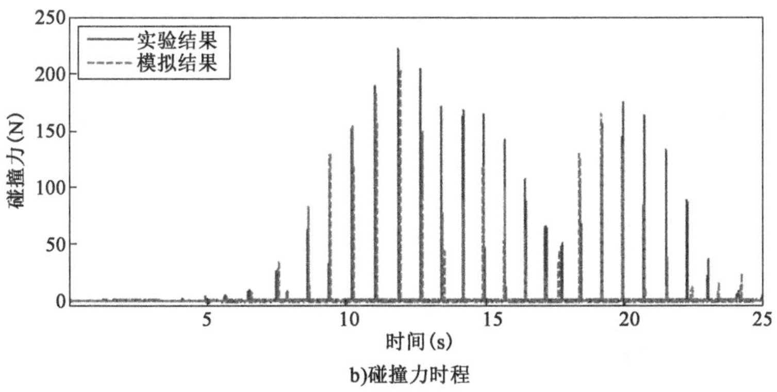

b)碰撞力时程

图 7.40 Taft 波作用下的模拟与实验结果对比

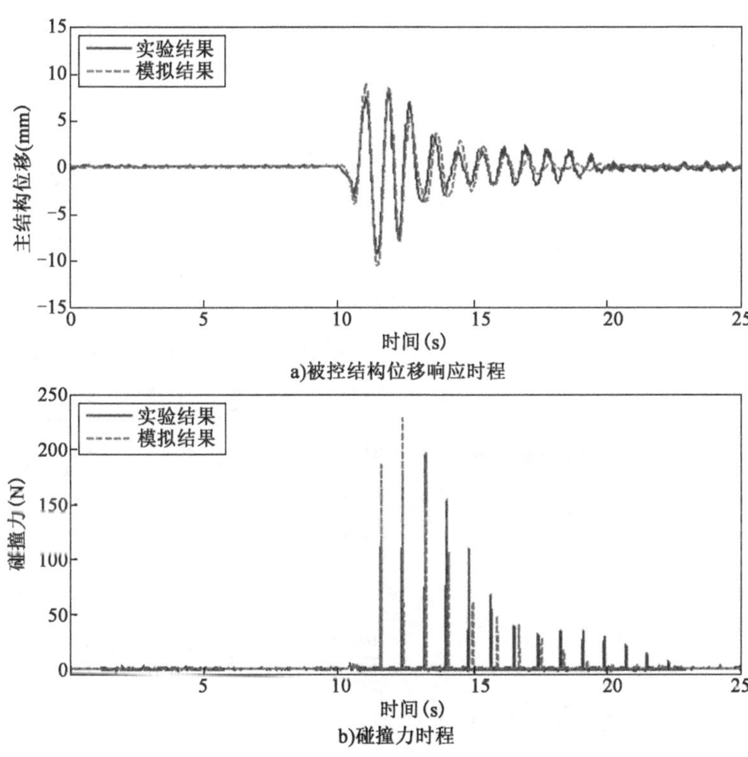

a)被控结构位移响应时程

b)碰撞力时程

图 7.41 Tianjin 波作用下的模拟与实验结果对比

7.5 SS-PTMD 桥梁涡激振动控制研究

柔性桥梁的涡激共振是一种由单模态振动所主导的中低速风致振动现象，通常发生在5～15m/s的风速区间内，这说明柔性桥梁的涡激共振会比颤振、驰振等破坏性风振现象更为普遍。近年来，主梁以及吊杆的涡激共振现象被广泛关注，例如，西堠门大桥的主梁以及九江长江大桥的吊杆。桥梁结构的涡激振动产生机理是当风流经过主梁或吊杆时，在主梁上下表面或吊杆尾流中产生不停交替脱落的气流漩涡,而当该种涡脱的频率与结构的某一阶固有频率相近时,则会由于共振产生该阶振动模态的大幅涡激振动。长时间的大幅涡激振动会缩短结构的使用寿命并最终引起构件的疲劳破坏,这对于桥梁的健康运营具有极大危害。为此,针对 SS-PTMD 控制桥梁涡激振动开展了理论与实验研究。

7.5.1 刚性主梁-尾流振子-SS-PTMD 耦合模型

结构-尾流振子耦合模型是一种用于模拟结构涡激振动响应的半经验半理论模型。该模型考虑了流体对于结构的附加质量以及附加阻尼,同时通过范德波尔非线性尾流振子实现了结构与流体的相互作用。考虑结构安装 SS-PTMD 后,结构与 SS-PTMD 之间的弹性力与碰撞力均需要在有量纲形式下处理,因此有量纲形式的弹性支承刚性主梁-尾流振子-SS-PTMD 耦合力学模型可以写为[20]

$$m_{\mathrm{m}}L\ddot{Y} + c_{\mathrm{m}}L\dot{Y} + k_{\mathrm{m}}LY = F_{\mathrm{vortex}} \tag{7.83}$$

$$F_{\mathrm{vortex}} = (\gamma\omega_{\mathrm{f}}\rho D^2 L)\dot{Y} + \left(\frac{1}{4}\rho U^2 DLC_{\mathrm{L0}}\right)q \tag{7.84}$$

$$\ddot{q} + \varepsilon\omega_{\mathrm{f}}[q^2 - 1]\dot{q} + \omega_{\mathrm{f}}^2 q = [\omega_{\mathrm{f}}(A/D)]\dot{Y} \tag{7.85}$$

式中,L 为刚性主梁的长度;m_{m}、c_{m}、k_{m} 分别为主梁单位长度质量、阻尼系数以及支撑刚度;Y 为主梁涡激振动竖向位移;F_{vortex} 为尾流对于结构的激振力;D 为梁高;ρ 为空气密度;ω_{f} 为风流吹过主梁时产生的漩涡脱落频率;U 为风流速度;ε 为范德波尔参数;A 为耦合系数;γ 为失速参数,可以表达为与主梁断面的阻力系数 C_{D} 相关的形式

$$\gamma = \frac{C_{\mathrm{D}}}{4\pi St} \tag{7.86}$$

式中,St 数的表达式为

$$St = \frac{\omega_{\mathrm{f}} D}{2\pi U} \tag{7.87}$$

q 为尾流变量,可以看作振子的位移,与主梁升力系数 C_{L} 有如下关系

$$q = \frac{2C_{\mathrm{L}}}{C_{\mathrm{L0}}} \tag{7.88}$$

式中,C_{L0} 为静止结构在涡脱作用下的升力系数幅值。

结构加装 SS-PTMD 后,结构-尾流振子-SS-PTMD 耦合模型如下

$$m_{\mathrm{m}}L\ddot{Y} + c_{\mathrm{m}}L\dot{Y} + k_{\mathrm{m}}LY = F_{\mathrm{vortex}} + F_{\mathrm{p}} + k_{\mathrm{d}}(Y_{\mathrm{d}} - Y) \tag{7.89}$$

$$\ddot{q} + \varepsilon\omega_{\mathrm{f}}[q^2 - 1]\dot{q} + \omega_{\mathrm{f}}^2 q = [\omega_{\mathrm{f}}(A/D)]\dot{Y} \tag{7.90}$$

$$m_{\mathrm{d}}\ddot{Y}_{\mathrm{d}}(t) + k_{\mathrm{d}}(Y_{\mathrm{d}} - Y) = -F_{\mathrm{p}} \tag{7.91}$$

其中式(7.89)~式(7.91)分别是刚性主梁、尾流振子,以及 SS-PTMD 的运动方程。m_d以及 k_d分别代表 SS-PTMD 的质量与刚度;Y_d为 SS-PTMD 的竖向位移;F_p为结构与 SS-PTMD 之间的碰撞力。当碰撞条件 $Y-Y_d>0$ 被满足时,F_p通过式(7.27)计算,而此时相对位移 δ 可定义为

$$\delta = Y - Y_d \tag{7.92}$$

利用公式计算 SS-PTMD 对于涡激振动的控制效果之前,需要通过风洞实验以及数值优化算法得到失速参数 γ、静止结构升力系数幅值 C_{L0}、耦合系数 A,以及范德波尔参数 ε 四个待识别参数。参数识别和分析步骤如下:

①通过风洞实验,获得不同风速下的主梁涡激振动响应;

②利用参数优化方法,以模拟得到的主梁振动响应与实测的振动响应误差最小为目标,确定 $\gamma, C_{L0}, A, \varepsilon$ 参数值;

③利用识别后的 4 个参数,采用龙格-库塔四阶方法模拟主梁在 SS-PTMD 控制下的动力响应。

7.5.2　风洞实验设计

风洞实验中所使用的流线型桥梁节段的尺寸如图 7.42 所示,该断面是目前大跨度桥梁设计中最常用的断面形式之一。由于桥梁主梁的涡激振动通常由单模态振动主导,因此在本次风洞实验中仅仅模拟桥梁的一个竖弯振动模态。图 7.43 给出了风洞实验中桥梁节段以及各种测量仪器的布置。本次风洞实验在湖南科技大学 KD-1 号风洞中进行。实验所用的节段模型长度为 $L=3.0$m,梁高为 $D=0.077$m,总质量为 43.2kg,通过 8 根线性弹簧悬挂于风洞中。模型主要动力参数见表 7.12。

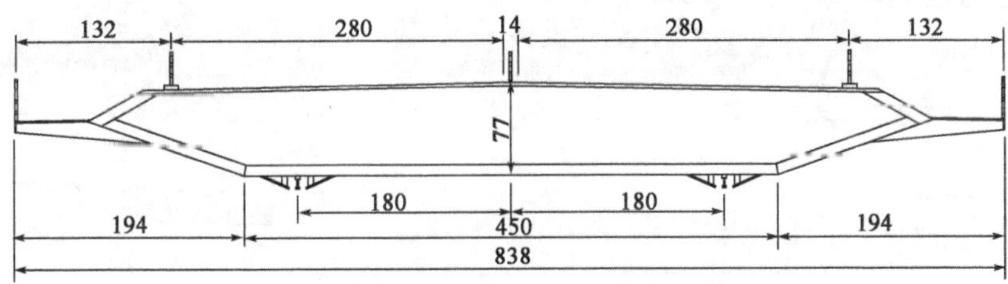

图 7.42　风洞实验中采用的桥梁断面尺寸(尺寸单位:mm)

实验节段模型动力参数　　表 7.12

单位长度质量 m_m (kg/m)	单位长度阻尼系数 c_m (N/s)	单位长度刚度 k_m (N/m²)	频率 $\omega_s/2\pi$ (Hz)	主结构阻尼比 ζ_s (%)
14.4	3.67	4781	2.90	0.70

一种悬臂梁形式的 SS-PTMD 被设计用于控制阶段模型的涡激振动响应,其具体构造如图 7.44a)所示。SS-PTMD 的频率能通过改变悬臂梁的长度进行调节,而其等效阻尼比的调节则能通过使用不同类型的黏弹性材料层而实现。在实验过程中还会采用另外一个激光位移计测量 SS-PTMD 的位移。为了忽略风洞实验中 SS-PTMD 装置外形对桥梁节段模型气动性能的影响,将一个利用电磁力的锁定装置安装于 SS-PTMD 一侧用于锁定和释放 SS-PTMD,其设置

如图 7.44b)所示。当进行无 SS-PTMD 控制工况的风洞实验时,锁定装置得到供电而通过电磁力紧紧吸住 SS-PTMD,使之与桥梁节段模型一起运动。而当测试 SS-PTMD 控制工况时通过切断电磁铁供电,SS-PTMD 的碰撞质量块则能够自由运动,完成能量吸收与消耗。

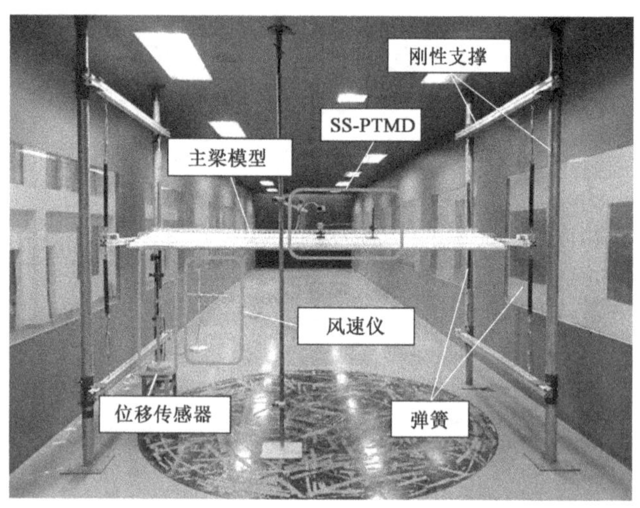

图 7.43　风洞实验中节段模型

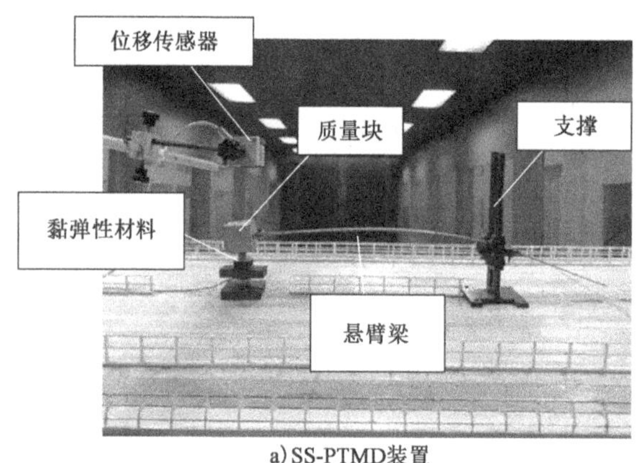

a) SS-PTMD装置

b) 基于电磁铁的锁定装置

图 7.44　SS-PTMD 装置构造及其锁定装置

SS-PTMD 的碰撞质量 m_d 取为 0.86kg,即与实验模型质量比 μ 为 0.02。由参数优化设计公式可得 SS-PTMD 的最优频率比以及最优弹性恢复系数分别为 1.061 和 0.5835。实验采用的 SS-PTMD 参数见表 7.13。

用于节段模型控制的 SS-PTMD 动力参数　　表 7.13

指标	质量 m_m (kg)	质量比	刚度 k_m (N/m)	频率 f_d (Hz)	SS-PTMD 频率比	弹性恢复系数 e
最优值	0.86	0.02	80.36	3.077	1.061	0.5835
实验值			81.57	3.100	1.069	0.6296

7.5.3 风洞实验结果

根据前述的实验设计,开展了桥梁节段模型风洞实验用以验证 SS-PTMD 对桥梁涡激振动的控制效果。实验中,每个测试工况的风机均保持一定转速,通过眼镜蛇风速计测得此时风洞内的风速,当桥梁振动进入稳态后通过激光位移计采集此时的模型竖向振动时程。实验中激光位移计的采样频率为 200Hz。图 7.45 给出了当风速在 2.4m/s 以及 5.5m/s 左右时,模型在 SS-PTMD 锁定与未锁定时的竖向振动时程及其振动时程的频响曲线。从图中可以看出,在 SS-PTMD 锁定时(SS-PTMD 不工作),模型在两个特定风速下出现了明显的涡激振动,模型的振动频率比无风时的共振频率 2.90Hz 要稍大一些,约为 3.0Hz;当 SS-PTMD 未锁定时(SS-PTMD工作),两种风速下模型的响应几乎为 0,取得了很好的减振效果。

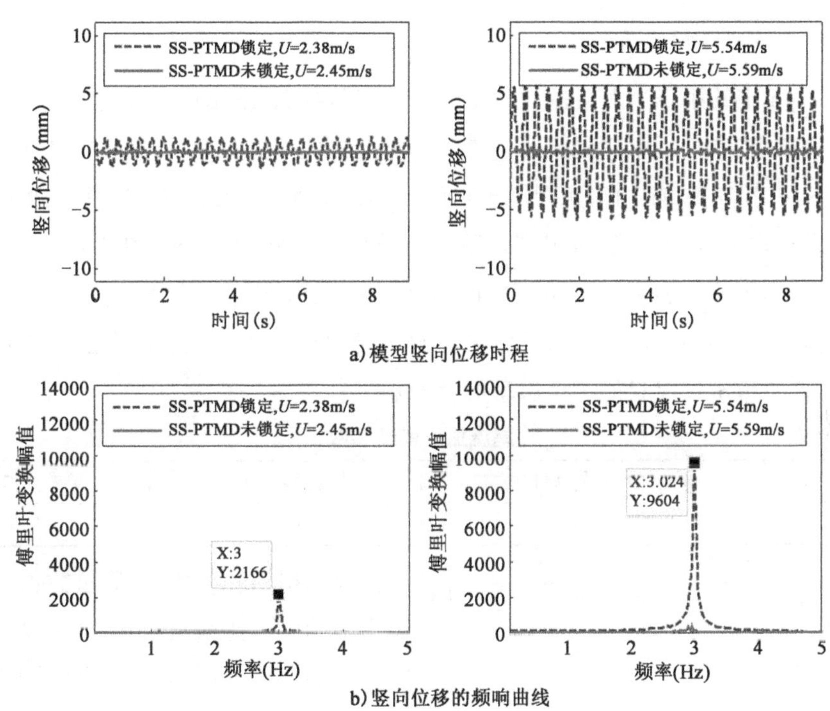

图 7.45 当风速为 2.4m/s 以及 5.5m/s 左右时模型的竖向位移以及频响曲线

图 7.46 给出了当 SS-PTMD 锁定与未锁定时,风速区间为 1.5m/s ~ 6.5m/s 时模型竖向位移幅值的风洞实验结果。从图中可以看出,实验所采用桥梁节段模型有两个涡激振动区间,其风速锁定区间分别为[1.8m/s,2.8m/s]和[3.8m/s,6.5m/s]。其中最大涡激振动出现在风速为 5.54m/s 左右时,此时模型的涡激振动幅值为 5.56mm。当 SS-PTMD 被激活后实验模型的大幅涡激振动完全被抑制,整个风速区间内的最大涡激振动幅值的减振率超过 94%。此外,实验还观察到,SS-PTMD 对两个涡激振动锁定区间的位移响应幅值均有控制效果。

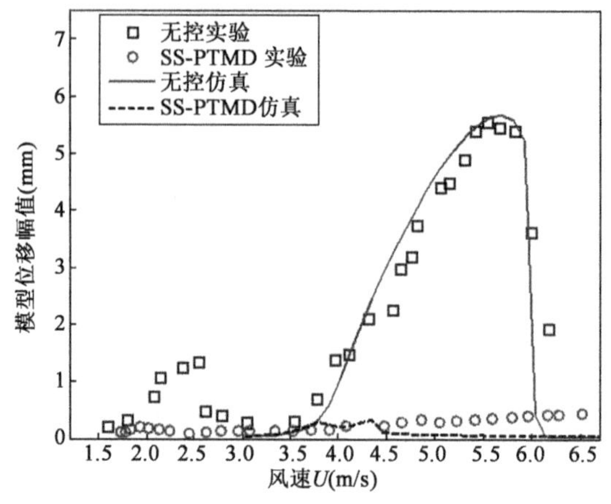

图 7.46　风速区间为 1.5 ~ 6.5m/s 时的模型的竖向位移响应幅值

7.5.4　数值模拟结果

利用图 7.46 中的第二个涡激振动锁定区间的实验数据，采用粒子群优化方法得到的尾流振子模型参数如表 7.14 所示。根据表中参数，通过龙格-库塔四阶方法求解得到的节段模型在无控以及 SS-PTMD 控制时的涡激振动响应如图 7.46 所示。在图 7.46 中，无控时的实验结果与数值结果基本吻合，说明了所识别参数的有效性。此外，对比 SS-PTMD 控制下的实验与数值结果发现，当风速在 3.8 ~ 4.5m/s 之间时数值模拟结果与实验结果基本吻合，此后随着风速增大，两者的误差逐渐增大。这是由于风洞实验中模型的抖振响应会随风速增大而越发明显，而尾流振子模型仅仅只能考虑涡激振动的响应。

尾流振子模型参数　　表 7.14

失速参数 γ	升力系数幅值 C_{L0}	速度耦合参数 A	范德波尔参数 ε
6.949	0.181	38.8	0.072

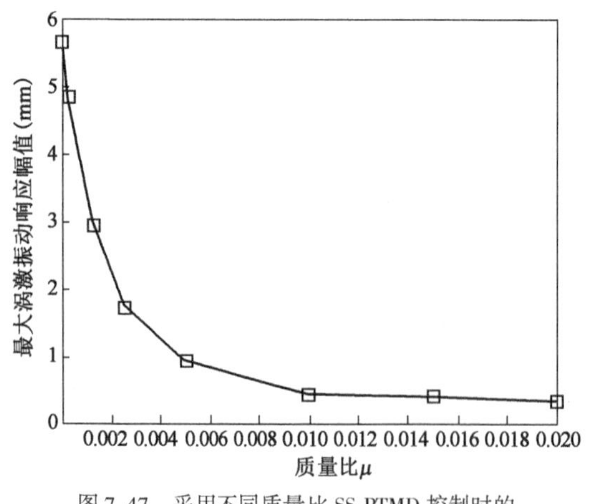

图 7.47　采用不同质量比 SS-PTMD 控制时的模型最大涡激振动响应

根据识别的参数，还通过数值方法研究了采用不同质量比 SS-PTMD 对桥梁涡激振动控制的影响。图 7.47 给出了当 SS-PTMD 质量比在 0 ~ 0.02 之间变化时的模型涡激振动响应幅值。从图中可以看出，随着 SS-PTMD 质量比的增大，模型涡激振动的最大响应幅值会相应降低。特别是在质量比小于 0.5% 的区间内，最大涡激振动响应幅值会随着质量比的增加而迅速减小。但当质量比大于 1% 后，增大 SS-PTMD 质量比对于提升其控制涡激振动响应幅值的能力并没有明显增强。

7.5.5 锁定-释放实验

为了更好地揭示 SS-PTMD 对于桥梁大幅涡激共振的控制特性,本节通过 SS-PTMD 的锁定-释放实验研究了 SS-PTMD 在上述模型实验中最大涡激振动幅值点即风速为 $U = 5.54\text{m/s}$ 时的模型以及 SS-PTMD 的动力响应。图 7.48 给出了锁定-释放实验中模型以及 SS-PTMD 的竖向位移响应全时程。从图中可以看到,在最初 SS-PTMD 处于锁定状态时,模型出现大幅涡激共振响应。在 23.2s 时,通过切断电磁铁供电 SS-PTMD 被释放,此后模型的振幅在约 4s 内从 5.56mm 迅速减小为 0.33mm。而在 27.5 ~ 49.6s 之间,由于 SS-PTMD 被激活,模型的振动响应保持在很低水平。在 49.6s 时 SS-PTMD 再次被锁定,大约经过 80s 后模型又出现了与最初锁定时幅值相当的大幅涡激共振现象。此外,在 SS-PTMD 被释放后,其位移响应因为振动能量的传递而迅速变大,并通过 SS-PTMD 与黏弹性材料层的碰撞在短时间内将振动能量耗散。锁定-释放实验不仅强有力地证明了 SS-PTMD 对于涡激振动控制的有效性,更揭示出大

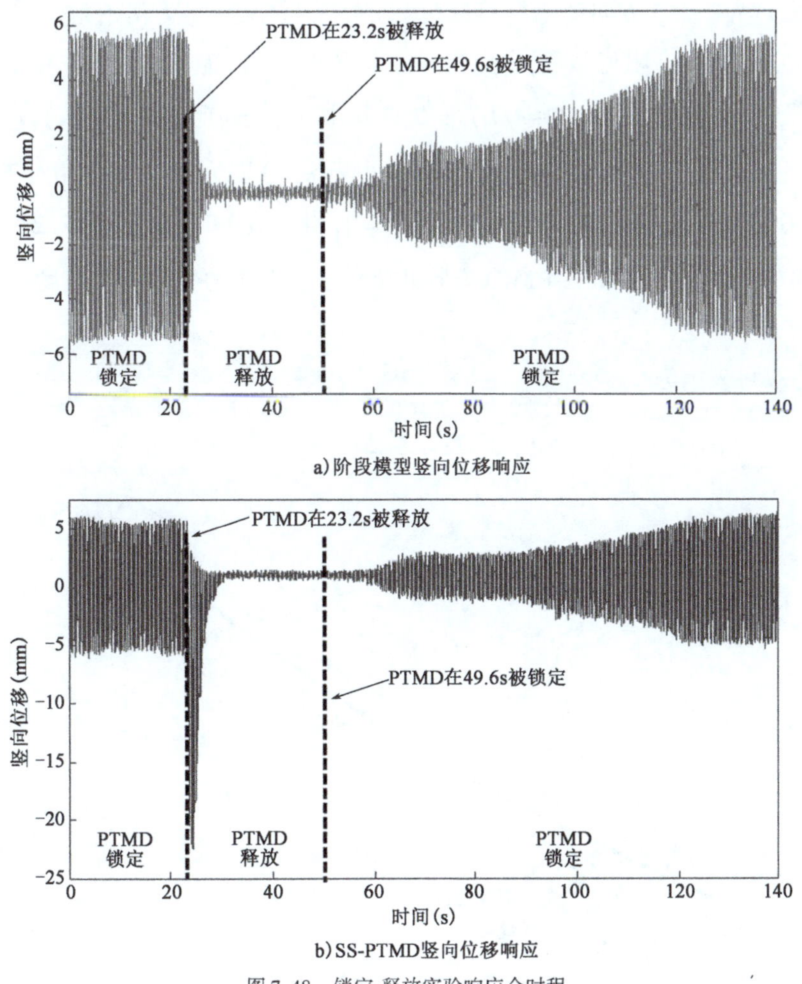

a)阶段模型竖向位移响应

b)SS-PTMD竖向位移响应

图 7.48 锁定-释放实验响应全时程

幅涡激振动需要一个相对较长的能量积蓄过程才会最终产生。

7.6 SS-PTMD 斜拉桥拉索减振性能研究

7.6.1 拉索与 SS-PTMD 耦合运动方程

设在拉索与下锚固端距离为 x_d 处布置一个 SS-PTMD，力学模型如图 7.49 所示。拉索与 SS-PTMD 耦合运动方程可写为[21]

$$EI\frac{\partial^4 y(x,t)}{\partial x^4} - T_0\frac{\partial^2 y(x,t)}{\partial x^2} - T\frac{\partial^2 y_0(x)}{\partial x^2} + c\frac{\partial y(x,t)}{\partial t} + m\frac{\partial^2 y(x,t)}{\partial t^2} = f(x,t) - (F_p - k_1 y_1)\delta(x - x_d)$$
$$m_1(\ddot{y}_{x_d} + \ddot{y}_1) + k_1 y_1 = F_p \tag{7.93}$$

式中，$y(x,t)$ 为拉索 y 方向动态位移；EI 为拉索弯曲刚度；T_0 为初始索力；T 为振动引起的动态索力；c 为拉索固有阻尼系数；m 为拉索每米质量；$y_0(x)$ 为拉索自重作用下的静平衡位移，近似取抛物线为 $y_0(x) = 4d(1 - x/L)(x/L)$，其中 $d = (mgL^2\cos\theta)/(8T_0)$，$g$ 为重力加速度；$f(x,t)$ 为外部激励；k_1 为 SS-PTMD 弹簧刚度；y_1 和 $\ddot{y}_1$ 分别为 SS-PTMD 相对于拉索 x_d 处 y 方向位移和加速度；F_p 为碰撞力，当 $y_1 \leqslant 0$ 时，$F_p = 0$，当 $y_1 > 0$ 时，按照式(7.27)计算；m_1 为 SS-PTMD 质量；y_d 和 $\ddot{y}_d$ 分别为 SS-PTMD 安装处拉索在 y 方向的位移和加速度；$\delta(\cdot)$ 为狄拉克函数。

动态索力 T 可表示为

$$T = \frac{EA}{L_e}\Delta L \tag{7.94}$$

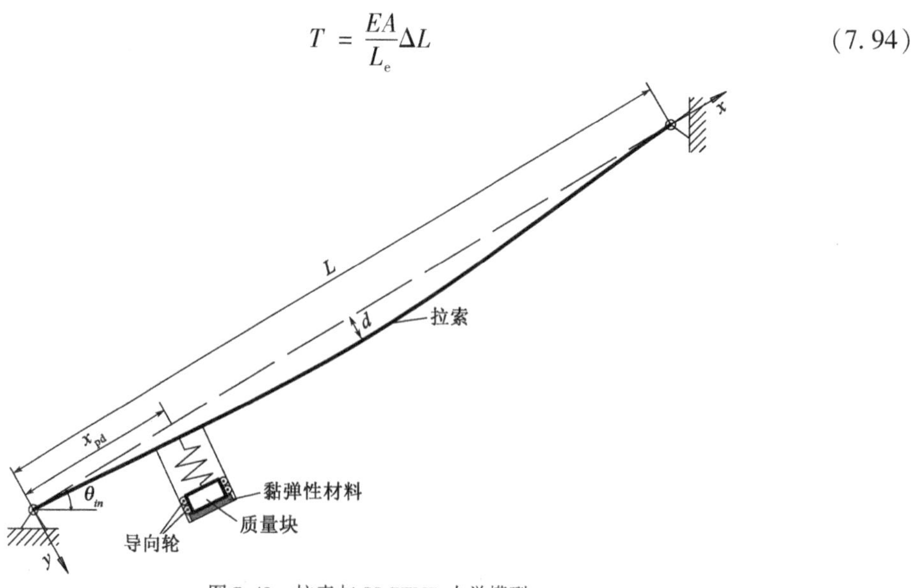

图 7.49 拉索与 SS-PTMD 力学模型

式中，EA 为拉索抗拉刚度。

$$L_e = \int_0^L \left\{1 + \left(\frac{dy_0}{dx}\right)^2\right\}^{3/2} dx = \left[1 + \frac{(mgL\cos\theta/T_0)^2}{8}\right]L \tag{7.95}$$

$$\Delta L = \int_0^L [\sqrt{1 + (y_0' + y')^2} - \sqrt{1 + (y')^2}]dx \cong \int_0^L y_0' y' dx = -\int_0^L y y_0'' dx \tag{7.96}$$

拉索动态位移 $y(x,t)$ 可由模态坐标表示为

$$y(x,t) = \sum_{i=1}^n \varphi_i(x) q_i(t) = [\varphi_1 \quad \varphi_2 \quad \cdots \quad \varphi_n][q_1 \quad q_2 \quad \cdots \quad q_n]^T \tag{7.97}$$

式中，n 为考虑的自由度数；φ_i 为振型函数；q_i 为模态坐标。

将式(7.97)代入式(7.93)，应用伽辽金法，式(7.93)可写成如下矩阵形式

$$\begin{gathered} \boldsymbol{M}\ddot{\boldsymbol{q}} + \boldsymbol{C}\dot{\boldsymbol{q}} + \boldsymbol{K}\boldsymbol{q} = \boldsymbol{F} - \boldsymbol{\varphi}(x_d)(-k_1 y_1 + F_p) \\ m_1(\ddot{y}_{x_d} + \ddot{y}_1) + k_1 y_1 = F_p \end{gathered} \tag{7.98}$$

式中

$\boldsymbol{q} = [q_1 \quad q_2 \quad \cdots \quad q_n]^T$

$$M_{ij} = \int_0^L m\varphi_i\varphi_j dx$$

$$C_{ij} = \int_0^L c_0\varphi_i\varphi_j dx$$

$$K_{ij} = \int_0^L EI\varphi_i''\varphi_j'' dx + \int_0^L T_0\varphi_i'\varphi_j' dx + \int_0^L \frac{2EAmgy_0'}{LT_0}\left(\int_0^L \varphi_i dx\right)\varphi_j dx$$

$\varphi_i = \varphi_i(x_d)$

$$F_i = \int_0^L \varphi_i f(x,t) dx$$

考虑到 $y_{x_d} = \sum_{i=1}^n \varphi_i(x_d) q_i$，式(7.98)可转化为

$$\boldsymbol{M}^*\ddot{\boldsymbol{q}}^* + \boldsymbol{C}^*\dot{\boldsymbol{q}}^* + \boldsymbol{K}^*\boldsymbol{q}^* + \boldsymbol{\varphi}(x_d)F_p = \boldsymbol{F}^* \tag{7.99}$$

式中

$\boldsymbol{q}^* = [q_1 \quad q_2 \quad \cdots \quad q_n \quad y_1]^T$

$$\boldsymbol{M}^* = \begin{bmatrix} m_{11} & m_{12} & \cdots & m_{1n} & 0 \\ m_{21} & m_{22} & \cdots & m_{2n} & 0 \\ \cdots & \cdots & \cdots & \cdots & \cdots \\ m_{n1} & m_{n2} & \cdots & m_{nn} & 0 \\ m_1\varphi_1(x_d) & m_1\varphi_2(x_d) & \cdots & m_1\varphi_n(x_d) & m_1 \end{bmatrix}$$

$$\boldsymbol{C}^* = \begin{bmatrix} c_{11} & c_{12} & \cdots & c_{1n} & 0 \\ c_{21} & c_{22} & \cdots & c_{2n} & 0 \\ \cdots & \cdots & \cdots & \cdots & \cdots \\ c_{n1} & c_{n2} & \cdots & c_{nn} & 0 \\ 0 & 0 & \cdots & 0 & 0 \end{bmatrix}$$

$$\boldsymbol{K}^* = \begin{bmatrix} k_{11} & k_{12} & \cdots & k_{1n} & -\varphi_1(x_{\rm d})k_1 \\ k_{21} & k_{22} & \cdots & k_{2n} & -\varphi_2(x_{\rm d})k_1 \\ \cdots & \cdots & \cdots & \cdots & \cdots \\ k_{n1} & k_{n2} & \cdots & k_{nn} & -\varphi_n(x_{\rm d})k_1 \\ 0 & 0 & \cdots & 0 & k_1 \end{bmatrix}$$

$$\varphi(x_{\rm d}) = \begin{bmatrix} \varphi_1(x_{\rm d}) \\ \varphi_2(x_{\rm d}) \\ \cdots \\ \varphi_n(x_{\rm d}) \\ -1 \end{bmatrix}$$

$$\boldsymbol{F}^* = \begin{bmatrix} F_1 \\ F_2 \\ \cdots \\ F_n \\ 0 \end{bmatrix}$$

仿真分析中,碰撞力 $F_{\rm p}$的确定:当 $y_1 \leqslant 0$ 时,$F_{\rm p}=0$;当 $y_1>0$ 时,按式(7.27)计算,其中 $y_1=\delta$。拉索振型函数的选取 $\varphi_i=\sin\dfrac{i\pi x}{L}(i=1,2,3,\cdots,n)$。

7.6.2 拉索以及碰撞力模型参数

本节选取洞庭湖大桥 A10 号拉索为控制目标。其基本参数为:索长 $L=107.66\text{m}$;索径 119mm;拉索弹性模量为 $E=2\times10^{11}\text{Pa}$;拉索每延米质量为 51.8kg/m;静态索力 $T_0=3162\text{kN}$;倾角为 38.9°。为了精确获取 SS-PTMD 的碰撞力模型参数,在实验室中制作了用于拉索减振的 SS-PTMD 装置,并通过自由碰撞实验识别了其碰撞力模型参数。图 7.50 展示了用于拉索减振的 SS-PTMD 自由碰撞实验。其中覆盖于碰撞挡板上的黏弹性材料层采用 HEDR 橡胶;碰撞质量块质量为 30kg;碰撞实验的初始释放高度为 48mm。

通过实验数据确定碰撞力模型参数为:SS-PTMD 的碰撞弹性恢复系数为 0.592;残余表面

变形率为 $e_1=0.451$;非线性指数 $n=1.5$;碰撞刚度为 $1.1\times10^6\text{N/m}^{1.5}$。图 7.51 给出了 SS-PTMD 自由碰撞实验结果,此外通过碰撞力模型计算的模拟结果也在图中给出。从图中可知,数值与实验结果基本一致,所识别的碰撞力模型参数可用来计算拉索与 SS-PTMD 耦合系统的动力响应。

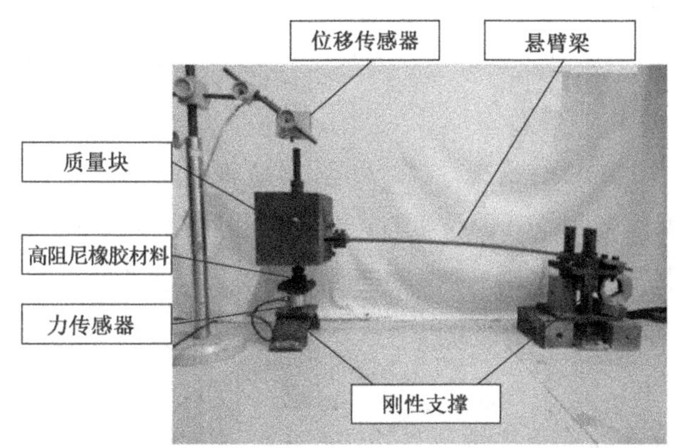

图 7.50 用于拉索减振的 SS-PTMD 自由碰撞实验

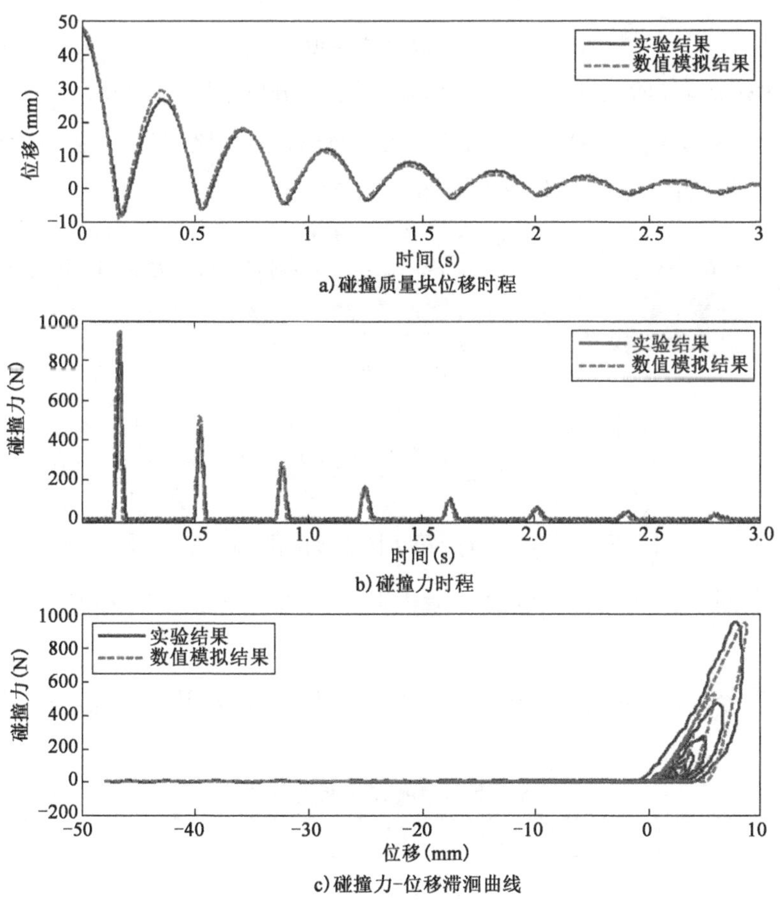

图 7.51 自由碰撞实验与数值模拟结果对比

7.6.3 单模态振动控制效果

首先研究 SS-PTMD 对于 A10 号拉索的单模态控制效果,控制对象选为拉索的第一阶振动模态。需要说明的是,对于拉索与经典黏滞阻尼 TMD 耦合系统可以采用复模态分析方法求解系统的模态阻尼比,并以模态阻尼比的提高来评价 TMD 的减振性能。但 SS-PTMD 的碰撞力是一个典型的分段函数,只有当碰撞条件满足时才产生。因此无法采用复模态分析方法直接求解拉索加装 SS-PTMD 后的模态阻尼比。利用黏滞阻尼系统的自由振动包络线对拉索与 SS-PTMD耦合系统的自由振动时程进行拟合处理,并近似地得到加装 SS-PTMD 后拉索的阻尼比。在数值分析中,加装 SS-PTMD 的拉索自由振动时程可以通过下述方法得到:首先利用一简谐集中力对拉索进行激振,当拉索振动达到稳态后移除该荷载。荷载移除后,拉索与 SS-PTMD耦合系统做自由振动,此时可以通过黏滞阻尼单自由度系统的自由振动包络线对自由振动时程进行近似拟合。

简谐荷载被施加于距拉索下锚端 $L/9$ 处。当分别研究 SS-PTMD 对于拉索前 3 阶单模态振动的控制效果时,该简谐荷载具有如下形式

$$f(t) = f^{A}\sin(2\pi f_i t) \tag{7.100}$$

式中,f_i 为拉索第 i 阶振动频率;f^{A} 为激振力幅值,分析中取为 200N。

此外,分析中假设未加 SS-PTMD 时,拉索的前两模态阻尼比均为 0.2%。为了保证这一目标的实现,此处引入瑞利阻尼模型,其具有如下形式

$$\boldsymbol{C} = a\boldsymbol{M} + b\boldsymbol{K} \tag{7.101}$$

式中,$\boldsymbol{M}$ 以及 $\boldsymbol{K}$ 为拉索的质量与刚度矩阵;a 和 b 为拉索阻尼矩阵 $\boldsymbol{C}$ 的待定系数,它们可以采用下式进行计算

$$a = \frac{2\omega_1\omega_2(\zeta_1\omega_2 - \zeta_2\omega_1)}{\omega_2^2 - \omega_1^2} \tag{7.102}$$

$$b = \frac{2(\zeta_2\omega_2 - \zeta_1\omega_1)}{\omega_2^2 - \omega_1^2} \tag{7.103}$$

式中,ω_1 和 ω_2 分别为拉索第 1 阶以及第 2 阶振动圆频率;ζ_1 以及 ζ_2 分别为预设的拉索第一阶以及第二阶阻尼比,此处取为 $\zeta_1 = \zeta_2 = 0.2\%$,因此可得 a 和 b 分别取为 1.93×10^{-2} 和 1.84×10^{-4}。

利用复模态分析方法可得到 A10 号拉索的各阶模态参数,其前 10 阶模态参数在表 7.15 中给出。

A10 号拉索前 10 阶模态参数 表 7.15

振动模态阶数	模态频率(Hz)	模态阻尼比(%)	模态质量(kg)
1	1.159	0.20	2788
2	2.295	0.20	2788

续上表

振动模态阶数	模态频率(Hz)	模态阻尼比(%)	模态质量(kg)
3	3.443	0.24	2788
4	4.590	0.30	2788
5	5.737	0.36	2788
6	6.885	0.42	2788
7	8.032	0.48	2788
8	9.180	0.55	2788
9	10.327	0.61	2788
10	11.475	0.68	2788

通过四阶龙格-库塔方法求解式(7.99)可以得到拉索未加 SS-PTMD 以及加装 SS-PTMD 后的动力响应,其中时间步长取为 1×10^{-4}s。SS-PTMD 的质量设置为 30kg,即质量比为 1.08%。当 SS-PTMD 针对拉索某一阶振动模态进行控制时,其最优频率可按照式(7.59)以及该阶振动频率进行设计。当其分别用于控制不同阶振动模态时,SS-PTMD 分别被设置在振型位移最大处。即控制第一阶时,$x_{pd}=L/2$。图 7.52 给出了 SS-PTMD 对于拉索第一阶振动的单

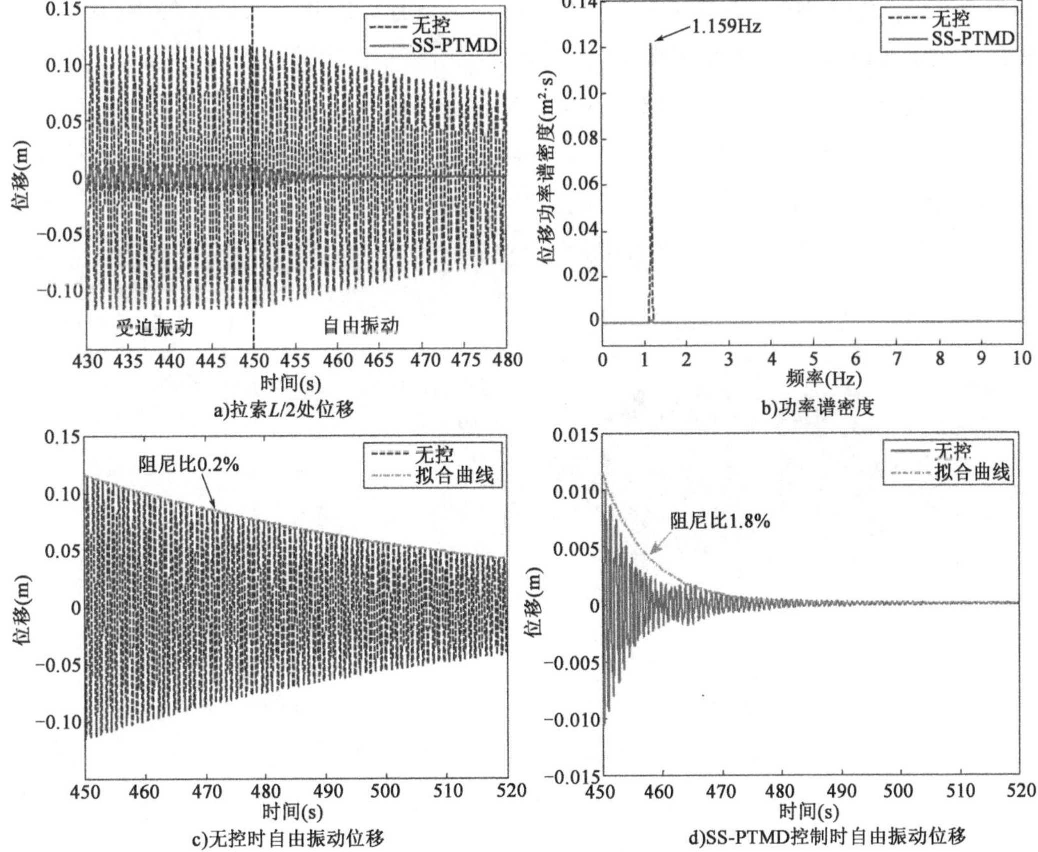

图 7.52 SS-PTMD 针对拉索第一阶模态控制分析结果

模态控制效果。从图中可看出,加装 SS-PTMD 后的拉索在同样简谐激励下的稳态振动幅值仅为 0.011m,而无控时幅值达到了 0.115m。此外,加装 SS-PTMD 后拉索的阻尼比从 0.2% 提升到 1.8%。

7.6.4 多模态振动控制效果

本节研究了 SS-PTMD 对拉索多模态振动的控制效果,目标模态为拉索的前三阶振动模态。SS-PTMD 频率按拉索第一阶振动进行调谐时,与第三阶模态频率相距较远。故而为了保证对前三阶均能有良好控制效果,SS-PTMD 按照拉索第二阶模态频率进行调谐。此处,SS-PTMD的质量仍设为 30kg。为了同时激振拉索的前三阶模态,激振荷载设为

$$f(t) = f^{A1}\sin(2\pi f_1 t) + f^{A2}\sin(2\pi f_2 t) + f^{A3}\sin(2\pi f_3 t) \tag{7.104}$$

式中,f_1、f_2,以及 f_3 分别为拉索前三阶模态频率。而 f^{A1}、f^{A2},以及 f^{A3} 分别为对应的荷载分量幅值,本节分析中分别取为 50N、200N,以及 200N。而荷载作用位置仍设为距下锚端 $L/9$ 处。

时程分析中,式(7.104)只作用在前 250s,而 250s 后该荷载被移除,拉索做自由振动。图 7.53给出了当 SS-PTMD 设置于 $L/4$ 处时拉索 $L/6$ 处的位移响应以及功率谱密度。从图中可以看出,加装 SS-PTMD 后拉索 $L/6$ 处的位移响应从无控时的 0.117m 下降到 0.051m;而从功率谱密度上可以看出 SS-PTMD 虽然只是针对第二阶模态设计,但对第一阶和第三阶模态也具有良好控制效果。图 7.54 还给出了 SS-PTMD 安装于 $L/4$ 处时拉索各节点的位移响应幅值。从图中可以看出,无控时拉索的最大位移响应出现在 $13L/60$ 和 $17L/60$ 附近,其位移幅值为 0.126m;而当 SS-PTMD 控制时拉索的最大位移响应出现在 $L/2$ 附近,其幅值仅为 0.068m。加装 SS-PTMD 后拉索的位移幅值减振率达到了 46.0%。

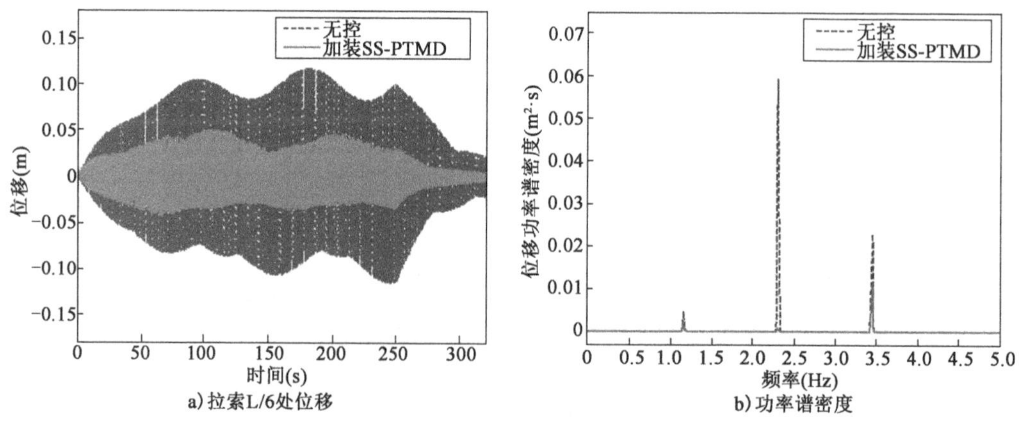

图 7.53 SS-PTMD 控制时拉索 $L/6$ 处位移响应及其功率谱密度

此外,还研究了 SS-PTMD 安装位置对于多模态振动控制效果的影响。图 7.55 给出了当 SS-PTMD 安装在拉索不同位置时拉索各节点位移响应幅值。从图可以看出,当 SS-PTMD 加装

在 $L/6$ 处时减振效果最佳，其位移幅值减振率达到了60.3%。此外，图7.55还说明合理设置SS-PTMD的安装位置能有效提升其减振性能。

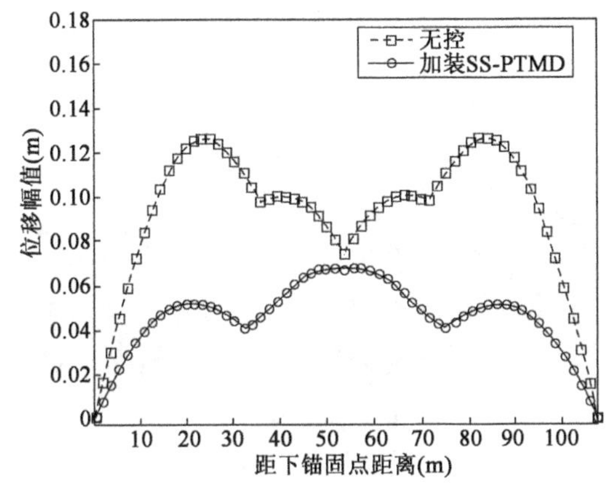

图7.54 SS-PTMD安装在 $L/4$ 处时拉索各节点位移幅值

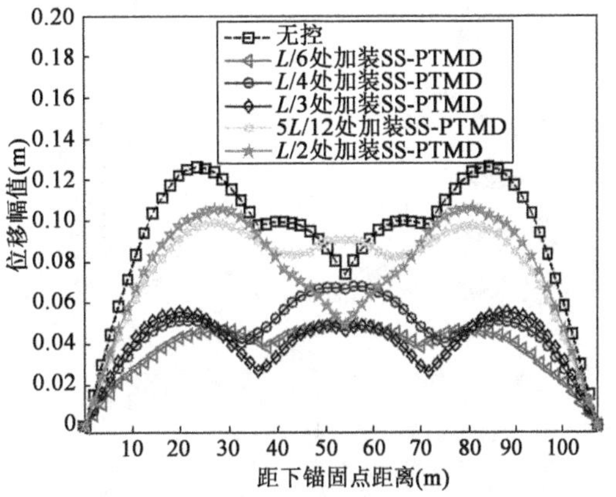

图7.55 SS-PTMD安装在不同位置时拉索各节点位移幅值

7.6.5 SS-PTMD拉索振动控制现场实验

本节利用实验室制作的SS-PTMD装置对洞庭湖大桥A10号拉索开展了现场减振实验，并研究了SS-PTMD对拉索阻尼比提升的效果。为了忽略已经安装在A10号拉索上的磁流变阻尼器对实验的影响，实验期间该磁流变阻尼器被暂时移除。

图7.56给出了现场实验中采用的SS-PTMD、数据采集系统、激振马达，以及锁定装置。本次实验中采用的SS-PTMD质量为30kg，安装在距拉索下锚端 $L/6$ 处，其最优频率按照式(7.59)与数值计算中拉索的第二阶频率2.295Hz设计。实验中一激光位移计被放置于距拉索下锚端 $L/30$ 处用来测量拉索的位移响应。一带有偏心轮的马达通过钢绞线连接到拉索 $L/9$ 处，通过改变马达的输入电压来实现对拉索不同频率的激振。此外，为了能实现拉索的自由振动，在马达和拉索连接的钢绞线上设计了脱钩装置。当拉索被激振到一定幅值时，通过脱钩装置移除马达对拉索的激振力，以实现拉索的自由振动。此外，在SS-PTMD上安装了电磁铁锁定装置，当其通电时能通过磁力吸住质量块使SS-PTMD失去控制作用；而当切断电磁铁供电时，SS-PTMD又能对拉索产生控制作用。

利用图7.56c)所示马达采用1.40Hz、2.40Hz，以及3.50Hz的频率分别对未安装SS-PTMD时的拉索进行激振，然后利用脱钩装置与激光位移计采集了拉索的自由振动时程。通过滤波处理后拉索的前3阶自由振动位移时程如图7.57～图7.59所示。从图中可以看出，拉索的前3阶模态实测频率分别为1.221Hz、2.441Hz，以及3.647Hz，与数值计算的频率相比略大。此外，通过实测可以得到A10号拉索未加SS-PTMD时前3阶的阻尼比分别为0.13%、0.15%，以及 0.12%。

a)加装在拉索$L/6$处的SS-PTMD

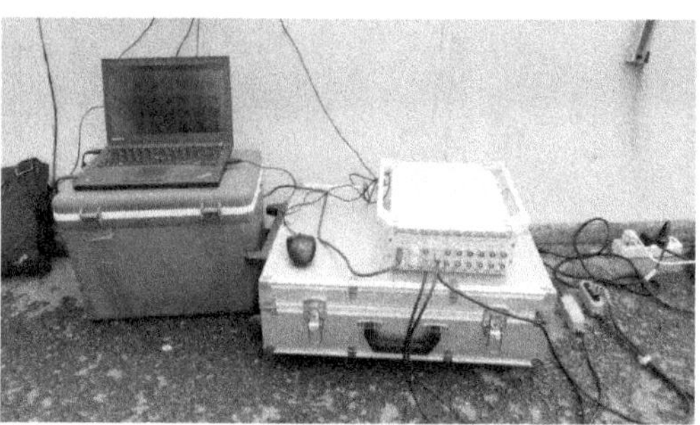

b)数据采集系统

c)带有偏心轮的激振马达与脱钩装置

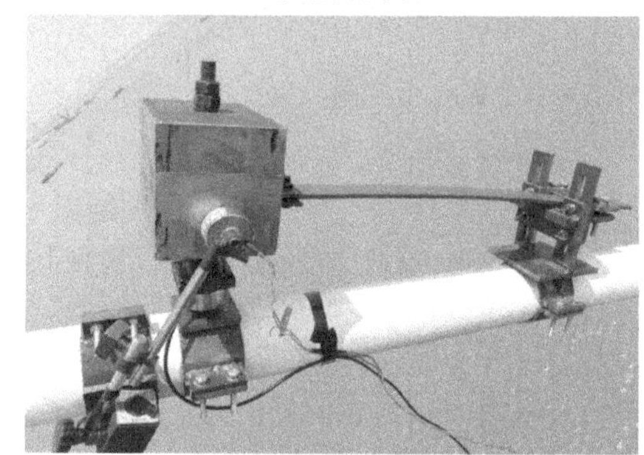

d)用于锁定SS-PTMD的电磁铁装置

图 7.56　现场实验设置图

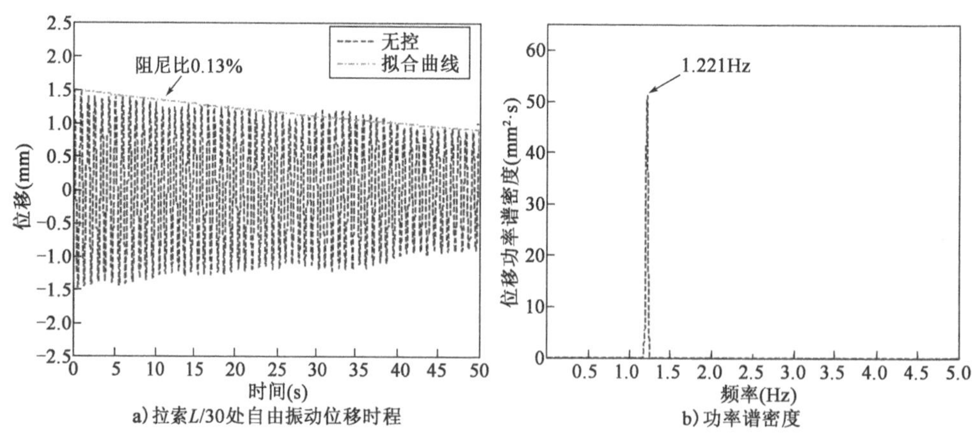

a)拉索$L/30$处自由振动位移时程

b)功率谱密度

图 7.57　拉索第一阶模态自由振动响应及其功率谱密度

在拉索 $L/6$ 处加装 SS-PTMD 后,采用上述方法同样可以得到拉索加装 SS-PTMD 后的前三阶模态自由振动时程,并通过式(7.18)所表示的自由振动包络线可得到其近似阻尼比。

图 7.60给出了加装 SS-PTMD 后拉索的前三阶模态自由振动时程及其阻尼比。从图中可以看出,由于 SS-PTMD 是针对拉索的第二阶模态设计,拉索的第二阶模态阻尼比由 0.15% 提高到 1.8%,而拉索的第一阶和第三阶模态阻尼比也有提高。

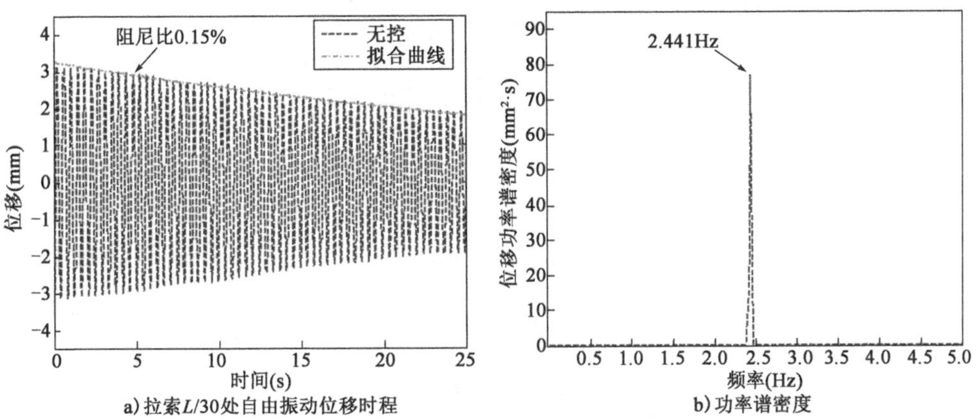

a) 拉索L/30处自由振动位移时程
b) 功率谱密度

图 7.58　拉索第二阶模态自由振动响应及其功率谱密度

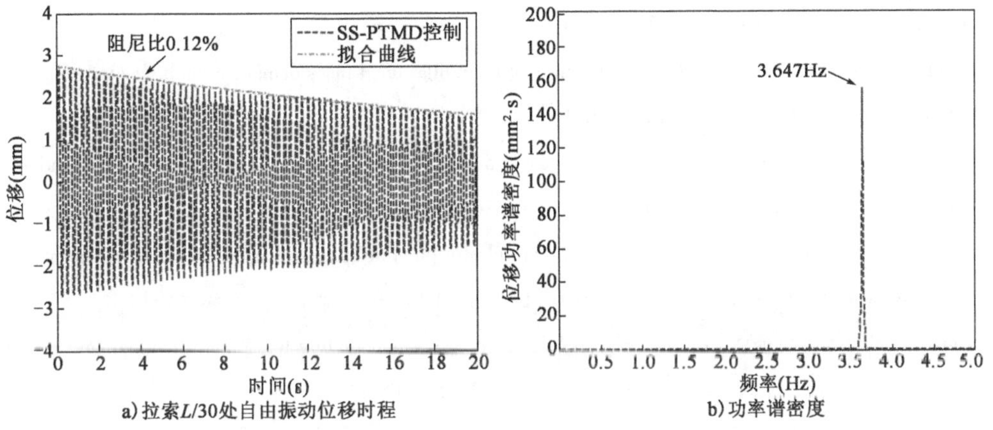

a) 拉索L/30处自由振动位移时程
b) 功率谱密度

图 7.59　拉索第 3 阶模态自由振动响应及其功率谱密度

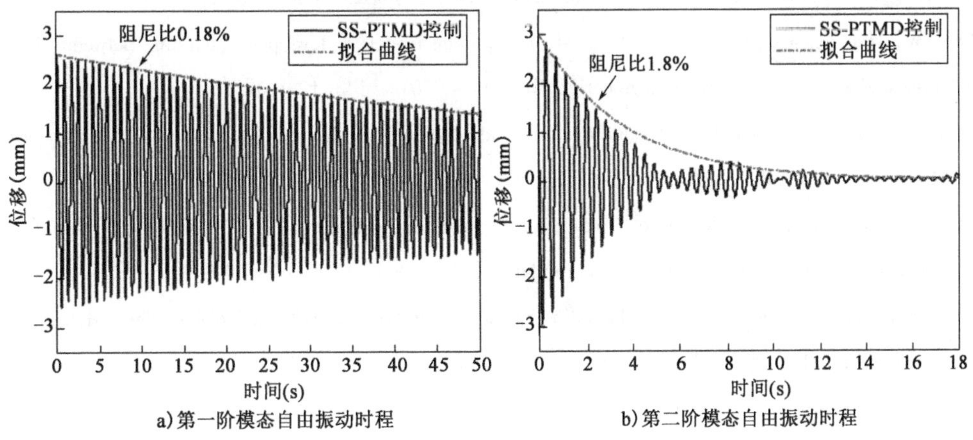

a) 第一阶模态自由振动时程
b) 第二阶模态自由振动时程

图　7.60

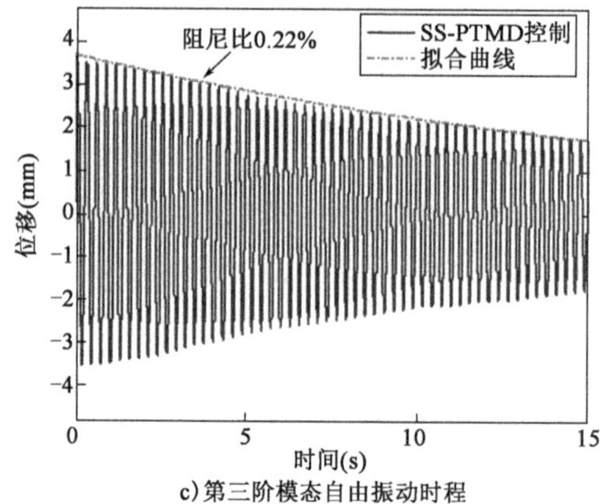

c)第三阶模态自由振动时程

图 7.60　加装 SS-PTMD 后拉索的前三阶模态自由振动时程及其阻尼比

参考文献

[1] Zhang P, Song G B, Li H N, et al. Seismic control of power transmission tower using pounding TMD[J]. Journal of Engineering Mechanics, 2013,139(10):1395-1406.

[2] Zhang P, Li L, Patil D, et al. Parametric study of pounding tuned mass damper for subsea jumpers[J]. Smart Materials and Structures, 2015, 25(1):015028.

[3] Li H N, Zhang P, Song G B, et al. Robustness study of the pounding tuned mass damper for vibration control of subsea jumpers[J]. Smart Materials and Structures, 2015, 24(9): 095001.

[4] Song G B, Zhang P, Li L Y, et al. Vibration control of a pipeline structure using pounding tuned mass damper [J]. Journal of Engineering Mechanics, 2016, 142(6): 04016031.

[5] Wang W, Hua X, Wang X, et al. Optimum design of a novel pounding tuned mass damper under harmonic excitation[J]. Smart Materials and Structures, 2017, 26(5): 055024.

[6] Wang W, Hua X, Wang X, et al. Numerical modeling and experimental study on a novel pounding tuned mass damper[J]. Journal of Vibration and Control, 2018, 24(17): 4023-4036.

[7] Wang W, Hua X, Wang X, et al. Advanced impact force model for low-speed pounding between viscoelastic materials and steel[J]. Journal of Engineering Mechanics, 2017, 143(12): 1-11.

[8] Anagnostopoulos S A. Pounding of buildings in series during earthquakes[J]. Earthquake Engineering and Structural Dynamics,1988, 16(3): 443-456.

[9] Anagnostopoulos S A. Equivalent viscous damping for modeling inelastic impacts in earthquake pounding problems[J]. Earthquake Engineering and Structural Dynamics,2004, 33(8): 897-902.

[10] Jankowski R, Wilde K, Fujino Y. Pounding of superstructure segments in isolated elevated bridge during earthquakes[J]. Earthquake Eng. Struct. Dyn., 1988, 27(5): 487-502.

[11] Goldsmith W. Impact: the theory and physical behavior of colliding solids[M]. London: Edward Arnold Ltd., 1960.

[12] Mahmoud S, Jankowski R. Modified linear viscoelastic model of earthquake-induced structural pounding[J]. Iran. J. Sci. Technol., 2011, 35(1): 51-62.

[13] Jankowski R. Non-linear viscoelastic modeling of earthquake-induced structural pounding[J]. Earthquake Engineering and Structural Dynamics, 2005, 34(6): 595-611.

[14] Jankowski R. Analytical expression between the impact damping ratio and the coefficient of restitution in the non-linear viscoelastic model of structural pounding[J]. Earthquake Engineering and Structural Dynamics, 2006, 35(4): 517-524.

[15] Hunt K H, Crossley F R E. Coefficient of restitution interpreted as damping in vibroimpact[J]. Journal of Application Mechanics, 1975, 42(2): 440-445.

[16] Lankarani H M, Nikravesh P E. A contact force model with hysteresis damping for impact analysis of multibody systems[J]. Journal of Mechanical Design, 1990, 112(3): 369-376.

[17] Ye K, Li L, Zhu H. A note on the Hertz contact model with nonlinear damping for pounding simulation[J]. Earthquake Engineering and Structural Dynamics, 2009, 38(9): 1135-1142.

[18] Khatiwada S, Chouw N, Butterworth J W. A generic structural pounding model using numerically exact displacement proportional damping[J]. Engineering Structures, 2014, 62-63: 33-41.

[19] Lankarani H M, Nikravesh P E. Continuous contact force models for impact analysis in multibody systems[J]. Nonlinear Dynamics, 1994, 5(2): 193-207.

[20] Wang W X, Wang X Y, Hua X G, et al. Vibration control of vortex-induced vibrations of a bridge deck by a single-sidepounding tuned mass damper[J]. Engineering Structures, 2018, 173: 61-75.

[21] Wang X Y, Ni Y Q, Ko J M, et al. Optimal design of viscous dampers for multi-mode vibration control ofbridge cables[J]. Engineering Structures, 2005, 27(5): 792-800.

8 电磁式调谐质量阻尼器减振理论

本章基于经典调谐质量阻尼器,通过电磁换能器能量收集单元替代 TMD 系统中的黏性阻尼单元,形成电磁式调谐质量阻尼器(Electromagnetic Tuned Mass Damper,简称 EM-TMD)[1,2]。EM-TMD 同时能对结构振动进行减振和能量收集。基于基尔霍夫定律和拉格朗日方程,建立了 EM-TMD 能量收集单元电学模型、EM-TMD 动力学方程、EM-TMD 与单自由度结构(SDOFs)耦合减振模型;然后,利用 H_2 优化理论和蒙特卡洛-模式搜索法对耦合减振模型进行了参数优化,并通过数值分析研究了 EM-TMD 的减振与能量收集性能。

在 EM-TMD 的基础上,引入惯质概念,提出了电磁式调谐双质阻尼器(Electromagnetic Tuned Mass-inerter Damper,简称 EM-TMID)的概念[3-7],建立了 EM-TMID 与 SDOFs 耦合结构受地震和脉动风荷载作用时的力学模型;通过 H_2 范数优化理论对 EM-TMID 耦合模型进行参数优化,并通过数值仿真分析研究了 EM-TMID 系统的双重功能。基于此,又将 EM-TMID 的并联非振荡电磁式(RL)系统替换为并联振荡电磁式(RLC)系统,提出了电磁谐振式调谐双质阻尼器(Electromagnetic Shunt Tuned Mass-inerter Damper,简称 EMS-TMID)[8-10],建立了 EMS-TMID 与 SDOFs 耦合结构受地震和脉动风荷载作用时的力学模型;利用 H_2 优化理论参数优化方法对 EMS-TMID 耦合模型进行参数优化,并时域分析了 EMS-TMID 的双重性能。

8.1 电磁式调谐质量阻尼器(EM-TMD)减振理论

8.1.1 EM-TMD 基本构造及电磁能量收集单元工作原理

EM-TMD 主要包括弹簧-质量单元和基于旋转发电机的能量收集单元,如图 8.1 所示。根据旋转发电机原理,能量收集单元可以等效为一个电感 L 和一个内阻 R_i。同时,能量收集单元的外阻可以等效为 R_e,两者串联后,等效为 RL 电路。图 8.1 简化后的结构示意图如图 8.2 所示。

从图 8.1 和图 8.2 分析,当能量收集单元处于振动环境中时,质量块做直线运动,引起旋转发电机动子相对于定子产生移动,随着动子的移动,线圈中的磁通量发生改变,从而在线圈中产生感应电动势。此时,能量收集单元产生的感应电动势被外接电容器件等其他储能装置进行存储,一方面在结构振动的过程中能够收集能量;另一方面能量收集单元中的反电动势力代替传统型调谐质量阻尼器中的黏性单元的阻尼力,对结构进行减振。

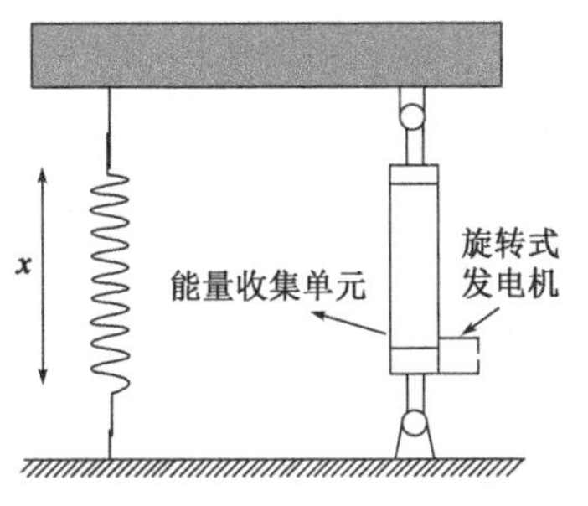

图 8.1 电磁调谐质量阻尼器基本构造

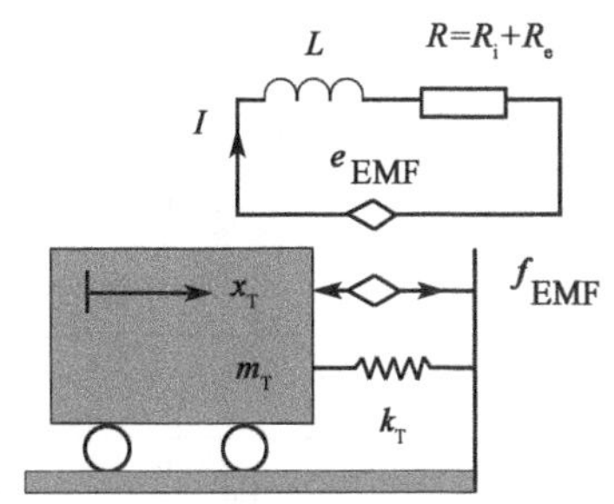

图 8.2 电磁调谐质量阻尼器简化示意图

8.1.2 能量收集单元力学性能实验

1)力学性能实验参数分析

能量收集单元由滚珠丝杠机构、联轴器、变速箱、旋转发电机,以及尾筒等配件组装而成。其中,能量收集单元是电磁调谐质量阻尼器的核心构件。滚珠丝杠一般由螺杆、螺母、芯杆、线性转换螺母、自润滑装置、电动机转动轴承、电动机安装构件、紧固螺栓等部件组成。CT55 型滚珠丝杠如图 8.3 所示。CT55 型直线滚动导轨相对于传统的滚动导轨有以下的优势:端部的芯杆易于和其他构件连接,基本为全封闭式结构,并且端部有防异物芯圈,能够避免在工作过程中外物对丝杆运动的影响;运动过程基本不会对外界产生噪声;因采用自润滑装置,能够对丝杆进行优化润滑,避免了长期的维护工作。

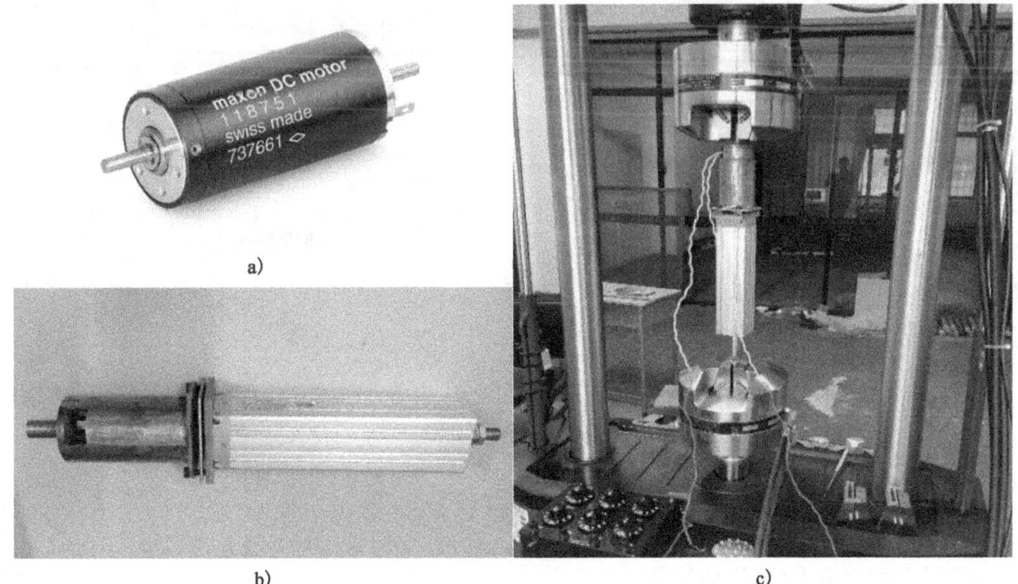

图 8.3 基于 CT55 型的能量收集单元力学性能实验

能量收集装置中的发电机选定 DC 型 RE50 电动机。该发电机的主要参数如表 8.1 所示，具有如下优点：电磁转换效率高，电动机采用小惯量转子获得高的加速性能，换向器多片设计、转矩波动小；无齿槽效应，转子轴承启动扭矩很小；结构紧凑，质量小，尺寸小，寿命长，内阻小，减小在发电过程中以热量的形式浪费掉的电能；转动惯量小，扭矩高，加速度高。

DC 型 RE50 发电机参数值 表 8.1

参　数	参 数 值	参　数	参 数 值
转矩常数	93.4mN · m/A	电动机外径	50mm
反电动势常数	93.4mV · s/rad	总质量	1100g
电动机内阻	0.608Ω	设计最大转速	9500r/min
电动机转动惯量	542g · cm^2	转子轴径	8mm

不同输入频率时，外接电阻为无穷大（开路）和 0（短路）时的实验结果如图 8.4 所示。变电阻、变振幅时力与位移滞回曲线如图 8.5 所示。各实验工况进行能量收集时，每组数据采集 12s，如图 8.6 所示。从图 8.6 得，当幅值为 10mm，频率为 2Hz 时，电压值大约为 8.3V。

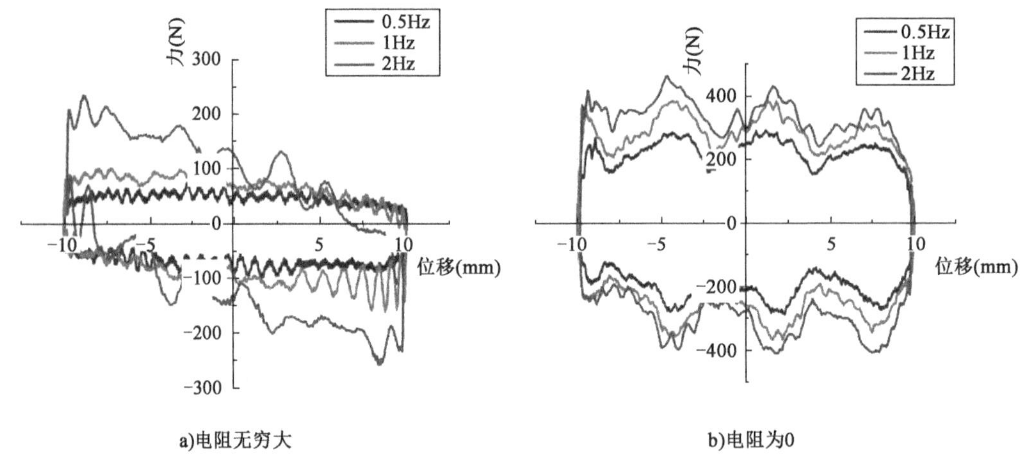

图 8.4　不同激励频率位移幅值 10mm 时的滞回曲线

2）力学模型对比分析

基于滚珠丝杠的能量收集单元在考虑发电机反电动势产生的电磁阻尼力后，推导的阻尼合力由惯性力 $M_e\ddot{x}_d$、电磁力 $C_d\dot{x}_d$ 和摩擦力 Q_f 组成，如

$$F = M_e\ddot{x}_d + C_d\dot{x}_d + Q_f \tag{8.1}$$

考虑不同频率、不同幅值情况下，电阻为 0（开路）时的力学模型拟合如图 8.7 所示。从图 8.7分析，理论与实验结果所得的位移与力曲线拟合较好。

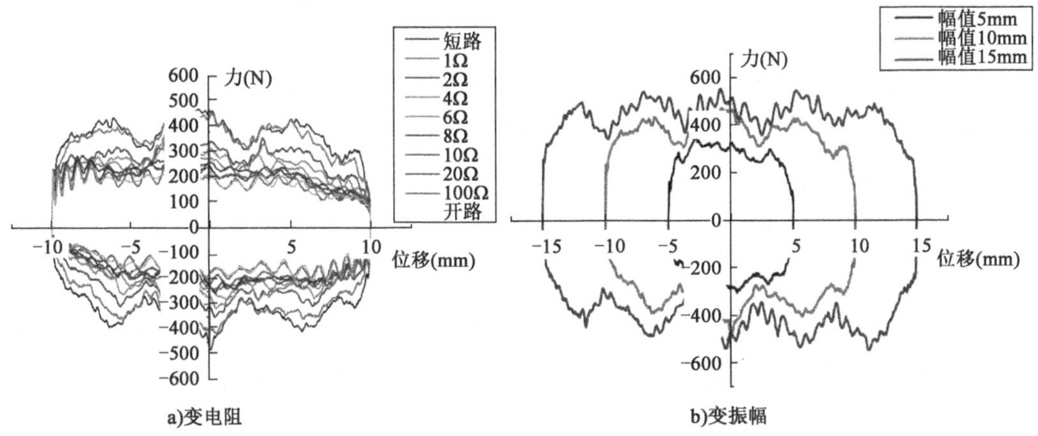

图 8.5　变电阻、变振幅时力与位移滞回曲线

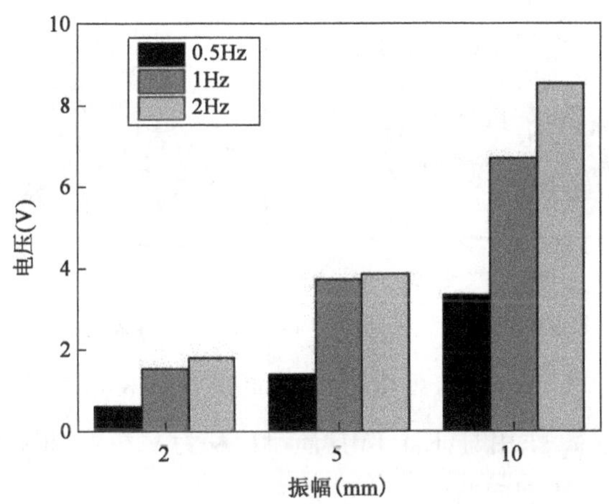

图 8.6　电压测量实验结果

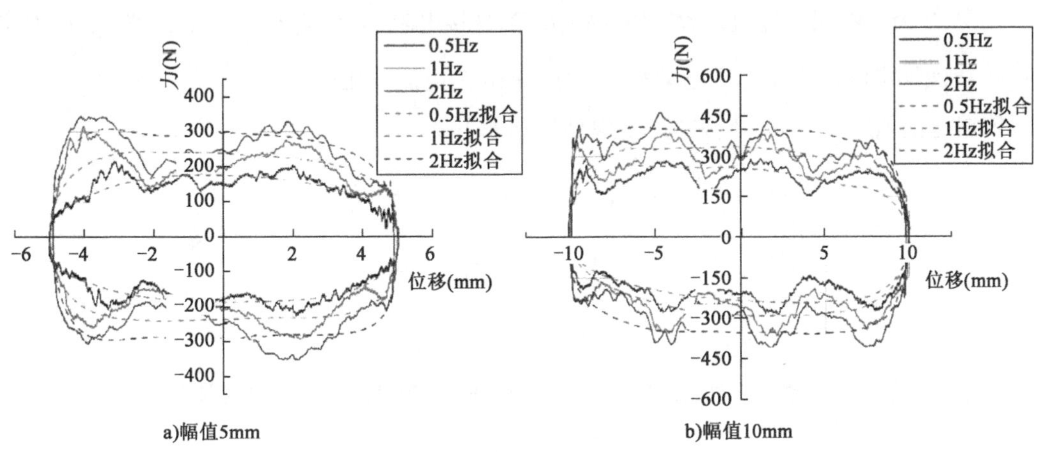

图 8.7　电阻为 0 时力学实验与理论数据对比图

8.1.3 电磁式调谐质量阻尼器（EM-TMD）动力方程

从图8.2分析，首先建立了EM-TMD与单自由度结构的耦合减振模型，然后对此耦合结构分别采用H_2范数优化理论、蒙特卡洛-模式搜索法进行了以主结构位移均方值最优和峰值最优为目标的参数优化研究。通过优化，获得了结构频率比、电磁阻尼比、机电耦合系数3个调谐最优参数，并开展了相应的频域和时域分析。

1）EM-TMD力学模型

EM-TMD对受地震作用$\ddot{x}_g$的单自由度结构耦合模型如图8.8所示。为了更好地评估减振效果，主结构被简化为一个单自由度结构，其质量为m_s，刚度为k_s，阻尼为c_s，数值分别对应于结构主要模态参数。

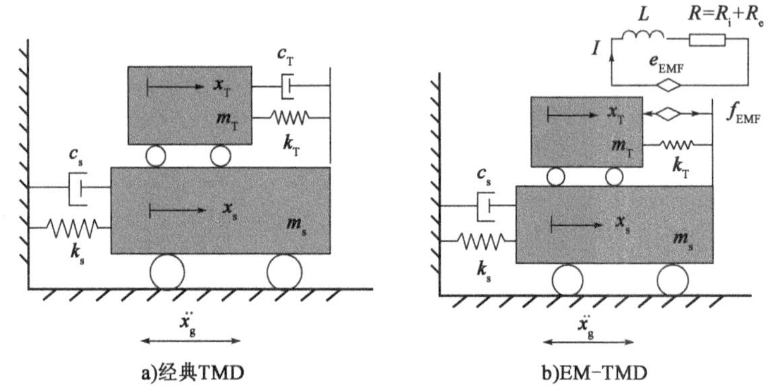

图8.8 经典TMD与EM-TMD简化耦合模型

在外部地震激励振幅$\ddot{x}_g$作用时，EM-TMD质量位移为$x_T(t)$。根据基尔霍夫定律，不计电容，发电机能量收集单元的线圈回路电压平衡方程为

$$e + R\dot{q} + L\ddot{q} = 0 \tag{8.2}$$

式中，R为线圈回路电阻且$R = R_i + R_e$，R_e为外接电阻，R_i为电动机内阻；L为线圈回路电感；e为线圈移动时产生的感应电动势；$\dot{q}$为电流；$\ddot{q}$为电流变化率。

依据达朗伯原理，耦合结构的力学模型建立如下

$$\begin{cases} m_s\ddot{x}_s + c_s\dot{x}_s + k_s x_s - k_T(x_T - x_s) + k_f I = -m_s\ddot{x}_g \\ m_T\ddot{x}_T + k_T(x_T - x_s) - k_f I = -m_T\ddot{x}_g \\ k_v(\dot{x}_T - \dot{x}_s) + RI + L\dot{I} = 0 \end{cases} \tag{8.3}$$

式中，参数意义如图8.8所示，其中m_T，k_T分别为EM-TMD的质量和刚度。令$s = j\omega$，$\mu = \dfrac{m_T}{m_s}$，$\omega_s^2 = \dfrac{k_s}{m_s}$，$\omega_T^2 = \dfrac{k_T}{m_T}$，$\zeta_e = \dfrac{R}{2L\omega_s}$，$\zeta_s = \dfrac{c_s}{2m_s\omega_s}$进行无量纲化。

式(8.3)可以简化为

$$\begin{cases} x_s(j\omega)^2 + 2\omega_s\zeta_s x_s(j\omega) + x_s - \mu\omega_T^2(x_T - x_s) + \dfrac{k_f}{m_s}I = -\ddot{x}_g \\ x_T(j\omega)^2 + \omega_T^2(x_T - x_s) - \dfrac{k_f}{m_T}I = -\ddot{x}_g \\ k_v(x_T - x_s)(j\omega) + 2\zeta_e\omega_s LI + LI(j\alpha) = 0 \end{cases} \tag{8.4}$$

令 $\alpha = \dfrac{\omega}{\omega_s}, f_T = \dfrac{\omega_T}{\omega_s}$,相对位移 $x_r = x_T - x_s$,进一步化简

$$\begin{cases} x_s(j\alpha)^2 + 2\zeta_s x_s(j\alpha) + x_s - \mu f_T^2 x_r + \dfrac{k_f}{k_s}I = -\dfrac{\ddot{x}_g}{\omega_s^2} \\ (x_s + x_r)(j\alpha)^2 + f_T^2 x_r - \dfrac{k_f}{\mu k_s}I = -\dfrac{\ddot{x}_g}{\omega_s^2} \\ k_v x_r(j\alpha) + 2\zeta_e LI + LI(j\alpha) = 0 \end{cases} \tag{8.5}$$

式中,μ 为 TMD 与主结构的质量比;ω_s 为主结构的频率;ζ_s 为主结构的阻尼比;ω_T 为 EM-TMD的频率;ζ_e 为 EM-TMD 的电子阻尼比;α 为外激励频率比;f_T 为 EM-TMD 的结构频率比;x_r 为相对位移。

2)EM-TMD 耦合减振模型的传递函数

(1)被控结构无阻尼情况时

在地震波加速度 $\ddot{x}_g$ 激励作用时,主结构位移 x_s 的传递函数 X_{n1} 为

$$X_{n1} = \frac{x_s}{\ddot{x}_g/\omega_s^2} = \frac{2\zeta_e - f_T\varphi + (\mu_k + 1)\varphi f_T^2(j\alpha) + 2\zeta_e(j\alpha)^2 + (j\alpha)^3}{A_0 + A_1(j\alpha) + A_2(j\alpha)^2 + A_3(j\alpha)^3 + A_4(j\alpha)^4 + A_5(j\alpha)^5} \tag{8.6}$$

式中,机电耦合系数 $\mu_k = \dfrac{k_v k_f}{k_T L}$;$\varphi = 1 + \mu$;$j = \sqrt{-1}$是其虚数单位,且

$$\begin{cases} A_0 = 2\zeta_e f_T^2 \\ A_1 = f_T^2(\mu_k + 1) \\ A_2 = 2\zeta_e(1 + \varphi f_T^2) \\ A_3 = (\mu_k + 1)\varphi f_T^2 + 1 \\ A_4 = 2\zeta_e \\ A_5 = 1 \end{cases}$$

在地震加速度 $\ddot{x}_g$ 激励作用时,相对位移 x_r 的传递函数 X_{r1} 为

$$X_{r1} = \frac{x_r}{\ddot{x}_g/\omega_s^2} = \frac{2\zeta_e + (j\alpha)}{A_0 + A_1(j\alpha) + A_2(j\alpha)^2 + A_3(j\alpha)^3 + A_4(j\alpha)^4 + A_5(j\alpha)^5} \tag{8.7}$$

在地震加速度 $\ddot{x}_g$ 激励作用时,输出电流 I 的传递函数为

$$I_{n1}=\frac{I}{\ddot{x}_g/\omega_s^2}=\frac{\frac{k_v}{L}(j\alpha)}{A_0+A_1(j\alpha)+A_2(j\alpha)^2+A_3(j\alpha)^3+A_4(j\alpha)^4+A_5(j\alpha)^5} \tag{8.8}$$

(2)被控结构有阻尼情况时

在地震加速度 $\ddot{x}_g$ 激励作用时,主结构位移 x_s 的传递函数为

$$X_{n2}=\frac{x_s}{\ddot{x}_g/\omega_s^2}=\frac{2\zeta_e f_T^2\varphi+(\mu_k+1)\varphi f_T^2(j\alpha)+2\zeta_e(j\alpha)^2+(j\alpha)^3}{B_0+B_1(j\alpha)+B_2(j\alpha)^2+B_3(j\alpha)^3+B_4(j\alpha)^4+B_5(j\alpha)^5} \tag{8.9}$$

式中

$$\begin{cases}B_0=2\zeta_s f_T^2\\ B_1=f_T^2(\mu_k+1)+4\zeta_e\zeta_s f_T^2\\ B_2=2\zeta_e(1+\varphi f_T^2)+2\zeta_s f_T^2(\mu_k+1)\\ B_3=(\mu_k+1)\varphi f_T^2+1+4\zeta_e\zeta_s\\ B_4=2(\zeta_e+\zeta_s)\\ B_5=1\end{cases}$$

在地震加速度 $\ddot{x}_g$ 激励作用时,相对位移 x_r 的传递函数为

$$X_{r2}=\frac{x_r}{\ddot{x}_g/\omega_s^2}=\frac{2\zeta_e+(4\zeta_e\zeta_s+1)(j\alpha)+2\zeta_s(j\alpha)^2}{B_0+B_1(j\alpha)+B_2(j\alpha)^2+B_3(j\alpha)^3+B_4(j\alpha)^4+B_5(j\alpha)^5} \tag{8.10}$$

在地震加速度 $\ddot{x}_g$ 激励作用时,输出电流 I 的传递函数为

$$I_{n2}=\frac{I}{\ddot{x}_g/\omega_s^2}=\frac{\frac{k_v}{L}(j\alpha)+2\frac{k_v}{L}\zeta_s(j\alpha)^2}{B_0+B_1(j\alpha)+B_2(j\alpha)^2+B_3(j\alpha)^3+B_4(j\alpha)^4+B_5(j\alpha)^5} \tag{8.11}$$

8.1.4 基于 H_2 范数优化理论的 EM-TMD 参数分析

1)H_2 参数优化

因为 H_2 范数在随机激励下能够代表响应的均方根值,所以当主结构受到随机荷载激励时,H_2 范数非常适合评估结构的减震效果。为了充分地对主结构进行减震,通过使主结构位移的均方根值最优来对 EM-TMD 进行参数优化。因此,引入地震波 $\ddot{x}_g$ 作用时,主结构位移 x_s 的范数评价指数 PI_{v1} 为

$$PI_{v1}=\frac{E[x_s^2]}{2\pi\omega_s S_0}=\frac{\langle x_s^2\rangle}{2\pi\omega_s S_0} \tag{8.12}$$

式中,$E[\cdot]$为均方根值;$\langle\cdot\rangle$为瞬时平均值;S_0 为外激励的能量强度,单位是 $m^2\cdot s/rad$。

则主结构位移 x_s 的均方根值可以定义为

$$\langle x_s^2 \rangle = \omega_s S_0 \int_{-\infty}^{\infty} |X_{n1}|^2 \mathrm{d}\alpha \tag{8.13}$$

将式(8.13)代入式(8.12),评价指数 PI_{v1} 可以表示为

$$PI_{v1} = \frac{1}{2\pi} \int_{-\infty}^{\infty} |X_{n1}|^2 \mathrm{d}\alpha \tag{8.14}$$

式(8.14)中的积分可以通过残数定理[11]求得。结合式(8.6),评价指标 PI_{v1} 可以表示为3个调谐参数 f_T,μ_k,ζ_e 的函数形式

$$PI_{v1} = \frac{1 - 2f_T^2\varphi(\mu_k + 1) + f_T^4\varphi^3(\mu_k + 1)^2 + 4\zeta_e^2 - 12f_T^2\varphi^2\zeta_e^2 + 4f_T^2\varphi^3\zeta_e^2 + 4f_T^4\varphi^4\zeta_e^2}{4f_T^2\mu\mu_k\zeta_e} \tag{8.15}$$

为了实现减振评价指标 PI_{v1} 最小化,即 PI_{v1} 对每个调谐参数的偏导数为零,则有

$$\frac{\partial PI_{v1}}{\partial f_T} = 0, \frac{\partial PI_{v1}}{\partial \zeta_e} = 0, \frac{\partial PI_{v1}}{\partial \mu_k} = 0 \tag{8.16}$$

因此,通过式(8.15)和式(8.16)得

$$\begin{cases} -1 - 4\zeta_e^2 + f_T^4\varphi^3(1 + 2\mu_k + \mu_k^2 + 4\varphi\zeta_e^2) = 0 \\ -1 + 4\zeta_e^2 - f_T^4\varphi^3(1 + 2\mu_k + \mu_k^2 - 4\varphi\zeta_e^2) + 2f_T^2\varphi(1 + \mu_k - 6\varphi\zeta_e^2 + 2\varphi^2\zeta_e^2) = 0 \\ 1 + 4\zeta_e^2 + f_T^4\varphi^3(1 - \mu_k^2 + 4\varphi\zeta_e^2) + 2f_T^2\varphi(1 + \mu_k - 6\varphi\zeta_e^2 + 2\varphi^2\zeta_e^2) = 0 \end{cases} \tag{8.17}$$

求解方程组(8.17)可得到

$$\begin{cases} f_T^{\mathrm{opt}} = \sqrt{\dfrac{\varphi^2 - \sqrt{\varphi^5 - \varphi^4}}{\varphi^4}} \\ \zeta_e^{\mathrm{opt}} = \sqrt{\dfrac{2 + \sqrt{\mu}}{10\varphi - 2\varphi^2}} \\ \mu_k^{\mathrm{opt}} = \dfrac{2(\mu + \sqrt{\mu})}{1 - \mu} \end{cases} \tag{8.18}$$

相应的物理参数 L,R,k_T 可以表示为

$$\begin{cases} k_T^{\mathrm{opt}} = f_T^{\mathrm{opt}2} m_T \omega_s^2 \\ R^{\mathrm{opt}} = 2\omega_s L^{\mathrm{opt}} \zeta_e^{\mathrm{opt}} \\ L^{\mathrm{opt}} = \dfrac{k_v k_f}{\mu_k^{\mathrm{opt}} k_T^{\mathrm{opt}}} \end{cases} \tag{8.19}$$

经典 TMD 无结构阻尼时,在地震作用下的 H_2 理论优化参数[12]为

$$\begin{cases} f_1^{\mathrm{opt}} = \dfrac{1}{(1 + \mu)} \sqrt{\dfrac{2 - \mu}{2}} \\ \zeta_1^{\mathrm{opt}} = \sqrt{\dfrac{\mu(4 - \mu)}{8(1 + \mu)(2 - \mu)}} \end{cases} \tag{8.20}$$

经典 TMD 无结构阻尼时，在地震作用下的固定点理论下最优参数[13]为

$$
\begin{cases}
f_1^{\text{opt}} = \dfrac{\sqrt{1 - \dfrac{1}{2}\mu}}{1 + \mu} \\
\zeta_1^{\text{opt}} = \sqrt{\dfrac{3\mu}{8(1 + \mu)\left(1 - \dfrac{1}{2}\mu\right)}}
\end{cases}
\tag{8.21}
$$

2）最优状态下 H_2 调谐参数分析

最优 H_2 调谐参数结构频率比、电子阻尼比和机电耦合系数随质量比的变化如图 8.9 所示。由图 8.9 分析，随着 EM-TMD 质量比的增大，EM-TMD 最优结构频率比会减小，且基本与质量比呈线性关系，最优电子阻尼比和机电耦合系数则会增大。不同的是，最优电子阻尼比的增速随着质量比的增大而变缓，而机电耦合系数则基本与质量比呈线性关系。

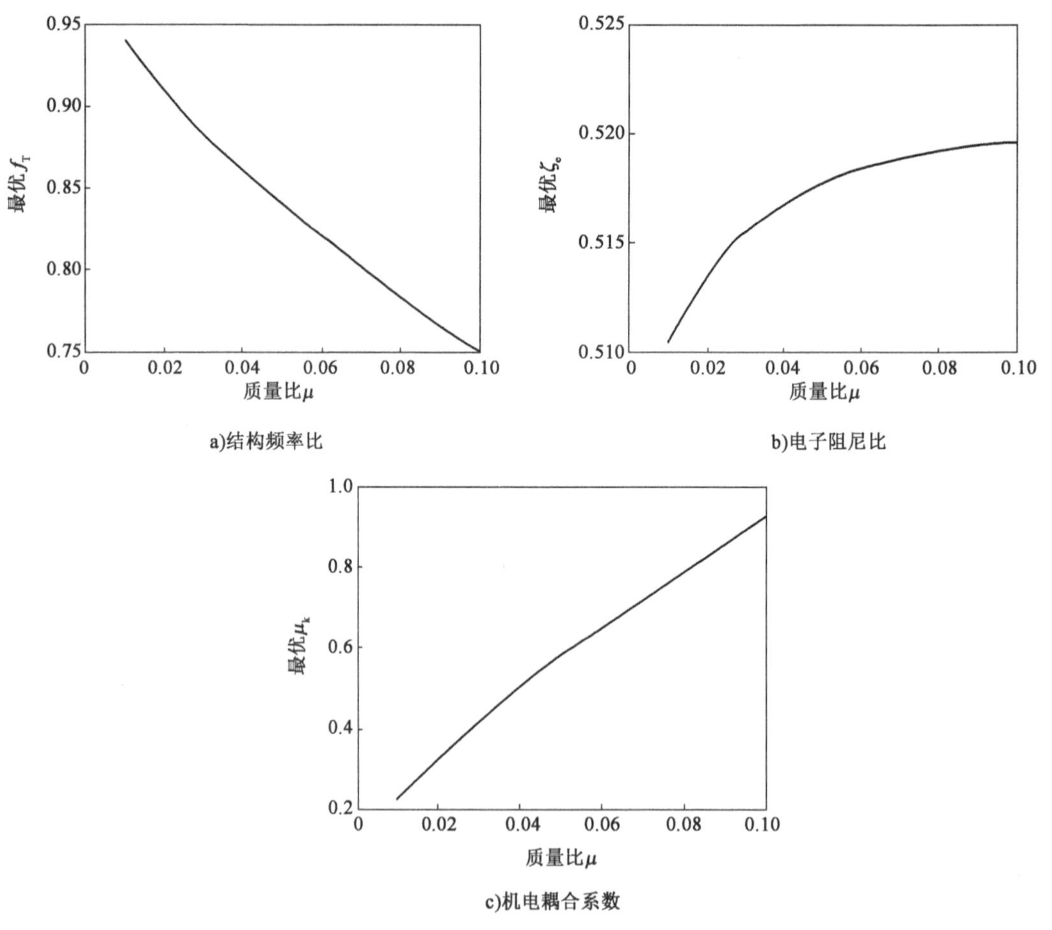

图 8.9　最优 H_2 调谐参数分析

3)不同减振系统的性能对比

质量比$\mu=0.02$时,在无控状态、经典TMD控制状态和EM-TMD控制状态下,主结构位移和相对位移频响对比如图8.10所示。从图中可得,在相同质量比下,EM-TMD的H_2主结构位移减振性能优于经典TMD,但是相对位移减振效果不如经典TMD。具体而言,EM-TMD主结构位移的传递函数X_n的峰值相对于经典TMD降低了4.0%。此外,当α在0.7~1.3之间时,EM-TMD的主结构位移的传递函数X_n的积分面积相对于经典TMD降低了1.1%。

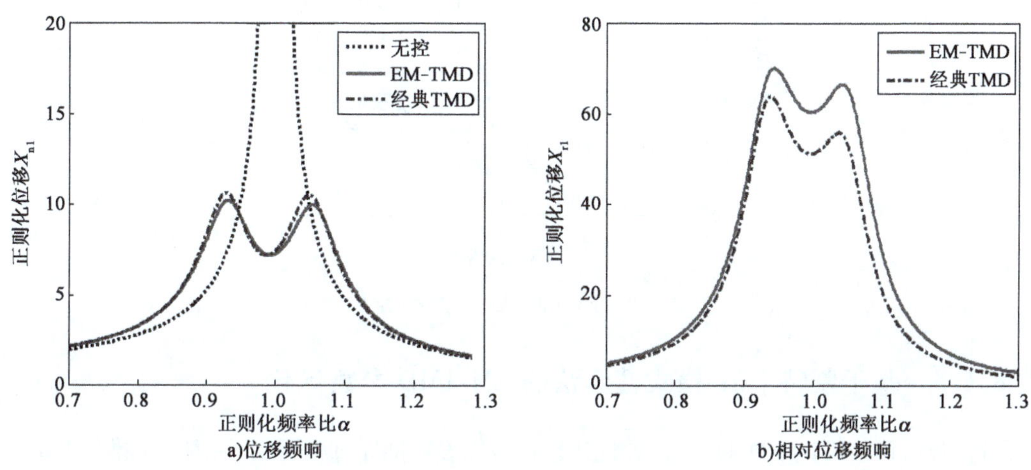

图8.10 质量比$\mu=0.02$时不同TMD的主结构频响

4)不同质量比的EM-TMD减振性能对比

不同质量比时,EM-TMD对主结构的减振情况随正则化频率比的变化如图8.11所示。从图中可知,主结构的正则化位移X_{n1}和X_{r1}随质量比的增大减振性能变优。

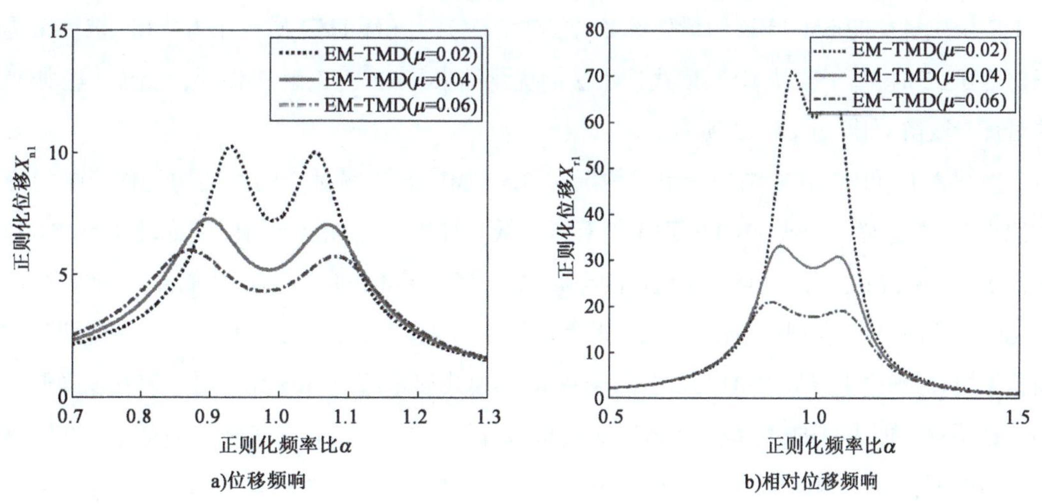

图8.11 不同质量比时EM-TMD的主结构频响

5)调谐参数的鲁棒性分析

在实际过程中,EM-TMD 频率比难以调谐到最优状态。受到环境和时间的影响,一些参数可能会发生改变。减振性能随相关参数的变化趋势如图 8.12 所示。从图中可得,EM-TMD 主结构位移频响对结构频率比的变化比较敏感,而对电子阻尼比和机电耦合系数则不够敏感。

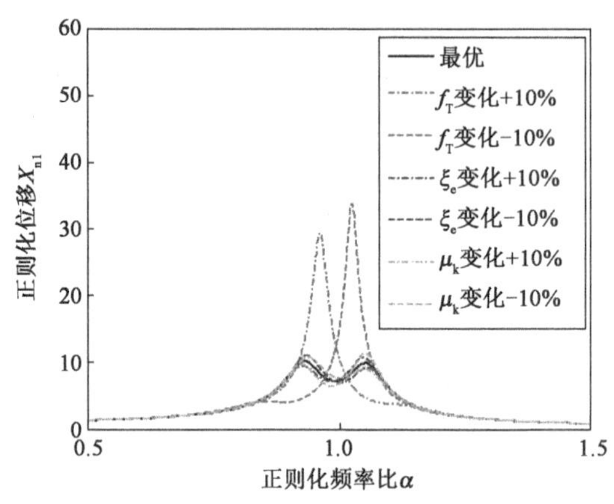

图 8.12　EM-TMD 的调谐参数鲁棒性

8.1.5　基于蒙特卡洛-模式搜索法的 EM-TMD 参数优化

由 8.1.4 节中 EM-TMD 的 H_2 范数优化理论最优参数推导过程可知,从理论上推导 EM-TMD 的最优参数解析表达式是一个相当复杂的过程。采用文献[14]所提出的蒙特卡洛-模式搜索法,将其应用到 EM-TMD 的数值法优化中。蒙特卡洛-模式搜索法的具体过程详见文献[14],这里仅利用此方法对 EM-TMD 主结构有无阻尼的情况进行参数优化。

对于图 8.8(b)所示的模型,在被控结构无阻尼和有阻尼的情况下,利用数值方法分别得到了不同质量比的 EM-TMD 的最优参数f_T^{opt},ζ_e^{opt},μ_k^{opt}。当 EM-TMD 质量比为 0.02,被控结构阻尼比为 0.02 时,基于蒙特卡洛-模式搜索法的优化结果与 H_2 理论解、固定点理论解、经典 TMD 的最优参数解对比如图 8.13 所示。

由图 8.13 可知,在主结构无阻尼情况时,EM-TMD 数值解对应的主结构位移频响的峰值相比于 H_2 理论解和经典 TMD 的理论解有所降低。具体而言,相对于 H_2 理论设计的 EM-TMD 降低了 4.4%,相对于固定点理论设计的经典 TMD 降低了 4.2%。同样,我们发现,通过数值法优化的主结构位移频响两峰对应的数值近乎相等,效果与固定点法相似,但是频响函数所包围的面积不如 H_2 理论小。从中可以归纳出,蒙特卡洛-模式搜索法与 H_2 的区别是,前者以降低主结构位移频响峰值为目的,后者以降低频响面积为目的。同样可知,在实际结构总是存在固有阻尼的情况下,利用无阻尼状况下对应的 H_2 理论解和数值解进行控制时,系统并不是最优控制状态,无阻尼数值解设计对应的主结构位移频响最大值是 9.7,有阻尼数值解设计则是 7.3。

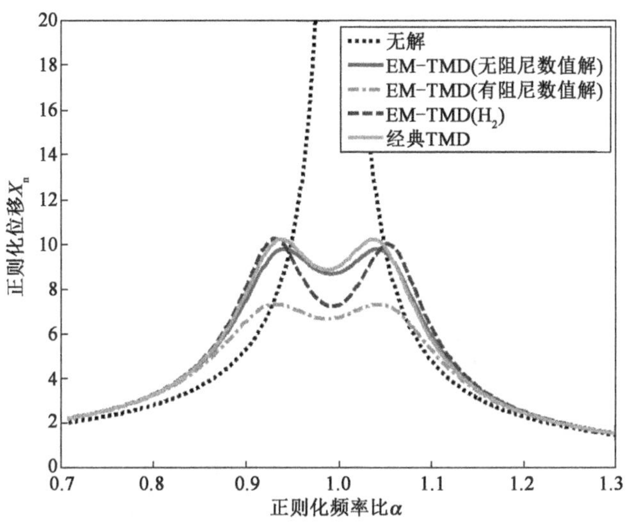

图 8.13　不同参数优化理论的主结构位移频响

被控主结构不同固有阻尼比时的 EM-TMD 最优结构频率比、最优电子阻尼比、最优机电耦合系数随质量比的变化趋势如图 8.14 所示。表 8.2 列出了不同工况下的 EM-TMD 的最优参数。从不同被控结构阻尼比的最优参数变化趋势来看，被控结构有阻尼状态与无阻尼状态对应的最优参数变化趋势基本一致；随着主结构阻尼比增大，EM-TMD 最优结构频率比有所下降，最优电子阻尼比和机电耦合系数则增长，不同的是机电耦合系数基本呈线性增长，而电子阻尼比的增长趋势逐渐趋于平缓。

不同质量比下的 EM-TMD 最优参数　　表 8.2

主结构阻尼比	质量比	结构频率比	电子阻尼比	机电耦合系数
$\zeta_s=0$	$\mu=0.01$	0.9298	0.5267	0.2720
	$\mu=0.02$	0.8957	0.5390	0.4069
	$\mu=0.03$	0.8697	0.5536	0.5154
	$\mu=0.04$	0.8446	0.5565	0.6190
	$\mu=0.05$	0.8235	0.5613	0.7087
$\zeta_s=0.01$	$\mu=0.01$	0.9249	0.5199	0.2827
	$\mu=0.02$	0.8916	0.5405	0.4156
	$\mu=0.03$	0.8626	0.5411	0.5268
	$\mu=0.04$	0.8385	0.5491	0.6277
	$\mu=0.05$	0.8159	0.5547	0.7264
$\zeta_s=0.02$	$\mu=0.01$	0.9202	0.5120	0.2904
	$\mu=0.02$	0.8843	0.5262	0.4285
	$\mu=0.03$	0.8564	0.5362	0.5391
	$\mu=0.04$	0.8311	0.5416	0.6426
	$\mu=0.05$	0.8087	0.5489	0.7413

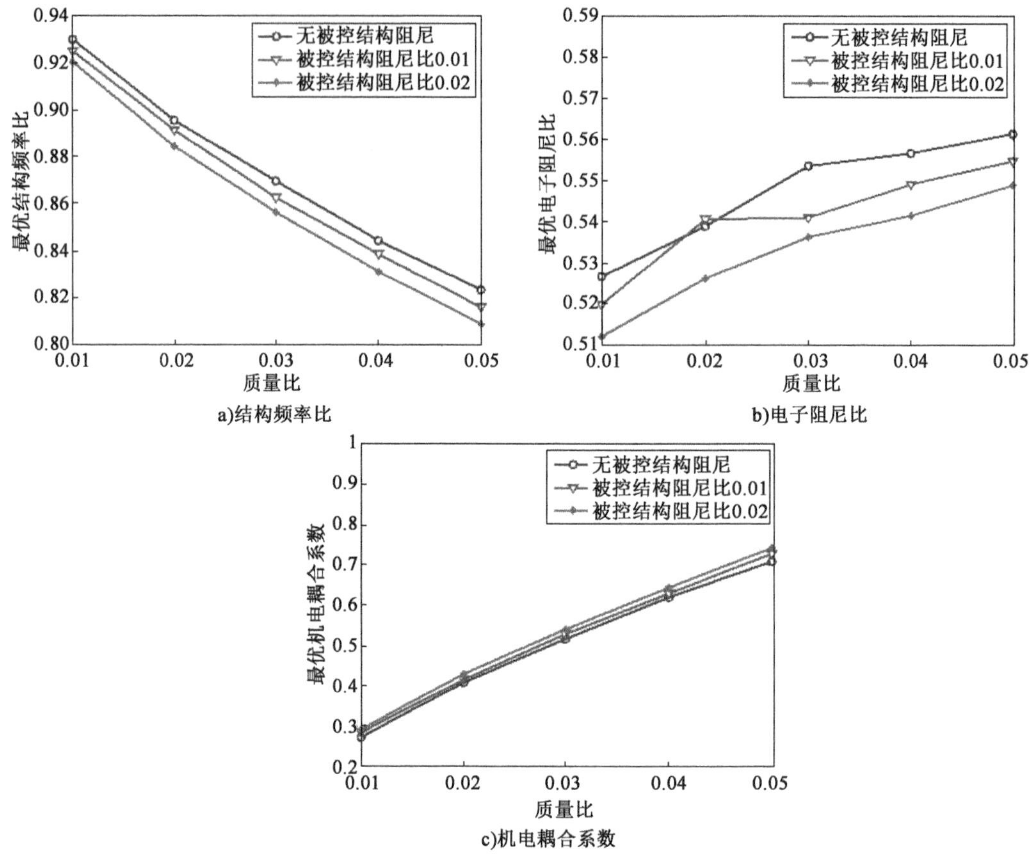

a)结构频率比

b)电子阻尼比

c)机电耦合系数

图 8.14 主结构不同阻尼比时的 EM-TMD 最优参数

当 EM-TMD 采用最优参数后,不同主结构阻尼比情况下,主结构位移频响最大值与质量比的关系如图 8.15 所示。由图可知,随着质量比的增大,主结构位移频响最大值会减小,不同阻尼比情况下,主结构位移频响最大值随质量比变化的趋势是一致的:在质量比较小时,不同阻尼比的 EM-TMD 控制效果有较大差异;当质量比增大时,差异逐渐变小。

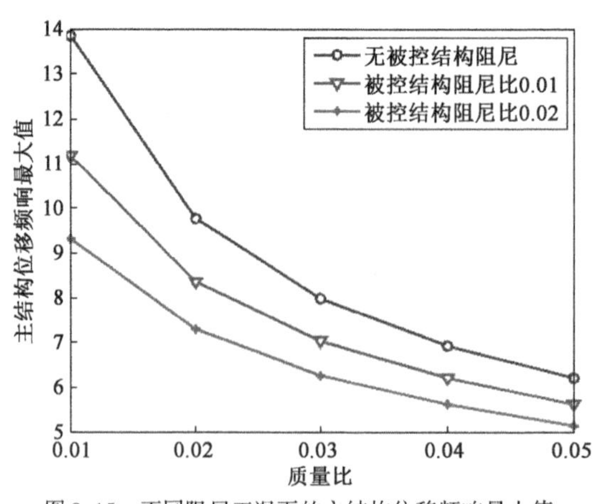

图 8.15 不同阻尼工况下的主结构位移频响最大值

8.1.6 EM-TMD 减振数值仿真分析

1) EM-TMD 减振数学模型

本节通过 4 种地震波时程分析 H_2 范数优化理论下的 EM-TMD 减震效果。由前面可知，EM-TMD的动力学模型可以表示成三自由度耦合方程，因此通过矩阵形式表述动力学模型可以更好地分析时程反应，式(8.3)可以表述成另一种方式

$$\begin{cases} m_s\ddot{x}_s + c_s\dot{x}_s + k_s x_s - k_T(x_T - x_s) + k_f\dot{q} = -m_s\ddot{x}_g \\ m_T\ddot{x}_T + k_T(x_T - x_s) - k_f\dot{q} = -m_T\ddot{x}_g \\ k_v(\dot{x}_T - \dot{x}_s) + R\dot{q} + L\ddot{q} = 0 \end{cases} \tag{8.22}$$

令 $x_r = x_T - x_s$，式(8.22)可进一步化简

$$\begin{cases} m_s\ddot{x}_s + c_s\dot{x}_s + k_s x_s - k_T x_r + k_f\dot{q} = -m_s\ddot{x}_g \\ m_T(\ddot{x}_s + \ddot{x}_r) + k_T x_r - k_f\dot{q} = -m_T\ddot{x}_g \\ k_v\dot{x}_r + R\dot{q} + L\ddot{q} = 0 \end{cases} \tag{8.23}$$

式(8.23)表示为矩阵形式

$$\boldsymbol{M}_1\begin{bmatrix}\ddot{x}_s \\ \ddot{x}_r \\ \ddot{q}\end{bmatrix} + \boldsymbol{C}_1\begin{bmatrix}\dot{x}_s \\ \dot{x}_r \\ \dot{q}\end{bmatrix} + \boldsymbol{K}_1\begin{bmatrix}x_s \\ x_r \\ q\end{bmatrix} = -\boldsymbol{N}_1 \cdot \ddot{x}_g \tag{8.24}$$

式中

$$\boldsymbol{M}_1 = \begin{bmatrix} m_s & 0 & 0 \\ m_T & m_T & 0 \\ 0 & 0 & L \end{bmatrix}, \boldsymbol{C}_1 = \begin{bmatrix} c_s & 0 & k_f \\ 0 & 0 & -k_f \\ 0 & k_v & R \end{bmatrix}, \boldsymbol{K}_1 = \begin{bmatrix} k_s & -k_T & 0 \\ 0 & k_T & 0 \\ 0 & 0 & 0 \end{bmatrix}, \boldsymbol{N}_1 = \begin{bmatrix} m_s \\ m_T \\ 0 \end{bmatrix} \tag{8.25}$$

定义 $\boldsymbol{x} = [x_s \quad x_r \quad q \quad \dot{x}_s \quad \dot{x}_r \quad \dot{q}]^T$，则状态方程为

$$\dot{\boldsymbol{x}} = \boldsymbol{A}_1\boldsymbol{x} + \boldsymbol{B}_1\ddot{x}_g \tag{8.26}$$

式中，$\boldsymbol{A}_1 = \begin{bmatrix} 0_{3\times3} & \boldsymbol{I}_{3\times3} \\ -\boldsymbol{M}_1^{-1}\boldsymbol{K}_1 & -\boldsymbol{M}_1^{-1}\boldsymbol{C}_1 \end{bmatrix}$，$\boldsymbol{B}_1 = \begin{bmatrix} \boldsymbol{0}_{3\times1} \\ -\boldsymbol{M}_1^{-1}\boldsymbol{N}_1 \end{bmatrix}$。

2) 数值仿真参数

为进一步分析 EM-TMD 两重功能，并与最优状态下经典 TMD 进行对比，此次仿真主结构参数选择 10 层框架结构，并取其首阶模态，选取质量比 0.02。依据 H_2 范数最优理论确定 EM-TMD 的相关参数如表 8.3 所示。

EM-TMD 数值仿真参数 表 8.3

参数名称	符号	数值	参数名称	符号	数值
主结构质量	m_s	58970kg	电感	L	9.6mH
TMD 质量	m_T	1179kg	内阻	R_i	0.14Ω
主结构刚度	k_s	4.81×10^4kN/m	外阻	R_e	0.14Ω
TMD 刚度	k_T	7.94×10^2kN/m	电磁传感器常数	k_v, k_f	50

3)减震仿真分析

算例选择四种典型的地震波,并对地震加速度振幅调到 200cm/s^2。4 种地震波分别为:①ChiChi;②EI Centro;③Kobe;④Northridge。地震波响应功率谱如图 8.16 所示;地震波加速度时程图如图 8.17 所示;EM-TMD 结构减震位移时程图如图 8.18 所示;减震加速度时程图如图 8.19 所示;相对位移和加速度峰值和均方值减震率如图 8.20 和图 8.21 所示。由图 8.20 和图 8.21 可知,相对于经典 TMD,EM-TMD 对主结构位移和加速度的减震效果均有所提升。

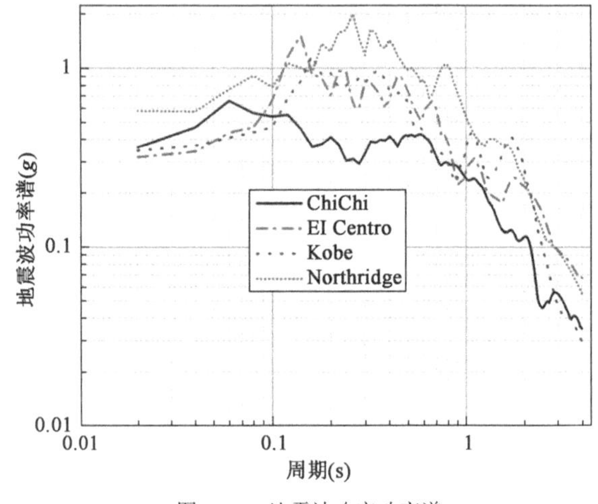

图 8.16 地震波响应功率谱

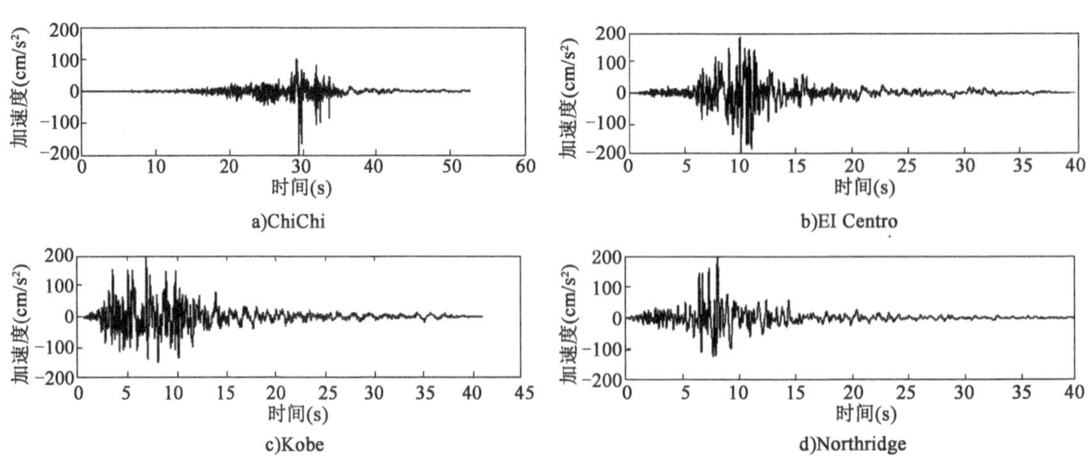

图 8.17 地震波加速度时程图

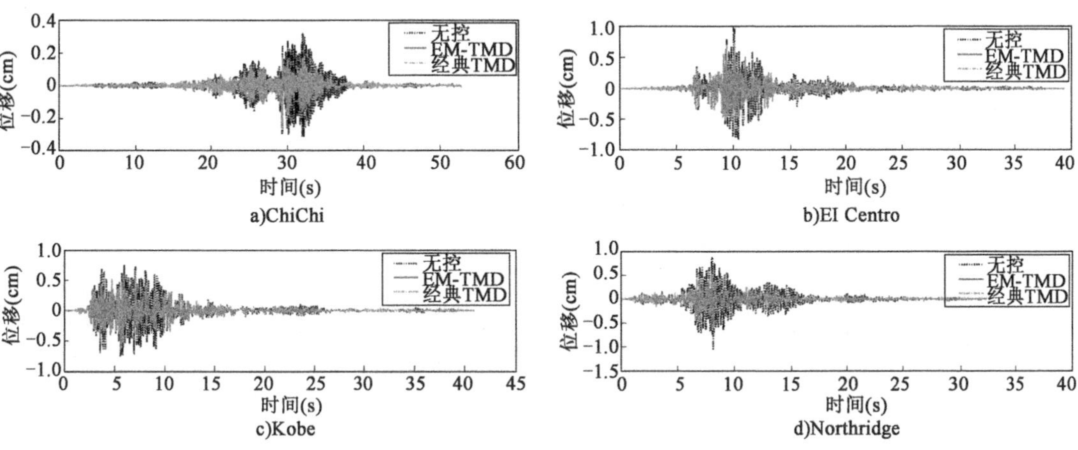

图 8.18　EM-TMD 对结构减震位移时程图

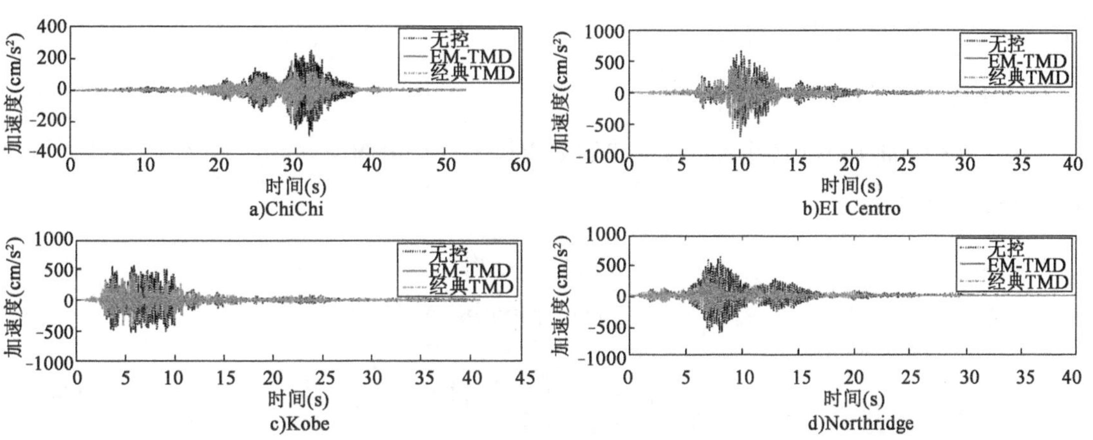

图 8.19　EM-TMD 对结构减震加速度时程图

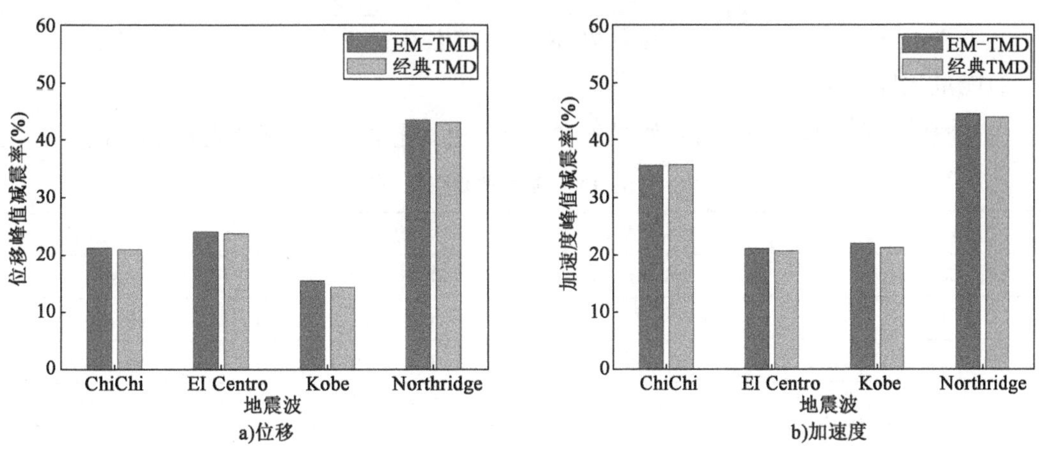

图 8.20　EM-TMD 对结构峰值减震率

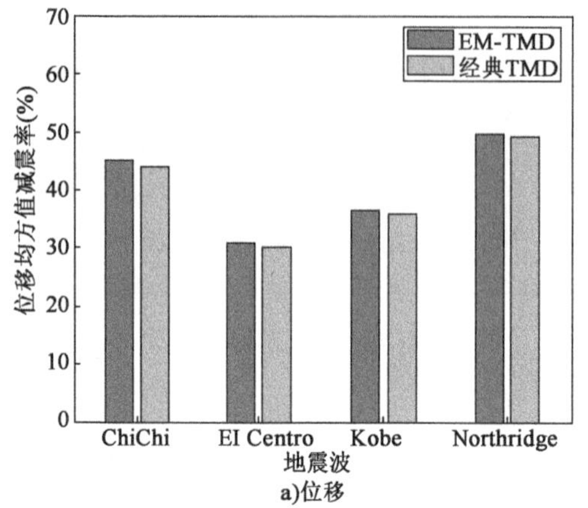

a)位移

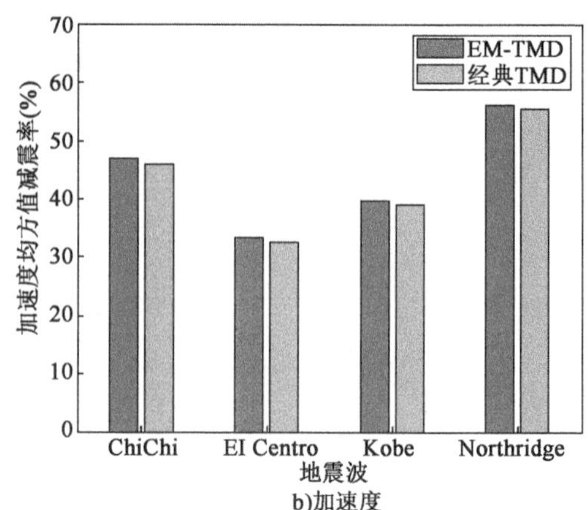

b)加速度

图 8.21　EM-TMD 对结构均方值减震率

8.1.7　能量收集分析

1)评价指标

为了评价 EM-TMD 能量回收效率,我们采用放大外接电阻 R_e 的方法。作用在外接电阻 R_e 的瞬时功率为

$$P(t) = R_e I^2 \tag{8.27}$$

当系统在地震波加速度激励下,能量回收评价指标可以定义为

$$PI_{e1} = \frac{R_e}{2\pi}\int_{-\infty}^{\infty} |I_{n1}|^2 \mathrm{d}\alpha \tag{8.28}$$

将式(8.8)代入式(8.28)可得

$$PI_{e1} = \frac{k_v^2(1+\mu)R_e}{8f_T^2 L^2 \mu\mu_k \zeta_e} = \frac{m_s\omega_s^3(1+\mu)R_e}{4\mu(R_e+R_i)} \tag{8.29}$$

2)能量收集仿真

EM-TMD 的能量收集功率时程如图 8.22 所示,相关能量收集指标如表 8.4 所示。

EM-TMD 能量收集指标　　表 8.4

地　震　波	峰值功率(W)	平均功率(W)	回收能量(J)
ChiChi	1.19×10^6	4.33×10^4	2.29×10^6
EI Centro	1.66×10^7	4.05×10^5	1.60×10^7
Kobe	1.26×10^7	3.77×10^5	1.54×10^6
Northridge	9.25×10^6	2.32×10^5	9.27×10^6

由图 8.22 和表 8.4 可知,EM-TMD 同时对主结构进行减振和能量收集,其中 EI Centro 地震波收集能量最多,峰值功率 1.66×10^4kW,能量回收 1.60×10^4kJ。

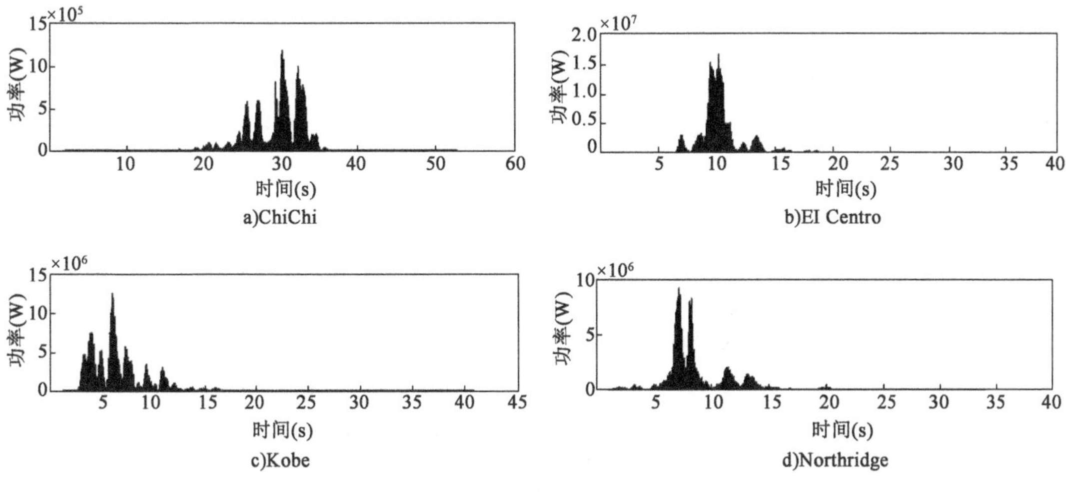

图 8.22 能量收集功率时程图

8.2 电磁式调谐双质阻尼器(EM-TMID)减振理论

8.2.1 EM-TMID 力学模型

1)EM-TMID 与 SDOFs 耦合减震模型

EM-TMID 对单自由度结构受地震作用的耦合模型如图 8.23 所示。在 EM-TMID 中,惯质单元被连接在 TMD 与下一层主结构之间。

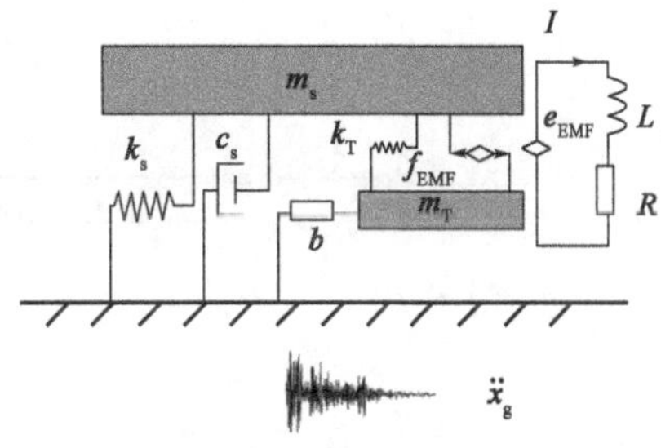

图 8.23 EM-TMID 与单自由度结构耦合减震系统

基于 EM-TMD 耦合减震的力学模型,EM-TMID 耦合减震系统的力学模型建立如下

$$\begin{cases} m_s\ddot{x}_s + c_s\dot{x}_s + k_s x_s - k_T(x_T - x_s) + k_f I = -m_s\ddot{x}_g \\ (m_T + b)\ddot{x}_T + k_T(x_T - x_s) - k_f I = -m_T\ddot{x}_g \\ k_v(\dot{x}_T - \dot{x}_s) + RI + L\dot{I} = 0 \end{cases} \tag{8.30}$$

通过拉普拉斯变换可得

$$\begin{cases} m_s x_s s^2 + c_s x_s s + k_s x_s - k_T(x_T - x_s) + k_f I = -m_s\ddot{x}_g \\ (m_T + b)x_T s^2 + k_T(x_T - x_s) - k_f I = -m_T\ddot{x}_g \\ k_v(x_T - x_s)s + RI + LIs = 0 \end{cases} \tag{8.31}$$

进一步无量纲化,令 $x_r = x_T - x_s$,式(8.31)可进一步化简

$$\begin{cases} x_s(j\alpha)^2 + 2\zeta_s x_s(j\alpha) + x_s - \mu f_T^2 x_r + \dfrac{k_f}{k_s}I = -\dfrac{\ddot{x}_g}{\omega_s^2} \\ (1+\delta)(x_s + x_r)(j\alpha)^2 + f_T^2 x_r - \dfrac{k_f}{\mu k_s}I = -\dfrac{\ddot{x}_g}{\omega_s^2} \\ k_v x_r(j\alpha) + 2\zeta_e LI + LI(j\alpha) = 0 \end{cases} \tag{8.32}$$

式中，b 为惯质；$\delta = \dfrac{b}{m_T}$为惯质与 TMD 的质量比，即惯质比。

被控结构无阻尼时，主结构位移 x_s 的传递函数为

$$X_{n3} = \frac{x_s}{\ddot{x}_g/\omega_s^2} = -\frac{2f_T^2\zeta_e\varphi + (1+\mu_k)\varphi f_T^2(j\alpha) + 2\zeta_e\psi(j\alpha)^2 + \psi(j\alpha)^3}{C_0 + C_1(j\alpha) + C_2(j\alpha)^2 + C_3(j\alpha)^3 + C_4(j\alpha)^4 + C_5(j\alpha)^5} \tag{8.33}$$

式中，$\varphi = 1 + \mu$，$\psi = 1 + \delta$，$j = \sqrt{-1}$为虚数单位，且

$$\begin{cases} C_0 = 2f_T^2\zeta_e \\ C_1 = (\mu_k + 1)f_T^2 \\ C_2 = 2\zeta_e[\psi + f_T^2(1 + \mu\psi)] \\ C_3 = (1+\mu_k)(1+\mu\psi)f_T^2 + \psi \\ C_4 = 2\zeta_e\psi \\ C_5 = \psi \end{cases}$$

在地震加速度 $\ddot{x}_g$ 激励时，相对位移 x_r 的传递函数为

$$X_{r3} = \frac{x_r}{\ddot{x}_g/\omega_s^2} = \frac{\delta(j\alpha)^3 + 2\delta\zeta_e(j\alpha)^2 - (j\alpha) - 2\zeta_e}{C_0 + C_1(j\alpha) + C_2(j\alpha)^2 + C_3(j\alpha)^3 + C_4(j\alpha)^4 + C_5(j\alpha)^5} \tag{8.34}$$

在地震加速度 $\ddot{x}_g$ 激励时，电流 I 的传递函数为

$$I_{n3} = \frac{I}{\ddot{x}_g/\omega_s^2} = \frac{\dfrac{k_v}{L}[(j\alpha) - \delta(j\alpha)^3]}{C_0 + C_1(j\alpha) + C_2(j\alpha)^2 + C_3(j\alpha)^3 + C_4(j\alpha)^4 + C_5(j\alpha)^5} \tag{8.35}$$

2）EM-TMID 与 SDOFs 耦合风振模型

受外激励 F 作用下，EM-TMID 与单自由度结构耦合模型如图 8.24 所示。依据达朗伯原理，耦合模型的动力学模型建立如下

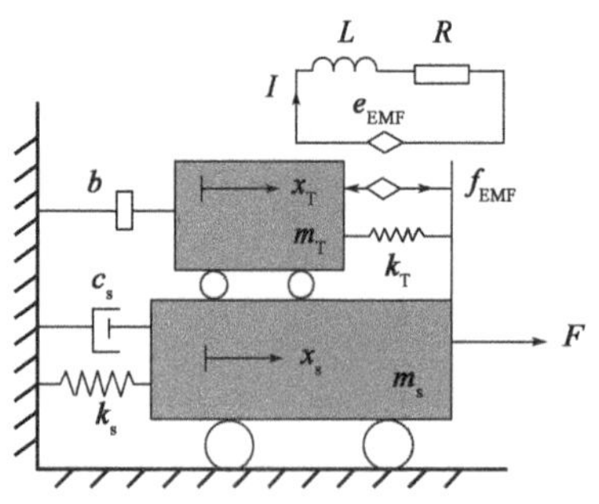

图 8.24　EM-TMID 与单自由度结构风振耦合模型

$$\begin{cases} m_s\ddot{x}_s + c_s\dot{x}_s + k_s x_s - k_T(x_T - x_s) + k_f I = F \\ (m_T + b)\ddot{x}_T + k_T(x_T - x_s) - k_f I = 0 \\ k_v(\dot{x}_T - \dot{x}_s) + RI + L\dot{I} = 0 \end{cases} \tag{8.36}$$

类似地,通过拉普拉斯变换、无量纲化和引入相对位移,式(8.36)化简为

$$\begin{cases} x_s(j\alpha)^2 + 2\zeta_s x_s(j\alpha) + x_s - \mu f_T^2 x_r + \dfrac{k_f}{k_s}I = \dfrac{F}{k_s} \\ (1+\delta)(x_s + x_r)(j\alpha)^2 + f_T^2 x_r - \dfrac{k_f}{\mu k_s}I = 0 \\ k_v x_r(j\alpha) + 2\zeta_e LI + LI(j\alpha) = 0 \end{cases} \tag{8.37}$$

被控结构无阻尼时,在外激励 F 的作用下,主结构位移 x_s 的传递函数为

$$X_{n4} = \frac{x_s}{F/k_s} = \frac{2f_T^2\zeta_e + (1+\mu_k)f_T^2(j\alpha) + 2\zeta_e\psi(j\alpha)^2 + \psi(j\alpha)^3}{C_0 + C_1(j\alpha) + C_2(j\alpha)^2 + C_3(j\alpha)^3 + C_4(j\alpha)^4 + C_5(j\alpha)^5} \tag{8.38}$$

在外部激励 F 的作用下,相对位移 x_r 的传递函数为

$$X_{r4} = \frac{x_r}{F/k_s} = \frac{\psi(j\alpha)^3 + 2\zeta_e\psi(j\alpha)^2}{C_0 + C_1(j\alpha) + C_2(j\alpha)^2 + C_3(j\alpha)^3 + C_4(j\alpha)^4 + C_5(j\alpha)^5} \tag{8.39}$$

在外部激励 F 的作用下,电流 I 的传递函数为

$$I_{n4} = \frac{I}{F/k_s} = \frac{\dfrac{k_v}{k_s L}\psi(j\alpha)^3}{C_0 + C_1(j\alpha) + C_2(j\alpha)^2 + C_3(j\alpha)^3 + C_4(j\alpha)^4 + C_5(j\alpha)^5} \tag{8.40}$$

8.2.2 基于 H_2 范数优化理论的 EM-TMID 耦合减震参数分析

1) H_2 参数优化

类似于8.1.4的优化理论,地震波 $\ddot{x}_g$ 作用时,主结构位移 x_s 的范数评价指数 PI_{v2} 可以表示为

$$PI_{v2} = \frac{1}{2\pi}\int_{-\infty}^{\infty} |X_{n3}|^2 d\alpha \tag{8.41}$$

类似地,式(8.41)中的积分可以通过残数定理求得。则评价指标 PI_{v2} 可以表示为3个调谐参数 f_T, μ_k, ζ_e 的函数形式

$$PI_{v2} = \frac{1}{4f_T^2\mu\mu_k\zeta_e\psi^2}[\psi^2 - 2f_T^2(1+\mu_k)\psi\varphi + f_T^4(1+\mu_k)^2(1+\mu\psi) + 4f_T^4\zeta_e^2(\varphi^4 + 2\mu\varphi^3\delta + \mu^2\delta^2\varphi^2) + 4f_T^2\zeta_e^2\psi\varphi(\varphi^2 - 2\mu\delta + \mu\varphi\delta) + 4\psi^2\zeta_e^2 - 2f_T^2\varphi(1+\mu_k)\delta - 12f_T^2\varphi^2\psi\zeta_e^2] \tag{8.42}$$

为了实现减震评价指标 PI_{v2} 最小化,即 PI_{v2} 对每个调谐参数的偏导数为零,则有

$$\frac{\partial PI_{v2}}{\partial f_T} = 0, \frac{\partial PI_{v2}}{\partial \zeta_e} = 0, \frac{\partial PI_{v2}}{\partial \mu_k} = 0 \tag{8.43}$$

进一步得到耦合减震时的最优参数

$$\begin{cases}\mu_k^{\rm opt} = \dfrac{2[\mu^3\psi + \mu\psi^2 + \mu^2\psi(1+\psi) + r]}{(1-\mu)\varphi^2\psi} \\ f_{\rm T}^{\rm opt} = \sqrt{\dfrac{\psi + \mu^2\psi^2 + \mu\psi(1+\psi) - r}{\varphi^3(1+\mu\psi)}} \\ \zeta_e^{\rm opt} = \sqrt{\dfrac{2\psi^2 + \mu^2\psi(2+3\delta) + \mu^2\psi^2(8+9\delta+4\delta^2) + (1+5\delta)r + \mu^2\psi(12+21\delta+17\delta^2+4\delta^3+r) + \mu\psi(8+11\delta+7\delta^2+2r+4\delta r)}{2\varphi^4\psi^2(4+3\mu\psi-\mu^2\psi)}} \end{cases} \tag{8.44}$$

式中，$r = \sqrt{\mu\varphi^2\psi^2[\psi + \mu^2\psi + \mu(1+\psi^2)]}$。

相对的物理参数 $L, R, k_{\rm T}$ 可以表示为

$$\begin{cases} L^{\rm opt} = \dfrac{k_{\rm v}k_{\rm f}}{\mu_{\rm k}^{\rm opt}k_{\rm T}^{\rm opt}} \\ k_{\rm T}^{\rm opt} = f_{\rm T}^2 m_{\rm T}\omega_{\rm s}^2 \\ R^{\rm opt} = 2\omega_{\rm s}L^{\rm opt}\zeta_{\rm e}^{\rm opt} \end{cases} \tag{8.45}$$

此外，调谐双质阻尼器（Tuned Mass Damper-inerter，简称 TMDI）在地震波下的 H_2 优化参数[3]为

$$\begin{cases} f_2^{\rm opt} = \dfrac{1}{1+\mu+\beta}\sqrt{\dfrac{(\mu+\beta)[\beta(\mu-1)+(2-\mu)(1+\mu)]}{2\mu(1+\mu)}} \\ \zeta_2^{\rm opt} = \dfrac{(\mu+\beta)}{2}\sqrt{\dfrac{\beta(3-\mu)+(4-\mu)(1+\mu)}{2\mu(1+\mu+\beta)[\beta(1-\mu)+(2-\mu)(1+\mu)]}} \end{cases} \tag{8.46}$$

式中，$\beta = b/m_{\rm s}$。

2）最优状态下 H_2 调谐参数的三维分析

如图 8.25 所示，分别对地震波作用下 EM-TMID 的 3 个 H_2 调谐参数的变化趋势进行三维描述。从中可以看出，在惯质比一定时，随着质量比的增加，电子阻尼比和机电耦合系数将会增加，结构频率比则会降低。在质量比一定时，随着惯质比的增大，3 个系数都会增大。当质量比和惯质比同时增大时，电子阻尼比和机电耦合系数会增大，结构频率比则会减小。

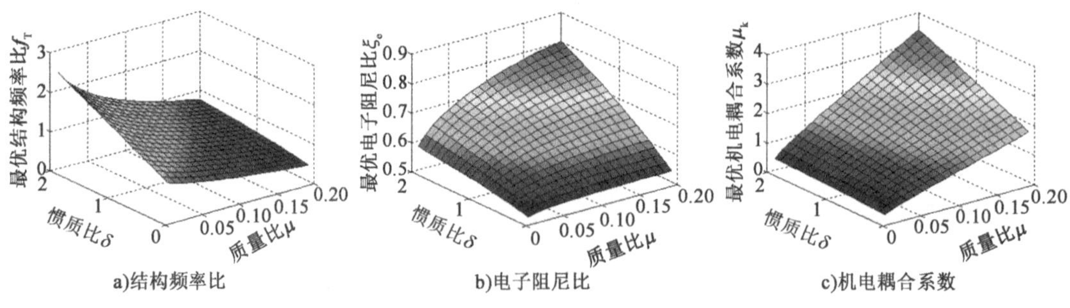

图 8.25　EM-TMID 耦合减震 H_2 优化参数的三维描述

3）不同减震系统的减震性能对比

在图 8.26 中，在质量比 $\mu=0.02$ 下，分别对主结构位移和相对位移的传递函数进行描述。由图可知，在相同质量比下，EM-TMID 的 H_2 范数减震性能更加出色，其减震频带宽度相对于经典 TMD、TMDI、EM-TMD 也增宽了。具体而言，EM-TMID 的主结构位移的传递函数 X_n 的峰值相对于经典 TMD 降低了 20.6%，相对于 TMDI 降低了 4.4%，相对于 EM-TMD 降低了 17.3%。除此之外，当 α 范围在 0.7～1.3 之间时，EM-TMID 主结构位移的传递函数 X_n 的积分面积相对于经典 TMD 降低了 8.4%，相对于 TMDI 降低了 1.4%，相对于 EM-TMD 降低了 7.4%。

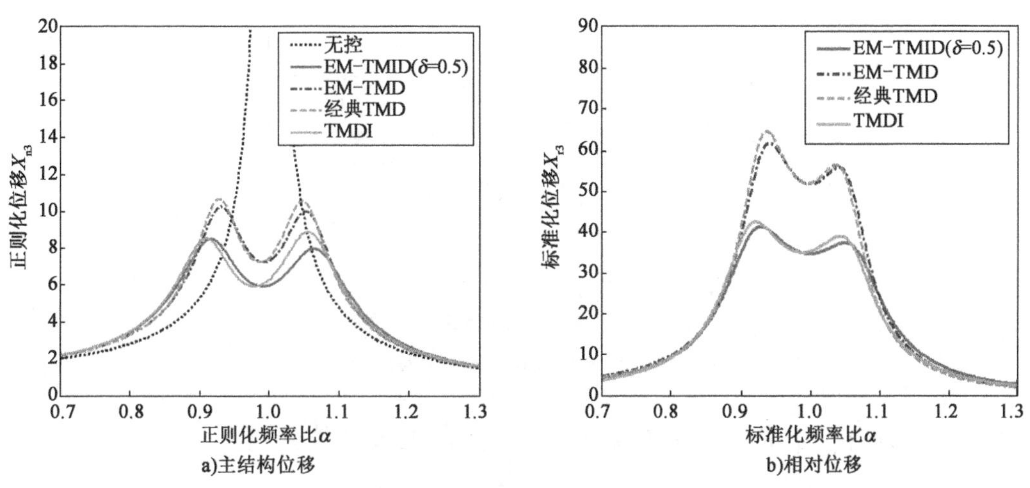

图 8.26　不同减震系统的频响

4）不同惯质比下 EM-TMID 的减震性能对比

由图 8.27 可知，在质量比一定的情况下，惯质比越大，EM-TMID 主结构位移和相对位移减震性能越好。

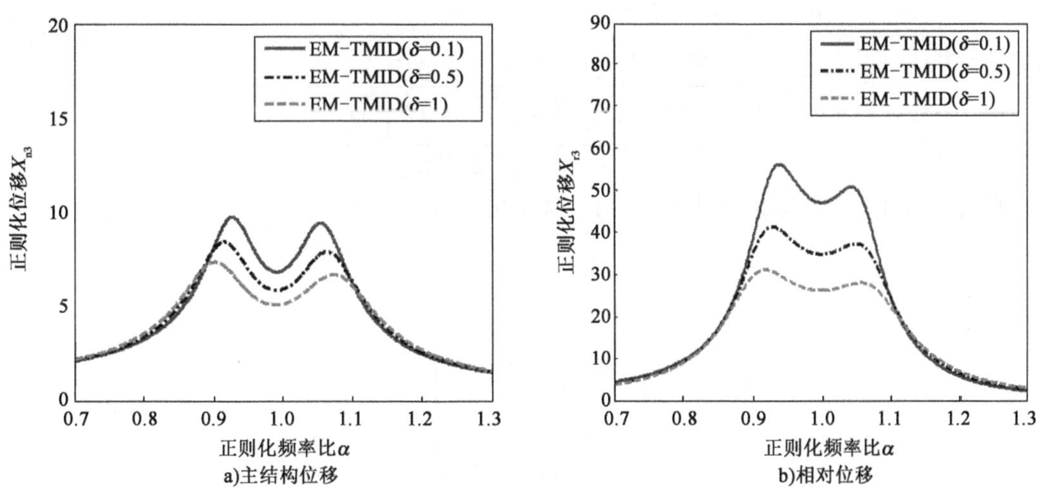

图 8.27　不同惯质比时的频响

5)调谐参数的鲁棒性分析

在实际过程中,受到环境和时间影响,一些参数可能会发生改变。在质量比为0.02,惯质比为0.5的情况下,减震性能随着相关参数的变化趋势如图8.28所示。从中可以看出,EM-TMID主结构位移频响对结构频率比的变化比较敏感,而对电子阻尼比和机电耦合系数则不够敏感。

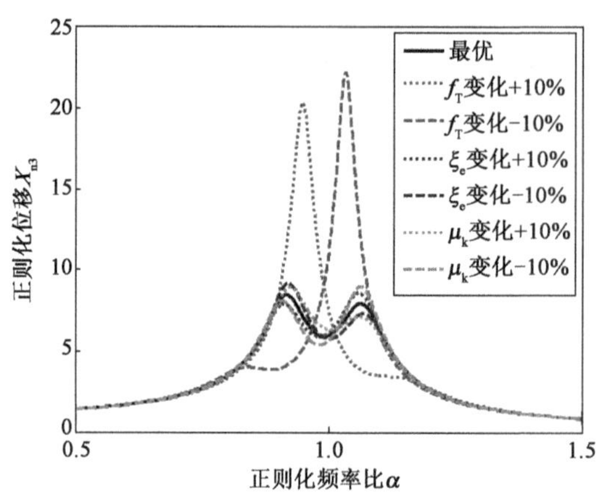

图8.28 EM-TMID的调谐参数鲁棒性

8.2.3 基于H_2优化理论的EM-TMID耦合抗风参数分析

1)H_2参数优化

类似于8.1.4的推理过程,我们同样可以得到抗风情况下的最优参数

$$\begin{cases} f_T^{opt} = \dfrac{\psi + \mu\psi^2 - \sqrt{\mu\psi^3(1+\mu\psi)}}{1+\mu\psi} \\ \mu_k^{opt} = \dfrac{2\left(\mu\psi^2 + \sqrt{\mu\psi^3(1+\mu\psi)}\right)}{\psi} \\ \zeta_e^{opt} = \dfrac{\sqrt{2\psi + 4\mu^2\psi^3 + 5\sqrt{\mu\psi^3(1+\mu\psi)} + \mu\psi\left[7\psi + 4\sqrt{\mu\psi^3(1+\mu\psi)}\right]}}{\sqrt{2}\sqrt{\psi(4+3\mu\psi)}} \end{cases} \tag{8.47}$$

此外,EM-TMID在随机脉动风下的H_2理论优化参数为[8]

$$\begin{cases} f_{T2}^{opt} = \sqrt{1 - \sqrt{\dfrac{\mu}{1+\mu}}} \\ \mu_{k2}^{opt} = 2\left[\mu + \sqrt{\mu(1+\mu)}\right] \\ \zeta_{e2}^{opt} = \sqrt{\dfrac{\mu + \sqrt{\mu(1+\mu)}}{2\left[1 - \left(\sqrt{\dfrac{\mu}{1+\mu}} - 1\right)^2\right](1+\mu)^2}} \end{cases} \tag{8.48}$$

经典 TMD 在随机脉动风下的 H_2 理论优化参数为[12]

$$\begin{cases} f_3^{\mathrm{opt}} = \dfrac{1}{(1+\mu)}\sqrt{\dfrac{2+\mu}{2}} \\ \zeta_3^{\mathrm{opt}} = \sqrt{\dfrac{\mu(4+3\mu)}{8(1+\mu)(2+\mu)}} \end{cases} \tag{8.49}$$

2)最优状态下的 H_2 调谐参数分析

如图 8.29 所示,分别对风振作用下的 EM-TMID 的 H_2 调谐参数的变化趋势进行三维描述。从中可以看出,3 个参数的变化规律同减震状态下的参数基本一致。

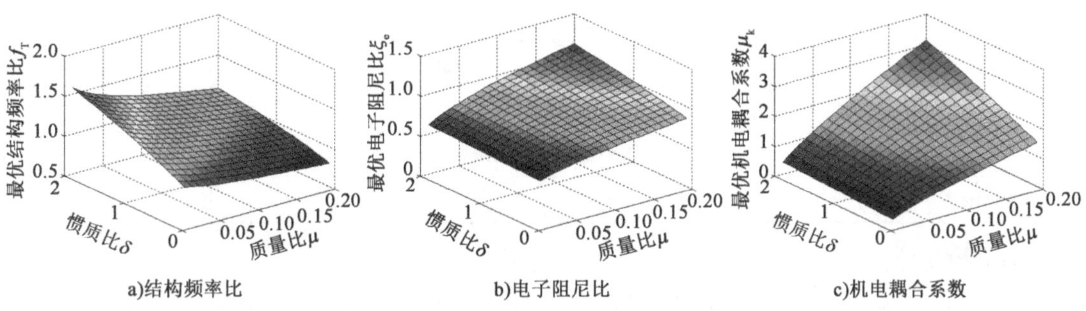

a)结构频率比　b)电子阻尼比　c)机电耦合系数

图 8.29　EM-TMID 耦合抗风 H_2 优化参数的三维分析

3)不同减振系统的性能对比

如图 8.30 所示,在质量比 $\mu=0.02$ 下,分别对主结构位移和相对位移的传递函数进行描述。由图可知,在相同的质量比下,EM-TMID 的 H_2 范数减振性能更加出色,其减振频带宽度相对于 EM-TMD、经典 TMD 也增宽了。具体而言,EM-TMID 主结构位移的传递函数X_n的峰值相对于经典 TMD 降低了 20.7%,相对于 EM-TMD 降低了 17.9%。除此之外,当 α 的范围在 0.7~1.3 之间时,EM-TMID 的主结构位移的传递函数X_n的积分面积相对于经典 TMD 降低了 8.2%,相对于 EM-TMD 降低了 7.4%。

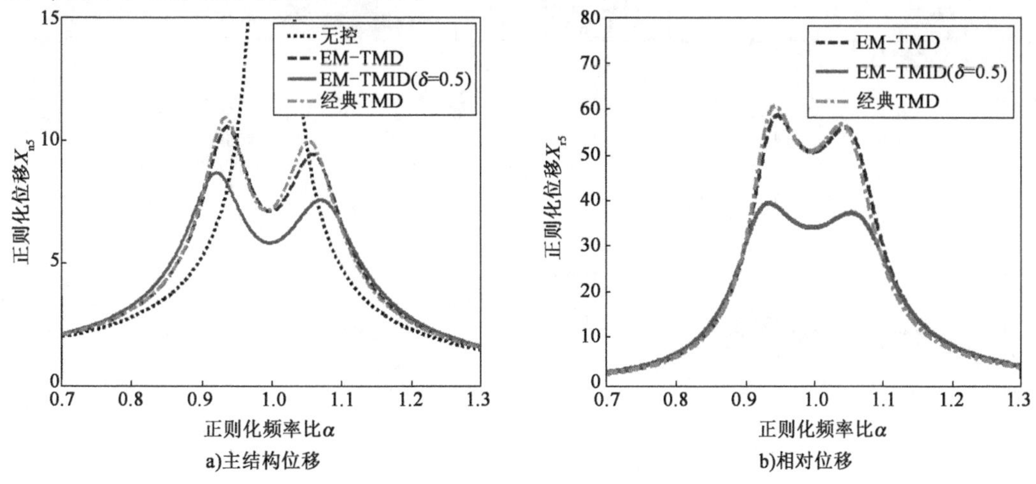

a)主结构位移　b)相对位移

图 8.30　不同惯质比时的频响

8.2.4 EM-TMID 耦合减震时域分析

1)仿真参数

由 8.1.6 可知,EM-TMID 的动力学模型可以表示成三自由度方程,因此式(8.30)通过矩阵形式表达后,可以直接求解时程分析。选取的单自由度结构参数和基于 H_2 范数最优参数理论确定的具体参数见表 8.5。

EM-TMID 耦合减震仿真参数 表 8.5

参数名称	符号	数值	参数名称	符号	数值
主结构质量	m_s	58970kg	电感	L	5.2mH
TMD 质量	m_T	1179kg	内阻	R_i	0.08Ω
惯质	b	589.7kg	外阻	R_e	0.08Ω
主结构刚度	k_s	4.81×10^4kN/m	电磁传感器常数	k_v, k_f	50
TMD 刚度	k_T	1.15×10^3kN/m			

2)减震仿真

本仿真过程中,选择 8.1.6 中采用的 4 种地震波进行仿真,并将地震加速度振幅调到 200cm/s^2。EM-TMID 的位移减震时程如图 8.31 所示,加速度减震时程如图 8.32 所示。相关位移和加速度峰值和均方值减震率对比如图 8.33 和图 8.34 所示。

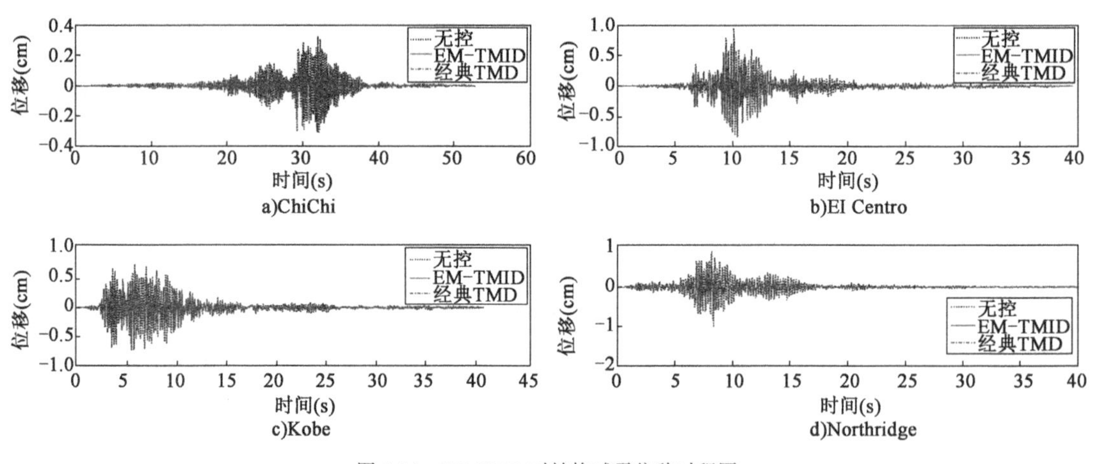

图 8.31 EM-TMID 对结构减震位移时程图

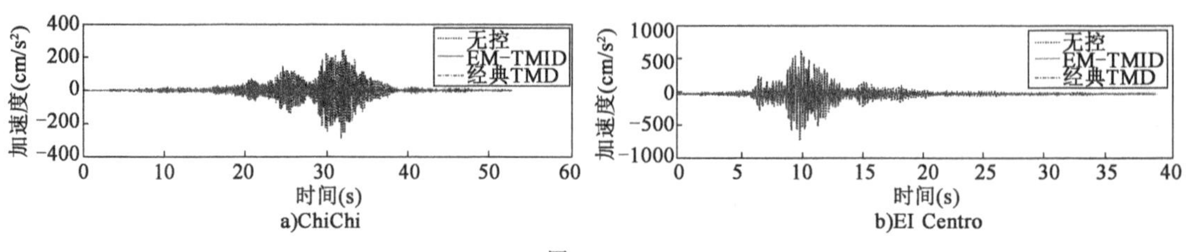

图 8.32

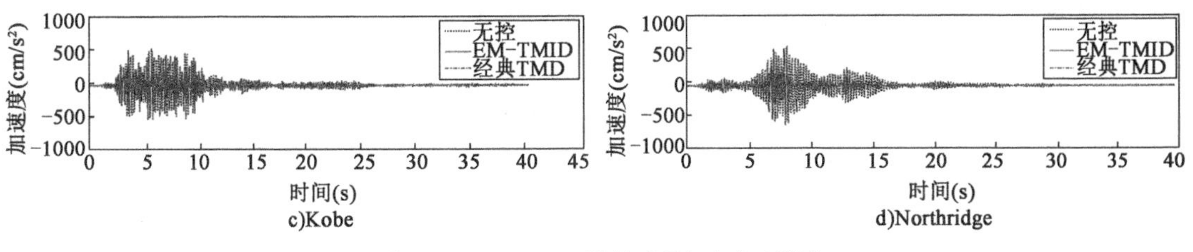

图 8.32 EM-TMID 对结构减震加速度时程图

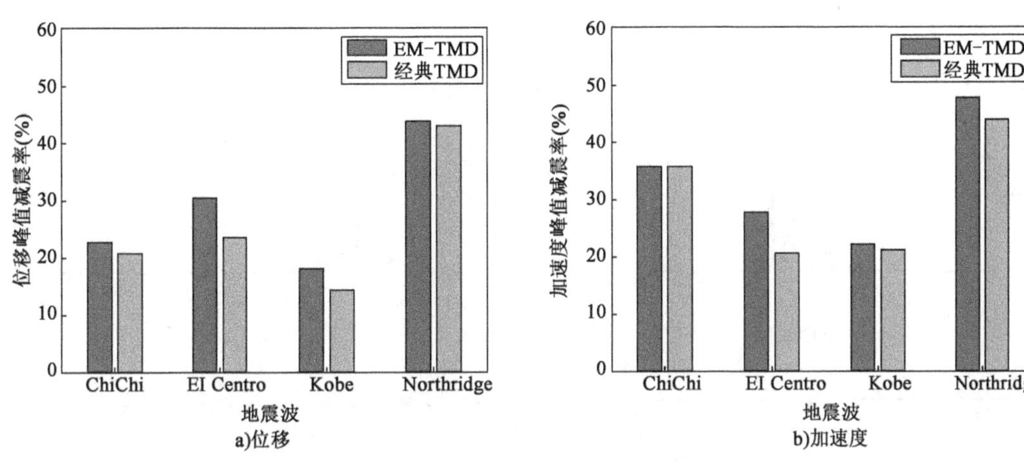

图 8.33 EM-TMID 对结构峰值减震率

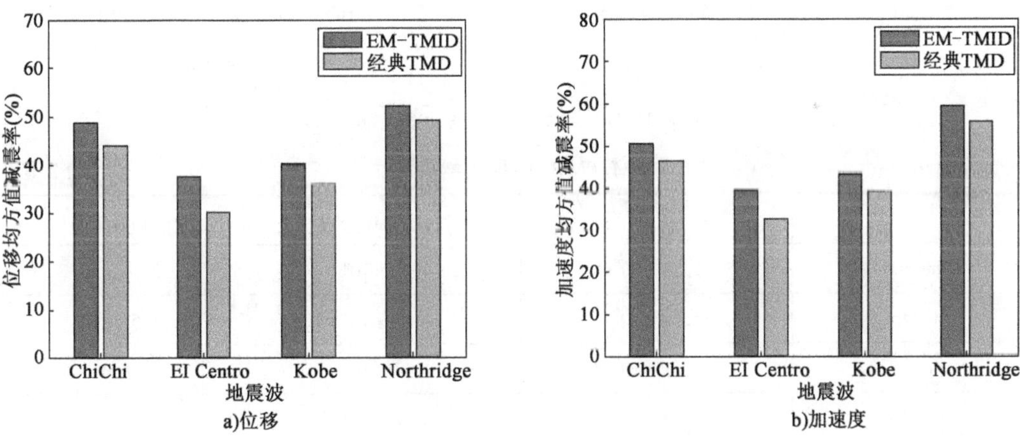

图 8.34 EM-TMID 对结构均方值减震率

由图 8.33、图 8.34 可知,总体而言,相对于经典 TMD,EM-TMID 对于主结构的位移和加速度的减震效果得到了提升。相对于 8.1 中的 EM-TMD,EM-TMID 减震均有明显提升。在 4 种地震波中, Northridge 地震波的减震效果最优。

8.2.5 EM-TMID 耦合减震能量收集分析

1)评价指标

为了评价 EM-TMID 能量回收效率,采用式(8.28)的评价公式。当系统在地震波加速度

激励下,能量回收评价指标定义为

$$PI_{e2} = \frac{R_e}{2\pi}\int_{-\infty}^{\infty} |I_{n3}|^2 \mathrm{d}\alpha \tag{8.50}$$

将式(8.35)代入式(8.50)中可得

$$PI_{e2} = \frac{k_v^2(\psi + \mu)R_e}{4f_T^2L^2\mu_k\zeta_e\mu\psi} = \frac{m_T\omega_s^3(\psi + \mu)R_e}{2\mu\psi(R_e + R_i)} \tag{8.51}$$

2)能量收集

EM-TMID 能量收集功率时程图如图 8.35 所示,相关能量收集指标见表 8.6。

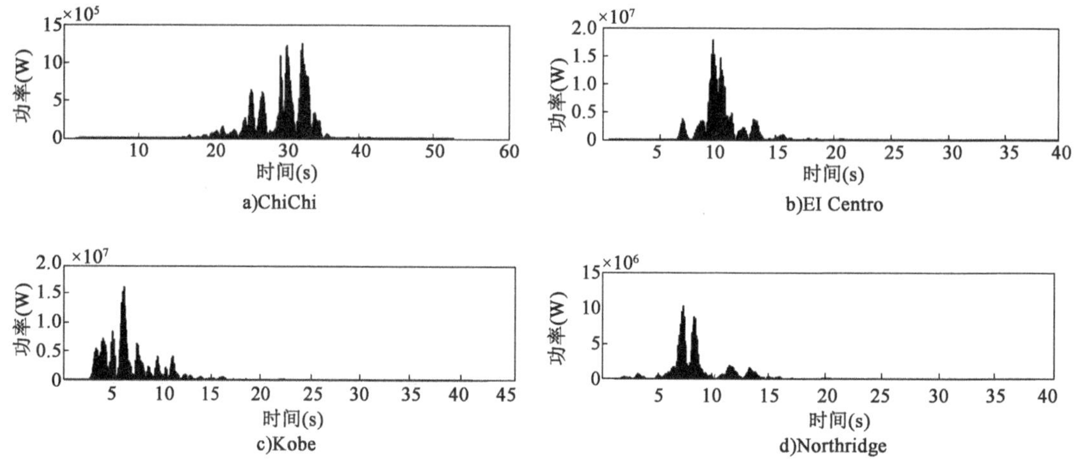

图 8.35 EM-TMID 能量收集功率时程图

EM-TMID 能量收集指标 表 8.6

地 震 波	峰值功率(W)	平均功率(W)	回收能量(J)
ChiChi	1.25×10^6	4.62×10^4	2.44×10^6
EI Centro	1.79×10^7	4.03×10^5	1.59×10^7
Kobe	1.61×10^7	4.11×10^5	1.68×10^7
Northridge	1.03×10^6	2.36×10^5	9.42×10^6

由图 8.35 和表 8.6 可知,EM-TMID 能够充分地进行能量收集,其中 Kobe 地震波激励下平均功率收集的能量最多,EI Centro 地震波下峰值功率最高。

8.2.6 EM-TMID 耦合抗风减振时域分析

1)风荷载模拟模型

当分析结构受到随机风振效果时,采用 Davenport 风速功率谱作为目标风速功率谱,如式(8.52)所示。并采用快速傅立叶逆变换方法产生随机风时程图[15,16]。

$$
\begin{cases}
S(\omega) = 8\pi \dfrac{n^2 u_*^2}{\omega(1+n^2)^{4/3}} \\
n = \dfrac{600\omega}{\pi v_{10}} \\
u_* = \dfrac{v_z K}{\ln\left(\dfrac{z}{z_0}\right)}
\end{cases}
\tag{8.52}
$$

式中,$S(\omega)$为随机风速功率谱;ω为随机风频率;K为地面不平整系数;v_{10}为地面10m高处的平均风速,取50年的重现期在10m的高度平均值超过10min的风速,本书取为39.93m/s[17];u_*为风流的剪切速度,$u_* = 0.4$;z为地面高度;z_0为粗糙度长度;v_z为高度z对应的风速。

图8.36a)是典型随机风速时程图,时间长度1000s,时间间隔0.1s。图8.36b)是快速傅立叶逆变换方法产生的风谱与Davenport目标功率谱对比图。从图中分析,两者大部分频带基本吻合。

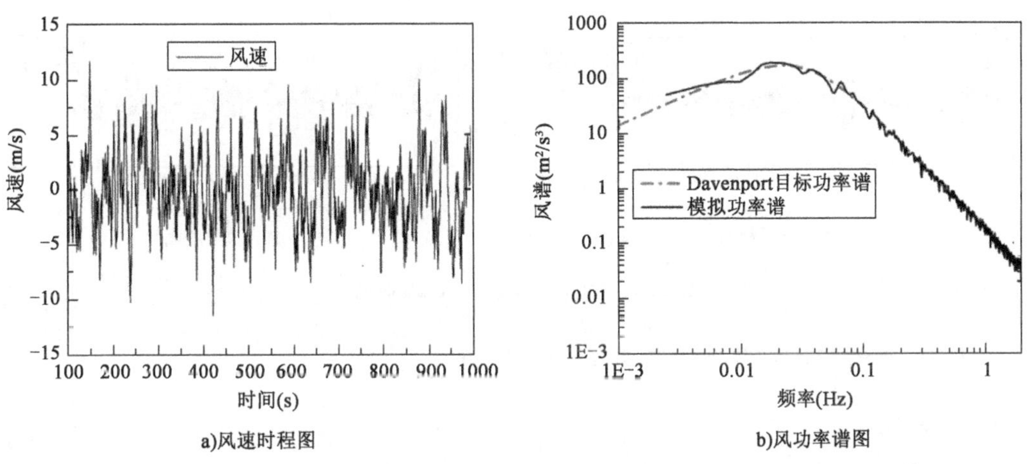

图8.36 拟合的风速时程图与风功率谱

通过上述信息,计算的风荷载为

$$
F(t) = \rho \cdot C_D \cdot A \cdot v_{10} \cdot u(t) \tag{8.53}
$$

式中,$\rho = 1.28$为空气密度;$C_D = 1.2$为阻尼系数;假设风受力面积$A = 1600\text{m}^2$;$u(t)$为随时风速。

2)仿真参数

为了进一步分析EM-TMID的两重功能,本节仿真以台北101塔为例。台北101塔楼顶高度448m,结构高度508m,TMD的质量达660t,并且TMD装于第87层至第92层之间来减振。取TMD模态质量比0.78%,第一阶频率是0.146Hz,对应的阻尼比为0.01。此外,仿真结果将与最优状态下的经典TMD进行对比。相关参数依据H_2范数最优参数理论,具体参数见表8.7。

EM-TMID 耦合抗风减振仿真参数 表 8.7

参数名称	符号	数值	参数名称	符号	数值
主结构质量	m_s	8.46×10^7kg	电感	L	79.1mH
TMD 质量	m_T	6.60×10^5kg	内阻	R_i	0.045Ω
惯质	b	3.30×10^5kg	外阻	R_e	0.045Ω
主结构刚度	k_s	7.12×10^4kN/m	电磁传感器常数	k_v,k_f	150
TMD 刚度	k_T	6.91×10^2kN/m			

3)减振性能分析

EM-TMID 耦合抗风减振位移和加速度时程如图 8.37 所示。由图 8.37 分析可知，EM-TMID能够充分地对主结构减振，并且减振性能优于经典 TMD。具体而言，EM-TMID 主结构位移峰值减振率是 34.35%，经典 TMD 是 29.71%；EM-TMID 主结构位移均方值减振率是 33.54%，经典 TMD 是 28.14%；EM-TMID 主结构加速度峰值减振率是 36.89%，经典 TMD 是 33.11%；EM-TMID 主结构加速度均方值减振率是 41.59%，经典 TMD 是 37.78%。

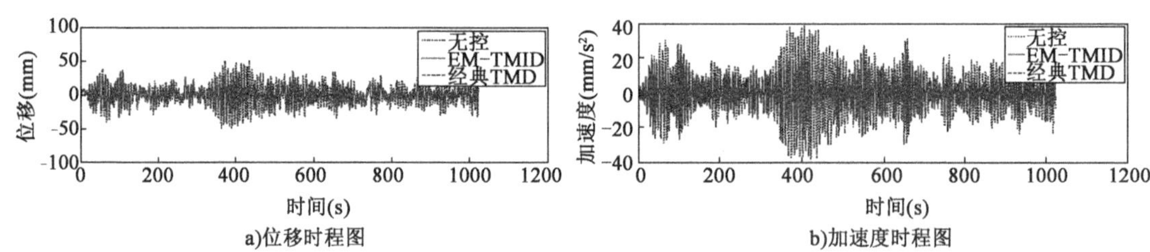

图 8.37 EM-TMID 耦合抗风减振时程图

8.2.7 EM-TMID 耦合抗风能量收集分析

1)评价指标

为了评价 EM-TMID 能量回收效率，采用式(8.28)的评价公式。当系统在随机风振激励下，能量回收评价指标可以定义为

$$PI_{e3} = \frac{R_e}{2\pi}\int_{-\infty}^{\infty} |I_{n4}|^2 \mathrm{d}\alpha \tag{8.54}$$

将式(8.40)代入式(8.54)中可得

$$PI_{e3} = \frac{k_v^2 R_e}{4k_s^2 f_T^2 L^2 \mu_k \zeta_e \mu} = \frac{m_s \omega_s^3 R_e}{2k_s^2 \mu (R_e + R_i)} \tag{8.55}$$

2)能量收集

由图 8.38 时程图分析，EM-TMID 的峰值功率为 1.1kW，平均功率为 0.12kW。整个风振过程中，收集能量为 1.2×10^2kJ。

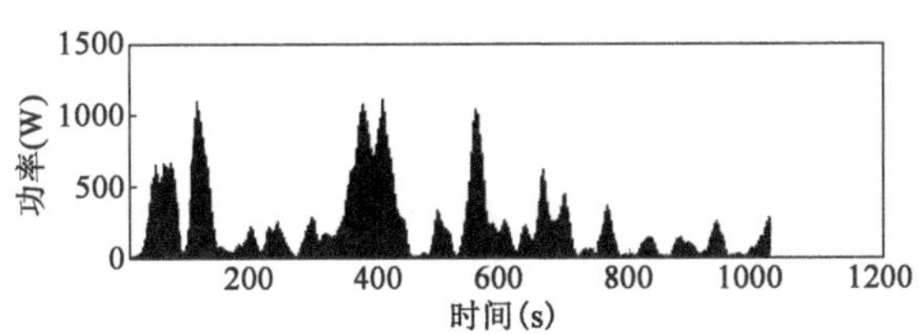

图 8.38　EM-TMID 耦合抗风能量收集功率时程图

8.3　电磁式谐振式调谐双质阻尼器(EMS-TMID)减振理论

8.3.1　EMS-TMID 的力学模型

1)EMS-TMID 与 SDOFs 耦合减震模型

EMS-TMID 与单自由度结构受地震作用的耦合模型如图 8.39 所示。基于 EMS-TMID 的力学模型,该 EMS-TMID 与单自由度耦合力学模型可以视作三自由度结构。依据达朗伯原理,耦合结构的动力学方程建立如下

$$\begin{cases} m_s\ddot{x}_s + c_s\dot{x}_s + k_s x_s - k_T(x_T - x_s) + k_f I = -m_s\ddot{x}_g \\ (m_T + b)\ddot{x}_T + k_T(x_T - x_s) - k_f I = -m_T\ddot{x}_g \\ k_v(\dot{x}_T - \dot{x}_s) + RI + L\dot{I} + \dfrac{1}{C}\int I\mathrm{d}t = 0 \end{cases} \tag{8.56}$$

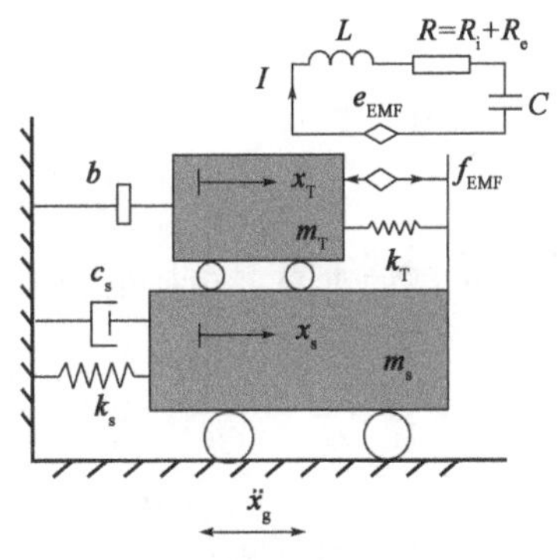

图 8.39　EMS-TMID 与单自由度结构耦合减震系统

通过拉普拉斯变换可得

$$\begin{cases} m_s x_s s^2 + c_s x_s s + k_s x_s - k_T(x_T - x_s) + k_f I = -m_s\ddot{x}_g \\ (m_T + b)x_T s^2 + k_T(x_T - x_s) - k_f I = -m_T\ddot{x}_g \\ k_v(x_T - x_s)s + RI + LIs + \dfrac{I}{Cs} = 0 \end{cases} \tag{8.57}$$

令 $x_r = x_T - x_s$,式(8.57)可进一步化简

$$\begin{cases} x_s[(\mathrm{j}\alpha)^2 + 1] + 2\zeta_s x_s(\mathrm{j}\alpha) - \mu f_T^2 x_r + \dfrac{k_f}{k_s}I = -\dfrac{\ddot{x}_g}{\omega_s^2} \\ x_r[(1+\delta)(\mathrm{j}\alpha)^2 + f_T^2] + x_s(1+\delta)(\mathrm{j}\alpha)^2 - \dfrac{k_f}{\mu k_s}I = -\dfrac{\ddot{x}_g}{\omega_s^2} \\ k_v x_r(\mathrm{j}\alpha) + LI\left[2\zeta_e f_e + (\mathrm{j}\alpha) + f_e^2\dfrac{1}{(\mathrm{j}\alpha)}\right] = 0 \end{cases} \tag{8.58}$$

式中，谐振电路频率 $\omega_e=1/\sqrt{LC}$；电子频率比 $f_e=\omega_e/\omega_s$；电子阻尼比 $\zeta_e=R/(2L\omega_e)$。

被控结构无阻尼时，在地震加速度 $\ddot{x}_g$ 激励时，主结构位移 x_s 的传递函数为

$$X_{n5}=\frac{x_s}{\ddot{x}_g/\omega_s^2}=-\frac{f_e^2f_T^2\varphi+2f_ef_T^2\zeta_e\varphi(j\alpha)+[f_e^2\psi+f_T^2\varphi(1+\mu_k)](j\alpha)^2+2\psi f_e\zeta_e(j\alpha)^3+\psi(j\alpha)^4}{E_0+E_1(j\alpha)+E_2(j\alpha)^2+E_3(j\alpha)^3+E_4(j\alpha)^4+E_5(j\alpha)^5+E_6(j\alpha)^6} \tag{8.59}$$

式中，$\varphi=1+\mu$；$\psi=1+\delta$；$j=\sqrt{-1}$ 是虚数单位；且

$$\begin{cases}E_0=f_e^2f_T^2\\E_1=2f_T^2f_e\zeta_e\\E_2=f_e^2\psi+f_T^2(1+\mu_k)+f_e^2f_T^2(1+\mu\psi)\\E_3=2f_e\zeta_e[\psi+f_T^2(1+\mu\psi)]\\E_4=f_T^2(1+\mu_k)(1+\mu\psi)+(1+f_e^2)\psi\\E_5=2f_e\zeta_e\psi\\E_6=\psi\end{cases}$$

在地震加速度 $\ddot{x}_g$ 激励时，相对位移 x_r 的传递函数为

$$X_{r5}=\frac{x_r}{\ddot{x}_g/\omega_s^2}=\frac{f_e^2+2f_e\zeta_e(j\alpha)+(1-f_e^2\delta)(j\alpha)^2-2\delta f_e\zeta_e(j\alpha)^3-\delta(j\alpha)^4}{E_0+E_1(j\alpha)+E_2(j\alpha)^2+E_3(j\alpha)^3+E_4(j\alpha)^4+E_5(j\alpha)^5+E_6(j\alpha)^6} \tag{8.60}$$

在地震加速度 $\ddot{x}_g$ 激励时，电流 I 的传递函数为

$$I_{n5}=\frac{I}{\ddot{x}_g/\omega_s^2}=\frac{\frac{k_v}{L}[(j\alpha)^2-\delta(j\alpha)^4]}{E_0+E_1(j\alpha)+E_2(j\alpha)^2+E_3(j\alpha)^3+E_4(j\alpha)^4+E_5(j\alpha)^5+E_6(j\alpha)^6} \tag{8.61}$$

2）EMS-TMID 与 SDOFs 耦合风振模型

基于 EMS-TMID 力学模型，该 EMS-TMID 与单自由度耦合力学模型可以视作三自由度结构。在外部激励 F 作用下，EMS-TMID 与单自由度结构耦合风振模型如图 8.40 所示。依据达朗伯原理，耦合模型的动力学模型建立如下

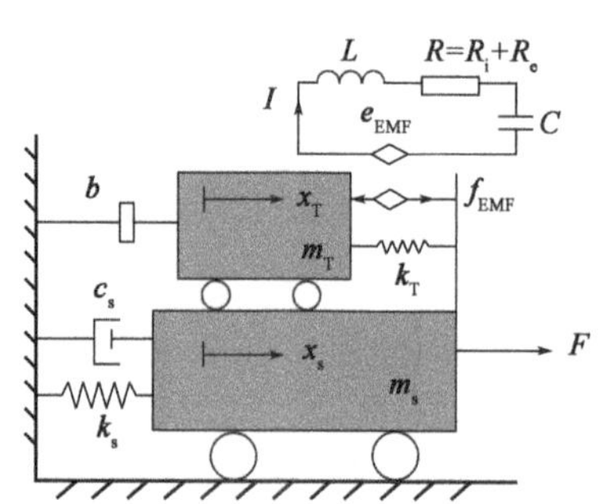

图 8.40　EMS-TMID 与单自由度结构耦合风振模型

$$\begin{cases}m_s\ddot{x}_s+c_s\dot{x}_s+k_sx_s-k_T(x_T-x_s)+k_fI=F\\(m_T+b)\ddot{x}_T+k_T(x_T-x_s)-k_fI=0\\k_v(\dot{x}_T-\dot{x}_s)+RI+L\dot{I}+\frac{1}{C}\int I\mathrm{d}t=0\end{cases} \tag{8.62}$$

类似地,通过拉普拉斯变换、无量纲化和引入相对位移,式(8.62)可以化简为

$$\begin{cases} x_s[(j\alpha)^2+1]-\mu f_T^2 x_r+\dfrac{k_f}{k_s}I=\dfrac{F}{k_s} \\ x_r[(1+\delta)(j\alpha)^2+f_T^2]+x_s(1+\delta)(j\alpha)^2-\dfrac{k_f}{\mu k_s}I=0 \\ k_v x_r(j\alpha)+LI\left[2\zeta_e f_e+(j\alpha)+f_e^2\dfrac{1}{(j\alpha)}\right]=0 \end{cases} \tag{8.63}$$

被控结构无阻尼时,在外部激励 F 作用下,主结构位移 x_s 的传递函数为

$$X_{n6}=\frac{x_s}{F/k_s}=\frac{f_e f_T^2+2f_e f_T^2\zeta_e(j\alpha)+[f_e^2\psi+f_T^2(1+\mu_k)](j\alpha)^2+2f_e\psi\zeta_e(j\alpha)^3+\psi(j\alpha)^4}{E_0+E_1(j\alpha)+E_2(j\alpha)^2+E_3(j\alpha)^3+E_4(j\alpha)^4+E_5(j\alpha)^5+E_6(j\alpha)^6} \tag{8.64}$$

在外部激励 F 作用时,相对位移 x_r 的传递函数为

$$X_{r6}=\frac{x_r}{F/k_s}=-\frac{f_e^2\psi(j\alpha)^2+2\psi f_e\zeta_e(j\alpha)^3+\psi(j\alpha)^4}{E_0+E_1(j\alpha)+E_2(j\alpha)^2+E_3(j\alpha)^3+E_4(j\alpha)^4+E_5(j\alpha)^5+E_6(j\alpha)^6} \tag{8.65}$$

在外部激励 F 作用时,电流 I 的传递函数为

$$I_{n6}=\frac{I}{F/k_s}=\frac{\dfrac{k_v}{L}\psi(j\alpha)^4}{E_0+E_1(j\alpha)+E_2(j\alpha)^2+E_3(j\alpha)^3+E_4(j\alpha)^4+E_5(j\alpha)^5+E_6(j\alpha)^6} \tag{8.66}$$

8.3.2 基于 H_2 范数优化理论的 EMS-TMID 耦合减震参数分析

1) H_2 参数优化

类似于8.1.4 的优化理论,在地震波 $\ddot{x}_g$ 作用时,主结构位移 x_s 的范数评价指数 PI_{v4} 可以表示为

$$PI_{v4}=\frac{1}{2\pi}\int_{-\infty}^{\infty}|X_{n5}|^2 d\alpha \tag{8.67}$$

评价指标 PI_{v4} 可以表示为4 个调谐参数 f_T,μ_k,ζ_e,f_e 的函数形式

$$\begin{aligned} PI_{v4}=&\frac{1}{4f_e f_T^2\mu_k\zeta_e\mu\psi^2}\langle -2f_T^2\varphi(1+\mu_k)\psi+\psi^2+f_T^4(1+\mu_k)^2(\varphi^2+\mu\varphi^2\psi)+ \\ &f_e^4\{\psi^2+\mu^3\psi^3+f_T^2[-2\varphi\psi+(-2\mu+2\mu^3)\psi^2+2\mu^3\varphi\psi^3]+ \\ &f_e^2(\varphi^2+3\mu\varphi^2\psi+3\mu^2\varphi^2\psi^2+\mu^3\varphi^2\psi^3)\}+f_e^2[\psi^2(-2+4\zeta_e^2)+ \\ &f_T^2\{(1+\mu_k)[2\varphi\psi+(\mu-\mu^3)\psi^2]+\psi(2\varphi-8\zeta_e^2\varphi)+\psi^2(\mu-\mu^3-4\mu\zeta_e^2+4\mu^3\zeta_e^2)\}+ \\ &f_T^4[(1+\mu_k)(-2\varphi^2+-4\mu\varphi^2)\psi-2\mu^2\varphi^2\psi^2]+4\zeta_e^2\varphi^2+8\psi\mu\zeta_e^2\varphi^2+ \end{aligned}$$

$$\psi^2\zeta_e^2(4\mu^2\varphi^2)]\rangle \tag{8.68}$$

式(8.68)对4个调谐参数f_T,μ_k,ζ_e,f_e偏导后得[9]

$$\begin{cases} L^{opt}=\dfrac{k_v k_f}{\mu_k^{opt} f_T^{opt2} m_T \omega_s^2} \\ k_T^{opt}=f_T^{opt2} m_T \omega_s^2 \\ R^{opt}=\dfrac{2k_v k_f \zeta_e^{opt} f_e^{opt}}{\mu_k^{opt} f_T^{opt2} m_T \omega_s} \\ C^{opt}=\dfrac{m_T \mu_k^{opt} f_T^{opt2}}{k_v k_f f_e^{opt2}} \end{cases} \tag{8.69}$$

此外,电磁谐振式调谐质量阻尼器(ERS-TMDs)在地震波作用下的H_2优化参数为[18]

$$\begin{cases} f_{T3}^{opt}=\dfrac{\sqrt{4-3\mu}}{2(1+\mu)} \\ \mu_{k3}^{opt}=\dfrac{128\mu}{64-36\mu-9\mu^2} \\ f_{e3}^{opt}=\sqrt{\dfrac{16-9\mu}{16+19\mu+3\mu^2}} \\ \zeta_{e3}^{opt}=\sqrt{\dfrac{192\mu}{256-96\mu-27\mu^2}} \end{cases} \tag{8.70}$$

2)最优状态下的H_2调谐参数和评价指数分析

如图8.41所示,分别对地震波作用下EMS-TMID的H_2调谐参数的变化趋势进行三维描述。从图可知,当质量比一定时,随着惯质比的增大,4个参数都会随着增大;当惯质比一定时,随着质量比的增大,电子阻尼比和机电耦合系数增大,结构频率比和电子频率比则会减小。当两者都增大时,电子阻尼比和机电耦合系数会增大,而结构频率比和电子频率比则会减小。

3)不同减震系统的减震性能对比

如图8.42所示,在质量比$\mu=0.02$时,分别对主结构位移和相对位移的传递函数进行描述。通过图8.42分析得,在相同的质量比下,EMS-TMID的H_2范数减震性能更加出色,减震频带宽度相对于TMDI、ERS-TMDs、EM-TMID、经典TMD也增加了。具体而言,EMS-TMID主结构位移的传递函数X_n的峰值相对于经典TMD降低了35.9%,相对于TMDI降低了22.8%,相对于ERS-TMDs降低了18.1%,相对于EM-TMID降低了19.3%。除此之外,当α范围在0.7~1.3之间时,EMS-TMID主结构位移的传递函数X_n的积分面积相对于经典TMD降低了11.2%,相对于TMDI降低了4.4%,相对于ERS-TMDs降低了7.5%,相对于EM-TMID降低了3.1%。

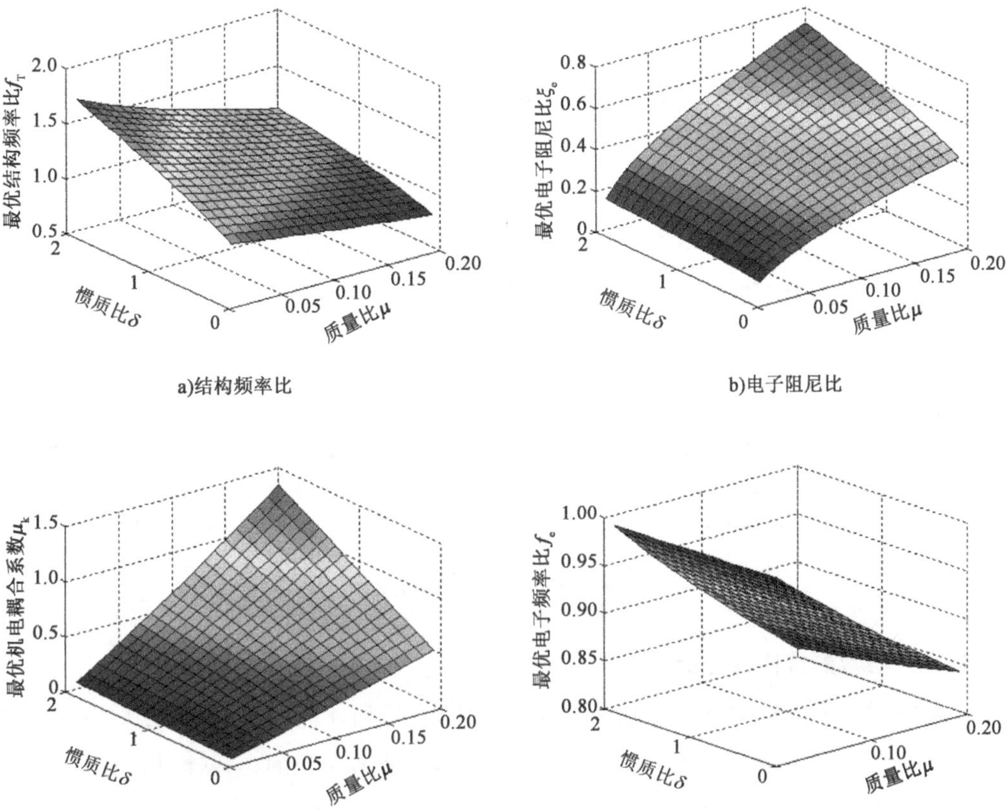

a)结构频率比　　b)电子阻尼比

c)机电耦合系数　　d)电子频率比

图 8.41　EMS-TMID 耦合减震 H_2 优化参数三维分析

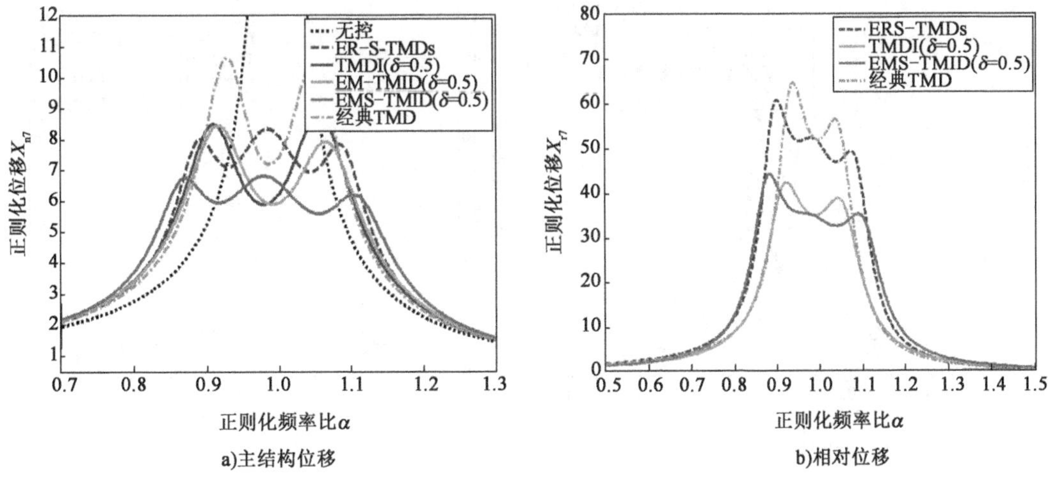

a)主结构位移　　b)相对位移

图 8.42　不同减震系统的频响

4)不同惯质比下 EMS-TMID 的减震性能对比

由图 8.43 知,在质量比一定的情况下,惯质比越大,EMS-TMID 的减震性能越好。

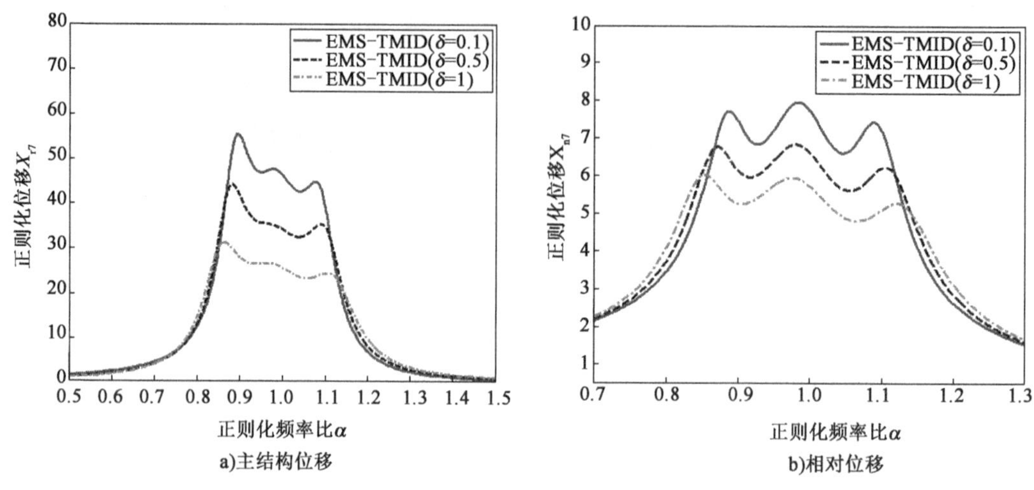

图 8.43　不同惯质比时的频响

5)调谐参数的鲁棒性分析

在实际过程中,EMS-TMID 很难调谐到最优状态,受到环境和时间影响,一些参数可能会发生改变。在图 8.44 中,分别对不同惯质比下的各个调谐参数的鲁棒性进行分析,并与经典 TMD 的调谐参数稳定性进行对比。从中可以归纳出,结构频率比f_T和电子频率比f_e的鲁棒性较差,而其他 2 个参数则比较稳定;另外,相对于经典 TMD,EMS-TMID 的调谐参数更加稳定;此外,随着惯质比的增加,4 个调谐参数的鲁棒性更好。

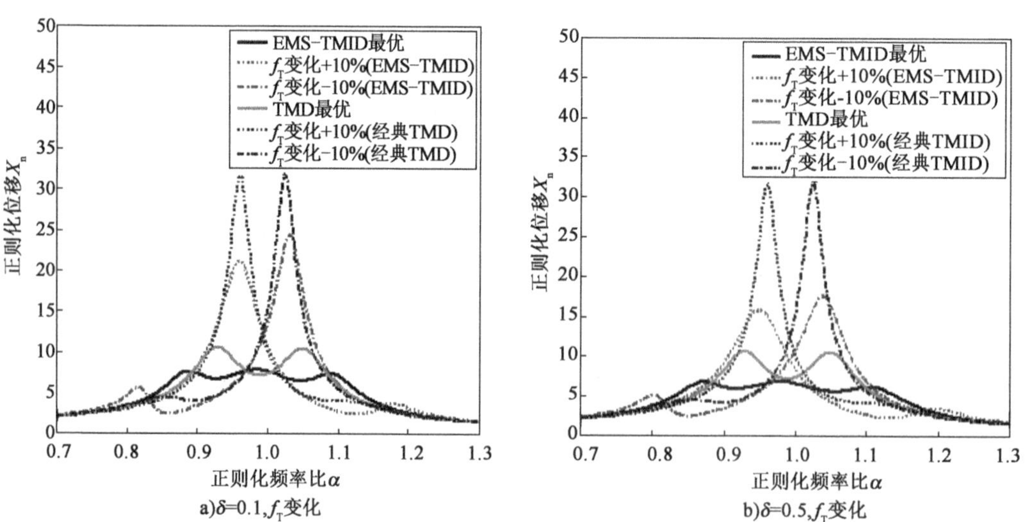

图　8.44

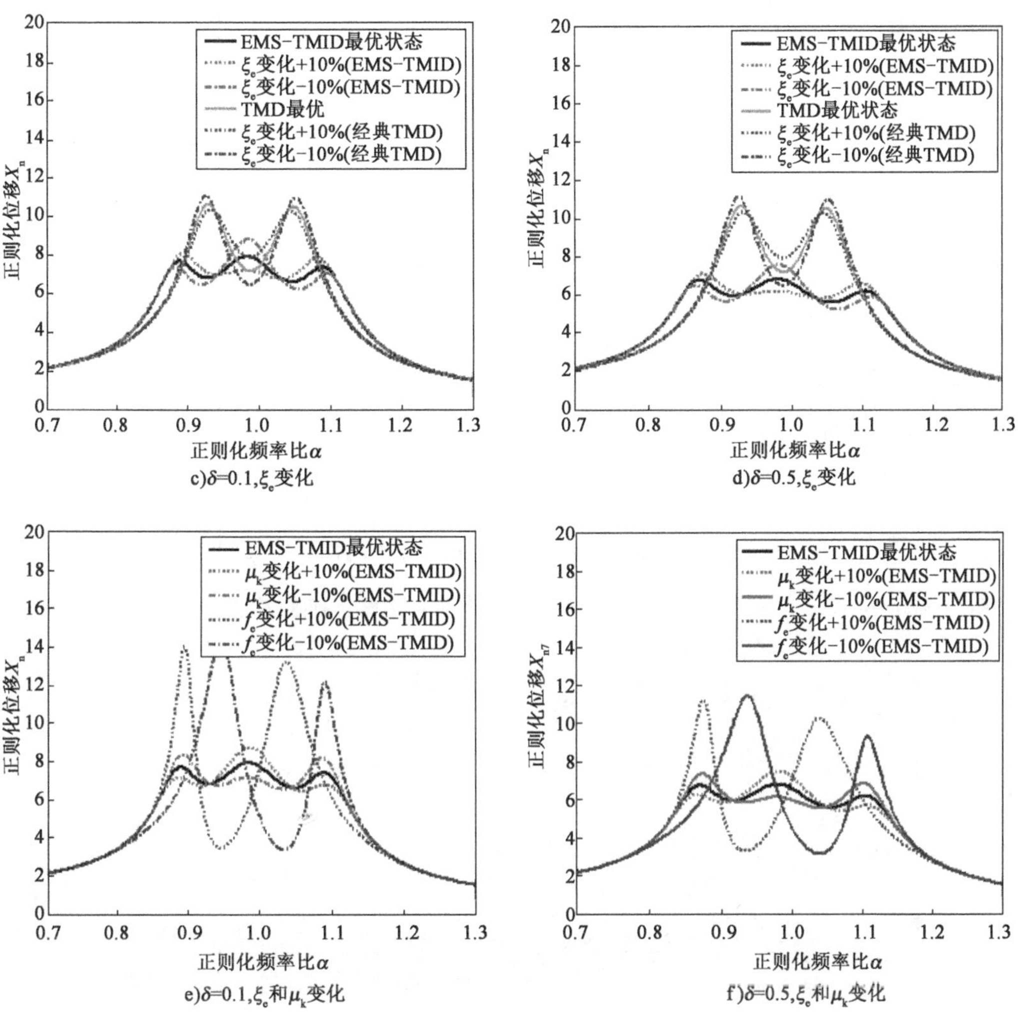

图 8.44　EMS-TMID 的调谐参数鲁棒性

8.3.3　基于 H_2 优化理论的 EMS-TMID 耦合抗风参数分析

1) H_2 参数优化

类似于 8.1.4 所示的推理过程,同样可以得到抗风情况下的最优参数:

$$
\begin{cases}
f_{\mathrm{T}}^{\mathrm{opt}} = \dfrac{\sqrt{\psi(r_3 - \mu\psi)}}{2(1 + \mu\psi)} \\
\mu_{\mathrm{k}}^{\mathrm{opt}} = \dfrac{4\mu\psi(4 + 6\mu\psi + r_3)}{16 + 19\mu\psi} \\
f_{\mathrm{e}}^{\mathrm{opt}} = \sqrt{\dfrac{32 + 25\mu^2\psi^2 + \mu\psi(58 + r_3)}{2(16 + 35\mu\psi + 19\mu^2\psi^2)}} \\
\zeta_{\mathrm{e}}^{\mathrm{opt}} = \dfrac{\sqrt{1/(16 + 19\mu\psi)\mu\psi[70\mu^3\psi^3 + 24(4 + r_3) + 4\mu\psi(68 + 11r_3) + \mu^2\psi^2(247 + 18r_3)]}}{\sqrt{16 + 23\mu\psi + 8\mu^2\psi^2}}
\end{cases}
\tag{8.71}
$$

式中，$r_3=\sqrt{16+32\mu\psi+17\mu^2\psi^2}$。

在 H_2 最优状况下，对应的最优评价参数为

$$PI_{v5}^{opt}=-\left\{\sqrt{8+23\mu\psi/2+4\mu^2\psi^2}\left[784\mu^4\psi^4+192(4+r_3)+20\mu\psi(156+31r_3)\right]+\mu^3\psi^3(3147+232r_3)+\mu^2\psi^2(4716+661r_3)\right\}\Big/\left\{2(1+\mu\psi)(16+19\mu\psi)(\mu\psi-r_3)(4+6\mu\psi+r_3)\sqrt{\frac{32+25\mu^2\psi^2+\mu\psi(58+r_3)}{16+35\mu\psi+19\mu^2\psi^2}}\sqrt{\frac{\mu\psi\left[70\mu^3\psi^3+24(4+r_3)+4\mu\psi(68+11r_3)+\mu^2\psi^2(247+18r_3)\right]}{16+19\mu\psi}}\right\} \tag{8.72}$$

此时，通常情况下，由于质量比 μ 是很小的数值，对于一般的阻尼结构则小于 0.1，所以 $r_3=\sqrt{16+32\mu\psi+17\mu^2\psi^2}$ 可以简约成 $4(1+\mu\psi)$，以便于计算。则对应的调谐参数的近似解为

$$\begin{cases} f_T^{opt*}=\dfrac{\sqrt{\psi(4+3\mu\psi)}}{2(1+\mu\psi)} \\ \mu_k^{opt*}=\dfrac{4\mu\psi(8+10\mu\psi)}{16+19\mu\psi} \\ f_e^{opt*}=\sqrt{\dfrac{32+29\mu^2\psi^2+62\mu\psi}{2(16+35\mu\psi+19\mu^2\psi^2)}} \\ \zeta_e^{opt*}=\dfrac{\sqrt{1/(16+19\mu\psi)\mu\psi(142\mu^3\psi^3+495\mu^2\psi^2+544\mu\psi+192)}}{\sqrt{16+23\mu\psi+8\mu^2\psi^2}} \end{cases} \tag{8.73}$$

对应的近似评价指数 PI_{v5}^{opt*} 为

$$PI_{v5}^{opt*}=\sqrt{16+23\mu\psi+8\mu^2\psi^2}(1536+6368\mu\psi+9840\mu^2\psi^2+6719\mu^3\psi^3+1712\mu^4\psi^4)\Big/\left[4(1+\mu\psi)(4+3\mu\psi)(4+5\mu\psi)(16+19\mu\psi)\sqrt{\frac{64+124\mu\psi+58\mu^2\psi^2}{16+35\mu\psi+19\mu^2\psi^2}}\sqrt{\frac{\mu\psi(192+544\mu\psi+495\mu^2\psi^2+142\mu^3\psi^3)}{16+19\mu\psi}}\right] \tag{8.74}$$

对应的相关参数与式(8.68)一致。

2）精确解和近似解的 H_2 参数比对

如图 8.45 所示，在外界风振激励下，在 $\mu=0.02$ 和 $\mu=0.1$ 两种情况下，分别对 H_2 精确解

和近似解所对应的参数进行描述。从中可以看出，两者的区别非常小，因此在实践中可以利用 H_2 近似解进行相关求解。

3）最优状态下的 H_2 调谐参数和评价指数的三维分析

如图 8.46 所示，分别对风振作用下的 EMS-TMID 的 H_2 调谐参数进行三维描述。从中可得，基本变化规律同减震状态下的 4 个参数基本一致。

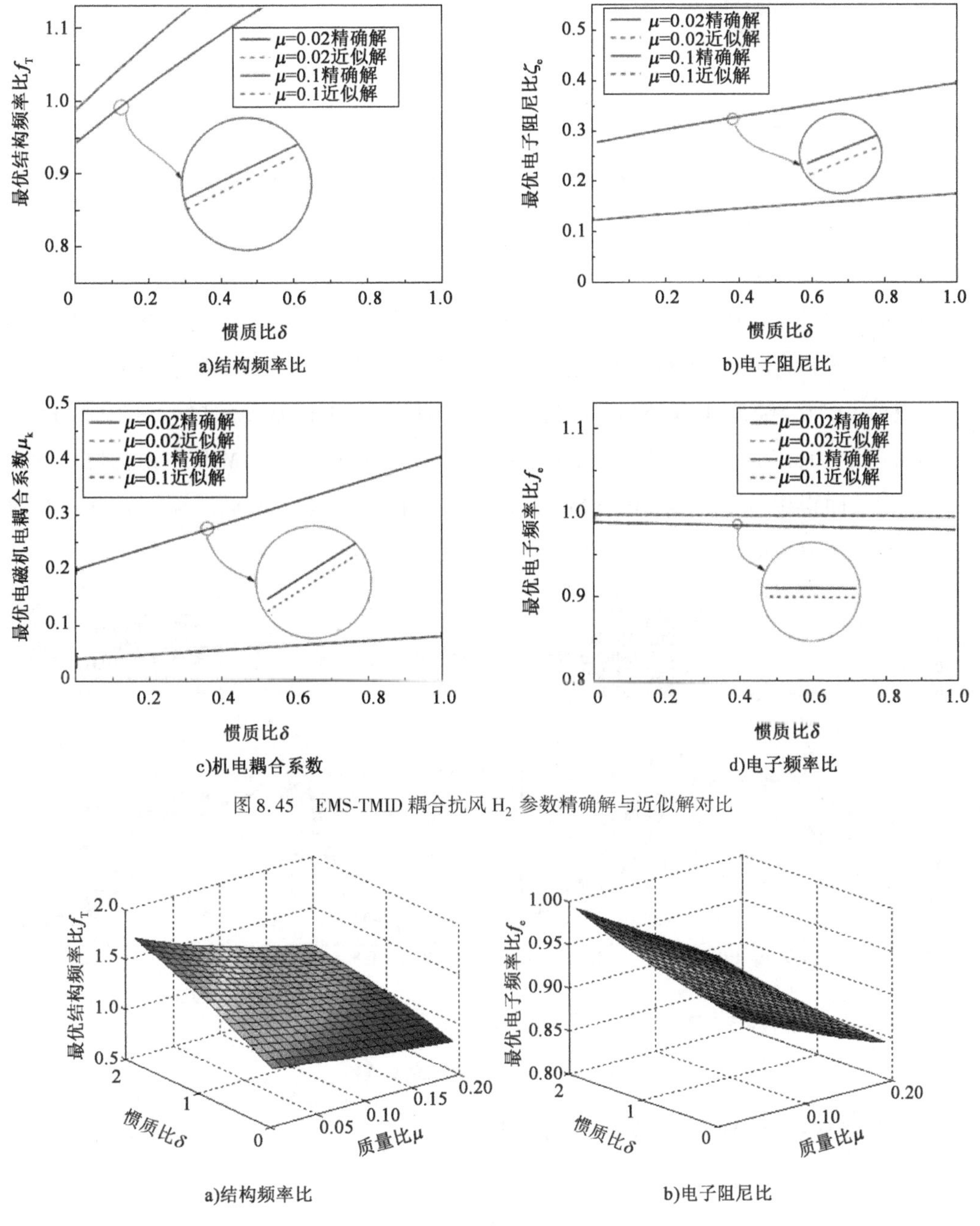

图 8.45 EMS-TMID 耦合抗风 H_2 参数精确解与近似解对比

a)结构频率比　b)电子阻尼比

图 8.46

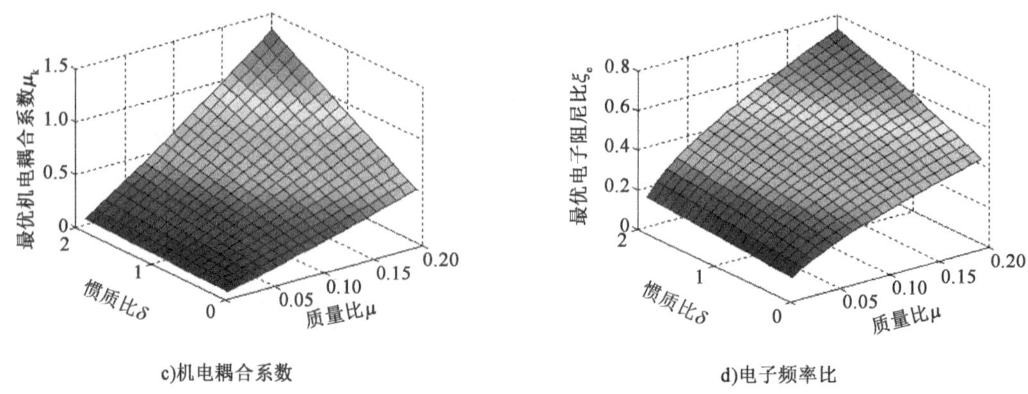

图 8.46　EMS-TMID 耦合抗风 H_2 优化参数的三维分析

4）不同减振系统的性能对比

如图 8.47 所示，在质量比 $\mu=0.02$ 时，分别对主结构位移和相对位移的传递函数进行描述。由图可知，在相同的质量比时，EMS-TMID 的 H_2 范数减振性能更加出色，减振频带宽度相对于 ERS-TMDs、EM-TMID、经典 TMD 也增加了。具体而言，EMS-TMID 主结构位移的传递函数X_n的峰值相对于经典 TMD 降低了 35.2%，相对于 ERS-TMDs 降低了 18.3%，相对于 EM-TMID降低了 18.3%。除此之外，当 α 在 0.7～1.3 之间时，EMS-TMID 主结构位移的传递函数X_n的积分面积相对于经典 TMD 降低了 11.1%，相对于 ERS-TMDs 降低了 7.6%，相对于 EM-TMID 降低了 3.1%。

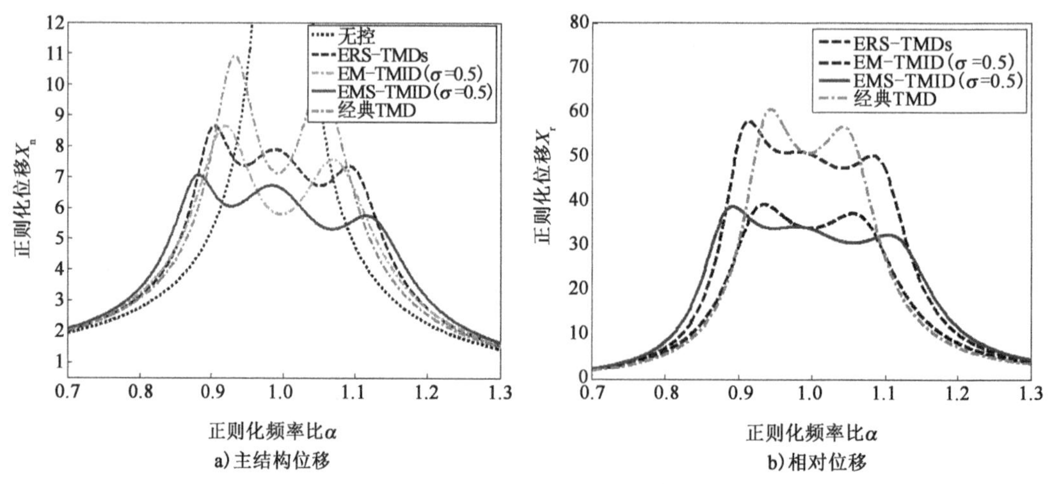

图 8.47　不同减振系统的频响

8.3.4　EMS-TMID 耦合减震时域分析

1）仿真参数

由 8.2.4 可知，EMS-TMID 耦合减震时域分析选取的结构参数与 EM-TMID 相同，如表 8.5

所示。此外,EMS-TMID 振荡电路的参数选取如表 8.8 所示。

EMS-TMID 振荡电路参数 表 8.8

参数名称	符号	数值	参数名称	符号	数值
电感	L	30.6mH	外阻	R_e	0.13Ω
电容	C	41.6mF	电磁传感器常数	k_v,k_f	50
内阻	R_i	0.13Ω			

2)减震仿真

本仿真过程中,选择 EM-TMID 相同的地震波,EMS-TMID 位移减震时程如图 8.48 所示,加速度减震时程如图 8.49 所示。相关位移和加速度峰值与均方值减震率对比如图 8.50 和图 8.51所示。由图可知,总体而言,相对于经典 TMD,EMS-TMID 对于主结构的位移和加速度的减震效果更好。在 4 种地震波中,Northridge 地震波的减震效果最优。

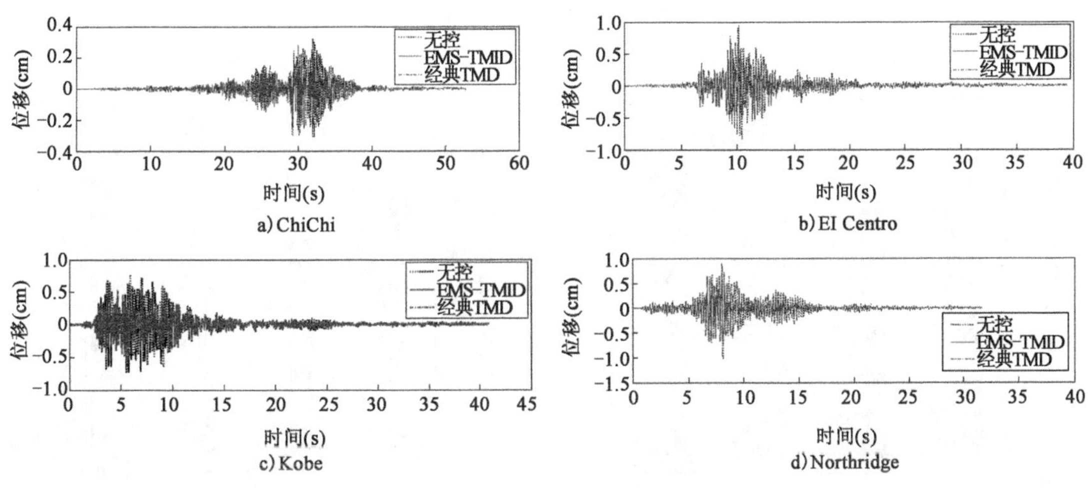

图 8.48 EMS-TMID 对结构减震位移时程图

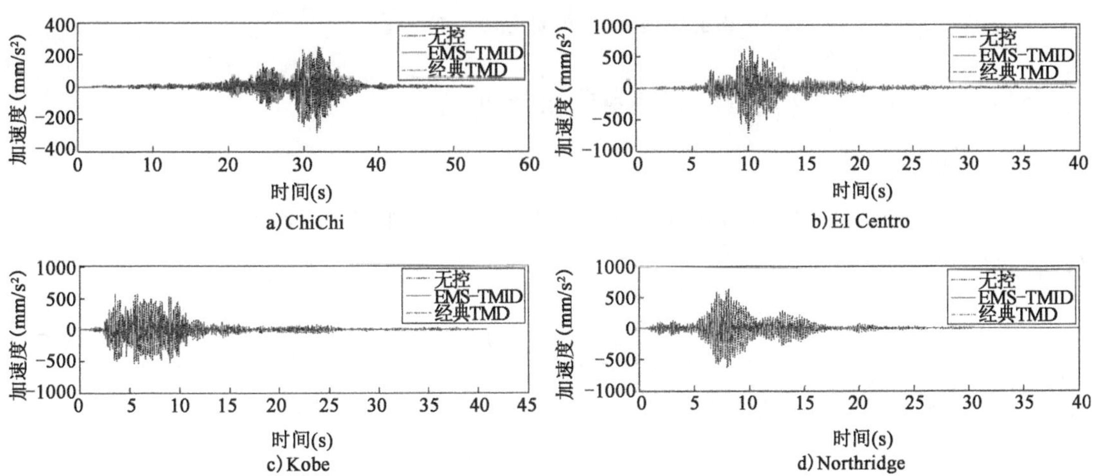

图 8.49 EMS-TMID 对结构减震加速度时程图

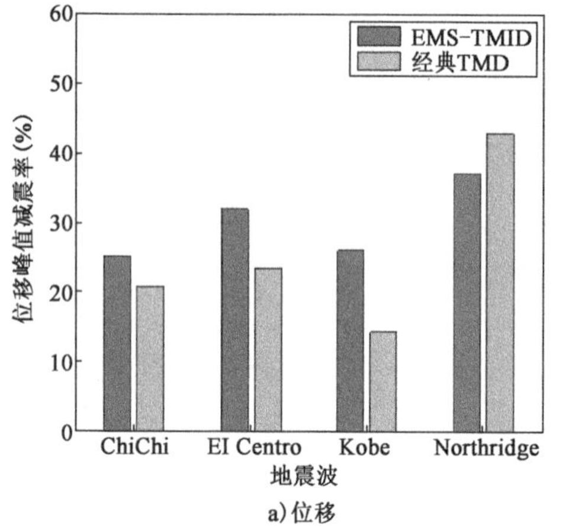

a)位移

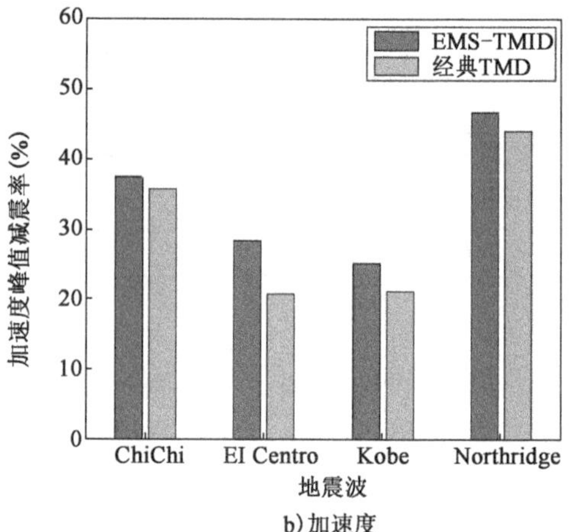

b)加速度

图 8.50　EMS-TMID 对结构峰值减震率

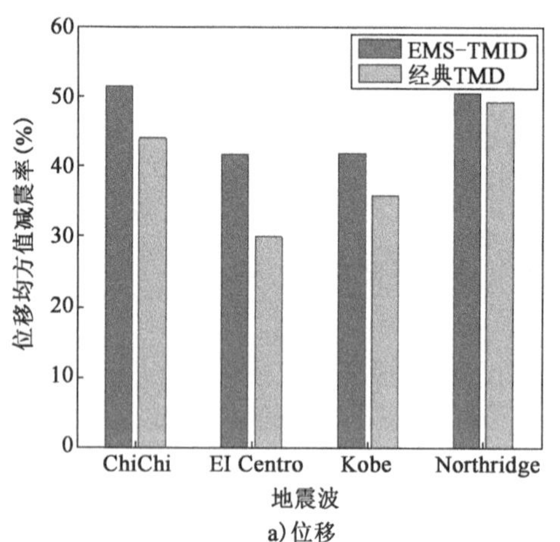

a)位移

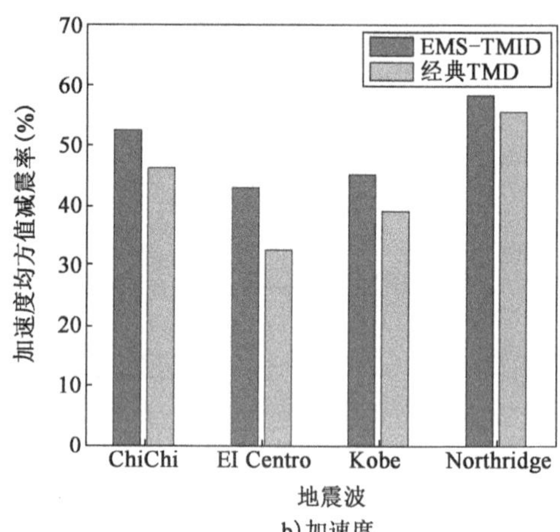

b)加速度

图 8.51　EMS-TMID 对结构均方值减震率

8.3.5　EMS-TMID 耦合减震能量收集分析

1)评价指标

采用式(8.28)评价 EMS-TMID 能量回收效率。系统在地震波加速度激励下,能量回收评价指标定义为

$$PI_{e4} = \frac{R_e}{2\pi}\int_{-\infty}^{\infty} |I_{n5}|^2 \mathrm{d}\alpha \tag{8.75}$$

将式(8.61)代入式(8.75)可得

$$PI_{e4} = \frac{k_v^2[(1+\delta)+\mu]R_e}{4f_e f_T^2 \mu_k \zeta_e \mu(1+\delta)L^2} \tag{8.76}$$

2)能量收集

EMS-TMID 能量收集功率时程如图 8.52 所示,相关能量收集指标如表 8.9 所示。由图8.52和表 8.9 可知,EMS-TMID 能够充分地进行能量收集,其中,Kobe 地震波收集能量最多。

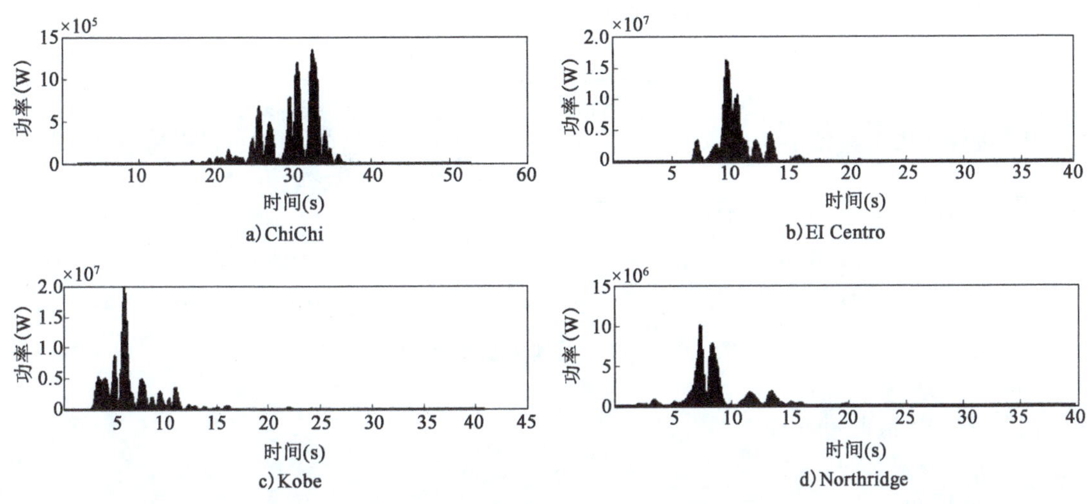

图 8.52 EMS-TMID 能量收集功率时程图

EMS-TMID 能量收集指标 表 8.9

地　震　波	峰值功率(W)	平均功率(W)	回收能量(J)
ChiChi	1.34×10^{6}	4.78×10^{4}	2.52×10^{6}
EI Centro	1.61×10^{7}	3.81×10^{5}	1.50×10^{7}
Kobe	1.96×10^{7}	4.23×10^{5}	1.73×10^{7}
Northridge	1.01×10^{7}	2.54×10^{5}	1.01×10^{7}

8.3.6 EMS-TMID 耦合抗风减振的时域分析

1) 仿真参数

风振下 EMS-TMID 对结构的两重功能时域分析选取与 8.2.5 相同的参数,EMS-TMID 振荡电路的参数选取如表 8.10 所示。

EMS-TMID 耦合抗风电路参数 表 8.10

参数名称	符　号	数　值	参数名称	符　号	数　值
电感	L	1.17H	外阻	R_e	0.1Ω
电容	C	1.02F	电磁传感器常数	k_v,k_f	150
内阻	R_i	0.1Ω			

2)减振性能分析

本时域仿真同样采用 8.2.6 的脉动风谱,方法同 8.2.6 相似,位移和加速度减振时程图如

图 8.53 所示。由图 8.53 分析可知,EMS-TMID 能够充分地对主结构减振,并且减振性能优于经典 TMD。具体而言,EMS-TMID 主结构位移峰值减振率是 36.59%,经典 TMD 是29.71%;EMS-TMID 主结构位移均方值减振率是 33.13%,经典 TMD 是 28.14%;EMS-TMID 主结构加速度峰值减振率是 39.61%,经典 TMD 是 33.11%;EMS-TMID 主结构加速度均方值减振率是 44.93%,经典 TMD 是 37.78%。同时,EMS-TMID 相对于 EM-TMID,减振性能均有所改善。

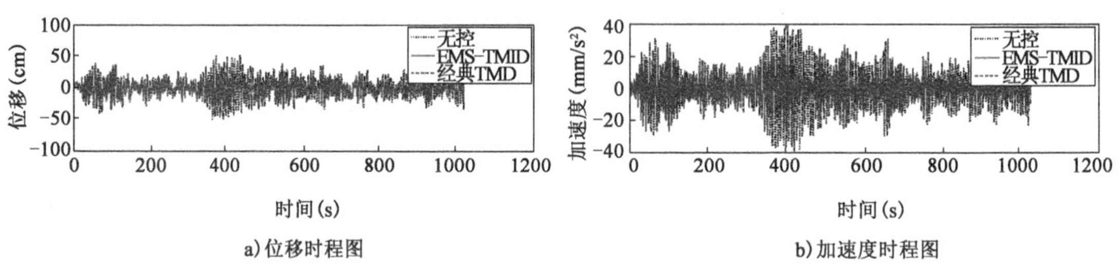

图 8.53 EMS-TMID 耦合抗风减振时程图

8.3.7 能量收集分析

1)评价指标

采用式(8.28)评价 EMS-TMID 能量回收效率。系统在随机风激励下,能量回收评价指标可以定义为

$$PI_{e5} = \frac{R_e}{2\pi}\int_{-\infty}^{\infty} |I_{n6}|^2 \mathrm{d}\alpha \tag{8.77}$$

将式(8.66)代入式(8.77),可得

$$PI_{e5} = \frac{k_v^2 R_e}{4 f_e f_T^2 \mu_k \zeta_e \mu (1+\delta) L^2} \tag{8.78}$$

2)能量收集分析

由图 8.54 时程图分析,EMS-TMID 的峰值功率为 1.34kW,平均功率为 0.14kW。整个风振过程中,回收的能量为 1.38×10^2kJ。较之前的 EM-TMID,各项能量指标均有所提高。

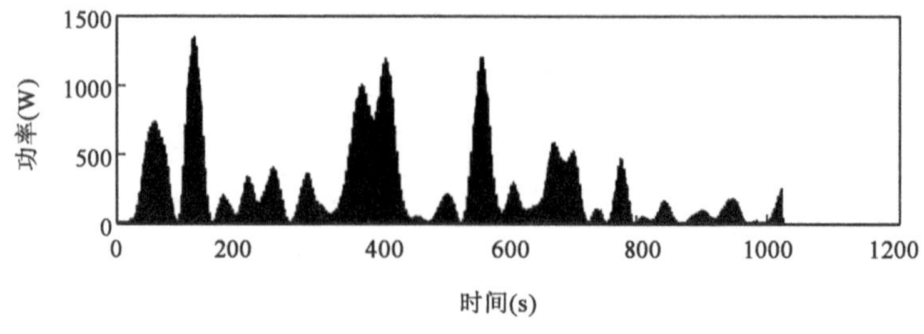

图 8.54 EMS-TMID 耦合抗风能量收集功率时程图

参考文献

[1] 罗一帆，孙洪鑫，王修勇．电磁调谐质量阻尼器的 H_2 参数优化及对结构减震分析[J]．振动工程学报，2018，31(3)：529-538.

[2] 孙洪鑫，罗一帆，杨国松，等．电磁集能式调谐质量阻尼器的结构减震及能量收集分析[J]．振动与冲击，2017，36(15)：51-56.

[3] Marian L, Giaralis A. Optimal design of a novel tuned mass-damper-inerter (TMDI) passive vibration control configuration for stochastically support-excited structural systems[J]. Probabilistic Engineering Mechanics, 2014, 38:156-164.

[4] Giaralis A, Petrini F. Wind-induced vibration mitigation in tall buildings using the tuned mass-damper-inerter [J]. Journal of Structural Engineering, 2017, 143(9):4017127.

[5] De Domenico D, Ricciardi G. Optimal design and seismic performance of tuned mass damper inerter (TMDI) for structures with nonlinear base isolation systems[J]. Earthquake Engineering and Structural Dynamics, 2018, 47(12):2539-2560.

[6] 孙洪鑫，罗一帆，王修勇，等．电磁调谐双质阻尼器的参数优化及对结构减震分析[J]．沈阳建筑大学学报(自然科学版)，2018，34(3):410-418.

[7] 罗一帆，孙洪鑫，王修勇．电磁调谐双质阻尼器的 H_2 参数优化及对结构减震分析[J]．工程力学，2019，36(4):89-99.

[8] Liu Y, Lin C-C, Parker J, et al. Exact H_2 optimal tuning and experimental verification of energy-harvesting series electromagnetic tunedass dampers[J]. Journal of Vibration and Acoustics, 2016, 138(6):061003.

[9] Sun H, Luo Y, Wang X, et al. Seismic control of a SDOF structure through electromagnetic resonant shunt tuned mass-damper-inerter and the exact H_2 optimal solutions[J]. Journal of Vibroengineering, 2017, 19(3): 2063-2079.

[10] Luo Y, Sun H, Wang X, et al. Wind induced vibration control and energy harvesting of electromagnetic resonant shunt tuned mass-damper-inerter for building structures[J]. Shock and Vibration, 2017, 2017:1-13.

[11] Gradshteyn I M, Ryzhik I S. Table of Integrals Series and Products[M]. New York:Academic Press, 1980.

[12] Asami T, Nishihara O, Baz A M. Analytical solutions to H_∞ and H_2 optimization of dynamic vibration absorbers attached to damped linear systems[J]. Journal of Vibration and Acoustics, 2002, 124(2):284-295.

[13] Den Hartog J P. Mechanical vibrations[M]. New York:DOVER, 1985.

[14] 王文熙．桥梁 TMD 系统的参数优化与设计[D]．长沙：湖南大学，2014.

[15] 张相庭．结构风工程[M]．北京：中国建筑工业出版社，2006：99-118.

[16] 陈政清．桥梁风工程[M]．北京：人民交通出版社，2005：116-119.

[17] Poon, Dennis C K, et al. Structural Design of Taipei 101, the World's Tallest Building[C]. 2004.

[18] Zhu S, Shen W, Qian X. Dynamic analogy between an electromagnetic shunt damper and a tuned mass damper [J]. Smart Materials and Structures, 2013, 22(11):208-210.

索　引